禹貢半月刊

5

第四卷六至十二期

顧頡剛等 主編

中華書局

出版者：禹貢學會。
編輯者：顧頡剛，譚其驤。
出版日期：每月一日，十六日。
發行所：北平成府蔣家胡同三號禹貢學會。
印刷者：北平成府引得校印所。

禹貢

半月刊

價目：每期零售洋貳角。豫定半年十二期，洋壹圓伍角，郵費壹角伍分；全年二十四期，洋叁圓，郵費叁角。國外全年郵費貳圓肆角。

The Chinese Historical Geography

Semi-monthly Magazine

Vol. 4 No. 6 Total No. 42 November 16th 1935

Address: 3 Chiang-Chia Hutung, Cheng-Fu, Peiping, China

第四卷 第六期

民國二十四年十一月十六日出版

（總數四十二期）

內政部登記證警字第叁肆陸壹號 中華郵政特准掛號認為新聞紙類

本會紀事（三）

自張石公先生慨捐會所之後，本會同人當即着手籌備。惟因創辦之際所費甚多，同人力有未逮，爰由顧頡剛先生具呈教育部王雪艇部長，請求津貼。上月得教育部總務司覆函，藉悉蒙批給予一次津貼叁百元正；當於本月初收到匯欵。本會現在已將會所修飾一新，繪圖工作及編輯材料亦已遷入。至於發行事務，因印刷所在成府之故，一時尚不遷徙。茲將往返公文揭載於左：

（一）本會顧先生上教育部呈文

呈爲請求津貼事：竊頡剛在國立中山大學私立燕京大學等處教授中國地理沿革史歷有年所，念此項科目實爲民族主義之基礎，當茲國難，宜更努力，因進而搜集中國民族史之材料，幷繪畫歷代沿革地圖，俾國人悉知古今疆域巚縮，種族混合之由來，藉以興起其復興民族之瞭望。數載以來，規模粗具，大學本科及研究院學生之從事於此者亦日多。以研究成績無發表之地，難收討論之功，爰於去年二月發起禹貢學會，三月即發行禹貢半月刊，至今已出至第四卷第四期。所有應需費用，悉由會員捐助。出版以來，幸獲學術界之同情，相率以此類文字見投，遂得於短時期中有顯著之進步。本年九月，蒙前教育總長張國淦先生慨捐北平大紅羅廠等處房地作爲本會會址，從此研究工作得上正軌，前途發展益有希望。惟開辦伊始，需費至多，經常支出，數亦不少，頡剛等薪俸所入，實不足以言維持。夙仰大部提倡學術，不遺餘力，擬懇酌撥給予津貼，俾利進行。倘荷允可，曷勝感戴之至。此呈行政院教育部部長王。

禹貢學會創辦人顧頡剛謹呈。二十四年十月十二日。

（二）教育部總務司來函

逕啓者：查貴會呈請津貼一案，茲奉部長諭：「給予一次津貼叁佰元」等因。此欵已由中央銀行轉匯，即希查收，並請塡具收據寄部爲荷。此致禹貢學會。

教育部總務司啓。十月二十四日。

禹貢半月刊第四卷第七期目錄豫告

由考古上所見到的新疆在文化上之地位

黃文弼

新疆本爲東西交通之樞紐，在海道尚未開通以前，東方民族之至西方及西方民族之東來，均係經過新疆。新疆如水管，一方是水塔，一方爲龍頭，彼乃司傳遞之責任，無所儲留焉。在三十年前，歐洲人尚不注意到新疆有所謂文化；中國史書中記載亦不過記其朝貢與軍事而已，根本上亦不承認新疆尚保存有若何古代文化。近三十年來，因新疆屢有古文字之發現，始引起歐人之注意。至光緒二十八年，國際東方學會開會於漢堡（Hamburg），由俄國拉特祿夫氏(Radloff)計劃，成立中亞探險聯盟，於是英，法，德，俄，日本競派學者徃新疆考查，發掘，多所搜獲；以及前年之西北科學考查團，爲最近之一次。因是新疆埋藏地下之文物，遂得大顯於世；此經歷二千年或千餘年已失効用之器物文字，俱由大沙漠之保存而次第出現，使吾人得從容考究，以窺見當時東西文化流通之跡，是誠極幸運之事矣。

但新疆本地因地理歷史之關係，本身原無文化可言，已爲一般學者所公認；故所有文化皆自外來。然果何因而來乎，則吾人關於文化推動之主因不能不有所討論也。

蓋世界文化來源，據一般說法，有兩個發源地：一爲中國本土，一爲伊蘭高原，二者位於新疆東西兩端。若何可以滙通，此必藉重於軍事政治之波動。固然，軍事政治未必即爲文化而發生，但文化之移動確受軍事與政治之影響。此余上次已說過，在未有歷史以前，新疆情形如何，吾人實不得而知；吾人所可知者，始於塞種人之東來與大月氏之西奔。據漢書西域傳所記，稱烏孫本塞地，大月氏西破走塞王，塞王南越懸度；大月氏居其地，又稱烏孫，東與匈奴，西北與康居，西與大宛相接，南與城郭諸國相接。按大月氏之西奔，即紀元前一七六年也。又按西洋史在紀元前五百三十六年，波斯王大流士第一東征塞種，戰於多腦河岸，故是時塞種尚蔓延於多腦河附近，及裏海沿岸。至於何時東遷雖不可得知，而可知其在紀元前一百七十六年以前已蔓延於新疆西北部及伊犂河沿岸也。及大月氏西奔，又遷移於印度之西北部矣。在此塞種人之一度來往，是否發生東西文化推動之影響，現時固無從推斷；但余在吐魯番古塚中曾發現許多紅色圓底陶器，及紅地黑花陶器，以及輪臺焉耆沙磧中之彩色陶片，與波斯蘇薩出土者相同，又與西比利亞之斯西安出土者亦相似。由其古物之分布論，仍與波斯西比利亞有因果關係。余以其他銅器之證明皆在紀元前，則與塞種人之遷移不無關係，可能的疑爲塞種所帶來。但波斯出土之銅質兵器，如銅矢鏃，銅盾，銅矛，與中國殷墟出土者相同，則或爲塞種人挾東方文化以西去亦未可知。在未有發現確實證據以前，吾人祇好作擬想之推論也。

其次即說到亞歷山大東征與張騫通西域，在一般學者鑒定，認東西文化之推動以此二事爲最大之主因，蓋以新疆所發現之古物均可謂受此二事之影響爲證明也。在紀元前三百三十年，馬其頓王東征波斯，佔據其都城蘇薩，又進兵至印度西北部之干達拉地，同時將希臘文化充分帶至此間地，並有許多兵士與波斯人婚媾，而成爲希波之混合民族。雖馬其頓王死後國土分裂，而希臘之文化仍在此處荏苒滋長。當時佛教文明已傳到印度西北部，於是印度西北部受兩種文化之激盪，遂成立犍陀羅之佛教文明。下所述者，皆此種文化之滋乳。其時大月氏人與塞人受此兩種文化之薰陶，已成立爲文化甚高之優等民族，非復當日在東方之遊牧狀態矣。適張騫使月氏(紀元前一二六年)，李廣利伐大宛(紀元前一零二年)，於是波斯與印度之文化打開此天然防線，有若水管上之塞子從此拔開，水即源源而來，予取予求矣。今將新疆現存於地上之古蹟，及由東西考古學家所發現者縷述於下，以見其文化之一斑。

甲 佛教美術 現在新疆之崖壁間，或平原上，凡遇有頹垣敗壁洞宇櫛次者，皆爲古時佛教遺蹟；而其建築式，大半模仿犍陀羅式，例如吐魯番之土峪溝，水頭溝，佛洞鱗比，洞中墻壁布滿畫績，其最古期者多具希臘美術風味。不過吐魯番自爲回鶻人所佔領後，其壁畫美術多雜東方色彩，漸失希臘美術原型。其次如焉耆明屋之廟宇，多爲穹廬式，上圓下方，完全模仿犍陀羅式。廟宇中之泥塑像，頭上作髻，身佩瓔絡，兩耳垂珠，皆充分表現希臘美術風味。又如庫車庫木土拉克子爾之明屋，其洞壁建築與阿富汗的建築相似之處頗多。

如巴米安(Bamian)附近之佛洞建築，其類似處反多於印度數倍。巴米安爲橫斷阿富汗斯坦與興都庫什山中之山谷，爲犍陀羅與巴克特里亞交通之唯一孔道。新疆佛教之來自犍陀羅，又得一確證。又崖壁佛洞阿富汗斯坦名爲hazarsansr，此爲波斯語，意即千屋之意；在新疆本地則名爲mingoi，其意與之完全相同。在有佛洞之處，亦均以『明威宜』稱之。又在壁畫中，皆繪有吐火羅人波斯人供養，及吐火羅人書寫等事。吾人由此可以證明佛教東來，其一切建築與繪畫，皆吐火羅人司其事。時吐火羅正在巴克特里亞建立王國，極力傳播其佛教文化於東方也。

乙，語言文字　在昔治語言學者，以爲阿利安語除梵語，古波斯語，希臘語（Greek），拉丁語（Latin），峨特語（Goth）等十種外，再無其他語。至最近之東西考古學者在新疆發現世所未知之言語三種，其文字有以印度及小亞細亞之文字書之者，經歐洲語言學者研究之結果，亦認爲係印度歐羅巴語系也。

其一種爲古粟特語（Sogdische），亦稱康居語，當時通行於嬀水流域，爲康居大夏之古代語。近斯坦因氏在敦煌羅布淖爾故墟，發現用粟特語書寫之商業文書，並表明爲紀元後第一世紀所作，又一紙記西歷第七世紀之初，康國有自颯秣建（今撒馬爾干）來建殖民地於天山南路者。又俄人拉特祿夫氏（Radloff）得三種碑於蒙古和林，其一九姓回鶻可汗碑，其一種爲不可知之文字；後經研究，結果知爲粟特語，故知粟特語在當時流行甚廣，範圍亦大也。蓋康國習商賈之業，常往來中亞及東西各都市，故其言語亦爲中亞各地之通用語也。

二，吐火羅語（Tokharische），出現於土魯番庫車一帶，亦屬於印度歐羅巴語系，初定爲第一種語，與和闐所出者爲第二種語。後經研究，知第一種即爲吐火羅國語，當時通行於塔里木河北岸；又因出土之地域不同，而分定爲龜茲語，焉耆語。

三，于闐語（Khotanische），在和闐一帶出土，當時行塔里木河以南。伯希和氏定爲伊蘭語，皆以出土之地名之也。

四，佉莎語，此爲余在巴楚古墳中所得，其文字亦類印度式，而其語言既不同於于闐語，又不同於龜茲語，故余根據玄奘東方語言四大系之說，而以出土地名訂爲佉沙語。現正請鋼和泰(A von Staël-Holstein)君研究。此外尚有回鶻語，梵文，知之者多，勿庸贅述。

以上諸語，雖不能證明即爲人種分布之代表，但可承認爲該種人文化之存留。吾人藉此種語言以研究中央亞細亞史地，亦可得一明瞭之觀念也。

4

歷代黃河在豫泛濫紀要

張了且

近年來四明堂，蔡樓舖，馮樓，貫台，九股路，相繼決口，黃水浸考城，蘭封，陳留，開封，封邱，滑縣，長垣，東明，濮陽，范縣，壽張，東阿，渮澤，於是全國人士始知河無百年不變之勢，非僅奪淮入海，即慮侵漳衛橫流。然一翻歷代史，則大變之中又有無數小變。河南，安徽，河北，山東，江蘇各省，均經被其湮沒，而豫省受害尤甚。特以正史，豫河志，豫河續志，豫河三志，暨成化，嘉靖，順治，康熙，雍正河南通志爲主，輔以祥符，陳留，通許，杞縣，洧川，尉氏，鄢陵，中牟，滎陽，永城，滎澤，河陰，睢州，鹿邑，寧陵，商邱，考城，夏邑，柘城，獲嘉，淮陽，項城，沈邱，西華，商水，孟縣，扶溝，太康，鞏縣，溫縣，陽武，封邱，延津，滑縣，汲縣，新鄉，武陟，原武，濬縣等縣志，草成斯篇，冀負河防責任機關及水利專家，知治標之功用甚小，速謀治本方法焉。

尚書堯典：『湯湯洪水方割，蕩蕩懷山襄陵，浩浩滔天，下民其咨』。孟子滕文公篇，『洪水橫流，泛濫於天下。草木暢茂，禽獸繁殖，五穀不登，禽獸偪人，獸蹄鳥跡之道交於中國』。尸子曰：『古者龍門未闢，呂梁未鑿，河出於孟門之上，大溢逆流，無有邱陵高阜滅之，名曰洪水』。鯀治河無功而被殛，禹繼起順而循之，發端積石，所謂『東至于底柱，又東至于孟津，東過洛汭，至于大伾』，均在豫境。史稱經其治後，更二千年無水患。實則『契封於商，自契至湯凡八遷，湯始居亳，從先王居』；盤庚篇『先王不常厥邑，於今五邦』，邇來雖有人謂商代係遊牧生活，逐水草而居，屢次遷都自屬必然，然既不否認避河患亦遷移原因之一，且咸以殷虛當時沉淪，純屬受黃河患，則商代黃河爲患豫省者屢屢。至周定王五年河徙自宿胥口，禹貢錐指謂在今之濬縣，爲黃河改道見於載籍之第一次耳。

漢以下記載較多，爲之條理列表如下：

西漢	文帝	十二年(168 B.C.)十二月，河決酸棗，東潰金堤(酸棗故城在今之延津縣)。
	武帝	元光三年(132 B.C.)春，河徙頓丘(在今濬縣)。夏，復決於瓠子(在今滑縣)。
	宣帝	本始二年(72 B.C.)河決宣防(即瓠子塞口)。
	成帝	建始四年(29 B.C.)秋，大水，河決東郡金堤，泛濫兗豫，凡灌四郡三十二縣。鴻嘉四年(17 B.C.)患底柱隘，遣楊焉鑴廣之，河大溢。
新	王莽	始建國三年(11 A.D.)河決魏郡，泛清河以東數郡。

總計前漢在豫泛濫七次：冬一，春一，夏一，秋一，不詳者三。

東漢	桓帝	永興元年(153 A.D.)河水溢漂，害人庶數十萬戶，百姓荒饉，流移道路。
魏	明帝	太和四年(230 A.D.)八月，大雨霖三十餘日，伊，洛，河，漢皆溢。
晉	武帝	泰始七年(271 A.D.)六月大霖雨，河，洛，伊，沁皆溢。
唐	太宗	貞觀十一年(637 A.D.)九月，河溢，壞陝州河北縣，毀河陽中潬。
唐	高宗	永淳二年(682 A.D.)七月，河溢，壞河陽橋。
	武后	宏道元年(683 A.D.)河溢，毀河陽城。如意元年(692 A.D.)八月，河溢，壞河陽縣。聖曆元年(698 A.D.)秋，黃河溢。
	玄宗	開元十四年(726 A.D.)秋，大水，河南，河北尤甚；河及支川皆溢，懷，衛，鄭，滑人皆巢居舟居。八月，河決衛州。
	代宗	大歷十二年(777 A.D.)秋，大雨，河溢，河南半地水深五尺。
	憲宗	元和八年(813 A.D.)十二月，河溢，浸滑州羊馬城之半。
	文宗	開成三年(838 A.D.)夏，河決，浸鄭滑外城。
	昭宗	大順二年(891 A.D.)二月，河陽河溢，壞人廬舍。乾寧三年(896 A.D.)四月，河圮於滑州；朱全忠決其堤，因為二河，散漫千餘里。

以上計東漢泛濫一次，其時不詳。魏一次，時在秋季。晉一次，時在夏季。唐共十二次：春一，夏二，秋七，冬一，時間未詳者一也。

五代	後唐莊宗	同光二年(924 A.D.)八月，河溢。
	晉高祖	天福六年(941 A.D.)九月，滑州河決，溢酸棗。十月，河決滑，濮，鄆，澶諸州。
	晉出帝	開運元年(944 A.D.)六月，河決滑州，溢

酸棗，汴州，環梁山入於汶濟。

三年(946 A.D.)六月，河決魚池。九月，河決澶滑懷州。十月，河決衛州，又決原武。

漢隱帝

乾祐元年(948 A.D.)四月，河決原武。六月，河決滑州魚池。

三年(950 A.D.)六月，河決原武。

周太祖

廣順二年(952 A.D.)十二月，河決鄭滑。

總計五代時在豫共泛濫十有二次：夏五次，秋三次，冬四次。

宋

太祖

建隆二年(961 A.D.)河決孟州，又決滑州靈河縣。

乾德三年(965 A.D.)七月，河決開封府，溢陽武河中府孟州；並河水漲孟州，壞中潬城軍營民舍數百區；又壞堤岸石；又溢於鄆州，壞民田。

四年(966 A.D.)七月，河水壞滎澤河南北堤岸。八月，滑州河決靈河縣大堤。

五年(967 A.D.)八月，河溢入衛州城，民溺死者數百。

開寶元年(968 A.D.)六月，河溢，壞民田廬舍。

二年(969 A.D.)七月，下邑縣河決。

四年(971 A.D.)六月，河決原武。祥符志稱夏五月河大決開封，陽武及濮。

五年(972 A.D.)六月，河又決開封府陽武縣之小劉村。八月，河溢衛州。

六年(973 A.D.)正月，河決自懷州，至獲嘉縣北注。

八年(975 A.D.)，河決頓丘。

太宗

太平興國二年(977 A.D.)六月，孟州河溢，壞溫縣堤七十餘步，壞滎澤縣寧王村堤三十餘步。

三年(978 A.D.)五月，懷州河決，至獲嘉縣北注。是年夏，河決滎陽。十月，滑州靈河縣塞復決。

四年(979 A.D.)八月，宋州河決宋城縣。九月，衛州河決汲縣，壞新場堤。

五年(980 A.D.)決懷州。

六年(981 A.D.)河中府河漲，陷連隄，溢入城，壞軍營七所，民舍百餘區。

七年(982 A.D.)十月，河決懷州武陟縣，害民田。

八年(983 A.D.)五月，河大決滑州房村，泛澶濮曹濟諸州民田，東南流至彭城界入於淮。六月，陝州河漲，壞浮梁。是年，自夏及秋，開封浚儀酸棗陽武封丘長垣中牟尉氏襄邑雍丘等縣水溢，害民田。

雍熙元年(984 A.D.)春，河復決滑州之房村。八月，孟州河漲，壞浮梁，損民田。

淳化元年(990 A.D.)，孟縣河漲。

二年(991 A.D.)閏三月，河水溢。四月，河水溢。六月，河水汴水溢；又陝州河漲，壞大堤及五龍祠；又河水溢浚儀縣，壞民堤；又決於宋城縣。

至道三年(997 A.D.)閏七月，陝州河漲。

眞宗

大中祥符三年(1010 A.D.)九月，河決河中府白浮梁村。

四年(1011 A.D.)九月，河溢於孟州溫縣。

天禧元年(1017 A.D.)，河決滑州。

二年(1018.A.D.)河決滑州。

三年(1019 A.D.)六月，滑州河溢城西北天台山旁，俄復潰於城西南岸，摧七百步，瀰漫州城，歷澶濮曹鄆，注梁山泊；又合清水古汴渠東入於淮，州邑罹害者三十二。

四年(1020 A.D.)六月望，河復決天台，下走衛，南浮徐濟，害如三年而益甚。

仁宗

康定元年(1040 A.D.)九月，滑州大河泛濫，壞民廬舍。

皇祐元年(1049 A.D.)河溢魚池埽且決。二月，河北黃衛二河並決，注於乾寧軍。

嘉祐二年(1057 A.D.)七月，廣濟河溢，原武縣河決。

英宗

治平七年，孟州河溢，又黃沁河溢新鄉，紀載見孟縣新鄉二志。(按治平僅有四年，七年或係三年之誤歟？)

神宗

熙寧四年(1071 A.D.)十月，河溢衛州。

十年(1077 A.D.)河陽河水漲，壞南倉，溺居民。七月，河復溢衛州王供埽及汲縣上下埽，懷州黃沁，滑州韓村。八月，河決鄭州滎澤。

元豐五年(1082 A.D.)八月，河決鄭州原武埽。九月，滑州河水溢。十月，洛口廣武埽大河水漲，塌岸壞下牐斗門。

七年(1084 A.D.)懷州黃沁河溢。

哲宗

元祐八年(1094 A.D.)七月，廣武埽危急，河決內黃口。

元符三年(1100 A.D.)四月，河決開封府城東之蘇村。

徽宗

崇寧二年(1103 A.D.)，河決內黃。

政和七年(1117 A.D.)孟州河陽縣第一埽河水湍猛，浸嚙民田，迫近州城。

欽宗

靖康間(1126 A.D.)陳留河決，四十餘日漕運不通，京師大恐。

計宋代泛濫六十三次：春四，夏十八，秋二十，冬四，不詳者十有七次。

金

世宗

大定十一年(1171 A.D.)河決王村，南京孟衛州界多被害。

十七年(1177 A.D.)七月，大雨，河決白溝。

二十年(1180 A.D.)河決衛州及延津京東埽，瀰漫歸德寧陵睢縣柘城等處。

二十一年(1181 A.D.)河移故道。

二十六年(1186 A.D.)八月，河決衛州堤，壞其城。

二十七年(1187 A.D.)二月，黃沁河溢。

章宗

明昌四年(1193 A.D.)六月，河決衛州，魏清滄皆被害。

五年(1194 A.D.)八月，河決陽武故堤，歷延津封邱溢入祥符。

金代泛濫共爲八次：計春一，夏一，秋三，不詳者三。

元

太宗

六年(1234 A.D.)河決於杞，遂分爲三，俗名三叉河，中流循城之北而東且南，即今之縣治後是也；北流決汴北堤而且東，即今俗稱沙河是也；南流循城西而且南，其跡半隱半現，不復可識。

世祖

至元元年(1264 A.D.)春三月，黃河水大溢，漂沒睢柘鹿各縣。

三年(1266 A.D.)河決義塘灣，通許被害。

九年(1272 A.D.)七月，衛輝路新鄉縣廣盈倉南河北岸決五十餘步，八月，又崩一百八十三步，其勢未已，去倉止三十步，圮田廬，害稼。

二十三年(1286 A.D.)夏四月，河決開封祥符陳留杞縣太康通許鄢陵扶溝洧川尉氏陽武延津中牟原武睢州十五處。

二十四年(1287 A.D.)三月，汴梁河水溢。

二十五年(1288 A.D.)五月，河決襄邑，漂麥禾；又河決汴渠，太康通許杞三縣陳潁二州皆被害。六月，霖雨，睢州河溢害稼；十二月，太康汴梁二路河溢害稼。是年汴梁路陽武封邱諸縣河決二十二所，漂蕩麥禾房舍。

二十七年(1290 A.D.)六月，河溢太康縣，沒民田。十一月，祥符縣義唐灣河決，太康通許二縣，陳潁二州均被害。

成宗

元貞元年(1295 A.D.)，河決寧陵。

二年(1296 A.D.)九月，河決杞縣封邱祥符寧陵襄邑五縣。十月，河決開封。

大德元年(1297 A.D.)三月，歸德睢州襄邑寧陵鹿邑開封許州臨潁郾城太康扶溝陳留杞縣等縣河水大溢，漂沒田廬。五月，河決汴梁。七月，河決杞縣蒲口。

二年(1298 A.D.)六月，河復決蒲口，凡九十六所，泛溢汴梁歸德二郡。七月，大雨，河決壞堤防，漂沒歸德寧陵數縣禾稼廬舍。

三年(1299 A.D.)五月，河決蒲口等處，浸歸德數郡。

七年(1303 A.D.)，河陽河溢。

八年(1304 A.D.)五月，河溢祥符太康陽武獲嘉滑濬。

九年(1305 A.D.)六月，汴梁陽武縣思齊口河決，徙道逼近汴梁，幾至浸沒。八月，歸德寧陵陳留通許扶溝太康杞縣河溢。七月，陳州之西華河溢。八月，歸德府陳州河溢。

武宗

至大二年(1309 A.D.)七月，河決歸德府灌夏邑城，該縣治遂移於黃塚集。

仁宗

皇慶元年(1312 A.D.)五月，歸德府睢陽縣河溢。

二年(1313 A.D.)六月，河決陳睢亳三州，開封府陳留等縣，沒民田廬。

延祐元年(1314 A.D.)六月，河決鄭州，圮汜水縣治。

七年(1320 A.D.)七月，河決滎澤塔海莊東十餘步，又決橫堤兩重數處，又決開封府蘇村及七里寺二處，又決汴梁原武，浸灌諸縣。

英宗

至治二年(1322 A.D.)正月，儀封縣河溢。

泰定帝

泰定元年(1324 A.D.)五月，河溢汴梁樂利堤。

二年(1325 A.D.)河溢，汴梁通許等十有五縣被災。七月，河決睢州。

三年(1326 A.D.)歸德府屬縣河決。七月，河決鄭州陽武縣，漂民舍萬六千五百家。

四年(1327 A.D.)六月，汴梁路河決。八月，扶溝蘭陽二縣河溢，漂居民千九百餘家，虞城縣河溢傷稼。十二月，夏邑縣河溢。

致和元年(1328 A.D.)三月，河決虞城碭山二縣。

文宗

至順三年(1332 A.D.)五月，睢州陳州蘭陽封邱諸縣河溢。

四年(1333 A.D.)六月，黃河大溢，河南水災。

順宗

元統元年(1333 A.D.)五月，陽武縣河溢害稼。六月，黃河大溢，河南水災。

至元元年(1335 A.D.)，河決封邱縣。

二年(1336 A.D.)五月，黃河復於故道。

三年(1337 A.D.)六月，大雨，黃河溢蘭陽尉氏歸德府，淹沒人畜廬舍甚衆。

至正四年(1344 A.D.)正月，河決汴梁。夏五月，大雨二十餘日，黃河暴漲，平地水深一丈許，北決滎澤境之白茅堤；六月，

5

又潰金堤，並河郡邑皆罹水患；歸德黃河亦暴溢，寧陵虞城夏邑鹿邑睢州考城柘城皆罹水患。

十一年（1351 A.D.）七月，河決歸德府永城縣，壞黃陵岡岸。

十六年（1356 A.D.），河決鄭州河陰縣，官署民居盡廢。

計元一代泛濫六十一次：春六次，夏二十六次，秋十六次，冬四次，不詳者九次。

明

太祖

洪武七年（1374 A.D.）夏五月，河決開封堤。

八年（1375 A.D.）正月，河決開封府大黃寺隄百餘丈。

十一年（1378 A.D.）十月，開封府蘭陽縣河決傷稼。十一月，開封府封邱縣河溢。

十四年（1381 A.D.）七月，河決原武祥符中牟諸縣。

十六年（1383 A.D.）六月，河溢滎澤陽武二縣。

十七年（1384 A.D.）八月，河決開封府東月堤，自陳橋至陳留橫流數十里；又決杞縣八巴河。

二十年（1387 A.D.），河決開封府城，自安遠門入，沒官舍廨宇甚衆。

二十三年（1390 A.D.）七月，河決歸德府鳳池，漂沒居民，夏邑永城更甚。

二十四年（1391 A.D.）三月，開封府陳留睢州歸德夏邑寧陵河水暴溢，被患者千三百七十四戶；未幾陳州項城亦告河溢。夏五月，河決原武之黑洋山，東經開封府城北五里，又南行至項城縣，經潁州潁上縣東至壽州至陽鎮全入於淮。

二十五年（1392 A.D.）正月，河決開封府之陽武縣，浸淫及於陳州中牟原武祥符蘭陽陳留通許太康扶溝杞縣十一縣。

三十年（1397 A.D.），河決懷慶府。八月，河溢開封府，城三面受水；十一月，南徙入陳州，項城舊城圮於水，民廬衝沒殆盡。

成祖

永樂二年（1404 A.D.）十月，河水溢於開封。

三年（1405 A.D.）二月，河決馬村堤。

五年（1407 A.D.）七月，黃河泛濫河南傷稼，扶溝等縣均被水。

六年（1408 A.D.）項城黃河汎漲，知縣彭仲恭憐民罹河患，乞分鄰境汝陽地居之。

七年（1409 A.D.）正月，陳州沖決城垣三百七十六丈，護城堤岸一千餘丈。

八年（1410 A.D.）五月至八月，淫雨，黃 7

河泛濫，壞開封舊城二百餘丈，被患者萬四千一百餘戶，沒田七千五百餘頃。

十年(1412 A.D)六月，陽武縣河決中鹽堤二百一十餘丈，漫流中牟祥符尉氏諸縣。

十二年(1414 A.D.)八月，河溢，壞開封府土城二百餘丈。閏九月，因河患，徙陳州馬驛於沙河北岸。

十三年(1415 A.D.)，黃沁河溢新鄉一帶，漂流居民，淹沒禾稼，壞衛輝兌軍倉糧，遂移倉所於大名小灘鎮。

十四年(1416 A.D.)七月，河決開封等府十四州縣。

二十二年(1424 A.D.)九月，河溢祥符陳留鄢陵太康陽武原武諸縣。

宣宗

宣德元年(1426 A.D.)七月，黃河溢開封府之鄭州及陽武中牟祥符蘭陽滎澤陳留封邱鄢陵原武九縣，漂沒廬舍田稼。

三年(1428 A.D.)九月，河溢開封府之鄭州祥符陳留滎陽滎澤鄢陵杞縣中牟洧川，漫流及尉氏爲災，由陳州至項城淹沒城郭民廬殆盡，改遷縣城。

六年(1431 A.D.)開封府祥符中牟尉氏扶溝太康通許陽武夏邑八縣，黃水冲決堤岸，淹沒民田。

英宗

正統元年(1436 A.D.)七月，河決開封府堤岸，傷稼。

二年(1437 A.D.)九月，開封府陽武滎澤三縣秋雨河漲，決堤岸三十餘丈。

三年(1438 A.D.)七月，開封府陽武縣河決。

四年(1439 A.D.)六月，淫雨，開封河漲，漂居民，傷稼。

八年(1443 A.D.) 七月，久雨，黃汴二水溢，壞堤堰甚多。

九年(1444 A.D.)七月，開封河溢。

十年(1445 A.D.)九月，河決金龍口陽穀堤張家黑龍廟口。十月，睢州祥符杞縣陽武原武封邱陳留河決，淹沒民田無算。

十二年(1447 A.D.)七月，河決滎澤，經開封西南，歷陳杞亳入淮。

十三年(1448 A.D.)五月，河決陳留縣金村堤及黑潭南岸，既築復決。七月，河決河南新鄉之八柳樹口，又決滎澤，陳州災。

代宗

景泰四年(1453 A.D.)六月，河決原武。

六年(1455 A.D.)六月，河決開封府高門堤二十餘里。

英宗

天順元年(1457 A.D.)三月，祥符縣護城大堤衝決千餘丈。十月，黃河泛濫原武滎澤二縣，田禾淹沒。

二年(1458 A.D.)開封府所屬祥符等縣河水

沒民田一千六百三十二頃。

四年(1460 A.D.)六月，雨，河溢，決堤，傷稼。

五年(1461 A.D.)六月，霖雨，黃河漲，七月初四日決汴梁土城，初六日復決磚城北門，城中水深丈餘，官舍民居一空，藩府宮眷各乘筏避城外高處，民死者無算。九月，雨彌旬，河溢，渰中牟城及聖水畝德原敦大郭等里，民田坍塌二百十七頃五十六畝。是年，河自武陟徙至原武，而獲嘉縣之流絕。

憲宗

成化十三年(1477 A.D.)，河決杞縣，過睢州，衝入城垣，官廨民舍，蕩析無餘。

十四年(1478 A.D.)春，河決祥符縣杏花營，扶溝等處大水。七月，河決延津西稟村，泛濫七十餘里。九月，黃水冲決開封府護城堤，居民被災者五百餘家。

十五年(1479 A.D.)河自延津南徙入封邱，而延津遂無河。

十八年(1482 A.D.)五月，河溢開封府州縣，沒禾稼，由通許縣北李道崗直趨太康，新鄉亦遭河溢，漂沒田禾，溺人畜甚衆。

二十三年(1487 A.D.)河徙於汴之北，自朱仙鎮分流，經通許縣西四十里，復匯於扶溝。

孝宗

弘治二年(1489 A.D.)五月，河決開封府黃沙崗蘇村野場，至洛裏堤蓮池高門崗王馬頭紅船灣六處，又決埽頭五處，入沁河，郡縣多被害，而汴梁尤甚；時議遷汴城以避水患。是年，復決金龍口，東北至張秋入運河，而江荊口幷陳留通許二縣俱淤。

是年　河決支流爲三：其一，決封邱金龍口，漫於祥符長垣，下曹濮，冲張秋；其一，出中牟下尉氏；其一，泛濫於蘭陽儀封考城歸德，以至宿遷。命刑部尙書白昂治之，役丁夫廿五萬，遂塞金龍口，於滎澤開渠導河，由陳頴至壽州達於淮，又築渠堰於徐兗瀛滄間以殺水勢。

四年(1491 A.D.)十月，黃河溢，又決蘭陽。

五年(1492 A.D.)河溢汴梁之東，蘭陽鄆城諸縣皆被其患；又決金龍口，東注潰黃陵崗，下張秋，侍郎陳政督夫九萬治之，弗績。

六年(1493 A.D.)夏，河決黃陵崗，又中牟縣城被黃河水灌。

十一年(1498 A.D.)河決夏邑縣北，經永城太邱回村集，逕蕭縣出徐州小浮橋。

十三年(1500 A.D.)河決李家楊家等口，

9

	橫流曹單等處。
	十五年（1502 A.D.）六月，河決商邱，水入城，公私廨舍蕩然無餘。
	十九年（1506 A.D.），河決睢州之野雞崗由汴河入淮，於是開李景高口支河，引水出徐；閱二年復淤。
武宗	正德四年（1509 A.D.），河溢皮狐營，北徙至儀封小宋集而決黃陵岡埽壩，溢入賈魯河，敗張家口等處縷水小隄，循運河大堤東南行，而賈魯河下流淤塞，亦出張家口合而南注。
	八年（1513 A.D.），河決黃陵岡。
世宗	嘉靖九年（1530 A.D.），中牟河水泛濫，城西田盡沒。
	十一年（1532 A.D.）六月，河溢，孟津縣城圮。
	十六年（1537 A.D.）夏六月，河決商邱，泛溢於城下；遷夏邑縣城，以避水患。九月，黃河水溢，尉氏城外郊野不浸者僅五六里。
	十七年（1538 A.D.）河水決入柘城境，渰沒禾稼。
	十九年（1540 A.D.）河決野雞崗，由渦河經亳州入淮，二洪大涸。
	二十一年（1542 A.D.）河決野雞崗，入睢境二十餘里，民被衝者萬衆，溺死無計，浸城丈餘，凡縣治學宮公署皆倒沒，黃河圍城而流。
	二十二年（1543 A.D.），河決寧陵，漂沒民居。
	二十四年（1545 A.D.），河決野雞崗，南至泗州，合淮入海。
	二十五年（1546 A.D.），河決睢州。
	二十六年（1547 A.D.），河南徙，決睢州官亭，繞州城堤；癸卯，決白家口，直衝州堤，西北幾陷。
	三十二年（1553 A.D.），河決原武朱家莊，水至護城堤。
	三十三年（1554 A.D.），河潰原武張家莊堤。
	三十六年（1557 A.D.），原武判官村河決。
	三十七年（1558 A.D.）七月，河決商邱，傷禾。
	三十八年（1559 A.D.）七月，河決商邱，傷禾；扶溝黃河潰溢，禾盡渰。
神宗	萬曆元年（1573 A.D.）八月，河漲澠池縣張戍口，深五丈。
	四年（1576 A.D.）河潰原武劉務村堤。
	五年（1577 A.D.）八月，河決祥符劉獸醫口。

七年 (1579 A.D.)，河決原武。

十五年 (1587 A.D.)，陝州靈寶等州縣霪雨河漲，冲決堤岸，漂沒人畜。時黃河漫流，自開封府封邱及東明長垣各縣多冲決。決祥符縣劉獸醫口，又決蘭陽銅瓦廂，柘城境內大水，灝蕩瀰望，人畜逃死過半，樹皮草根，剜掘殆盡。又決封邱荆隆口，河水丈餘　夜半突至，聲如巨雷，直泊城下，全城幾沒。水之至凡三閱月乃堰決口，壞民田廬舍幾盡。

十七年(1589 A D.)六月，河決劉獸醫口，又浸出李景高口新堤，又冲入夏鎮內，沒壞田廬，溺死居民甚衆，其餘或水與堤平，或堤不沒者尺許。

二十九年(1601 A.D.)九月，河決蕭家口等處百餘丈，商邱虞城被淹沒；又決祥符槐疙疸岡。

三十年1(602 A.D.)，河決單縣蘇莊，水漂蕩夏邑田廬，入城，城內行舟。

三十一年 (1603 A.D.)，河決歸德府，口廣八十餘丈，而新開河僅三十丈，水不能容　下流淤淺，水道四溢，因漲冲魚臺單縣豐沛間。

三十二年 (1604 A.D.)，河溢商邱。

三十三年 (1605 A.D.)，河決王家口，渰柘城田廬。

四十一年 (1613 A.D.)，河決周家口，冲毀淮陽等縣廬墓，渰沒人畜甚衆。

四十三年 (1615 A.D.) 八月，河決陶家店張家灣。

四十四年(1616 A.D.)，河決祥符狼城崗。

四十七年(1619 A.D.)九月，河決脾沙岡，水向封邱曹單至考城，復入舊河。

莊烈帝崇禎四年 (1631 A.D.) 夏，河決原武湖村舖，又決封邱荆隆口。

五年(1632 A D.)六月，河決孟津口，橫浸數百里；中牟亦決口，水入城數日，至洧川汎濫滔天，城內民舍俱圮，田禾湮沒殆盡；尉氏平地水深二丈，岡阜渰沒；鄢陵城不浸者數版；扶溝亦大水。

九年 (1636 A.D.)，河決祥符黑崗。

十五年(1642 A.D.)九月，闖賊令其將黑蛇劉都古決破朱家寨，衝破汴城北門，城內之水，幾與城平，民盡溺死；水由曹宋二門而出，狂流南奔，遂潰睢縣新西門堤口；又決右翼門入新城，新城水滿；復由水門入舊城，官舍民廬廟刹學宮咸付洪波。

總計明一代黃河在豫泛濫共百二十一次：計春八次，夏二十五次，秋三十五次，冬七次，不詳者四十六次。

清	
世祖	順治元年(1644 A.D.)夏，黃河自復故道。秋，温縣河北堤塌三十里，村落盡沒。 二年(1645 A.D.)，河決考城縣之流通口，次年塞之。 三年 (1646 A.D.)，流通口決，水北徙午溝。 五年(1648 A.D.)，河決蘭陽。 七年(1650 A.D.)，河決封邱朱源寨，封邱全淹。 九年(1652 A.D.)，河決封邱大王廟口，冲毀封邱城；又決祥符之朱源寨。全河北徙，浚支河以分之，越五載始復舊。 十一年(1654 A.D.)，河趨陽武縣西南潭口寺，勢與堤平，畚鍤逾兩月始息。 十四年(1657 A.D.)，河決祥符之槐疙疸；陳留黃河南徙老岸，衝決孟家埠口，遂於堤南築縷水月堤。 十五年(1658 A.D.)五月至九月，水越月堤冲逃堤；又決陽武慕家樓。 十七年(1660 A.D.)，河決陳州郭家埠，又決虞城之羅家口，又決祥符槐疙疸。
聖祖	康熙元年(1662 A.D.)六月，開封黃練口河決，祥符中牟陽武杞縣通許尉氏扶溝七縣，田禾盡被淹沒，而中牟城西南北三面皆水，扶溝遍地行舟。 三年(1664 A.D.)，河決杞縣。 四年(1665 A.D.)七月，河決考城虞城永城夏邑等縣，廬舍田禾多被淹沒，水薄永城外部。 十一年(1672 A.D.)，虞城黃河水溢。 二十四年(1685 A.D.)六月至七月，大雨，西華河水溢，決堤害稼。 二十七年 (1688 A.D.)，孟縣黃河水溢決堤，漂沒良田；及水退，田盡變沙鹵。 二十八年(1689 A.D.)亦如之。 三十五年(1696 A.D.)，移滎澤於滎陽郡舊址，以避水患。 四十二年(1703 A.D)夏，西華河水溢。 四十八年(1709 A.D.)六月，大雨，河漲，漫溢蘭陽縣北岸雷家集堤工二十六丈，儀封縣北岸洪邵灣堤二十一丈，水驛堤斷口四十三丈八尺，張家莊堤斷口二十五丈。 五十七年(1718 A.D.)河溢武陟何家營，經流原武縣北。 六十年(1721 A.D.)八月，河決懷慶府武陟縣之詹家店馬營口魏家口等處，陽武境夾堤內遍地行舟，並流直注滑縣。 六十一年(1722 A.D.)正月十九日，河水

溢，水復漫漲，釘船𦨭南垻尾接至秦家廠，子堰決斷二十餘丈；又將新築月堤塌斷，水由李先鋒莊垻下，直過馬營口堤，至十八日決開二十餘丈，水深溜急，無可堵塞。

世宗

雍正元年(1723 A.D.)六月十一日夜，風雨大作，水溢中牟縣十里店大堤，漫口十七丈，婁家莊前大堤，漫口八丈，水由劉家莊南入賈魯河。又沁黃交漲，由懷慶府地方姚其營漫汗而出，水與堤平，決梁家營二舖營土堤，及詹家店馬營月堤，接連滎澤之遙堤格堤，漫坍八處，溢河陰縣之倉頭，由原武舊河奔流至七十餘里，遇高阜之處而止。九月二十一日，狂風水湧，決鄭州來童寨民堤二處，兼有鄭民愰挖陽故堤放水，以致大溜頂冲，將中牟縣楊橋後官堤漫開十餘丈，尉氏洧川秋禾盡淹，路斷行人；扶溝太康西華均大水；商水縣沙河以北莊村被衝沒者十之六七，淹死居民不可勝數。

三年(1725 A.D.)七月，河決儀封之大寨，蘭陽之板廠，決口各十餘丈。

七年(1729 A.D.)黃河溢孟縣，所衝決者五村。

八年(1730 A.D.)六月，十四日至十六日，大雨，河水陡漲，大溜頂冲祥符縣南岸程家寨月堤，漂走四埽，堤工坍塌過半。

十一年(1733 A.D.)七月二十日，大風雨，河水漲溢，漫決陳留縣七堡九堡。

高宗

乾隆元年(1736 A.D.)黃河水溢，至商水縣沙河北東西馬坡。

四年(1739 A.D.)孟縣河水溢漲，富家莊全塌沒。

十六年(1751 A.D.)六月二十五日，温縣河溢，漂圮田廬無算。八月，決陽武縣，又決祥符朱水，自十三堡口門，經太行堤分爲二道，自口門沿堤東流分入延津封邱二縣之渠，復合於封邱之居廂渠，至鐵鑪莊分爲二股，一股從太行堤之王家堤口入直隸，一股由太行之大册口入直隸界。

十八年(1753 A.D.)九月，河決陽武，滑縣被水。

二十六年(1761 A.D.)秋，沁黃並漲，水勢異常，北岸武陟滎澤陽武祥符四汛，漫決內外堤十五處；南岸決中牟陽橋，口門初止六十丈，滌蕩至二百餘丈，視前此南河之朱家海張家馬路，蓋三倍而贏，奪大流，正河乾涸；通許平地水深七八尺，城門土淹，往來通舟楫，至十二月水患乃平；柘城城西水深丈餘，村舍淹沒，舊城 13

西門冲決，甎城幾不能保；太康平地水深數尺；扶溝尉氏等縣均大水。

四十三年(1778 A.D.)閏六月，祥符縣河溢；七月，儀封十六堡河決。

四十六年(1781 A.D.)七月，祥符縣焦橋，儀封縣曲家樓河決，冲沒考城縣城。

四十八年(1783 A.D.)，河決宋家堂，經寧陵北中和崇義長樂三鄉入商邱。

四十九年(1784 A.D.)八月，睢州河溢。

五十一年(1786 A.D.)，河決睢州龍門塞而南，湮沒田廬人畜，數無可考。

五十二年(1787 A.D.)六月，睢州下汛十三堡河溢。

五十三年(1788 A.D.)夏，孟縣河水大漲，中潬中斷，遂成大小二潬。

五十五年(1790 A.D.)夏，孟縣河水復漲，踰護城堤至南門外，淹沒民舍。

仁宗

嘉慶三年(1798 A.D.)九月，睢州上汛河溢，決高小寨，州城正當其衝，水自北門入，由南右光門左光門出；太康城東被水災。

四年(1799 A.D.)，河決儀封。

八年(1803 A.D.)，河決祥符六堡。

九年(1804 A.D.)，封邱縣衡家樓河決。

十六年(1811 A.D.)，河決桑堤口，永城迤北當其冲，淹沒田禾人口。

十八年(1813 A.D.)九月，睢州下汛二堡決，水向南流，州城東北黨集等處正當其衝；柘城之開荒店胡襄集扈家集，俱在大洪中；寧陵全縣被災，城潰，人民死者無數；夏邑亦被災。

十九年(1814 A.D.)六月一日，河水溢，城東一帶被害。

二十四年(1819 A.D.)，河決祥符青堈堆，水及護城堤內，城壕皆滿，旋經堵塞；又決睢州南岸，又中牟十里店河口漫溢。七月二十六日，黃水漫溢，太康城東一帶被淹，扶溝淮陽大水。

二十五年(1820 A.D.)，儀封三堡復漫口。

宣宗

道光十五年(1835 A.D.)秋七月，黃河南溢河陰倉頭。

二十一年(1841 A.D.)，水漲異常，入伏尤甚。六月十六日，黎明，決南廳祥符汛三十一堡。堡在府城西北十餘里，其地東高西下。水由西至張家灣折而東，壞護城堤，由閆門莊分三股，直注城下南門，暨東南隅涵洞，由南門溢入，分東西二股。西由城根注西南坡，經臬署撫署城隍廟行宮，逾西北至龍亭滿營，與東水合。東由城根入蔡河，折而東北，逾宋門曹門，經縣學梓潼閣司侑倉相國寺七神廟眼光廟三官廟鐵塔寺，至北門與西水合。深及丈餘，廬舍湮沒，人皆露宿城上，肆市盡閉，物價騰貴，有力者買舟逃去，然遇梢杪而覆溺者極多。二十三日水愈大，環城巨浪澎湃，聲若雷鳴，人民震駭。巡撫牛鑑日夜上城搶護，挨城下埽，拆孝嚴寺鐵塔寺校場貢院磚，掘公寓假山石，棚板街石板，拋城下堵之；不足，則收買民間磚石，或毀小巷民居。城浸久，坍塌動逾數十丈。危急時巡撫跪泥中，籲天號泣，大呼百姓助我，衆見之皆泣，集者萬餘人，各攜葦箔秫稭布袋蒲包各物，極力堵塞，城始獲全。

二十三年(1843 A.D.)七月，中牟河廳九堡漫口，漫入祥符縣朱仙鎭，徧及堤外，西南尤甚，由朱仙鎭起旁流直至城下數十里，田舍淹沒；賈魯河亦淤，商賈舟楫不通，水落後淤積愈甚，境中沃壤悉變爲沙滷之區；又河陰黃河南溢倉頭灘，田盡變爲沙；扶溝等縣均大水。

文宗

咸豐五年(1855 A.D.)六月，下北廳蘭陽汛銅瓦箱三堡漫口，溢入封邱祥符陳留數縣，河流遂北徙，由淸河入海。

穆宗

同治五年(1866 A.D.)七月，胡家屯河溢。

七年(1868 A.D.)七月，河決滎澤之房莊，口門二百餘丈，溢入鄭州，沿河六堡，廬舍盡沒；中牟祥符陳留杞縣淮陽均大水。

德宗

光緒十三年(1887 A.D.)，鄭州下汛十堡石橋河決，口門五百四十七丈，經馬渡郭壋口來童塞黃崗廟劉江等村入中牟界，祥符尉氏陳州扶溝寧陵商水鹿邑四十餘州縣盡成澤國。

二十七年(1901 A.D.)六月，考城新堤被水冲決，堤東各村盡成澤國，縣城被水包圍，幾與垣齊，城外各莊村舍漂沒，人民淹斃無算。

計淸一代在豫共泛濫七十三次：春一次，夏十九次，秋二十三次，不詳者三十次。

民國肇造迄今，雖封滑等縣常被其災，然大都係受冀境決口影響；在豫出險，僅十八年中牟下汛二堡決口，及二十二年蘭封之四明堂蔡村舖決口而已。

二四，四，二八，於開封。

華夷圖跋

顧廷龍

圖云，『四方蕃夷之地，唐賈魏公圖所載凡數百國，今取其著聞者載之』。按唐書藝文志，『賈耽地圖十卷，又皇華四達記十卷，古今郡國縣道四夷述四十卷』，今皆不傳。惟唐書地理志末附有邊州入四夷道里記，所存僅此。是圖多及宋朝通貢之語，當為宋時所繪，疑即以賈圖為本。觀圖中四京獨無西京，而曰河南。按宋史地理志謂『西京，顯慶間為東都，開元改河南府，宋為西京』。意者此圖之未改，固尚仍唐舊也。

圖又云，『夏國自唐拓跋思恭賜姓李氏，宋端拱初賜以國姓，至寶元六年元昊始僭號』。攷吳廣成西夏書事，『景祐四年，元昊大慶元年，春正月，始制蕃書改元。寶元元年，夏大慶二年，冬十月，元昊稱帝建國，號大夏；改元天授禮法延祚。寶元二年，夏天授禮法延祚二年，春正月，遣使以稱帝入告』。按宋史仁宗本紀，改元寶元僅二歲，又改康定。本紀亦載『寶元二年，癸丑，趙元昊表請稱帝改元』。是元昊僭號，乃寶元也。圖云六年，當為譌記。竊疑元昊僭號，發端實在景祐四年，當遼之重熙六年，殆此圖作者將宋元誤繫於遼年乎？圖于契丹稱即今大遼國，或即謂為遼人所繪。紀年之誤，疑亦由此。圖文紀及遼夏，未嘗言金，是必金建國前之圖版也。

世本居篇合輯

孫海波

海波按：史記吳世家，魏世家索隱，水經注，太平御覽等書俱引世本，有居篇。

帝都

黃帝都涿鹿。（路史後紀注）

涿鹿在彭城，黃帝都之。（御覽一百五十五）

宋忠云：『涿鹿在彭城南』。（後漢書郡國志注。王應麟地理通釋引世本「彭」作「鼓」。）

史記五帝本紀：『而邑于涿鹿之阿』。

張澍曰：『太平御覽又引世本云：「今上谷北有彭城，非宋彭城也」。當係宋仲子注文。路史引云：「涿鹿在彭城東，有阪泉」。宋注「南」字誤』。

饒內，舜所居。（困學紀聞二）

舜居嬀汭。（水經漢水注）

嬀虛在西城西北，舜之居。（漢書地理志應劭注，路史國名紀）

茆泮林云：『路史國名紀引「嬀虛在西城西，舜居」。又引「嬀虛，舜所都，在西城」。地理通釋云：「世本，舜居饒內，在漢中西城，或言嬀墟在西北，舜所居也」。又云：「通典金州西城縣有嬀墟，帝王世紀謂之姚墟，世本曰饒汭，古文尚書周語嬴內音嬀汭」，然則世本文當作饒內矣』。

海波按：孟子離婁篇云：『舜生于諸馮，遷于負夏，卒于鳴條，東夷之人也』，五帝本紀：『舜，冀州之人也』，幷與世本之言不應。此言『居潙汭』者，蓋後人因緣書『釐降二女于嬀汭』之文爲之。

禹都咸陽，及後乃徙安邑。（禮記緇衣正義）

禹都陽城。（漢書地里志臣瓚注。御覽一百五十五引「夏后居陽城，本在大梁之南」。地理通釋引同。）

又都平陽，或在安邑，或在晉陽。（史記封禪書正義）

海波按：禹都陽城，世本以降無異說。惟皇甫謐帝王世紀謂夏都安邑，酈道元水經注從之，于是始有禹都安邑之說。禮記緇衣正義引世本『禹都咸陽（疑卽陽城之譌），及後乃徙安邑』。此孔氏隱括世本之言爲之，本不足據。而金鶚南因之，遂謂禹都有二：始都陽城，即避舜子處以爲都；後都安邑，乃從堯舜所居之方（見禹都考）。竊嘗考之，殆未然也。夏代都邑之傳說，皆在河南而不在冀州，求之載籍，其證有五。史記夏本紀：『舜崩，三年喪畢，禹辭避舜之子商均於陽城』。劉熙曰：『今潁川陽城是也』。趙岐孟子注：『陽城在嵩山下』。括地志：『嵩山在陽城縣西北二十三里』。又『益讓帝禹之子啟而避居箕山之陽』。括地志云：『陽城縣在箕山北三十里』。觀禹益所避之地，則知禹都距陽城箕山必不甚遠。豈有禹都晉陽而益遠避于河南箕山之理乎？此一事也。又云：『太康失國，昆弟五人須于洛汭，作五子之歌』，是太康之立當在河洛之間。左傳襄公四年，魏絳曰：『昔夏之方衰也，后羿自鉏遷于窮石』，鉏在河南滑縣境。晉地志云：『河南有窮谷』。是鉏與窮石二地皆在河南。傳云：『自鉏遷于窮石，因夏民以代夏政』，則夏都之在河南可知。不然，后羿既遷河南矣，何以反之晉陽而代夏政乎？此二事也。左傳哀四年，伍員曰：『昔者有過澆殺斟灌以伐斟鄩，滅夏后相。后緡方娠，逃出自竇，歸于有仍，生少康焉；爲仍牧正，惎澆能戒之。澆使椒求之，逃奔有虞。……遂滅過戈，復禹之績』。夫以后緡方娠而逃，去國必不能遠。今按虞縣在河南歸德境，僖二十三年，齊侯伐宋圍緡，緡爲宋近郊之邑，當在睢杞之間。杜云：『戈爲宋鄭閒隙地』。以今地輿言之，皆在黃河之南，禹之國都當與仍緡虞戈諸國相錯，何以能遠在山西之晉陽。此三事也。汲冢古文云：『禹元年居陽城。（今本竹書作「居冀」，非是。）帝癸十三年遷于河南』。逸周書：『自洛汭延于伊汭，居易無固，其有夏之居』。雒汭，洛水入河處，今在河南鞏縣北。伊汭，伊水入洛處，今在偃師縣西。括地志：『故鄩城在洛南鞏縣西五十八里，蓋桀所居也』。吳起對魏武侯曰：『夏桀之居，左河濟，右太華，伊闕在其南，羊腸在其北』，皆指河南而不指安邑。要之，湯都在河南不在冀州；桀都近洛汭不在安邑。此四事也。（湯伐夏于鳴條，諸說即安邑之鳴條亭。金鶚桀都安邑辨，指鳴條即陳留之平邱鳴條亭，其說甚辨。）又觀武王克商之際，先聖宗嗣之封，必使居其故都，奉厥禋祀，若武庚之于殷，微子之于宋，黃帝之後于祝，帝堯之後于薊，帝舜之後于陳，世爲客卿，用饗王室。乃獨封大禹之後于杞，而不及晉陽安邑之境，是非當時夏都之傳聞在河南而不在冀州之一確證乎？此五事也。由是觀之，則知禹都陽城之說，較徙安邑，于義爲長矣。近人多謂禹都安邑而不及陽城，故辨證之。

殷

契居蕃。（水經渭水注，御覽一百五十五，路史後紀注，地理通釋）

王國維曰：『疑即漢志魯國之蕃縣，觀相土之都在東岳下可知』。海波按：一統志：『蕃故城今滕縣治，滕國故城在縣西南十四里』。

昭明居砥石。（書帝告序正義，路史後紀注，地理通釋）

復遷商。（路史後紀注）

荀子成相篇：『契玄王，生昭明，居于砥石遷于商』。

相徙商邱，本顓頊之虛。（御覽一百五十五）

宋衷曰：『相土就契封于商』。（史記殷本紀集解）

左傳襄九年：『陶唐氏之火正閼伯，居商邱，祀大火，而火紀時焉。相土因之，故商主大火，是爲商邱』。

太甲從上司馬，在鄴西南。（御覽一百五十五引帝王世紀轉引世本。從乃徙之譌。）

周

武王在酆鄗。（文選西都賦注。路史國名紀注云：「鎬，世本作鄗」。）

史記周本紀：『明年，伐崇侯虎而作豐邑，自岐下而徙都豐。明年，西伯崩，太子發立，是爲武王』。

徐廣曰：『豐在京兆鄠縣東，有靈臺。鎬在上林昆明北，有鎬池，去豐二十五里。皆在長安南數十里』。

懿王徙于犬邱。（詩小雅譜正義，御覽一百五十五）

宋衷曰：『懿王自鎬徙都犬邱，一曰廢邱，今槐里是也』。（史記周本紀索隱）

史記周本紀：『懿王之時，王室遂衰，詩人作刺』。

漢書匈奴傳：『懿王時，王室遂衰，戎狄相侵，暴虐中國。中國被其害，詩人始疾而歌之曰：「靡室靡家，玁狁之故。豈不日戒，玁狁孔棘」』。

又地理志右扶風槐里下云：『周曰犬邱，懿王都之。秦更名廢丘。高祖三年更名』。

厲王淫亂出于彘。（御覽一百五十五）

左傳昭二十六年：『萬民弗忍，居王于彘』。

國語周語：『厲王虐，國人謗王。……三年，乃流王于彘』。

又：『榮公爲卿士，諸侯不享，王流于彘』。

周本紀：『三年，乃相與畔襲厲王，厲王出奔于彘』。

海波按：韋昭曰：『彘，晉地，漢爲縣，屬河東，今曰永安』。括地志云：『晉州霍邑縣本漢彘縣，後改彘曰永安』。今山西霍縣有彘城，元和志謂即周厲王所奔之地。

平王即位徙居洛。（御覽一百五十五，玉海十六）

周本紀：『平王立，東遷于雒邑，辟戎寇』。

敬王東居成周。（御覽一百五十五，玉海十六）

宋衷曰：『洛誥所謂「新邑」也』。（同上）

春秋經昭二十二年：『王居于狄泉』。

又昭二十六年：『冬十月，天王入于成周』。

周本紀：『敬王元年，晉人入敬王。子朝自立，敬王不得入，居澤。四年，晉率諸侯入敬王于周』。

海波按：周即成周，周之下都，在王城之東，敬王徙都于此，今洛陽故城是也。

赧王又徙居西周。（御覽一百五十五，玉海十六）

海波按：周本紀：『王赧時，東西周分治，王赧徙都西周』。正義曰：『敬王從王城東徙成周，十世至王赧，從成周西徙王城，西周武公之居焉』。索隱：『西周，河南也。東周，鞏也』。

西周桓公名揭，居河南。東周惠公名班，居洛陽。（史記周本紀索隱，戰國策吳師道補注，地理通釋）

吳

吳孰哉居藩離。（史記吳世家集解，地理通釋）

宋衷曰：『孰哉，仲雍字。藩離，今吳之餘暨也』。（同上）

孰姑徙句吳。（史記吳世家索隱，文選魏都賦注，地理通釋）

宋衷曰：『句吳，太伯始所居地名』。（史記吳世家集解，又索隱，地理通釋）

4

注：『孰姑，壽夢也。句吳，太伯始所居地名』。（文選魏都賦注）

史記吳世家：『太伯之犇荆蠻，自號句吳』。

司馬貞曰：『此言自號句吳，吳名起于太伯，明以前未有吳號。地在楚越之界，故稱荆蠻。顏師古注漢書，以吳言「句」者，夷語之發聲，猶言「于越」耳。此言句吳，當如顏解，而注宋衷以爲地名者，系本居篇云：「孰哉居蕃離，孰姑徙句吳」，宋氏見史記有太伯自號句吳之文，遂彌逢解彼云：「是太伯始所居地名」。裴氏引之，恐非其義。蕃離既有其地，句吳何總不知眞實。吳人不聞別有城邑曾名句吳，則系本之文或難依據。吳地記曰：「泰伯居梅里，在闔閭城北五十里許」』。

諸樊徙吳。（史記吳世家集解）

魯

魯周公居少昊之墟。（詩地理考五）

煬公徙魯。（史記魯世家集解，詩地理考五）

宋衷曰：『今魯國』。（同上）

海波按：魯世家：『周公卒，子伯禽固已前受封，是爲魯公。……伯禽即位之後，有管蔡等反也，淮夷徐戎亦竝興反，于是伯禽率師伐之于肸。……遂平徐戎，定魯。魯公伯禽卒，子考公酋立。考公四年卒，立弟，是謂煬公』。据此，則周公之時，伯禽已就封于魯，世本不得云『煬公徙魯』。攷世家『伯禽就封之始，有淮夷徐戎之患；伯禽率師伐之于肸』。『肸』，尙書作『費』，孔安國曰：『魯東郊地名也』。疑伯禽伐淮夷徐戎時，曾居于肸；隸煬公之世，夷戎之亂既平，故始由肸返魯，不得云『煬公徙魯』也。

燕

召公居北燕。（史記燕世家集解，御覽一百五十六引「燕，幽州都北燕」。）

宋衷曰：『有南燕，故云北燕』。（同上）

史記燕世家：『周武王之滅紂，封召公于北燕』。

張澍曰：『括地志：「燕山在幽州漁陽縣東南六十里」。國都城記：「地在燕山之野，故國取名焉」。輿地廣記：「武王封帝堯之後于薊，又封召公于北燕，其後燕國都薊」。詩補傳云：「薊後改爲燕，猶唐之爲晉，荆之爲楚。或曰，黃帝之後封于薊者已絕，成王更封召公奭于薊爲燕。司馬溫公云：「春秋時北燕至微，區介蠻貊，不與中國會盟。太史公世家以姞姓之燕仲父伐周惠王者爲北燕，誤矣」』。

燕桓侯徙臨易。（史記燕世家集解）

宋衷曰：『今河間易縣是也』。（同上）

張澍曰：『水經注：「易水又東逕易縣故城南，昔燕文公徙易，即此城也」，是徙易者非桓侯矣。桓侯父宣侯，子莊公』。

桓侯又居新鄙。（路史國名紀）

張澍曰：『呂氏春秋有揚鄙宜，即此地。「居」，路史引世本作「又君新鄙，商世侯國，不知其姓」。「居」作「君」，誤』。

蔡

蔡叔居上蔡。（書蔡仲之命正義，史記管蔡世家集解，詩地理考）

上蔡也。九江有下蔡，故稱上。（水經汝水注。水經注本引世本文，以其文義似注，今列於此。）

海波按：管蔡世家：『封叔度于蔡』。今河南汝寧府新蔡縣故蔡城，相傳叔度所封。考之史記，武王克殷，使其弟管叔鮮，蔡叔度，相紂子武庚祿父治殷，並未言封蔡之事。且上蔡距殷墟約千里，武王之世，殷尚未平，上蔡並非周之版圖，武王烏得而封之！不辭甚矣。

胡徙居新蔡。（史記管蔡世家集解，詩地理考）

宋衷曰：『胡徙居新蔡（書正義，史集解並同），以奉叔度祀（從水經汝水注增），故名其地爲新蔡，王莽所謂新遷者也』。（二句引見水經汝水注。）

史記管蔡世家：『蔡叔度既遷而死，其子曰胡，胡乃改行率德，馴善。周公聞之，而舉胡以爲魯卿士，魯國治。于是周公言于成王，復封胡于蔡，以奉蔡叔之祀，是爲蔡仲』。

平侯徙下蔡。（依史記管蔡世家索隱增。）

宋衷曰：『平侯徙下蔡』。（史記管蔡世家集解，索隱同。案索隱云：「今世本無者近脫耳」。則宋注此句當是原文。）

張澍曰：『按歐陽忞云：「平侯自上蔡徙都新蔡」。史記正義引宋忠云：「平侯徙下蔡」。酈道元曰：

「春秋外傳云：「當成周時，南有荆蠻申呂姜姓矣」。蔡平侯始封也」』。

梁玉繩曰：『集解引宋忠謂胡徙新蔡，平侯徙下蔡，誤甚。蔡本都于上蔡，平侯徙新蔡，至昭侯遷州來，乃下蔡也』。

昭侯徙州來。（路史國名紀）

張澍曰：『羅泌云：「昭侯徙此，號下蔡」。欒史云：「下蔡有二處，水經淮水東岸一城即下蔡，新蔡二城對據是也」』。

晉

唐叔虞居鄂。（史記晉世家集解，路史國名紀）

宋衷曰：『鄂地今在大夏』。（晉世家集解）

史記晉世家：『唐在河汾之東百里，故曰唐叔虞』。

張守節曰：『括地志云：「故鄂城在慈州昌寧縣東二里」。按與絳州夏縣相近。禹都安邑故城在縣東北十五里，故云在大夏也。然封于河汾二水之東方百里，正合在晉州平陽縣，不合在鄂，未詳也』。

衛

康叔居康，由康徙衛。（詩地理考）

7 康叔封衛。（北堂書鈔四十七）

宋衷曰：『今定昌也（史記衛世家索隱）。康叔從康徙封衛，衛即殷墟定昌之地。畿內之康，不知所在也』。（史記衛世家索隱，詩地理考）

史記衛世家：『衛康叔名封，周武王同母少弟也。……以武庚殷餘民封康叔爲衛君，居河淇間，故商墟』。

海波按：史記正義：『故康城，洛州陽翟縣西北三十里』。洛陽記云：『是少康之故邑，康叔所居』。衛城在衛州衛縣西二十里，本朝歌邑，殷都也。今河南淇縣朝歌故城，康叔封此。

成公徙居帝丘。（漢書地理志注）

成公徙濮陽。（史記衛世家集解）

宋衷曰：『濮陽，帝丘地名』。（同上）

左傳僖三十一年：『狄圍衛，衛遷于帝丘』。

漢書地理志：『東郡濮陽，衛成公自楚丘徙此。故帝丘，顓頊虛』。

鄭

鄭桓公封棫林。（左傳昭十六年正義）

桓公居棫林徙拾。（史記鄭世家索隱）

宋衷曰：『棫林與拾皆舊地名（鄭世家索隱），封桓公乃名爲鄭（王應麟詩地理考）。至鄭武公東徙新鄭之後，其舊鄭改爲縣也』。（以上又見引于左昭十六年正義。）

鄭世家：『宣王立二十二年，友初封于鄭』。

海波按：漢書地理志京兆下『鄭，周宣王母弟鄭桓公邑』。注：應劭曰：『宣王母弟友所封也，其子與平王東遷，更稱新鄭』。『棫林』，國語，元和志，通志，寰宇志皆作『咸林』。錢大昕曰：『鄭氏詩譜，「宣王封母弟友于宗周畿內咸林之地」，今京兆鄭縣是其地也。「棫林」，「咸林」，疑是一地。』

厲公居櫟。（從史記補。）

宋衷曰：『櫟，今潁川陽翟縣』。（史記鄭世家集解）

宋衷注云：『櫟，今之許昌陽翟。昔武王至周曰，「吾其爲有夏之居乎？」遂營洛邑，謂櫟也』。（路史國名紀）

春秋經桓十五年：『秋九月，鄭伯突入于櫟』。

左傳：『秋，鄭伯因櫟人殺檀伯而遂居櫟』。

鄭世家：『秋，鄭厲公突因櫟人殺其大夫單伯，遂居之』。

文公徙鄭。（史記鄭世家索隱）

宋衷曰：『即新鄭』。（史記鄭世家索隱）

曹

曹叔振鐸居曹。（詩地理考）

宋衷曰：『濟陽定陶縣』。（史記曹世家索隱）

史記曹世家：『曹叔振鐸者，周武王弟也。武王已克殷紂，封叔振鐸于曹』。

海波按：今山東曹州府定陶縣有曹故城，振鐸所封。

滕

錯叔繡封滕。（路史後紀注）

滕錯叔繡，周文王子，居滕。（史記陳杞世家正義）

宋衷曰：『今沛國公邱，是滕國也』。（史記陳杞世家正義）

漢書地理志沛郡下：『公邱，故滕國，周懿王子錯叔繡所封；三十一世爲齊所滅』。

春秋釋例：『滕，姬姓，文王子錯叔繡之後也。武王封之，居滕，今沛郡公丘縣是也』。

水經泗水注：『公丘，地理志，周懿王子錯叔繡文公所封也』。

海波按：世本以錯叔繡爲文王子，釋例因之。漢志以爲懿王子，水經注因之。今攷左氏傳：『郜，雍，曹，滕，文之昭也』，亦以滕爲文王子，與世本同；當以世本之言爲是。

杞

宋衷曰：『杞，今陳留雍縣故地』。（史記杞世家集解）

宋

宋更名睢陽。（史記宋世家集解，地理通釋）

楚

楚鬻熊居丹陽。（左傳桓二年正義）

宋衷曰：『丹陽，南郡枝江縣』。（左傳桓二年正義。僖四年正義引『丹陽，南郡枝江縣也』。）

楚世家：『周文王之時，季連之苗裔曰鬻熊。鬻熊子事文王，蚤卒；其子曰熊麗。熊麗生熊狂。熊狂生熊繹，熊繹當周成王之時，舉文武勤勞之後嗣，而封熊繹于楚蠻，封以子男之田，姓芉氏，居丹陽』。

楚子熊渠封仲子紅于鄂。（寰宇記。路史國名紀引作「熊渠中子紅封鄂侯」。「侯」，一引作「東」。）

楚世家：『中子紅爲鄂王』。

武王徙郢。（左氏桓二年正義）

宋衷曰：『今南郡江陵縣北有郢城』。（同上）

楚世家：『武王卒師中而子文王熊貲立，始都郢』。

梁玉繩曰：『左桓二年疏，謂漢地理志從史記「文王徙郢」，世本及杜譜云：「武王徙郢」，未如孰是。春秋地名考略曰：「左昭二十三年，沈尹戌曰：『若敖蚡冒，至于武文，猶不城郢』，則居郢並不始武王。疑數世經營，至武文始定耳」』。

秦

秦非子始封于秦。（御覽一百五十五）

秦本紀：『非子居犬丘，好馬及畜，善養息之。犬丘人言之周孝王，孝王召使主馬于汧渭之間，馬大蕃息。……于是孝王曰：「昔伯翳爲舜主畜，畜多息，故有土，賜姓嬴。今其後世亦爲朕息馬，朕其分土爲附庸」。邑之秦，使復續嬴氏祀，號曰「秦嬴」』。

莊公徙廢邱。（御覽一百五十五）

秦本紀：『莊公居其故西犬丘』。

海波按：王國維謂犬丘即西垂。史記云『西犬丘』，對『東犬丘』之槐里而言，是犬丘古嘗有二地。然則御覽引作廢丘，廢丘仍槐里，蓋班固以降皆誤幷二犬丘爲一地，故不復云莊公所徙之地爲西犬丘矣。

文公徙汧。（御覽一百五十五）

秦本紀：『三年，文公以兵七百人東獵。四年，至汧渭之會，曰：「昔周邑我先嬴於此，後卒獲爲諸侯」。乃卜居之；占曰，吉，即營邑之』。

張守節曰：『括地志云：「郿縣故城在岐州郿縣東北十五里」。秦本紀云：「秦文公東獵汧渭之會，卜居之，乃營邑焉」，即此城也』。

寧公又都平陽。（御覽一百五十五）

秦本紀：『寧公二年，公徙居平陽』。

海波按：集解引徐廣云：『郿之平陽亭』。括地志云：『平陽故城在岐州岐山縣西四十六里，秦寧公徙都之處』。

德公初居雍。（御覽一百五十五）

獻公徙治洛陽。（御覽一百五十五）

秦本紀：『獻公二年城櫟陽』。

海波按：今陝西臨潼縣東北，獻公所徙。

孝公自櫟陽徙咸陽。（御覽一百五十五）

秦本紀：『十二年作爲咸陽』。

海波按：陝西咸寧縣東有渭城故城，秦公所徙。

邾

邾顏居邾，肥徙郳。（左傳莊五年正義）

宋衷曰：『邾顏別封小子肥于郳，爲小邾子』。（同上）

海波按：春秋釋例云：『小邾國，邾挾之後也。夷父顏有功于周，其子友別封爲附庸，居郳。曾孫犂來始見春秋，附從齊桓以尊周室，命爲小邾子』。

沈

沈國在汝南平輿。（史記陳杞世家索隱）

海波按：春秋經：『昭二十三年，秋，九月，戊辰，吳敗頓，胡，沈，蔡，陳，許之師于鷄父；胡子髡，沈子逞滅』。今河南汝寧汝陽縣有沈亭，春秋時沈國。

胡

胡在汝南。（史記陳杞世家索隱）

海波按：今安徽阜陽縣有胡城，春秋時胡國。

霍

周武王封弟處于霍。（史記三代世表索隱）

海波按：鄭語：『西有虞，虢，晉，隗，霍，楊，魏，芮』。左傳僖二十四年：『管，蔡，郕，霍，魯，衞，毛，聃，郜，雍，曹，滕，畢，原，酆，郇，文之昭也』。霍叔亦文王子。今山西平陽霍縣西有霍城，即古霍國。三代世表褚少孫曰：『霍者，國名也；武王封弟叔處于霍』，本此。

㬥

周圻內國。（路史國名紀）

武羅

夏武羅國，冀都之武邑。（路史國名紀）

莒

輿期始都計，斤兹不歸莒。（路史後紀注）

海波按：春秋釋例云：『莒國，嬴姓，少昊之後，周武王封兹輿期于莒；初計，後徙莒，今城陽莒縣是也』。

韓

景子居平陽，平陽在山西。（史記韓世家索隱。末句是注文羼入。藝文類聚引『韓貞子居平陽』。）

宋衷曰：『今河東平陽縣』。（同上）

海波按：平陽今山西臨汾縣境。韓世家：『貞子徙居平陽』。而正義引世本云：『宣子生平子須』。索隱亦云：『系本作平子名須』。然居平陽者亦當云平子，此作景子，疑誤。

趙

成季徙原。（史記趙世家索隱）

宋衷曰：『今雁門原平縣』。（同上）

左傳僖二十五年：『冬，晉侯圍原，……遷原伯貫于冀；趙衰爲原大夫』。

趙世家：『重耳爲晉文公。趙衰爲原大夫，居原，任國政』。

張守節曰：『括地志云：「原平故城，漢原平縣也，在代州崞縣南三十五里」。按宋衷說非也。括地志云：「故原城在懷州濟原縣西北二里」。左傳云：「襄王以原賜晉文公；原不服，文公伐原以示信；原降，以趙衰爲原大夫」，即此也。原，本周畿內邑也』。

魏

畢萬居魏。（前漢書高帝紀注）

海波按：魏世家：『以魏封畢萬爲大夫』。正義：『魏城在陝州芮城縣北五里』。今山西解州芮城縣東北有河北故城，即古魏城。

魏武子居魏。（史記魏世家索隱）

魏世家：『十九年，反，重耳立爲晉文公，而令魏武子襲魏氏之後，封列爲大夫，治于魏』。

悼子徙霍。（魏世家索隱。世本卿大夫無悼子，索隱云：「此則是有悼子，代自脫耳」。）

宋衷曰：『霍，地名，今河東彘縣是也』。（同上）

魏世家：『生悼子，魏悼子徙治霍』。

昭子徙安邑。（史記魏世家索隱，前漢書高帝紀注）

文侯亦居之。（前漢書高帝紀注）

海波按：集解引徐廣曰：『世本曰莊子』。梁玉繩曰：『內外傳亦皆作莊子，則「昭」誤字』。

中山

中山武公居顧。（史記趙世家索隱，路史後紀注，又國名紀）

桓公徙治靈壽，爲趙武靈王所滅。（同上）

張澍曰：『樂羊爲魏拔中山，封之靈壽。史言「趙武靈王以惠王三年滅中山，遷其君于膚施」。索隱云：「世本不言誰氏子孫」，又云：「武靈王名雍」。徐廣曰：「西周桓公之子也」，未知何據。國策言中山君常爲楚伐而亡，非也。中山亡于魏，魏使太子擊守之，不知何以復立。史記言中山君相魏，小司馬以爲即中山之復立者。皆與世本不合』。

廩丘

齊大夫廩丘子邑。（路史國名紀）

張澍曰：『左傳襄二十六年：「齊烏餘以廩邱奔晉」。杜注：「今離狐縣故城是」』。海波按：在今山東范縣東南七十里。

虞丘

齊大夫采邑。（路史國名紀）

左傳襄十六年：『晉虞丘書爲乘馬御』。

梁丘，虞丘，皆齊邑。（路史國名紀）

張澍曰：『杜預左注：「高平昌邑西南有梁丘鄉」。羅泌路史云：「穀梁謂曹邾之間有梁丘，去齊八百里」。又按齊景公時有梁丘據，字子猶』。

12

張儀入秦續辨

附馬培棠，鍾鳳年二先生秦滅巴蜀在惠文王初元說的商討

張公量 1

我們上面根據呂氏春秋和史記本身的矛盾，認爲張儀入秦與蘇秦沒有聯帶的關係；凡所云云，必出後世之人情的粉飾。張儀傳載張儀相秦前還有這麼幾件事：

（一）張儀既相秦，爲文檄告楚相曰：『始吾從若飲，我不盜而璧，若笞我。若善守汝國，我顧且盜而城！』

（二）苴蜀相攻擊，各來告急於秦，秦惠王欲發兵以伐蜀，以爲道險狹難至。而韓又來侵秦，秦惠王欲先伐韓，後伐蜀，恐不利；欲先伐蜀，恐韓襲秦之敝：猶豫未能決。司馬錯張儀爭論於惠王之前。司馬錯欲伐蜀，張儀曰：『不如伐韓』。王曰：『請聞其說』。儀曰：『親魏善楚，下兵三川，塞斜谷之口，當屯留之道。魏絕南陽，楚臨南鄭，秦攻新城宜陽，以臨二周之郊，誅周王之罪，侵楚魏之地。周自知不能救，九鼎寶器必出。據九鼎，案圖籍，挾天子以令天下，天下莫敢不聽，此王業也。今夫蜀，西僻之國而戎翟之倫也：敝兵勞衆，不足以成名；得其地，不足以爲利。臣聞爭名者於朝，爭利者於市：今三川周室，天下之朝市也，而王不爭焉，顧爭於戎翟，去王業遠矣！』司馬錯曰：『不然。臣聞之：欲富國者務廣其地，欲強兵者務富其民，欲王者務博其德。三資者備，王隨之矣。今王地少民貧，故臣願先從事於易。夫蜀，西僻之國也，而戎翟之長也，有桀紂之亂；以秦攻之，譬如以豺狼逐羣羊。得其地足以廣國，得其財足以富民，繕兵不傷衆而彼已服焉。拔一國，而天下不以爲暴；利盡西海，而天下不以爲貪。是我一舉而名實附也，而又有禁暴止亂之名。今攻韓劫天子，惡名也，而未必利也，又有不義之名而攻天下所不欲，危矣。臣請論其故。周，天下之宗室也；齊，韓之與國也：周自知失九鼎，韓自知亡三

川，將二國并力合謀，以因乎齊趙，而求解乎楚魏，以鼎與楚，以地與魏，王弗能止也，此臣之所謂危也。不如伐蜀完！』惠王曰：『善，寡人請聽子！』卒起兵伐蜀，十月取之，遂定蜀，貶蜀王爲侯，而使陳莊相蜀。蜀既屬秦，秦以益強，富厚，輕諸侯。

（三）秦惠王十年，使公子華與張儀圍蒲陽，降之。儀言秦復與魏，而使公子繇質於魏。儀因說魏王曰：『秦王之遇魏甚厚，魏不可無禮』。魏因入上郡少梁謝秦惠王。惠王乃以張儀爲相，更名少梁曰夏陽。

這三段話是接續的，一字不移的照錄着，而且也緊跟着前揭文來的。這表示張儀入秦至相秦的期間，還有這一段經歷。雖然於連橫無甚干涉，但其紀載的錯亂顚倒，正與連橫同，所以一概給以辨正。

在（一）之中，『張儀既相秦』顯知其誤，這是梁玉繩的史記志疑已經指出。檄楚之文，是同應上文的。上文說：『張儀已學而遊說諸侯，嘗從楚相飲。已而楚相亡璧，門下意張儀曰：「儀貧無行，必此盜相君之璧」。共執張儀，掠笞數百，不服，醳（古釋字）之』。這和范雎以窮漢子受齊襄王之賜而見疑須賈，竟遭魏齊的笞擊的故事（註二）一模一樣。王充論衡早就作成巧妙的對比。變動篇云：『范雎爲須賈所讒，魏齊僇之，折幹摺脅。張儀遊於楚，楚相掠之，被捶流血。二子冤屈，太史公列記其狀』。范雎後相秦，用馬料餵須賈，要魏齊的頭，否則即屠大梁；正是張儀檄楚相的『若善守汝國，我顧且盜而城』。這種報復主義，太不近情實，故只能當作後世的傳奇小說看待，歷史性是很薄弱的。

在（二）之中，最不合史實的是伐蜀的年代。這段故事，並見於秦策一，劉向新序善謀篇，及晉常璩華陽國志，孔衍春秋後語。秦策反置於說秦後，又直以司馬錯張儀爭論開始。新序亦但云，『秦惠王時，蜀亂，國人相攻擊……』，以爲『司馬錯之謀』。都不曾確定年代。司馬遷次之於相秦以前，是錯誤的。

張儀相秦在秦惠王十年已引證如上。伐蜀之事，尚後此十二年。秦本紀云：『秦惠王後元九年，司馬錯伐蜀，滅之』。秦表同一年云：『擊蜀，滅之』。華陽國志第一巴志亦云：『周愼王五年，蜀王伐苴侯。苴侯奔巴，巴爲求救於秦。秦惠王遣張儀司馬錯救苴巴，遂伐蜀，滅之』。又第二蜀志云：『周慎王五年秋，秦大夫張儀司馬錯都尉墨等從石牛道伐蜀，蜀王自於葭萌拒之，敗績。王遯走，至武陽，爲秦軍所害，遂亡』。秦惠王後元九年即周慎王五年，伐蜀在這一年。史記云『十月』，蜀志云『秋』，正符。距張儀爲相已十二年。

又定蜀貶侯相陳莊之事，在十四年後。秦本紀云：『秦惠王後元十一年，公子通封於蜀。十四年伐楚，取召陵丹黎，臣蜀。相壯殺蜀侯來降』。華陽國志第二蜀志亦云：『周赧王元年，秦惠王封子通爲蜀侯，以陳莊爲相』。可知定蜀相莊，在秦惠王後元十一年，即周赧王元年(註二)，距相秦已十四年。

3 又伐韓伐蜀的爭議，華陽國志所說與史公有異。蜀志云：

苴侯與巴王爲好，巴與蜀讎，故蜀王怒伐苴侯。苴侯奔巴，求救於秦。秦惠王方欲謀楚，羣臣議曰：『夫蜀，西僻之國，戎狄爲隣，不如伐楚』。司馬錯中尉田眞黃曰：『蜀有桀紂之亂，其國富饒，得其布帛金銀，足給軍用。水通于楚，有巴之勁卒，浮大舶船以東向，楚地可得。得蜀則得楚，楚亡則天下幷矣』。惠王曰：『善』。

這段話是在上引『周慎王五年秋』一事前，不題年月，卻很重要，今與張儀傳比較如下：

史記張儀傳(註三)	華陽國志蜀志
苴蜀相攻擊。	苴侯與巴王爲好，巴與蜀讎，故蜀王怒伐苴侯。
各來告急於秦。	苴侯奔巴，求救於秦。
韓又來侵秦。秦惠王欲先伐韓，後伐蜀，恐不利；欲先伐蜀，恐韓襲秦之敝：猶豫未能決。	秦惠王方欲謀楚。

司馬錯張儀爭論於秦惠王之前。張儀曰：『不如伐韓』。……儀曰：『……今夫蜀，西僻之國，而戎翟之倫也……』。 司馬錯曰：『不然。……夫蜀，西僻之國也，而戎翟之長也，有桀紂之亂。……得其地足以廣國，得其財足以富民。……』 惠王曰：『善，請聽子』。	羣臣議曰：『夫蜀，西僻之國，戎狄爲隣，不如伐楚』。 司馬錯中尉田眞黃曰：『蜀有桀紂之亂，其國富饒，得其布帛金銀，足給軍用。……』 惠王曰：『善』。

讀了上面這一張表，立刻會覺得是一回事情。常璩晉人，後史公五六百年。若是常璩從史記演出，何以一云伐韓，一云伐楚；一云司馬錯張儀爭論，一云羣臣議，這樣絕不同呢？就因此而以爲華陽國志不及史記可信吧？其實不然。

秦之所以要伐楚與伐韓，本是一時事，明見於韓世家。有云：『韓宣惠十六年，秦敗我修魚，虜得韓將鯫申差於濁澤。韓氏急，公仲謂韓王曰：「與國非可恃也，今秦之欲伐楚久矣，王不如因張儀爲和於秦，賂以一名都，具甲與之南伐楚，此以一易二之計也」。韓王曰：「善」。乃警公仲之行』。這已可見秦伐楚之急，韓願結攻守同盟的，並知是張儀斡旋之力的。但不料楚王發覺這件秘密，用陳軫計，假言興師救韓，煽韓聯楚。韓王就變卦中止公仲之行，『遂絕於秦。秦大怒，益甲伐韓，大戰，楚救不至韓』。韓絕秦，似比韓侵秦爲近眞。秦伐韓，破岸門，明明在宣惠王十九年，即秦惠王後十一年(註四)。這裏所說秦伐韓，乃史公信筆寫來，顯非事實。韓宣惠王十六年，即秦惠王後八年，而明年秦伐蜀，則伐韓或伐楚的爭議，排在這一年，是合乎情理的。伐韓或伐楚，實是一個問題的兩截，華陽國志只是說法不同而別有所根據。所以我們又從華陽國志知道伐蜀與伐韓或伐楚的爭議，在秦惠王後八年，距張儀相秦已十一年，而且華陽國志只作『羣臣』，不作張儀，新序又但稱『司馬錯之謀』，就算張儀有些份兒，也不會佔着重要的地位的。

至於貶侯之事，僅載張儀傳；秦本紀，秦表，華陽國志並無。梁玉繩以為『當是因封公子通為蜀侯而誤』(註五)。

又秦武王時，尚未通三川，張儀所謂『親魏善楚，下兵三川』，所謂『秦攻新城宜陽，以臨二周之郊，誅周王之罪』，完全是秦武王時的論調，而秦昭王時白起實現之。秦本紀有云：『秦武王三年，武王謂甘茂曰：「寡人欲容車通三川，窺周室，死不恨矣」』。甘茂傳同。那有地未通而下兵的道理？

在(二)之中，『公子華』，六國表作『公子桑』，索隱徐廣又曰，『一作革』，這很瑣屑不必討論；所欲討論的是：

(1)蒲陽問題。

(2)少梁問題。

關於蒲陽，秦表云：『秦惠王十年，張儀相。公子桑圍蒲陽，降之，魏納上郡』。魏世家亦云：『魏襄王七年，魏盡納上郡。秦降我蒲陽』。秦惠王十年即魏襄七年。與張儀傳所說先圍蒲陽，既復歸還，魏乃納上郡不同。而且秦表但說公子桑圍蒲陽，時張儀已相，與張儀傳所說秦惠王多張儀取上郡之功而使為相的又不同。

少梁則更成問題。秦本紀云：『秦惠王十年，張儀相。魏納上郡十五縣』。秦表如上引，魏世家亦如上引，並不及少梁。考秦表少梁已於秦孝公八年，前此二十六年取得，張儀傳所說與上郡幷獻，是錯的。秦魏兩表，又於秦惠王八年，即魏襄王五年，說魏以少梁河西與秦，也是錯的(註六)。又秦本紀明云秦惠王十一年，更名少梁曰夏陽，這裏誤在十年。

總上所說，約有幾點最重要：

(1)秦伐蜀在惠王後元九年，定蜀在十一年，爭議在八年，就在張儀相秦後十餘年之事；而張儀傳倒置其前。其他拉入少梁，並無其事。

(2)新序但云司馬錯之謀，華陽國志又說羣臣之議，與張儀傳所說不同。

(3)由此可知張儀傳是一篇瞎七搭八，最不可靠的糊塗賬。

二十四年九月十二日中秋。

附馬培棠鍾鳳年二先生秦滅巴蜀在惠文王初元說的商討

當我寫這一篇之前，有馬培棠先生的巴蜀歸秦考(本刊第二卷第二期)；之後，有鍾鳳年先生的論秦舉巴蜀之年代(本刊第四卷第三期)這兩篇文章。我這篇續辨，目的在辨明史記張儀傳以巴蜀在秦惠王前元入秦之誤，其根據即在秦本紀，六國表，水經江水注，華陽國志等。但馬鍾兩先生卻根據張儀傳以駁正秦本紀等巴蜀在秦惠王後元入秦之說的錯誤。我的說法，乃是鮑彪梁玉繩以來的說法，並不新異；而馬鍾兩先生的說法，卻是創見。我決不想堅持成說，只要有正確的論據出，成說可不推而自翻倒。但我細讀兩先生文章，似乎他們的論據還不能達到正確的境界，所以續辨且任其發表，略附幾句和兩先生商榷的話兒。

馬先生之說，除引張儀傳一事為鍾先生承認外，其餘證見皆不能成立，讀者參考鍾文即知，此不具論。鍾先生於揣測張儀傳文字外，又舉出兩個證據，我替他加上形容詞，一個是實證，一個是虛證。這裏就檢點它一下。

> 秦策二及甘茂傳茂論伐宜陽曰，『始儀西幷巴蜀之地，北開西河之外，南取上庸』。李斯傳諫逐客書曰，『惠王用張儀之計，拔三川之地，西幷巴蜀，北收上郡，南取漢中』。茂等於秦取諸地之次序所舉一致，此必各本當時事蹟之先後而敘列。魏盡入上郡，於秦本紀見惠前十年；取楚漢中則在後元十三年。依次第言，幷巴蜀既置於彼二事之前，則其時際定在最先，當可想見。

這一條是虛證，因為它從『想見』獲得。『取楚漢中則在後元十三年』，鍾先生已自承認，可見這一事件不足以定秦舉巴蜀必在惠王前元，且撇開。鍾先生的主要點是『茂等於秦取諸地之次第所舉一致』一事。關於這個，我有兩點可說。第一，秦策二，甘茂傳，李斯傳所說取地方位——即西，北，南，蓋是當時人的慣用法，不必表示事件的先後次第。如秦策一蘇秦說秦惠王『大王之國，西有巴蜀漢中，北有胡貉代馬之用，南有巫山黔中之限，東有肴函之固』，胡代歸秦決不在巫山黔中歸秦之前，而肴函郤在惠王後元六年至十一年就歸秦了（叄本刊第三卷第五期蘇秦說秦辨僞）。同時史記蘇秦傳又改作『東有關河，西有漢中，南有巴蜀，北有代馬』。如準鍾先生之說，除非重新造一攻取年代（那是絕不能的）以符合之，否則是講不通的！此其一。第二，李斯的諫逐客書之不爲信史，唐代的李善先生（一六八九）就已致疑於先。其註文選卷四此篇云：『史記曰：「武王立，張儀死。武王謂甘茂曰：『寡人欲通車三川，窺周室』。使甘茂伐宜陽，拔之」（案此據秦本紀）。然通三川是武王，張儀已死，此云「惠王用張儀之計拔三川」，疑此誤也』。其實李善的話是沒有錯的。此其二。所以我們不能據『茂等於秦取諸地之次第所舉一致』，就貿然斷其必是。

鍾先生的實證是：

史漢西南夷傳云，『始楚威王時，使將軍莊蹻將兵循江上略巴蜀，……以兵威定屬楚；欲歸報，會秦擊奪楚巴』。莊蹻定巴蜀及欲歸報於何時，以別無所見，固不可攷；而按表楚威即卒於惠前九年，則秦奪楚巴至遲勿能逾茲際。叄之儀傳，時事恰合。若惠後九年，於楚已懷十三年，莊蹻似不應出師若許年始擬還楚。仍當在楚威未卒之頃方是。 7

這一條驟然看來，是強而有力的。因爲莊蹻是楚威王時『將兵循江上略巴蜀』，又『按表，楚威卽卒於惠前九年』，所以『秦奪楚巴至遲勿能逾茲際（按卽惠前九年）』。故我叫它實證。但等我打開史漢西南夷傳來看，郤大爲驚奇。先將原文錄下：

西南夷君長以什數，……其西靡莫之屬以什數，……自滇以北君長以什數，……其外西自同師以東，北至楪榆，名爲嶲昆明，……自嶲以東君長以什數，……自筰以東北君長以什數，……自冉駹以東北君長以什數，……皆氐類也，此皆巴蜀西南外蠻夷也。始楚威王時，使將軍莊蹻將兵循江上略巴蜀黔中以西。……蹻至滇池，地方三百里，旁平地肥饒數千里，以兵威定屬楚。欲歸報，會秦擊奪楚巴黔中郡，道塞不通，因還以其衆王滇，變服，從其俗以長之。秦時常頞略通五尺道，諸此國頗置吏焉。……

從此，我們知道鍾先生的斷章取義的讀法。我們歸納一下西南夷傳的話：

(1)太史公敘莊蹻的歷史莫詳起訖，但秦時『略通五尺道』的，決不是莊蹻，乃其子孫。

(2)莊蹻循江上所略的是『巴蜀黔中以西』，也就是『巴蜀西南外蠻夷』。

(3)莊蹻『以兵威定屬楚』的是『滇池地方三百里，旁平地肥饒數千里』。

(4)莊蹻『欲歸報』時楚奪於秦的，是『巴黔中郡』。

如果我歸納的幾條沒有錯，那末，鍾先生的論證完全不能成立。

(1)鍾先生把莊蹻開發西南夷誤認爲定巴蜀。

(2)由前列的(4)看，其時黔中亦爲秦所奪。黔中是秦昭襄王三十年，楚頃襄王二十二年，即距秦惠前元九年或楚威王之卒已五十二年入秦的(秦本紀，楚世家)，所以莊蹻歸報決不在楚威王時，也就是鍾先生『按表楚威即卒於惠前九年，則秦奪楚巴勿能逾茲際』之說之所以不能成立。

(3)由前列的(1)看，欲歸報的不一定是莊蹻本人。因看前列的(3)，莊蹻經營滇池，工程之大可知。鍾先生認只是莊蹻一人定巴蜀之事，故有『若在惠後九年，……莊蹻似不應出師若許年始擬還楚』之疑。

總之，西南夷傳不夠證人的資格，鍾先生的斷案也就沒有成立的可能性。

最後，盼望馬先生尤其鍾先生指教。

二四，十，二四，附記。

註一　史記七九范睢傳。

註二　參蘇秦說秦辨僞。

註三　國策，新序並同。

註四　秦本紀並載有這事。

註五　志疑卷二九。

註六　參看史記志疑卷九，卷二九。

宋雲行紀箋註（續）

法國沙畹著　馮承鈞譯

十一月中旬，入賒彌國。

按賒彌國既在葱嶺之南（大雪山東部），祇能爲 Tchitral 矣。北史卷九十七云：『賒彌國在波知之南，山居不信佛法，專事諸神，亦附嚈噠，東有鉢盧勒國。路嶮，緣鐵鎖而度，下不見底。熙平（五一六至五一七）中宋雲等竟不能達』。

此國

按漢魏本無此二字。

漸出葱嶺，土田嶢崅，民多貧困。峻路危道，人馬僅通。一直一道，從鉢盧勒國

按北史鉢盧勒國在賒彌（Tchitral）之東，則應爲 Gilgit 流域。其由此赴烏塲之嶮道，即沿辛頭河（Indus）奔流，經過 Dardistan 進向烏塲之道。玄奘從烏仗那（即烏塲，今 Svat 流域）赴達麗羅（Dardistan 中之 Darel）之時，曾言『瞢揭釐城（Mangloar）東北踰山越谷，逆上信度河（Indus），途路危險，山谷杳冥。或履絙索，或牽鐵鎖，棧道虛臨，飛梁危構，椓杙躡隥，行千餘里，至達麗羅川，即烏仗那國舊都也』（西域記卷三）。後又述自此赴鉢露羅國之行程云：『從此東行，踰嶺越谷，逆上信度河，飛梁棧道，履危涉險，經五百餘里至鉢露羅國。』（西域記卷三）西域記之鉢露羅與宋雲行紀之鉢盧勒顯爲一地，而皆爲 Bolor 今名之所本。此國在中國史乘中亦名小勃律，其都城在唐書中名孽多，在悟空行紀中名孽和（可參考西突厥史料）。

鈞按唐書中之大勃律即今之 Bartistan。

向烏塲國。鐵鎖爲橋，懸虛爲度，下不見底，旁無挽捉，倏忽之間，投軀萬仞，是以行者望風謝路。十二月初，入烏塲國。

按宋雲由是從 Tchitral 達於 Svat 流域矣。北史卷九十七烏萇條云：『烏萇國（Uḍḍiyana）在賒彌（Tchitral）南，北有葱嶺，南至天竺（Inde），婆羅門（Brahmanes）胡爲其上族，婆羅門多解天文吉凶之數，其主動則訪決焉，土多林果，引水灌田，豐稻麥。事佛多，諸寺塔

極華麗。人有爭訴，服之以藥，曲者發狂，直者無恙。爲法不殺，犯死罪唯徙於靈山西南。有檀特山，山上立寺，以驢數頭運食山下，無人控御，自知往來也』。

北接蔥嶺，南連天竺，土氣和暖，地方數千：民物殷阜，匹臨淄之神州；原田膴膴，等咸陽之上土。

按漢魏本『上土』誤作『上下』。

鞞羅施兒之所，

按鞞羅爲 Viçvantara 之省譯，其故事見後，其地經考訂在今 Shahbaz gashi 附近，

薩埵投身之地，

按薩埵爲菩提薩埵 Bodhisattva 之省譯，亦作菩薩，觀宋雲所記佛捨身飼餓虎之故事，應位之於烏場；Cunningham 位置於 Manikyala，誤也，後別有說。

舊俗雖遠，土風猶存。

按漢魏本作『大風猶從』。

國王精進，菜食長齋，晨夜禮佛，擊鼓吹貝，琵琶箜篌，笙簫備有。日中已後，始治國事。假有死罪，不立殺刑，唯徙空山，任其飲啄；事涉疑似，以藥服之，清濁則驗。隨事輕重，當時即決。土田肥美，人物豐饒，百穀盡登，五果繁熟，夜聞鐘聲，遍滿世界。土饒異花，冬夏相接，道俗採之，上佛供養。國王見宋雲，云大魏使來，膜拜受詔書。聞太后崇奉佛法，即面東合掌，遙心頂禮，遣解魏語人問宋雲曰：

按『國王見』以下四十字，漢魏本省曰『國王見大魏使宋雲來，拜受詔書，人問宋雲曰』。

『卿是日出人也？』宋雲答曰，『我國東界有大海水，日出其中，實如來旨』。王又問曰，『彼國出聖人否？』宋雲具說周孔莊老之德；次序蓬萊山上銀闕金堂，神仙聖人並在其上；說管輅善卜，華陀治病，左慈

方術，

按管輅二〇九至二五六年人，三國志魏志卷二十九有傳。華陀歿於二二〇年，魏志卷二十九，後漢書卷一百十二下並有傳。左慈一五五至二二〇年人，後漢書卷一百十二下有傳。

如此之事，分別說之。王曰：『若如卿言，即是佛國。我當命終，願生彼國』。宋雲於是與惠生出城外，

按此城即西域記之瞢揭釐城（Mangalapura），今之Manglaor。據玄奘所記，即烏仗那國（烏場）之舊都，在今Svat左岸。

尋如來教跡。水東有佛曬衣處。初如來在烏場國行化，龍王瞋怒，

按漢魏本作『瞋恚』。

興大風雨，佛僧伽梨

按即Saṃghāṭi，義淨作『僧伽胝』，參照高楠順次郎 Takakusu 所譯南海寄歸內法傳（A Record of The Buddhist Religion p 54。）

表裏通濕。雨止，佛在石下東面而坐，曬袈裟 kāṣāya，年歲雖久，彪炳若新，非直條縫明見， 3

按漢魏本『條縫』作『條縱』。

至於細縷亦彰。

按西域記卷三亦云，『如來濯衣石，袈裟之文宛焉如縷』。

乍往觀之，如似未徹；假令刮削，其文轉明。佛坐處及曬衣所並有塔記。水西有池，龍王居之。池邊有一寺五十餘僧。龍王每作神變，國王祈請，

按漢魏本『祈』誤作『初』。

以金玉珍寶投之池中，在後涌出，令僧取之。此寺衣食待龍而濟，世人名曰龍王寺。王城北八十里。

按漢魏本作『十八里』。

有如來履石之跡，起塔籠之，履石之處，若木踐泥。

按漢魏本作『若以踐泥』，如隱堂本作『若水踐泥』。

量之不定，或長或短。

按西域記卷三云『阿波邏羅（Apalāla）龍泉西南三十餘里，水北岸大磐石上，有如來足所履跡，隨人福力，量有短長，是如來伏此龍已，留迹而去』。此泉即 Svat 河源。記又云，『順流而下三十餘里，至如來濯衣石』。

今立寺可七十餘僧，塔南二十步有泉石，佛本清淨嚼楊枝。

按此樹名牙樹（Dantakāṣṭha），梵名Khadira，學名 Acacia Catechu（鈞按本草綱目作「烏丁」），非楊柳也，可參照高楠順次郎之南海寄歸內法傳譯本三五頁。

植地即生。

按漢魏本作『植地生即』。

今成大樹，胡名曰『婆樓』。城北有陁羅寺，佛事最多，浮圖高大，僧房逼側，周匝金像六千軀。

按漢魏本作『六十軀』。

王年常大會皆在此寺；

按漢魏本『皆在此寺』作『于此寺』。

國內沙門咸來雲集。宋雲惠生見彼比丘戒行精苦，觀其風範，特加恭敬；遂捨奴婢二人，以供灑掃。去王城東南山行八日，如來苦行投身餵虎之處。

按漢魏本『餵虎』作『餓虎』。考法顯傳，菩薩捨身餓虎之處，爲印度北方四塔之一，自恭寧翰（Cunningham）（印度古地志Ancient Geography of India Vol. I, p.121-124）以後，皆以地在Manikyala。然此考訂未便贊同，蓋因其誤解原文也。恭寧翰以爲宋雲位置其地於乾陀羅都城東南八日程，則以今之Pesahavar爲起點。顧宋雲所謂之『王城』，卽烏塲都城，昔之瞢揭釐，今之Manglaor，則在辛頭河之北矣。恭寧翰謂玄奘位置其地於呾叉始羅 Takṣacilā 東南二百餘里，呾叉始羅在今 Shah-dheri 附近，其東南二百里，固可以 Manikyala 當之，但據西域記與慈恩寺傳，玄奘實發足於呾叉始羅北界，渡信渡河（卽辛頭河），『東行百里』，（據釋迦方志，較之西域記與慈恩寺傳東南二百餘里之說爲可取。）經大石門至昔菩薩捨身餧虎處。余之假定以爲欲求其地，應在Mahaban中尋之。說菩薩如何以身飼虎之生經，中國大藏特有一經，專說此事，經名菩薩投身飼餓虎起塔因緣經說，其塔(stūpa)在乾陀越(Gandhara)國毗沙門波羅(Vaiçramaṇapala)大城北山中。此經爲高昌沙門法盛所譯。法盛，宋太祖(四二四至四五三)時人，曾往天竺，著傳四卷，今佚(見高僧傳卷二曇無讖傳末)。

鈞按：法盛所譯與義淨譯十卷本金光明最勝王經第二十六品捨身品事義相類。

高山巃嵸，危岫入雲，嘉木靈芝，叢生其上，林泉婉麗，花綵曜目。宋雲與惠生割捨行資，於山頂造浮圖一所，

按漢魏本作『一軀』。

刻石隸書，銘魏功德。山有收骨寺，三百餘僧，王城

按即嶠揭嶺城。

南一百餘里，有如來昔作

鈞按『昔作』似爲『昔在』之訛。

摩休國

按上文顯有脫誤。此摩休應爲西域記卷三之摩愉(愉字此處代輸)伽藍(Masūra-saṅghārāma)，唐言豆寺者是也。宋雲之摩休，似爲梵文 Masūra之伊蘭化的Masūr之對音，說菩薩以骨爲筆，以髓爲墨寫經之生經，西藏大藏Dzang-lun中有之，爾時菩薩名Utpala。摩愉伽藍故址，曾經斯坦因在Buner區中 Tursak 附近之 Gumbatai 地方發見，參照 Detailed Report of An Archaeological Tour with The Buner Field Force p. 61。

剝皮爲紙，折骨爲筆處，阿育王

按此 Açoka王習用之譯名似出于阿愉迦，而此阿愉迦又爲阿輸迦正譯之筆誤。

起塔籠之，舉高十丈。折骨之處，髓流著石，觀其脂色，肥膩若新。王城西南五百里有善持山。

按此山即前引北史之檀特山，西域記卷二曰彈多落迦山。Julien 以此山梵文原名爲 Dantaloka，意爲牙山，

5

緣西域記謂昔蘇達拏太子擯在彈多落迦山，而註謂『蘇達拏，唐言善牙(Su Danta)』也。第此說祇能解說其民衆之俗稱，尚可別作他解。(可參考一九〇〇年 Journal Asiatique 三四月刊，三二四頁，烈維 (Sylvain Lévi) 之註釋與一九〇一年河內校刊 Bulletin de l'Ecole française d'E-D三五三頁符舍Foucher之說) 根據符舍之乾陀羅古地志，蘇達拏故事所在之山在今 Shahbaz-garhi 東北之 Mekha-sanda 岡上。

甘泉美果，見於經記。山谷和暖。草木

按漢魏本作『山木』。

冬青。當時太簇御辰，溫風已扇，鳥鳴春樹，蝶舞

按漢魏本作『蝶飛』。

花叢。宋雲遠在絕域，因矚

按漢魏本作『屬』。

此芳景，歸懷之思，獨軫中腸，遂動舊疹，纏綿經月；得婆羅門咒，然後平善。山頂東南有太子石室，

按梵本本生鬘經，Jātabamālā 太子名 Viçvantara 爲尸毘 (Çibis) 王Saṃjaya之子。中國大藏說此生經之經名太子須太拏經，此須太拏在西域記卷二名須達拏，前述烈維符舍二氏之文曾爲種種假定，顧自Rāṣṭrapāla-paripṛahā 刊行之後，其中太子 Viçvantara 之名又作Sudaṃṣtra，卽Sudanta，善牙也。此Sudaṃṣtra 一名，別于大方廣莊嚴經 Lalitavistara 中見之，可參考河內校刊第三卷三二八頁。

一口兩房，太子室前十步，有大方石，云太子常坐其上，阿育王起塔記之。塔南一里，太子草菴處 (parṇaçālā)。去塔一里，東北下山五十步，有太子男女遶樹不去，婆羅門以杖鞭之，流血灑地處。其樹猶存，灑血之地今爲泉水。室西三里，天帝釋

按漢魏本『釋』作『什』，後同。

化爲師子，當路蹲坐，遮嫚姑

按漢魏本作『嫚妐』，乃太子妃 Madri之譯名。

之處，石上毛尾爪跡，今悉炳然。阿周陀

6

(Acyata)窟及門子供養育(一作盲)父母處，皆有塔記。山中有昔五百羅漢(Arhat)牀，南北兩行，相向坐處，其次第相對。有大寺，僧徒二百人。太子所食(一作養)泉水北有寺，恒以驢數頭運糧上山，無人驅逐，自然往還；寅發午至，每及中餐。

按法苑珠林卷五十二引西域志云：『烏萇國西南有檀特山，山中有寺，大有衆僧。日日有驢運食，無控御者，自來留食，還去莫知所在』。

此是護塔神濕婆仙使之然，此寺昔日有沙彌，

按沙彌爲 Çramaṇera 之省譯，正譯作『室羅末尼羅』，可參照高楠順次郎南海寄歸內法傳譯本九十六頁。

常除灰，因入神定，維那

按維那，梵文作 Karmadāna。關於此名之譯法，可參考寄歸傳譯文一四八頁。

挽之，不覺皮連骨離。濕婆仙代沙彌除灰處，國王與濕婆仙立廟，圖其形像，以金傅之。

按漢魏本作『以金箔貼之』。

隔山嶺

按漢魏本作『隔小嶺』。

有婆奸寺，夜叉(Yakṣa)所造，僧徒八十人，云羅漢夜叉常來供養，灑掃取薪；凡俗比丘(Bhikṣu)不得在寺。大魏沙門道榮

按此處兩本均作『道榮』，此後津逮本作『道榮』者凡七次，漢魏本咸作『道藥』。鈞按其人似名道榮，緣以『藥』字名者頗少見之，沙畹疑爲二人，誤也。

至此禮拜而去，不敢留停。至正光元年(五二〇)四月中旬，

按行紀於此處頗欠聯絡，後此尤甚(可參考前引符舍之書三四八頁，註二)，蓋宋雲離檀特山後，即誌與乾陀羅王之問答，復於其後記述檀特山附近之佛沙伏城。按據玄奘所記，檀特山在乾陀羅國中(西域記卷二作健馱邏國)，則宋雲早入乾陀羅國矣。余意以爲所記檀特山事，應

位之於共乾陀羅王問答之後，記述佛沙伏城之前。至宋雲見乾陀羅王之處，不在都城，蓋國王在其邊境與罽賓爭戰已歷三年，則在乾陀羅與罽賓之間矣。考罽賓在唐代爲迦畢試（Kapiça）之稱，若以魏時亦同此稱，乾陀羅王停兵之處應在Peshavar之北，然宋雲行紀不許作此解釋也。當宋雲別乾陀羅王後，西行五日至如來捨頭施人處（咀叉始羅(Takṣaçila)，今Shah-dheri附近）。則行紀中之罽賓，非唐時之迦畢試，而爲漢之罽賓，唐之迦濕彌羅，今之Cachemire矣。吾人以爲宋雲等離烏塲都城善揭釐(Manglaor)後，東南行八日至菩薩捨身飼餓虎處，其地在今Mahaban地域之中，前已言之。宋雲聞乾陀羅王在罽賓西境與罽賓爭戰，乃渡辛頭河Indus謁之，別國王後，西行五日至咀叉始羅，復又渡辛頭河，行歷佛沙伏城（今Shahbaz-gaṣhi）與檀特山，由北赴如來挑眼施人處(Puṣkarāvati)，旋渡Kabul-rud河，至乾陀羅城Peshavar云。

入乾陀羅國，

按北史卷九十七云：『乾陀(Gandhwa)國在烏萇西，本名業波，爲嚈噠所破，因改焉。其王本是敕勒(Tegin)，臨國已二世矣，好征戰，與罽賓鬥三年不罷，人怨苦之。有鬬象七百頭，十人乘一象，皆執兵仗，象鼻縛刀以戰。所都城東南七里有佛塔，高七十丈，周三百步，即雀離佛圖也。

土地亦與烏塲國相似，本名業波羅國。

按上引北史作業波，太子須太拏經謂太子爲葉波國濕波王之子。此經之事既在乾陀羅國，業波葉波似爲同國之名。顧舊譯外國語名，『葉』音大致讀若『攝』，而梵本本生鬘經又謂太子Viçvantara爲Çibi王之子，則葉波國之濕波王與須大拏太子之父同爲Cibiraja亦有可能，而業波葉波皆爲Çibi不完善之對音矣。特應注意者，Çibi之習用漢譯爲尸毘，即在宋雲行紀中亦著錄也。關於業波羅之其他假定，可參考Marquart Eransahr.p.246–248。

爲嚈噠所滅，遂立勅懃

按漢魏本作『敕懃』，似皆爲突厥變號特勤(Tegin)之訛，如Marquart之說也(Eransahr p. 246–248)。

爲王。治國以來，已經二世。

按此可考嚈噠侵略乾陀羅，約在五世紀下半葉中。

立性凶暴。

按漢魏本作『暴凶』。

多行殺戮；不信佛法，好祀鬼神。

按漢魏本『祀』作『事』。

國中人民悉是婆羅門種，崇奉佛教，好讀經典，忽得此王，深非情願。自恃勇力，與罽賓爭境；

按此罽賓是 Cachemire，已詳前說。

連兵戰鬬，已歷三年。王有鬬象七百頭，一負十人，手捉刀楂；

鈞按『楂』字疑誤。

象鼻縛刀，與敵相擊。王常停境上，

按漢魏本作『境山』，符舍關于此節曾來函告，謂乾陀羅王在罽賓 Kaçmir 山中爭戰之事，與吾人在他處所得此王之史料完全相符，蓋宋雲所見之凶暴國王，應即玄奘與 Kalhaṇa(Rājatarangiṇi 1. p.289以後)所誌之著名暴王 Mihira Kula。以銘文與貨幣證之，其在位年代當在五一五與五五〇之間。

終日不歸；師老民勞，百姓嗟怨。宋雲詣軍通詔書，王凶慢無理，坐受詔書。宋雲見其遠夷不可制，任其倨傲，未能責之。王遣傳事謂宋雲曰，『卿涉諸國，經過嶮路，得無勞苦也？』宋雲答曰，

按漢魏本無『答』字。

『我皇帝深味大乘，遠求經典。

按漢魏本作『經論』。

道路雖嶮，未敢言疲。

按漢魏本作『告疲』。

大王親總三軍，遠臨邊境，寒暑驟移，不無頓敝？』

按漢魏本作『損敝』。

王答曰，『不能降服小國，愧卿此問』。宋雲初謂

按漢魏本作『初見』。

王是夷人，

按漢魏本『夷人』下有『謂』字。

不可以禮責，任其坐受詔書；及親往復，乃有人情。遂責之曰，『山有高下，水有大小，人處世間，亦有尊卑。嚈噠烏塲王並拜受詔書，大王何獨不拜？』王答曰：『我

按漢魏本『我』下有『親』字。

見魏主則拜，得書坐讀，有何可怪？世人得父母書，猶自坐讀。大魏如我父母，我亦坐讀書，於理無失』。雲無以屈之。遂將雲至一寺，供給甚薄。時跋提國

按跋提國得爲嚈噠都城拔底延之省譯，已詳前說。

送師子兒兩頭與乾陀王，雲等見之，觀其意氣雄猛，中國所畫，

按漢魏本作『素書』。

莫參其儀。於是西行五日，至如來捨頭施人處。

按呾叉始羅(Takṣaçilā)，民衆習謂其義爲『斷岩』，一如其名爲 Takṣaçira 者然，故法顯傳云，『竺刹尸羅漢，言截頭也』。是以將菩薩以頭施人處位置於此。恭寧翰印度古地志考訂古呾叉始羅，在今 Kala-Ka-sarai 東北一英里之Shah-Dheri地方。

亦有塔寺，二十餘僧。復西行三日，至辛頭

按漢魏本誤作『卒頭』，津逮本『三日』一作『三月』。

大河，河西岸上有如來作摩竭 (Mākarā) 大魚，從河而出。

按 Avadānaçataka 中，波羅奈(Bénarès)王 Padmaka 變爲 Rohita 大魚，以肉救民瘟疫，即指此事。

十二年中以肉濟人處，起塔爲記，石上猶有魚鱗紋。復西行十三日，

按漢魏本作『三日』，是也。

至佛沙伏城。

按『伏』字，代表梵文城字pura之第一音，佛沙即西域記卷二之跋虜沙，但于此類譯名之下，考訂梵文原名甚難。符舍之尋究（前引之研究三四七頁以後）已確定佛

10

沙伏或跋虜沙之今地爲Shahbaz garhi，須達拏太子赴此城東北之檀特山之前，即住此城中。宋雲行紀所記檀特山之故事，至此又重言之，故吾人以行紀編次錯亂，檀特山之記述應緊接于佛沙伏城之前也。

川原沃壤，城郭端直，民戶殷多，林泉茂盛，土饒珍寶，風俗淳善。其城內外凡有古寺，名僧德衆，道行高奇。城北一里有白象宮。

按須達拏太子之被擯，乃因以父王白象施與敵國之使也。

寺內佛事皆是石像，裝嚴極麗，頭數甚多，通身金箔，眩曜人目。寺前繫白象樹，此寺之興，實由茲焉。花葉似棗，季冬始熟，父老傳云，『此樹滅，佛法亦滅』。寺內圖太子夫妻以男女

按漢魏本作『兒女』。

乞婆羅門像；胡人見之，莫不悲泣。復西行一日，至如來挑眼施人處。

按西域記卷二捨眼窣堵波（Stūpa）在布色羯羅伐底城（Puṣkaārvati）。此城經井寧翰考訂在Charsadda及Prang地方，符舍亦是認之。（見前書三三四至三四〇頁）

亦有塔寺，寺石上有伽葉Kāçyapa佛跡。復西行一日渡一深水，三百餘步。

按宋雲所渡之水，應在Kabul-rud與Svat兩水匯流處之下，行紀之文雖迷離不明，其由捨眼處Charsadda至乾陀羅城Peshavar，確祗一日，則非自捨眼處西行一日至船渡，復西南行六十里至乾陀羅城矣。符舍對于此點，考訂極明（河內校刊第一卷三三九及三四〇頁）。

復西南行六十里至乾陀羅城。

按即乾陀羅（Gandhāra）都城，今Peshavar是已。

東南七里有雀離浮圖。

按此後洛陽伽藍記所記雀離浮圖之文，頗有竄亂，故余將所有可能闡明此節之文錄次于下。

法顯傳云：『從犍陀衞（Gandhāra）國南行四日，（按法顯時Gandhāra都城爲Paskāravatê可參考符舍之研究三三八頁。）到弗樓沙國Peshavar，佛昔將諸弟子遊行此國，語阿難（Ananda）云，「吾般泥洹（Parinirvāṇa）後，當有

國王名罽膩伽（Kaniska），於此處起塔（Stūpa）」。後罽膩伽王出世，出行遊觀，時天帝釋（Çakra）欲開發其意，化作牧牛小兒，當道起塔。王問言，「汝作何等？」答曰，「作佛塔」。王言「大善」，於是王即於小兒塔上起塔，高四十餘丈，衆寶校飾，凡所經見塔廟，壯麗威嚴都無此比。閻浮提（Jambudvīpa）塔，唯此爲上。王作塔成已，小塔即自傍出大塔南，高三尺許』。

慈恩寺傳卷二云：『其側（畢鉢羅樹〔pippala〕側）又有窣堵波（Stūpa），是迦膩色迦（Kaniska）王所造，高四百尺，基周一里半，高一百五十尺。其上起金剛相輪二十五層，中有如來舍利（Çarira）一斛』。

續高僧傳卷四玄奘傳云：『城（Pesarvar）東有迦膩（Kaniska）王大塔，基周里半，佛骨舍利一斛在中，舉高五百餘尺，相輪上下二十五重，天火三災，今正營構，即世中所謂雀離浮圖是也。元魏靈太后胡氏奉信情深，遣沙門道生等，賚大幡長七百餘尺，往彼掛之，脚纔及地，即斯塔也。亦不測雀離名生所由』。

按道生之名已見前引釋迦方志（鈞按慧生，惠生，道生應屬一人。）

西域記卷二所述牧牛小豎作三尺小窣堵波及對王說佛之預言，事同法顯所記，讀云：『周小窣堵波更建石窣堵波，欲以功力彌覆其上，隨其數量，恒出三尺。若是增高踰四百尺，基址所峙周一重半，層基五級，高一百五十尺，方乃得覆小窣堵波。王因嘉慶，復於其上更起二十五層金剛相輪，即以如來舍利一斛而置其中，式修供養。營建纔訖，見小窣堵波在大基東南隅下傍出其半，王心不平，便即擲棄，遂往窣堵波第二級下石基中半現，復於本處更出小窣堵波』。

法苑珠林卷三十八引西域志云：『西域乾陀羅城東南七里有雀離浮圖，推其本緣，乃是如來在世之時，與諸弟子遊化此土，指城東曰：「我入涅槃後二百年，有國王名迦尼色迦，在此處起浮圖」。佛入涅槃後二百年，有國王字迦尼色迦，出遊城東，見四童子壘糞爲塔，可高三尺，俄然即失矣。王怪此童子，卽作塔籠之。糞塔漸高，挺出於外，去地四百尺，然後始定。王更廣塔基三百餘步，從地構木，始得齊等。上有鐵根，高三百尺，金盤十三重，沓去地七百尺。施功旣訖，糞塔如初，在大塔南三百步』。上文顯係採諸宋雲行紀。

北史卷九十七云：『小月氏國都富樓沙城（Peshavar），其王本大月氏王寄多羅子也』，『其城東十里有佛塔，周三百五十步，高八十丈。自佛塔初建，計至武定八年（五五〇），八百四十二年，所謂「百丈佛圖」也』。

雀離浮圖在佛教世界中極爲著名，故他處建塔亦有以雀離爲名者。酈道元水經注引釋氏西域記，謂屈茨（古龜茲今庫車）『國北四十里山上有寺，名雀離大淸淨』。徐松西域水道記以其名出於乾陀羅城之雀離浮圖，是也。七六〇年悟空行紀亦誌有罽膩吒（Kaniska）王聖塔寺，十一世紀時 Al-birūni 亦誌有富樓沙（Purushavar）寺（vikāra）而名之曰迦尼迦招提（Kanik-caitya）。

復次，不可以此雀離浮圖與那爛陀（Nalanda）寺之雀離浮圖混而爲一，大唐西域求法高僧傳卷上云：『那爛陀西南有小制底 Caityā，高一丈餘，是婆羅門執雀請問處，唐云雀離浮圖，此即是也』。則此塔名之起源可知。然大雀離浮圖名稱之起源不可知，『雀離』二字或爲外國語名之譯音，亦有其可能也。

13

道榮傳云：

按漢魏本作『道藥傳云』。

『城東四里，推其本源，乃是如來在世之時

按漢魏本作『在此之時』。

與弟子遊化此土，指城東曰，「我入涅槃後三百年，

按上據西域志之文作『二百年』，西域記中兩次作『四百年』。

有國王名尼迦色迦，

按漢魏本此處誤作『迦尼迦色迦』。

此處起浮圖」。佛入涅槃後三百年來，

按漢魏本作『二百年來』。

果有國王字迦尼色迦，出遊城東，見四童子累牛糞爲塔，可高三尺，俄然即失』。道榮

按漢魏本作『道藥』。

傳云：『童子在虛空中，向王說偈（gāthā）。

王怪此童子，

按漢魏本此下誤增『即此童子』四字。

即作塔籠之。糞塔漸高，挺出於外，去地四百尺然後止。

按漢魏本脫『止』字，西域志作『然後始定』。

王始更廣塔基，三百餘步』。道榮

按漢魏本作『道藥』。

傳云：『三百九十步，從此構木，始得齊等』。道榮

按漢魏本作『道藥』。

傳云，『其高三丈，悉用文木

按漢魏本作『文石』。

爲陛，階砌櫨拱，

按漢魏本作『楹拱』。

上構衆木，凡十三級。上有鐵柱，

按漢魏本作『鐵根』。

高三尺；

按核以上引西域志文，應作『高三百尺』，如此始與下文去地合七百尺之文相符。此塔之高度，參合諸文應如下說：基層五級，周三百尺或三百九十尺，或一里有半；其高據玄奘所誌爲一百五十尺；其上木構十三重，高四百尺；其上更起十三或十五或二十五層金剛相輪之鐵柱，柱高八十八尺；合計高六百三十八尺。則與道榮去地六十三丈二尺之數大致相合，而與宋雲去地七百之尺數亦相差無幾矣。

金盤十三重，合去地七百尺』。道榮

按漢魏作『道藥』。

傳云，『鐵柱八十八尺，八十圍，

按韻會云，『五寸曰圍，一抱曰圍』。

金盤十五重，去地六十三丈二尺。施功既訖，糞塔

按漢魏本作『糞垢』。

如初。在大塔南三步。

按西域志作『三百步』。

婆羅門不信是糞，以手探看，遂作一孔，年歲雖久，糞猶不爛，以香泥填孔，不可

充滿，今天宮籠蓋之。雀離浮圖自作以來，三經天火所燒，國王修之，復還如故。父老云，此浮圖天火所燒，

按應從西域志改作『天火七燒』。

佛法當滅』。道榮

按漢魏本作『道藥』。

傳云：『王修浮圖，木工既訖，猶有鐵柱，無由能上者。

按漢魏本無『者』字。

王於四角起大高樓，多置金銀及諸寶物，王與夫人及諸王子，悉在上

按漢魏本作『悉在樓上』。

燒香散花，至心精神，

按『精神』似爲『請神』之訛。

然後轆轤絞索，一舉便到，故胡人皆云四天王（devaraja）助之；若其不爾，實非人力所能舉。塔內物事，

按漢魏本作『佛事』。

悉是金玉，千變萬化，難得而稱。旭日始開，

按漢魏本作『始升』。

則金盤晃朗；微風漸發，則寶鐸和鳴。西域浮圖，最爲第一。此塔初成，用真珠

按漢魏本作『珍珠』。

爲羅網，覆於其上。後數年，

按漢魏本作『覆其上，於後數年』。

王乃思量，此珠網價直萬金，我崩之後，恐人侵奪，復慮大塔破壞，無人修補，即解

按漢魏本作『一解』。

珠網，以銅鑊盛之。在塔西北一百步，掘地埋之，上種樹，樹名菩提（bodhidruma），

按即 Ticus religiosa。

枝條四布，密葉蔽天。樹下四面坐像各高丈五，恒有四龍（Naga）典掌此珠；若興心欲取，則有

按漢魏本作『即有』。
禍變。刻石爲銘，囑語將來，若此塔壞，
勞煩後賢出珠修治。雀離浮圖南五十步有
一石塔，其形正圓，
按此節在上引西域志雀離浮圖文後見之，西域志『正
圓』作『正直』。
高二丈，甚有神變，能與世人表吉凶：
按漢魏本作『報吉凶』，西域志此下有『以指』二
字。
觸之，若吉者，金鈴鳴應；若凶者，假令
人搖撼，亦不肯鳴。惠生既在遠國，恐不
吉反，遂禮神塔，乞求一驗，於是以指觸
之，鈴即鳴應；得此驗，用慰愁，後果得
吉反。惠生初發京師之日，皇太后敕付五
色百尺幡千口，錦香袋
按漢魏本作『錦香囊』。
五百枚，王公卿士幡二千口。惠生從于闐
至乾陀，所有佛事處，悉皆流布，至此頓
盡；唯留太后百尺幡一口，擬奉尸毘（Çibi）
王塔。
按漢魏本『尸毘』誤『尸昆』，後同。
宋雲以奴婢二人奉雀離浮圖，永充灑掃。
惠生遂減割行資，妙簡良匠，以銅摹寫
按漢魏本作『以鍮摹寫』。鍮者，銅一斤連同亞鉛三
分之一，鉛六分之一混合而成。
雀離浮圖儀一軀，及釋迦
按漢魏本作『什迦』，蓋釋迦牟尼（Çakyamuni）之省
稱也。
四塔變。
按法顯傳北印度四大塔，一爲割肉貿鴿處，在今Gira
rai；一爲以眼施人處，在犍陀衛國 Puṣkarāvati；一
爲以頭施人處，在竺剎尸羅國（Jakṣaçilā）；一爲投身
飼餓虎處，疑在今 Mahaban 地域之中。
於是西北行，
按應作『東北行』。

七日渡一大水，至如來爲尸毘王救鴿之處，

按尸毘(Çibi)王捨肉救鴿命事，漢譯本生鬘經(Jātakamālā)中有之。

亦起塔寺。

按法顯傳，是塔爲北方四大塔之一，謂在宿呵多國。西域記卷三則謂在摩愉伽藍西六七十里。斯坦因曾據此考訂其他在今 Buner 區中之 Girarai 地方，由是可見宋雲等於歸途中巡歷其地。

昔尸毘王倉庫爲火所燒，其中粳米燋然，至今猶在；若服一粒，永無瘧患。彼國人民須禁

按漢魏本作『須藥』。

日取之』。道榮

按漢魏本作『道藥』。

傳云：『至那迦羅阿

按漢魏本作『那迦羅訶』，西域記作『那揭羅喝羅』，皆爲 Nagarahāra 之對音。

國，有佛頂骨

按佛頂骨在昔之醯羅城，今 Jalalabad 南五英里之 Hidda 地方。西域記卷二云：『骨周一尺二寸，髮孔分明，其色黃白，盛以寶函，置窣堵波中。欲知善惡相者，香末和泥，以印頂骨，隨其福感，其文煥然。』又據西域記卷一，迦畢試(Kapiça)國亦有如來頂骨一片。

方圓四寸，黃白色，下有孔，受人手指，閃然似仰蜂窠，至耆賀濫寺。

按耆賀濫梵文作 Khakkhara，乃比丘行乞所持之杖。

有佛袈裟十三條，以尺量之，或短或長。

按法顯傳袈裟錫杖分在兩處供養。

復有佛錫杖，長丈七，以水箭盛之，

按津逮漢魏兩本均作『水箭』，應從法顯傳改作『木筒』。

金箔其上。此杖輕重不定，值有重時，百人不舉，值有輕時，一人勝之。那竭城 Nagarahāra 中有佛牙，

按法顯傳那竭國城中有佛齒塔，西域記卷二云，『城

內有大窣堵波故基，聞諸先志曰，昔有佛齒，高廣嚴麗，今既無齒，惟餘故基』，則在玄奘之時齒已不存矣。

佛髮，並作寶函盛之，朝夕供養，至瞿羅羅鹿見佛影入山窟十五步四面向戶

按瞿羅羅至四向戶十七字，文有竄亂脫訛，考慈恩寺傳卷二云，『有瞿波羅 Gopāla 龍王 Nāgarāja 所住之窟』。又考法苑珠林卷三十六引觀佛三昧經『窟在那乾訶囉 Nagarahāra 國中，阿那斯山南石壁上，毒龍池側。又按見佛影以下十三字，漢魏本作『見佛影窟入山十五步四向戶』。考慈恩寺傳云，『窟在石澗東壁，門向西開』，則『四向戶』應爲『西戶向』矣。

鈞按慈恩寺傳有『觸東壁訖，卻行五十步許，正東而觀，影在其處』等語，則十五步似爲五十步之訛。前文可以改正爲『瞿波羅龍見佛影窟，戶向西開，卻行五十步』，其義始可通也。

遙望則衆相炳然，近看暝然不見。

按漢魏本脫『不見』二字。

以手摩之，唯有石壁，漸漸卻行，始見

按漢魏本下多『其相』二字。

容顏挺特，世所希有。窟前方石，

按西域記卷二亦謂『窟門外有二方石，其一石上有如來足蹈之迹』。

石上有佛跡，窟西南百步有佛浣衣處。窟北一里，有目連 Maudgalyāyana 窟，窟北有山，山下有大佛

按如隱堂本作『六佛』。海國圖志卷二十九所引宋雲行紀之文作『七佛』，其義較長。

手作浮圖，高十丈，云此浮圖陷入地，佛法當滅。幷爲七塔，七塔

按漢魏本兩塔字間無『七』字。

南石銘，云如來手書，胡字分明，於今可識焉。惠生在烏場國二年，西胡風俗大同小異，不能具錄。至正元

按津逮本『正元』誤，應從漢魏本作『正光』。

三年（五二二）二月，始還天闕。衒之按惠生行記事多不盡錄，今依道榮

18

按漢魏本作『道榮』。傳，宋雲家記，故並載之，以備缺文。

附錄　唐代以前中國記述印度之書

一，康泰，朱應

酈道元（歿于五二七年）撰水經注卷一引有康泰扶南傳，隋書卷三十五著錄朱應扶南異物志一卷。考梁書卷五十四，三國時吳（二二二至二八〇）遣康泰朱應使扶南（昔之扶南爲今之暹羅柬埔寨二地），時其王名范尋，二人所經及傳聞有百數十國，因立記傳；今皆佚而不傳。梁書之扶南列傳，必曾取材于此。當康泰等使扶南之時，曾訪問天竺土俗，緣扶南王范旃前曾遣使至天竺，茲天竺遣使陳宋等二人報旃。康泰見陳宋等，具問天竺土俗，知其爲佛道所興國。其王號茂論。梁書扶南傳，烈維 Sylvain Lévi 已有研究 (Deux Peuples Meconnus Melanges de Harlez p.176)；并考訂中天竺之茂論即 Murunda 王朝。康泰朱應奉使之年，要在二四三年范旃遣使孫權之後不遠。

二，道安

沙門道安，高僧傳卷五有傳。歿于三八五年，時年七十二歲。撰有西域志一卷，五九七年費長房歷代三寶紀著錄，八〇一年杜佑通典卷一百九十一曾引此書，一七一〇年刊淵鑑類函卷三百十六亦引有數語。此書之重要，似不若 Stanilas Julien 之所云 (Melanges de Geographie Asiatique 206-207)，道安未親至西域，蓋得之傳聞者也。且書祇一卷，大約錄其聞諸所識天竺沙門之語。隋書卷三十三，唐書卷四十三又著錄道安撰四海百川水源記一卷。

三，法顯

法顯于三九九年發足長安，歷遊天竺諸國十五年，所撰行紀首見歷代三寶記著錄，題曰歷遊天竺記傳。此書常名佛國記或法顯傳，Remusat（一八三六），Beal（一八六九及一八八四），Giles（一八七七），Legge（一八八六）皆有譯本。

四，寶雲

沙門寶雲爲法顯之一遊侶，惟至佛樓沙國 Peshavar 便還（見法顯傳）。高僧傳卷三謂其歿于四四九年，春秋七十有四，並謂其遊履西國，別有記傳。

五，智猛

隋書卷三十三，唐書卷四十三均著錄，有智猛撰遊行外國傳一卷，舊唐書卷四十六作外國傳，通典卷一百九十一亦名外國傳。智猛高僧傳卷三有傳，以四〇四年其同志十五人發足長安，歷遊諸國；以四二四年共同伴一人自天竺還。四三九年造傳，記所遊歷。四五三年歿于成都。

六，法勇

曇無竭此名法勇，高僧傳卷三有傳，以四三〇年共同志二十五人西行，後于南天竺隨舶汎海歸廣州，所歷事跡別有記傳。

七，道普

道普，高昌沙門，附見高僧傳卷二曇無讖傳。後普經遊西域，偏歷諸國，撰有大傳。釋迦方志亦著錄其所撰大傳。（鈞按道普歿年，應在四三三至四五三作之間）

八，法盛

高僧傳卷二曇無讖傳後云：『時有沙門法盛，亦經往佛國，著傳四卷』。隋書卷三十三，唐書卷五十八並著錄有歷國傳二卷。按法盛譯有菩薩投身飼餓虎起塔因緣經，前已著錄。

九，竺法維

曇無讖傳後，又謂別有竺法維僧表二人，並經往佛國，不知其時代籍貫。酈道元水經注卷一卷二引有道人竺法維之說數條。

十，道藥

沙門道藥於魏太武（四二四至四五一）末年，從疏勒道到僧伽施 Samkāçya 國，及還作傳一卷。今已不傳，唯散見洛陽伽藍記卷五宋雲惠生行紀之中。

十一，宋雲　惠生

茲二人於五一八至五二二年間巡歷烏場乾陀羅二國，撰有行紀：可參照本文緒言。

十二，韋節

北史卷九十七云，煬帝時（六〇五至六一六）遣侍御史韋節，司隸從事杜行滿使於西蕃諸國，至罽賓（不知爲漢之罽賓抑爲唐之迦畢試）得瑪瑙杯，王舍城（或爲中印度之 Rājagrhapura，然亦得爲拔底延也）得佛經，史國（今Shahr-i-salz）得十舞女，師子皮，火鼠毛而還。杜佑通典康國（Sogdiane）條下引有韋節西蕃記：余在西突厥史料中業已迻譯。

鈞按韋節行程似未至印度。考罽賓一名，在漢書中爲今之克失迷兒，在唐人撰述中則爲迦畢試，此外隋書以之爲漕國，明史以之爲撒馬兒罕，西域圖志以之爲痕都斯坦。韋節所至之罽賓，乃今之 Ghazna，至其所至之王舍城，應爲西域記卷一之縛喝（慈恩寺傳作縛喝羅）。記云『人皆謂之小王舍城』，可以證已。義淨大唐西域求法高僧傳卷上玄照質多跋摩亦曾至此『縛喝羅』國，具見此國佛法盛行。隋書卷六十七裴矩傳所載西域三道，南道之『北婆羅門』疑亦指其地。又續高僧傳卷二達摩笈多傳中之薄佉羅，亦爲此地之同名異譯，皆今之 Balkh 也。

十三，裴矩

裴矩，隋書卷六十七，唐書卷一百並有傳。隋時西域諸蕃多至張掖與中國交市，煬帝令矩掌其事。矩知帝方勤遠略，諸商胡至者，矩誘令言其國俗山川險易，撰西域圖記三卷，合四十四國，仍別造地圖，入朝奏之。

十四，彥琮

沙門達摩笈多翻經洛陽（鈞按在五九〇至六一七年間），沙門彥琮華梵並閑，預參傳譯。以笈多遊履具歷名邦，見聞陳述，事逾前傳，因著大隋西國傳一部，凡十篇，盛列山河國邑人物（見續高僧傳卷二達摩笈多傳後）。煬帝曾命其撰有西域傳一部，又命其共裴矩訂正天竺記。此天竺記不知爲何人撰，疑與玄奘西域記所引之印度記同爲一書。彥琮歿於六一〇年，春秋五十四歲。

十五，酈道元水經注所引諸書

除已見前此諸條外，水經注尙引有時代未詳之撰述若干種，諸書撰年要在五二七年以前，其目列下：

卷一引支僧載外國事，此書通典卷一百九十一，淵鑑類函卷三百十六並引之。

卷一引釋法明遊天竺記，通典卷一百九十一亦引之。

卷一，卷二引釋氏西域記。

卷一引佛圖調傳。

卷一，卷二引竺枝扶南傳（鈞按太平御覽作竺芝）。

十六，隋書卷三十三所引諸書

隋書經籍志著錄諸書，除已見前之列舉者外，尙有時代未詳者如下：

交州以南外國傳一卷。

曇景撰外國傳五卷，通典卷一百九十一引有曇勇外國傳，似爲一書。

大隋飜經婆羅門法師外國傳五卷，通典卷一百九十一引有翻經法師外國傳，似即此書。

西域道里記一卷，唐書卷五十八著錄程士章西域道里記二卷，或爲一書。

諸蕃國記十七卷。

鈞按康泰扶南傳，水經注卷三十六亦作扶南記，太平御覽卷七八七又名扶南土俗，通典卷一八八，太平寰宇記卷一七七『火洲』條下，均作扶南土俗傳。又考史記卷一二三，史記正義引有康泰外國傳，不知與扶南傳是否一書。南史卷四十九劉杳傳引有朱建安扶南以南記，不知與朱應扶南異物志是否一書。史記卷一二三又引有宋膺異物志，章宗源隋經籍志考證卷六以爲宋膺得爲朱應之誤，但考太平寰宇記卷一八一所引宋膺異物志之文僅言西域，則與朱應異物志各爲一書矣。

22

新疆之吉爾吉斯人

俄國乃達庭著　王日蔚譯

本篇譯自俄人乃達庭著，日人同中平亮譯之現代新疆。著者初爲駐新疆俄國領事，後爲中國稅關官吏及楊增新氏顧問，前後在新疆十餘年。通中國語，蒙古語，滿洲語，日本語。此篇雖非有價値之學術論文，然其所述多係親自調査而得，亦現代之良好史料也。

吉爾吉斯爲唐之黠戛斯，漢之堅昆，元之吉利吉斯，漢烏孫之遺裔（白鳥庫吉言）；元乃蠻，克烈亦均同化此族之內（徐旭生先生言）。今新疆之哈薩克與布魯特均屬此族。此族在俄屬中亞尤夥，常數倍於在新疆者，實突厥族中一極龐大之種族也。譯者擬攷釋其種族史，故特譯之以備參攷。今應顧先生之囑發表於此，藉求指正焉。

中央亞細亞之中央部，遠古即爲烏拉阿爾泰民族所居。紀元前十一世紀頃，突厥族移居此地，由此兩民族混合所生之遊牧種族即吉爾吉斯族。彼等自稱爲哥薩克，中國人稱之爲哈薩克。

吉爾吉斯語與蒙古語相同處甚多，茲舉例如左：

蒙古語	吉爾吉斯語	意義
ㄙ	ㄨㄚㄙ	水
ㄜㄈㄜㄚ	同	停
ㄐㄦ	同	年
ㄚㄦㄘㄧㄣ	ㄚㄦㄉㄢ	黃金
ㄉㄝㄇㄨㄦ	同	鐵

此外二者在文法上亦有共同之處，如加ㄑ於由動詞而轉來之名稱或名詞上，則爲表示此種行動之人物。如：

一ㄙ一　一ㄚ　ㄎㄨ（吉爾吉斯語驢馬之意）＋ㄑ——一ㄙ一　一ㄚㄎㄨㄑ＝趕驢馬之人（吉爾吉斯語）。

ㄇㄨㄉㄢ（蒙古語樹之意）＋ㄑ—ㄇㄨㄉㄢㄑ＝木匠。

ㄊㄝㄇㄨㄦ（鐵，兩語共同）＋ㄑ——ㄊㄝㄇㄨㄦㄑ＝鐵匠。

以上所述，雖其他突厥系方言亦均相同，惟據學者之論斷，此爲吉爾吉斯語所特具有者。故彼得堡大學東方語系，自一九〇六年以來，蒙古語一科內，列吉爾吉斯語爲必修科目。

新疆省吉爾吉斯人佔總人口三分之一以上，即一百萬人以上之多。

最近十五年間，新疆之吉爾吉斯人，以不絕從蘇俄逃入之故，人數已大形增多。布爾什維克不僅從彼等之手奪取家畜。一九一六年，蘇維埃官憲以對七河省暴動嚴厲彈壓之故，弗列烏兒地方參加暴動之喀喇吉爾吉斯人乃均越天山山脈而移入新疆，居住於特克斯河及崆吉斯河流域。彼等於越過中國邊境時，以受中國邊境監視兵之掠奪，金錢牲畜損失不少。

彼等受此次創役之後，頗思修息，然又從其他方面發生困難。七河省當局電駐伊犁俄國領事布羅其顏斯基執行俄政府引渡方策，將暴動之吉爾吉斯人追回俄國。駐伊犁領事不敢親身冒此大險，於是派阿苦薩兒（阿苦薩兒爲帝俄時代中央亞細亞俄國領事館內之回教徒代表，代表各地領事與各回教民族折衝者）內之首席東干人奴蘭封•立玉弗次担任此事。奴蘭封•立玉弗次爲惡人，專能壓迫弱者，此種任務自能勝任。彼究用何種方法完成此事，未能判明。但總之，自彼從該地出發後，特克寺溪谷之吉爾吉斯人乃大受痛苦。一九二三年，著者因公至特克寺溪谷，該地秩序尚未完全恢復；在著者暫留該地之期中，尚屢聞吉爾吉斯人由立玉弗次所受種種可怖之事實。

一九一六年，駐於俄地吉爾吉斯人之大部，越天山南部之峻險，移住喀什噶爾與阿克蘇。此等吉爾吉斯人幸運不淺，通過國境之際，既未受掠奪，住於阿克蘇之後，喀什噶爾俄領事館復派遣通譯斯特弗亞諾夫以善慰問彼等。

翌年俄國革命，新俄政府以萬事不溯既往爲原則，故彼等由俄方所受之壓迫始克免除，然彼等則難忘其長時間之過去記憶也。伴飢饉與病疫寄困於伊犂，設非俄領事館與俄亞銀行及韃韃協會之努力，恐彼等所受之苦痛當更甚。

新疆省之喀喇吉爾吉斯族外，尚有所謂阿爾班吉爾吉斯族。此種族之一部住於俄領七河省，十月革命後，以蘇維埃政府家畜及其他種種徵發之故，乃大部移居中國境內，混入同族內而遊牧。

新疆之吉爾吉斯人，與滿洲人蒙古人同，均負有作爲保護其種族全體軍務上之義務。動員之際，一切男子，均須跨自家之馬，集合於指定之地點，故彼等均爲慓悍之騎兵。此等情形與俄國哥薩克之社會正相同。彼

2

等自稱為哥薩克實無不當。

吉爾吉斯人，須納租稅與其軍事當局。普通常為實物，即家畜之類。其數額視家畜之年齡而定，愈小者抽取愈多，大者反是。新疆各地之縣長常由住民徵收大量之小麥貯藏之，督軍與各地之指揮官亦有養羊成群者。

吉爾吉斯人與蒙古人相同，其宗教上各階級之長管理政治事務。彼等稱其首領為「阿拉苦其」，其最高之首領管千人，中國語呼之為千戶長。次管百人，稱為「沙克」，中國人稱之為百戶長。僅為長，則呼為「亞弗諾弗」。彼等握有地方之政治與宗教權，任免學校教師與裁判官，裁判民事與處罰刑事犯人，管理遊牧者，防禦懲治強盜與竊賊。彼等最近以屢與軍事當局交涉之故具有事務所，僱書記若干名；為公共之費用，彼等有徵稅之權利。彼等不支付派遣於遊牧吉爾吉斯人處者之旅費，故亦由吉爾吉斯人負擔。中國人呼此種制度為「老尺」，由此村向彼村之車馬，亦由吉爾吉斯人供應。派遣之人甚多，且其從者之一切費用，亦由彼等供給。設此等制度不能施以有效的監督，實為吉爾吉斯人沒落之因。且其中富有之支配者，藉供應為名，往往多事徵收，以入己懷。

著者於一九二三年，帶新省主席之公務，往特克寺及崆吉斯溪谷之吉爾吉斯人處作老尺（即旅費由地方住民負擔之謂）。此際，著者之旅費已由道尹支給，故對於吉爾吉斯人之供給付以相當代價，然不僅無何等效果，且驚於著者之言，認為奇事也。

吉爾吉斯人為非常保守之種族，固守其古昔之傳統；其古代之儀式，世世相傳。此種傳統，為數世紀間之蓄積，乃基於絕對的族長制度之上者。

彼等均信回教，但僅着重於形式方面，於教義則不之顧，此等原因當由於彼等無知識之故。學校程度甚低，其數殆微不足道。

受阿剌伯文化之教育者，稱之為「穆拉」，但其數甚少，普通村落中不過一二人而已，彼等乃滿足一村落中文化之總要求者。

彼等雖多為無教育之人，在知慧上，則與其他突厥，阿爾達以民族比，乃為出類拔萃者。善記憶，富知謀，有特殊之眼光，此等點上，實非他族所能及。

彼等在途上一度見面時，此人之顏色，鬍鬚及其所着之衣服，彼均能記憶之。且一度見面之人，能於任何時任何地而不忘。彼等不僅能將眼中所映之影像確實攜住，其肉體的感能即嗅覺聽覺亦甚發達。彼不僅能識別甚遠之物象，且能嗅出從鄰村所傳之香味。若鄰村某有製作彼等最好之物「次玉兒弗」(即肉汁)時，則聞其味而就之——緣鄰人之探訪，爲彼等日常普通之事，即毫不相識者，由於彼等之社會習慣與天性好客之故，亦所不禁也。

彼等之住宅，無論何時對任何人均持開放主義。客人爲從神處派來之人，主人具有保護之責而保護之。彼等於客人來之目的不加訊問，如非奸細，則均歡迎。不論爲何種之客，彼等讓之於帳幕內之最上位，供以特殊烹製之小羊肉食膳；貧苦家庭只以牡羊供之。客於殺供其食用之動物時，慣例均獻祈禱之詞。

客無論住若干日，主人決不聲言逐客，但客人亦必須不忘下列之諺語：

第一日的客是神派來的，第二日的客是從人間派來的，第三日的客是從魔鬼那裏派來的。

吉爾吉斯人之食物普通爲由乳造之種種食料與肉，大概爲乳，牛，羊，山羊之肉所混製之物；由此種所造之油煮黍食之。彼等在夏日避暑山上之時，種植黍物。彼等將牛乳表面所浮之膜製爲「喀以瑪苦」，其味甚美。且將由牛乳中製成之酪，製乾之儲爲冬期之食料及旅行之用(稱之爲「苦里」)。其飲料即爲加水於「苦里」溶解之湯(稱之爲「阿以拉毋」)。

彼等甚愛穀物，惟到彼等手中時則價格甚高，以加入運費甚多，故高於市場之價格也。混脂肪於小麥粉中，製爲煎餅樣之食物，稱爲「巴弗兒沙苦」(蒙古語稱爲「布古兒沙苦」，其意爲餅)且有製乾之者。此種食物新疆全體之回教徒多常用之，且又爲旅行必携之物，稱之爲「次喀齊」。

食事吉爾吉斯人有獨特之儀式，家族中之長老先獻祈詞，與其相並者答以「阿們」。席之位次，入口之正面爲客席，對方爲主席。其兩側爲鄰人，次爲家族中之人，按年齡大小排列之。婦人之坐稍遠，食男子之殘物。近入口爲兒童之處，食大人之最後餘物。實則並無餘物，僅爲匙子與食物用之刀而已。

彼等最愛用之物爲茶(粗茶)，終日飲用無已，加鹽於鍋共煮之，多則混入油脂煮之。在冬期燻製馬肉之香腸，脂多味美，稱之爲「喀斯特」。由馬乳製成呼爲「苦母以斯」之酸乳，多飲醉人。

彼等多用肉，具回教徒之色彩甚濃厚，行祈禱與儀式而屠殺之後，流出其血始用之。

彼等常生活於大自然之中，夏則與氣候相伴次第升入高山。以其營養物甚良，故身體發達而健強。彼等種族之愛甚強，與蒙古人之社會同，民族之復仇成爲社會之道德。彼等之中有被殺害之時，其犯人無論爲吉爾吉斯之人，亦無論爲另一族中之人，則全部族皆執武器而起，爲之復仇。且彼等與蒙古人同，部族間復仇錯雜的法律上之爭，由種族會議解決之。此則爲新疆回教徒特有之慣例也。

吉爾吉斯人爲天性勇敢之騎士，彼等每日之內在白雲之下，騎馬悠悠於牧獸之羣。彼等雖無蒙古人竊盜之常習，然盜他人之馬雖非偉勳，亦爲有功勞與機警者，馬賊反爲名人。將所盜之馬混入自己之馬羣內使旁人不能識別，此種技術實非他人所能及。

吉爾吉斯人之日常生活極爲單調，主人每日之內跨馬遊牧，於途中往往訪問知友與親戚。一日之行程，不惜若干里之遠。

除成年之兒子外，均居家中。吉爾吉斯人家中萬事均委之於妻子，故其中家庭之大者，有一人而娶四女者。

女子一有閑則搾乳，放家畜入牧塲，拾薪，做飯，摘羊毛，紡絲，織衣服，造繩。總之，家庭內之事，一切均由婦人辦理。惟一之例外爲新娘，彼等以紅布蒙首，普通半年之內不出新房，坐屋隅縫製衣物；客來相尋，始不得不出而周旋。老人與老妻可不勞動。

吉爾吉斯人行買賣婚，此亦爲新疆省回教徒習慣。其家庭富，其女若美，則其價格愈高。婚約幼年即訂定，從該時起，須付數年之身價；俟金額償消，即新娘不至成人時亦能嫁出

禮式舉行愈大，則附近一帶知之者愈多。結婚舉行時，無論何人均可自由參加，往往集人甚多。宴賀亘數日不絕，男客女客盡情歌唱，時復演彼等獨特之舞蹈。此僅爲男子之舞，無所謂拍手合奏之舞蹈焉。

其歌詞普通爲叙述彼等民族英雄之故事，青年時

復藉此以自讚其豪膽。謙遜之謠，則衆必吹毛求疵以反對之。

客食肉與飲醱酵之馬乳，普通祝賀婚禮至數日之久，往往於此時舉行競馬之戲。富庶之家置羊於某地，由騎士乘馬奪之，此種情形需技巧與策略，其爭奪戰鬬往往亘數小時；羊雖死，而結局歸於某者，始爲勝利。此種所得之羊肉甚爲殘酷，然參加此種技巧之鬬爭者乃大聚宴食之。

早婚爲吉爾吉斯人普通之惡習，兩親往往出嫁未成熟之女，九歲之幼女嫁於完全成人者頗不鮮。與此相反者，二十四五歲之女郎嫁十一二之男子亦非鮮事。其理由甚爲簡單，蓋爲此女較大之身金故。嫁於某家長男之女其夫死時，按宗教上之法規，則一年後可歸母家，於是夫家所支之貨金終成空物，乃令其改嫁與其幼弟，宛若母與子之結婚焉。

冬期吉爾吉斯人下居於近河流之溪谷，天幕之中雖着火而不暖，於是乃建築小土屋居之。放畜類於枯草及凍草之野地。霜雪降時，大有角獸(牛類)則不能不以其後足掘草於霜雪中，故霜雪之害甚重，家畜因是而斃者不鮮。惟羊尙無大礙，蓋以其主要之飼草爲吉爾吉斯語之「拿以」，此草旣乾且硬，不懼霜雪，且甚高大，雪不能埋之之故也。

冬期吉爾吉斯人生活頗困難，須於嚴寒之中拾取薪草，狹小之土屋中雜居多人，因是而罹病者甚多。

在冬季食糧亦甚惡劣，羊無乳，僅以夏季所製山羊之乳酪及香腸充之。至春，彼等乃次第登山，最初居山麓下，次逐漸升高，愈暑愈高，終至山頂。山上牧地良好，草茂，溪流，燃料不缺，空氣潔淨，冬之苦惱已一無所有，乃悠悠於大自然之懷抱中，生活快適較前百倍。

都會與村落中之吉爾吉斯人較之彼等，生活殊可哀也。彼等如籠中之小鳥，日盼自由豐潤之天然生活(吉爾吉斯人稱之爲「齊亞諾之別墅生活」)而不可得。

國內地理界消息

甲　各省水災狀況

楊向奎
葛啟揚
張佩蒼　輯

許世英談三省黃災損失三萬萬

蔣委員長允再續撥百萬救濟

籌到鉅欵後將迅速設法發放

國府賑務委員會委員長許世英氏，視察黃河流域魯，豫，冀三省災情，公畢返京，向中央報告。由京乘江安輪偕秘書胡仲舒等於昨晨十時抵滬，返寓休息後，比分訪王震等談義振籌措事宜。下午六時許在仁濟堂接見記者，發表書面談話，對魯，豫，冀三省災況，敘述極詳，此外許氏復親談視察經過與防災籌振各情，併誌如次。

許氏發表三省災況　許氏書面談話云，本人此次視察魯豫冀三省水災，三省災區共約四萬平方公里，災民約五百五十萬，損失在三萬萬元以上。較之長江水災，雖稍輕減，但決口難堵，黃水晝夜灌流，將來災區之擴大，災情之加甚，皆在意料之中。災民日在水深火熱之中，遄返故鄉，未知何日，顛連痛苦，慘不忍言，誠令人不勝哀憐。綜觀魯省之災情，僅次於鄂，災民約三百五十萬人，被水面積連河湖在內，共三萬二千五百平方公里，估計三分之二爲農田，共約田畝四千一百二十五萬畝，平均每畝以五元計算，再加公私財產損失約五千萬元，共達二萬萬五千萬元以上，可相當於山東省十二年之稅收，良堪浩歎。其中魯西黃災爲最慘重，濟甯鄉政建設實驗區十四縣中，有十三縣爲極重災區。荷澤鄄城鉅野嘉祥濟甯等縣水深一二尺，至丈餘不等。濟甯縣爲交通孔道，全區災民麕集待運，情勢尤見緊張。豫省自上月初旬起，雨量特多，各河均漲，漫溢潰決。被災達四十七縣，內十四縣爲重災區，全省被水面積最多時達七千平方公里，災民一百七十餘萬，損失約六千萬元，災情與冀省相若。偃師縣城房部浸灌，成爲廢墟，本人視察時南關水深猶及丈餘，房屋坍盡，所謂野沒無餘草，城荒已絕人，生民昏墊之慘，純爲鮮觀。現在非趕緊另遷縣治，新建民居，不足以安輯流亡，免除疫癘。豫南之淅川新野兩縣全境泛濫，災情亦特重。冀境黃災僅東明長垣濮陽，三災區數百餘平方公里，災民二十餘萬，人民多露宿堤頂。本人所歷鄂魯湘贛豫皖冀七省，斯爲最輕。顧其承二十二年黃災之後，元氣未復，災民生活備極痛苦。因於救濟方面，分撥各省之中央救災準備金，因情勢迫切，已由賑務委員會分別電匯，但殊感不敷耳。

救災基金發出百萬　中央救災準備基金，前經中央決定，由賑務委員會與財政部會商分配。被災各省災區，當經分配鄂三十萬，魯二十五萬，湘十萬，豫贛各六萬，皖三萬，冀閩各二萬，晉陝甘黔各一萬五千，察綏甯夏各一萬，又各省防疫費六萬，新疆防疫費一萬，共一百萬。現此百萬賑欵早經財部按上數照撥，本人此次分別實地視察長江，黃河兩流域災情後，以親臨經歷，數百萬災民，輾轉溝壑，慘不忍睹。猶憶視察時，車廂中熱度百〇七度，無衣無食之災民，科頭跣足坐於烈日下，設遇狂風暴雨時，亦無蓬蓆遮蓋。飢寒四野，雖鐵石心腸，睹斯慘狀，亦爲之淚下。中央雖撥出賑欵百萬，終以災民廣衆，杯水車薪，無濟於事。本人在京中，曾分謁蔣委員長與汪院長孔部長，呈報災情，並懇救濟。比蒙蔣委員長允再設法百方救濟，一面返滬後，當從事義振籌募云。

五十萬義賑即放出　許氏對滬市義振會方面向銀行界借墊之五十萬義振，因此次親臨各省災區，對災民所受之痛苦，洞識隱微，故昨語新聲社記者，明日義振會之常會當即分配此五十萬義振。本人當提議採取極迅速極簡便之方法，將此五十萬義振放出，送至災民手中。關於散放問題更須切於實際，因災民待賑追急，既不能遲緩其時更不得另遭漏蝕。故明日會議，對此層當特別顧及。一俟會議後，此五十萬義振即可放散。今後當繼續努力籌振；雖然，籌賑仍不過治標救濟辦法，治本辦法仍須從事江河疏濬，因長江黃河河床日高，未來之災仍難免也。

【董莊視察險遭不測】許氏兩月來先後視察長江黃河兩流域災區，僕僕風塵中，極爲勞頓。賑委會滬辦事處黃祕書語新聲社記者，許氏此行，視察水災至豫省開封境內之董莊，因日落西山，天色漸暗，堤埂公路，都坎坷不平，車行輪滑，一時司機竟不能制住，三輪越出路軌，幸一輪爲路石絆住，得未摔出丈餘高之堤下。但斯時因內身受撞，許氏頭額及腿臂都蒙微傷，現額角臂間猶存輕微之疤痕。

【湘省代表謁許請賑】許氏昨日下午六時許在仁濟堂接見湖南省災民請願代表舒楚石，趙夷午，李午雲等。首由湘代表舒楚石向許氏報告湘省災情慘重情形，繼復請振救濟。許氏當親對各代表慰問並允設法賑濟，各代表始辭出。據湘省災民代表舒楚石語新聲社記者，湘省連年災荒，災情慘重，今年尤甚。因民十七年遭匪災，二十年大水災，去冬旱災，今年再水災，數年來幾無一日安寧。今年被災區有岳陽，漢壽，常德，平江，湘陰，臨湘，安鄉，華容，益陽，南縣，澧縣，石門，慈利，臨澧，衡山，湘潭，常寧，祁陽，安仁，桃源，寧鄉，大庸，安化，新化，衡陽，長沙，邵陽，沅陵，通道，溆浦，鳳縣，寧遠，湘鄉，桑植，辰谿，瀏陽，瀘溪，綏寧，永綏，古丈，保清，乾城，宜章等縣云。

【義賑會今召開常會】上海籌募各省水災義賑會，定今日下午四時在仁濟堂會所內舉行第一次常委會議。屆時除由視察黃河災區歸來之許世英氏報告災情外，對義賑五十萬即席分配各省，並討論籌募進行辦法云。（廿四，八，廿五，上海晨報）

蘇北災況統計

災區八一六零方里　難民達八十五萬人

【徐州】專署前令各縣統報災情，現經統計災區，銅山一千三百方里，豐四百六十方里，沛一千四百方里，邳五千方里。災民，銅山二十四萬，豐五萬，沛十六萬，邳四十萬。共被災面積八千一百六十方里，災民達八十五萬人。而災詳情況，專署已派尤蘇生，趙文亮，王炎，陳濬夫，分往四縣履勘，限五日內具報，並協助各縣救濟事宜。（十六日專電）

【南京】振委長許世英，定十八日下午乘平浦車赴蘇北視察災情。先至徐州，再轉隴海路視察邳縣等區，預定三日返京。許談，關於蘇北振災救濟辦法，俟視察後再商承當局籌劃，至支配各省振欵，今又續撥第三批，約計總數爲十萬元，該欵均係最近收到，由各方及華僑所捐助。其中捐欵成數，以華僑居大部份。海外僑胞關懷祖國，踴躍輸將，熱忱義舉，大可感動。（十六日專電）

【南京】許世英十五日晚由滬抵京，十六日晨記者往訪，承見告各情如下：近來國內外輸欵籌振已達十八萬元。頃因各災區需欵孔殷，十六日晨將急振分配蘇四萬，魯二萬，鄂一萬，粵一萬，湘五千，豫四千，贛四千，閩五千，皖冀各一千。刻仍切盼各方努力輸將，俾災民得蘇。本人定十八日晨北上，視察蘇北災情；擬携欵二萬元，先至銅山，再轉邳沛豐等縣。每至一處，照實況給欵急振。視察後即返京，向中央報告。至黃水根本治理，亦將向中央建議，使將來免於重災。（十六日中央社電）

【徐州】省救濟會派喬葆元察勘徐災。喬昨抵徐，今晨與財廳派委朱玉吾，並農行派員葛茯壽，同往銅北視察。王公嶼在鄭集備船，陪同沿湖巡視，被災村莊二百餘，災民十萬，王已在鄭集馬坡毛寨三處建收容所千間收容。惟啼饑號寒有待普救，朱復與王商定耕牛貸欵辦法。當日晚返徐，日內再往沛豐邳以次巡視。（十六日專電）

【徐州】邵專員漢元十六日電呈陳主席，請令所轄全省文武機關人員，將舊衣各捐一套，及軍警舊制服全部，捐助水災救濟會，發給災民。因將屆秋冬，風老天寒，難民衣食均關重要。（十六日中央社電）

（廿四，九，十七，中報）

邳縣黃災慘狀

全縣陸沉十分之九　水利機關忽於預防

【邳縣通信】邳縣位居蘇省北部，地勢窪下，河流縱橫，魯南諸水，均以邳境爲尾閭，災祲之來，十年而九，居民貧苦，爲蘇省最。今夏黃水泛濫，由魯西注入昭陽微山諸湖，再奪運河不老河直灌邳縣，故該地水災，實較任何縣分爲特重。查本年八月初旬起，運河不老河即同時見漲，但甚平緩，人民尙未注意。縣府奉省令以全力搶修不老河南岸，其他各堤無形中放棄。及八月下旬，大溜到達，民衆始自動搶修運河兩岸各堤。全縣民衆全部動員，縣長秦傑人率機關人員晝夜督工，不遑寧處。卒以工程浩大，民力不濟，更加風狂雨驟，波濤山立，不老河及運河兩岸，次第潰決。全縣陸沉十分之九，省立運河鄉師新學舍，大半坍塌，各村房屋傾圮者，不可數計。過地晚秋已多成熟，但民衆晝夜忙於防黃，不暇收穫，以致全部淹沒，尤爲可惜。兼之本年春天，冰雹爲災，二麥大半打毀。邳南各地，且有一粒未收者。所恃以活命之秋季，又復如此，邳縣六十萬民衆，眞無死所。況乎地水深數尺，逃生無路；每遇大風，則洪濤所至，屋宇隨傾，災聲震地，慘不忍聞。投水自盡者，日必數十起。政府若不早加救濟，或者移民墾邊，則老弱勢必葬身魚腹，少壯勢必鋌而走險，此爲政府所尤當注意者也。惟邳縣自民元以來，年納治運畝捐萬餘元，而江蘇運河工程局，平時未替邳人動一寸土，危時未給邳人一文錢。邳人防黃費用，均係自籌，不替災上加災。設事前運河稍加疏浚，導淮會不在下源築壩束水，則邳縣災情，決不致如此慘重。此次雖係天災使然，而人事亦占重大原因。邳人實不能無遺憾也。　（廿四，十，一，申報）

魯省災區面積統計

【濟南】賑會統計災區面積八一五四零三一畝，災民五百萬。急待賑者二二九二五零零人。各縣收容所七十一處，已收容災民二七四八二四人。支出賑款捐款六零七二四九元，現存十八萬餘元，各收容所災民月需五十萬四千元，連同災區其他費用日需七十餘萬，計至明年五月需六百餘萬元。（九日專電）　（廿四，九，十，申報）

豫省各縣災情

偃師等五十一縣之報告

【開封通信】豫省本年災情之重，不亞山東湖北。惟各縣呈報遲緩，經省振會一再催促，截止最近止，已有五十一縣大致報告。而安陽廣潤陂水災奇重，崔家橋一帶水深數尺，新安關鄉降雹如卵，傷禾毀屋，人畜受害，尙未與焉。茲誌各縣災情如次：

偃師　七月七日夜，洛水溢圍城堤，八日堤決沒城，死亡二七四人，塌房四〇·一四七間，淹毀田地一五七·三〇一畝，被災面積九〇〇方里，損失四·三三七·九七二元，被災者一五〇·二三〇戶，待振者六〇·二二七口。

鞏縣　七月八日晨五時，洛水漫溢，死亡一七八人，塌房四〇·一六七間，土搖四八二孔，淹毀田地四九·四二五畝，被災面積二六〇方里，損失二·六二六·四九五元，被災一三·〇一〇戶，待振者七〇·一五三口。

淅川　七月六日大雨，淅川丹江漫溢，死亡二六人，塌房二千間，毀田千畝，被災五百戶。

偃城　七月七日大雨，沙河，乾河，澧河，決口，死亡一〇二人，塌房四四·五〇九間，毀地六八四·五一二畝，被災面積一·二五七方里，損失二·八二三·五七一元，被災六九八一五戶，待振者三一〇·五六〇人。

封邱　七月九日，黃河店集決口，死亡六六人，塌房一四·八九二間，淹地一二〇·一六八畝，被災面積二二二方里，損失五·四四一·六〇〇元，被災七·二二〇戶，待振者四二·六八一人。

西華　七月八日，鄢西交界沙河決口，死亡二八人，塌房四八八五間，毀地五三五·六五二畝，被災面積一四一〇方里，損失六〇六·三九四元，被災三七·六九七戶，待振者一四六·八九四人。

商水　七月八日，沙河汾河決口，死九人，塌房三五九九間，毀田三五九·三三四畝，被災面積一·七七三方里，損失七十萬元，被災二五·二〇三戶，待振一三九·一七五人。

嶄野　七月五日大雨，河流漫溢，死一七六口，塌房一三〇·七八九間，毀田五〇二·二二九畝，被災面積五五八·四四八方里，損失二•三〇四•九九九元，待振者六六•九二一人。

襄城　七月六日至九日大雨，山洪暴發，死一三六口，塌房一四•三一〇間，毀田三四一•二八一畝，被災面積一•二一四方里，損失一•九四八•九三三元，待振者一七八•四七二人。

南陽　七月三日至九日大雨河溢，死十人，毀田一八四•〇三五畝，損失八一•九九九元，待振者三三•二八五人。

蘭封　七月九日，二三兩區沿河北灘雷寨等村，被黃河水淹沒，死二人，毀十二萬四千畝，被災面積六百方里，損失百四十萬元，待振者萬六千人。

陳留　七月九日，河水出槽，塌房一六七一間，毀地一九•二三二•三〇〇畝，被災面積三七五方里，損失一八四•四〇〇元，待振者三五六九人。

遂平　七月七日大雨，灈水石羊河漫溢，死二六人，塌房二八•三〇八間，毀地一五八•九五七畝，被災面積三九〇方里，損失一一•八一五元，待振者五七•二八四人。

鄧縣　七月四日至七日，湍河刁河泛濫，死亡二千人，被災面積六九五方里，損入五百萬元，待賑者十萬人。

內鄉　七月三日大雨，湍默黃河灌水，同時漫溢，死亡八九九口，塌房二五•二七九間，毀田二一•五六九畝，被災面積四五〇方里，損失一•三七六•五三〇元，待賑者四〇•五三〇人。

鎮平　七月五日至七日，大雨成災，死亡十三人，塌房三〇•一五五間，毀田三四•六四〇畝，被災面積六四方公里，損失七〇四•六三四元，待賑者三萬人。

滑縣　七月九日黃河水漲，自上東西青城三村被淹，塌房九千間，毀田十八萬畝，被災面積五百方里，損失百萬元，待賑者二十八萬人。

西平　七月七日大雨，洪殺一河及龍尾溝，同時漫溢，死十二人，塌房七•三八七間，毀田二二三•一七五畝，被災面積一•二二三四方里，損失二五四•五〇元，待賑者二〇•一七六人。

沁陽　七月七日大雨爲災，毀田二二三•五五八畝，損失三•九六•五一九元，待賑者九二•一五五人。

項城　七月十四日，汾泥兩路潰決，死亡三十一人，被災面積八九〇方里，損失二一九•二四〇元，待賑者一六•二五一人。

臨漳　七月十八日，漳河水漲，四五區東辛一帶決口多處，死亡三十人，被災面積六百方里，損失三十五萬一千元，待賑者四五•六三〇人。

伊陽　七月五日至十日，汝河陡漲，決口五十餘處，死四十八人，塌房一三五〇間，毀田二三•八〇〇畝，被災面積六十方里，損失三萬二千元，待賑者三•〇〇七人。

洛陽　七月六日至九日大雨，伊洛兩河漫溢，塌房二三〇間，毀田五二•八八一畝，被災面積二一九方里，損失四三三•三五〇元，待賑者五五•四〇〇人。

汜水　七月七日及十九日大雨，汜水泛濫，毀田四萬畝，被災面積二十六方里，損失五十萬元，待賑者十萬人。

嵩縣　七月一日起大雨，連綿八晝夜，伊河漫溢，死亡四七人，塌房三•六九七間，毀田六一•七五七畝，被災面積一•三七〇方里，損失一八二•三二〇元，待賑者一一三•四七三人。

湯陰　七月二十四日大雨，山洪暴發，湯河決口數處，死亡二十三人，塌房五•三八四間，毀田一四一•八五一畝，被災面積三八六方里，損失八七六•五二八元，待賑者八六•七四七人。

鄢陵　七月初鄢臨許境之沙潁等河決口，直落鄢境，死二人，塌房三千間，毀田八四七〇畝，被災面積九七〇六里，損失三七•五八〇元，待賑者五五〇〇人。

南召　七月大雨，山洪暴發，死亡一一一人，塌房一二•六七一間，毀田七六•八三五畝，被災面積二四八五方里，損失一三•一八〇元，待賑者八二•九三三人。

淮陽　七月上旬，上游大雨，沙河，賈魯河，汾河，決口多處，波及淮陽，死三人，塌房七百間，毀田六萬六千畝，被災面積一•四四〇方里，損失四十萬元，待賑者八萬人。

鄭縣　七月二十四日大雨，魏河，賈魯河，南北索須河漫溢，被災面積四百方里，待賑者二萬餘人。

宜陽　七月七日大雨，山洪暴發，河洛陡漲，死亡十人，塌房七十八間，毀田六・七七〇畝，被災面積六〇方里，損失七七・〇〇五元，待賑者萬三千人。

汝南　七月七八九等日大雨，汝洪兩河潰決，死九人，塌房二・五七四間，毀田八六六・九一〇畝，被災面積一・八八九方里，待賑者二十萬人。

正陽　七月八日大雨，汝河暴漲，死亡千餘人，被災面積三千方里，損失五十一萬元，待賑者九萬人。

博愛　七月七日大雨，丹水漫溢四區全淹沒，毀田三十萬畝，損失十五萬元。

臨潁　七月以來，霖雨連綿，上游沙河等決口，直注境內，死亡四人，被災面積千里，塌房千間。

其他如陝縣，武陟，廣武，開封，通許，原武，淇縣，臨汝，延津，葉縣，舞陽，尉氏，寶豐，濟源，上蔡，唐河等十六縣，災情亦異常慘重，惟對損失尚無統計數目。(二十二日)

(二四，八，二六，申報)

冀南各縣水災損害統計

【天津】　保定電話，冀東長濮三縣黃災損害統計，頃調查完竣，被水面積二〇八九方里，被災七九〇村，災戶三九八九三戶，災民二一九二九七〇口，死亡男女三九七〇口，財產損失總計一二一六五四八〇元。前後經省方查放災欵，長垣五千，東濮兩縣各二千五百元。全國振務會撥到二萬元，行政院平政會軍分會各撥一千元。杯水車薪，待振者仍多。省方卽電全國各方呼籲助振。邯鄲因霪雨及河水漲溢，受災百數十村。頃水勢稍退，縣府調查毀田一二七五頃，毀棉田七二五頃，各村房舍倒塌五四七間，浸毀待修理者房屋七四六間，淹沒秋禾尚有二三成收穫望者一六三〇頃。(二十八日專電)

(二四，八，二九，申報)

鄂災損失數

一篇精密的數字統計

江襄堤垸幾完全潰決

【漢口特訊】本年鄂省水災慘重，全省七十縣，受災者五十縣兩市。現水已退盡，損失之數，業已調查明確。計被災面積四百四十八萬六千九百九十方公里，被災農田七千零二十七萬三千一百五十九公畝，被災人口七百一十四萬九千七百一十二人，糧食棉花損失一萬萬五千萬元，其他房屋，農具，牲畜，損失無算。茲誌各種損失數字如下：

被災面積

第一區蒲圻一六五九三方公里，漢陽二〇八四〇六方公里，嘉魚一三九三五方公里，通城一一一二〇方公里，崇陽一九四九五方公里。第二區陽新四三四七六方公里。第三區圻春二九一二八方公里，浠水二一五九二方公里，黃梅一三〇九〇方公里，廣濟八八二三方公里。第四區，黃岡二九一三七方公里，黃陂一四九〇九三方公里。第五區孝感一〇五七八〇方公里，雲夢三七七五五方公里，應城五四三七五方公里。第六區，天門一五七五〇〇方公里，漢川一四九〇〇八方公里，沔陽三二六七六〇方公里，京山一四四六八〇方公里，鍾祥三一二七七一方公里，潛江一一一二五〇方公里。第七區，江陵八一一四〇方公里，荊門八三八三〇方公里，監利一二八七四五方公里，石首一三七九一六方公里，公安一三五五六〇方公里，枝江三三一二〇方公里，松滋六〇六〇三〇方公里。第八區襄陽二五〇〇八八方公里，宜城一一〇一二八方公里，光化四八四三〇方公里，穀城一一八〇二五方公里，南漳五九六九六方公里，保康二三三五二方六里。第九區，宜昌三四四八四方公里，遠安五〇四五方公里，當陽二六二四一方公里，宜都一〇二七八一方公里，興山五八二五〇方公里，秭歸六五六九三方公里，五峰二六七〇〇方公里，長陽六二八八〇方公里。第十區，鶴峯四六七二五方公里，來鳳二一二四八方公里。第十一區，鄖縣三一五三六三方公里，均縣一一〇七二四方公里，鄖西七三七二四方公里，房縣二三五九三方公里，竹山

5

一四九五四方公里，竹谿四三一一四方公里。漢口市二九四〇方公里。省會二六九四方公里。共計四四八六九九〇方公里。

受淹農田

蒲圻二九八六六七公畝，漢陽四一七七一三九公畝，嘉魚二七八七〇〇公畝，通城一七七九二三公畝，崇陽二一四四四二公畝，陽新六九五六一二公畝，圻春五七四三〇四公畝，浠水四三一八四八公畝，黃梅二四三七七五公畝，廣濟一七六四六〇公畝，黃岡六六一八七五公畝，黃陂一一四三〇〇〇公畝，孝感一八四四〇四〇公畝，雲夢四九二八五五公畝，應城一一三七五〇〇公畝，天門四七五八八六四公畝，漢川二九八〇一五〇公畝，沔陽七一八八七二〇公畝，京山二二〇四八八〇公畝，鍾祥五六七九八八三公畝，潛江一五七五八〇〇公畝，江陵五〇九六五二〇公畝，荊門一三〇五一一〇公畝，監利二四九六一五五公畝，石首二四八二四九三公畝，公安二四九〇〇八〇公畝，枝江五九六一六〇公畝，松滋一八〇二五一〇公畝，襄陽五〇〇一七五〇公畝，宜城一八七二一六八公畝，光化七七四八八〇公畝，穀城一四一六三〇〇公畝，南漳七一六二二〇公畝，保康三四六〇五〇公畝，宜昌五一七二六〇公畝，遠安四〇三六〇公畝，當陽七一三九七六公畝，宜都七一九四六九公畝，興山四六六〇〇〇公畝，秭歸六五六九二五公畝，五峯一六〇二〇〇公畝，長陽一九七二八〇公畝，鶴崇二八〇三五〇公畝，來鳳一六九九八〇公畝，鄖縣一五四六一一五公畝，均縣七七五〇七〇公畝，鄖西三四二四〇一公畝，房縣一四一四五六公畝，竹山八九七一二公畝，竹谿二五八六八三公畝，漢口市二二五二七九公畝，省會八九八〇〇公畝，共計七〇二七三一五九公畝。

災民人數

蒲圻一八七五〇人，漢陽五一一〇三二人，嘉魚一六一六五人，通城一七六八一人，崇陽一九三二五人，陽新六八二五八人，圻春五七三八二人，浠水五三五八二人，黃梅一七九二八人，廣濟二九五五七人，黃岡五四五九一人，黃陂一八八七七二人，孝感二〇四四九人，雲夢一〇一三八七人，應城二〇四六三八人，天門六四三〇〇〇人，漢川三二五三三八人，沔陽四五七〇七〇人，京山一六八三五〇人，鍾祥一九四〇〇五人，潛江一二五三九一人，江陵五〇六九七七人，荊門一〇二六二四人，監利二二〇一五四人，石首二四五八三六人，公安二九九二五四人，枝江一五七〇二九人，松滋二〇五六九八人，襄陽四二一〇八〇人，宜城一四八六七三人，光化一一四七七九人，穀城一一七五八五九人，南漳六二〇八三人，保康一一二〇八人，宜昌一〇一七二六人，遠安一四一八七人，當陽一三三八二人，宜都一六三四二二人，興山二七六九〇人，秭歸六八九七八人，五峯八〇六三四人，長陽二三六七四人，鶴峯一二八一二人，來鳳一一六八六人，鄖縣一五四九八六人，均縣八一九三六人，鄖西三二一一八人，房縣一八二〇一人，竹山二〇七〇二人，竹谿三〇六一一人，漢口市九六五〇一人，省會四八二九三人，共計七一四九一二人。

糧食損失

蒲圻八九(以千公擔爲單位)，價值二六七（以千元爲單位)。漢陽一四〇二，價值四二〇六。嘉魚一七四，價值五二二。通城一三四，價值四〇二。崇陽一九八，價值五九四。陽新七六二，價值二二八六。圻春五二五，價值一五七五。浠水四四三，價值一三二九。黃梅一八六，價值五五八。廣濟一九八，價值五九四。黃岡六二七，價值一八八一。黃陂八七五，價值二六二五。孝感八〇一，價值二四〇三。雲夢三五〇，價值一〇五〇。應城五二三，價值一五六九。天門一四一〇，價值四二三〇。漢川九八八，價值二九八四。沔陽二六四六，價值七九三八。京山八四五，價值二五三五。鍾祥二四五二，價值七三五六。潛江六八五，價值二〇五五。江陵二〇〇六，價值六〇一八。荊門六一〇，價值一八三〇。監利一五三九，價值四六七一，石首九〇〇，價值二七〇〇。公安八〇〇，價值二四〇〇。枝江三〇〇，價值九〇〇。松滋六五三、價值一九五九。襄陽一九三九，價值五八一七。宜城七四三，價值二二二九。光化三七八，價值二一三四。穀城八九二，價值二六七六。南漳六二一，價值一八六三。保庫三〇〇，價值九〇〇。宜昌八一四，價值二四四。遠安一三三、價值三九九。當陽一八三，價值五四九。宜都二四七，價值七四一。興山二三四，價值七〇二。秭歸二五七，價值八二五。五峯二〇〇，價值八〇〇。長陽二二五，價值六八七。鶴峰二〇〇，價值六〇〇。來鳳一五〇，價值四五〇。鄖縣七一五，價值二一四五。均縣四一五，價值一二四五。鄖西二六九，價值八〇七。房縣二五四，價值七六二。竹山一五〇，價值四五〇。竹谿二〇〇，價值六〇〇。漢口市八三，價值二四九。以上糧食單位千公擔，計三三〇二一〇〇〇公擔，每擔價值以三元計，共九九〇六三〇〇〇元。

棉花損失

漢陽一四〇(單位千擔)，價值三七八〇(單位千元)。嘉魚一〇，價值二七〇。圻春二，價值五四。浠水二〇，價值五四〇。黃梅三〇，價值八一〇。廣濟八，價值二一六。黃岡八〇，價值二一六〇。黃陂四，價值一〇八。孝感一〇〇，價值二七〇〇。雲夢五〇，價值一三五〇。應城三〇，價值八一〇。天排一三〇，價值三五一〇。漢川一二〇，價值三二四〇。沔陽八八，價值二三七六。京山二八，價值七五〇。鍾祥四〇，價值一〇八〇。潛江二五，價值六七五。江陵二四〇，價值六四八〇。荊門三〇，價值八一〇。監利一〇〇，價值二七〇〇。石首九〇，價值二四三〇。公安一五〇，價值四〇五〇。枝江五〇，價值一三五〇。松滋八〇，價值二一六〇。襄陽八七，價值二三四九。宜城二九，價值七八三。光化四〇，價值一〇八〇。穀城二〇，價值五四〇。宜昌六，價值一六二。遠安二二，價值五四〇。宜都一五，價值四〇五。鄖縣五，價值一三五。均縣七，價值一八九。以上棉花單位爲千擔，價值單位千元，共棉花一八五六〇〇〇擔，五〇一一二〇〇〇元。

堤防潰口

以上所述農產損失之數，已足驚人，而堤防潰口，修復需款，損失亦所不貲。查江襄堤垸，爲數極多，本年潰決者，約十分之九，民垸尤指不勝屈。以工代賑修復潰口，就目前最低預算需款四百六十餘萬。著名幹堤潰決地點口門，長江方面，漢陽以上，松滋以下八縣中，計達二十三處，三十三口。1，漢陽豐樂，垸江堤局墩北岸，潰口一八八〇〇公尺。2，漢陽豐樂垸上河口北岸，潰口一〇二〇〇公尺。3，漢沔交界宏恩江堤欒家邊北岸，潰口四二〇〇〇公尺。4，沔陽宏恩江堤，大木林北岸，潰口一〇二〇〇公尺。5，嘉沔六合垸院子洲南岸，潰口一五〇〇公尺。6，嘉魚萬城垸小清江南岸，潰口二九〇〇公尺。7，嘉魚乃城垸四堤角南岸，潰口一五〇〇公尺。8，嘉魚萬城垸烟波尾南岸，潰口八〇〇〇公尺。9，嘉魚萬城垸街上南岸，潰口三〇〇〇公尺。10，嘉魚萬城垸谷花洲南岸，潰口一五七〇〇公尺。11，嘉魚萬城垸長旺洲南岸，潰口三處，共長二二五〇〇公尺。12，嘉臨交界處萬城垸新洲腦南岸潰口二處，共長二三六〇〇公尺。13，監利上汛江堤蕭布拐北岸，潰口五〇〇〇〇公尺。14，石首陳公東垸觀音菴南岸潰口七處，共長二七五〇〇公尺。15，石首陳公東垸來家鋪南岸，潰口二處，共長七〇〇〇公尺。16，石首羅成垸二聖寺南岸，潰口一五〇〇〇公尺。17，公安東大垸北堤子南岸潰口一二〇〇〇公尺。18，公安東大垸晉家鋪南岸潰口一六〇〇〇公尺。19，江陵萬城大提橫店子北岸潰口二二五〇〇公尺。20，江陵虎東大堤新世宮南岸，潰口三八六〇〇公尺。21，江陵神保垸陳家灣岩下南岸，潰口六七〇〇公尺。22，松滋神保垸陳家灣岩板窩南岸，潰口一一〇〇公尺。23，松滋神保垸查家月堤下首南岸，潰口二一〇〇公尺。松滋以上，漢口以下，尚未列入。襄河方面，幹堤潰決尤多，襄陽之老龍堤，樊城之鄭公堤，鍾祥之第一弓堤至舊口，共潰十三口，三四弓堤潰口長四公里，十一弓堤潰口公八百公尺。潛江之汪家剅，天門之雙河垸，亦潰口甚長。襄江堤幹，幾於全潰，損失較長江尤鉅。

公路冲毀

本省各段公路，長達三千里，本年各路皆被冲毀。茲據公路管理局發表，根據各段站主管員司報告，並經派員分赴被災地段實地履勘，分別估計，各項損失約一百四十一萬六千餘元。並有司機胡錦章一人，因公乘船赴河口，在均縣馬家嘴被浪翻覆殞命。損失各項，均有數字：一，工程方面，橋樑四四六九三八元，涵洞一一六三六六元，堤路九一三二八元，路基四三七七三九元，路面二二四二九二元，計一三一六六四元。二，車輛方面，客車貨車共一八五六元。三，營業方面，房屋一二四八五元，器具一一六〇元，營業收入七八二七八元，防水用費一六

7

六二元，臨時渡船三六八三元，票欵二〇六元，共九七四七五元。四，路警方面，彈藥一九元，服裝三一元，器具三〇元，共八〇元。以上總共損失一百四十一萬六千零七十五元。（九月十二日，港電）

（廿四，九，一六，北平晨報）

乙　各省交通狀況

平漢鐵路七年計劃

分爲五個時期辦竣　總預算二千二百餘萬

【漢口特訊】平漢鐵路，爲溝通南北重要幹線，在國內各路中，向居首位。顧近十餘年來，迭受軍事影響，軌道失修，車輛缺乏，收入短絀，負債日增，路況已瀕危境，整理不容再延。經該局詳細研究，擬定「七年計劃」，一面增補路產，發展營業，一面清償舊債，建樹信用。確定總預算爲二千二百二十萬元，分五個時期辦竣。該項計劃，業已呈由鐵道部轉呈行政院，於昨日指令來漢，核准施行。記者以事關重要，特訪該局負責人，承示計劃內容，分爲工務，機務，車務，財務，四項，亟爲披露如左：

工務

該路鋼軌枕木，泰半磨損朽敗，橋樑屢經軍事炸燬，行車速率，常受限制，安全尤屬可慮。玆擬分年抽換枕木五十萬根，購置鋼軌五千五百餘噸。各站岔道，亟須改造抽換，擬購第十號轉轍器七十件，岔道枕木七十付，以資應用。全路橋樑，除新樂瀉村大橋，亟須改建外，其餘按形勢緩急，分爲五個時期辦理：一，漢口至信陽，二，信陽至郾城，三，郾城至黃河南岸，四，石家莊至北平，五，黃河北岸至石家莊。其間黃河鐵橋，久逾保險期限，每年一値水季，河流湍急，橋基即岌岌可危，誠屬該路嚴重問題。其重要設計，爲新橋之地址，跨度之長短，橋礅之式樣，鋼梁之種類，均經多數專家，詳加研究，估計需欵七百五十餘萬元，擬自二十五年度起，分五年辦竣。工務整理實現以後，枕軌抽換，橋樑加固，則行車安全速度增加，不獨有利運輸可增收入，而行車油脂消耗亦可減少。

機務

該路自民十二年以後，不獨機車車輛未嘗增置，即其配件亦未大批購買，以致多數機車車輛，因缺乏配件，無法修復。當時爲救急計，曾將損壞機車內之配件，拆卸歸併，以資修補，每將兩輛或三輛併成一輛。挖肉補瘡，雖知非計，然以餖欵雖籌，舍此更無辦法。平漢兩機廠，所有原動力量及專用機械，均不適於應付現代環境需要。各機車之設備，尤爲簡陋。爲整理機務計，自宜擴充機廠設備，訂購大批配件，添置機車，增進運輸能力。玆擬于平漢兩廠，分批添置最新式汽機，連同發電機及各項專用機械，俾得多製配件以應需要。其他各機車房，同時添置蒸汽機及鍋爐，並設置各項整理專用機，以便自製配件，不再仰給于機廠，則機廠及機車廠修車修理之效能，均可銳增。關于機車客貨車全套配件，擬分年大批訂購，以便應用，而免懸工待料之苦。惟該路機車缺乏，若俟各機廠補充機械後方始修理，則恐緩不濟急。玆擬添購機車二十輛，於本年本路旺月時交齊，以應需要。

車務

關於車務整理，以行車週轉迅速，車輛調度靈敏爲第一要義。該路漢口鄭州間長途調車電話，業已敷設，效能頗著。鄭州至北平間，將於最短期內完成，俾全路消息靈敏，列車車輛，得以集中調度支配。又各大站間調車裝卸岔道，大批與交通道不相區別，因之行車調度，與裝卸車務，不能同時並舉，時間車輛，深感虛糜。玆擬對於各大站之交通道，與調車裝卸各道，設法劃分，並將各小站一律增爲三股軌道。此外，有兩站間距離遠至十六公里者，殊與列車運用及週轉，多所窒礙，擬陸續補設驛站，縮短兩站距離，使列車延誤減少，車輛行程週轉加速。至於車站號誌，內進站號誌，各站已完全設置，外進站號誌，及號誌與轉轍器聯絡機，僅有少數車站設備，玆擬先將各站未設外進站號誌者，逐一補設，並擇要添設出站號誌，遠離號誌，再將誌號與轉轍器加以聯鎖，如是則車站與行車之防護，將由人功之勤勤，進而爲機械之保障，斯人事之疏虞可免，行車之事變可弭。又關於車站之改建，圍墻之修繕，均擬逐漸舉辦，以壯觀聽而嚴秩序。

財務

關於財務之整理，分為兩部：一，整理舊債：該路欠外債本息，截至民廿二年底止，約九千一百萬元之鉅，民二十三年，秉承鐵部意旨釐定整理原則，分別次第逐步清理。二，增補路產：上述擴充及改良機工車三部分，七年之中，共需二千二百二十萬元，此項款額如用借債方式，不惟担負利息，有類飲鴆，抑且路信未復，難期濟事。用就本身財力，確定預算，以資支持。根據歷年統計，及工機車三面整理後逐年可以發生之實際效力，推測進款數目，並按本年實際需要，估計經常特別兩項支出，然後就現金所餘數目，分別支配於擴充路產，建樹信用。至於進款用款之推測，均切實估計，力求穩健，不事誇張。七年之內，環境無劇烈變化，此項計劃，必逐步進行。又該路二十三，二十四年度概算，先已依此核編，此後七年間之概算，更當本此計劃編列，以期逐年實現云。（二十一日，藹藹）

（廿四，九，廿四，北平晨報）

開發陝甘交通，興修鳳成公路

全國經委會派員調查　原慶大馬二路即動工

【西安通信】陝甘邊境，毗連二千餘里，兩省貿易往來，極為密切，惟因交通不便，頗多困難。自西蘭公路完成通車後，陝甘交通，日趨便利，西安蘭州間一週即可往返。現陝建廳為謀發展與甘肅毗連各縣交通計，正計劃修築原慶公路（由陝境三原縣起至隴東慶陽縣），同時甘當局亦將着手修築大馬公路（天水縣至陝邊境之馬鹿鎮），以便與陝之西隴路（西安至隴縣）啣接。以上三路，均貫通兩省中部各縣，惟陝南與隴南交通，仍為羊腸小徑，極感困難，不特兩地豐富物產無由交換，且值此川陝甘剿匪緊張聲中，運輸軍旅，更為重要。兩省沿邊各縣縣長有鑒於此，特由甘之成縣縣長領銜，聯絡徽縣，兩當及陝之鳳縣縣長，會呈全國經濟委員會，請修築鳳成公路　以利軍事，而便商旅。經委會據呈後，當即照准，並交由該會公路處，已派員前往調查沿線經濟狀況，及工程情形，以便修築。查鳳縣雖係貧困瘠苦之地，惟西通兩當徽成，為陝南各縣入隴必經門戶。上月徐匪海東，即由此竄入隴南。全路共長二百七十華里，將來築成後與川陝公路啣接，對今後剿匪軍事，便利非淺云。（十三日）

（廿四，九，一九，大公報）

完成陝甘交通網現正積極計劃

【南京二十八日中央社電】經委會公路處長趙祖康，在西北考察公路畢，二十七日晚返京，二十八日向秦汾報告。據談：陝甘交通委會已組成，兩省交通網計劃，現在積極推進。西蘭公路，近因黃水泛濫，多受沖潰，刻經修復，交通無阻。西漢公路正積極籌備完成，一俟告竣，陝川間之交通將極便利，經濟文化均受其益。

（廿四，八，廿九，北平晨報）

川康，川湘，川陝三公路將以民工修築

川人對民工築路辦法提出意見請行營採納

【重慶航空特訊】川黔公路四川段，蔣委員長前以軍事上之需要，令於兩月內修完築成。其初本規定以軍工為主幹，以民工為附從，嗣擔任修路之上官雲相部奉令開黔，全段黔程乃責由民工擔任。除石工大部份係由各縣申送外，土工悉就各縣農村中抽調，總數約在十萬以上。其時適在盛夏，赤幟高張，數萬民工溽暑工作，受熱或因炸石而死者，數以千計。事後督工諸人，或受勳章，或膺重獎，只此慘死勞工，未聞有何撫卹。而報紙不載，城鄉禁傳，行營雖曾一度從事調查，但久之仍寂然無聞。最近赤匪企由川西竄擾甘青，湘西之蕭賀又轉形猖獗；蔣委員長認川康，川陝，川湘三公路，有迅速完成之必要，又令從速勘測動工。除由長沙至重慶之線，已由平漢路局派隊測量完竣外，其由成都至鑪定線即可動工修築。至川陝一線，因測量需時，工程浩大，正由公路總局籌劃興工中，最近可動工。行營頃已核准先撥三十萬元為敷設路面之用，主張仍以民工修築，不用軍工。最近有人對於民工修路提出幾點意見，其較著者，計有：一，改良待遇，如設備民工臨時住所，及注意之衛生等項；二，限定工作時間，每日工作，至多不得逾十小時；三，嚴杜中飽；四，一縣農民，既出勞力，即不能令其再擔負經費等。刻已呈由行營採納，不知能否獲得結果也。

（廿四，八，廿五，北平晨報）

四川積極籌闢省際公路

川康川陝定年底通車　川甘川鄂川滇勘測中

【成都二十六日中央社電】川省公路除川黔已通車外，川陝，川甘，川滇，川鄂，川康五綫，統限明年四月前全部完成。據公路局長魏軍藩二十六日談：一，川陝路已派測量隊分七段勘測，路料工具已陸續由渝起運，沿線電話正安設中，九月初全線動工，十一月底前通車。二，川甘路由江油至甘境碧口段，長二百餘公里，現在測量中。三，川康路雅安至康定段，已派續測量隊實測，雅安至瀘定段，擬經委員會測量隊擔任，亦定十月底通車。四，川鄂路由渠縣經梁山大足至萬縣及由萬縣至鄂境利川各段，均已勘定，派隊前往補充實測。五，川滇在計劃進行中，並積極整理已成各路。現全省路長三千餘公里，但車務管理極亂，行營已通盤規劃，飭令該局辦理。（廿四，八，廿八，北平晨報）

豫公路與水利

洛潼公路本年底可完成
衛河培堤工竣即將挖濬
開封將設市，縣治移陳留

【鄭縣特訊】豫省各種建設向極落後，近年來經省府主席劉峙之倡導，始漸有進展。茲將本省公路，水利等興修狀況，分誌於下：

公路

豫省公路，前以財政困難，成績未著。自蔣委員長督勦川省赤匪後，以勦匪軍事，有賴於交通建設，即於二十一年十月間，召開七省公路會議，規定幹支聯絡各線，以中央之財力，補助各路之完成。豫省按照規定路線，首即進行豫南各路之修築。於二十三年六月，豫南築路工作完成，復移築路重心於豫西，蓋南西山嶺重疊，交通不便，其有待於公路開闢，實不容緩，而其工程艱鉅，亦爲最甚。現所進行之洛潼公路，長凡三〇〇•九公里，計分四段興修：一，洛寧段：自洛陽經宜陽至洛寧，長八十八公里，路基寬七公尺半，均已完成，橋梁十七座，涵洞八十道，已完成七十四道。二，寧盧段：自洛寧起至盧氏止，長七十五•四公里，路基寬六公尺半，自盧氏至范蠡鎮，及洛甯至長水關土路，業已完成，石方工程，業已招標，洛甯至長水關橋梁涵洞亦已開工。三，盧閿段：自盧氏起至閿鄉止，長九十七•五公里，路基寬七公尺半，土路路基已全部完成，石方已成一三七•八八六立方公尺。四，閿潼段：自閿鄉起至潼關止，長四十公里，路基寬七公尺半，均已完成，橋梁二座已完成一座，涵洞七道水管十道，均已完成。預計本年底可全路完成。此外尚有汴粵幹線周潢路：自周口鎮經項城新蔡至潢川，長一百七十三•三公里，路基寬九公尺，以及橋梁二十八座，涵洞三十八道，水管十九道，均已完成，洪汝兩河之大木橋，亦經完成，惟周口鎭之鐵筋混凝土橋，正在修築。近因沙河水漲，暫行停工，俟水稍落，即可復工。此路完成後，開封汽車可直達漢口，鄂豫交通，更稱便利。再有洛韶幹線，爲洛陽通至廣東韶州之重要國道，在豫省境內均穿越崇山峻嶺，工程頗爲艱鉅，現爲便利豫西交通起見，先行興修洛陽至臨汝一段。該段自洛陽經龍門，白河，茹店至臨汝，長八十五•八公里，路基寬九公尺，業已完成，石方工程亦已招標，橋梁二十二座，涵洞二十三道，正在籌備建築中。

水利

豫省最近水利建設，可分兩大工程：一，衛河培堤浚淺：衛河爲豫北大川，流經豫冀魯三省，航運灌溉均極重要，省府奉蔣委員長令飭從速整理。經擬定計劃分三期進行：第一期培堤浚淺，第二期改建橋涵，第三期修築船閘，並整理水源。第一期工作，已於本年四月開始，將本省境內汲城鎭以下兩岸堤防，加以培修，共計修堤二百公里，培土約五十萬公方，於六月十五日全部完成。此次豫北大雨，各河暴漲，衛河南岸各縣得免於水患者，皆該堤保障之力也。關於浚淺工作，亦早經擬定，飭關係各縣，征工挖浚；目下因水漲暫難進行，一俟水落即可繼續工作。二，黑崗口安裝虹吸管：豫省惠濟河及其引水各河渠早經挑挖完竣，爲補助該河水源起見，特在柳園口安裝虹吸管兩付，黑崗口安裝虹吸管六付。柳園口虹吸管，於去冬已安裝完竣，黑崗口虹吸管，因工程方面，須力求完善，對於安裝地點工程設計，迭經邀集專家商討，於本年五月動工，現已完成四付；尚有兩付，因黃河水漲，工程困難，爲格外愼重計，暫停工作，俟汛期過後，再行繼續辦理。

10

市政

開封爲省會所在地，人文薈萃，商賈輻輳。省府爲繁榮市面起見，擬將開封縣與陳留合併，將縣府遷於陳留，另將省垣改建爲市。已將重要馬路，先後闢修。現正進行者，計有一，將南北書店街馬路及鼓樓街下水道展寬翻修，刻正挖舊路石子，整理人行道基礎，及挖掘陰溝土槽，並用洋灰製造溝管沿石等項工作，約計十月底可完工。二，自共和路至宋門口止亦加展寬，路基已整理完竣，現正挖陰溝及陰井地脚，並製溝管側平石等項，約計九月底可完工。此外如鐵塔龍亭一帶，均造有中山紀念林，漸已綠葉成陰，最近依據實業部規定，將該兩處隙地，劃爲中山森林公園，於七月一日成立公園管理處，委定人員，着手進行，使開封市民，多一散遊之地，亦增進市民幸福之一端也。（二十五日，歸）（廿四，八，廿九，北平晨報）

蘇省公路建築概況

全省路線擬共築四千公里

除已完成者外餘正興築中

【鎭江通訊】蘇省公路建設，始於民國初年。最早者爲南通狼山，及天生港等之路線，其後寶山砲台灣路，與滬太錫澄宜閔等路，以及淮海一帶之兵工築路等；或由縣政府建築，或由商家承造，局部規劃，各自爲政，標準既不一律，設備亦多因陋就簡。及建設廳成立，始統籌全省公路，初設公路籌備處，繼則成立公路局，並分區設分局；復整個的規定全省重要路線，共長三千餘公里，旋因軍事需要，重行修正釐訂，共長約四千公里。雖因民國廿年水災，省政緊縮，公路局復行裁併，然在此過程中，組織之改進，一切計劃之標準，人才之培養，經費之籌劃等等，均已有相當之根基。故近兩年來，蘇省公路建設，乃積極猛進，比較任何建設爲優。玆將已經完成之公路，及正擬興築之公路，分誌於後：

錫滬路

錫滬路自無錫起，經常熟，太倉，嘉定而達上海，約長一百三十公里。其無錫至常熟一段，卽爲七省公路宜興常熟線之錫常段；常熟以次，則爲京滬幹線之常滬段，當其同時施工，故併稱錫滬路。該路所經區域，河流縱橫，橋樑特多，工程異常艱鉅，自去年四月中開工以來，經積極進行，橋涵路面各項工程，已於本年七月中全部完成，從此無錫上海間又增一運輸捷徑矣。

蘇常路

該路爲常熟嘉興線之一段，北起常熟，南迄蘇州，與已成之蘇嘉段相接，長凡三十九公里強。路亦於去年四月中開工，工程亦以橋樑爲多，現各項工程已於六月底全部完成。

蘇滬路

蘇滬路自蘇州起，經唯亭，正儀，崑山，夏駕橋，安亭，黃渡，南翔與錫滬路相接，長七十三公里有零。自夏駕河至南翔一段，由上海市工務局擔任建築；自夏駕河西迄蘇州，則由建廳辦理。於本年二月中，開始勘測，並籌備一切，至三月初路基橋涵同時開工，至五月底完成土路通車，嗣卽繼續補築煤屑路面，亦已於七月初完成。至滬段則里程較短，五月中卽已告成。

揚浦路

揚浦路由揚州經儀徵，六合，而至浦口，全長九十六公里。其中揚州至六合一段，原名六揚路，現因六合至浦口間一段，亦已接通，故併稱揚浦路六揚段。於二十二年十二月開始勘測，旋卽分別由沿線各縣徵工修築路基，並由工程處修建橋樑涵洞，均早經完竣。惟滁運兩河以航運關係，建築平轉式活橋動樑，當將運河一座先行修築。現在橋墩橋座，以及固定部份之橋面，均已完成，惟活動部份，以近日運河水漲無法工作，一俟水落，卽將繼續動工。至滁河一座，現因經費關係故設船渡，亦已完成。至六浦段，前因浦鎭有橋樑一座，未經築成，全段未能通行，現亦經工程處補築，並將路基修整完竣。現在該路自揚州運河西岸起至浦鎭，已先後通車。

六滁路

該路由六合經大營集入皖，與津浦鐵路交會於滁州。蘇省境內一段，長約二十二公里，於去年春間開始籌備，至七月中橋涵各項工程，先後開工，早經完竣。至路基工程，因農忙關係，直至本年春間，始行由縣政府征工興築，現亦大致完成。

蘇木路

蘇木路爲江陰蘇州支線之一段，一端起於蘇州，一端止於木瀆，計長約十二公里。係由商人投資興築；惟工程仍由建廳主辦，於去年十月開工，現已全部完成。

崇陳路

崇陳路，起自崇明縣治，經濱鎮，新開河，北堡，向化至陳家鎮，計長四十三公里，歷年經該縣陸續興築，前已通車至向化。自向化至陳家鎮，亦於去年由縣政府計劃辦理，因經費關係，分爲兩步施工，第一步修涵洞，第二步修建橋樑，均已先後完成；惟路面工費艱窘，暫未興築。

揚靖路

揚靖路自揚州起，經仙女廟，口岸，泰興，而達靖江，長約一百零三公里，爲浦口啓東線之一段。去年即有興築計劃，故七月間組隊勘測，當年即令飭沿線各縣修築路基，一方面由建廳設立工程處負責進行。該路揚州至仙女廟間，有大橋四座，長度均在一百公尺以上，最大者萬福橋，長達四百五十公尺，均經詳細計劃。現在大橋工程，以及其他普通橋樑涵洞等，均已開工。至路基工程，靖江縣內業已完成，泰興境內亦將竣工，江都段進行較緩，僅及四分之一，因農時已屆，將改爲雇工修築。

青滬路

青滬路自青浦經崧澤村，趙巷，方家窰，而達上海，長約二十三公里，橋涵土基，前已完成。嗣有該縣商人，組織青滬長途汽車公司，投資興築路面，經建廳核准，當即由縣政府組設工程事務所，負責進行。現路面工程，業由廳方核定，承包人即可簽訂合同，開工興築。

松泗路

松泗路自松江至泗涇鎮，長約十二公里有半，橋涵洞，業於去年完成，本年仍繼續路基修整，並添設水管四十道。現路基水管兩項業已竣工，路面材料亦已運齊，正在積極補築中。（十九日）　（廿四，九，廿二，北平晨報）

粵當局擬築之瓊崖沿海鐵路

擬分三期辦理先築清那線　請撥英庚欵爲建築費

【瓊州通訊】粵省軍政當局，爲發展瓊崖實業，鞏固海防，特擬興築瓊崖環海鐵路，以資貫通全瓊交通，及建築海口碼頭，以便上下客貨。經令飭瓊崖實業局長朱赤霓，擬具計畫呈復察核。茲查關於此項鐵路建設計畫，業由該局局長會同荷蘭治港公司工程師妥爲擬具，並呈請總部省府核辦。該計劃內容，認定海口碼頭與環海鐵路之建築，必須同時並進，同爲不可分離之部份。因該地之海運交通，當以海口碼頭爲其樞紐，聯貫內地當以環海鐵路爲其總幹，使之與各屬公路貫通啣接。環海鐵路之建築，擬分爲三期辦理：

第一期

築清那線。清那線自文昌縣屬清瀾港，至儋縣那大市。此線以瓊山縣屬海口市爲總出發點，貫通清瀾那大兩端，即由海口西趨澄邁，臨高，至儋縣那大，東自文昌清瀾港，成半橢圓形，爲瓊島東北部之幹線。沿線經瓊山文昌兩縣，爲瓊島最繁盛富庶之區。居民衆多，來往頻仍。海口爲繁盛之商埠，而清瀾位當東亞與歐洲及南洋航線之傍，輪船經過，免渡木瀾頭急水門險航處，爲瓊島優良之商埠。澄邁，臨高，則有遼闊之農產區，可資發展。至儋縣爲膠錫出產區，農產既富，森林亦多。況現已開墾儋臨交界之方山，籌備開採之石碌銅鑛，及魚蝦出產新盈新英兩港，俱與此線終點那大接近。所以西北一帶及腹地黎境，均可資交通，可見此線固爲瓊島交通之樞紐，同時營業方面亦能兼顧並籌，獲利可操左劵，投資絕對安全，故應在第一期興築之。

第二期

築清榆線。清榆線，自清瀾至崖縣之榆林港。查清瀾港之重要前已略述，而榆林港則爲魚蝦發展之區，且位於我國與南洋交通必經之路。此線由清瀾經瓊東嘉積市及樂會，萬寧，陵水，而至崖縣之榆林，爲聯絡東南部兩端主要港灣之幹線，俟第一期清那線完成通車後，另行籌欵興築之。

第三期

築那黎線。那黎線自儋屬那大經新英港而至昌江屬北黎港，又由北黎港經感恩而至榆林港，此線爲西部貫通南北端之幹線，沿線雖屬貧瘠地方，但經過新英北黎兩港，爲魚蝦出產之區，昌江大片車保平五指山等處，爲森林叢密之地，故亦屬重要，將來續繼建築，以完成環海全線。

關於建築費，瓊崖實業局長朱赤霓，昨呈建設廳，以現在省庫奇絀，瓊崖全島，民生凋零，經濟竭蹶，殊難得此巨欵以爲建築之資，自非借助於英庚退款無法籌維。查此項英庚退欵，乃指定爲發展國內交通事業之用，瓊崖爲我國最南部之實業中心，挪借該欵，以爲辦理此項交通事業，而輔助諸地之實業之進展，實爲政府應有經營之大計。請轉呈省政府提會交議，據案咨請鐵道部查照，向管理中央庚欵董事會接洽，商借英庚退欵金鎊四十一萬一千七百七十四鎊，即國幣五百三十五萬三千零五十八元，先築清那線及海口市總車站碼頭云。（九月二十五日）　（廿四，十，三，北平晨報）

通信一束（第三次）

一八

頡剛兄如面：

鈔本方輿紀要於取到日晚後即窮半夜之力翻閱一過，大致係顧氏家藏底本，原跋頗可信據，俟暇當略寫一小節論之；惟牽及內容方面則非通體細細研究不可。弟意若能將全書寫一校記，如最近黃侃氏日知錄校記之類，徑可單行，或先分期載禹貢；只須請棻揆初先生將全書寄來，囑一人鈔之即得。至原書照印，事重難辦，做批評考訂文，亦事一遺萬，甚難着手也。便與起潛先生一談之。

專此，順頌日祉。

弟錢穆頓首。十月廿七日。

編者案：近來學術界中有三件性質相同的極可欣慰的事。其一是顧亭林先生的天下郡國利病書的原稿，將由商務印書館照相石印了。其二是亭林先生的肇域志，三百年來從無刻本，偶有鈔本也零落不完，去年中央圖書館整理江南書局版片時發見了一部當時局中預備發刻而未成事實的謄清本，也有刊刻的希望了。其三即是顧景范先生的方輿紀要，其底本為棻揆初先生所得，其中朱墨校改處甚多，或竟是景范先生的手筆；現已送來十冊，正由錢賓四先生研究。兩月前，我們買到一部康熙丙午職思堂刻本二十一史方輿紀要，已由錢先生作一跋文，載入本刊四卷三期。這部刻本，棻先生雖未有，但他有一鈔本，中縫亦書「職思堂」，當是由刻本轉鈔的，也已送至錢先生處。這三部重要的地理書，次第發現舊寫本，不能不說是一件奇巧的事。說一句躊躇滿志的話：恐是沿革地理之學將大昌，特為我們禹貢學會的工作「導夫先路」罷？

一九

頡剛吾兄：

值此經濟恐慌深切化，人多患窮的時候，凡百學術應多向現代的實用的救濟危急的途徑進行，那空疏迂闊而遠于實情的言論少說為佳。會刊能順應潮流，改變態度，傾向現代人文地理方面，誠為得計。弟近治地理經濟之學，對會刊的新態態甚表欣悅。倘講求有得，自當精寫呈政。至鄉土最近情形，因出門日久，已同隔世；勉為寫寄，恐涉空談。

北平志已編纂到那一階段？以兄之精到，最近必有驚人之作出現。得空，便惠教言。餘面陳。敬頌著祺。

王光瑋上。八月十九日。

編者案：王先生在輔仁大學擔任經濟地理一課，希望在這一方面多多給我們指導，因為我們知道地方經濟情形的變遷即是地理沿革的決定條件，我們研究地理沿革，決不能像從前人一樣專注意於郡縣名和治所的改換，而應當求其所以改換的原因。何況經濟地理的本身是一種非常有用的學問，為時代的需要呢！承詢北平志編纂情形，實甚慚愧，北平東西太多了，無論哪一小範圍，材料總是收集不盡，所以這決不是幾年內所可完成的工作。

二〇

頡剛先生：

張星烺先生與向達先生，均已拜候，蒙其指示，獲益頗多。張先生復為介紹陳垣先生與陳寅恪先生。陳垣先生在其回教入中國考中，自謂另有一篇新疆改從回教考；惟徧查其著作中未得此篇，故特煩張先生紹介。後與陳先生見面，得悉該篇為其前數年擬定之稿，尚未發表，未能拜讀，頗以為憾。陳寅恪先生係專研究畏兀兒文字者，惟道遠尚未能拜候。先生所介紹黃昌基先生，兩次往謁，均值外出。至由向先生所介紹之馮承鈞先生，曾謁一次，未獲見面。

漢唐時天山南路之民族為雅利安系之伊蘭民族，近已由斯坦因及伯希和二氏之發掘與中國載籍之研究，由其語言上，像貌上，人種學上得有十足之證明。現正探討該族與東西文化傳播之關係及其後來與畏兀兒族之混合情形。文成後，當請先生指示也。近日讀書，幾於日有所得，或新獲創解，或改正前此之謬識，始知學問中之趣味實勝於一切也。

敬祝著安。

六月七日，王日蔚上。

編者案：王先生舊任南京天山月刊編輯，由對於新疆時事的注意轉變而為對於新疆歷史的注意。天山既停刊，遂北來專治此學。這是他今夏剛到北平時給我的信，讀此可見他的虛心請益的精神。後來徐旭生先生（炳昶）自陝西回來，徐先生是對于新疆的民族史有深切的研究的，他又屢往商榷。他在這半年內的成績，凡讀過本刊的都知道，用不到我介紹。所恨者，本刊篇幅有限，他的數萬字的長文我們沒法登載而已。

二一

頡剛先生：

前閱先生所著王同春開發河套記，至感興趣。上月愚因事至五原，訪王樂愚君於其私邸，縱談甚久。王君並出其所著先君軼記手稿相示，愚承慨允鈔得一份。此稿不識先生已見之否？綜其所記，與先生所述者甚多出入。先生有志為此失敗英雄寫成一篇傳記，誠一盛事。如需此鈔本參考，愚當不吝奉上也。

順頌道安。

巫寶三謹上。十月二日。

編者案：巫先生服務國立中央研究院社會科學研究所，今秋派赴五原調查，順便到王家訪問，遂得鈔寫王樂愚先生為其父所作軼記，回平見惠，感甚。一個人的事蹟出於家庭的記錄，當然是最可信的。本刊下期即將此文登出，請讀者等着瞧罷！

二二

頡剛先生：數載同學，未得領教，不勝遺憾！茲啟者：關於王同春先生開發綏遠事蹟，近頃承一位不知名者寄來一篇，因參考章文及直生本人所得材料，將原文附加首尾注解，連綴成篇。本擬直接寄大公報發表，繼思先生對王氏事蹟頗為關心，特寄奉。如認為有發表價值，即請斧削發表為盼。即問學祺！

學弟曲直生。十月八日。

編者案：數日之間，連得王同春傳文二篇，真使我自詫眼福。曲先生所謂「不知名者」，我們已由巫先生處知道是王樂愚先生所作的了。這兩篇比較一過，文字略有異同，已作校記附本文內。下期本刊，準將此文登出；曲巫兩先生的文章就附在傳文之後。大公報單張不及本刊的容易保存，所以不送去了，乞原諒。

二三

書華先生大鑒：在平獲識荊州，竊嘗引爲榮幸。亮㵎迹故都，行能無似；去歲謬膺中國旅行社之召，主持該社遊覽部事宜，襆被南來，𧗠慚綆短。昨承郵寄尊著黃山游記一冊，雒誦㺯環，欽折至再，緣所記至爲翔實，不特敝社可作參考之資，即游客亦願人手一編，以爲導游之助。惟僅此碩果，敝社勢難割愛，爲特函詢台端，能否再寄若干冊，以便敝社代爲出售？定價若干，幷祈示及，當照數收取，彙總寄奉。如何之處，統希詧核賜覆，毋任拜禱。專此祇頌著祺。

弟翟關亮敬啓。二十四年十月十一日。

編者案：李先生黃山游記，已由本會刊爲袖珍本，以供游覽者之需求，一旬內可出版，屆時當即託翟先生在中國旅行社推銷。至於其他的長篇游記，我們也豫備各訂專冊。讀者諸君如有探奇覽勝的文字，請多多寄給我們罷！

二四

辭源及中國分省新圖中錯誤之訂正

剛師台鑒：

讀近數期禹貢，極見蓬勃氣象，可喜。

日前偶在大公報上錄得數行，覺其頗可登入禹貢，敬奉上。

岷河源出岷縣東南之分水嶺，至兩河口合白龍江處，計長二百三十里，本爲白龍江之支流；但辭源誤岷河爲白龍江，不知眞正之白龍江，其源在四五百里以外，若干地圖上亦載之甚詳。最有趣者，岷縣南六十里之哈達鋪，因在岷河上源，距分水嶺三十里。此地本爲藏人地方，哈達鋪即藏文地名。此地文人因哈達鋪今已入文物之邦，番名不能任其長存，乃根據辭源，認岷河爲白龍江，哈達鋪在白龍江源上，因改名爲白龍鎭，並立煌煌大扁以記之。此所謂盡信書不如無書者也。

丁文江，翁文灝，曾世英三先生編纂之中國分省新圖（二十三年本），關於岷縣武都間之「大道線」，亦有錯誤。岷縣至武都乃順岷河而下，至兩河口，又順白龍江直下，並不經過西固。經西固者乃小道，繞路遠而難行。如再南下欲入四川，則大道必經碧口，陰平寨却非大路所必經。

（二十四年十月二十一日大公報第四版成蘭紀行）

案根據辭源，改哈達鋪爲白龍鎭，實與根據不可信之史以造史蹟同一情況。只因此事出於近年，故被記者認爲趣事；史事窵遠，人遂目懷疑考辨者爲妄人耳。地理方面，大概因此種原因而造成之糾紛當多不可言，有若干或已永遠理不清矣。

專此，敬叩誨安。

趙貞信頓首上。

編者案：從書上看來的材料，用來定當前的地方，不管書與地的相合與否，這種例子實在是多不勝舉。上月徐旭生先生同我談起，河南葉縣舊縣之南，澧水之旁，有一塊碑，刻「子路問津處」五字，這當然是從論語微子篇中鈔來的。但論語中沒有指定子路問津之處在哪裏，想來只爲這一章在「楚狂接輿」之後，便定爲楚地，而葉縣屬楚，因揣想孔子曾到此問路而已。走過幾步，又是一塊碑，上面刻「長沮桀溺耦而耕處」，問津與耦耕本在一地，問津之地既定了，耦耕之地當然不成問題了。想不到再走幾步，有一個土墩，前面豎着一塊碑，却是「長沮桀溺之墓」！你想，長沮和桀溺並非夫妻，何能合葬在一個墓裏！他們讀了古書造古蹟，竟造出笑話來了！徐先生又說，在山東曹縣的一塊碑上刻着「曹交食粟處」五字，作者可算是一個食古不化之徒，他把書上的文字看得這樣死，而决定古人動作的地點竟這樣確！所以地理方面實在不知道保存了多少僞史，我們也得做一番辨僞的工作才好。

二五

頡剛仁兄：臨別的時候，你在舍下所囑託代爲留意關于邊疆的材料，我沒有忘記。本來想等待三數月之後，我自己的工作稍爲告一段落，然後給你做一篇詳細的報告。現在不幸，經濟方面大受打擊，不能實現我的研究和考察的計畫，所以只得先寫幾行報告大概的情形；一面向你道歉，細的工作，恕不能兼顧了。此間各機關對于中國的邊疆問題，異常注意，專門雜誌有好幾種，書本子總是在千本以上。其他散見各種普通雜誌的，不可勝計。東洋文庫新近收買幾部關于安南的史料，若蕭園別錄，欽定詠史賦，公暇記聞等，據錢稻孫先生說，是在國內看不見的。我們要研究邊疆問題，非集中力量不可。在老兄領導之下，能否找幾個同志，共同努力？我們自己的邊疆問題，還得向人家借材料，實在是可恥；但人家有材料，我們不知道借用，那更可恥。先此奉告，詳細的計劃待我回去的時候面說。

弟陳其田。　十月卅一日。

編者案：陳先生本年値燕大休假，到日本搜集研究材料。寄來這封信，使我們讀了心裏很痛苦。要研究我們自己的邊疆問題，非得走到別國裏看材料不可，那還成什麼國家？號稱智識分子的，還有什麼臉見人？我們决不能責備別人的深謀遠慮，只要想一想：假使我們都是精明強幹的人，而我們的鄰國都是些昏庸懶惰隨隨便便，不但不能管別人，連自己都管不了的，能不能遏制我們的開疆拓土的雄心？唉，我們的前幾輩人舒服得太過分了，害我們受這們多的苦痛，試問我們今日如果再不努力，將來我們的子孫要咒詛我們到怎樣地步？陳先生說，「人家有材料，我們不知道借用，那更可恥」，希望讀者永遠記着這句至理名言，直到我們的材料多過人家的時候。

二六

頡剛先生：

我是愛讀禹貢的一個人，雖然讀了不全懂，總覺得這種東西是該有的。十餘年以來，研究歷史之風大盛，但多偏向思想史方面或個別的史蹟方面，而對于做歷史基礎的沿革地理，則直到先生們的提倡而始漸露頭角。我祝頌你們的將來有偉大的成就！

今天無意中在世界日報上看見清華教授葉公超君的歐美大學學生生活印象記，裏邊有幾句話，我以爲是讀禹貢的人該得知道的，就鈔錄於下：

「英國學生差不多每人總繞過英國本地的一個圈子，這樣才可以使之瞭解本國的山川形勢。至於美國的學生，大多數也是喜歡旅行的。較之我國大學學生，甚至有在九一八事變之後，不知東北的形勢如何，是不可同日而語的。近幾年來，我們國事日危，青年人往往祇知道吶喊，要知道對國家觀念，不祇血氣用事，而且要有事實的認識。我們要愛國，就要愛我們版圖內的山河，景物，人民，以及我們已往的光榮。」

這幾句話是極平常的話，但是很少人能從「事實的認識」上來救國。一個激刺來時，跳得八丈高；等到五分鐘一過，就彷彿天下太平似的。這樣的青年，濟得甚事？但要認識事實，的確不易，第一要肯出門，第二要會搜集材料，第三要有耐性在研究室工作，第四又要有優裕的環境容他這樣，不受衣食的限制。這第一到第三項是屬於個人的，第四項是屬於社會的。社會上整個的沒有辦法，個人當然也有志難展。

說到這裏，我只得責望先生們了。你們在生活上，究竟比一班青年優裕。如果你們再不努力做出一點事業來，爲青年們開路，我們再去希望什麼人？先生，爲什麼你不組織一個旅行團，到全國各地去調查呢？爲什麼專做青年們所看不懂的研究文章，用高門檻去擋住他們認識事實的路呢？換言之，就是(一)你們不應專在研究室工作而務必出門旅行，(二)你們不應專做研究文章而務必做民衆都看得懂的大衆文字。如此，青年們對於國家有了事實的認識，逢到國事危急的時候就不會祇知道吶喊了；這就是你們對於國家應負的責任，也就是你們實現愛國心的手段。如果不嫌我質直，請先生考慮一下吧！

即頌健康！

張德庸啓。廿四，十一，一。

編者案：接讀這封信，眞使我興奮之至。張先生所說的，就是我們心裏公有的意思；只因我們一班人不會做議論文，所以無從把這顆心揭露給大家看。但是我們不怕人家的不了解，只怕我們自己的工作停頓。只要我們走的路是對的，我們永遠向着這目標走，終有給我們走到的一天。到那時，大家自會親切地看見我們這顆心，正不須豫先標榜。但張先生勸我們考慮的事，我覺得有答辨的必要，所以寫幾句在下面。我們的生活固已列在上層，比較一班青年長期在生活中掙扎的已爲幸福多多，但中國的窮是最普遍的現象，我們要做這樣做那樣，實在也無從說起。國立的研究機關固然有，但在窮的現象之下，能做的事有多少？反過來看，該做而無力做的事又有多少？不說機關的經費而說個人的薪水，固然已脫離了等米下鍋的苦境，但在這普遍的窮的現象之下，一個人所得的薪水哪許你只供一個人用或一個家庭用？我們研究地理，分該對于「我們版圖內的山河，景物，人民，以及我們已往的光榮」都親眼領略一過，旅行團的組織自有其必要。但這句話向什麼人說？青年們固然有志難展，我們中年人也何嘗不是這樣！我們只有獨立以等待將來的幸運降臨；如果在我們的一世裏已等待不到，那只有期望我們的子孫能享受這個福分而已。至於以通俗的筆墨寫研究的結果，這是最不容易的。通俗的智識的範圍最廣大，而我們的研究的領域則極窄小，——必須窄小了才能認識眞確的事實。然而這種窄小的眞確是民衆所不需要的，所以我們從事研究工作的人無法與民衆發生連繫。但倘使從事研究工作的人多了，這研究的結果聯得起來，那麽集合了許多的窄小以成其廣大，始可漸趨于通俗化。就以我們手頭的工作而論，禹貢半月刊中一篇篇的研究文字自然沉悶瑣碎，無法使民衆了解，但是發表得多了，各時代各民族的地理沿革都有人討論了，那麽將來集合起來時，就成了一部最有系統，最可信據，而且國民常識所必須具備的中國地理沿革史和沿革地圖了。所以，通俗化是我們的目的，而專門化乃是我們的手段。雖然在這樣擾亂的年頭兒，眞有逃死無所之感，我們的志願不知老天肯能讓我們達到幾分之幾，但只要我們的民族不亡，我們目前的工作即使被壓迫而中止，也終必有人繼續我們的脚步的。願本刊的作者和讀者都具有此信心！

6

氣象雜志

第十一卷 第四期

發行所
中國氣象學會編輯委員會
地址
南京北極閣氣象研究所
定價
全年一元（郵費在內）

新青海

第三卷第九期

編輯者 新青海社

社址 南京和平門外曉莊

定價 全年十二册 定價一元 郵費在內

布面金字

禹貢半月刊第一二三卷合訂本出版

（合購捌折 郵費不折）

第一卷 定價壹元貳角 郵費壹角伍分
第二卷 定價壹元陸角 郵費壹角柒分
第三卷 定價貳元 郵費壹角捌分

前訂有豫約券者，請向原訂處憑券取書！
直接向本會豫約者，即由本會徑寄。

本刊為研究中國民族史與地理沿革史專門刊物，出版以來，進步至速，篇幅日增。此讀者為便于保存計，羣囑本會裝為合訂本：惟因補印費事，遲至今日始得如願。此三卷中，計有：——

古代地理——七十七篇
戰國至漢——二十七篇
三國至唐——二十篇
宋至元——九篇
明至清——二十三篇
邊疆——二十四篇
內地種族——五篇
中外交通——十三篇
方志研究——十一篇
地方小記——七篇
地圖評論——十二篇
游記——九篇
書評，目錄，傳記——廿四篇
通論，雜類——十篇

此實為中國「歷史的地理」之學的大結集，凡欲對于此方面有深切之認識者，不可不讀!!!

總發行處：北平成府蔣家胡同三號禹貢學會
總代售處：北平景山東街十七號景山書社
南京城內太平街 新生命書局

出版者：禹貢學會。
編輯者：顧頡剛，譚其驤。
出版日期：每月一日，十六日。
發行所：北平成府蔣家胡同三號禹貢學會。
印刷者：北平成府引得校印所。

禹貢
半月刊

價目：每期零售洋貳角。豫定半年十二期，洋壹圓伍角，郵費壹角伍分；全年二十四期，洋叁圓，郵費叁角。國外全年郵費貳圓肆角。

The Chinese Historical Geography
Semi-monthly Magazine

Vol. 4 No. 7 Total No. 43 December 1st 1935

Address: 3 Chiang-Chia Hutung, Cheng-Fu, Peiping, China

第四卷 第七期
民國二十四年十二月一日出版
（總數第四十三期）

內政部登記證警字第叁肆陸壹號　中華郵政特准掛號認為新聞紙類

本刊特別啟事一

現在華北局勢緊張，本刊之命運殊非本刊同人自身所可決定；但本刊同人誓以最大之努力維持之，非至萬不得已時決不停刊。如因故障暫停數期，或移至他處出版，亦均在不可知之數。一切屆時再行奉告。恐勞遠道同志垂念，特此聲明。

本刊特別啓事二

本刊前因稿件儲積太多，故增加篇幅，超過豫定之數目。邇來時局不寧，銷路自受影響。為免賠累過甚計，自本期起每期暫以六十四面（即原定數目）為限，乞讀者諸君賜諒！

本刊第四卷第八期目錄豫告

介紹三篇關於王同春的文字

去年夏天，我們在綏遠搜集了許多關于靠天才與魄力而成大功的開渠墾荒專家王同春先生的傳說，由我寫了一篇王同春開發河套記登載，十二月十八日大公報史地周刊第十五期。發表之後，承蒙同志們補充材料，本年一月中就重寫了一篇，登載本刊二卷十二期（二月十六日出版）。隔了半年多，沒有新材料收得，已把自己寫的看作定論了。十月三日下午，趙泉澄先生匆忙到我處說幾句話，我才知道中央研究院社會科學研究所中巫寶三嚴仁賡兩位先生新從五原調查歸來，在那裏見到了王先生第五子樂愚，並借鈔了他所作的家傳，我的眼前立刻顯現一個新境界。翌日，他們三位同來，我就讀到了這篇傳文，這裏面有許多處是我以前所沒有知道的，有許多處是足以改正我的臆測和誤信的。天下的高興事，還有過於這個的嗎！萬想不到，『福有雙至』，過幾天 到燕京大學寓所，接到一封曲直生先生從河北教育廳寫來的信，加上一篇文章，中間所錄的就是王樂愚先生所作的傳，而又加上了許多考證和補充。天下竟有這般奇巧的事，幾乎連自己也不信起來！可是曲先生還不知道這篇傳文是誰作的；而且同樣的文字，巫先生鈔的題爲『軼記』，曲先生收到的題爲『逐年大事記』，也有不同。現在把巫本作主而以曲本校之，把異同記在本文之下。我深信這文發表，一定能吸住讀者的同情，一定能鼓起青年人『有爲者亦若是』和『大丈夫不當如是耶』的雄心。至於王先生事實的搜羅，決不該到此作爲止境，仍望大家努力。將來搜得多了，我的事務雖忙，毀稿重做的責任是不敢辭卸的。

二十四，十一，八，顧頡剛記。

一　王同春先生軼記

王喆

王同春先生，字瀋川，河北省邢臺縣人。生於西曆一八五一年（按即清咸豐元年），卒于一九二五年（按即民國十四年），享年七十四歲。生有六子，三女；現僅存者祇三子英（字傑臣），五子喆（字樂愚），及二女雲青（按，曲鈔本作雲卿）。先生負異稟，體氣聰強，舉動迥異常兒，父老爭器重之。十二歲（即同治二年）隨父避亂來後套。當此時際，後套荒野遍地，只芨芨（曲註：芨芨為一種形似蘆葦的草，據說可以造紙）紅柳而已，人跡罕有。傍河流處即為蒙人遊牧之區；而漢人來套者不過千餘人，大半為營蒙古商業者。至所謂水利，均不知為何事。惟每當伏汛，黃河水漲，洪流氾濫，溢至居處左近，至次年水落，間有耕種者；但無開渠種田，依以為生者。先生初來後套時，習工販，操作，恆鬱鬱非所志。十五歲，僑寓綏寧交界之纏金，覩工人修渠灌田，憬然如觸宿好，於是殫心渠工，孜孜講求，不少懈怠。既而縱覽全套，慨然有興復西北水利之思焉。

至前清同治六年，以四大股名義（即萬大公，萬德源，郭大義，王同春四家），創修五原縣東之老郭渠（即今之通濟渠）。由是漢人來套者日衆，亦稍知水利之益。繼起開渠者有鄭和，侯毛驟等，開挖長勝渠，先生詳為指示，標定渠路，亦煞費精神矣。八年，為田横，何大等標定塔布河改口，改稍（曲改「後」字）水流暢旺，此實先生慘淡經營之力也。

光緒九年，有達旗台吉秦四者，聯合各旗蒙兵數百人，聚謀驅殺漢人：斯乃鑑於漢人日衆，開墾荒地日廣，恐妨碍蒙人牧畜，故藉武力驅殺漢人，多至五六千人，勢有務使後套漢人絕跡之意。凡遇單身或三五漢人時，決不生留。尋覓搜索，聲勢洶湧，殺戮極慘，莫不畏懼。羣謀返鄉，多結夥乘船東返；事為蒙人所聞，在西山咀（曲本為「嘴」字）伏兵擊翻船隻，盡數殲滅，此次約死漢人千二百名之多。由是漢人去留皆非，莫知適從。先生覩其情狀，勢非聯合團結不能自衛，不然死無噍類矣。遂聯合郭，李，曹，常，史，賀諸家，聚壯丁百二十餘人。此時蒙兵已據黃河北岸，聲勢所播，草木皆兵，南北寬二十餘里，東西長二百餘里，均爲蒙兵佔有，並將佘太西烏梁素海四週皆亦佔有。先生乃同郭敏修率壯丁拒蒙兵於公益社，兩方死傷至二十餘人；卒由先生出奇制勝，擒獲蒙旗首領二名，當即釋放。此後蒙人感念釋放之德，即各放去，惟秦四一小部份仍頑強聚佔烏梁素海西西河畔村，仍欲殺先生，再行驅逐漢人。先生以區區之輩，不足與較，避回原籍。而該秦四仍聚集不散，探訪先生下落，暫達暗殺之願。先生鑒該秦四冥頑難化，於無法之中潛返後套，擒捉秦四。路經槐木村，即將秦四擒獲。秦四乞留姓命，解散羣衆，本人離套他往，誓不再作驅逐漢人之事；先生立許之，而秦四自此離套遷外盟矣。是年因公益社拒蒙兵，死人數十名後，杭達兩旗訴先生於神木縣；糾訟三年，查無實據，始得解脫。然而先生因此度囹圄生活，此乃第一次。由此先生益爲人所推崇。

光緒十年，開鑿哈拉各爾河，由和合源創開。永和渠，九，十兩年由土城子開口，接至同和渠，改名曰義和渠。十五年，由老郭渠創修同和渠。十七年，西北荐飢，晉，冀，察，綏及陝北等省區亦歲歉年荒，災民流離，無地可歸；先生目擊心傷，乃開倉放糧，數逾三萬餘石，收養老幼災民，放飯施衣，並備居處，救活者五萬餘人。當時有人藉以陷害先生，潛報上言，先生假借放糧，意圖造亂，反抗公家；綏遠都統派兵一營，藉送『急公好義』匾一方，施行拘捕。幸天佑先生，正在此時，禾場中起火，先生乘機走脫。至次年春，飢民散去，先生始返回。公家又拘先生於薩縣，多蒙樊大令廉明，研訊二年，查確爲人陷害，此事遂得大明。此又爲先生度囹圄生活之第二次矣。十八年，創修沙河渠。二十五年，創修中和渠（即現在之豐濟渠），至五分子；又獨修灶王河渠。二十六年，外蒙庫倫活佛鑑及該蒙人食糧皆購自後套，而後套先亦荒田，乃王君同春所墾闢也，遂派使臣梅令丹巴賚書徵聘，往代墾荒。當時先生爲開發西北計，爲國家開拓邊疆計，更欲爲晉，陝，綏三省人民尋出路計，故慨然允諾。惟要求三條件：第一條，准許帶晉綏人民五萬衆，以駝載耕犋前往墾荒，並教蒙民耕種；第二條，自庫倫以南，准向後套開墾，必須以漢人五十萬戶移墾；第三條，個人願完全義務，祗租地千頃，以備自耕。使臣覆命後，即覆書允許；擬定二十

3

九年施行。不期于是年春，後套先生之墾地歸公，此事亦因之擱置，此眞乃天不嘉佑我人民，故當時人多惋惜。二十六年庚子賠款，先生除調停蒙洋交涉外，又捐糧一萬二千六百石與公家。又二十七年，代烏審旗墊庚子賠款銀五萬餘兩，烏旗以神木縣大堿湖租給報之。先生乃籌劃開辦費銀三萬兩，所出食堿行銷華北，曰『烏審塊堿』。經田軍門勸報歸，先生遂即立許，無難色。二十七年，陝北及晉綏又遭旱魃爲災，所有樹皮草根俱爲災民食盡，先生又放糧二萬七千餘石，全活者不可數計。

由同治六年至光緒二十九年，除與人所開之渠不計外，所有自開之渠道，大者有五，曰義和，曰沙河，曰豐濟，曰剛目，曰灶王河：長者百餘里；寬有五丈者，有三丈者；深有五尺，七尺，不等；支渠二百七十餘道。合計共開渠用銀一千三百五十餘萬兩，設立公中(曲註見另文)多至二十八處，墾植荒地多至二萬七千餘頃，熟地多至八千六百餘頃。有耕牛一千餘頭，騾馬一千七百餘匹，羊十一萬二千餘隻，廠牛二千一百餘頭。每年收穫糧石二十三萬餘石，並收地租銀十七萬餘兩。此乃先生數十年締造經營之勞績，亦即先生每年收穫之全盛時代也。

後套原爲不毛之地，經先生以一匹夫之力治成膏腴之區，斯乃偉哉難矣。統計後套，總有人口十一萬餘，尚有春來秋回之佃民三萬餘口，陝北晉北暨綏遠全省均食後套之糧。後套以前雖歸包東薩縣督轄，但路程遙遠，政治力無法達到，實等于化外。自經先生治理以來，眞夜不閉戶，路不拾遺，人民亦各安其業；凡各省來後套之人民均有『樂不思蜀』之概。先生視各人能力如何，爲覓工作，種田者給田，經商者助其經商，各項工人使各盡其長，士人爲立書房。其流亡之徒來套者，如已歸正途，令伊等集合工人開渠，充當工頭；不歸正途者，每人與馬一匹，立令出套：以故後套不聞有盜賊之名。農民之牲畜，均春天放出，至秋收時方收回使用。各家戶院中，決無短少遺失物件之虞。人民至春耕時，將農具運至田中，至冬方運回；即田中所設臨時牛棚，偶遇事而人回，所有屋內食糧物具等項，一物不失。村中事辦完，或經三五日，或十天半月返回臨時牛棚，而亦一物不短。過往之人，凡路經各處，吃飯住宿，乃常有之事，決不動主人分毫。眞可稱上古盛世矣！人民日出而作，日沒而息，不知訴訟爲何事；偶有爭執者，先生一言即了。誠人民之樂園！數十年內，無人以衣食住爲問題者。

二十九年，滿清命貽穀督辦綏遠墾務，貽委姚仁山爲西盟總辦。貽姚等見先生爲蒙漢人民信仰甚堅，非拉先生入墾務，蒙人難認可報地，遂請先生担任後套各渠總工程師，幷勸導委員各職。先生向來對國家民族觀念甚深，第一次到杭旗勸墾，杭旗遂報地四千頃，實有二萬八千餘頃。先生凡入各蒙境，蒙人因過去感先生之德，皆遠道跪迎。蒙旗官府因本旗王爺及其先人同與先生爲聯盟兄弟，故亦跪迎跪送，此乃蒙人極隆重之禮節。不意其他隨去勸墾委員，因不通蒙語，且爲蒙人所不禮，因羨生忌，乃竟老羞成怒，移恨于先生，生陷害之心矣。至次年杭旗墾地放畢，姚爲陷言所發，借設筵席勞先生，乃就席強迫先生將所有渠道地畝歸公，立迫書立情願書。先生不得已，遂允許之。計水地八千餘頃，熟地二萬七千餘頃，大渠五道，支渠二百七十餘道，房舍十八所。半生締造經營而有之財產，一旦拱手獻與公家。當事初發生，有人說先生何不借庇外人，以圖抵制。先生乃夷然曰：『惡，是何言歟！我爲國民，渠地歸諸國家，是國民之分也！』先生之深知大義如此，非讀書明理者不能具此特識；恐即讀書明理者亦未必有此定力。

由是先生至包頭縣南，另闢荒地三百餘頃。達旗杭旗鑒先生後套地畝房舍一空，乃將後套西山咀地千餘頃，房舍一所，租給先生。貽姚等恐先生不利于彼等，故又將先生拉入墾務。自放墾杭旗地畝後，蒙民因牧塲被墾，無以爲生，遂聚衆在河西一帶，舉起反抗該蒙旗及公家，二年之久，無法解決。於三十二（曲本作「一」）年，姚總辦聘先生去杭旗大鹽湖，藉事勸解，而此事遂寢。至事畢後回綏交差，貽姚見先生在蒙旗信仰力大，遂起意藉詞陷害，繫先生於囹圄，決擬置之死地。自三十三（曲本作「二」）年九月至民國元年，困坐五年之久。幸當閻總司令錫山倡導革命於綏遠，綏西震驚，人民騷動，地方極度恐慌；時歸化將軍堃岫請先生出獄赴包，面見閻總司令，暫維和平，地方賴以安堵。此爲先生出獄之第三次矣。

至民國三年，南通張季直先生聞先生之名，聘請視察導淮路徑，並任以高等水利顧問。當此時，綏遠都統潘矩楹聽信貽姚等餘孽之聳動，藉人民名義，揑造黑白，訴先生於都統署。自七月初旬起，共監禁十八晝夜；彼等以爲此次先生決難逃出。綏西人民聞訊驚恐，聯電潘都統及張季直先生，述先生治套之功績及救民實事。張季直大爲動容，呈袁總統立電潘都統，護送先生至北京。此爲先生出獄之第四次矣。

民國二年，外蒙內犯，河套淪沒，先生被舉爲全縣民警長，安境拒敵，全縣安然。嘗以民警二十餘人攻千餘蒙匪於烏蘭島色（「島」，曲本作「腦」）；邑紳欲上其功，先生力辭之。是年秋，孔師長文軒聘充督工幫辦。三年，先生集合邑紳，創修五原縣城。民國四五年間，晉紳延先生至雁門關外，勘查桑乾河，廣濟，廣裕，富山各渠，巡行周覽，擘劃精詳。嘗語人曰：『直隸永定河水災，往往浸沒畿輔。人謂治下游與水爭地，不如治上游以地予水。大同荒地千里，設能沿河開挖數大幹渠，以分永定河水勢，則下游災澹，上游利溥矣』。又嘗參贊導淮計劃，力主引淮入海，不引淮入江；議者韙之。曾註（按，疑「著」字之誤；下節同）導淮意見書，約十餘萬言，尚未成功，而先生逝矣。

民國六年春，盧占魁就撫，率萬餘人駐後套，人民不堪供應之苦。縣長屢代請命他移，書上不准；乃延先生商辦供應軍糧事，而人民若不知有大軍駐境者也。七年，自晉北回套後，重創舊業。入夏，陰山南西公旗請先生到珊瑚灣爲開三公渠一道，長八十餘里；因堵築黃河支流，珊瑚河口費時月餘始竣工。八年，應西盟墾務局之召，重修老郭渠，規劃井井，不遺餘力。十一年，與邑紳承包永，剛，豐，沙，義五大渠，塞者通之，淤者疏之。濬修烏加河數百里，使尾閭縱橫貫注，俾東北二百里之荒田得以灌溉而食，其流澤亦孔長矣。十四年，馮煥章先生極以水利相倚重，先生感知遇之深，力疾強起，親赴各渠，遠眺俯瞰，絕口不言勞瘁，竟自積勞而逝。臨死，註復興後套計劃渠圖一帙。

先生生平無他好，惟嗜水利若命。河套縱橫千里，而地質肥磽，土宜寒燠，以至高下廣狹之形勢，陰陽向背之經絡，先生莫不燭照。每創一幹渠，修一支渠，遇有阻力，往往伏而念，仰而思，中夜徬徨，繞屋巡行，寢食俱廢。及大功之告成也，又往往登高狂呼，臨河踴躍，直若生平第一快心事，雖南面王莫與易。所聞各渠之費，三萬五萬不等，並有多至三十萬兩者。先生能創此偉業，實從經驗而來。自十五歲以至七十四歲，每日五句鐘起床，晚七（曲本作「十」）句鐘睡眠。六十年之中，每日平均行百里。一年之中，除年節元旦外俱不休息；大年初二，即要在居處左近視察渠道地畝，不知端節中秋節爲何事。每年終至除夕晚，方始回家過年。行路皆在荒野，不走大路；非不知道路平坦好行，實乃利用行路時間觀察地質及水利情形耳。以故全套曠野中高低及土壤，莫不熟悉。況每開一渠，在灌溉範圍內往返數十度審視，方始動工。（巫寶三按：文氣似未完，但原稿止於此。）

二，附記一

巫寶三

我讀顧頡剛先生所著的王同春開發河套記，極欽仰王氏的天才，豪俠，和功績。本年九月間，我因考察察綏物產赴五原，得訪王氏五公子王樂愚先生。樂愚先生是一個循循的儒者，態度很沉靜，言談很勁健，對於開渠水利固然是家傳之學，所知甚多，就是對於包頭及河套一帶經濟狀況，也是博聞強記，很多卓見。我等長談三小時，除承口述包五臨一帶經濟狀況，黃河水利，及其先君未來河套前河套的情形外，並承出手著王同春先生軼記相示，允許借抄一份；盛情美意，實在可感得很。其手著已爲發表如上，這裏再將所談河套情形記錄在下面，以供研究的人的參考。

現在在河套看見的水道，南邊是黃河，北邊是五加河。其實五加河也是黃河的一條水道，在明末清初時，這條水道比南邊的水道大得多。後來水勢漸漸南移，到清朝乾隆年間變成相反的情形，就是南流大而北流小。到了道光年間，北流和南流不通，就成了現在的五加河。在南北流變遷的中間，隨着水道，由西南而東北，有很多支流發生，最大者有二，一名剛目河，一名灶河。這些支流，就是後來開墾開渠的張本。南流北流中間這一塊地方，在明朝前半季，尙有漢人居住；到明朝末年，這地方爲蒙古人所有，他們就驅逐漢人，把這地方封閉爲牧塲。不過包頭到寧夏的河運並未斷絕，沿途仍有不少漢人經營蒙古貿易。漢人對於耕稼之事素所稔悉，在靠近河道的這些地方一經定住下來，就知道這些地方可以耕種。一來因爲寧夏早開有渠道，漢人來往於包寧間，知道利用渠水耕種的方法；一來因爲剛目河灶河等支流，在黃河水汎時，沿河近地皆有水灌入，土質非常肥沃。那時蒙古人恐怕漢人破壞他們的牧場，不許漢人耕種；不過漢人在此經商，對蒙古人皆有稅貢，同時蒙古人也需要食糧的供給，因此乃准許漢人在所居附近種地。後套的耕稼自此始。

以上是王君所述河套開墾前期的一段小史。此外關於黃河水利及包五臨經濟情形等等，我已在另篇察綏晉旅行觀感一文講到（載獨立評論一七四期），這裏不多贅了。

二十四，十，二十二。

三，附記二

曲直生

由第一水工試驗所的落成，使我想到一位值得介紹的水利專家王同春先生。王先生原籍是河北邢臺縣人，故里在城西約二十里。小名進財；後來因爲同人鬧事，丟掉一隻眼睛，大家都稱他瞎進財。從這個名字上，我們便知他是一位不很文雅的人。他不但沒有入過大學，甚至連書都沒有念過。但是他在河套的成就，遠超過一般人之上。因爲他的成就過大，一般文人覺着他的名字不雅，於是都稱他的大號濬川。濬川這兩個字，據我們推想，恐怕還是別人給他起的。在河套的人民，只知道瞎進財而不知道王濬川。在他的晚年，大家都稱他爲老財主。在河套提起老財主，可以說沒人不知道是他老人家的。薩（薩拉齊）包（包頭）五（五原）三縣的人，至今感念他的功德。

他老人家得到這樣的名望，決不是偶然的。總他的一生，實在幹了些驚人的偉業。顧頡剛先生曾寫過一篇王同春開發河套記，登在大公報史地週刊上。他完全是根據傳說寫的，其中不免有錯誤的地方。筆者民二十二的冬季，曾到過包頭，也聽到不少關於王先生的軼事，也很想寫一篇東西介紹，但是終覺着傳述的不淸楚，不敢貿然動筆。最近在河北教育廳担任編審工作，很希望將本省有名望人的事蹟作一個系統的記載，因此又想到搜集王先生的事蹟。前些日子，曾向包頭王先生五少爺喆(字樂愚)寫信徵求資料。日昨接到一封自五原水利局前三號的來信，內裝一篇文字，題目是王同春先生逐年大事記。這篇文字，並沒有著作者姓名，但據我的推想，一定與王樂愚先生相熟。這篇文字的內容，關於王先生的事功，說的比較清楚，其生死年月似乎也都很正確，可以矯正顧先生的錯誤。但是關於先生的家庭瑣事，以及不甚合理的舉動，則沒有記載，這大約是因爲作者恭敬老前輩，不願敘述這些事。今爲存實起見，將所寄到的原文擇要錄出，並加以註解，末後再根據顧先生的記載與其他方面記載，作一個補充。……

以上是新寄到的原文。按原文計算，先生享壽七十四歲。假定先生是咸豐元年生的，到民國十四年，按中國計算年歲的方法，享壽應爲七十五歲而非七十四歲。照顧頡剛的說法，先生民國六年故去，享壽六十七歲，這是一個大錯誤。民國七年，直生到北平讀書，那時邢臺的同鄉還有人到綏遠找他，彷彿記得十一年還有人找他。無論如何，他不是民六故去的。似乎民十四故去之說較爲可靠。

關於先生的籍貫，確是邢臺縣(舊順德府)人而非行唐縣人。直生曾親到過他的村莊，距城西二十里，彷彿記得是東石門村。

關於先生到綏遠的年齡，有傳言八歲同父親同往，顧頡剛先生說是十六歲同李三侉子同往，此文則謂十二歲隨祖父同往，未知孰是。又假定是咸豐元年生，十二歲到綏應爲同治元年，而非同治二年。

關於開老郭渠的事，以及同春與老郭渠的關係，來文記載甚簡略，顧氏記載則比較詳細。老郭渠的名稱，據顧的記載，是『有一個四川人，名喚郭有元，先到河套，娶了甘肅的女子，成家立業；他首先提倡開渠，這條渠就叫做老郭渠』。這大概是可靠的：因爲直生在包頭也曾聽說過。又按顧的記載，同治十三年，王才投入老郭渠充工人，並說『他非常勤苦，身材高大，長六尺左右，力氣極大；郭有元見他一表人材，心裏着實愛重，就叫他管理渠工，把女兒嫁給他』。這事大概是有的。但所記的年代，與來文相差很多。按同治十三年，王已二十四歲；而來文則同治六年王即與萬太公萬德源郭大義合夥，創修老郭渠，那時王不過十七歲。以十七歲的人而能成偌大的事業，似乎難以憑信。但是以王的天才，似乎又不敢隨意否定。究竟實情如何，應俟以後考證。

關於王極盛時代的事功，來文記載的很清楚。惟關於『公中』及『牛犋』這些字樣，來文沒有解釋；顧雖有解釋而只限於牛犋。這與瞭解河套的生活有點欠缺，特據所知加以解釋。『牛犋』照顧的解釋，是兩條牛爲一牛犋，這是不錯的。華北耕地的習慣，播種時雖常用一個牲畜，但農田的工作，如犂地，耙地，普通都是兩個牲畜拖，因此一犋牲口就是兩個的意思，因此一犋牛就是兩個牛。這個名詞，引伸爲莊子，這解釋也差不多。不過河套的莊子同內地不同，一個莊子不過二三家或只一家。這牛犋的意思，似指當初在田場內臨時的房舍，當初不過一家。在河套地圖上，我們常發見『某家疙瘩』，這就是某家在那裏開墾而成立的莊子。『公中』則是管理渠道的組織，一個公中可以統轄幾個牛犋。這些名字都與開墾水利有關。在公中內有所謂『跑渠』的，是稽查水道收水費的，這些人是受渠主的指導，又是打手。在王的手下，這些人是多的很；後來王英的勢力似乎即以此爲基礎。

關於王同春與蒙古人的關係，記載亦不同。顧說他欺侮蒙古人。但是據我所聞的，後來蒙古人都眞信他。他大概是恩威並施，並且據說與蒙古人辦交涉很有信誼。

關於王同春的刑罰，如『住頂棚房子』，即多天渠冰，鑿開一個，把人投入；二，『下餃子』，即把土袋裝了人，扔下黃河；三，『吃麻花』，是把牛筋曬乾打人：這大概差不多。但是綏遠有些人，對王這種舉動很愿諒。凡是到河套的人，多半是些亡命之徒，毫無敎育，不施以嚴刑是沒法統治的。

關於王與陳四的爭執，顧有記載，而來文却沒有提。顧記載說，『在那時(指光緒二十九年以後的事)他不再能和以前械鬥過的人爭氣了，於是他的二十餘年來的敵人一一上衙門控告他。其中有一個叫陳四，尤其利害。他派人同陳四說，「從此以後我固然完了，但你也完了，我們講和罷，我們把一班把式匠遣散了罷！」陳四聽了他的話，果眞把自己的爪牙辭退。廿九年臘月三十日，陳四住在義和渠旁土城子（今五原縣城南約六十里），王同春的拳師杜福元，帶了幾人，從隆興長趕騾子到土城子，十二時把陳四打死了。杜福元跨騾東去，八點鐘走了四百里路，到包頭大年初一，到處拜年。陳四家屬告狀，官府捕獲了杜福元，但他說，「元日天亮，我就在包頭拜年，怎麽大年夜的十二點我在殺人呢？兩處相距四百里，難道我是會飛的嗎？」官府到底不能定他的罪』。王殺陳四的事大概有的，在綏遠盛傳着，這大致也不錯；但來文沒有提。

末尾關於王英的事，顧的記載對王有微辭，但據綏遠崇拜王的人說，王英的聚衆並不出於本心。政府把王的產業收沒了，而不替他手下人想辦法，這些人難道能乾等着餓死。據說他們當初都是王英養他們，後來王英養不起了，才有後來無理的舉動，而王只有受他們的擁戴。

關於王喆先生的事，及女公子的事，顧記載的差不多。樂愚是一位很安分守己的人，現在河套都以五財主稱之，雖無多大的建樹，但依然爲人敬重。

關於王先生開渠的勤苦，與聰明的經驗，這是大家極佩服的，用不着細說，但是有一點似乎應當補充。黃河眞是一個大謎。民生渠的開濬，費款百餘萬，是工程專家主持的，但是成績一點沒有，時論非常不滿。我不敢對民生渠的主持人過分苛責，因爲黃河的水性太特別了，失敗就是經驗。這失敗的教訓，正是水工試驗所成立有力的理由。但是民生渠何以失敗，王開的渠何以成功，則據綏遠人說是這樣的。王開的渠是挖曲的，一切完全利用黃河水自然衝激的力量。他有兩句格言：一，『水流三灣自急』；二，『水流百步上墻』。這似乎利用孟子的『搏而躍之，可使過顙；激而行之，可使在山』的道理。王對渠口的地位很審愼，渠口水力往往與很遠的上游有關係，完全利用水力冲刷，因此渠口不淤塞。在綏遠老開渠的人，也是用王的方法，但誰都沒有王看的準，所以王能獨成大名。民生渠的開法則不然，渠道完全是直的，而且水的力量沒顧到，因此口常淤塞。究竟王開的渠怎樣，直生沒有目睹，不敢任意妄斷，但希望水利專家對這件事仔細研究。

據綏遠人的傳述，王的爲人極難節制，他不知法律爲何物，與人鬥爭的事極多，極霸道，就各方的記載也是不錯。但是這不足爲王氏罪的。王自幼沒受過教育，他是一個非常人，當然不能受常人的節制。劉邦，朱元璋，中山先生……，如果用了法律的眼光來看，怕都該觸犯刑網的。王以赤手空拳，在綏遠建樹那麼大的事業，這不是常人所能的事，因此些些的不守法實不足爲王氏病。我們對這些事，似乎也不必爲王氏隱。張季直先生不以王氏的不識字，不守法，而不敬他。國家正在建設的時候，我們應當盡力的獎拔異才。國家對王氏，似乎應當特別的表彰。

又關於王在河套的統制方法，直生在包頭時，曾同一位直魯豫同鄉會的會長李瑞浦先生談過。李先生曾任育德中學教員，高陽人，他是受河北幾位紳士的委託，代管墾地而到包頭的。他說：『濬川在套時，那才是昇平盛時。濬川的刑罰很簡單，收渠費也輕，因此人得安居樂業，河套人民日聚。後來官府來了，甚麼機關也有了。以五原人口那樣稀的地方，也有縣政府，教育局，公安局，建設局，又有水利局，這樣人民才不能過了，就相率離套了！』就此看來，王先生的確作到『省刑罰，薄稅斂』的地步。現在統制階級對此大可深思。

我本想爲王氏作一個詳確的傳記，但因爲材料不夠，目下還作不到，只有這樣的寫出。

史記三家注所引地理書考

徐文珊

史記注家今之存者，只劉宋裴駰集解，唐司馬貞索隱及張守節正義而已。裴氏以徐廣史記音義爲主，兼採史記漢書衆家音義以及史公所取材之原書並後儒之注釋爲之；間及他書，無足稱述。司馬氏張氏二家則廣搜博採，多所發明，徵引之書極爲賅博；而張氏獨精地理，尤爲歷代史家所推重。綜計三家所引書籍，司馬氏爲最富，以經傳子史爲多；張氏次之，而以地理書爲主；裴氏最少，經史註家之外鮮及其他。比年追隨顧師頡剛，致力古史，專攻史記，研討之餘，因遍檢三家注所引書籍，詳爲參證，用考注家解史所涉之範圍，兼及典籍流傳散失之概況：定名爲『史記三家注徵引考』。（名徵引考而不云引書考者，因書籍之外並及所引人名也。蓋注家引書，有直舉書名者，亦有單稱某人云云，用見各家之長短，或圖簡省而不及書名；實則每舉一人，必有一書，檢舉書名固不能遺人名也。）今全文垂成，而地理書首脫稿；禹貢徵文，因抽取地理一類以應之。統觀全文，書籍之散亡以兩晉南北朝爲甚；而地理書之亡失又爲羣書之最：注家所引，什八九不見於隋唐各志；然即此亦可見六朝地理學之盛矣！書凡一百一十四種，大略以類相從，亦兼及著作之時代焉。

一 山海經

集解引十七次，始見於五帝本紀『黃帝居軒轅之丘』下。又稱『海外經』。

索隱引二十五次，始見於五帝本紀『顓頊崩』下。又稱『山經』。

正義引十六次，始見於五帝本紀『莫能伐』下。又稱『山經』，『海外經』；『大荒西經』，『海內經』。

案漢志，山海經十三篇，不著撰人。姚振宗漢志拾補著錄山海經逸篇五篇，引王應麟漢志考證曰：『山海經十三篇；劉歆定十八篇，多於志五篇』。又畢沅新校正山海經篇目攷曰：『劉向校經時所合凡十三篇，班固作藝文志取之於七略，而無大荒經以下五篇也。十八篇劉秀所增』（按，劉歆後改名秀也）。今案，隋志著錄二十三卷，郭璞注。舊唐志則減爲十八卷。而一到新唐志則又與隋志合。非失而復得，則大荒經以下五篇有錄有不錄也。著者姓名各志均不錄。胡應麟四部正譌謂：『山海經，古今語怪之祖。劉歆謂夏后（按，禹也）伯翳（按，伯益也）撰。無論其事，即其文與典謨禹貢迥不類也。余嘗疑戰國好奇之士本穆天子傳之文與事而侈大博極之，雜傳以汲冢紀年之異聞，周書王會之詭物，離騷天問之遐旨，南華鄭圃之寓言，以成此書。而其敍述高簡，詞意淳質，名號倬詭，絕自成家。故雖薈萃諸書，而讀之反若諸書之取證乎此者；而實弗然也。穆天子傳至晉始出，而此書漢世獨完，緣是前世文人率未能定其先後。余首發之於此，俟大雅君子商焉』。又案姚際恒古今僞書考亦斥劉歆指爲禹伯益撰爲可笑，言『此蓋秦漢間人所作；昔人已多論之矣』。文珊案，此說是也。又案，此書今多列入子部，蓋以其爲『古今語怪之祖』，『絕自成家』也。然隋唐三志則皆列入史部地理書中，蓋以其爲言地理之書也。今以內容，從史志列入地理類。注家又稱『山經』者，省文也；水經注引亦然。又稱『海內經』，『海外經』，『大荒西經』者，其篇名也。此書今存，道藏本，通行子書本。注家所引原文不錄。

二　郭璞山海經注

索隱引一次，見張耳陳餘列傳『斬陳餘泜水上』下，原文云：『……郭景純注山海經云：「泜水出常山中邱縣」』。案『景純』，郭璞字也。

正義引一次，見夏本紀『鳥鼠同穴』下，原文云：『……山海經云：「鳥鼠同穴之山，渭水出焉」。郭璞注云：「今在隴西首陽縣西南，山有鳥鼠同穴：鳥名鵌，鼠名鼵——如人家鼠而短尾。鵌似鵽而小，黃黑色，穴入地三四尺。鼠在內，鳥在外。鵌音余；鼵音扶廢反；鵽音丁刮反，似雉也」』。

案隋唐各志所錄山海經皆爲郭璞注本；今存，通行子書本。

三　水經

索隱引十四次，始見於五帝本紀『居若水』下。

正義引五次，始見於夏本紀『會于渭汭』下。

案隋志：水經三卷，郭璞注；又水經四十卷，酈善長注。舊唐志：水經二卷，郭璞撰；又四十卷，酈道元注。新唐志：桑欽水經三卷，註：『一作郭璞撰』；又酈道元注水經四十卷。又案姚際恒古今僞書考云：『隋志有兩水經……皆不言撰人名。自舊唐志註云郭璞作；新唐志云桑欽作。宋崇文總目但云酈注四十卷，亦不言撰人爲誰。崇文總目作于宋景祐（按，宋仁宗），與新志同時，不知新志何據以爲說也。其經云「濟水過壽張」，即前漢壽良縣，光武所更名；又「東北過臨濟」，即狄縣，安帝所更名；又「荷水過湖陸」，即湖陵縣，章帝所更名：故知順帝以後纂叙也。王伯厚曰：「其書言『武侯壘』，又云『魏興安陽縣』，註謂『武侯所居』。魏分漢中，立魏興郡。又改『信都』從『長樂』，則晉太康五年也。……又『河水北薄骨律鎭城』註云『赫連果城』，則後魏所置也」。恒案，漢儒林傳「古文尚書，塗惲授河南桑欽君長」。桑欽蓋成帝時人。是書固不可言欽作；即謂郭璞，又豈其然乎？姚寬西溪叢語曰：「水經，世以爲桑欽撰，予按易水註云：『故桑欽曰：易水出北新城北，東入濡；自下，濡易互受通稱矣』。又廣陽縣溪水亦引桑欽說。且水經正文皆無此語」。其考核尤精。然則桑欽固別有地理水道之書；而水經者不知何人所作也。又此桑欽亦非漢成帝時者；使然，不當見遺於漢志矣。故鼂氏謂：使古有兩桑欽，則可矣』。文瑚案，姚氏說是也。惟據姚振宗漢志拾補，則漢志遺漏之書正多，不得謂『不當見遺於漢志也』。此書今存，通行酈道元註本。注引原文不錄。

四　酈元注水經

索隱引三次，始見於項羽本紀『度三月』下，稱『酈元水經』，或省稱『水經注』。

正義引二十六次，始見於五帝本紀『虞舜者』下。

案據隋唐各志，水經注有郭璞酈道元二本：郭注本或作三卷，或作二卷；酈註本四十卷。郭璞字景純，晉人；酈道元字善長，北魏人。注家所引又稱『酈元』者，省文也。酈註今存，通行本。郭註蓋甚簡略，據友人鄭德坤水經注板本考（載燕京學報第十五期）轉引畢沅山海經篇目考謂：

『郭氏水經注已合於山海經，即海內經中文，惟不知始于何時，今不復單行矣』。文瑚案，注家所引雖未盡標明爲酈註，但絕不一及郭注，蓋皆酈氏書也。又案酈書今存，見前水經條。註引原文不錄。

五　地理志

集解引一百零三次，始見於五帝本紀『登丸山』下。

索隱引二百零八次，始見於五帝本紀『涿鹿之野』下。

正義引六十九次，始見於夏本紀『會于澗㶏』下。

案此爲漢書地理志，注家引之以解史也。原文具見漢書，玆不復錄。

六　應劭注地理志

索隱引一次，見朝鮮列傳『都王險』下，原文云：『……應劭注地理志云：「遼東有險瀆縣，朝鮮王舊都」。……』

案此爲應劭注漢書文，別詳本文（史記三家徵引考）書名之部漢書各條，及人名之部應劭條。

七　郭璞注地理志

索隱引一次，見封禪書『蜀之汶山也』下，原文云：『……地理志，「蜀郡湔氐道，嶓山在西」。郭璞註云：「山在汶陽郡廣陽縣，一名瀆山也」』。

案晉書郭璞傳，不言其註漢書；各志亦不載。其所註書甚多，地理類者有水經注，山海經注，爾雅註（釋地各篇）。此所引在地理志後，似爲漢書注，不知小司馬究何所據也。

八　晉太康地理志

集解引二次，始見於仲尼弟子列傳『不並世』下，原文云：『……晉太康地記云：「銅鞮晉大夫羊舌赤之邑，世號赤曰銅鞮伯華」』。二次見於孟荀列傳『堅白異同之辯』下，原文云：『駰案晉太康地記云：「汝南西平縣有龍淵水，可用淬刀劍，特堅利，故有堅白之論云：黄所以爲堅也；白所以爲利也。或辯之曰：白所以爲不堅；黄所以爲不利」』。

索隱引十三次，始見於夏本紀『入于海』下，原文云：『太康地理志云：「樂浪遂城縣有碣石山，長城所起」。……』二次見高祖本紀『今爲赤帝子斬之』下，原文云：『按太康地理志云：「時在櫟湯故城內，其時若畦，故曰畦時。」……』三次見高祖本紀『攻武關破之』下，原文云：『……又太康地理志，武關當冠軍縣西峣關，峣關在武關之西」』。

4

四次見於高祖本紀『以爲荆王』下，原文云：『……太康地理志，「陽羨縣本名荆溪」』。

五次見於吳大伯世家『號曰延陵季子』下，原文云：『……太康地理志曰，「故延陵邑，季札所居。粟頭有季札祠」』。

五次見於宋微子世家『皆曰桀宋』下，原文云：『晉太康地記言其似桀也」』。

六次見於田齊世家『戰於南梁』下，原文云：『晉太康地記曰：「戰國謂梁爲南梁者，別之於大梁小梁也」』。

七次見於蕭相國世家『封爲酇侯』下，原文云：『……太康地理志云：「魏武帝建安中分南陽立南鄉郡，晉武帝改曰順陽郡是也」』。

八次見於梁孝王世家『七十里』下，原文云：『……太康地理記云：「城方十三里，梁孝王築之。鼓倡節杵，而後下和之者，稱睢陽曲；今踵以爲故，所以樂家有睢陽曲，蓋採其遺音也」』。

九次見蘇秦列傳『龍淵太阿』下，原文云：『案晉太康地理記曰：「汝南西平有龍泉水，可以淬刀劍，特堅利，故有龍泉水之劍，楚之寶劍也。以特堅利，故有堅白之論云：黃所以爲堅也；白所以爲利也。齊辯之曰：白所以爲不堅；黃所以爲不利也。故天下之寶劍韓爲衆：一曰棠谿，二曰墨陽，三曰合膊，四曰鄧師，五曰宛馮，六曰龍泉，七曰太阿，八曰莫邪，九曰干將也。然「干將」「莫邪」匠名也。其劍皆出西平縣，个有鐵官，令別領戶，是古鑄劍之地」』。

十次見於蘇秦列傳『北陘有塞郇陽』下，原文云：『陘山在楚北境。郇音荀。郇陽地當在汝南潁川之界。檢地理志及太康地記，北境並無郇邑，郇邑在河東晉地。計郇陽當是新陽，聲相近字變耳。』

十一次見黥布列傳『據敖倉之粟』下，原文云：『案太康地記云：「秦建敖倉於成皋；又立庾，故亦云『敖庾』也」』。

十二次見匈奴列傳『圁洛之間』下，原文云：『……續郡國志及太康地理志並作「圁」字也』。

十三次見大宛列傳『注鹽澤』下，原文云：『鹽水也。太康地記云：『河北得水爲河：塞外得水爲海也」』。

正義引十四次，始見於五帝本紀『戰於阪泉之野』下，原文云：『晉太康地里記云：「涿鹿城東一里有阪泉，上有黃帝祠」。……』

二次見於夏本紀『封皋陶之後於英六』下，原文云：『……太康地志云：「蓼國先在南陽故縣，今預州鄎縣界故胡城是，後徙於此」』。

三次見於夏本紀『帝少康立』下，原文云：『……晉地記云：「河南有窮谷，蓋本有窮氏所遷也」』。

四次見於殷本紀『放之於桐宮』下，原文云：『晉太康地記云：「尸鄉南有亳坂，東有城，太甲所放處也。……」』

5

五次見於秦本紀『得陳寶』下，原文云：『晉太康地志云：「秦文公時，陳倉人獵得獸若彘，不知名，牽以獻之。逢二童子，童子曰：此名爲『媦』，常在地中食死人腦。卽欲殺之，拍捶其首。媦亦語曰：二童子名『陳寶』，得雄者王，得雌者霸。陳倉人乃逐二童子，化爲雉：雌上陳倉北坂，爲石，秦祠之」。搜神記云：「其雄者飛至南陽，其後光武起於南陽」。皆如其言也』。

六次見於始皇本紀『望祭山川之事』下，原文云：『晉太康地記云：「爲壇於泰山以祭天，示增高也：爲墠於梁父以祭地，示增廣也。祭尙玄酒而俎魚。墠皆廣長十二丈，壇高三尺，堦三等；而樹石泰山之上，高三丈一尺，廣三尺。秦之刻石云」』。

七次見於項羽本紀『漢敗楚』下，原文云：『……晉太康地志云：『鄭太叔段所居邑，滎陽縣，卽大索城」。……』

八次見高祖本紀『取敖倉』下，原文云：『……太康地理志云：「秦建敖倉於成皐」』。

九次見於楚世家『伐申過鄧』下，原文云：『……晉太康地志云：「周宣王舅所封，故鄧城在襄州安養縣北二十里，春秋之鄧國，莊十六年楚文王滅之」』。

十次見韓世家『戰於南梁』下，原文云：『……晉太康地記云：「戰國時謂南梁者，別之於大梁少梁也。古蠻子邑也」』。

十一次見於田完世家『戰於南梁』下，原文云：『……晉太康地記云：「戰國時謂南梁者，別之於大梁少梁也，古蠻子邑也」』。

十二次見於留侯世家『博浪沙中』下，原文云：『晉地理記云：「鄭陽武縣有博浪沙，按今當官道也」』。

十三次見於絳侯世家『江南丹徒』下，原文云：『晉太康地志云：「吳王濞反，走丹徒，越人殺之於此城南」』。

十四次見老莊申韓列傳首句下，原文云：『……晉太康地記云：「苦縣城東有瀨鄉祠，老子所生地也」』。

案舊唐志：地記五卷，太康三年撰。新唐志：晉太康土地記十卷。太平御覽引，稱『晉太康地記』。俱不著撰人名。已佚，今有黃奭輯漢學堂叢書本，畢沅輯經訓堂叢書，又史學叢書，廣雅書局彙刻書，王謨漢唐地理書鈔各輯本。又案畢沅輯本序云：『沈約止稱「地志」，酈道元稱爲「地記」，司馬貞(史記索隱)張守節(史記正義)稱爲「地理志」，新唐書稱爲「土地記」：其實一也』。文珊案，此書蓋初無定名，故人各異辭，但因其作於太康年，稱者俱以『晉太康』三字冠之，以別於他書焉。

九　地記

集解引二次，始見於夏本紀『入于流沙』下，原文云：『……地記曰：「弱水西流入合黎山腹，餘波入于流沙，通於南海」』。

二次見於夏本紀『入于南海』下，原文云：『地記曰：「三危山在鳥鼠之西南」』。

索隱引二次，俱見於晉世家『滅霍滅魏滅耿』下，原文云：『……地理志，河東河北縣古魏國；地記亦以爲然。服虔云：「在蒲坂」，非也。地記又曰：「皮氏縣汾水南耿城是故耿國也」』。

正義引四次，始見於五帝本紀『於潙汭』下，原文云：『按地記云：「河東郡青山東山中有二泉，下南流者潙水，北流者汭水：二水異原合流，出谷西注河。嬀水北曰汭也。又云：「河東縣二里故蒲坂城，舜所都也；城中有舜廟，城外有舜宅及二妃壇」』。

二次見於夏本紀『入于流沙』下，原文云：『……地記曰：「弱水西流入合黎山腹，餘波入于流沙，通于南海」』。

三次見於夏本紀『又東爲滄浪之水』下，原文云：『地記云：「水出荊山，東入南流爲滄浪水」』。

四次見鄭世家『因服事夏商』下，原文云：『……地記云：「唐氏在大夏之墟，屬河東安縣，今在絳城西北一百里，有唐城者，以爲唐舊國；然則叔虞之封卽此地也」』。

案隋志：地記二百五十二卷，註：『梁任昉增陸澄之書八十四家以爲此記。其所增舊書亦多零失，見存別部行者唯十二家，今列之於上』。今案此所謂上列十二家爲：三輔故事，湘州記，吳郡記，日南傳，江記，漢水記，居名山志，西征記，廬山南陵雲精舍記，永初山川古今記，元康三年地記，司州記，并州省置諸郡舊事。言十二家，實錄十三家，蓋增一家也。陸澄書名『地理書』，凡一百四十九卷。蓋陸任二書皆當時地理書之集大成者也。今已佚。 7

十 地說

索隱引三次，始見於夏本紀『維雍州』下，原文云：『鄭玄引地說云：「三危山，黑水出其南」。……』

二次見夏本紀『三危既度』下，原文云：『鄭玄引河圖及地說云：「三危山在鳥鼠西南，與岐山相連」』。

三次見夏本紀『至于合黎』下，原文云：『水經云：「合黎山在酒泉會水縣東北」。鄭玄引地說亦以爲然』。

案此書不見於各志，惟據鄭玄引，知當爲東漢以前書，水經注亦頻引之。今案水經漳水篇注云：『鄭玄注尚書，引地說云云』。鄭玄不注史漢，知小司馬所引亦據鄭玄尚書注也。各志不錄者，蓋早佚也。據隋志，陸澄地理書，任昉地記二條，知陸氏合山海經以來一百六十家地理書而成一百四十九卷之巨著，但隋志撰著時已只餘四十二家；任昉增陸氏書八十四家，只餘十二家。可知六朝喪亂，地理書亡失獨多；亦可知漢晉以還地理學之盛也！此書蓋亦亡於此時。

十一　輿地志

正義引十九次，始見於五帝本紀『黃帝者』下，原文云：『輿地志云：「涿鹿本名彭城，黃帝初都，遷有熊也。…」』

二次見於五帝本紀『封弟象爲諸侯』下，原文云：『……輿地志云：「零陵郡應陽縣東有山，山有象廟。……』

三次見周本紀『封尚父……曰齊』下，原文云：『……輿地志云：「秦立爲縣；城臨淄水，故曰臨淄也」』。

四次見於周本紀『封爲衞康叔』下，原文云：「…輿地志云：「以周地在王城東故曰東周。敬王避子朝亂，自洛邑東居此；以其迫阨，不受王都，故壞翟泉而廣之」』。

五次六次俱見於秦本紀『滅小虢』下，原文云：『……輿地志云：「此虢文王母弟虢叔所封，是曰西虢」。按此虢滅時陝州之虢猶謂之小虢。又云：「小虢，羌之別種」』。

七次見始皇本紀『以適遣戍』下，原文云：『……輿地志云：「一曰臺嶺，亦名塞上，今名大庾；二曰騎田；三曰都龐；四曰萌諸；五曰越嶺」』。

八次見於項羽本紀『都雒陽』下，原文云：『……輿地志云：「成周之地，秦莊襄王以爲洛陽縣，三川守理之。後漢都洛陽，改爲『雒』：漢以火德忌水，故去『洛』旁『水』而加『隹』。『隹』於行次爲土；土，水之忌也。水得土而流，土得水而柔，故除『隹』以加『水』」』。

九次見高祖本紀『至丹水』下，原文云：『……輿地志云：「秦爲丹水縣也」』。

十次見高祖本紀『……璽符命』下，原文云：『……輿地志云：「漢封詔璽用紫泥，則此水之泥也」』。

十一次見高祖本紀『雒陽南宮』下，原文云：『輿地志云：「秦時已有南北宮」』。

十二次見楚世家『居丹陽』下，原文云：『……輿地志云：「秭歸縣東有丹陽城，周迴八里，熊繹始封也」』。

十三次見越世家『至於允常』下，原文云：輿地志云：「越侯傳國三十餘葉，歷殷至周敬王時有越侯夫譚子曰允常，拓土始大稱王，春秋貶爲子，號爲越。杜注云：『於，語發聲也』」』。

十四次見趙世家『甌越之民也』下，原文云：『……輿地志云：「交阯，周時爲駱越，秦時曰西甌，文身斷髮，避龍則西甌駱又在番吾之西南，越及甌駱皆羋姓也」。……』

十五次見孔子世家首句下，原文云：『……輿地志云：「鄒城西界闕里，有尼丘山」。……』

十六次見曹相國世家『相蕭留』下，原文云：『輿地志云：「宋共公自睢陽徙相子城，又還睢陽。蕭，徐州古蕭叔國城也。故留城在徐州沛縣東南五十里，張良所封」』。

十七次見仲尼弟子列傳『為武侯宰』下，原文云：『……輿地志云：「南武城縣，魯武邑城，子游為宰者也，在泰山郡」』。

十八次見傅靳蒯成列傳『蒯成侯緤者』下，原文云：『……輿地志云：「蒯成縣，故陳倉縣之故鄉聚名也，周緤所封也。晉武帝咸寧四年，分陳倉立蒯成縣，屬始平郡也」』。

十九次見滑稽列傳『東方生名朔』下，原文云：『……輿地志云：「厭次宜是富平縣之鄉聚名也。……」』

案隋志：輿地志三十卷，陳顧野王撰。已佚，今有王謨漢唐地理書鈔輯本。

（未完）

清史稿四地理家傳校記

夏定域

清史稿自出版後，學者舉其疏誤之點，已不一而足。頃余偶閱其中所載清初諸地理家，如顧祖禹，胡渭，黃儀，梁份等傳，亦多未確當，用爲列述於下，俾檢校清史者有所取焉。

（一）顧祖禹　附見于遺逸二，其父柔謙傳。中云：「祖禹字復初」。按復初係顧棟高之字，祖禹字景范，號宛溪，未聞有復初之字也。（曾見王紹蘭所撰三禮集義，中稱祖禹字亦韓，亦誤，亦韓爲陳祖范字也。）又云「撰讀史方輿紀要一百三十卷」。按顧氏原稿有五百餘卷（見華希閔所纂乾隆無錫縣志祖禹本傳末小注，又常熟單學傅亦曾見之。嘉慶時秦瀛修無錫金匱縣志，猶云稿存於家），然則今所刊行者實未全，此宜述明者。

（二）胡渭　見儒林傳二。云「渭子彥昇」，此大誤。彥昇係渭孫，見德清志彥昇本傳；又渭所著大學翼眞，中題「孫男彥昇校定」，固可考而知也。

（三）黃儀　見文苑傳一，稱「儀字六鴻」。按儀字子弘，又作子鴻；黃六鴻則另一人。又云「著有級蘭集」，「級」字誤，應作「紉」。

（四）梁份　見文苑一魏禧傳中，僅據王崑繩姜宸英所作懷葛堂集序及份送張方伯往山海關序爲本，而于份中年時之從軍反清事蹟未提及（顧祖禹傳亦未及其游耿精忠幕事）。末云「著西陲今略八卷」，按西陲今略一名秦邊紀略，原本有數十卷（見廣陽雜記），鈔本則五卷，刻本作六卷；此云八卷，蓋據朱字綠杜谿文集中西陲今略序，顧今未見此八卷本也。

二十二年十月，記于杭州。

中國地方志考（三續）

張國淦 1

江蘇省二

舊鎮江府屬縣

丹徒縣

志目

丹徒縣志四卷 明正德十四年 知縣李東修縣人楊琬等纂 北平圖書館正德刊本

丹徒縣志四卷 隆慶口年 知縣何世學修 北平圖書館隆慶刊本存卷一，二

丹徒縣志四卷 崇禎四年 知縣張文光修 未見

丹徒縣志十卷卷首一卷 清康熙二十二年 知縣鮑天鍾修縣人何絜虎世英纂 金陵圖書館北平圖書館康熙刊本

丹徒縣志四十七卷卷首四卷 嘉慶八年 知縣貴中孚修縣人蔣宗海茅元銘等纂 嘉慶刊本

丹徒縣志六十卷卷首四卷 光緒五年 知縣何紹章修陽湖呂燿斗纂 光緒刊本

丹徒縣志摭餘二十一卷 民國六年 縣人李恩綬李丙榮纂 民國刊本

敍論

右丹徒縣志。丹徒：漢縣，屬會稽郡；後漢屬吳郡；三國吳改武進縣；晉復改丹徒，爲毘陵郡治；宋屬南徐州，治京口（即丹徒縣）；隋改延陵，爲潤州治，又省丹徒入延陵；唐改丹徒，爲潤州治；宋爲鎮江府治；元爲鎮江路治；明清爲鎮江府治。故丹徒事蹟，並載南徐州記，京口記，鎮江志（府志，路志），鎮江府志。

其縣志今可考者，宋元以前未見著錄。明凡三修。正德十四年，知縣李東延縣人楊琬等纂丹徒縣志四卷，圖三。其爲類凡四十二：起沿革，訖祥異。據楊一清序，『本之郡志，而搜閱羣籍，備所未有，附以近事之宜書者』。其時鎮江府志已修成於正德八年，正德以前如宋嘉定，咸淳，元至正，明永樂諸府志，在成化修府志時俱有傳本（見成化府志丁元吉序），則其所依據之郡志而增益之者，亦云備矣。更五十年爲隆慶三年，知縣何世學修丹徒縣志四卷；今存者二卷，其爲類與正德縣志

同，蓋據正德志，僅於戶口，鋪郵，設官增至隆慶二三年止。更六十四年爲崇禎七年，知縣張文光修丹徒縣志四卷。據嘉慶縣志凡例，僅據舊板增入選舉題名，餘如故。此又據隆慶志而遞補之也。

淸凡三修。自崇禎七年，更五十年爲康熙二十二年，知縣鮑天鍾延縣人何絜程世英纂丹徒縣志十卷，首圖七；其爲類，凡志十：曰方輿，曰建置，曰賦役，曰典禮，曰物產，曰職官，曰選舉，曰人物，曰藝文，曰雜記。何絜程世英曾同修江南通志稿，故此志釐正義例，加意攷訂。更一百十九年爲嘉慶八年，知縣貴中孚等延縣人蔣宗海茅元銘等纂丹徒縣志四十七卷，首四卷，圖十一，首宸翰；其爲類，凡志十：曰輿地，曰食貨，曰學校，曰兵制，曰驛傳，曰職官，曰選舉，曰人物，曰藝文，曰雜綴。據是志凡例，『今略倣江南通志之例而變通之』。自蔣宗海修始於乾隆三十一年，至嘉慶八年茅元銘等乃銓次成書，其卷數視康熙志增數倍焉。萬成紀後序，『蔣春農先生（宗海）所輯，其法以康熙甲子（二十三年）至乾隆六十年乙卯爲斷』，故亦謂之乾隆志也。更七十六年爲光緒五年，知縣何紹章等延陽湖呂耀斗纂丹徒縣志六十卷，卷首一卷，圖十一，首宸翰；其爲類，凡志十：曰輿地，曰河渠，曰食貨，曰學校，曰武備，曰職官，曰選舉，曰人物，曰藝文，曰雜綴。蓋據嘉慶志，第增河渠，删驛傳，改兵制爲武備；其卷數視嘉慶志又增焉。是志修始於同治十二年，亦先後七年而後成也。

至民國六年縣人李恩綬及其子丙榮纂丹徒縣志摭餘二十一卷，首圖二十；其爲類，凡志十二：曰詔諭，曰輿地，曰河渠，曰食貨，曰學校，曰武備，曰外交，曰職官，曰選舉，曰人物，曰藝文，曰雜綴。蓋據光緒志；第宸翰改詔諭，增外交，武備志中又增電政，郵政，鐵路，商團。據李恩綬序，『光緒初元有修丹徒縣志之舉，余輒將前志之疵謬矻證之，凡所蒐采，約計數帙，頃檢舊稿，未及彙選者，晉爲摭餘十卷』。其書乃摭補光緒志所遺者，其中雖藝文爲多，而已載於江蘇詩徵，京江耆舊集，潤州事蹟詩鈔者概不列入（並見李恩綬序），亦非漫無選擇也。

丹徒志自明以後修凡七次：未見者一，存者六。崇禎遞補志雖未見，與隆慶志同。其康熙嘉慶光緒三志體

2

例一貫，而事實遞增，民國又有撫餘，幾於前後所修者皆得寓目焉，有非守殘抱闕所可同日語者矣。

丹徒縣志見存卷目異同表

據光緒縣志次第

正德縣志	隆慶縣志	康熙縣志	嘉慶縣志	光緒縣志	民國撫餘
序		序	序，舊序	序，舊序	序
			凡例	凡例	凡例
		纂修姓氏 首	纂輯姓氏	纂輯銜名	編輯參訂姓氏
目錄		目錄	目錄	目錄	目錄
圖		圖	圖	圖	圖
					文宗閣賜書書目
					一
			宸翰 首	宸翰 首	詔諭志 一
		方輿志 一	輿地志 一至七	輿地志 一	輿地志 二
沿革 分野 疆	沿革 分野 疆	沿革，星野，疆	建置沿革表，星	建置沿革，並表，	建置沿革，並表，
域 形勝 一	域 形勝 一	域，形勝	野，疆域，形勝	星野，疆域，形勝	星野，疆域
			一	一	
山嶺岡洞附 一	山嶺岡洞附 一	山水	山水 二	山，嶺洞石附 二	山川，關隘
江 潮渡港浦洲	江 潮渡港浦洲			川，江潮汐說，	
泉湖溪潭池塘	泉湖溪潭池塘			並表，洲浦舊沙，	
井附 一	井附 一			甕圩岸	
		建置志 二			
城池 一	城池 一	城池	城池	城，新城壕，西城	城池
				及壕里步	
公署 二	公署 二	公署	公署，公所附	廨舍 三	署宅
倉庫，車院附	倉庫，車院附				
壩堤堰閘礎經涵橋	壩堤堰閘礎經涵橋	津梁	橋梁	關津，渡閘，壩堰	關津，橋，石岸

梁附 一(河渠)
坊市 街巷坊碑
附；鄉都 沙鎭
附 一
風俗 一
壇壝 禮儀 二
祠廟 二
寺觀 院菴附 四
居第 堂亭樓觀
軒苑園附 四
陵墓 四
古蹟 四
碑刻 四
河渠 一

梁附 一(河渠)
坊市 街巷坊牌
附；鄉都 沙鎭
附 一
風俗 一
壇壝 禮儀 二
祠廟 二
河渠 一

土風 一(方輿志)
典禮志 四
壇墠，儀制
祠祭，祠廟 十(
以下雜記志)
寺觀 十
宮室 十
坊表 二(建置志)
陵墓 十(以下雜
記志)
古蹟 十
碑碣 十
水利 二(建置志)

風俗 三
壇墠 四
廟祠 五
寺觀 六
宮室 七
坊表 三
陵墓 四
古蹟 三

橋關
坊巷，坊，市，
街，巷，鄉都，里
鎭，社，沙圍埠，
道路
風俗，歲時，農
諺 四
壇墠，儀制
廟祠 五
寺觀 六
宮室，古宅堂樓閣
亭臺園
坊表 七
陵墓 八
古蹟
金石考 九
碑碣 十
河渠志 十一
運河
各支河，港，瀆，
塘，湖，溪，池，
潭，泉，井，溝，

三
壇墠，墟附
廟祠
寺觀
宮室，亭，臺，
堂，樓，閣，山莊
坊表
陵墓
金石眞蹟 三
碑碣 二
河渠志 三
河渠
港，瀆，河，泉，
塘

4

鋪郵　二
戶口　二
田賦　二
力役附　二(戶口)
貢課　二
物產　一
廟學　二
社學，貢院，字學，書院附
營屯，祭，教場

鋪郵　二
戶口　二
田賦　二
力役附　二(戶口)
貢課　二
物產　一
廟學　二
社學，貢院，字學，書院附
營屯，祭，教場附

賦役志　三
郵政
戶口
田賦
蘆政
徭役
漕輓，鹽課
物產志　五
穀屬，蔬屬，果蔬，藥物，花卉，草屬，苞屬，木屬，禽屬，獸屬，鱗屬，蟲屬，器屬
學校　二(建置志)

食貨志　八至十
郵政
戶口　八
田賦　九
蘆政
徭役
漕運，鹽法
倉儲
物產　十
學校志　十一
學校，府學書院等附
兵制志　十二
兵制

雜
食貨志　十二至十
郵政
戶口　十二
田賦　十三十四
蘆政　十五
徭役
漕運，鹽法
倉儲　十六
物產　十七十八
學校志　十九
學校，府學，書院，義學，學中祠祀
武備志　二十
兵制，旗營，城守

食貨志　三
郵政
戶口
田賦
物產
實業
學校志　三
鄉賢祠姓氏，書院，文社，學堂，教育會，勸學所，通俗教育館，公共體育場，兩廡先儒姓氏，書院山長題名
武備志　三
營壘，徵兵

5

附　二(公署) 馬政　二 驛舖附　二(公署) 設官　二 封爵　三 題名名宦附　二(設官) 進士　鄉貢　歲貢，薦辟　三
二(公署) 馬政　二 驛舖附　二(公署) 設官　二 題名名宦附　二(設官)
江防海防附一(輿地志) 驛傳　三(賦役志) 職官志　六 宰貳 師儒 選舉志　七 封建 舉辟，進士，鄉貢 貢監
驛傳志　十二 驛傳 職官志　十三 歷代官制表 宰貳 教職 選舉志　十四至十六 封建　三(輿地志) 召辟，科目　十四 貢監，吏員附　十五
江防，礮臺 驛傳 職官志　二十一 歷代封爵 歷代官制表 宰貳表 官師表 名宦 選舉志　二十二至二十四 召辟，科目，薦榜，重赴鹿鳴，重游泮水　二十二 貢監　二十三
礮臺 郵政 電政，鐵路，商團 外交志　四 傳教，通商 職官志　四 歷代封爵，並表，官制表 選舉志　五 召辟，科目，進士，舉人，重宴鹿鳴，重遊泮水，貢監，學堂畢業新例獎給舉人進士

6

恩封　恩蔭　三 人物　三 國系　三 隱逸　三 方技　三 列女　三
武科 恩封，錄蔭 人物志　八 國系 名宦 名臣 孝義 儒林 隱逸 方技 列女
封蔭，勳衛，議敘附　十六 人物志　十七至三十一 國系 名宦　十七 名臣　十八至二十 宦蹟　二十一 忠節　十七 孝友　二十三 儒林　二十二 文苑，書畫附　二十四 隱逸　二十五 尚義，義舉，鄉飲，壽民附　二十六 方技　二十七 列女　二十八至三十
封贈，廕卹　二十四 人物志　二十五至四十五 南朝宋系 名賢　二十五二十六 宦蹟　二十七二十八 忠義　二十九 忠義表　三十 孝友　三十一 儒林　三十二 文苑，書畫附　三十三三十四 隱逸　三十五 尚義，義舉附，耆碩，鄉飲賓，五世同堂，百歲坊，壽民　三十六 方技　三十七 列女，宮嬪，賢孝，才藝　三十八

7

仙釋　三
釋道 藝文志　九 口詩，詩餘 詔，制，表，文，賦，辭，記，序，書，啓，題跋，辨考，說，頌，箴銘 雜記志　十
緇流　道流　三十一 藝文志　三十二至四十四 書目　三十二 碑目　三十三三十四 賦　三十五 詩　三十六至四十 詩餘　四十一 雜文　四十二至四十四 雜綴志　四十五至四十七
節烈，貞烈，義烈　三十九 義烈表　四十 完節，守貞　四十一 完節表，貞女表　四十二至四十四 方外，緇流，道流　四十五 藝文志　四十六至五十六 書目經類史類子類集類四十六 賦　四十七 詩　四十八至五十二 詩餘　五十三 雜文　五十四至五十六 雜綴志　五十七至六十

8

祥異 四

災祥 軼事

史事 四十五 祥異 四十六 紀聞，附四君傳 四十七

史事 五十七 祥異 五十八 紀聞 五十九六十

9

丹陽縣

志目

丹陽縣志 宋□□□年 □□蔡逢修 佚

丹陽縣志□卷 明□□□年 □□張綱王庸修 佚

丹陽縣志□卷 □□□年 縣人朱密纂 佚

丹陽縣志□卷 正德十四年 知縣朱方修縣人馬致遠等纂 未見

丹陽縣志十二卷 隆慶三年 知縣馬豸修縣人丁一道荊文炤纂 北平圖書館隆慶刊本

丹陽縣志二十卷 清康熙二十二年 知縣吳之彥修縣人賀國璘等纂 未見

丹陽縣志二十二卷 乾隆十五年 知縣趙廷健鄒廷模修縣人荊澤永賀沈采等纂 金陵圖書館故宮圖書館乾隆刊本

丹陽縣志三十六卷卷首一卷 光緒十一年 知縣劉誥等修縣人徐錫麟等纂 光緒刊本

丹陽縣志補遺二十卷 民國□□年 縣人孫國鈞纂 民國刊本

丹陽縣志二十四卷卷首一卷 民國十五年 縣人孫國鈞等纂 民國刊本

叙論

右丹陽縣志。丹陽：漢曲阿縣，屬會稽郡；三國吳改雲陽；晉復爲曲阿，又置延陵；宋屬南徐州；自唐天寶間改丹陽縣，屬潤州；宋屬鎮江府，又省延陵入丹陽；元屬鎮江路；明清屬鎮江府。故丹陽事蹟並載會稽記，南徐州記，鎮江志（府志，路志），鎮江府志。

其縣志今可考者，宋蔡逢有丹陽縣志，隆慶縣志馬豸序引之。

明凡四修。明初張剛王庸修丹陽縣志，並見馬豸序。縣人朱密修丹陽縣志，見正德縣志湯禮敬序。張剛王庸以前志無可稽，朱密志則爲正德志所本也（以上今佚）。正德十四年，知縣朱方延馬致遠等纂丹陽縣志□卷，據湯禮敬序，『永康朱良矩作宰吾邑，得朱密舊所編志，鳩工摹刻；繼而病其附載文繁，難卒畢工，取其

宋刻者刪其繁蕪，補其缺略，續而刊之』。是正德曾刊刻朱密志，而又據朱密志以刪補成書(今未見)。更五十年爲隆慶三年，知縣馬豸延縣人丁一道等纂丹陽縣志十二卷。其爲類凡三十五：起建置，訖藝文。據馬豸序，『準禹貢周職方制，採舊志，蒐羣籍，亂者糾而貞之，繁者刪而核之，逸者增而詳之』。蓋依據正德志而訂正之也(今存)。

淸凡三修。自隆慶三年，更一百十四年爲康熙二十二年，知縣吳之彥延縣人賀國璘等纂丹陽縣志二十卷。據吳之彥序，『邑志僅存正德隆慶兩志，其編輯正史而外，舉山經，地志，稗官，野史，羽陵石室之秘，斷碑殘碣之遺，靡不旁搜博考，附以論斷；而尤加意者，則在人物一志』。此則依據正德隆慶兩志而增益之。其名臣，理學，藝文，雜記五卷，尙未修竣，而之彥以事鐫級去任矣(今未見)。更六十七年爲乾隆十五年，知縣鄒廷模等延縣人荆澤永等纂丹陽縣志二十二卷，首圖五；其爲類凡五十一：起建置沿革，訖藝文。據鄒廷模序，『博稽羣籍，詢諸耆老，拓舊志而加倍焉』。此又依據康熙志而增益之也。更一百二十六年，爲光緒二年，知縣劉浩等延縣人徐錫麟纂丹陽縣志三十六卷，卷首一卷，圖式五，首宸翰；其爲類凡三十六：起建置沿革，訖摭遺。是志修於光緒二年，至十年知縣張廷蘭爲之刊刻；又以定稿已將十年，復延縣人林福源討論修飾，次年而其書乃成。

至民國十五年縣人孫國鈞纂丹陽縣志補遺二十卷。其爲類凡二十五：起山水，訖書籍。蓋於民國修志時所補輯者。賀兪序，別輯光緒志補證若干卷，即此書。是時孫國鈞纂丹陽縣續志二十四卷，首圖說；其爲類凡三十三：起建置沿革，訖摭遺。其斷限自光緒二年，止宣統三年，亦民國初年通例然也。孫國鈞，縣人，纂葺縣志以一人之力，屬草逮半而歿；縣人胡惟和等賡續成之，其纂次大旨仍一秉孫國鈞，未有所增損也(以上今俱存)。

丹陽志自宋以後修凡九次：佚者三，未見者二，存者四。隆慶志外間不易得，自乾隆至民國三志賡續成書，其文獻亦足徵已。

10

丹陽縣志見存卷目異同表 據民國續志次第

隆慶縣志	乾隆縣志	光緒縣志	光緒縣志補遺	民國續志
序，舊序	序	序，舊序 首		序 首
	纂修姓氏	纂修職名 首		修志職名 首
	凡例	凡例 首		例言 首
目錄	目錄	目錄 首	目錄	目錄 首
	圖	圖式 首		圖說 首
		宸翰 一		
建置沿革，至到 一	建置沿革，星野，疆域 一	建置沿革，四境附 一		建置沿革，增疆域 一
山水 三	山川 二	山水 二	山水 一	
	練湖，漕渠 三	水利 三	水利 二	水利 二
城池 一	城池，橋梁 四	城郭，橋梁附 四	城郭，橋梁堰埭附 三	城郭，附橋梁，閘壩，公園 三
公署 一	公署 五			
鋪舍，坊巷，街鎮，馬廠，鄉里保村 一		鄉都，鎮舖廠附 四		鄉都，附鎮 四
田賦 二	田賦 七八九	賦役 五至九		賦役 五六
戶口 二	戶口 七	戶口，額賦 五至七		戶口，額賦 五
	雜稅，驛傳 九	雜稅，驛傳，鹽法 八		雜稅，驛傳，鹽法
	郵政 九	郵政 九		郵政，增帶徵，倉儲 六
學校，書院，書田，書籍，祭器，社學附 四	學校 五	學校 十		學校，增教育會，勸學所，學堂，游學 七

	防汛 十二	兵防，兵事附 十	兵防，兵事附 四	兵防，附兵事，增徵
				兵，警察 八
壇壝，祠廟 八	祀典，壇壝，祠廟 十一	祠祀 十一	祠祀 五	祠祀 九
寺觀 九	寺觀 十一	寺觀 十一	寺觀 五	寺觀，增教堂 九
	第宅，亭臺 十九			
陵墓 八	陵墓 十九	陵墓 十二	陵墓 六	冢墓 九
古蹟 九	古蹟 十九	古蹟 十二	古蹟 六	
職官 五	職官 十二	職官表，學職表 十三	職官，教職附 七	職官，附教職 十
辟舉 六	辟舉 十四			
選舉 六	選舉 十四	選舉表 十四	選舉 八	選舉，增學堂出身十一
武貢 六	武科 十五	武科附	武科附	附武科
	國系 十六			
封爵附，五(名宦)	封爵 十六	封爵 十五	封爵 八	封贈 十二
貤封，廕敘 六	貤封，恩廕 十五	封廕附	廕襲附	
	應例 十五	．		
名宦 五	名宦 十三	名宦 十六		名宦 十二
人物 七	鄉賢 十七			
	名臣 十七	名臣 十七	名臣 八	名臣 十二
	武職 十五	仕進，武職附 十八十九	仕進，武職附 九	仕進，附武職 十三
	儒林 十七	儒林，文苑附 二十	儒林，文苑附 十	儒林，附文苑 十四
	忠節 十七	忠節 二十一	忠節 十一	
	孝義 十七	孝友 二十二	孝友 十二	孝友 十五
高尚附	高隱 十七	隱逸 二十三	隱逸 十三	
	方技 十八	方技 二十三	方技 十三	方技 十六
仙釋 九	仙釋 十八	方外 二十四	方外 十四	方外 十六

12

流寓　七
烈女　一
土產　二
祥異　九
藝文　十至十二
　誥疏書序　十二
　詩　十一
　近詩　十二
　賦　十

流寓　十七
列女　十八
風俗　六
物產　十
祥異　六
藝文　二十至二十二
摭遺　十九

流寓　二十四
義舉　二十五
列女，殉難列女傳附　二十六
殉難紳民表　二十七
殉難列女錄　二十八
風俗　二十九
土產　二十九
祥異　三十
藝文　三十一至三十四
　詔，誥，制，敕，表，疏　三十一
　書，記　三十二
　記，序，贊，題，跋，碑，墓表，札，檄　三十三
　古樂府，五古，五律，五絕，五排，七古，七律，七絕，辭，賦　三十四
書籍　三十五
摭遺　三十六

流寓　十四
義舉　十五
列女　十六
咸豐殉難表　十七
藝文　十八十九
　文　十八
　詩　十九
書籍　二十

13

義舉，附善堂　十七
列女　十八
風土　十九
　附物產
祥異　十九
藝文　二十至二十二
　文　二十
　詩　二十一
　增金石　二十二
書籍　二十二
地方自治，增　二十三
交通，增　二十三
實業，增　二十三
摭遺　二十四

金壇縣

志目

金壇縣志□卷　明正德十一年　知縣劉天和修　未見

金壇縣志□卷　萬曆八年　知縣劉美修　未見

金壇縣志十二卷　清康熙二十二年　知縣閔子才郭毓秀修　日本內閣文庫

金壇縣志十二卷　乾隆十五年　知縣楊景曾修縣人于枋纂　國學圖書館南洋圖書館中山圖書館故宮圖書館乾隆刊本

金壇縣志十六卷卷首一卷　光緒十一年　知縣丁兆基夏宗彝等修　汪國鳳纂　光緒活字本

金壇縣志十二卷卷首一卷　民國十五年　縣人馮煦纂　民國活字本

敘論

右金壇縣志。金壇：漢曲阿縣地；隋末置金山縣，又置琅邪縣；唐武德四年省入延陵，垂拱四年復置金山，屬潤州，尋改金壇；宋屬鎮江府；元屬鎮江路；明清屬鎮江府。故金壇事蹟並載鎮江志（府志，路志），鎮江府志。

其縣志今可考者，明凡二修。正德十一年，知縣劉天和修金壇縣志□卷，其爲類凡十：曰天文，曰地理，曰食貨，曰官政，曰典禮，曰學校，曰選舉，曰人物，曰宮室，曰雜志（見王守仁序）。是志成於劉天和蒞金壇之次年，天和蓋實心能稱其職者。萬曆縣志劉美序謂其詳核切直，義嚴體雅，自非無據。更六十四年爲萬曆八年，知縣劉美修金壇縣志□卷，據劉美序，『劉公所修縣志斷自正德而上；採而訂之，以續其後，舊志之義例未確者間爲之更定』。劉美推崇正德志甚至，而其義例則不盡依正德志也。（以上今未見。崇禎十七年有金壇縣采訪册，自崇禎五年至十七年止，當是崇禎修志時采訪所得者。崇禎各縣多有志，未知金壇曾修纂否？）

清凡三修。自萬曆八年，更一百二年爲康熙二十二年，知縣閔子才等修金壇縣志十二卷。是志修始於康熙十六年，至二十二年郭毓秀繼任而後成書。更六十八年爲乾隆十五年，知縣楊景曾延縣人于枋纂金壇縣志十二卷，首圖考四；其爲類，凡志九：曰輿地，曰賦役，曰職官，曰典禮，曰學校，曰選舉，曰人物，曰藝文，曰雜志。此則據康熙志而考訂以編次者也。更一百三十四年爲光緒十一年，知縣丁兆基等延汪國鳳纂金壇縣志十六卷，卷首一卷，首圖考四；其爲類，凡志九：與乾隆縣志同。蓋承咸同兵事之後，故於忠義節烈創立二門，終以守城日記。蓋亦據乾隆志而蒐輯近聞以附益之。

至民國十五年，縣人馮煦纂金壇縣志十二卷，卷首一卷，圖考五；其爲類，凡志十一：曰輿地，曰山水，曰建置，曰賦役，曰職官，曰學校，曰武備，曰選舉，曰人物，曰藝文，曰雜志。其時馮煦主通志之役，而以縣人纂葺縣志，又素負鄉望，故其鉤稽搜訪爲善；始於民國十年，越二載成書。據是志凡例，『此次修志，照省志例，修至宣統三年止』，故亦謂之宣統志也（以上今俱存）。

金壇志，自明以後修凡六次：未見者二，存者四。

馮煦曾修溧陽縣志，於莫年又修縣志，而省志迄今未成，詎非省志事繁，縣志事簡，故其爲力也有難易之不同與？

金壇縣志見存卷目異同表 據民國縣志次第

乾隆縣志	光緒縣志	民國縣志
修志銜名	修志銜名	重修銜名
目錄	目錄	目錄
序，原序	序例 首	序例 首
圖考	圖考 首	圖考 首
輿地志 一	輿地志 一	輿地志 一
建置，星野，疆域	建置，星野，疆域	沿革，至到，形勢，分野，晷度
風俗，土產	風俗，土產	風俗，物產
		山水志 二
山川，水利	山川，水利	山水，水利
		建置志 三
城池	城池	城池

公署　四(職官志)
典禮志　五
祀典，祀廟附，禮儀
坊里，橋渡　一(輿地志)
賦役志　二三
戶口，里甲，田賦　二三
貢賦，徭役　三
軍籍，工匠，廚役附　四
鹽課，課鈔
惠政　三
職官志　四
秩官
名宦
學校志　六
廟學，社學
馬政　四(賦役志)
選舉志　七
進士，鄉舉，歲貢，例貢附，薦辟，封蔭，武科
人物志　八九
理學，名臣，儒林
忠節，孝義
文學，政績，隱逸，流寓　八
方技，仙釋　九
列女　八

公署　五(職官志)
典禮志　六
祀典，祠廟附，禮儀
坊里，橋渡　一(輿地志)
賦役志　二至四
戶口，里甲，田賦　二
減則　三
貢賦，徭役
軍籍，工匠，廚役附
鹽課，課鈔
惠政　四
職官志　五
秩官
名宦
學校志　七
廟學，社學
馬政　四(賦役志)
選舉志　八
進士，鄉貢，歲貢，例貢附，薦辟，保舉附，封蔭，武科
人物志　九至十二
理學，名臣，儒林
忠節，孝義　九
忠義傳表　十一
文學，政績，隱逸，流寓
方技附，仙釋附　九
列女　十

公署
壇廟
坊里，集鎮，橋渡
賦役志　四
雜稅，鹽課附
蠲賑，善堂附
職官志　五
令長，教佐
學校志　六
武備志　七
馬政附
選舉志　八
人物志　九十
名臣，儒林
忠節，孝義
忠義表
文苑，政績，隱逸，流寓
方技，仙釋　九
列女　十

16

藝文志　十十一	節烈傳表　十二	藝文志　十一
書疏，論記　十	藝文志　十三十四	雜志　十二
序，雜著，賦，詩　十一	書，疏，論，記　十三	
雜志　十二	序，雜著，賦，詩　十四	
古蹟，丘墓，寺觀，碑碣，遺書，祥異，軼事　十二	雜志　十五	
	古蹟，丘墓，寺觀，碑碣，遺書，祥異，軼事　十五	
	守城日記　十六	

溧陽縣

志目

溧陽縣志　宋乾道□年　□□趙廓夫纂　至正金陵新志引川古今書目　佚

溧陽縣志一册　文淵閣書目十九舊志　佚

溧陽縣志　文淵閣書目二十新志　佚

溧陽縣志五卷　弘治十一年　知縣符觀修縣人史學等纂　北平圖書館　弘治刊本

溧陽縣志□卷　萬曆二年　知縣帥闗修縣人陳邦治等纂　未見

溧陽縣志野志續編八卷　□□年　縣人狄斯彬纂　未見

溧陽新志□卷　天啓三年　知縣董允升修縣人虞許纂　未見

溧陽縣志十二卷　清康熙六年　知縣徐一經修縣人吳穎纂　未見

溧陽縣志□卷　康熙十二年　知縣王錫琯修　未見

溧陽縣志□卷　康熙二十三年　知縣成懋勳修縣人鍾于序等纂　未見

溧陽縣志□卷　乾隆八年　知縣吳學濂修縣人陳大綸等纂　美國國會圖書館乾隆刊本

溧志刊誤補遺二卷　縣人周炳中纂　未見

溧陽縣志十六卷　嘉慶十八年　知縣李景嶧陳鴻壽修縣人史炳等纂　嘉慶刊本光緒重刊本

溧陽志商□卷　縣人潘際雲纂　未見

溧陽縣志訂正二卷　縣人尤吉纂　未見

溧陽縣續志十六卷　光緒二十三年　知縣朱畯王祖慶等修金壇馮煦等纂　光緒刊本

叙論

右溧陽縣志。溧陽：漢縣，屬丹陽郡；三國吳分置永世縣；隋省溧陽入溧水；唐復置，並廢永世；宋屬建康府；元屬集慶路；明屬應天府；清初屬江寧府，雍正八年改屬鎮江府。故溧陽在雍正八年以前並載丹陽記，建康志，金陵志，應天府志，江寧府志；雍正八年以後並載鎮江府志。

其縣志今可考者，宋乾道間有趙鄦夫溧陽縣志，元至正金陵新志引之。明弘治修志時采輯乾道志，是弘治時尙見是書（嘉慶縣志風俗引乾道志，當是轉錄）。

明凡五修。溧陽縣志一册，見文淵閣舊志，當是洪武年修。溧陽縣志見文淵目新志，當是永樂年修（以上今佚）。弘治十一年，知縣符觀延縣人史學等纂溧陽縣志五卷，首圖一；其爲類凡十五：曰沿革，曰疆域，曰山川，曰戶口，曰公署，曰學校，曰壇廟，曰寺觀，曰橋梁，曰宅墓，曰古蹟，曰名宦，曰人物，曰方伎，曰附錄。據是志凡例，『采輯大明一統志，金陵新志，乾道溧陽志，及歷代史書各經諸集，旁搜曲證而去取之』（今存）。更七十六年爲萬歷二年，知縣帥鬬延縣人陳邦治等纂溧陽縣志□卷。其爲類，凡綱十有三，目五十有二（見邢一鳳序）。邢一鳳序，並言其賦役詳愼利民；而縣人狄斯彬則以田賦實徵爭之。狄斯彬有丹陽縣志野志續編八卷（一作山居野志），據嘉慶縣志狄斯彬傳，『其賦役門首斥四司重複之稅，并東南西北鄉科歛不均駁正，一準巡撫歐陽鐸書册。萬歷三年應天府尹汪宗伊見此書，乃毅然照舊改派，有功一邑云』。更四十九年爲天啓三年，知縣董允升延縣人虞許纂溧陽新志□卷，書成未刊。

清凡六修。自天啟三年，更四十四年爲康熙六年，知縣徐一經延縣人吳顥纂溧陽縣志十二卷。先是吳顥有閒史十二卷，據吳顥序，『是志迺前侯符帥二公志，并狄公野志，及所自輯閒史採擷成編』。蓋即以閒史爲底本，故王錫琯序倘謂之吳太守閒史也。康熙十二年知縣王錫琯修溧陽縣志□卷；二十三年知縣成懋勳延縣人鍾于序等纂溧陽縣志□卷；此二志距吳志僅數年或十數年，俱續補吳志（以上今未見）。更五十九年爲乾隆八年，知縣吳學濂延縣人陳大綸等纂溧陽縣志十二卷（通稱吳志）。據吳學濂序，『訪諸遺民耆舊之傳聞，彙諸里巷稗編之紀載，即舊本而損益之』。蓋亦據前志而彙集以成之者也（今存，但未見）。其後縣人周柄中有溧志刋誤補遺二卷（今未見）。更七十年爲嘉慶十八年，知縣李景嶧陳鴻壽延縣人史炳等纂溧陽縣志十六卷(通稱陳志)，首圖五；其爲類，凡志十：曰輿地，曰河渠，曰食貨，曰學校，曰武備，曰職官，曰選舉，曰人物，曰藝文，曰雜類。是志不沿吳志之舊，其義例依循江南通志，故條理詳晰，當時亦號稱佳本(今存)。其後縣人潘際雲有溧陽志商□卷；尤吉有溧陽縣志訂正二卷，其訂正二卷附刊嘉慶志，至光緒重刊時已尠遺本(今俱未見)。更八十四年爲光緒二十三年，知縣朱疇等延金壇馮煦纂溧陽縣續志十六卷，據楊家驤序，『光緒六七年間，前令王君(祖慶)續輯成書，經鑒定者議駁改訂，並令依據陳志無庸更易』，故是志體例悉仍前志。其事實斷自嘉慶十八年以前，有涉及前朝者列入補遺，故曰續志。蓋經營十載而後成書也(今存)。

19

溧陽志，自宋以後修凡十二次：佚者三，未見者五，存者四。其中官修者十次，私纂者二次(刊補，志商，訂正，又三次)。弘治本外間不易得，今通行者嘉慶光緒二志；其乾隆志尚存而未得見，尤渴望一遇之已。

溧陽縣志見存卷目異同表 (據光緒續志次第)

弘治縣志	嘉慶縣志	光緒續志
敘	序，舊序	序
凡例	凡例	凡例
	修志銜名	續修銜名
目錄	目錄	目錄
圖	圖	圖
	輿地志　一至四	輿地志　一二
沿革　一	建置沿革	建置沿革
疆域　一	疆域	疆域
形勝		
分野　一(沿革)	附星野	附天度

山川　一
風俗　一(疆域)
城池附　一(沿革)
公署　二
舖舍，亭臺附
坊鄉，鎮埠附　一(疆域)
橋梁　三
坊牌　二(公署)
古蹟　三
亭臺附　二(公署)
壇廟，寺觀，庵院附，宅墓　三
戶口　一
賦貢　一(戶口)
土產附　一(山川)
學校　二
社學附
學牧附　一(戶口)
題名附　四(名宦)

山水
風俗
城池
公署　一
驛舖，附亭館
區村
橋梁
坊表　二
古蹟
三城亭臺，碑帖，雜物，園林　三
壇廟，祠墓，寺觀　四
河渠志　五
水利總說，塘遏
食貨志　六
田賦，漕運，稅課，鹽法雜項
戶口，耆民，附農官
蠲卹，積貯，庫倉，又附前代廢倉
養育，二堂一院，附義阡
物產
學校志　七
學宮，附諸祠，學額，學田
書院，附考棚，社學義塾，鄉試錄封附
武備志　八
兵制，汛地
前明馬政
兵事附
職官志　九
文職，文題名，武職，武題名

山水
城池
公署
驛舖，附亭館
區村
橋梁
坊表
古蹟
亭臺，碑帖，雜物，園林
壇廟，祠墓，寺觀
河渠志　三
水利說，塘遏
食貨志　四
田賦，漕運，稅課，鹽法雜項
戶口，耆民
蠲卹，積儲，附庫倉
養育，附普堂義阡
學校志　五
學宮，附諸祠及尊經閣，學額，學田
書院，義塾，鄉試錄封附
武備志　六
兵制，汛地
兵事附
職官志　七
文題名，武題名

名宦 四

科貢 四(以下人物)

援例,出仕,吏員 四

武職 四

人物 四

封爵

孝子

寓居,徙居附

方技 四

列女 四(人物)

附錄 五

怪異附 四(方技)

名宦

選舉志 十

進士,舉人,薦辟,貢生

書儒科銜

例貢監,各途文職

武進士,武舉人

各途武職

人物志 十一至十四

古爵秩,封蔭

宦蹟 十一

忠節,孝行,義行 十二

儒林,文苑,隱逸

始遷,附外徙,流寓

藝術

方外 十三

賢淑,才媛,貞孝,篤孝,貞義,貞烈,完節

十四

藝文志 十五

經部,史部,子部,集部

雜類志 十六

瑞異,紀聞,疑辨,補遺

21

名宦

選舉志 八

進士,舉人,薦辟,貢生

書儒科銜

例貢監,各途文職

武進士,武舉人

各途武職

人物志 九至十四

封蔭

宦蹟 九

忠節,孝行,義行 十

儒林,文苑,隱逸

始遷,附外徙,流寓

藝術

方外 十一

賢淑,才媛,貞孝,篤孝,貞義,貞烈,完節

十二

忠義,新增 十三

節烈,新增 十四

藝文志 十五

經部,史部,子部,集部

雜類志 十六

瑞異,紀聞,疑辨,補遺

福建鷺江志考略

薛澄清 1

鷺江爲今福建厦門之別名，世之研究中國地方志者，皆知厦門有厦門志，蓋其書晚出（道光十二年，周凱修），而迄今又極易得者也（每部十二册，民國二十年厦門玉紫財產管理委員會重印本，每部二元五角）。

雖然，知有厦門志者，却不可不知在厦門志未修成以前尙有鷺江志一種，因其書爲厦門志之濫觴，且其材料實有一大批爲厦門志所引用者也。惜乎吾人僅知有鷺江志，至其書是否有刋本，至今未詳，稿本或刋本俱無從一見。余因極願搜得其書，曾於十八年六月間，在厦門思明日報登出「徵求啓事」，終未獲結果，私心悵憾，不可言喻。今於百忙中作考略，意在請國內外研究方志者共同注意云爾。

按鷺江志爲薛起鳳所著，載厦門志徵引書目及藝文志中。薛起鳳其人，厦門志卷十三頁十七文學列傳中有事略，錄之如下：

『薛起鳳，字飛三，號震湖，海澄鎭海衛人，遷居嘉禾里。乾隆三十年乙酉舉人，重意氣，通經術。與藍古蘿，黃文川，張西麓，倪深田，王藻雲，皆爲莫逆交。嘗與黃蓮士諸人結雲洲詩社，登臨山水，唱和無虛日，島中稱風雅焉。同安令吳鏞修邑乘，山川古蹟，任以採輯，凡舊志舛錯者更正之。著有梧山草。與楊國春，黃名香輯鷺江志。』

據此，鷺江志之輯係薛起鳳主其事，而楊國春與黃名香皆與有勞焉。楊事蹟未詳；黃名香則厦門志有傳，稱其字蘭友，性恬默，寡交，喜遊，所著詩集名消閒草云云。

關於薛起鳳史蹟，書本上所得者僅此。余曾尋訪厦門薛氏故宅（據厦門志選舉志云，薛住走馬路），惜尙未有所得；惟走馬路今有基督教靑年會在焉。會之原址，實由乾隆間厦門黃日紀所建『榕林別墅』之遺蹟而改建者，故迄今猶存有不少石刻，其中有薛起鳳所作詩。（査厦門志云，乾隆間往來厦地名士，多住榕林別墅，主人黃日紀係能詩者，厦志亦有其傳；然則今之厦門靑年會，卽係一百六十餘年前之厦門文藝中心點也。）

廈門在昔卽爲商賈之地，周凱纂修廈門志時早有此種感覺。然在彼時，距鷺江志已五六十年，渠幸猶得見及原書，而將其中材料引入廈門志；而今距廈門志纂成之日不過近百年耳，然鷺江志卽早已成爲廣陵散，使吾人無從窺其全豹，是眞可嘆也。茲僅將所得一二事實列之於下，其他詳情當俟他日深究。

一、廖飛鵬曾爲鷺江志作序——廖與薛起鳳同時俱寄居於廈門（薛籍海澄，廖籍龍溪），乾隆十六年進士，廈門志有其傳，稱其曾官河南之汲縣及宜陽，福建之汀州等處。因廖氏躬行孝友，故廈門志列諸義行列傳中，詳情見廈志卷十三頁四至五。余知鷺江志有廖氏序，非得自廖傳，乃係自卷十五頁二引文查得者；廈志卷九藝文載廖氏著有石邨集，因原書未見，且其所作鷺江志序亦未另見他處引用，故全文恨不獲一讀也。

二、周凱廈門志序，曾評及鷺江志，略謂『……得薛起鳳鷺江志而讀之，所載皆當日時事，幷及詩歌，而於政事之要，未暇詳備，殆筆記雜記之書，未可以云志……』（詳見內自訟齋文集，北平清華大學圖書館藏）。此外，同安陳化成（卽鴉片戰爭之役，與英人戰死於吳淞之陳化成）亦謂『乾隆間，鷺江固已有志矣，特繁冗與疎漏交譏，凡形勝，兵防，吏治，民生一切要略皆闕……』（詳見廈門志陳序）。據上云云，自方志學立場言，鷺江志似無可足道者；然此書終爲中國地方志之一種，卽令已佚，作福建地方志考者仍須錄存其目，故述其略情如右，或爲同志所樂聞歟？

民國二十四年十月二十日，完稿於滬上旅寓中。

國史地理志稿本跋

燕京大學圖書館藏　顧廷龍

1

地理志稿七册，不署撰人姓名。册中夾有一紙，題曰：

光緒乙酉五月在汴得姚伯昂先生地理志稿本一册，尚缺九省。丙戌來汴，又得五册。計尚缺山東，山西(按此兩省後加在旁)，陝西，兩廣三(忘未改)省。此疑是先生任館職修官書之稿本，安得高明而質之？二月十三日束置一處，夾籤志之。又乩詩一册亦先生筆，附後。

丙戌讀厚齋集落帆樓文稿序，「子惇留京師爲桐城姚伯昂總憲校國史地理志」，知爲官書稿無疑矣。

簡末亦未有署名；惟察字迹，知爲吳重憙所書。簡係舊信封，後面有「濰縣翰林院陳拜干」字樣。按重憙爲陳簠齋女壻，封在吳家，可資旁証。則是稿實爲海豐吳氏石蓮闇故物也。

檢志稿計存京師，盛京，江南，浙江，福建，湖北，湖南，四川，雲南，貴州，新疆，尚缺七省。全書似係寫官清繕之本，經纂輯者一再修訂，粘簽塗乙，朱墨爛然，似出數手者。册首敘云：

國家龍起興京，肇基遼瀋，積功累仁，垂數千載。世祖章皇帝纘二聖之鴻烈，撫綏函夏，驅除冦亂。聲教所被，漸溟渤，踰崑崗，包大漠，籠越裳，旁及八表，同風共貫。自古受命帝王，未有一統無外，若此其盛者也。明季海內土崩，國初崇恩德，行簡易，與天下休息，畫野分疆，多承明制。高宗肇開西域，更拓地二萬餘里，而凡猺獞之窟，濛汜之區，並入版圖，疆理所及，多上世罕通之境矣。至於郡縣，列聖臨馭日久，遞有損益，兩京之外，各督撫所轄省十有八，府廳州縣共一千六百有奇，或創或沿，猶古者九州十二州之異；徐梁雍青幽幷分合之殊，審時制宜，歸於盡善而已。大學傳曰，「有德此有人，有人此有土」，詩曰，「自西自東，自南自北，無思不服」，然則披土地之圖，視地域廣輪之數，而我列祖列宗，肇造修和，咸惠衍溢，隆乎千古矣。在昔夏平水土，書載禹貢，周定郟鄏，官紀職方，況我國家光天之下，至冒海隅出日，罔不率俾者哉？謹按實錄考京畿及各省因革所由，其幅員闊狹，山川形勝彙核，直省通志刪繁舉要，省輯成編。若夫以星分野，古人所重，而分率準望道里之辨，欲其不踰銖黍，卒不可得。往者定西域以測量之法，高度以北極爲準，偏度以西京爲準，區分井然，瞭如指掌。越稽前代，思所未及。今依法推測各省州郡，分別於篇，作地理志。

第一册爲京師至河南，其間江南，浙江，福建未經增改。第二册浙江，與第一册中重出。第三册貴州，雲南亦有改筆。第四册貴州。第五册雲南。第六册甘肅。第七册甘肅，新疆十九頁，未訂；末六頁，伊犂城，尚係原稿。在此六頁前，夾有紅紙小簡曰：

省圖十五件，夾添畫名山大川。又巴里坤爲鎮西府，今屬甘肅，似宜添入甘肅。是否？外附上甘肅稿本一册，伊犂各城稿本六頁，照入爲幸。元頓首。

元乃姚元之伯昂也，蓋以屬稿就人商榷，是稿爲姚氏所撰無疑。伯昂迭掌文衡，門下多潛修之士，相助校輯，當不止一二人，吳興沈垚子惇嘗與其事。烏程汪曰楨剛木撰沈子敦著述總錄，首目即爲國史地理志，注云，「子敦爲姚伯昂先生元之修，底稿不存」。沈致沈維鐈書，有云，「垚見爲伯昂少司寇校修國史地理志」，是以知此志尚係姚氏原纂，沈氏乃爲之校訂者耳。稿中姚氏筆迹可据小簡證之，沈氏之字則不可辨矣。

稿有闕失，蓋未竟之作。所志一地之四至八到，水道源委，人丁戶口，與夫歷代沿革，無不詳悉，往往有今清史稿地理志所不可及者。

清史稿地理志直隸，云：「明爲北京，置北平布政使司，萬全都指揮使司」。不知明成祖永樂元年建北京於順天府，稱行在，罷北平布政使司，以所領直隸北京行部。京與布政使司二者不並存，既曰明爲北京，而又曰置北平布政使司者，誤也。而姚志于京師下則曰，「明初設承宣布政使司，治北平府。永樂元年建北京北平府，政稱順天府，十九年稱京師」。是較清史所書爲明瞭矣。

2

清史稿所書人丁戶口，僅宣統三年，前者不錄。姚志則除据其修時編入外，並詳列其前者。如京師，順治十八年丁二百八十六萬一千一百一十九，康熙二十四年丁三百一十九萬六千八百八十六，雍正二年丁三百四十萬六千八百四十三，乾隆三十七年停編，道光十年口千六百六十八萬七千十五。於人口之增益，可窺其地盛衰之迹，何可忽乎？

又清史稿所書河流，往往不甚清楚，如大興下云，「北有渝河，自昌平入納清河。西北玉河自宛平入，歧為二：一護城河至崇文門外合泡子河；一入德勝門為積水潭，即北海子，流為太液池，分為御溝，又合德勝橋東南支津，復合。又東為通會河，涼水河亦自宛平入，逕南苑，即南海子；龍鳳二河出焉」。姚志云：「玉河在正陽門內，源出宛平西之玉泉山，曰裂帛湖；其下為西湖，即昆明湖；東流入德勝門，逕大內，曰金水河；出東便門水關，為通惠河，亦名大通河；下流至通州，入白河。海子在都城南，一曰南苑，有團泊在黃村門內六里許，龍鳳出龍河南流，逕東安至武清入鳳河；鳳河東南流至武清，入白河。榆河一名富河，出昌平東流入縣界為孫侯河，今曰孫河，逕德勝安定二門；又東南出通州西浮橋入白河」。讀此兩志，可見姚志所紀為詳，而玉河自宛平來，流入大通河，清史稿謂自宛平入，歧為二者，略有誤也。

又清史稿於安西直隸州敦煌縣云，「東南三危山，鳴沙山，西南龍勒山，西白龍堆，流沙磧，疏勒河，東自州境入西至城北雙河岔，黨河自南來注之。黨河古氐置水，蒙古謂之西拉噶金，出縣南山中，兩源並導，匯為一川，北流逕城西，釃分十數渠；又北入疏勒河。疏勒河又西瀦為哈剌泊，東南鹽池，玉門關，陽關，皆縣西南」。姚志則云，「明沙州衛，後為吐魯番所侵，改置罕東左衛。雍正元年置沙州所，三年改所為衛。乾隆二十五年裁衛置縣，并柳溝衛入焉。城南有羊膊山，西有白龍堆，東南三十里有卑羽山，禹貢雍州三危也。四十里有鳴沙山，其沙能鳴。山東麓有千佛洞，有唐李氏脩功德碑及重脩功德碑，西八十里有流沙。西接戈壁布朗吉河，自州來逕縣北七十五里，又曲曲西流三百餘里，瀦為澤，曰哈勒池。縣西有西哈勒金河，即黨河，漢志氐置水也，出縣東南巴顏山即雪山，二源合流西入布朗吉河。古陽關在縣西南百三十里。玉門關在縣西百五十里』。光緒庚子以後，敦煌出土寳甚多，其地益著，經世人攷据甚備，淸史後修，獨未詳及，且略于姚志者多，可謂忽矣。

以姚志略一校閱，其勝淸史者揭舉一二如上，他可知矣。姚志所錄編戶之數，截止道光十年，又第一册京師江南首頁上角，均注「壬辰五月校送館」。壬辰爲道光十二年，是志蓋道光十年所修官書也。姚氏精勤編纂，又得輿地專家沈垚之助，其細密詳確，雖官書而無異于一家之言。視淸史稿之粗略，不可同日而語。姚志雖止于道光十年，如能刊布，乃與淸史稿銜接，然則是稿之可貴爲何如哉？

國內地理界消息

甲　各省鐵道狀況

楊向奎　葛啟揚　張佩蒼　輯

鐵部完成浙贛閩鐵路

續發公債三千萬元
向滬銀團德材料廠抵押借款
決先完成浙贛段再築浙閩段

鐵道部為完成浙贛閩鐵路，決續發鐵路建設公債三千萬元，分向中國等銀行所組銀團及德國奧托華爾夫材料廠抵押現款及材料，雙方曾數度接洽，一俟浙建設廳長兼浙贛鐵路公司理事長曾養甫由川返浙蒞滬後，即行商訂合同。新新社記者探誌詳情如次：

計劃完成浙贛閩路　浙贛鐵路，共分三段建築：(一)杭州至玉山段，長三百五十五公里，已於二十二年完成通車。(二)玉山至南昌段長三百公里，於去歲動工，定本年底完成通車。(三)南昌至萍鄉段長二百九十公里，即由南昌經豐城，清江，新喻，分宜，宜春，而達萍鄉，現已進行測量。鐵道部暨浙贛鐵路局為謀完成浙贛閩鐵路起見，故計劃先將南萍段完成，俾實行由玉山通至閩省福州之計劃。

籌築南昌至萍鄉段　鐵道部浙贛鐵路局暨浙贛兩省政府，為建築玉萍段鐵路，於去歲曾以第一期鐵路建設公債及玉萍路公債各一千二百萬元，向滬銀團抵押現款八百萬元，並向德國奧托華爾夫材料廠抵押材料借款八百萬元，合計一千六百萬元。該項借款成立後，即積極進行建築，所有工程已大部份告竣，年內可望通車。鐵部浙贛鐵路局暨兩省政府，以南昌至萍鄉段亟應繼續建築，俾完成全綫，現特派專員測繪路綫工作，並估計一切建築等費，以便撥用。

續發鐵路建設公債　浙贛鐵路派員測量結果，南萍段與玉萍段路綫相仿，而一切建築材料及經費亦均相等。經浙贛兩省政府鐵道部商洽後，乃決定發行第二期鐵路建設公債三千萬元，作為建築經費。當以該公債基金無着，故曾一度停頓。嗣經蔣委員長以浙閩毗連，且山嶺重疊，運輸不便，至交通閉塞地帶，貨棄於地，殊非發展農村經濟之道，應速完成，然後進行玉山至福州段計劃，交通將賴以開拓。當復會商決定，每月在鐵路盈餘項下，撥發二十五萬元，作為公債還本付息基金。將由鐵部呈請中央政治會議通過，即由立法院制定公債條例，呈請國府公佈施行。

向滬銀團商洽抵押　鐵道部浙贛鐵路局為謀早日動工興築起見，擬將該項公債三千萬元，仿照去歲辦法，向滬銀團及奧托華文夫廠，繼續抵押現款及材料應用，曾由該局理事長曾養甫數度與滬銀團及德材料廠代表接洽，結果頗為圓滿。新新社記者昨向銀行界探悉，其抵押數目，聞以公債票面一千五百萬元，向滬銀團抵押現款一千萬元，以票面一千五百萬元，向德材料廠抵押材料(包括建路枕木鐵軌及車輛等)一千萬元，總數為二千萬元。曾氏擬於最近期內由川返浙來滬，繼續與銀團接洽商訂合同。

測量完竣年底開工　據新新社記者探悉，南昌至萍鄉段測量工作，現正積極進行，蓋該段沿途多山，測量頗費時日，但預定本年年底全綫測量完竣，即開始進行土方工程。至玉山至南昌段鋪軌工程，現已鋪至上饒邊境之珍珠橋，下月可通橫峯，本年底全段完成通車。查浙贛鐵路全綫完成後，北啣滬杭，南接閩粵漢，於東南交通經濟均有莫大之關係。

杭江鐵路改換重軌　浙贛鐵路杭江段，前為節省經費起見，其路軌均採用三十五磅輕便鐵軌，祇能行駛十五噸車輛，至三十五噸及四十噸之車輛均不能行駛。至新建之玉山南昌段，及將建之南昌萍鄉段，均係採用六十三磅重軌，能駛四五十噸重之車輛。浙贛鐵路局爲謀一律起見，現正計劃將杭江段改換六十三磅重軌，預算經費約六七百萬元，同時並籌劃建築浙贛鐵路機廠，所有經費來源將由該路營業盈餘項下撥發，並擬發行公債，向銀團抵押應用云。

（廿四，八，廿五，申報）

京粵鐵路京浙段已測竣

路綫計長四百公里，需建築費四千餘萬

【杭州通信】鐵道部爲縮短京粵行程，前曾計劃與築京粵鐵路，經於本年春間組織測勘隊，任命該部設計科長兼浙贛路部派理事鄭華爲隊長，於五月間率領員工三十餘人，由京出發測勘。經過三個月時間，現已全段測竣，鄭隊長經返京報告。據悉該隊此次所測路綫，係由南京經溧水入皖境，經宣城，寗國，績溪，徽州，深渡，而入浙境，再經淳安，壽昌，龍游等而與浙贛鐵路接軌，全長四百公里，需費四千二百萬元。龍游以下則完全利用浙贛鐵路，經玉山，南昌，萍鄉，至株州，再與粵漢路接軌，即利用該路南段以達廣州。惟其中龍游至玉山段，現爲輕磅路軌，故將來接軌時，必先加以更換。又南京至宣城，現已由江南鐵路公司築成鐵路，倘此段亦利用現有路綫，則全程又可縮短一半弱，費用亦可減少二分之一。該路所採路綫係由京沿長江經蕪湖而達宣城，與鐵部之綫略有不符，將來是否利用或另建，現尚未定。至將來建築工程則完全由鐵部直接辦理，使成爲國營鐵路，一俟鄭華向鐵部報告後，即可計劃興工。（三十日）

（廿四，八，三十一，申報）

粵漢路整理計劃

委員會設於武昌積極進行

【南京通信】鐵道部以粵漢鐵路株韶段工程將於明年年底完成，爲預先籌劃該路完工後之統一與整理，特設立粵漢鐵路整理計劃委員會主持其事。關於該會規程及辦事細則，亦經次第公佈，並以該部參事夏光宇司長陳耀祖等爲該會委員，粵漢三局長凌鴻勛殷德祥李仙根爲當然委員，指定夏光宇爲主席，另派技正鈕孝賢等二十五人爲各組主任委員，科長兼平漢路處長李嘉善爲主任秘書兼專門委員。該會分設工務，機務，運輸，財務，組織五組，工務組主任凌鴻勛，機務組主任鈕孝賢，運輸組主任陳清文，財務組主任陳耀祖，組織組主任黃伯樵，已於七月二十九日至三十一日在該部禮堂舉行成立會議，計出席委員五人，專門委員十六人。第一日開委員會議，通過該會辦事細則案。第二日開專門組及秘書處會議。第三日開第二次委員會議，提出各組所擬初步工作大綱，各組工作應如何聯絡進行及第二屆委員會議日期地點各案，經分別修改通過。該會自此次會議後，委員會即設於武昌，現已開始辦公，同時將各組組織成立，按照議定之初步工作大綱，積極進行調查設計等工作，以便按步實施，於最短期內將全路各段設備及行車等一切制度預爲規劃完善，俾明年年底全路通車時可發揮最大運輸能力云。（十四日）

（廿四，八，十七，大公報）

粵漢鐵路完成過半

明年底可全路通車，英庚欵會再撥工欵

【南京十六日下午十時發專電】中英庚欵會十六日董事會議決，續撥粵漢路株韶段工欵五十萬元，准十一月初撥付。又溫溪紙廠首都電廠借欵案交付審查。

【廣州十六日下午六時發電】粵漢路株韶段樂昌至坪石一段工程已竣，本月二十日通車。株韶全段工程，完成過半，二十五年底可全路通車。

（廿四，九，十七，大公報）

粵漢南路樂坪段已通車

粵省貨物可直達湘邊，湘粵間商務裨益不尠

【廣州通信】粵漢鐵路南北段行將聯運，目下株韶段工程已積極進行。查南段由樂昌至坪石之工程，近已依期完成，本月二十四日正式通車，機車及貨客車暫由粵漢南段路局供用，售票事宜由株韶路局辦理。由廣州至坪石之客貨，須在樂昌另購車票。計由樂昌至坪石客車票九角半，此路完成後，粵省貨物可直達湘邊，對於粵湘商務裨益不尠。查粵路由廣州至湘邊貨物之運輸，以鹽觔及布疋爲大宗，近年因湘南暢銷淮鹽，粵鹽運湘驟減，因之路局收入亦受影響。查去年該路營業，比前年

減少淨利約五萬元。茲將二十三年度該路進支總數附錄如次：(一)營業進欵，運輸進欵，旅客業務，(旅客)二百二十三萬一千二百零六元一毫二仙，(其他)三十二萬八千零八十三元一毫二仙，客運業務，(貨物)二千零八十五萬一百九十三元二毫五仙，貨運業務，(其他)一百十三萬六千六百元九毫七仙，電報費七百二十五元四毫，總機廠贏利三百零一元零二仙，租金一千一百六十四元二毫三仙，雜項四萬零五仙，第一類合計四百四十六萬二千八百六十八元七毫，第二類合計四萬七千八百五十九元一毫七仙，營業進欵總計四千五百十萬零七百二十七元九毫四仙。(二)營業用欵，總務費七十七萬二千七百七十二元二毫，車務費四十萬四千二百五十四元三毫八仙，又車務費九十四萬五千五百四十一元零一仙，設備品維持費五十七萬五千八百八十三元六毫六仙，營業用欵總計三百四十六萬三千五百一十一元八毫一仙。除用欵外，營業進欵淨利一百零四萬七千二百一十六元一毫三仙。

(廿四，十，五，申報)

浙贛路南玉段工情

【杭州】浙贛鐵路南玉段鋪軌，頃已達貴溪。惟以鑒於玉山至上饒段通車後，以土質過鬆，時有出軌情事，故目前上饒至貴溪，擬暫緩通車售票。至南玉段全綫，當不至延至年底完竣，因理事會已令局方務於十一月底趕竣通車。(四日中央社電)

(廿四，九，五，申報)

浙贛路南萍段現已測竣

鐵部擬變更路線

【杭州六日下午七時專電】浙贛路南(昌)萍(鄉)段現已測竣，由南昌至樟樹，共經濟價值不如原定路線爲佳，土方明春可以興工。但鐵部擬變更該段路線，自南昌經萍鄉，瀏陽，而展至長沙，再擬展至重慶。唯費巨，現正與當局進行商酌中。但能實現否，須俟曾養甫返浙可定。

(廿四，十，七，大公報)

淮南鐵路竣工

籌劃建築裕溪口總站，與江南鐵路辦理聯運

【蕪湖通信】淮南煤礦局建築之淮南鐵路，由煤礦所在地之田家庵起，中經大通，淮安，水家湖，朱巷，下塘集，羅集，雙墩集，合肥，撮鎮，橋頭集，烔煬河，中梓，以迄蕪湖對江裕溪口，計長一百八十餘公里。自興建以來，工程進展甚速，由田家菴至巢縣縣城一段，已於上月杪完成通車，運輸煤炭並附掛四等客車，開行迄已兩旬，營業尚稱發達。至由巢縣至終點之蕪湖對江裕溪口一段，約長六十餘公里，路基土方刻已完全築成，惟因橋樑多至三十餘座，工程較爲艱巨，費時自亦較久，一俟於限期內完成，卽行開始鋪軌。昨日該路某負責人由礦山來蕪，與蕪湖江南鐵路公司有所接洽，據談裕溪爲該路終點之總站，且須與蕪湖江南鐵路聯運，關於站基土方，現已收買竣事，正在計劃建築中。預料本年年底，一切工程均可告竣，全路開始通車。明年二月初旬加掛客車，正式載運旅客。爲便利往來客商計，並將與江南鐵路辦理聯運。蕪湖至裕溪口計爲二十五華里，擬仿照滬平通車辦法，購置輪渡載運列車，祗須半小時即可到達。繼謂此輕便鐵路建造極經濟，需費較他路爲少，將來完成後，淮南煤運輸既便，其銷路必可暢旺。目前礦山之煤，已源源向巢縣裝運，再裝民船僱小輪拖帶來蕪，運銷上下游各地云云。此外江南鐵路之進展工程，據該公司襄理周賢頌談，由孫家埠展築之測量工程，現已到達甯國縣境胡樂司鎮，一俟經費籌足，卽開始興工建築，將來進抵屯溪後，黃山勢必更形繁榮。至蕪孫綫一段，近來營業亦漸趨發達，爲便利往來旅客起見，待新購之機車運蕪，將由每日三班增至四班，來回計爲八次。(二十一日)

(廿四，九，廿四，申報)

隴海西咸段年底通車

咸寶段測量路線

【中央社南京四日電】鐵部息，隴海路西咸段，於五月底修築土方橋涵工程，上月底已完竣。十月一日開始向西敷軌架橋，預料年底可通車咸陽。又由咸陽至寶鷄一段，刻亦進行定線測量，明年一月間卽興築。

(廿四，十，五，大公報)

平汾鐵路日內開工

同蒲路鋪軌將達風陵渡

十月五日南段全線通車

【太原通訊】同蒲鐵路修築工程，南段於九月十七日鋪軌至運城，現正向虞鄉積極進行中，本月月底即可鋪至風陵渡，南段工程至此即達終點。定於下月五日起，南段全段客貨列車，由太原總站直達風陵渡，每日對開一次。刻下車務機務各項工作人員，均在積極進行一切。該路北段，除由太原至原平及忻縣至河邊村（忻竊支線）業已先後通車外，由原平至大牛店間，已開工繼續鋪軌。陽明堡至大營鎮間，亦派員前往視察，準備興工，將來並擬改爲陽大支綫。此段工程亦鉅，橋樑一項即達七十餘處之多。此外計劃已久之平汾（平遙至汾陽）鐵路，一切均已籌備就緒，日內即行開工。全線計長三十四公里三，建築預算爲二十八萬三千六百一十八元一角。至所需鋼軌，因同蒲路曾向外國訂購鋼軌一千公里，向本省西北煉鋼廠訂購五百公里，除用一千零八十六公里外，其餘均可臨時撥用。現平汾路所需鋼軌，已由閻錫山氏批令，先將同蒲北段鋼軌借用。此路位於商業重要區域，將來完成，其發達自在意中。

同蒲鐵路增加行車速率

又同蒲路自逐段通車以來，路軟土鬆，行車速度頗緩；後因路身漸固，速度亦隨之略加。現該路管理處以路基多已堅實，秋冬將屆，晝短夜長，爲增進旅客幸福起見，決自十月一日起將南北兩段行車速率悉行更改加快。並爲便利客商貨運，決自十月一日起，由北段之原平至南段之運城間，各站開始辦理零擔貨物負責運輸，凡託運貨物，自交貨後至領收前，各貨商勿須派人押運；如有遺失損壞等情，管理處負完全責任。

晉西駐軍分期修築公路

又晉西駐軍旅長溫玉如，以防匪工作當以交通爲先，現決在晉西各縣修築公路，分爲三期舉辦。第一期爲由中陽至離石公路，計長五十里。第二期爲由中陽至石樓公路，計長一百九十里，由中陽北門外起，經第二區留譽鎮達石樓義牒鎮，再由義牒達石樓縣城；並擬由留譽鎮再修至三交鎮，計長六十里。該線公路，因山嶺重疊，工程浩大，暫先修築騾大道，稍緩再改車道。第三期爲汾陽至中陽公路，計長七十里，由中陽南門外起，達汾陽屬之興隆莊，與太軍汽車路銜接。所需工料，悉由經過各縣府準備，除由駐軍旅遣官兵修築外，並由各縣沿途經過各村選派義務壯丁協助辦理。此項計劃，已呈奉閻氏核准，並已令飭各縣長積極籌備，以便興工。（一九，行）

（廿四，九，廿二，北平晨報）

撥借庚款修築蘭東輕便鐵路

【濟南】省府前曾電經委會，請撥借庚款，修蘭封至東壩頭輕便鐵路。現接黃委會來電，以奉經委會令飭，詳報需款數目，擬具計劃預算，及撥借該款手續送會，俟查明庚款所餘數目再行核辦。至向膠濟路借撥鐵軌枕木修蘭封至東壩頭支綫事，鐵部已電令膠濟路局查復，如確有存料可借，自當照撥。（廿五日中央社電）

（廿四，九，廿六，申報）

熱境鐵路葉峯線將通路

【東京二十六日電通社電】據滿鐵東京支社昨日公布消息，葉峯鐵路（錦承路之葉柏壽，赤峯間）千一百四十七公里之新築路軌，現已竣工，定自九月一日起暫行通車。按赤峯爲東部內蒙古之經濟中心地點，故預料在鐵路開通後，將隨內地市場之開發，而成爲熱河之一大物貨集散市場。

（廿四，八，廿七，大公報）

皖人請修蚌正鐵路

以工代賑，救濟災民

【正陽關通信】皖省淮南鐵路，預計明春可以全路通車，惟蚌正鐵路（蚌埠至正陽關）之修築仍遙遙無期。今秋皖北旱災，籽粒無收，災民生計斷絕，嗷嗷待哺，多乞食他鄉，流亡載道，災情日趨嚴重。正陽關紅十字會，全國賑務分會及商會等團體，特於二十一日電省，轉請鐵部，以工代賑，速修蚌正鐵路，俾建設與救災兩益。原電如下：安慶省災籌賑會會長許(世英)副會長王(揖唐)柏(文蔚)鈞鑒：皖北旱災嚴重，難民載道，影響治安，救濟無賑，收容無法，非工賑不能安其强壯而養其室家。伏祈提請省府，咨請鐵部，速修蚌正路，俾拯災與築路同功，救死與資生並進，迫切待命云云。(二十三日)

(廿四，九，廿八，大公報)

乙　各省公路狀況

津保汽車路

組織測量隊卽將出發，徵用沿線各縣民夫開工

【保定通信】河北省建設廳前以津保汽車路每遇夏雨，卽生阻滯，而且省府移保後，津保交通日繁，故決定改修石子或炭渣路面，俾常年可以行車，並經邀請張潤田氏實地查勘路線，草擬修築計劃，現已大致完竣。建設廳長呂成爲期於短期內完成該路起見，特於二十日赴平時，令該廳北平測量處迅卽組織測量隊來保，以便由保出發，沿舊有汽車路線向天津測量，同時並聘請王鴻訓爲測量隊領隊，現已積極準備，開始測量工作，俟測量隊到保，三五日內卽行出發。此項測量工作大約二十餘日卽可竣事，關於築路施工辦法，亦於此時着手準備，擬俟測量完畢，擇定路線後，卽時興工修築。此次興修決採用人民服役辦法，徵用沿線各縣農夫。建設廳已於二十一日訓令汽車路線之清苑，高陽，任邱，大城，靜海，青縣，天津等七縣縣政府，指示關於修路應卽進行者二事，(一)測量隊到縣工作時，應由各該縣政府飭屬充分協助，隨時保護，(二)此次修治津保省路規定征用民夫，應由各該縣政府妥擬徵集民夫辦法及施工計劃，造具應徵民夫名册，限文到一星期內呈報建設廳核奪，並須迅卽準備開工手續，以便奉到廳令卽行開工興修云。(二十一日)

(廿四，九，廿三，大公報)

晉省路政建設

省道修成者三千餘里，縣村道路徵民夫興築

【太原通信】晉省省政十年建設計劃案規定，人民義務服役修路標準，由省縣村同時進行修築，蓋以交通關係重要，非如此辦理，難期賓用省而成功速也。玆將本省歷年省縣村修路情形，分述於左。

(甲)省路

(一)省路以往修築情形：民國九年本省旱災，因利用工賑及兵工修築太原至大同，太原至運城，平定至遼縣，太原至軍渡，各汽車路，共長二千一百十二里。以後繼續進展，截至十八年止，復先後完成者，有侯馬至河津，運城至風陵渡，祁縣白圭鎭至晉城，忻縣至五台河邊村，汾陽至平遙，介休至汾陽等汽車路，共長一千五百三十八里。現在已成各路，共有三千六百五十里，此後未再增築；除个遼路僅行駛平輪大車外，餘皆通行汽車。

(二)，省路管理情形：本省各段汽車路完成後，於民國十一年七月，共劃爲十二段，計晉南四段，晉北三段，晉西二段，白晉二段，平遼一段。每段設一段長，辦理修路及收捐事宜，歸前省公署管轄，至十六年移歸建設廳。二十一年五月，爲整理全省汽車路便利商人起見，將已成各汽車路包歸專商專利行駛，取消各設段長，改組汽車路臨時管理委員會，專負修路之責。至二十二年復將管理委員取消，另設汽車路管理局，接辦修路事宜，仍歸建設廳管轄。至修路費用原預算十六萬元，至二十一年度按七成扣發，實領十一萬二千元。

(三)省路現在擬修情形：本省汽車營業，晉南較爲發達，共有客貨汽車二百四十七輛，每年營業收入，約有七十餘萬元，佔全省汽車營業收入二分之一。自同蒲鐵路通車後，客貨多改由鐵路，該路汽車營業日見銷減，現在已有一落千丈之勢。現正計劃修築晉城至曲沃，及黎城東陽關至臨汾兩汽車路，藉資救濟。其他各路營業尙均照常。再晉西現因防務吃緊，爲便利軍運起見，擬將岢嵐至山陰岱岳鎭及五寨三岔鎭至河曲之汽車路提前修築，現亦從事勘測。此外擬修省路，尙有一萬餘里。

(乙)縣村路

(一)縣村路以往築路情形：民國十一年晉省南北汽車路完成後，曾制定各縣修理道路橋樑規則，通飭各縣於每年霜降後十五日內，將縣中應築道路一律修竣，至冬至後十日內呈報覆查，期與已成汽車路縱橫聯貫。惟辦理多年，成效甚少。至民國十八年經建設廳將前項修理道路橋樑規則重加修正，並製定交通調查表，通令各縣切實辦理，雖較前漸有進步，然多從事整理舊路，至新路因限於經費，尚少開闢。迨至二十二年間，山西省政十年建設計劃案公布施行，規定人民義務服役，修築縣村路，以全省男丁總數二分之一二百萬人計，每人每年工作十日，以工數十分之九修築縣村路，每年共可修成二萬里爲期成數，以其三分之二爲必成數，逐年依次進行。同時並按照計劃案制定各縣修築村路辦法，及工程報告表式，通飭各縣自二十三年起，實行修築，以期日有進展。

(二)縣村路二十三四年進行情形：自民國二十二年十二月，各縣修築村路辦法公布後，即飭令按照規定於每年農暇時徵調義務男丁從事修築，由縣長及教育局長各區村長等負責督促，如有石路橋樑必需費用，屬於縣路者由縣籌給，屬於村路者由各村分担。統計二十三年份各縣共修村路六萬零八百七十五里，平均每縣五百七十餘里，比較原定期成數超過三分之二。經派委省視察員詳細覆勘，成績尚佳。至二十四年分別飭修村路，現據報到者計四十八縣，共計修成村路三萬八千九百五十八里，每縣平均八百餘里，比較原定期成數量超過四倍以上。一俟其他各縣報齊派委覆勘後，再另統計云。(二十六日)

(廿四，九，十八，大公報)

陝公路調查

主要幹線共計八道，本年底可次第完成

【西安通訊】陝西自十九年以後，災荒甫轉，政治漸上軌道，各種建設事業均呈突飛猛晉之象，尤以公路交通之設施，在中央暨地方合作下，推動異常迅速，預擬計劃，於本年底均可次第完成。現將陝境各主要公路幹線，及修築近況縷述如次：

西蘭公路

自西安起經咸陽，醴泉，乾縣，永壽，邠縣，長武，達甘肅境內之涇川，平涼，隆德，靜寧，會寧，定西，榆中，止於蘭州。長七百二十公里，爲陝甘兩省交通之大道。十七八年大旱災之際，華洋義賑會曾以工代賑，糾合飢民修築，粗具規模，勉强通車，惟因路基不固，時生危險。二十三年春，經委會西北辦事處成立，決定撥款一百八十萬元，從事澈底改修。爲急於通車計，並將工程分爲二期進行，第一期爲救濟工程，即爲補修路面及架設橋樑涵洞等，第二期爲治本工程，即於救濟工程完竣後，路面鋪以碎石，以免雨水冲毀。經委會爲急於維繫交通計，曾於本年五月一日提前通車，並因該路係國道性質，特成立國營西北公路管理局。第一期救濟工程，本可於本月底完全通車，惟因涇川大橋於上月大雨時，冲毀橋墩五座，西安至咸陽間路基，亦因澧河決口，冲毀甚鉅，交通斷絕月餘。刻雖加緊趕修，但是項工程浩大，如進行順利，本年內始可修復。至第二期鋪石工程，將俟工款有無着落而定，刻尚無興工準備。

西漢公路

亦係國道之一，由經委會與陝建廳合修。自西安起，經咸陽，興平、武功，扶風，岐山，鳳翔，折而南經寶鷄，鳳縣，留壩，褒城，以達南鄭，共長七百二十華里。經委會於上年十一月派工程師測竣後，因天寒地凍，於本年二月間開始興工，工款預定一百五十萬元。西安至寶鷄一段，原有西寶汽車路可通，無需修築，實際動工者爲寶鷄以南各段。寶鷄至南鄭共分三段進行，第一段爲寶鷄至鳳縣，第二段鳳縣至留壩，第三段留壩至南鄭。現第一段路基工程，業已完成，工務所已移至鳳縣，第二三段土方共五十萬方，正加緊趕修中，於九月內可完竣。蔣委員長以該路係川陝聯絡公路之一段要道，特數次來電，限本年十一月底完成通車。又該路石方工程開始後，炸山轟道，途爲之塞，行旅往來被阻，影響頗鉅。陝省府有鑒於此，特令建廳征集民工修築西漢間舊驛馱便道（卽古之褒斜道），以利運輸。該道由盩厔入山（西安至盩厔有汽車可通）經佛坪，洋縣，城固至南鄭，共長五百二十華里，刻已粗修告竣；西漢往來商旅均取道於此。

漢寧公路

蔣委員長爲便利川陝交通起見，除迭令限期完成西漢公路外，並令修築南鄭至寧羌之線，以便與川公路啣接聯絡。陝建廳奉令後，卽派員前往測量路線，並與經委會商定補助石工及橋樑等工費。該路由南鄭起經沔縣以達寧羌，全長一百四十公里，工欵預定八十六萬。南鄭至沔縣一段四十公里，已由三十八軍兵工築竣通車，沔縣至寧羌一段，本月底完成。同時川公路局之測量隊，現亦測至閬中蒼溪以北；川陝公路於本年底定可啣接聯絡。

漢白公路

由南鄭起經西鄉，石泉，漢陰，安康，洵陽以達陝鄂交界之白河。全長一千餘華里。蔣委員長前令陝鄂兩省協修，陝省擔任者爲南鄭至安康一段，鄂省爲白河至安康一段。陝建廳爲工程進行便利計，將南鄭至安康分三段修築，第一段南鄭至西鄉，第二段西鄉至石泉，第三段石泉至安康，工欵預定一百五十萬元。自興工後，進展頗速，惟因築路工人衆多，漢南久遭匪掠，食粮大感困難，且因工欵過鉅，僅籌得五十萬元，其餘百萬元尙無着落，除電請蔣委員長發欵補助外，只得暫時緊縮，遣散工人數千，土石工程暫緩動修，先就橋樑涵洞等技術工程興築。後又據該路沿線紳民自動請求，擬由地方負責興修土方工程，其他石工橋樑仍由省方負責，各縣並組織縣道促進委員會，以專責成。省府據呈後，當卽照准，指令嘉許，並再電蔣委員長請速發欵。又陝建廳擬於漢白路另闢兩支線，一由洵陽通商縣，以與西荊路聯絡，一由長泉通寧陝，刻正擬具計劃，俟總線修築過半後，卽開始測量進行修築。

西荊公路

爲京陝幹線之一段，自西安起經藍田，商縣，商南，以達豫陝鄂交界之荊紫關，全長約三百公里，工欵預定一百四十五萬元。分兩大段修築，第一段由西安至商縣，第二段由商縣至荊紫關。西商段今春測竣，分三段修築，西安至上石泉爲第一段，上石泉至黑龍口爲第二段，黑龍口至商縣爲第三段。第一段已於五月四日開工，第二三段亦於六月間開工，均可於本月底完竣。全路橋樑以壩河灞河兩橋爲最鉅，已招標修築。至商荊段雖已開工，惟龍駒寨一帶地方不靖，施工困難，如無此項影響，於本年十月底決可完成。

原慶公路

爲通隴東及寧夏幹線，自三原起經淳化，栒邑，達甘肅境內之正寧，寧縣止於慶陽，全長四百餘里。於今春卽可開始測量，惟因陝甘邊境一帶地方不靖，散匪滋擾，測量工作，屢告停頓。現僅測至甘邊，正寧以北，無法施測，將來擬與甘當局會測，並商討協修辦法。現陝建廳擬先將陝境內者早日動工，三原至淳化縣通潤鎭之一段，最短期內卽可開工修築。

咸榆公路

此路爲通陝北及蒙邊要道，自咸陽起經三原，耀縣，同官，宜君，中部，洛川，鄜縣，甘泉，膚施，延長，延川，清澗，綏德，米脂以達榆林，全長一千四百餘華里，工欵預計二百餘萬元。於二十三年秋開始測量，隨卽動工修築，於本年四月間中央代表來陝掃墓時，趕築至中部縣，其後繼續展至洛川。惟洛川以北，則因匪勢猖獗，無法進行，不得已遂告停止。現咸陽至洛川一段，已定下月一日開始通車，洛川以北之修築事宜，須視匪勢而定。

又蔣委員長以陝北交通蔽塞，致貽匪衆以滋擾之機會，特令陝建廳除完成咸榆公路外，並計劃籌修由綏德至吳堡，及由榆林至寧夏之兩支線。同時北平軍分會所派之駐陝北參謀處主任毛侃，於上月來省時，亦曾向省當局建議修築綏吳支線，以便與山西公路啣接，而利兵運。建廳當卽派測工數人，隨往測量，刻已竣事，全長一百四十華里，工欵預計三十九萬元；並擬具施工計劃書，定九月一日開工，本年底所築路線先行通車，二十五年六月底全線工竣，正式通車。至榆林至寧夏支線，俟與寧當局商妥辦法後再行進行。

府包公路

以上各路均係官欵省辦，府包公路則別開生面，係商辦性質。該路由府谷起經蒙地之準噶爾旗，以達綏遠之包頭。由府谷商人劉治寬集資呈准陝綏兩省府修築，全長四百餘華里，已大致就緒。府谷至準噶爾旗一段業已修竣，準旗以北地勢平坦，稍加修補卽可，定下月開始試駛，爲陝綏間交通闢一新紀元。

此外陝省已成公路，有一，西潼公路，自西安經臨潼，渭南，華縣，華陰，達潼關，長二百八十華里。二，西朝公路，自西安經咸陽，涇陽，三原，富平，蒲城，大荔，至朝邑，長四百二十華里。三，西整公路，自西安至盩厔，長一百五十華里。四，西藍公路，自西安至藍田，長八十里。五，鳳虢公路，自鳳翔至虢鎮，長六十里。六，西南公路，西安至南五台，長五十里。七，鳳隴公路，自鳳翔至隴縣，長一百六十里。八，原渭公路，三原至渭南，長一百三十里。九，岐虢公路，岐山至虢鎮，長六十里。（八月二十八日）

（廿四，九，八—九北平晨報）

鄂省公路進展

已完成三千餘公里
興築新線遍及全省

【武昌通信】鄂省公路，年來以清匪關係，經當局督促興修，並發專欵助成其事，故迭有進展。截至現在止，全省已完成公路，有三千三百零七公里，內中包含縣道六百二十二公里。其餘正在興修中者，有八百一十一公里，計劃興修者，有一千零二十五公里。茲分誌如次。

鄂東　（甲）興築中者（一）黃梅省界至廣濟，五十五公里。（二）浠水至李家集，一百一十九公里。（三）麻城至孔子河，四十七公里。（四）滕家堡至羅田，七十公里。（乙）計劃中者（一）浠水至英山，五十四公里。（二）田家鎮至浠水，五十五公里。（三）松子關至滕家堡，二十公里。（四）麻城至省界，一百二十七公里。（五）黃梅至十池口，五十二公里。

鄂南　（甲）興築中者（一）陽新至省界，五十公里，（正在測量中）。（二）辛潭鋪至崇陽，九十七公里（現已通車）。（三）崇陽至通城省界，七十公里（已通車）。（四）咸寧至通山，五十公里（測量中）。（乙）計劃中者（一）新堤至崇陽，一百一十公里。（二）通山至省界，二十八公里。（三）通城至省界，二十六公里。

鄂西　（甲）興築中者（一）巴東至恩施，二百零五公里（月底通車）。（乙）計劃中者（一）恩施至利川，一百二十九公里。（二）新堤至河市，一百八十公里。

鄂北　（甲）計劃中者（一）石裝街至房縣，一百零四公里。（二）房縣至竹山，一百公里。（三）竹山至竹谿，二十五公里。（四）孟家樓至老河口（尚在設計中）。

武漢　（甲）興築中者（一）倉子埠至陽邏，二十四公里。（二）石家巷至諶家磯，十九公里。（乙）計劃中者（一）油坊嶺至葛店，十三公里（上列武漢各路係交通路）。以上總計全省正在興修公路八百一十一公里，計劃興修中公路一千零二十五公里。（二十一日）

（廿四，八，廿六，大公報）

西漢公路材料大批運往工地

經委會公路處在寶鷄鳳縣等地設立辦公處；張昌華已飛蘭，接收蘭平段路工

【西安通訊】經委會公路處副處長趙祖康，日前赴西漢路視察，十六日已抵寶鷄，十七日召集寶鳳段工程人員詳詢工程進展情形，並與孫總工師發端商洽工事，督促全線工程，務於十一月底完成。聞趙氏定日內即赴鳳留段視察，運輸專員周詩祉原隨趙處長赴工地佈置運輸事宜，旋因全線工程正在加緊推展之際，為早日籌備以助工程進行起見，特在西安迅速辦理，故臨行中止前往。運來在省準備車輛，已將西安鳳翔等地所存洋灰洋松陸續運往工地，已在寶鷄鳳縣等地設立辦事處，派員前往辦理途中運輸，以免貽誤，並在省組織汽車隊協助運輸。昨與建廳雷廳長（寶華）商洽，允撥噸半汽車二十輛。保定工人連日已到四千餘人，分別過省前往工地，尚餘一萬二千人將陸續到陝。又趙處長昨頃電周專員，速備大批騾車來寶鷄，運送材料，刻正準備中。又驗收西蘭路工，經委會前派技正常毅來陝，會同西北國營公路管理局接收路工之張工程師昌華，將西安至平涼間工程，驗收告竣。旋常奉召返京，以故驗收平涼至蘭州段，趙處長特令張工程師代為辦理。茲悉張已於今晨七時乘歐亞班機飛蘭，改乘汽車沿線驗收，並接收蘭平段路工，便道督察平西段各路工程，約本月底即可返陝云。（十九日）

（廿四，八，廿六，世界日報）

通訊一束（第四次）

二七

頡剛先生：

近來西洋學者對于古地理學之研究，大都以地質學爲出發點。如地殼變動，海水進退，最關重要。關於這點，研究歷史的人解決比較困難些。站在歷史立場上來說，做古代地理研究，除了書本可以作證據外，別方面簡直抓不出一點來。我覺得做研究工作，第一要向事實中抓證據；證據充足，能否與理論相符合，亦很值得我們注意的。我以後有暇，很願意做一些關于古地理初步的工作。不過做這類的工作，必須要充分的時間，否則就「徒尙空談」了。

張兆瑾上。十月九日。

編者案：張先生在清華大學地理系畢業後即在地質調查所任研究工作。我覺得我們研究歷史的人，只能就書本上的材料說話；然而第一，這些材料的確實性是有問題的，第二，記載這些事實的人只能看到事實的表面而不見其內在的原因，因此我們要研究古今地理沿革就很困難。例如我們只見黃河的改道而不知其爲什麼要改道，只見北方的日就衰落而不知其爲什麼要衰落，因此只能寫出些呆板的事實，這決不是我們理想中的成就。如要達到我們的理想，勢非與地質地文諸學者合作不可，他們可以給我們解釋自然現象，我們也可以供給他們歷史材料。即如二十五史中的五行志，各方志中的災異部分，其中實在埋藏着不少的地質地文材料，這些書本記載也未嘗不可補充他們實地調查所不及。願張先生和其他地質地文諸學者都肯同情於我們，大家努力實現這個相輔相成的境界。

二八

頡剛師：

上禮拜六來未晤，因舁每禮拜六下午三時至五時在北大有邊疆民族史課也。

各史四裔傳，現在先分類，次校勘，然後標點，最後作世系表，年表。說明如下：

（一）分類——史書所載各傳紛亂異常，同一渤海傳也，忽而入「東夷」，忽而入「北狄」。今由書剪下，另貼以紙，使歸一類。其有名目不同，史又羼入不關之傳中者，俟確知其爲某之遺族後（如達末婁之於扶餘），亦剪下，附於某傳之後。

（二）校勘——四裔傳，前人多不重視，研究者少；兼以人名地名譯音紛歧，難于理析。殿本校勘，亦無非苟以塞責而已；故實有重行校對之必要。今將文字譌奪者及脫落者一律寫於書眉。

（三）標點——除加標人名地名及點句外，並爲分段，冠以子目，俾一索即得。

（四）世系表，年表——此有可作者，有不可作者。不可作者如諸小部族史，其所載過略，無從爲之列表。可作者則以某部爲主，中國次之，西歷又次之；下列備考，諸史所載相異者注之，有須考證者亦注之。

以上工作步驟當次第施行。雖頗費時日，但昇以爲不幹則已，幹則總要澈底。此外如地圖也，索引也，均爲必須之工作，容步步實行可也。

肅此，敬請道安。

受業家昇謹上。十一月八日晚。

編者按：馮先生由研究遼金史進而研究全史四裔傳，所定計畫如此切實，其工作又如此勇猛，將來亞洲民族史必有成於君手之一日。這是馮先生個人的成就，而也是我們禹貢學會理想境界的實現。願我同志齊來幫助他完成這個工作！

二九

頡剛先生台鑒：

在英奉讀禹貢，欣喜異常。驌前作有關於雲南地理及民族之論文，均已載新亞細亞月刊；所餘之參考書目，留之無用，棄之可惜，故特寄奉。如有些徵用處，借禹貢數頁公諸同好，亦屬佳事。

書目共七頁，前四頁爲雜誌論文，後三頁爲書籍目錄。大約凡關於雲南之外國文書籍稍有價值者均已列入。至於新出書籍未能補入，當俟諸異日矣！

此上，並候撰安。

丁驌頓首。十月二十九日。

Ting Su.　9 Belmont St.,　Glasgon W. 2.,　Scotland.

編者按：我們要作一種研究，先須材料湊手；要材料湊手，先須知道材料在那裏。所以我們這個刊物，研究文字，記叙文字，材料目錄，三者是並重的。丁先生這個目錄，我們歡迎得很，希望下期能登出；更希望丁先生肯把研究雲南地理及民族的結果，寫一篇論文在本刊發表。

三〇

頡剛先生大鑒：倫奉派來英，參加吾國藝術展覽會工作，匆匆離平，未能走辭爲歉。自古物開箱以來，即布置陳列，本月二十八日即行開幕；近來工作更爲繁忙。公餘之暇，輒到市內博物院游覽。其博物院因皆有悠久之歷史，故收羅甚富；然設備陳舊，不求改進；其陳列秩序尤嫌紊亂。西郊 Hampton Court（其性質與故宮博物院相似）亦曾一遊，陳列品甚少，可觀者祗氍毹而已。明春擬與慕陵兄赴德法意一行。此間各博物院種類甚多，惟地理無專館。先生如有囑辦事件，或代購書籍之事，請見告爲荷。近來編纂正史索引，想已順利進行，將來供獻學術界當甚偉大也。又倫離國前曾撰方志學一書，已與商務印書館簽訂合同，託其發行。此書與李泰棻先生之書體例材料均有不同；此類著作在現代史學界似甚需要。先生如能在便中囑該館早日印行，尤所切盼。此請撰安。

同學弟傅振倫上。廿四，十一，四。

通訊處　Mr. C.L. Fu.
249 Camden Road, N. 7.
London, England

編者案：傅先生在國立北平大學女子文理學院擔任方志學一課歷有年所，其講義曾發表一章於本刊（見第一卷第十期）。本年將全份講義編纂完整，交商務印書館印刷，想愛讀本刊者必望其早日出版也。本年秋，教育部派傅先生偕莊慕陵先生到英主持中國藝術展覽事宜（即本年四月中在上海開辦展覽者），得此來書，藉徵近況，至以爲慰。承詢正史索引事，此間限於經費，未能同時着手，僅由傅家昇先生編歷代四裔傳索引及劉師儀女士編歷代儒林文苑傳索引而已。聞近日燕京大學引得編纂處正在編輯歷代食貨志索引，期一年成書。本會中可作索引工作之人才甚多（例如楊殿珣先生已編元和郡縣志索引，賀次君先生已編山海經索引及水經注經流支流目），惜厄于費用與時局，曾不能將二十五史中地名作一詳細之索引，曷勝悵歎！

三一

頡剛吾師：

因事繁忙，久未通信，殊覺歉然，尚祈諒之。禹貢半月刊，生始終未投過一點兒稿件，眞有負吾師期望。生現在對于讀書作文略有計劃，欲努力求其實現；以後如有關于民族分佈與地理沿革的文章，當先寄與吾師一閱，以審查其可登入於禹貢否。

顧祖禹的讀史方輿紀要，不知已有人加以整理否？如尚無人，則生願担任。惟整理的方法如何？並祈吾師加以指導，以便有所遵從。再者，此間買不到此書，故請在北平代爲問價若干，以便匯錢。

近閱大公報史地周刊第五十三期，見有聶薛二先生評論中國地方志綜錄的文章。生也寫了一點意見，呈與吾師一閱，不知可登載否？

即此，敬祝文安。　　學生黎光明敬上。十月四日。

編者案：黎先生近任江西星子縣特別訓練班歷史教員，對於明史尤爲嫻熟，著有嘉靖禦倭江浙主客軍考，在燕京學報專號內出版。來書謂對於本刊從未投過稿件，其實我們早已找出他在中山大學時所作的大唐西域記表目，預備付刊；所恨者，本刊篇幅不多而稿件太擠，因自玄奘西行地圖雖已由侯仁之吳志順二君畫好，且已印好，而表目尙未敢登豫告。內地眞可憐，連一部方輿紀要都找不着。住在都會的人應當如何不辜負自己這好環境！此書，日本青山定男曾作索引，命名支那地名要覽，大概整理者惟此一人而已。我們居今之世，又到了顧祖禹的時代，自該對此書勤加功力。整理之法，我想第一步最好爲畫地圖。清初製圖術不精，所以原圖既甚簡單，又不正確；現在整理起來，如能將書中地名一一注記於圖中，使圖史印合，讀是書者可以一目了然，豈非大快。可惜我們的地圖底本尚未完全出版，否則即可應用。希望星子校中多搜羅些近出地圖，爲黎先生製圖的參考。至於把清代及近年的材料也放進去，做成一部現代實用的方輿紀要，那是必須居住在都會中方能着手，就黎先生現在的生活而論是談不到的。評論地方志綜錄一文已讀到，豫備在本刊下期刊出。文中責備朱士嘉先生不曾把各省圖書館和各省人士所藏的地方志書搜羅完全，話固甚是，但我敢爲朱先生辨白數語。一種東西，要它尋不出錯漏而後與世人相見是做不到的。我自己也是犯了這個毛病，因此就有許多箸作擱起來了，做不下了，而且創作的興會一過便提不起筆了。到現在，只怕在兵災中成了刼灰！所以我主張材料只要是眞實的，收到一點不妨就發表一點，大家用「起草稿」的態度來看著述；便是作的粗糙些，只要著作者有前進的慾望，而從事同樣工作的人有批評督促的精神，學問是必然會進步的。現在我編輯禹貢，就是用的這個方法。我們希望發表的文字不是「質諸鬼神而無疑，百世以俟聖人而不惑」的命世大文章，而是一堆堆的鋪地的石子，豫備積得多了，可以在工程師指導之下，從工匠們的手中築成許多條坦蕩蕩的大道。這築路的工程師和工匠們，我們能做固好，別人來做亦好，這就是所謂「成功不必自我」！朱先生出了這部初稿的地方志綜錄，大家看了高興，一個個來補充材料，於是眞正的「綜錄」就會出現了。若必責備他爲什麼不收齊了材料而後做，那就只有不做而已。何以故？材料是收不完的之故，而且在現在亂荒荒的時勢之下有許多地方簡直沒法收羅之故。不看各個辦公機關嗎？擬好了若干表格發出去塡，發的地方是够完全了，但收還的表格能有一半的希望嗎？所以單言調查，也實在不是一件容易的事。

三二二

頡剛先生道鑒：前尊駕蒞綏時，辱承過館指示一切，至爲欣幸。返平後復奉手敎，代爲蒐訪貽氏歸綏道志佚本，尤深感佩。倘貽氏所庋之副本適爲此間藏書所闕，俾得珠還合浦，復成完璧，則非但徵存本省文獻，延續貽書命脈，而先生網羅志乘之素願亦藉以少酬矣。倘蒙先生不辭勞悴，玉成其事，俟本館通志編竣時，連同此稿一併付印，以傳永久，亦藝林盛事也。屆時並擬以此二書酌贈數部，用酬推誼，想亦貽氏後人之所欣願者也。茲附上闕書卷目單一紙，統祈詧照，便中示下爲禱。耑此，即頌箸祺。

郭象伋拜啓。六月二十七日。

計開：卷二，卷三，卷五，卷六，卷七，卷八，卷三十八，卷三十九，卷四十。以上共短九卷。

編者按：郭先生此函到後，即託吳寄荃先生轉訪貽氏後人，覓其原稿。嗣得覆書，謂「光緒三十二三年，先君督墾在綏遠任內曾撰歸綏志，並約高文步（印賡恩）斟酌。志成後未及付印，即回北京。後高文敏欲看此書，先君送閱後屢索未還，而此書遂到歸綏道尹張淵伯志潭手。繼又到周道尹登皥手。民國二十一二年間，綏遠通志館友人託元君愷函索，當即向周公轉索，彼允找着即交回；後乃聞其自行出售於綏遠通志館，售價甚昂，而周公從此不再晤面矣」。讀此，知志館中所藏即是貽氏原書，館中既闕，家中亦不復有，完帙之望，殆不可期。是皆輾轉借閱，久假而不歸之害也。

三二三

頡剛先生道鑒：

上月抄接奉瑱箋，敬悉一是。石公先生，欽挹已久；輪蹄因緣，固所願結。附柬已遵囑轉致孫君，孫君且已復簡道及矣。

此間收羅地志不多，僅本省尙差云完備。其中如樓里景物略（清初張半厂撰，舊鈔本），海昌外志（不分卷，清初談遷撰，舊寫本，曾藏海昌馬氏味吾齋及陳恭溥所），海昌備志（四十九卷，清錢泰吉撰，道光二十九年刊），海昌勝覽（二十卷，清周春撰，海寧張淯漁小清儀閣鈔本），花谿志補遺（不分卷，清許良謨撰，同上鈔本，惜花谿志未得），修川小志（二卷，清鄒存淦撰，修川卽今海寧長安），又志餘（二卷，清鍾兆彬著，並小清儀閣鈔本），寧志餘聞（八卷，清周廣業著，小清儀閣傳鈔本），於潛縣志（十六卷，清張光弼纂，張燮等續成之，嘉慶十七年刊），嘉府典故纂要（八卷，清王惟梅輯，乾隆五十四年刊；此間有兩部，一部爲初印本。據朱士嘉先生中國地方志綜錄，僅北平圖書館有一部，不知視此如何？）又纂要續編（八卷，著者同前，嘉慶四年刊，今年新收；就所知見，似僅王綬珊先生新得一部），海鹽縣志（二十二卷，附圖說一卷，叙錄一卷，清王彬修，徐用儀纂，光緒二年刊），吳興掌故紀要（不分卷，清佚名氏撰，舊鈔本，似不全），衢縣志稿（三十卷，鄭永禧著，本館傳鈔未刊稿），以及菱湖鎭志（四十四卷，清孫志熊撰，光緒十九年刊），雙林鎭志（二十二卷，清蔡蓉升纂，民國六年刊），路橋志（二卷，清楊晨撰，民國十六年石印），天台縣志稿（四十卷，褚傳誥撰，民國十六年石印）等，並爲朱氏地方志綜錄所未收。（其本年新出版民國十五年重修何奏簧等纂臨海縣志稿四十二卷，自不必計及。成化杭州府志鈔本，淸華大學有之，亦不計。）不審石公先生曾過目無也？

別來常深馳念，差幸童丕繩兄常以左右近況見示，聊慰飢渴。近聞又共陶希聖先生合辦史學月刊，具佩治學與津逮後覺之勤。居常感國內專門雜誌之缺乏，或作輟罔常，未始非國人無恒心之反映。以視外國之出史學地學以及其他等等雜誌之恆達數十年不懈者，媿汗如何！國之不競，大部分固富貴之食肉者；學之不競，則我人亦難逃其咎耳。願先生弘茲遠謨，一湔斯恥，庶不負爲學救國之素抱歟？

崟無狀，學殖荒落，編館刊亦不能迎合時好；明歲決與文瀾學報合并爲季刊，冀節省精力，且一新視聽。願得績學種文享大名如左右者寵錫專篇，藉光篇帙；想邀俞允，不我峻拒也。

專此牘復，順候纂祺，不盡欲言。樸山兄囑附筆問候。

張崟頓首。十一月五日晨。

編者案：張慕騫先生任浙江圖書館編輯，館報卽其與夏樸山先生（定域）所合編者。此函詳述館中所藏珍本浙江志書，及爲中國地方志綜錄所未載者若干種，具徵浙館藏書之富。當此資財枯竭，社會蕭條之際，仍能考文徵獻，整理本省文化史實，又足見浙館之得人。張先生慨歎於專門雜誌之作輟罔常，謂此是國人無恒心之反映，不佞敢有異辭。蓋在上位者不提倡則團體無法維持，在學校者不悅學則出版品徒然存積，雖有好事者欲以專門之學相號召，而無如其無後盾何！古詩曰，「不惜歌者苦，但傷知音稀」，既爲專門之學卽非下里巴人，欲以博得大衆之擁護，難矣！雖然，「風雨如晦，鷄鳴不已」，南北相望，正當互相勉也！

頡剛學長兄：別來忽已三月，北海夜游之樂時縈於懷。前接希聖兄函，知暑假所談史學刊物事已入具體籌備階段，至爲欣幸。想最近當更有進展。禹貢愈出愈熱鬧。錢先生蒙先生兩篇讀來甚感興味，可惜我無此能力。如此陰慘雰圍，眞悶殺人，想兄更甚，奈何！敬頌著祺。

弟嵇文甫敬上。十一月十三日。

編者案：嵇先生任河南大學文學院教授，宿研中國哲學史，暑假來平，計劃辦一學術思想史之刊物，陶希聖先生以爲不如聯合食貨禹貢兩團體，合辦一史學月刊；嗣後與亞新地學社接洽，決定由彼處出版。商量初就，時局陡變，在如此恐慌之環境中創辦一學術期刊，不但不合時宜，抑且無從說起。因此，此「籌備階段」惟有延長之一法。但此間所收到之長篇稿件，留與史學月刊發表者，一時卽無法與讀者相見矣。噫，我輩於忽死須臾之中欲爲我國家民族立千萬年之大計，故銜哀茹苦以寄其希望於數十百年後之孫曾；願他日倖生於升平之世者一念此情，努力自振，勿復陷於宴安逸豫，使後之人更懷此痛也！

三五

頡剛我師：

到粵後曾上一書，想已鑒及。旋即接奉自磁縣頒下手書，敬悉一是；月來因循未覆爲歉。

此間圖書館書籍甚少。中大圖書館因遷移關係，至今不能借書。而生自己之書籍，離平時託友人代爲交轉運公司運來，至今消息全無，焦

急之至。一切工作因此無法進行。

過滬時曾向王伯祥先生索得戚勵龢補陳疆域志校樣一份，近日方事校補，預計旬日後可成，當卽錄寄禹貢。姚家積兄有補唐代驛制考一文，日內亦可寫就。

餘續呈，卽請撰安。

生覃其驤頓首。十一月十日。

編者案：一離開北平，歷史材料卽有無從接觸之苦，雖是大學林立，而依然文獻無徵；回過頭來看北平，這地方實在太可愛了！可是，北平呀，你肯永遠讓我們愛嗎？你能永遠受我們的愛嗎？幾年來，幾月來，自從四十萬年前的「北京人」頭骨起，以及仰韶陶器，商周甲骨鐘鼎石鼓，漢代竹木簡，晉唐經卷書畫，宋元圖籍，明清檔案，直到近數年的社會調查，眼看它裝箱上車，盈千累萬地南遷了，這個文化中心是被拆散了！唉，想不到當我們這世——歷史觀念極發達，歷史學者日衆多，而中國通史的創作漸有希望的時候——裏竟對你唱起輓歌來了！我們眞不知自己犯了什麼罪，會受到這樣慘痛的精神上的刑罰！在這時候所幻造的慰藉，便是將來有一天，上帝遣巫陽下來招你的魂，那時你再生了，我們趕快脫下白衣冠穿了吉服來賀你，並且賀我們自己，彼此痛痛快快地享受那久別重逢的樂趣。

重要地方地質土壤圖說出版廣告

江蘇地質誌　附二十五萬分一地質圖四幅五十萬分一總圖一幅說明書一冊全份定價五元五角

張家口地質誌　內附地形及地質圖各一幅全書一冊定價七元五角

秦嶺及四川地質誌　附圖十九幅內有一百萬分一秦嶺地質圖全幅書一冊內有照片及小圖多幅定價共十二元

綏遠察哈爾地質誌　附圖八幅縮尺二十五萬分一書一冊內有照片及小圖多幅定價共六元

揚子江流域地文發育史　附地文圖二十餘幅定價二元

揚子江下游鐵礦誌　此書附有地圖照片頗多於各礦地質敘述甚詳定價六元

中國北部及西北部土壤報告　附百萬分一及二百五十萬分一土壤圖各一幅照片多幅定價二元五角

陝西渭河流域土壤調查報告　附三十萬分一土壤圖一幅定價一元五角

廣東省中部土壤報告　內有一百二十五萬分一土壤全圖及照片多幅定價三元

江蘇句容土壤報告　內附十萬分一土壤詳圖對於各種土壤記載甚爲詳悉定價一元五角

江蘇東部鹽漬土壤約測　內附五十萬分一土壤詳圖定價一元五角

山西土壤概述　附土壤概圖一幅及照片二十幅定價一元五角

中國百萬之一地質圖及說明書　已出北京濟南幅南京開封幅太原榆林幅三種每幅四元五角

中國模型地圖（石膏製）　縮尺七百五十萬分之一定價每具二十元運費在外

中國地形圖　縮尺七百五十萬分一定價自取一元郵寄一元三角縮尺一千萬分一甲種有等高線定價三角乙種二角

地圖投影　述各種地圖投影之原理公式及用法附圖七十一幅定價三元

其餘尚有實用叢刊及新生代研究室關於周口店猿人之研究報告多種書目及價格表函索即寄

總發行所　北平西城兵馬司九號地質調查所圖書館

實業部經濟年鑑

編纂委員會編

中國經濟年鑑二十四年續編

中國經濟年鑑彙集全國各種經濟統計資料於一編，自去歲五月創刊以來，各方參考採用，甚感便利。茲續出二十四年續編，其編纂體例大致與第一回年鑑相同，但其內容完全爲新的材料，祇求與前書銜接而毫無重複。本編因新材料的增多，轉較第一回年鑑添關五章，計土地、水利、合作、物價及生活費、邊疆經濟等，均獨立成章，前書中地理及華僑經濟兩章，因新材料無多，本編未加補充。兩兩比較，仍增多三章，是本編雖以補充爲主，實際上的內容較前已有進步。再本編各章統計數字，除由編纂委員會分別加以核算整理外，並請實業部統計長辦公處再行核算一過，較前書更加精確。現在書已印成，特定廉價發售，凡已備本年鑑第一回者，自不可不添備本書，即未備前書者，單購本編，亦不失爲有價值之參考資料。

四開本三巨冊　硬布面精裝　定價十四元　郵費七角　特價九元

廿四年底截止

本年鑑第一回　三巨冊定價十五元

如與續編合購　廉價每部十二元

—續編總目—

第一章　經濟行政	第十一章　鑛業
第二章　人口	第十二章　工業
第三章　財政	第十三章　交通
第四章　金融	第十四章　商業
第五章　農業	第十五章　國際貿易
第六章　土地	第十六章　物價及生活費
第七章　租佃制度	第十七章　勞工
第八章　水利	第十八章　合作
第九章　林墾	第十九章　災荒
第十章　漁牧	第二十章　邊疆經濟

商務印書館發行

*D108(h)—24:10

出版者：禹貢學會。
編輯者：顧頡剛，譚其驤。
出版日期：每月一日，十六日。
發行所：北平成府蔣家胡同三號禹貢學會。
印刷者：北平成府引得校印所。

禹貢

半月刊

價目：每期零售洋貳角。豫定半年十二期，洋壹圓伍角，郵費壹角伍分；全年二十四期，洋叁圓，郵費叁角。國外全年郵費貳圓肆角。

The Chinese Historical Geography

Semi-monthly Magazine

Vol. 4 No. 8 Total No. 44 December 16th 1935

Address: 3 Chiang-Chia Hutung, Cheng Fu, Peiping, China

第四卷 第八期

民國二十四年十二月十六日出版

（總數第四十四期）

內政部登記證警字第叁肆陸壹號　中華郵政特准掛號認為新聞紙類

本會紀事（四）

上月傅孟眞先生到京，承爲本會募得朱驪先先生五百元正，辛樹幟先生五十元正，本月又承徐中舒先生捐贈二十元正，本會除將該欵充作印刷費，對於傅朱辛徐四先生表示極度之感謝外，並將捐欵提出一部分，購買地理圖書，貯存本會，並刊刻戳記一方，文曰「口口口先生捐（或募）欵紀念，禹貢學會賓藏」，蓋於各書卷首，俾讀是書者永不忘此日之嘉惠。計爲朱驪先先生紀念者，有：

廣輿圖二册（明羅洪先著，萬歷七年錢岱刻本）

讀史便覽二册（明張名坤著，萬歷二十二年刋本。按此書爲各代之世系表及疆域圖）

欽定熱河志一百二十四卷二十四册四函（乾隆四十六年敕撰，遼海叢書社鉛印本）

熱河全屬調查改正圖（十萬分之一）一百七十三幅（民國二十二年，國民政府軍事委員會北平分會第一處第一組製，石印本。內缺一五三，一五四，一六一，一六二，一六七，一六八，凡六幅，俟覓補）

新疆國界圖二十幅（王樹枏監製，石印本，北平松筠閣發行）

新疆山脈圖十六幅（同上。三原趙應徵繪）

中俄交界全圖三十五幅（清洪鈞譯，光緒十六年石印本）

延吉邊務報告四册（奉天學務公所鉛印本）

圖海圖考四卷二册（清李鍚書著，刻本）

海國輿地釋名十一卷八册（清陳士芑著，光緒壬寅纂刻本）

爲辛樹幟先生紀念者，有：

襄陽兵事略六卷，藝文略六卷，沿革略一卷，共五册（清吳慶燾著，光緒二十七年刋本）

全臺輿圖二册（清夏獻綸監製，余寵，王熊彪繪，光緒五年臺灣道署刋本）

爲徐中舒先生紀念者，有：

馭倭要略八篇二册（清李嶽衡著，光緒二十年長沙刻本）

唐寶眈記邊州入四夷道里考實五卷五册（清吳承志著，吳興劉氏求恕齋叢書本）

爲傅孟眞先生紀念者，有：

游蒙日記一册（李廷玉著，民國二年鉛印本）

渤海國志四卷一册（唐晏著，求恕齋本）

廣陵事略七卷四册（清姚文田輯，嘉慶壬申開封節院刋本）

江蘇水利圖說二册（清李慶雲編，宣統庚戌江蘇書局重印本）

上虞塘工紀略一册（清連仲愚著，光緒戊寅敬曉堂刻本）

贈書志謝

二十四年十一月二十五日，承張石公先先生捐贈地圖三十三種，內多黑龍江調查局筆繪及晒藍之本，至可寶貴，玆開列於下，並誌謝忱。

1. 五洲總圖一册（光緒三十四年武昌輿地學會出版）
2. 最新世界改造大地圖一幅（石印本）
3. 中外輿地全圖一册（光緒三十四年武昌輿地學會出版）
4. 支那疆域沿革圖一册（日本重埜安繹河田羆原著，中國輿地學會刋行）
5. 中國全圖一幅（民國三年商務印書館石印本）
6. 中國已成未成鐵路圖一幅（民國六年三月晒藍）
7. 湖北全省分圖一册（宣統元年武昌輿地學會出版）
8. 蒙古哲里木盟十旗全圖二幅（光緒三十三年蘇隆圖監製，石印本）
9. 最新滿蒙地圖一幅（昭和二年南滿洲鐵道株式會社庶務部調查課製，石印本）
10. 東三省鐵路圖一幅（光緒二十九年俄使胡維德製，石印本）
11. 吉林松花江流域圖一幅（光緒三十三年濱江道蒙古蘇隆圖製，石印本）
12. 黑龍江省總圖一幅（石印本）
13. 黑龍江省輿地全圖（附齊齊哈爾商埠圖）一幅（光緒 二十三年黑龍江將軍程德全監製，晒藍）
14. 黑龍江全省圖說一幅（光緒丁未黑龍江將軍程德全監製）
15. 齊齊哈爾城圖一幅（光緒三十三年黑龍江全省繪圖處監製，晒藍）
16. 齊齊哈爾商埠圖一幅（宣統二年龍江調査局，石印）
17. 黑龍江沿邊卡倫圖（晒藍）
18. 龍江省東清鐵路路綫各站圖一幅（路局繪，晒藍）
19. 滿洲里附近圖一幅（光緒三十二年黑龍江將軍程德全監製，晒藍）
20. 輿東道圖一幅（石印）
21. 呼蘭一府一州二縣全境圖一幅（黑龍江委安辛天成繪，筆繪）
22. 呼蘭府界圖一幅（知府李鴻桂監繪，筆繪）
23. 呼蘭府城圖一幅（仝上，筆繪）
24. 吉拉林礦產總圖一幅（晒藍）
25. 東布特哈屬納謨爾河北荒段圖一幅（筆繪）
26. 綏化府屬界圖一幅（晒藍）
27. 安達廳屬界圖一幅（晒藍）
28. 肯岡縣四界圖一幅（晒藍）
29. 肯閩作樹岡荒務圖一幅（筆繪）……
30. 陽湖縣屬岡一幅（晒藍）
31. 餘慶縣圖一幅（晒藍）
32. 餘慶縣界圖一幅（筆繪）
33. 巴彥州界圖一幅（筆繪）

「泗濱浮磬」考

于省吾

1

禹貢「泗濱浮磬」，僞傳，「泗水涯中見石，可以爲磬」。正義，「泗水旁山而過，石爲泗水之涯石，在水旁；水中見石，似若水中浮然；此石可以爲磬，故謂之浮磬也。貢石言磬者，此石宜爲磬」。顧炎武曰，「石生於土，而得夫水火之氣，火石多，水石少。泗濱磬石，得水之精者也，故浮」。胡渭曰，「浮磬之浮，諸家所說不一。周希聖云，『浮，過也，與名浮於實之浮同。惟泗濱之石，其高過於水上者，可以爲磬』，此一說也。林少穎云，『磬之爲器，必取其石之最輕者，然後其聲清越以長，但以輕故謂之浮』，此又一說也。黃鎮成云，『浮磬出泗水之濱，非必水中，蓋浮生土中不根著者』，金吉甫云，『浮磬如今硯石之取子石者，蓋石根不著巖崖而特生，故謂之浮』，此又一說也。三說皆不如舊解。周氏小與孔疏異，猶不相背云」。

按自來解浮石者，皆讀浮如字，故不可解結。「浮」「拊」古音近相叚。書高宗肜日，「天既孚命正厥德」，「孚」，史記殷本紀作「附」，漢書孔光傳，漢石經並作「付」。呂刑「惟府辜功」，應讀作「惟孚故功」，詳尚書新證。禮記聘義，「孚尹旁達」注，「孚或作姇」。齊語，「乘桴濟河」注，「小泭曰桴」。詩漢廣傳，「方，泭也」，釋文，「泭又作桴，或作柎」。是从孚从付古字通，例證至顯。然則「浮磬」應讀作「拊磬」。書堯典「予擊石拊石」，僞傳，「石，磬也；磬，音之清者；拊，亦擊也」。按擊石謂特磬，拊石謂編磬；石可稱磬，磬亦可稱石。呂覽仲夏「飭鍾磬柷敔」注，「磬，石」。淮南子氾論「諸寡人以憂者擊磬」注，「磬，石也」。磬言拊，故通稱磬爲拊磬。「泗濱拊磬」，言泗濱所產之石可製拊磬也。磬之稱拊磬，猶山海經稱磬石之爲鳴石，又如玉之稱佩玉，塤之稱龠塤，鐘之稱弄鐘，戈之稱用戈，鋸之稱攼鋸，均因其器用之宜而名之也。

泗濱產石之地，在今安徽靈壁縣磬石山。括地志，「泗水至彭城呂梁，出石磬」。九域志，「下邳縣有磬石山」。寰宇記，「下邳縣磬石山在縣西南八十里」。桂馥云，「泗水中無此石，其山在泗水之南四十里。今取磬石，上供樂府。其山出石，大小擊之，其聲清亮」。桂說是也。明一統志，「靈壁縣，隋虹州地。宋元祐初置零壁縣，政和中改曰靈壁，屬宿州。元省入泗州，後復置，屬宿州」。頖宮禮樂疏云，「一統志，邳州城西南八十里，靈壁縣北七十里，俱載山出磬石，此爲古者泗濱之石無疑。然今河內大行諸山，產石頗勝靈壁，則磬石隨處有之。唐制採華原縣石爲磬，固亦倣之禹貢，而宋人譏其淫聲召亂，迂矣。趙希鵠曰，『靈壁石出虹州靈壁縣，其石不在山谷，深山之中，掘之乃見。色如漆，間有細白紋如玉然。不起峯，亦無岩岫；佳者如菌苔，或如臥牛，如蟠螭。扣之，聲清越如金玉。以利刀刮之，略不動。此則璆琳之類，而今不可易得矣』」。又靈壁縣志略山川條，「去縣治北有卓山輝山，二山之石亦可爲磬。磬石山，古取磬之地，禹貢所謂『泗濱』在此山下。北里許地名釣魚臺，此古者泗水抵山下之驗。山下水曰魚溝，亦因此得名矣」。物產條，引明中都志曰，「書云，『泗濱浮磬』。文獻通考云，『磬石山在泗州』。玉海注云，『下邳有石磬山，古取磬之地』。按靈壁在東漢爲下邳郡地，唐以來爲泗州地，磬石山北距泗水四十里。又磬石出石磬山，其色青潤，其聲清越，歷代所採，以供郊廟之樂者。西有輝山，其石亦可爲磬，質性稍鬆，攻治較易，近來工匠多於此采之，雖形色相似，而聲則不如磬山所產多矣」。按以上均係節錄靈壁縣志略。靈壁於秦屬泗水郡，漢興更泗水爲沛郡。漢書地理志乘氏下，「泗水東南至睢陵入淮，過郡六，行千一百一十里」。括地志，「泗水源在兗州泗水縣東陪尾山，其源有四道，因以爲名」。按清一統志謂磬石山在靈壁縣北七十里，寰宇記謂磬石山在泗水南四十里，與靈壁縣志略稱磬石山北距泗水四十里合。以是計之，靈壁縣治應北距泗水百一十里矣。蓋古者泗水必去磬石山甚近，不至遠在四十里，靈壁縣志略又稱必泗水常在此山之下，是以謂之「泗濱」。即如明時睢水離山數里，而今離磬山幾三十里，百餘年間，陵谷變遷如此，況古今相去至三千年乎！按禹貢係晚周人作，去今二千餘年，數十里之間，山川移易，勢所常有。胡渭云，「泗濱，先儒但云泗水之涯，而不言在何縣。水經注，『泗水自彭城又東南過呂縣南，水上有石梁焉，故曰呂梁』。晉太康地記曰，『水出磬石，書所謂「泗濱浮磬」者也』。括地志亦

2

云，『泗水至彭城呂梁出磬石』。今徐州東南六十里有呂梁洪。高誘淮南子注云，『呂梁在彭城呂縣，石生水中，禹決而通之』，蓋即磬石之所出也。金元以來，泗殫爲河。明嘉靖中，惡其石破害運船，鑿之使平，而浮磬愈不可問矣」。又曰，「下邳今邳州也，西南與鳳陽之靈璧縣接界。縣北七十里有磬石山，浮磬於水平後貢之，禹必不以懷襄之狀狀其石。水至此山，殊屬傅會。竊意晉初去漢未遠，太康地記當有所本，磬石蓋實出呂梁水中。歷年已久，水上之石採取殆盡，餘皆沒水中，呂梁湍激，艱於採取，靈璧石聲亦淸越，乃改用之，但不知始於何時。後人見呂梁水上不復有可用之石，遂疑地記爲虛，而以靈璧石爲禹貢之浮磬矣。焦弱侯云，『今泗濱絕無磬石，惟靈璧縣北山之石，色蒼碧，琢之可爲磬。或當時泗濱石取之已盡，若今端溪下巖之石者亦未可知』」。按胡渭以泗濱出石爲呂梁，又引焦說爲證，然禹貢既云泗水之濱，則與呂梁石出水中者不同。就令讀浮如字，呂梁之石可爲磬，然其石根必深入水底，不得以露出水上爲浮磬之本解也。況浮拊之通，例證至夥，堯典之拊石即禹貢之拊磬，是以本經解本經，不待外求而理自可通。靈璧之磬石山去泗水僅四十里，以二千餘年山川時有變遷之理推之，則古者泗水必與磬石山相去甚近，無可疑矣。且以周代石磬與近世靈璧所產者較之，其石質絕相類。後人對於「泗濱」之濱字不求甚解，又不知古書文字多通叚之例，讀浮如字，遂謂水中產磬石。就令果有是說，然亦與泗濱拊磬無涉也。

契丹與回鶻關係考

王日蔚[1]

漠北雄主，匈奴而後為突厥，突厥而後為回鶻，回鶻而後為契丹。匈奴，突厥，回鶻均突厥族也。故唐前漠北實為突厥族獨霸期。契丹屬東胡族，其後而金而元為東胡族與蒙古之爭霸期。突厥族乃退居葱嶺東西，與中土之關係漸疏。但其與東胡族蒙古族以地相鄰接故，關係必繁複，其文化上之相互影響亦必至鉅。惜其與中土無直接關係，中史無詳確記載耳。回鶻自遷入葱嶺東西後，仍巍然為大國，與漠北之契丹足相抗衡。其後契丹亡於金，耶律大石西走，既假道於葱嶺東之回鶻，復征服葱嶺西之回鶻而臣之，後則葱嶺東之回鶻亦終為其臣屬焉。故二族之關係當更繁；今謹考而出之，以求正於讀者。

契丹於唐前臣回鶻，且有一部為其奴屬，為之牧羊。

『契丹……歲選酋會數十入長安朝會，每引見賜與有秩。其下率數百皆駐館幽州。至德（七五六—七五七）寶應（七六二）時再朝獻。大曆中（七六六——七八九）十三，貞元間（七八五—八〇四）三，元和中（八〇六—八二〇）七，太和開成間（八二七—八四〇）凡四。然天子惡其外附回鶻，不復官爵渠長。會昌二年（八四二）回鶻破，契丹酋屈戍始復內附，拜雲麾將軍守右武衛將軍。於是幽州節度使張仲武為易回鶻所與舊印，賜唐新印曰奉國契丹之印。』

——唐書卷二百十九北狄傳契丹條

『契丹王屈戍，武宗會昌二年（八四二）授雲麾將軍幽州節度使，是為耶瀾可汗。張仲武奏契丹舊用回鶻印，乞賜聖造詔以奉國契丹為文。』

——遼史卷六十二世表

『太平興國六年五月（九八一）詔遣供奉官王延德殿前承旨白勳使高昌，雍熙元年（九八四）四月延德敘其行程來上云，……次歷拽利王子族有合羅川唐回鶻公主所居之地，地基尚在，有湯泉池。傳曰契丹舊為回紇牧羊，韃靼舊為回紇牧牛，回紇徙甘州，契丹韃靼遂各爭長攻戰。』

——王明清揮麈前錄卷四王延德高昌行記

回鶻於唐武宗會昌元年（八四一）被黠戛斯所破，逃奔河西及葱嶺東西，其舊地爲契丹所有。於是乃臣於契丹。

『（太祖）七年（九一三）和州回鶻來貢。』

——遼史卷一太祖紀

『天贊三年（九二四）九月丙申朔，次古回鶻城勒石紀功。甲子詔礱闢遏可汗故碑（註一），以契丹，突厥，漢字紀其功。……回鶻霸里遣使來。十一月乙未朔，獲甘州回鶻都督畢離遏，因遣使諭其主毋母主。』

——遼史卷二太祖紀

『昔我太祖皇帝北征過卜古罕城（註二），即遣使至甘州詔爾主毋母主曰：「汝思故國耶，朕即爲汝復之。汝不能返耶，朕即有之。在朕猶在爾也」。爾主即表謝，以爲遷國於此，十有餘世，軍民皆安土重遷，不能復返矣。』

——遼史卷三十天祚紀

『四年（九二五）四月，回鶻毋母主遣使貢謝。』

——遼史卷二太祖紀

按回鶻雖爲黠戛斯所破，遷徙而西，然其遺帳之伏於山林者，勢當仍未可侮。度情推勢，回鶻契丹之間，必有戰爭之舉。惟遼史及五代史宋史均未有此項明文。遼史中約可透露消息者如下：

『天顯元年（九二六）以奚部長勃魯思王郁自回鶻新羅吐番黨項室韋沙陀烏古等從征有功，優加賞賚。』

——遼史卷二太祖紀

『從太祖破于厥里諸部，定河壖黨項下山西諸鎮，取回鶻單于城。』

——遼史卷三太宗紀

至契丹聖宗時，曾三次攻甘州回鶻，似亦未大有所獲。

『統和二十六年（一〇〇八）蕭圖玉奏討甘州回鶻，降其王耶剌里，撫慰而還。』

——遼史卷十四聖宗紀

『二十八年（一〇一〇）……西北路招討使蕭圖玉奏伐甘州回鶻，破肅州，盡俘其民。詔修土隗口故城以實之。』

——遼史卷十五聖宗紀

『太平六年（一〇二六）遣西北路招討使蕭惠將兵伐甘州回鶻。……八月蕭惠攻甘州不克，師還。自是阻卜諸部皆叛。』

——遼史卷十七聖宗紀

『聖宗……一舉而復燕雲，破信彬，再舉而躪河朔，不亦偉歟。既而侈心一啓，佳兵不祥，東有茶陀之變，西有甘州之喪。』

——遼史卷十七聖宗紀

『（蕭圖玉）以本路兵伐甘州降其酋長牙懶，既而懶牙復叛，命討之。克肅州，盡遷其民土隗口故城。』

——遼史卷九十三蕭圖玉傳

『（蕭惠）太平六年討回鶻阿薩蘭部征兵諸路，獨阻卜酋長直剌後期。立斬以狥。進至甘州，攻圍三日，不克而還。』

——遼史卷九十三蕭惠傳

按甘州之役，聖宗紀之考語，竟列入之與其下燕雲破河朔並論，雖一爲敗一爲勝，然足知此役之受創甚巨也。

按回鶻王耶剌里，宋史作夜落紇，雖夜耶聲韻同，落剌聲同，然二史同爲元人所修，而二者譯文之異竟相距若是之遠，亦云奇矣。

回鶻貢於契丹，遼史本紀中屢見不鮮，雖未足據此以斷回鶻附屬於契丹，然足證二者之關係繁複也。茲統計回鶻貢於遼之次數如下：

帝名	年數	貢次數	平均每貢次年數
太祖	三十年	三次	十年
太宗	二十年	九次	二年（强）
世宗	四年		
穆宗	十八年	二次	九年
景宗	十四年	五次	三年（弱）
聖宗	四十八年	二十六次	二年（弱）
興宗	二十四年	七次	三年（强）

道宗	四十六年	十次	四年(強)
天祚帝	二十五年	二次	十二年(強)
總計	二百一十九年	六十四次	三年五個月

按古代異國之朝貢其經濟意義勝於政治意義，且大都朝貢者所得利益反勝於受朝貢者，故受朝貢者一方往往限止朝貢者一方朝貢之次數。朝貢者所得賜物若不足償其值時，則往往當廷爭執索還貢物。故決難由朝貢關係遽斷二者之隸屬性質。回鶻實爲中亞一商業民族，其朝貢於契丹，商業性質尤大，故難以此斷回鶻之隸屬於契丹也。按回鶻此時分三部，一甘州回鶻，一西州回鶻，一葱嶺西回鶻。甘州回鶻雖屢見於中國史之記載，然比之其他二部其勢力相差甚巨，大抵甘州之部與契丹之關係，性近臣屬，若西州與葱嶺西之二部，則與契丹因均分庭抗禮之國，契丹聖宗之三征回鶻均係甘州之部，亦可證也。詳見拙著唐後回鶻考。

回鶻臣屬於契丹之痕跡，可見者如下：

『遼國外十部：烏古部，敵烈部，隈古部，回跋部，嵓母部，迭剌葛部，回鶻部，長白山部，蒲盧毛朵部。

右十部不能成國，附庸於遼。時叛時服，各有職貢。猶唐人之有羈縻州也。』

——遼史卷三十三部族下

『遼制屬國郡官，大者擬王封，小者准部使。命其酋長與契丹人區別而用。恩危兼制，得柔遠之道。考其可知者，具如左：

屬國職名總目：某國大王，某國于越，……某國某部節度使……。

(屬國官名)：阿薩蘭回鶻大王，亦曰阿思懶王府。

回鶻國單于府，興宗重熙二十二年，詔回鶻部副使以契丹人充。

沙州回鶻燉煌郡王

甘州回鶻大王府。』

——遼史卷四十六百官志

按阿薩蘭回鶻係指西州回鶻而言，遼史凡十餘見阿薩蘭回鶻之處。宋史言「其王始稱西州外生師子阿厮蘭漢」。阿斯蘭阿薩蘭當爲同音之異譯，

4

西史作 Arslan，意獅子也。外生當爲外甥，甘州回鶻，葱嶺西之回鶻，均以甥自居，而以舅翁尊唐宋，蓋緣唐公主多下嫁回鶻故也。師子爲阿薩蘭之意譯，同獅子。

沙州回鶻燉煌郡王，實係漢人曹姓。瓜沙初陷於吐番，唐末張義朝號召義軍復之，張氏亡後爲曹氏。後亡於夏。時回鶻統治其地，「而不有其人民」。然度情推勢，曹氏必同化回鶻已深，故遼史多作回鶻曹氏，或沙州回鶻曹氏也。

契丹中似用回鶻人甚多。

『道宗淸寧九年（一〇五三）……回鶻海鄰褒里耶律撻不也阿厮宜分人急里哥霞末乙只辛魯並加土將軍，諸護衛及士卒庖夫拏手傘子等三百餘人各授官有差。』

——遼史卷二十五道宗紀

按上文回鶻下諸人名句讀，作者未能分點。

回鶻初信摩尼教，該教且藉其力以傳於中國。再徙後，改信佛教，且爲該教之有力宣傳者。故中史屢見回鶻進梵僧於契丹之記載。

『聖宗統和十九年（一〇〇一）回鶻進梵僧名醫（於遼）。』

——遼史卷十四聖宗紀

『道宗咸雍三年（一〇六七）西夏進回鶻僧，金佛，梵覺經（於遼）。』

——遼史卷二十二道宗紀

契丹亡後，耶律大石西走，假道西州回鶻。回鶻宴之於邸，且送駝馬，質子孫爲附庸。

『天會八年（一一三〇）耶律大石會衆西行時，先遺書於回鶻王畢勒哥要求假道，略曰：「昔我太祖皇帝北征過卜古罕城，即遣使至甘州詔爾主毋母主曰：『汝思故國耶，朕即爲汝復之。汝不能返耶，朕卽有之。在朕猶在爾也』。爾主即表謝，以爲遷國於此十有餘世，軍民皆安土重遷，不能復返矣。是與爾國非一日之好也。今我將西至大食，假道爾國，其勿致疑」。畢勒哥得書，即迎

5

至其邸，大宴三日。臨行，獻馬三百，駝百，羊三千，質子孫爲附庸。送至境外。』

——遼史卷三十天祚紀

然回鶻旋即執耶律大石之黨獻於金。足證回鶻之聽契丹假道，蓋爲勢所逼，而非心服之也。

『和州回鶻執耶律大石黨撒爪迭里罕迭，來獻於金。』

——西夏紀引西夏書事與金史交聘表

按金史交聘表無此條，當係西夏紀誤引。

耶律大石西走至葱嶺西，降西域諸國，建都於今吹河畔之地，號虎思窩魯朵。

『所過敵者勝之，降則安之。兵行萬里，歸者數國。獲牛馬羊財物不可勝數。軍勢日勝，銳氣日倍。至尋思干，西域諸國舉兵十萬號忽兒珊來拒戰。兩軍相距二里許，……三軍俱進，忽兒珊大敗，僵屍數十里。駐軍尋思干凡九十日，回回國王來降，貢方物。又西至起兒漫，文武百官册立大石爲帝。延慶三年班師東歸，馬行二十日得善地，遂建都城，號虎思窩魯朵。』

——遼史卷三十天祚紀

虎思窩魯朵蓋葱嶺西回鶻之地，故契丹實敗回鶻而臣之。

『金大定中(一一六一—八九)回紇移習覽三人至西南招討使貿易，自言本國回紇鄒括番部，所居城名骨斯訛魯朵(即虎思窩魯朵)，俗無兵器，以田爲業，所獲十分之一輸官。耆老相傳，先時契丹至，不能拒，因臣之。契丹所居屯營，乘馬行，自旦至日中始周匝。近歲契丹使其女婿阿本斯領兵五萬，領兵北攻葉不輦等部族，不克而還，至今相攻未已。(金世宗問後)詔曰，「此人非隸朝廷番部，不須發遣。可於咸平府舊有回紇人中安置，毋令失所」』。

——金史一百二十一粘割韓奴傳

契丹虎思窩魯朵爲回鶻舊地，蒙古初載之遊記亦多記之者。

『又言西南至尋思干萬里外回紇國最佳處，契丹居焉。……十有六日西南過板橋渡河，晚至南山下，即大石林牙國，其王遼後也。大石領衆走西北，移徙萬餘里，方至此地。風土氣候與金山不同，平地多以農業爲務。釀葡萄爲酒，果實與中國同。夏秋無雨，疏渠灌漑，百穀用成。東北西南，左右山川，延袤萬里，傳國幾百年。乃蠻失國，依大石，士馬復振。盜据其土，既而算端西削其地。天帝至，乃滿尋滅，算端亦亡。』

——西遊記

『大契丹大石者，在回紇中，昔大石林厖，遼族也。太祖愛其俊辯，賜之妻。而隱蓄異志，因從西征。挈其奴，亡入山後。糾集羣鳩，經西北，逐水草居。行數載抵陰山，雪石不得前。乃屏車以駞負輜重入回紇，攘其地而國焉。』

——北使記

陳垣氏及 Bretschneider 謂上引二書所用回鶻之含意，乃代表回回敎徒，非以之代表回鶻種族者。斯乃誤於葱嶺西無回鶻之結論。已詳拙作葱嶺西回鶻考，今不具論。

耶律大石定居吹河後，非獨臣屬該地之回鶻也，且復西征喀什葉爾羌和闐，別失八里等地之回鶻而臣之。此時甘州之回鶻已亡於夏，所餘西州及葱嶺東西之回鶻乃均爲契丹之附庸矣。

『Tarikh Djihan Kushai（征服世界者略史）云：「這個契丹王子把突厥許多部落都征服了，不久他已領有四萬餘戶，最後他就到了八兒沙袞。……當黑契丹至其地時，其統治者立即表示降附。……從此以後，黑契丹的菊兒汗即統治其國全部。…………又征服了喀什噶兒，和和闐」。』

——Bretschneider: Mediaevel Researches from Eastern Asiatic Sources: Kara Khatai.

『Ibn el A'thir 云：「當五百二十二年間（此爲回敎紀元，即公元一一二八），有由中國來的菊爾汗行抵喀什噶爾，其人渾名跛子，爲許多軍隊的首領。當時喀什的統治者，爲哈三之亞汗默德，立即集合他的軍隊來拒敵。不想他大敗且戰死。當菊兒汗離開中國到突厥斯坦的時候，那裏已有他許多的同國人，都是從前遷來的。他們都服役於突厥斯坦的可汗下，可汗很信任他們，使防備東界。及菊兒汗來了以後，這些八都馬上歸附了他。按照他們的目的，在全部突厥斯坦建立起他們的統治權來。』

——Bretschneider: Mediavel Researches from Eastern Asiatic Sources: Kara Khatai.

『己巳春（一二〇九）畏兀兒國王亦都護（巴而朮阿而忒的斤）聞主威名，遂殺契丹所置監國少監，欲求議和。』

——聖武親征錄

『成吉思汗時候，巴爾朮爲畏吾兒之葉都護，西遼菊爾汗征服河中地及突厥斯坦後，巴爾朮爲其臣屬，菊兒汗任 Shadhem 爲畏吾兒之監國。』

——Bretschneider: Mediavel Researches from Estern Asiatic Souces: Uigur.

按和闐葉爾羌喀什噶爾之爲回鶻所据在十一世紀初，已詳拙作伊斯蘭教入新疆考，今不贅。至畏兀兒則爲西州回鶻之裔，至元時，以畏吾兒名。

其後，西遼爲乃蠻所篡；至成吉思汗時，喀什噶爾葉爾羌和闐，歸於元。別失八里（即北庭）之畏兀兒亦殺西遼之監國而降太祖。於是回鶻與契丹之關係乃告終。

『曷思麥里，西域人，本居骨則斡兒朵，初爲西遼闊兒汗近侍，後爲骨則斡兒朵所屬可散和八思哈二城縣官。成吉思西征時，即以二城並其酋長迎降。大將哲伯以聞，帝命曷思麥里從哲伯爲先鋒。攻克乃蠻後，曷思麥里斬其主屈出律。哲伯命其持屈出律首徇各地。於是可失哈兒（喀什噶爾）押兒牽（葉爾羌）斡端（和闐）等城皆望風降附。』

——元史卷一百二十曷思麥里傳

『成吉思汗時，巴爾朮爲畏吾兒之葉都護，……聞成吉思汗之雄武，乃下令殺西遼之監國（時彼方在哈喇和卓城），急遣 Katalmysh-Kata, Omur-ugul, Tatari 謁成吉思汗，復上書曰：「如雲淨見日之光輝，冰銷見水之清流然，大使之至（成吉思汗曾先遣二使至其國），使予之憂恐化爲無上之喜悅。』

——Bretschneider: Mediavel Researches from Eastern Asiatic Sources: Uigurs

按元秘史葉都護所派遣之使臣爲阿惕兀乞剌黑，與上三者之音皆不相近。

總之，回鶻盛時，契丹爲其臣屬；西徙後，回鶻之一部臣於契丹；至黑契丹（西遼）與於葱嶺西，於是回鶻乃盡臣於契丹。此前後迄三百年回鶻與契丹關係之大略也。至二者在文化之相互影響，則以材料缺乏，未能得其真象。然觀契丹之改大人爲可汗，稱皇后爲可敦，及稱京城之爲窩魯朵，似足證契丹所受回鶻文化影響甚深。他日有材料時，當專篇論之也。

註一，闕遏可汗故碑。按近代在和林回鶻故城發現之碑，名九姓回鶻愛登里囉汨沒蜜施合毗伽可汗聖文神武碑。此碑爲回鶻文，中國文，突厥文三種文字。元時耶律鑄曾親見之，玆据之以改正唐書之特勒爲特勤。不知此闕遏可汗（毗伽可汗）故碑與此碑爲一乎。然遼史既謂以契丹突厥中國文字紀其功，今所發現碑應有契丹文方妥。故誌之，以就正於知者。

註二，卜古罕城，當即爲毗伽可汗城之省言。毗伽可汗爲回鶻歷代可汗之公名，毗伽可汗城猶華言皇城京城之謂也。當即指回鶻建都於喀喇巴爾迦遜之都城而言。說詳拙譯中世紀西方學者關於維吾爾之研究之譯註。

秦晉開拓與陸渾東遷

劉德岑

一

自周民族東遷後，西北半開化之遊牧民族亦相率東殖，所謂岐周故地，舉淪爲戎土。故後漢書西羌傳曰：「及平王之末，周道陵夷，戎逼諸夏。自隴山以東，及乎伊洛，往往有戎。于是渭首有狄豲邽冀之戎，涇北有義渠之戎，洛川有大荔之戎，渭南有驪戎，伊洛間有揚拒泉皐之戎，潁首以西有蠻氏之戎」。史記匈奴列傳曰：「當是之時，秦晉爲強國。文公攘戎狄，居于河內，圁洛之間有號曰赤翟白翟。秦穆公得由余，西戎八國服于秦。故自隴以西，有緜諸，緄戎，翟豲之戎。岐，梁山，涇，漆之北，有義渠，大荔，烏氏，朐衍之戎。而晉北有林胡，樓煩之戎。燕北有東胡，山戎。各分散谿谷，自有君長，往往而聚者，百有餘戎」。可知上自東遷以後，中歷春秋迄於戰國，秦晉二民族固處于羣戎環抱之中，戎勢盛而秦晉勢危也。然亦惟以秦晉勢危，始能致力于開拓。惟以秦晉致力于開拓，而戎翟始被迫東下。惟以戎翟之漸居中夏，而始漸次歸於消滅。歷代異族之入居中夏者，多循此理而不爽，豈僅東遷後至春秋之間爲然，又豈僅陸渾戎之一支而已！欲明陸渾之東下，請先言秦晉之發展：

秦民族自襄公救周後始列爲諸侯，與諸夏通使聘。襄公十二年，伐戎至岐，知戎尚處秦東，而秦實處戎圍之中。文公十三年，以兵七百人東獵。四年，始居于汧渭之間。十六年，以兵伐戎，收周餘民而有之。寧公二年，徙于平陽，伐蕩社。三年，亳王奔戎，而蕩社亡。十二年，伐蕩氏，取之。武公元年，伐彭戲氏，至于華山。十年，伐邽冀戎，初縣之。十一年，縣杜鄭，滅小虢。德公居雍，梁芮來朝，大河之西與渭南洛東皆歸秦人版圖，秦人之地愈東而勢亦愈盛。至宣公四年，與晉戰于河陽，勝之，秦晉二民族始交爭也。自河陽戰後，衝突更急。繆公伐茅戎，秦人又渡河而東矣！繆公五年，秦晉再戰于河曲。十五年，三戰于韓，其勢更烈。至二十一年，陸渾戎東遷。自陸渾東遷之後，秦人勢促，雖三置晉君而卒未能與晉爭鋒，乃退而西服戎夷矣。

晉民族在武獻之前，其勢甚微，居于深山，而戎翟實環之，拜戎尚不暇也。自曲沃武公滅翼而併于一，其勢始盛。故左傳曰：「武獻而後，兼國益多」。獻公十二年，城蒲曲。十六年，滅霍，耿，魏。二十二年，滅虞，虢。蓋獻公以申生居曲沃，重耳居蒲，乃致力于西南。自滅楊，霍，耿，魏及焦，其勢又至于大河之南。當此之時，秦之勢日迫而東，晉之勢日迫而西。諸弱小之處于此二大民族間者，滅亡殆盡。緩衝者盡，兩大始相交爭。是以自河陽戰後，再戰于河曲，三戰于韓原。韓原之戰，秦人至河東，內至解梁，故惠公有「寇深事急」之歎；晉人勢較弱。乃至晉惠之十二年陸渾東遷，晉人之勢又盛而秦人局促于關西矣。

由秦晉之開拓至陸渾之東遷，爲秦晉二民族發展之自然階段。由陸渾之東遷，始定秦晉之勝負。則陸渾戎之關係于秦晉二民族者重矣。由秦晉遷陸渾戎之年上溯之，距晉獻之城蒲曲凡三十年。更上溯之，秦人之取蕩氏巳一甲子矣。在此數十年間，秦晉疆域日闢，諸戎翟相率東下。戎由陝出潼關東下而入伊洛之間。狄由晉境竄太行之東。後之讀史者唯知春秋時戎翟爲禍之烈，唯知其狠奔豕突之來，而不知其所以來之原因。明乎秦晉之開拓，則庶幾近之矣。

二

秦晉二民族之開拓既明，次言陸渾戎之演變。

陸渾戎爲玁狁之後裔。王靜安曰：「又河南山北之陰戎，伊川之戎，陸渾戎，皆徙自瓜州。所謂『允姓之姦，居于瓜州』者，亦玁狁也」。顧棟高曰：「戎之別有七：其在瓜州者，曰允姓之戎，遠莫知其所居。秦晉遷于中國，則曰陸渾之戎，今爲河南府嵩縣。又曰陰戎，又曰九州戎，又曰小戎，晉惠公母家，傳謂小戎子生夷吾。逮惠公歸自秦而誘以來，處之陸渾，世役于晉」。是知陸渾本玁狁之後，其故居在瓜州，至晉惠公始遷于中原。左僖二十二年傳曰：「初，平王之東遷也，辛有適伊川，見披髮而祭于野者，曰：『不及百年，此其戎乎？其禮先亡矣！』秋，秦晉遷陸渾之戎於伊川」。左昭九年傳曰：「王使詹桓伯辭于晉曰：『先王居檮杌於四裔，故允姓之姦居于瓜州。伯父惠公歸自秦而誘以來，使逼我諸姬，入我郊甸，則戎焉取之！戎有中國，誰之咎也！』」陸渾自遷伊川之後，又名其地曰陸渾。其族所佈者卽今豫西之伊川流域也。漢書地理志，弘農郡，陸渾下，注曰：「春秋遷陸渾戎於此」。左傳杜注曰：「周地，伊水也。允姓之戎居陸渾，在秦晉西北，二國誘而徙之伊川，遂從戎號，至今爲陸渾縣」。陸渾東遷伊川，後名縣曰陸渾，亦以族名而爲地名也。

陸渾戎又名九州戎。左宣三年傳：「楚子伐陸渾之戎，遂至於雒，觀兵于周疆」。杜注：「雒水出上雒冢嶺山，至河南鞏縣入河」。楚人伐陸渾至于雒，證陸渾仍居伊川，距周最邇，楚子始能伐之而觀兵于周疆。後以陸渾戎睦于楚，晉人嫉而滅之。左昭十七年傳：「晉侯使屠蒯如周，請有事於雒與三塗。萇弘謂劉子曰：『客容猛，非祭也！其伐戎乎？陸渾氏甚睦於楚，必是故也。君其備之！』乃警戒備。九月，丁卯，晉荀吳帥師涉自棘津，使祭史先用牲於雒，陸渾人弗知，師從之。庚午，遂滅陸渾。數之，以其貳于楚也。陸渾子奔楚，其衆奔甘鹿，周大獲。宣子夢文公攜荀吳而授之陸渾，故使穆子帥師獻俘于文宮」。陸渾戎既滅後，其部族，或奔於周，或奔于楚，或併于晉。自此之後，陸渾戎之名不見于經傳，而九州之戎忽出。然細考之，九州之戎乃陸渾之孑遺也。左昭二十二年傳：「晉籍談荀躒帥九州之戎及焦瑕溫原之師，以納王于王城。庚申，單子，劉蚠以王師敗績于郊，前城人敗陸渾于社」。杜注曰：「九州戎，陸渾戎，十七年滅，屬晉」。又左哀四年傳：「司馬起豐析與狄戎，以臨上雒，左師軍于菟和，右師軍于倉野。使謂陰地之命大夫士蔑曰：『晉楚有盟，好惡同之。若將不廢，寡君之願也。不然，將通於少習以聽命！』士蔑請諸趙孟，趙孟曰：『晉國未寧，安能惡于楚？必速與之！』士蔑乃致九州之戎，將裂田以與蠻子而城之，且將爲之卜。蠻子聽卜，遂執之，與其五大夫以畀楚師于三戶」。杜預注曰：「九州戎，在晉陰地陸渾者」。總上諸證，知陸渾之孑遺爲九州戎；九州戎在晉陰地，故又名曰陰戎。

然則又何以九州爲名乎？九州，地名也。其部族居是地，故名九州戎。鄭語曰：「謝西之九州何如？」韋昭曰：「謝西有九州，二千五百家曰州」。左昭四年傳：「司馬侯曰：『四嶽，三塗，陽城，太室，荊山，中南，九州之險也』」。後人每以禹貢之九州當之，誤甚。夫

3

三塗在嵩縣，陽城太室在登封，中南在陝西，至于荆山，想以北條荆山爲是，在今陝西富平縣南，與終南相近。此所謂九州之險者，爲陝之東南，晉之西南，楚之西北，數國交界錯綜之域，異姓雜處，故司馬侯言其不一姓也。九州者當在此區之中，陸渾之子遺即散居于此，故亦得九州之號焉。故所謂九州戎，陰戎，陸渾戎者，皆名異而實同也。

三

秦晉遷陸渾之原因何在乎？與其曰秦晉遷之，不如曰晉人遷之。秦晉自河陽戰後，衝突日烈，至韓原之戰，寇深事急，晉人憂懼，惠公歸自秦而始攜陸渾居伊川，以爲臂助，兼以禦敵。予思得陸渾戎之所以能東下者，原因有五：

一、晉人使陸渾處伊川，西以塞秦人東下之路，南以禦楚師北上。魯僖三十三年，秦師敗于殽，爲阻秦東下之明證。昭十七年，晉人滅陸渾，以其睦于楚，爲晉人防楚之證。

二、陸渾東下之前，伊洛間有揚拒泉皐之戎，伐京師，焚王門，爲禍甚烈。自陸渾東來，此戎遂泯，蓋爲晉人以夷制夷之方略。

三、秦晉勢強，疆土日闢，諸戎漸次吞滅殆盡。陸渾鑒于當前危急，亦樂于東竄。

四、惠公之母出自小戎，晉與陸渾有婚媾之事，故陸渾亦樂役于晉。

五、惠公之妻出于秦，秦晉有婚媾之事，故秦亦不阻晉人遷戎而東下。

總此五因，陸渾東遷之事亦可粗爲解決。不過其最大原因仍在于秦晉之開拓疆土，諸戎怵于威逼，相次東來。陸渾東來後爲晉滅，遂與諸夏系統相混而不可分矣。

贈書志謝

本會近承會內外同志贈書多種，公布於下，藉致謝忱：

尹澤新先生贈：雲南北界勘察記十卷一册，滇緬界務北段地圖（均尹明德等著），滇緬界務北段調查報告一册，天南片羽一册（均尹明德著）。

顧起潛先生贈：朝鮮地理小志一册（朝鮮青華山人原稿，吉安江景桂譯纂，光緒十一年中國駐日使館鉛印本）。

于鶴年先生贈：天津衛考初稿一册（于鶴年著）。

黃尊生先生贈：中國問題之綜合的研究一册（黃尊生著，民國二十四年啓明書社出版）。

河南林縣沿革考

趙九成

1

林縣，周時屬衛國，春秋時屬晉國，戰國時爲韓國的臨慮邑(一)，後來又成了趙國的領土。其地有石城，在縣西南九十里，秦惠文王十一年伐趙拔石城，就是這個地方(二)。至秦統一，隸屬于邯鄲郡。

漢時始在那裏置隆慮縣，屬河內郡。漢書卷二十八地理志載：

隆慮：國水東北至信成，入張甲河，過郡三，行千八百四十里。有鐵官。(應劭曰：「隆慮山在北，避殤帝名改曰林慮也」。師古曰：「慮音廬」。)

李吉甫元和郡縣志卷十六亦載：

林慮縣本漢隆慮縣，屬河內郡，以隆慮山在北因以爲名。後避殤帝諱，改曰林慮。

據此我們知道林縣在漢時叫做隆慮縣，以隆慮山在北故也。到了東漢延平時，因避殤帝的名諱，才和那座因之得名的大山，一同改名叫做林慮了。惟在漢朝初年有可注意的兩件事，就是在這裏曾經封過兩個國家：

一，周竈國，高祖六年封，景帝中元年除(三)。

二，陳融國，景帝中元年封，武帝元鼎元年除(四)。

其次是有鐵官，可知那時這裏是產鐵的。不過有一個我所不能解決的問題，那便是漢書中所說的國水。林慮之有國水，不見于其他載籍中，不知究竟指的是那一條水？況且這條水行千八百四十里，原是很長的一條水，不會在那時還存在，現在便會消滅了的。我很疑心國水便是現在的漳水，因爲漳水亦係由林慮東北經過，且係甚長的河流，或者「國」爲「漳」之誤文，原係一個弄成了兩個也是很可能的。不過在找不到強有力的証據時，我却不敢自信，故誌此以質疑。

至漢獻帝建安十七年，割屬魏郡。三國時，仍名林慮縣，屬魏國的朝歌郡。晉時屬司州汲郡。南北朝時，北魏太武帝太平眞君六年廢縣，併入鄴縣(臨漳)。文帝太和二十一年時，復置林慮縣(五)。孝莊帝永安元年，置林慮郡，理于此，隸屬司州(按司州治鄴城，魏武帝國于此，太祖天興四年置相州，天平元年遷都，改司州)(六)；共領縣四，就是林慮縣，臨淇縣，共縣和魏德縣。其事俱見于魏書卷一百六上，並說那裏「有陵陽河，東流爲洹」。

至東魏孝靜帝天平初年，又于其地析置臨淇縣。魏書卷一百六上載：

臨淇，天平初，分朝歌，林慮，共置。有王莽嶺，源河，東流爲淇，有黎川，祜柏嶺，黎城，淇城。

林慮的臨淇鎮，原是置過縣的，無怪乎現在的臨淇人常欲和林縣脫離而自立一縣也。再有可注意的一件事情，就是林慮之有城牆，是在天平元年築的(七)。至北齊文宣帝天保七年時，廢林慮郡；後周(武帝)平齊，便又把林慮郡恢復了。

隋時林慮改隸魏郡，其間經過，錯綜複雜，茲並錄隋書卷三十地理志中有關係之文于此，以見一般：

林慮，後周置，有龍山(誤，當爲林慮山)。靈泉，後魏置林慮郡，後齊郡廢，後又置。開皇初郡廢，又分置淇陽縣，十六年置巖州。大業初州廢，又廢淇陽入焉。有林慮谼，仙人臺，洹水。臨淇，東魏置，尋廢，開皇十六年復，有淇水。

乾隆河南林縣志卷一亦載：

……復置林慮郡，隋開皇(文帝)三年，郡再廢，又析置淇陽縣。十六年改置巖州。大業(煬帝)二年州廢，復爲縣，併淇陽入縣，屬魏郡。其臨淇縣亦廢入焉。

顧祖禹讀史方輿紀要卷四十九亦載：

淇陽城：志云：在縣南三十里，隋初置淇陽縣，屬相州。大業初，幷入林慮縣。

據此我們知道林縣在隋時經過許多變遷，其間廢而復，復而廢者數次，最後還是只剩下了一個林慮縣。惟李吉甫元和郡縣志有一段記載和別處都不同，他說：

……魏文帝立，復屬魏郡。周武帝置林慮郡。隋開皇三年罷郡，縣屬相州(卷十六河北道一)。

按魏文帝時林慮屬魏郡，不見于其他記載，恐怕是錯誤了。不然，就是在那個很短的期間內，曾隸屬于魏郡。至于隋開皇三年罷郡後，他處都沒有說其時縣屬相州，而此獨言縣屬相州，顯然和別處有不同的地方。不過李吉甫的話大概是對的。第一因爲他是唐時人，距隋較近，他的話當然比較可靠些。第二因爲顧祖禹有「隋初置淇陽縣，屬相州」的話，我們由此亦可斷定李氏的話是可靠的。蓋魏郡和相州原是一個地方，有時叫這個名字，有時叫那個名字。北周時叫做相州，當是隋初還沒有改名。淇陽縣是由林慮分出來的，地址在林慮之南且屬相州，那末林慮當然也是屬相州的。到了大業的時候，相州才又改做魏郡了。由此林慮在隋朝的沿革，可得如下結論：隋初沿周之舊，爲林慮郡林慮縣。開皇三年廢郡，又分置淇陽縣，同屬相州。十六年改置巖州。大業二年廢州，復爲縣，併淇陽入縣；東魏時所置的臨淇縣亦于此時廢入，隸屬魏郡。

至唐高祖武德二年（有作三年的，茲依元和郡縣志），又置巖州于此；五年州廢，縣屬河北道相州。李吉甫元和郡縣志卷十六河北道一載：

> 唐武德二年，又置巖州。五年廢縣，又屬相州。林慮山在縣西二十里，山多鐵，縣有鐵官。南接太行，北連恆岳。

舊唐書卷三十九地理志二載：

> 林慮，漢隆慮縣，武德三年，置巖州，領林慮一縣。五年，巖州廢，縣屬相州。

新唐書卷三十九相州林慮下面的注：

> 上；武德二年，以縣置巖州，五年州廢來屬；有鐵；有林慮山。

顧祖禹讀史方輿紀要卷四十九亦載：

> 志云：縣東北二十五里有利城，唐置鐵冶處，宋至和（仁宗年號）中廢。

林慮在漢時曾設鐵官，但廢于何時，則不得而知了。此時因爲其地多鐵的原故，又置鐵官于此。由顧祖禹的話，我們知道鐵冶處設有利城，並且知道到宋仁宗至和年間才廢掉的。自此以後，直至現在，不聞有鐵官的設置了。

林慮故治原在縣北五里地方，至太宗貞觀十三年才建築土城于今日治所，而林慮今治的縣城至此才算奠基了（八）。此時的土貢，據新唐書所載：

> 相州鄴郡，望；本魏郡，天寶元年更名。土貢：紗，絹，隔布，鳳翮席，花口瓢，知母，胡粉。

這是相州的土貢，林慮當然亦是在內的。並于此可以看出當時的出產的大概情形。

五代因唐之舊，未有所更改。至宋屬河北西路的相州。其時的土貢，據宋史卷八十六地理志二所載是這樣的：

相州，望，鄴郡，彰德軍節度，……貢暗花，牡丹花，紗，知母，胡粉，絹。

可見宋時的貢物，有許多和唐時是相同。大約時代相近，其出產品也是沒有多大變動的。

宋南渡後，林慮便爲新興的野蠻的金人所占有，此去彼來，于是呻吟于異族統治之下者垂數百年之久。此時的沿革情形，可于金史及元史中見之。金史卷二十五地理志中載：

彰德府，散下，宋相州，鄴郡，彰德軍節度，治安陽。天會（金太宗年號）七年仍置彰德軍節度。明昌（金章宗年號）三年升爲府，以軍爲名。

其注云：

林慮舊林慮鎮，貞祐（金宣宗年號）三年十月升爲林州，置元帥府。興定（亦金宣宗年號）三年九月升爲節鎮，以安陽水冶村爲輔巖縣隸焉。隆慮山，洹山，漳水。

乾隆河南林縣志卷一亦載：

金屬彰德府，貞祐三年陞爲林州。興定三年，又析安陽地增置輔巖縣屬焉。

顧祖禹讀史方輿紀要四十九亦載：

輔巖城在縣東七十里，本安陽縣之水冶村，金興定三年置爲縣，屬林州。

這是林慮在金朝統治下的沿革情形。吾人所當注意者：第一金史中言林慮舊爲林慮鎮，恐怕是錯誤了。林縣在北魏時雖廢縣一次，然不久即復，宋時不聞有廢縣之舉；今言林慮舊爲鎮，由鎮直接升爲州，當然是不對的。此處鎮字當是縣字之誤也。第二金時的文學家王庭筠，雖是熊岳人，然因生平愛好林縣的天平黃華的山水，歸隱于此，自號黃華山主（九）；人傑地靈，現在林縣的黃華山還有很多王庭筠的遺跡。

元時仍金舊名，屬中書省彰德路。元史卷五十八地理志一載：

彰德路，下，唐相州，又改鄴郡。石晉升彰德軍，金升彰德府。元太宗四年立彰德總帥府，領衛輝二州。憲宗二年，割出衛輝，以彰德爲散

4

府，屬眞定路。至元（元世祖年號）二年復立彰德總管府，領懷，孟，衛，輝四州，及本府安陽，臨漳，湯陰，輔巖，林慮五縣。四年，又割出懷，孟，衛，輝，仍立總管，以林慮升爲林州，復立輔巖縣隸之。六年，併輔巖入安陽。

林州，下，本林慮縣，金升爲州。元太宗七年行縣事，憲宗二年復爲州。至元二年復爲縣，又併輔巖入焉。未幾復爲州，割輔巖入安陽，仍以州隸彰德路。

這是在元時沿革的情形，其間州改爲縣，縣改爲州者數次，最後還是給州戰勝利了。而其屢行改易，亦足以見蒙古人之缺乏政治能力了。在此時期中曾重修縣城一次，乾隆河南林縣志卷二：

……元至正（順帝年號）十三年再修。周圍三里，三百二十步。城有四門，南曰宣化，北曰孝感，東曰忠義，西曰社稷。

至明，林縣屬河南省彰德府。明史卷四十二地理志三載：

林，府西稍南，元林州，後廢；洪武元年九月復置。二年四月降爲縣。西北有隆慮山，亦曰林慮，洹水出焉。……

縣城在此時期中大加修築，現在林城的樣式，都是那時候遺留下來的遺績。乾隆河南林縣志卷二載：

明嘉靖（世宗年號）間，避西山水勢，因塞西門，門上建樓五座，四翼建翼樓四座。至萬曆（神宗年號）元年始奉詔改建石城，高三丈五尺，廣一丈。後北門坍毀；二十一年，知縣謝恩聰重修門外甕城三，上俱建樓。其城壕周圍長四里二百八十步，深一丈五尺，闊二丈五尺。壕外有月堤，正德（武宗年號）八年知縣王雲重修。又城外舊有石敵臺三，崇禎八年通判署縣事趙崇賢建。正西臺一，西南臺一，東南臺一，各高三丈六尺。舊志稱：林縣雖有石城之固，而西距行山二十餘里，平原曠野，萬馬可容。東南逼近高山，登眺者易窺虛實。三臺鼎峙，互相屏蔽，誠千秋固圉之長策也。

至其所以改建石城之原因，胡汝登修石城記言之甚詳：

彰德有縣屬曰林縣，當太行之麓，在萬山中，因巖險爲鄴西一保障。地處太行下浸，每値霖潦時，有衝齧之患。城故築土以成，不堪久遠。至隆慶傾圮已甚，識者有隱憂焉。(載乾隆林縣志)

這是在明代的情形。至淸並沒有多大改動，不過淸將河南省分爲四道，河北的一道，叫做彰衞懷道，所屬爲彰德，衞輝，懷慶三府(十)；林縣那時仍隸屬彰德府(十一)，當然也隸屬在彰衞懷道統治之下的。

辛亥革命，推翻滿淸，全國疆域都有相當的變動。第一聲便是府制的革除，河南是在民國二年二月始行廢府的(十二)；那時河南又設了四道，就是豫東，豫北，豫西，豫南，林縣是隸豫北道之內的。翌年改爲開封，河北，河洛，汝陽四道，林縣屬河北道(十三)。後來道制廢了的時候，便直轄于河南省。最近數年來又有省下分區的制度，每區設有行政督察專員，不過僅是一個督察而已，並不是行政機關。說起來，林縣是在河南的第三區內的。

林縣現在的疆界，東西廣九十里，南北袤一百八十里。正東至安陽縣界四十里，東南至湯陰縣界一百里，正南至輝縣界一百里，西南至山西陵川縣界一百里，正西至山西壺關縣界五十里，西北至山西平順縣界八十里，正北至涉縣界八十里，東北至安陽縣界八十里。

至林縣形勢之險峻，各書多有記載之者，茲並摘錄下來，以作本文之殿。顧炎武天下郡國利病書五十二河南三載：

林縣居太行下，北有蟻穴，亦險地也，今設兵守之。地僻止通秦晉，他商賈罕至。自水冶至縣，路險不能行車(今不然矣)。民健樸，亦喜爭鬥。田多岡阜，有積石，惟南川平衍，宜桑，棗，黍，穀，麻，菽，木棉，喜潦惡旱，山產則甲于諸縣。

乾隆河南林縣志卷一載：

林縣西鎭太行，東蟠列嶂，北阻合漳山谿之固，南扼關嶺盤棧之雄。險比羊腸，行多鳥道。中州險僻之區，鄴郡西南之屛藩也。按疆域雖有廣九十里，袤一百八十里之數，然南困于涸，北苦于洊，西逼山麓，東羅岡阜。山石星繁，田疇棊布。惟南川北里，頗爲平衍。

清史稿地理志九載：

……林慮山西二十里，太行支。其異目：西黃華天平玉泉，西南徘峪棲霞，西北魯班門倚陽，皆林慮之異名者也。濁漳自山西潞城入，緣涉界，左會清漳爲漳水，東入河內。水經注逕葛公亭礂陽城北合滄溪者。其南洹水自黎城伏入，復出爲大頭河，逕城北，左會史家河陵陽河，至龍頭山復伏。西南淇水自輝入，逕石城淇陽城，左會淅水（原誤作淅水），入湯陰縣。 7

林縣沿革表

朝代	名稱	隸屬	備考
漢	隆慮縣	屬河內郡	
東漢	林慮縣	屬魏郡	避漢殤帝名改名曰林慮縣，獻帝建安十七年割屬魏郡。
三國	同上	屬魏朝歌郡	
晉	同上	屬汲郡	
南北朝	林慮郡	屬司州	北魏太平眞君六年省入鄴縣，太和二十一年復縣，永安元年爲郡治，北齊天保七年廢，周復。
隋	林慮縣	屬魏郡	隋開皇三年廢郡，十六年置巖州，大業二年廢，復爲林慮縣。
唐	林慮縣	屬相州鄴郡	武德二年復置巖州，五年廢州，仍置林慮縣。
五代	同上	屬相州	

宋	林慮縣	屬相州	受彰德軍節度。
金	林州	屬彰德軍	金貞祐三年升爲林州，興定三年升爲節鎮。
元	林州	屬彰德路	元太宗七年復爲縣，憲宗二年復爲州，至元二年復爲縣，未幾復爲州。
明	林縣	屬彰德府	明洪武三年降州爲縣。
清	林縣	屬彰德府	
民國	林縣	屬河南省	民國二年二月裁府，設道，未幾廢。

(一)據顧祖禹讀史方輿紀要卷四十九

(二)同上

(三)據禹貢半月刊第四卷第二期史念海西漢侯國攷

(四)同上

(五)乾隆河南林縣志卷一

(六)魏書卷一百六上

(七)據樂史太平寰宇記卷五十五，不過林縣志載林城是在唐貞觀時修的，此處所載，當爲未徙治時之城也。

(八)乾隆河南林縣志卷二

(九)金史卷一百二十六文藝傳下

(十)吳世勳河南

(十一)清史稿地理志九

(十二)王念倫中華民國疆域沿革錄

(十三)吳世勳河南

十月十五日，北平。

按漢志中國水，實爲洹水之誤文，非漳水也。因版已排成，不及改，附註於此。——編者

中國地方志綜錄質疑

黎光明

朱士嘉先生這部中國地方志綜錄出版的時候，我即在商務印書館買了一部，因爲我是四川人，首先就把四川的志書目錄翻開一看，就覺得這綜錄還沒有「綜」完，尙有許多遺漏地方。可惜我現住在一個沒有圖書館的小縣，找不到多的書目來同這部書作個校勘，只朱先生所引用之國立中央研究院歷史語言研究所的志書目錄，其中四川部份有許多是我經手買來的——當我買的時候，爲免重複起見，先將全省府州廳縣的地名存一份在手邊，每買一部，即在其縣名上打上一個記號——現在書雖早已保存在研究所中了，而書名却還藉此可以曉得，拿它與朱先生所引用的對照一下，發現了以下的一些該研究所應有的四川志書，竟爲朱先生所遺漏了。今列舉之於下：

(一)雙流縣志　(二)新繁縣志
(三)崇寧縣志　(四)江津縣志
(五)合川縣志　(六)南部縣志
(七)大竹縣志　(八)雅州府志
(九)威遠縣志　(十)威遠縣續志
(十一)威遠縣志三編　(十二)遂寧縣志
(十三)資州直隸州志　(十四)德陽縣志
(十五)安縣志　(十六)忠州志
(十七)酆都縣志　(十八)墊江縣志

此外則華陽縣志應是兩部，朱先生只著錄了一部，長壽縣志似乎有一部四缺一的殘本，研究所或者尙未著錄，故朱先生也未引用。又以上各志書中，除威遠縣的三種係一年前寄去者外，餘皆兩三年了，且多數是與朱先生所著錄者同時購買的，更不應此有彼無。我想這些疏漏，大概是朱先生未細查或覆查該研究所的目錄卡片所致的罷？不過僅只該研究所的四川地方志而論，已有這樣多的疏漏，則就朱先生所引用之國內二十幾個圖書館所收集的地方志而言，其疏漏想必還有許許多多的。故我希望朱先生澈底的再調查一下，把所疏漏的補行著錄進去，才勉強用得着「綜錄」二字的書名，也使書後所附錄的統計圖表有更詳細正確的價值。

我想真要說是「綜錄」的話，則朱先生這部書還有更大的疏漏點，就是對于各省圖書館和各省學界人士所藏的該省地方志書，沒有被收集進去。譬如江西省的地方志，就以江西省立圖書館收集得最爲豐富，幾乎是全省各縣皆備。四川省立圖書館（現名成都市立圖書館）中所藏的四川方志也很不少，譬如汶川縣志，該縣公署有一稍殘缺的本子，就寶貴得了不得，而圖書館中則藏有一部完全的（現在朱先生的「綜錄」中，却連汶川縣的名兒都沒了）；其他各省的志書，想來也以各該省圖書館所藏者爲不少。朱先生「凡例」中自謂採訪及者有遼寧，陝西，雲南，廣東，甘肅，浙江，湖北等省，但爲什麼不把它們的書目著錄進去？對于未採訪及的各省，又爲什麼不親身或託人採訪一下？至于個人所藏的方志，朱先生只著錄幾種孤本，而就我所知道的成都楊安瀾先生連年的收羅四川志書，現在竟有了一個府州廳縣的全份，已較任何圖書館所藏者爲豐富，其他各省想必也有這樣重視方志和收集之的人物，朱先生還應該普遍的採訪一下，要把他們所藏的書目也一併著錄出來，才算得是一部中國地方志綜錄。

書末的「書名索引」，只有依王雲五氏四角號碼檢字法的一種，而沒有依部首或筆劃多少排列的，使不懂檢字法者仍難於「索引」，這也算是個小缺點。

2

西文雲南論文書目選錄

丁 驌

Bibliography

Part I Articles in magazines

Alum R. — Another tour among the tribes people. China Millions. Feb. 1914.

,, ,, — The tribes people of Kweichow China Millions, vol. XL, Jan., 1904.

Andrews, R. C. — A naturalist's journey across little known Yunnan. Far Eastern Review, XV, p. 1-12, 1919.

ibid — Zoological explorations of western China. Geogr. Review vol. VI, 1918, p. 1-18.

Batter, F. A. — Ordovician and Silurian fossils of Yunnan. Palaeont. Indica. 1917, N. S. vol. VI? mers. 3.

Andrews, R. C. — Travelling in China's southland. Geogr. Review. vol. VI, 1918, p. 133-144.

Bourne, F. S. A. — Blue Book of China No. I, 1888.

Brown, Coggin. — Lisu tribes of the Burma-China frontier. Asiatic Soc., 1910.

,, ,, — The A-chang (maingth) tribe of Holsa Lahser, Yunnan. Calcutta, Journ. Soc., Bengal. vol. LX, 1913.

,, ,, — Contributions to the Geology of Yunnan. Record. Geol. Surv. India, vols. XVIII, pt. 4, XLIV, pt. 2.

,, ,, — The mines and mineral resources of Yunan. Mem, Geol. Surv. India, vol. XLVII pt. I, Voir annals de Geogr., vol XXX.

Calder. — Notes on Hainan and its aborigines. China review, vol, XI, p. 42.

Carey, F. W. — Journeys in the Chinese Shan states. Geogr. Journ., vol. 15, p. 486-516, 1900.

Carles, W. R. — Yangtze Kiang Geogr. Journ. vol. 12, p. 225-240.

1

Changs, B. T. Timber resources of the southwest provinces. Chin. Econ. journ. vol. V, p. 1056-1065, 1929.

Clark, H. The Lolo character of western China. Report, Brit. Ass. Adv. Sci., Southampton. p. 607–8, 1882.

Clarke, Aboriginal tribes in Kweichow. China Review vol. 5, p. 92–108.

Coales, O. Eastern Tibet. Geogr. Journ. Vol. LIII, p. 228-253, 1919.

Cordier, H. Les Lolos. T'oung pao. Dec. 1907.

,, Les Mosos. Journ. de Savants. Mar. 1908.

Derselbe, Problems of geomorphology in Siam. Journ. Siam Soc. vol. III, 1929.

Edger, J. H. Notes on temperatures in high altitudes on the Tibetian border. Journ. N. China branch, Royal Asiatic Soc., vol. XLV, p. 57-64, 1914.

,, ,, The country and some customs of Szechuan Mantze. ibid., vol. XLVIII, p. 42-56, 1917.

,, The Tibetian and his environment. ibid., vol. LVII, p. 28-49, 1926.

,, Through the land of deep corrasions from Batang to Mekong. ibid., vol. XLV, p. 33-45, 1914.

Farjenel F. Les Germent des 37 tribes Lolos. Exatrait du Jour. Asiatique, May-June 1910.

Fergusson, The Chinese Journal.

,, Map of the Lolo country. Geogr. Journ. Oct. 1910, p. 438-439.

Forrest, G. The land of the crossbow. Nat. Geogr. Mag. Washington. vol. XXI. 1910.

,, Journey on the upper Salween. Geogr. Jour. vol. XXXII, 1, p. 239-266. 1908.

Gregory, J. W. Yunnan. geogr. Jour. vol. LXI, Mar. 1923.

,, J.W. and C.J. The geology and physical geography of Chinese Tibet and its relation to the mountain systems of southeast Asia.

	Philos. Trans., Royal Soc. London, ser. B, vol. 213, 1925.
Gregory, J.W. and C. J.	The Bandu Arc. 1923.
Hogbom, B.	Contributions to the geology and morphology of Siam. Bull. geol. Inst. Uppsala, vol. XII, 1913.
Jameison,	The aborigines of western China. China Jour. of Arts and Sci. 1923, p. 376.
Kemp, E. G.	The highways and byways of Kweichow. Jour. N. China Branch, Roy. Asia. Soc. vol. LII, p. 156-185, 1921.
Kozloff, P. K.	Through eastern Tibet and Kam, Geog. Jour. vol. XXXI, p. p. 402-415, 533-534, 1908.
Krejci-Graf, K.	Geological observations along the road to Yunnanfu Sci. Ju. Sun Yat-sen University, Canton, 1931.
Laufer, J. H.	The Nichols Moso manuscript. Geogr. Review, 1911.
Lavest, M.	Race indigene ou Tou-jen der Kouangsi. Revire Indo-chineise 15, Nov. 1905.
Legendre, A. F.	Les Lolos: etude enthrologique et anthropologique. T'oung Pao. vol. X, 1909.
,,	Sifan's impression de voyage: etudes anthro. sur les Chinoise au Se-tchousen. Paris, 1910.
,,	The Lolos of Kientchang. Ann. Report, Smithson. Inst. p. 509-586, 1911.
Lietard, P. A.	Au Nun-nan, Min-kia et la Mu jen. Anthro. Bd. VII Hef. 4, 5, 1912.
,,	Notions de Grammarire Lolo. T'oung Pao, Dec. 1911.
,,	Note sur les dialects Lolo. Bull. Ecolo. Fran. Ext. Orient. IX. No. 3, 1908.
,,	Essai de dictionaire Lolo-francaise. T'oung Pao, Mar. 1911.
,,	Vocabulaire francaise-Lolo. ibid., Mar. 1912.
Madroll, C.	Quelques payplades Lolo. T'oung Pao, ser. II, vol. IX, 1908.
Mill, E. W.	An engineer journey across Yunnan. Far Eastern Review. XV, 1919, p. 741-748.
,,	Present-day Yunnanfu. ibid., XV, p. 747-748, 1919.
Naiem, A. L.	The Yu or Yan lo tribe of south China. geog. jour. 1910.

Oreleans, Prince Henry, From Yunnan to British India. Geog. Jour. vol. 7, p. 300-309.

,, Journey from Toking by Talifu to Assam. Geog. Jour. vol. 8, p. 585-601.

Playfair, The miaotze of Kweichow and Yunnan. China Review vol. 16, p. 340-347.

Price, W. R. Some aboriginal tribes of southeastern China. China Jour. Arts and Sci. vol. X. p. 176-191

Reeds, Palaeozoic and mesozoic fossils from Yunnan. Palaeont. Indica. No. X, vol. I. p. 1-331.

Rapport sur une Enquete au sujet des populations Miao publica. de la section Enthno. de l'Acade ance meiji. 1906.

Rock, J. F. Banishing the devil of disease among the Nashi. Geog. Mag. National. vol. XLVI, 1924, p. 473-499.

,, Through the great river trenches of Asia. Nat. Geog. Mag. vol. L, aug. 1926.

Ryder, C. H. D. Exploration in western China. Geog. Jour. XXI, 1903, p. 109-126.

Schotler, P. A. Notes enthnographical sur les tribes du Kong-tcheou. China. Anthro. vol. III, 1908.

Steven, Aboriginal tribes of western Yunnan. China Review.

Stevenson, P. H. Notes on human geography of the Chinese-Tibetian borderland. Geog. Review XXII, 1932, p. 599-616,

,, The Chinese-Tibetian borderland and its people. China Jour. Arts and Sci. VI, 1927, p. p. 234-242, 297-312.

Stout, The penetration of Yunnan. Bull. Geog. Soc. Philadelphia. vol. X, p. 1-35, 1912.

Talyor, Aborigines of Formosa. China Jour. Arts and Sci.

Teichman, E. Journeys through Kam. Geog. Jour. LIX, p. 1-16, 1922.

Ting, V. K. The tectonic geology of Eastern Yunnan. C. R. Congr. Geol. Intern. VII, bel. 1922, p. 1155-1160.

,, Native tribes of Yunnan. China Medi. Jour, Mar. 1931.

Thompson, From Yunnanfu to Peking along the Tibetian and Mongolian borders. Geog. Jour. LXVII, 1926, p. 2-27.

Todd, O. J. Yunnan and Kweichow, two rich but almost unopened

	provinces. The Week in China (Peking) 1927, p. 3-13.
,,	Highways in a land of barriers. Asia Mag. XXIX-I, 1929, p. 30-64.
Torri, R.	Characters physiques des tribue Lolo du sud de la Chine. Tokyo, Jour. Sci. XXII, 1907.
Tours, B. G.	Notes on an overland Journey from Chunking to Haiphong. Geog. jour. LXII, 1923, p. 117-132.
Vial, P.	Yunnan. Extrait des annals de la Soc. des missions etrangers 1905, p. 48.
Ward, K.	Across Chengtu plateau. Jour. Geog. vol. 42.
,,	The Mekong-Salween divide as a geographical barrier. Geog. Jour. 1921, LVIII, p. 49-56
,,	Glacial phenomena on the Yunnan-Tibet frontier. Geog. Jour. july, 1916, LIX, p. 363-369.
,,	The land of deep corrasions. Geol. Mag. 1916, p. 209-217.
,,	Through the Lutze country to Mekong. Geog. Jour. XXXIX, 1912, p. 582-592.
,,	From the Yangtze to the Irrawaddy. Geog. Jour. LXII, 1923, p. 6-20.
,,	The hydrography of the Yunnan-Tibetian frontier. Geog. Jour. LII, 1918, p. 288-299.
,,	The snow mountains of Yunnan. ibid., LXIV, 1924, p. 222.
,,	The valleys of Kam. ibid., LVI, 1920, p. 183-195.
,,	Through western Yunnan. ibid., LX, 1922, p. 195-205.
Wilton, E. C.	Yunnan and the west river of China. ibid., 49, 1917, p. 419-440.
Wingate, A. M. S.	Recent journey from Shanghai to Bhamo through Hunnan. ibid., XIV, 1899, 639-646.
Woodthorpe, R. G.	The country of the Shans. ibid., vol. 7, p. 577-601.
Young, E. C.	A journey from Yunnan to Assam. ibid., XXX, 1907, p. 152-178.

Part II Books on Yunnan and related to Yunnan.

Anderson, J.	Mandalay to Momien. 1876.

,,	Report on the Expedition to western Yunnan via Bhamo.
Andrews, R. C.	Camp and trails in China. N. Y. 1918.
Archer,	Report on the journey in the Mekong valley. Siam Blue book no. 1.
Arnold, J.	China: a commercial and industrial handbook. 1926. Yunnan, p. 772-782.
Baber,	Travels and researches in the interior of China. Royal soc. Papers vol. I, 1882.
Biot,	Cities and towns of China.
Bishop, I. L.	Yangtze valley and beyond. 1899.
Blakiston, T.	Five months on the Yangtze. 1863.
,,	The Yangtze valley. London 1862
Boell, P.	Contribution a l'etude de la langue Lolo, avec un vocabulaire entrois dialects.
Bridgeman,	Sketches of Miaotze. 1869.
Broomhall, M.	The Chinese Empire. 1907.
Buxton, L. R. D.	Peoples of Asia. 1925.
,,	China: the land and the people. 1929.
Clark, W.	Kweichow and Yunnan provinces. 1894.
Clarke, S. R.	Among the tribes of the southwest China, 1911.
,,	Aboriginal tribes in Kweichow.
Colquhoun, A. R.	Across Chayse. 1883.
,,	The "overland" to China. 1900.
,,	Amongst the Shans. 1885.
Davies, J. F.	Yunnan: the link between India and Yangtze. 1909.
Davis, J. F.	China. 1857.
,,	Chinese miscellancies. 1865.
6 Denby,	China and her people. 1906.
Deniker, J.	Races of man. 1900.
Deprat, J.	Eude géologique du Yunnan oriental.
,, and Mansay	Results stratigraphigues généraux de la mission Géologique du Yunnan.
Deverla, G.	Les Lolos et les Miao-tze. 1891.
,,	La frontiere Sino-Annamite. 1886.

Dingle.	Across China on foot.
Dodd, W. C.	The Tai race: elder brother of the Chinese. 1923.
Edger, H.	The marches of the Mantze. 1908.
Edkins, I.	The Miao-tze tribes.
Elias, N.	Introductory sketch of the History of the Shans. Calcutta. 1876.
Fergusson,	Tribes of north-west Szechuan.
Forbes, C. J.	Languages of further India.
,, , F. E.	Five years in China. 1847-1849.
Frank, H.	Roving through south China, N. Y. 1925, p. 409-511.
Garnier, F.	Voyage d'exploration en Indo-Chine. 1873.
Geubriant, E.	A toraveas la Chine inconnue-chez les Lolo.
,,	Ecritures de peuples non Chinois de la Chine. 1912.
Geil,	Eighteen capitals of China.
Gol, H.	Les routes commercials du Yunnan.
Grabau, A.	Stratigraphy of China.
Gregory, J. W.	Note on the map illustration of the journey of Percy Sladen Expedition in western Yunnan.
,,	The structure of Asia. London. 1929.
,, and C. J.	To the Alps of Chinese Tibet and their geographical relations. 1923.
Haddon, A'. C.	The race of man.
Halde, D.	Description de l'Empire de la Chine et la Tartarie Chinois. 1736.
Handel-Mazzetti, H.	Naturbilder aus sudwest China. Vienna. 1927.
Hosie, A.	Three years in western China. 1890.
,,	On a journey to the eastern frontier of Tibet. 1905.
Huc, E. R.	Travels in Tartary, Tibet, and China 1844-1846. N. Y. 1928.
Jack, B. L.	Black blocks in China. 1904.
Johnson,	Population in China.
Johnaton, R. F.	From Peking to Mandalay. 1908.
Keane,	Compendium of geology and travels of Asia.
Keans,	Man past and present.
Kemp, E. C.	The face of China. 1909.

Kemp, R. C.	Chines mettle 1921.
Krober, A. L.	Anthropology. 1923.
Lantenois	Resultats de la mission geologique et miniere au Yunnan meridionale.
Lagendre, A. F.	Far west chinois.
Li, C.	Formation of Chinese people. 1923.
Lietard, A.	Au Yunnan les Lolo P'o une tribu des aborigines de la Chine meridonale.
Little, A.	Through the Yangtze gorges or travels in wettern China.
,,	Across Yunnan and Tongking. 1910.
,,	Cleaning from fifty years in China. 1910.
,,	Across Yunnan: a journey of surprises. 1910.
,,	The Far East. 1905.
Lockhart.	On the Miaotze of China
Meyer, A. R.	The distributions of the negritos in Philippine Islands and elsewhere. 1899.
Parker, H.	Up the Yangtze. 1890.
Parker.	Burma with special reprence to her Relations with China.
Penry, A.	On the Lolos and other tribes of western China.
Pichon.	Un voyageur au Yunnan. 1893.
Pottinger.	Upper Burma Gazetteer.
Prince Orleans, H.	From Tongking to India. 1898.
Pruen, W. L.	Provinces of western China. 1906.
Quatrefuges, de A.	Historire ge'ne'rale des races humanes. 1889.
Ranke, F.	Volkerbunde. 1895, vol. 2.
Reclus, F.	L'Empire du Milieu. 1902.
Richard, L.	Comprenhensive geography of the Chinese Empire. 1808.
8 Rocher, R.	La province Chinoise du Yunnan. 1897-80.
Saison, C.	Nan-tchao ye-che. 1904.
Savina, F. M.	Historire des Miao. 1924.
,,	Dictionaire Miao-tseu.
,,	Proc. un precis de grammaire Miao-tze et suvivio' un vocabulaire franciase-Miao-tze. Soc. de missions etrangers de Paris.

Scott, J. E.	Gazetteer of Upper Burma and the Shan states. 1900.
Sirr,	China and the Chinese. 1849.
Soulie, C. G.	La province du Yunnan 1908.
Stevens, H.	Through the deep defiles to Tibetian uplands. 1934.
Teichman E.	Travels of a consular officer in Eastern Tibet. 1922.
Terrien, de L.	Languages of China before the Chinese. 1880.
,,	The beginning of writing. 1894.
Torgashoff,	China as a tea producer. 1928.
Vassal, G. M.	In and round Yunnanfu. 1922.
Verneau, E.	Les races humaines.
Vial, P.	Les Lolos 1898.
,,	Yunnan-Nadokouseu missionaire a ostolique. 1905.
,,	Dictionarire francaise-Lolo. H. K. 1900.
,,	Catrelism en text Lolo. H. K. 1909.
Vissiere, A.	Les designations ethniques Houenkouli et Lolo.
Ward, K.	In farest Burma. 1921.
,,	From China to Khamti Long. 1924.
,,	The Mystery rivers of Tibet. 1923.
,,	The riddle of the Tsangpo gorges. 1926.
William, S.	The middle kingdom. 1900.
Wong, K. S.	Mineral wealth of China. 1927.
Yule, H.	The great rivers of Yunnan and the sources of Irrawaddy.
,,	Travels of Marco Polo, 1903, vol. II, p. 83.

國內地理界消息

甲　各省水利狀況

楊向奎　葛啟揚　張佩蒼　輯　1

四川興修灌縣都江堰

省府准撥十五萬元，冬枯水涸即將興工，堰內防水竹籠之調查

【成都通訊】灌縣都江堰，關係川西數十縣農田至鉅，前因水患，致遭毀壞，亟待修復。省府建設廳曾簽呈劉主席，請撥預備費項下之十五萬四千餘元，俟水消枯時，即行興工修堰。並擬於秋後先事剷除河中淤積高灘。頃悉昨日（六日）已經劉主席核准，並令財政廳照撥。茲將建廳原呈，探誌如下。竊查灌縣內外江，自前歲疊溪災變以來，河道淤塞不堪，每值大水之際，河流泛濫，遂致近年水災層見疊出，冲毀農田，影響歲收，故都江堰大修工程不能不籌劃興辦。但是項工程費用，爲數甚鉅，值此庫帑支絀籌措維艱之際，乃於無法籌措之中，懇請鈞座設法維護，已承允准在省府預備費項下提撥十五萬四千餘元，以濟工需，具見鈞座關懷民食振興水利之至意。惟是此欵純係用作材料工資之費，應懇全數以大洋發給，方能勉强敷用。目前秋水漸落，亟應趕速籌備，一俟冬枯水涸，即將從事興工，並懇先撥大洋二萬元，以爲購買洋灰暨鑿打石礅各費之用。至其詳細預算，俟秋水落定，親往踏勘後再行覈實具呈簽核。所有懇將大修堰工經費，全數撥給大洋，暨預撥大洋二萬元購買材料各節，是否有當，理合簽請核示云云。又灌縣都江堰及內外江各堤岸，均置有竹籠，蓋因該處水勢湍急，若全恃砌築土石，極易被水冲壞，故各堤及分堰之魚嘴處，每年培修時，必編置竹籠，內裝大石，置於要衝，以資保護。因竹籠裝石，中多空隙，能減水硬碰之勢，乃寓有柔以制剛之理。至於某堰某堤魚嘴，每年冬季培修時，各應置之竹籠數目，共有一萬二千四百三十九條之多，茲經調查如次。都江堰魚嘴口人字堤二千九百餘條，寶瓶口至太平橋八百二十條，伏龍觀崖脚三百九十條，新漩堤三百二十四條，虎頭對岸四百九十七條，三泊洞新口九十條，三泊洞至東口太平橋二百一十三條，太平魚嘴一百七十六條，太平橋南岸二百七十一條，鎖龍橋新河口一百八十條，太堰栢橋八百零八條，沙子河口五十四條，玉帶橋兩岸六百五十條，上漏罐一百零五條，下漏罐一百六十九條，羊子堰一百八十三條，徐堰河魚嘴二十二條，徐河堤埂三百八十條，油子百一百條，江安一千一百四十四條，上河口二百六十五條，申家坎七十二條，唐家壕一百二十六條，金沙堰十二條，舊石牛堰一百五十條，新石牛堰四百四十條，河口一百七十九條，上漏沙堰二百四十五條，下漏沙堰二百二十四條，黑石河堰三百一十二條，黑石河口一百零八條，湯家灣一百四十條，鵝頸項一百八十條，黑石堰上湃缺五百七十條，中湃缺五百七十六條，下湃缺七十二條，布袋堰口二百九十二條，共計一萬二千四百三十九條。竹籠每條長度，聞規定爲三丈云。（七日）

（二四，九，一五，大公報）

引黃河水入惠濟河

疏通汴市積水灌溉農田，黑岡口虹吸管實行試水

【開封通訊】黑岡口裝置虹吸管，引黃河水入惠濟河，使汴市積水流動，並灌溉沿岸農田，宣傳於豫人之口者，將逾三載。直至近日，以大汛期過，始實行試水。今晨九時許，由整理水道改良土壤委員會委員葉瑜，工務主任朱光彩等，陪同省府技術主任王壽山，技士龔光民等二十餘人，乘汽車前往參觀。旋劉峙，方其道，宋渺，綏署秘書彭家荃，建設廳科長徐百揆等，亦先後莅止，遂將第二對虹吸管同時開放。黃水通過管身，出水之端，有似銀河倒洩，每管每秒鐘出水量爲一立六公尺云。（二十二日）

（二四，九，二六，大公報）

浙鄞縣東錢湖着手整理

經費定一百二十萬元

從修理沿湖堰閘入手

【甯波廿二日通訊】鄞縣東錢湖，面積二二。九平方公里（約合三萬七千畝），受七十二溪之水匯集而成，灌溉鄞奉鎭三縣田畝達五十萬九千畝。現因湖身日淺，加以沿湖堰閘滲漏，對於農事，損失甚巨。經由鄞縣區專員公署，呈准省府，組織整理東錢湖流域灌漑委員會，由建設廳第二科長朱延平，省水利局長張自立，水利局工務科長周鎭倫，水利局工務組主任工程師繆惟宜，鄞縣區行政專員趙次勝，鄞縣縣長陳寶麟，奉化縣長李學仁，鎭海縣長張感塵等八人爲當然委員，鄞縣設計委員會代表樂振葆，蔡良初，張申之，奉化縣設計委員會等代表江西溟，莊崧甫，鎭海縣設計委員會等代表王元斌，姚瓌，朱燦聯等九人爲聘任委員。今日下午一時，在鄞專員公署舉行成立大會，各委員均到會出席，決定整理東錢湖經費爲一百二十萬元，除由振務會撥補二十萬元外，其餘一百萬元，由三縣有益農田攤募；工程則由整理沿湖堰閘入手。

（二四，一一，二五，上海晨報）

滹沱河灌漑工程即由冀省負責

徐世大縱談華北水利

【天津通訊】華北水利委員會工程處長徐世大，昨日上午十一時半由保定出席滹沱河灌漑工程委員會後返津。據徐對記者談稱：滹沱河工程，頃已大部完成，建設廳特組織管理局接收，已將章程擬就，十一月十五日成立。三十日在保開會，係討論結束事宜，今後該項工程卽由省方負責。記者詢以永定河治本計劃之進行事宜，據稱：現照原定計劃，辦理鑽探工作，同時由水工試驗所將水壩試驗後，卽開始動工。上游桑乾河之治理，須俟中央撥到工欵後進行。徐氏並稱：頃聞冀建設廳將疏濬南運河下游，余以爲南運下游水道已不復如往日之通暢，不如自靑縣起開一水渠，直達于牙河，凡自南來船舶到靑縣，經水渠而由于牙河來津。此種辦法，較之疏濬南運用欵相同，而於全運河關係實大，蓋于牙河流通暢，足可宣洩奪運入淮之水，無形中減少災患也。徐氏最末談：由津至石家莊之航路，本會計劃將滏陽河上游疏濬，利用滹沱河，直達於西河而入津市。將來派員查勘，草擬疏濬計劃，設法實施。完成後，可使晉省貨物直達天津，加增地方繁榮云。

（二四，一一，一，北平晨報）

渭渠與隴海路劃線問題解決

武功境內路線改經渠北

農田灌漑方面獲利匪淺

【西安通訊】涇洛工程局局長兼渭惠渠總工程師孫紹宗，前以渭惠渠渠基與隴海路路基在武功境內之勘線問題，曾赴鄭與隴海路局商洽折衷辦法。歸來後卽晉謁省府邵主席，水利局李局長，面陳接洽經過。頃據孫氏日昨語記者：謂隴海路西寶段武功境內，前勘劃之路線，在渭渠南邊，如果按照此線去築路基，則影響渭渠南部農民灌漑頗鉅，蓋渠南較渠北地勢爲低，故渠南灌漑面積較渠北爲多。嗣經李局長在農田水利委員會中提出，由省府派本人（孫氏自稱）前往鄭州，與該路局長商洽，請將路線改至渠北，在該路局並不費重大工程，在農田灌漑方面所獲利益殊非淺鮮。現已經該路局方面之同意，允向渠北改線云云。

陝省水利局局長李儀祉，自辭去黃河水利委員會委員長職後，即以全力應付本省各項水利工程，並從事於水工學理之闡揚。茲據涇洛工程局局長孫紹宗君談：李局長近以天津中國水工試驗所定於十一月十二日舉行開幕典禮，李以負有該所董事長職責，日內將赴津主持一切，並出席中國水利工程學會本年度年會云云。（一日）

【又訊】涇洛工程局局長孫紹宗，以離大荔日久，該局各項要公暨洛渠重要工程，亟待孫氏本人前往處理指導，聞定於日內前往云。（一日）

（二四，一一，四，世界日報）

2

乙　各省交通狀況

浙贛等路工程近況

南玉段決十一月通車，南萍段月內測量完竣

【南昌通信】浙贛鐵路局對建築浙贛，湘贛，閩贛等三線工程，刻正積極進行。浙贛線南玉段已將次第完成，約在十一月間實行通車。南萍段測量工作將於月內完竣，明春即可修築土方，惟各項工程浩大，需欵甚鉅，該局爲加緊完成全路起見，決續發公債三千萬元，以便從速完成玉萍路全線之工程。記者爲明瞭建築浙贛，湘贛，閩贛等線詳情，特向浙贛路局探得最近情形，分誌如次：

浙贛線　浙贛線由杭州達玉山，再卸接玉萍路，需二十個小時可達。南昌南玉段於去年五月間測量完竣，六月興工建築，開始修築土方工程及鋪軌等工作，甚爲迅速。上玉段已於七月底完竣，本月一日正式通車。該局本定於雙十節舉行南玉段全路通車典禮，嗣因受水災影響，梁家渡貴溪橋梁材料均被冲毁，損失數目達二十餘萬元，現正在滬購置材料，運贛應用，貴溪大橋須一月後始可完竣，故該段改定十一月初舉行正式通車典禮。聞上玉段通車後鋪軌工程仍繼向西進展，現已抵達珍珠橋，九月初上横段即可通車，直達横峯。至於上貴段現亦積極進行鋪軌工作，約在月底完成，下月間卽可通車，並向德商訂購機車六輛，客車二十餘輛，電油車三輛，以備應用。電油車係一種新型車，速率甚高，每輛價值五六萬元，可運客二百人。聞南玉段將來擬分設十八個站，計沙溪，鼇滌，上饒（現已通車），楓嶺，橫歇，弋陽，河潭埠，貴溪，鄺家埠，來鄉，下埠，集淮賢，溫家洲，梁家渡，建塀，南昌南站，南昌北站，等。

湘贛線　湘贛線係由南昌高安瀏陽等地，十餘小時可達長沙，建築費約在二千五六百萬，准於年內興工，開始測量。決定自南昌起，經過中正橋，沿閩湘線直達萍，於六日初派定測量隊兩隊出發測量，分段工作。第一隊長吳祥駿，由南昌出發，赴新喻等地測量，已於本月初測量完竣。第二隊隊長藍田，由省赴萍鄉至醴陵，担任測量工作，約在本月底可告結束。全段測量事宜，現已次第完竣，明春即可興工修築路基及土方，約在二十五年終南萍路可全線通車。惟南路之樟樹鎮，江面遼闊，建築橋梁工程浩大，特派組織贛江大橋鑽探隊，前往鑽探。該隊已於日前乘車出發，至樟樹附近工作。

閩贛線　閩贛由福州直達上饒，卿接南玉段，需十餘小時可達南昌，建築費約二千萬元。因經費浩大，一時無法籌措。乃商定向同全國經委會請求補助一千五百萬，共餘五百萬，則由兩省政府設法籌措，一俟決定，卽行建築。現已組織勘查隊出發，將路線勘定。將來浙贛湘贛閩贛三線完成後，各路線均可聯運。如贛浙線可由滬杭線直達蘇省，贛湘湘川線完成可轉達四川，粵漢線通車後可轉廣東湖北，嗣後由南昌至粵桂川鄂湘浙滬閩晉及華北等省，均極便利。

（二四，八，二九，上海晨報）

浙贛路南萍段鐵部收回自辦

派凌鴻勳籌備工程事宜

【杭信】浙贛鐵路南玉段，曾因匪患水災病疫等阻力未能如限完成，然鋪軌工程進行，尙稱迅速，本年十一月中，當可通車。剩餘之南昌至萍鄉一段，路局原擬俟南玉段工程結束後，將工程處移設南昌，調該段人員前往工作，繼續向西展修，預計明春開工，兩年內完成。惟現據確息，鐵道部將該段（南昌至萍鄉）收回自辦，並組織贛湘鐵路工程局，擔負建築該段之責，局址將設於南昌。聞鐵部已派粵漢路株部段工程局長凌鴻勳，着手籌備。至該段路綫，迭經鐵部及浙贛路派隊測量，勘有路綫多條，關於各綫之里程工程沿綫經濟情形，均已擬有詳細報告。主管當局，已根據報告，作比較的研究，祇待最後決定而已。聞其擬定綫，

最初有：一，南昌渡江，經萬載瀏陽至長沙；二，南昌至樟樹渡江，溯袁水至萍鄉；三，南昌渡江至淸江，溯袁水至萍鄉。現經研究後，以第一綫有下列之缺點：(甲)瀏陽境內，有橫斷山脈，妨礙工事；(乙)長沙對岸有大山，鐵路渡湘江後無出路，將來展修重慶，必須繞道過湘江，萍鄉至醴陵之株萍舊路灣道坡度，均無法改善，不能接軌。至二三兩綫，亦不足取。此後或將在下列二綫中，選擇其一：一，南昌渡江至萬載至醴陵，二，樟樹渡江經宜春至醴陵，此二綫皆不經萍鄉縣城。

又另據浙贛路副局長兼運輸課長謝龍文談，本路杭玉段，本年營業收入，因受種種影響，未能如預期之樂觀。如衢屬各縣，過去爲產紙名區，金屬各縣，養猪事業亦素稱發達，以前輸出甚旺，現均銷路不振，生產銳減。又浙東爲漁鹽之區，過去內銷亦廣，今則公厰停收，私鹽充斥。凡此無不影響貨運。然以路局信譽日高，已漸獲一般之信仰，故本年貨運統計，八個月來，仍較去歲同期之統計增加十七萬元，惟客運則減少八萬元。依一般之觀察，本路通至南昌後，客貨運或可望好轉。惟贛東境內，過去慘遭匪禍，生產停頓，現殘匪雖告肅清，惟山谷溪澗，到處可以發現未掩埋之屍身，聽其腐臭，故各地疫癘叢生，老少男女，多輾轉於病榻之間，農村經濟，一時難望其復蘇。基於此種原因，南玉段通車後，營業前途，短期內猶未能樂觀也。至該段通車日期，須橋樑完工有確期後始可決定。該段橋樑以梁家渡及貴溪者爲最大，梁家渡大橋，計一長十四墩，一長五墩，皆即可完工。貴溪大橋長十三墩，因河流湍急，尙有四墩未完成。鋪軌工程則所餘無幾，各分段日內均可接軌，現正鋪石渣工程。(十八日)　(二四，一〇，二〇，申報)

京滬江南兩路聯軌

本年底卽可通車，雨花台畔傳有大批古物出土

【蕪湖通信】江南鐵路與京滬鐵路，在南京城外紅花地聯軌工事，現在雙方幷進，距離一天一天的縮短。江南的路基，是由西往東進展，目前已穿過雨花台，快抵廣化門，將近完成它份內的工事，大約在本年底兩路即可通車聯運了。江南路在穿過雨花台的工事當中，聽說路工曾掘出許多古物，但都輕輕底賣掉了。這一條聯運線的工程，是由天津利達南記工局承包的。當初曾明文訂定條約，對于出土古物，須點送路方保管，不得變賣，可是等到這項消息傳出來，古物早已不知下落。現在路基工程快到廣化門，那裏地勢很高，當然掘土必深。其中有無古物發現，雖未敢逆料，當局爲防微杜漸起見，已通飭各監工人員嚴加注意，如有出現，准許繳到蕪湖公司裏領賞，藉免工人們替古玩舖造機會，將來出土的古物也許可以不再散失了。(十八日)　(二四，一〇，二一，大公報)

武漢輪渡

鐵道部已決定籌辦

【武昌通信】粵漢鐵路自分段興工以來，進展甚速，將於明春全部完成，實行通車。平漢湘鄂兩路局，曾迭奉鐵部命令，派員會同勘估武漢鐵橋工程，以便取行啣接，連絡通車。旋以鐵橋工程浩大，需費甚鉅，一時無法進行，復經部方決定倣照南京浦口間辦法，先辦輪渡渡江，以利交通。刻兩路局已奉令，將約期作正式會商。又鄂建廳近以陝鄂公路關係西北交通至鉅，迭經奉令興修，惟該路由西安至白河與由均縣至竹山兩段，地多崇山峻嶺，工程浩大，選線不易，現爲積極修築起見，已分別調派大批測量隊員，前往各該處詳細勘測，一俟測勘完竣後即行準備興工云。(十四日)　(二四，一〇，一八，大公報)

粵漢路株韶工程急進

全段工程完成者大半，坪樂段前月底已通車

【廣州通信】粵漢鐵路，除南段由廣州至韶州，北段由長沙至漢口早已通車外，祗株韶段未全敷軌，故該段工程，刻積極進行。查株韶路工程，分三小段建築。在粵境者，由樂昌至坪石爲一段。在湘境者，由耒陽至衡州爲一段，由衡州經朱亭而達株州又爲一段。由樂昌至株州全部工程，目前已完成大半，土石方完成百分之八十九，隧道完成百分之八十，大橋完成百分之六十四，小橋涵洞完成百分之八十三，鋪軌佔百分之四十四(已鋪設者一七七六公里)。預計明年底，株韶路可全部通車。而於樂昌至坪石之一小段，已於九月二十日開始通車，正式售票。

客貨往來，頗爲暢盛。該段車次往來時間及票價，已規定如下：由樂昌上午七時開車，八時二十八分到岐門站，票價四角（暫以三等計算）；八時三十八分由岐門開，十時到羅家渡站，票價八角；十時零五分由羅家渡開，十時三十二分到坪石，票價九角五分。由坪石回樂昌，下午三時三十分開，三時五十七分到羅家渡；四時零二分由羅家渡開，五時二十四分到岐門；五時三十四分由岐門開，七時零二分到樂昌。各站開車時刻，均與粵漢南路廣部段互相銜接。廣部段與樂昌段聯運，經定於雙十節開始實行。關於聯運章程及客貨票價，業已訂有公約。兩段聯運實行後，旅客及貨物，可由廣州直接到坪石，換言之，可直抵湘邊，於粵湘兩省交通，較前益爲便利。至於湘省之衡州站，係株韶段中心，爲粵漢鐵路之二等大站。該車站於二十三年四月間興築，至本年八月已竣工，株韶路局早已遷入辦公。該站附近之塲所馬路，販賣商店，及員司住宅，刻已次第完成，因此該路局亦於雙十節舉行衡州站正式開幕典禮。（十月九日）　（二四，一〇，二四，申報）

隴海路西寶段武功至郿縣路線測竣

【中央社西安十二日電】隴海路西寶段武功至郿縣定縣路線測竣，正辦理購地。郿寶段將以飛機測量，定縣測工已出發作陸上勘查。

（二四，一〇，一三，大公報）

寗夏省府籌備興築輕便鐵路

【天津】寗夏省府籌備興築鹽池縣賀蘭山兩地通省垣輕便鐵路，全長三百華里，至黃河碼頭橫城爲止，以便鹽池食鹽賀蘭山煤運輸省城。預計一月興工，來年可竣。該籌備處特派員來津，採購材料。（七日專電）

（二四，一〇，八，申報）

川湘鐵路已勘湘完竣

幹線至長沙，支線達銅仁

【長沙特訊】自當局決定修築川湘鐵路後，卽飭山鐵部組織測量隊，在川湘兩省分頭測量，勘定路線。其來湘之測量隊，由汪盧兩工程師主持，出發湘西及黔川邊境一帶，實地工作。費時數月，方始竣事。據兩工程師談：此次所勘測之川湘鐵路路線，計有幹支兩線。由四川之酉陽，經過湘西之保靖，沅陵，桃源，常德，益陽，直達長沙，此爲幹線。又由沅陵經過辰谿，麻陽，而至貴州之銅仁，此爲支線。在湘境各段，其工程並不如預料之艱鉅，因經過各處，並無崇山峻嶺之險隘，最高坡度亦僅百分之零．五。惟在川黔兩省境內者，則因地勢之關係，施工或較困難。現擬將勘測路線情形回京呈復鐵部，一俟審查決定，卽着手興修云云。（八月二十三日，樸）　（二四，八，二九，北平晨報）

同蒲鐵路當局修築鹽池支線

已向築路會議提議，將該支線修至運城禁門以內

【本報太原特約通信】河東潞鹽在吾國鹽務上亦居重要之地位，在北方幾與長蘆相埒。同蒲鐵路當局以潞鹽每年輸出數量甚鉅，惟因交通不便，關係向外運輸，頗感困難，該路有鑒及此，決定與修運城鹽池支線，以利輸送。現已將應用築路材料，籌備齊全，存放運城，準備興工。惟該路視察員王建政，因修築問題，又向當局建議，該支線若僅修至禁門以外，對於運費收入，並無多大利益；如能修至禁門以內，則運費收入，必有可觀。因河東鹽運使孔繁霨，曾於今年夏間，在禁門內修築巡鹽汽路一條，長六十餘華里，且地勢平坦，均在鹽舖左右，又在高處，若就此路修築鐵路，十分相宜。沿途無甚橋樑，雖有水渠，可修涵洞。由安邑至解縣，安邑爲東禁門，運城爲中禁門，解縣爲西禁門。東西禁門貫通，運輸益感便利。鹽斤出東禁門，可分運本省各縣；出西禁門，可由承濟而達潼關，分運陝豫等省：將來運費收入定當不可限量。現已將此項建議。提出築路會議討論，經決議電運使孔繁霨，召集全體鹽商，擬議呈核，以便興工。又同蒲鐵路自原平至永濟直達通車後，營業日盛，上月份營業收入竟達十五萬餘元云。（十八，香）

（二四，一〇，二一，世界日報）

正陽關各界請早日興修蚌正鐵路

【正陽關通信】鐵道部前曾計劃興修蚌（埠）正（陽關）鐵路，迄未開工。今秋皖北各縣，慘罹旱災，難民爲數甚衆，生計斷絕，影響治安甚

5

大。正陽關賑務分會，商會及各法團等，特于日前聯名電請安徽省災區籌賑會，提請省府，轉咨鐵道部，速修蚌正鐵路，以工代賑，俾救災與建設兩俗。現此間賑分會等，業奉省籌賑會令覆，謂已由省府咨請鐵部，並派席楚霖專員前往接洽，俾利進行。

（二四，一〇，二六，大公報）

滇越鐵路電訊專約進行修訂

鐵交兩部派員赴滇辦理

【本報上海十一日專電】鐵道部派張慰慈，交通部派趙以孿赴昆明，修訂滇越鐵路電訊專約。張等定十三日離滬南下。

（二四，一一，一三，世界日報）

經委會將改善滬粵公路

【上海三十日專電】經委會以自滬至粵，雖已可循公路直達，但路綫係由各省已成公路因陋就簡而成，殊嫌迂迴曲折，聯絡亦未臻完善。擬短期內派員履勘全綫，設計改善路基，並召集所經各省，開會討論貨客聯運，及保管培養等問題，以利交通。

（二四，八，三一，北平晨報）

冀省全省電話網正積極籌備

津保汽車路短期內開工

【中央社二十四日保定電】建廳擬實現全省電話網，現已通話者九十餘縣，未通話各縣在積極籌備中。平保電話已通話，因用十四號銅線，聲浪清晰。又津保汽車路已勘竣，需費七十萬，擬向中國銀行商借，短期內開工。

（二四，八，二五，上海晨報）

中美航空線遠東終點之謎

又傳已確定爲澳門，定明年正月開始試航

【上海航訊】美國聯美航空公司，籌闢中美航空直線，籌辦業已經年。關於遠東終點問題，前傳已定爲香港，且已與英方成立協定。茲悉：該公司現已決定以澳門爲遠東終站，接洽條件業已商妥，並定明年正月起開航。茲誌探得各情如下：

聯美航空公司經理畢斯必士氏，爲通劃中美通航事宜，初擬以香港爲遠東最終站，前曾到港親自勘察，當以香港爲一自由貿易港，位於珠江之口，密邇省澳，地位適中，亦爲歐美亞交通孔道，若舉辦爲中美航空之華站，殊爲適合。惟英政府以限於國界及權利問題，未允要求，迭次接洽，迄未解決。該公司以香港設站發生問題，乃決定在澳門設立遠東終站，業已派員赴澳，與葡督接洽，一切條件辦法，均已接洽妥善，卽行在澳門擇址闢建民航機場，與築辦事室及電台等。此項工程，祗須三個月卽可完竣。

現中美航空已定明年正月間開始試航。聯美公司方面已備壽可斯式新機四架，巨型飛船數隻，以爲行駛中美綫及經過日本海道之用。其航線係有兩條：一經阿留地安羣島，一經威基羣島及菲律濱。按照該公司預定計劃，則採取經菲律濱之路徑，全程分爲七十八站，由洛杉磯或三藩市起點，飛至檀香山（二千四百哩），由檀香山至中島（一千三百哩），由中島至威克島（一千三百哩），由威克島至關島（一千三百哩），由關島至馬尼拉（一千四百哩），由馬尼拉至澳門（八百哩），全程計長八千五百哩。沿途航站設備規劃均頗完善，電油儲備亦極充足。如明年正月試航成功，即可正式開辦云。（九日）

（二四，一一，一一，北平晨報）

日在大連擴建極大飛行場

期望對於空軍上達到完善之設備

【大連通訊】大連市爲東北水陸兩路之第一道門戶，若就航空方面論，亦可稱第一道門戶，故近來日本遞信局，正着手進行努力建築此第一道空路航門戶之飛行場，期望對於空軍上達到完備無缺之目的。本年春卽興工改修周水子飛行場，擴充爲最大規模之空軍駐在地，本年內卽可完成一端，實現最新式航空起落場。此項改修，在表面上爲注重旅客便利，且在現有之格納庫前建設極便利之道路，無論晴雨天均能通行無阻。並劃分起飛停止之位置，及設立迎送場所，與郵信收受處，郵便物整理處。除建築寬六米突之自動車道路，與自動車停車場外，更預備明

6

年度新建築遞信局，以及飛行場事務所，滿洲航空會社，無線電室，氣象台等。飛行場內並設寬六十米突，長六百米之滑走路三道。全部竣工後，成爲總坪數四十五萬坪之大飛行場。一俟明年度完全落成後，據其自稱，可謂爲東洋第一之大飛行場云。

（二四，一一，一一，北平晨報）

丙　各省生產狀況

中日經濟提携先聲，河北棉業統一

改進會指導植棉之技術方法

今年河北棉花又增十七萬擔

【北平通訊】中日經濟提携聲中，河北省棉業問題，頗爲重要。日本近年使用華棉之處甚多，故統一河北棉業權限，尤爲重要。河北省棉業改進會，昨日下午二時，在西皮市北平銀行公會開第一次理事會，出席理事長周作民（北平銀行公會），理事章元善（經委會棉業統制委員會）殷同（北寧路局），湯澄波（實業部天津商品檢驗局），呂咸（河北建設廳），原頌周（河北棉業改進所）等六人，由周作民主席。決議要案如下：一，通過理事會總務部，及技術部辦事細則。二，通過推廣棉業及監督改良種子方針。三，通過改進棉產辦法。四，購長絨棉花種子（中國種）三百石，推廣棉產。五，定下月內接收河北省境內各棉業機關，由本會實行監督及指導。六，籌撥本會基金，由各團體會員擔任。據該會理事呂咸談，河北省爲棉業重要產區，境內之改良棉業機關，名義既多，事權亦不統一，因之中央及地方特聯合組織本會，以資劃一；並已推定周作民爲理事長。本會定下月中派員接收河北棉業改進所，經委會棉業統制委員會所設之華北農業改進社，及實業部及北寧路局暨私人所設之棉業改進機關，除經費仍由其原轄機關照撥外，其棉種試驗等技術之設計，自下年起，均須由本會核准實行，一切直接收受本會之監督及指揮，同時將河北省境內之棉產推廣，棉田水利，及改善運銷等事，均將由本會統籌辦理。理事會總務部及技術部辦事細則今日已通過，總務部計分文書，庶務，會計等，技術部分調查，實驗，設計等，俟整理後即可發表。第二次理事會數日後舉行。在本會會址未覓定前，暫假北平銀行公會會址辦公。

河北棉田在民國二十一年不過五百一十四萬三千畝，民國二十二年增至六百餘萬畝，民二十三年更增至七百八十餘萬畝（佔全國棉田總額百分之十七）。依天津商品檢驗局之調查，本年又增闢二十萬畝棉田。棉田既增加，棉花生產亦隨之而增加。民二十一年，其產額約一百二十萬擔，民二十二年一百四十餘萬擔，民二十三年二百八十餘萬擔（佔全國產額百分之二十五），而今年推想，又增十七萬擔。國內產棉原以蘇鄂爲首，河北與魯省次之。就近年來情勢觀之，河北產額已超過魯省，僅次於蘇鄂。然河北棉田面積現在不過佔全省耕地百分之六，大有發展之餘地，產額增加二倍乃至三倍，不致發生困難云。（二十四日）

（二四，九，二六，申報）

御河棉作

御河棉區係指沿運河之河北省東南部及山東省西北部各縣而言，以高唐・臨清・夏津等縣爲中心。所植多係美種，惟以氣溫不適，六七月間多霪雨，致成熟期因之延長。至該區棉作面積，言人人殊，茲擇其較爲適中之數字列左：

	耕地畝數	棉田畝數	美棉畝數	本棉畝數
山東高唐	八〇〇・〇〇〇	四四〇・〇〇〇	三七四・〇〇〇	六六・〇〇〇
夏津	七二六・二〇〇	四三五・七二〇	三〇五・〇〇四	一三〇・七一六

臨清	九六三・〇〇〇	五七七・八〇〇	四三三・三五〇	一四四・四五〇
館陶	一・〇五〇・〇〇〇	二一〇・〇〇〇	一二六・〇〇〇	八四・〇〇〇
邱縣	六五〇・〇〇〇	二六〇・〇四〇	二三四・〇〇〇	二六・〇四〇
清平	六〇四・八〇〇	三六二・八八〇	二九〇・〇三六	七二・五七六
堂邑	九六一・五〇〇	二四〇・三七五	一四四・三〇四	九六・一五〇
恩縣	一・三三二・九〇〇	三九九・八七〇	一九九・九三五	一九九・九三五
武城	六一八・二〇〇	九二・七三〇	八八・〇九四	四・六三六
河北清河	七五〇・〇〇〇	三〇〇・〇〇〇	二四〇・〇〇〇	六〇・〇〇〇
南宮	八八〇・〇〇〇	三〇八・〇〇〇	一八四・八〇〇	一二三・二〇〇
威縣	八二〇・〇〇〇	四一〇・〇〇〇	一二三・〇〇〇	二八七・〇〇〇
共計	一〇・一五六・七〇〇	四・〇三七・四一五	二・七四二・七四八	一・二九四・六六七

御河棉區所採用之美種有脫氏（Triee）與金氏（King）兩種，性質各異，前者成熟較遲，花球較大，惟年來因農人選種之不精，已日見退化矣！

（二四，九，一三，大公報）

完縣各村鹼地試植美棉成功

縣府呈省府報告經過，省府令各縣計劃仿行

【本市消息】財政部特派改良冀省各縣鹼地專員劉仲和，由京來津後，連日與長蘆鹽運使曾仰豐及各關係機關洽商結果，對於組織改良鹼地委員會，大致均已確定。並悉此項委員會之一切組織規程，已由財部鹽務署擬妥呈准財部，預計部方於日內即可將組織規章頒發到津，然後劉氏再與有關各機關商討委員會成立日期云。

【保定通信】河北省南部鹼地至多，爲產硝之區，査緝至感困難。近省府及鹽務當局方致力於鹼地土質之改良，俾硝戶於取締硝鹽後，生活上不致發生問題。建設廳近據完縣縣長梁維新呈報，在該縣鹼地試種美棉成績良好，並請撥鑿井貸欵二萬元，以資救濟，建設廳方面已傳令嘉奬，並令仍竭力推行，所請貸欵亦在設法進行。該廳爲改良鹼地計，已將完縣縣長之報告書，通令各縣政府仿行。玆錄原令及報告書原文於次：

令完縣政府

呈及附件均悉。核閱所送報告書，該縣在鹼地試種美棉，頗著成績；足徵該縣長實心任事，着予傳令嘉奬，以資鼓勵。除將所送報告，通令各縣，仿照辦理外，仰仍竭力推行，以盡地利，而裕民生。至所請撥借鑿井貸欵一節，本廳正在設法進行中，並仰知照。附件存。此令！

令各縣政府

案據完縣縣長梁維新呈送本年在鹼地試種美棉情形報告書，請鑒核等情，據此，査該縣本年在鹼地試種美棉，頗著成績，各縣鹼地，所在多有，均應仿照切實辦理，以盡地利，而裕民生。除將該縣長梁維新傳令嘉奬及分行外，合行抄錄原送報告書，令仰該縣遵照，査明鹼地情形，妥擬進行計劃，具報核奪，切切，此令！

完縣之報告書

完縣縣長梁維新逐漸改良鹼地，儘先試種美棉情形報告書

植棉緣起　査本縣東南一帶，地多硝鹼，播種五穀，歷年歉收，無知貧民，乃藉口刮硝淋鹽，以謀升斗。本年春季亢旱無雨，硝鹽滋盛，刮土淋私者實繁有徒。雖經列憲以及本府嚴飭所屬，認眞査禁，陸續布告，而稅警復逐日下鄉，會同警團，屢次査拿，終未收效。且被拿者一經鞫訊，多係孤貧婦孺、即間有少壯者，

亦大半迫於生活，致罹法網，其情實堪憫惻。縱能執法以繩，究屬治標下策，蓋以本縣硝鹼區域輕重約四十二村莊，其面積約數萬畝，設不徹底解決其生活辦法，即使窮年累月在查禁淋私，推銷官引，行見稅警疲於奔命，政府協助爲勞，非但絕無顯著成績，更將造成官民交困局勢，益難收拾。籌思至再，以爲改良土壤非一蹴可就，乃決計就鹼地以謀生產，遂有逐漸改良鹼地，儘先提倡試種美棉，以期根本解決鹼地民生之緣起。

決計推行　本年三月十五日，本縣開縣倉會議時，地方士紳大多參加，縣長乃就席提出硝鹼之地，是否宜種美棉，徵詢於各紳；適有縣屬亭西莊（硝鹼最旺之區）倉董王紳玉衡，答以本人去歲曾於鹼地試種美棉三畝五分，收籽花約六百二十餘斤，獲利約九十餘元云。他如李思莊等村亦間有在鹼地種植美棉者，其收穫亦不亞於王紳。詳查鹼區四十二村中，種美棉者不過四五百畝斗，而民間實未知其爲鹼地所宜，亦不過以爲年歲豐稔而已。其他未種者，更知不其所以然，蓋以無人注意及此，迄未推廣。縣長以爲民生凋敝，非設法提倡生產不爲功，乃毅然決然努力推行焉。

推行方法　縣長以爲鹼地宜種美棉，已無疑義，乃先督飭建設股遴飭所屬，並諭知各村，努力提倡美棉脫里斯種，一面詳細調查鹼地畝數，復經三次召集鹼地鄉長副閭長等來縣，剴切曉以查禁硝鹽之意義及國法之森嚴，並硝鹽含有毒質，妨害身體之發育，官鹽精潔，合於衞生之營養，最後鄭重詳細告以逐漸改良鹼地土壤與試種美棉之方法，使之回村勸導鄉民，實行試種。仍恐各該鄉長副等勸導或有不力，不足以動鄉民之信仰，縣長又數次下鄉，召集鄉民訓話，備述硝鹽之害處及美棉大利之所在，舌敝唇焦，聽者頗受感動。一面捐廉印送種棉淺說，及改良鹼地土壤方法，與告民衆書等，並諭知凡貧困之戶欲種美棉而無力採買種籽者，則由縣設法採辦脫里斯棉種約數千斤，分別貸予試種，復督飭建設股派員下鄉，指導播種，務須如法，以期成活。幸終尚得民間之信仰，始得推行順利，實已煞費苦心矣。

困難經過　鹼區民衆既種美棉後，萌芽成苗，方信當局非欺民者，歡欣鼓舞，厥狀難名。惟繼之以亢旱，間多枯萎，或有改種他項植物者，縣長深恐由此失却民間信仰，遂又多方勸導，先掘土井，從速灌溉，利用人力，以補天時，保持成活，而待甘霖。於時適准農田水利委員會函囑，公告農田水利貸款簡則，當即立時宣告民間，担保借款二萬元，勸民間開鑿磚井，以期永遠利用。復以此次貸款，既爲函囑代辦事件，似借款僅時間之早晚，民間有需要灌溉較急者，儘可先行鑿辦，故已鑿成者實在不少，而繼續開鑿者尚有多數。統計報告鑿井者，約五百餘眼，另由鑿泉分處在鹼區外鑿成白雲觀，柏山，清醒，五雲等泉四處，日可灌田六七頃，此非棉產區，與提倡灌溉美棉尚無關也。 9

美滿結束　經縣提倡先後鑿成磚土井約五百餘眼，而鹼地美棉幸有灌溉，得未枯萎，繼之以甘霖迭沛，其蔚然勃然者實居大半，但發育未旺者亦有十之二三，仍較其他農作物之收成較佳，以故得種美棉者，無不同歌大有，其未種者則失望懊悔而已。查鹼區四十二村莊，因縣長努力提倡，民間始深信，乃敢冒險試種美棉。茲經按村詳細調查，統計種棉者約達五千五百餘畝，較上年之四五百畝，相去不可以道里計矣。此猶因旱未得普及，然已同知鹼地宜種美棉，已無可疑惑。至其收穫，現在業有十分把握，估計每畝約可獲利三四十元以上，實非他種農產物所可同日語也。以本年天時之亢旱，其收穫之美滿，尚復打破一般農作物收穫之紀錄，將來再加研究改良，未始非根本救濟農村一大轉機也。

將來推測　查本縣鹼區內本年試種美棉者，既如上述，其播種中棉者亦約二千餘畝，其發育以美棉最暢，中棉次之，實受亢旱之影響。設使今春雨澤調和，發育當更暢茂，其收穫之豐稔，自不待言。現在一般農民既均認識鹼地宜於美棉，明年再用全副精神提倡勸導，化鹼地爲美棉區，當在意中，即從此滅絕刮硝淋鹽之積習，亦非難事，且民雖無知，亦鮮於飽暖中輕身試法也。以故近來本縣早無製造硝鹽之犯，官引逐月暢銷，月報銷鹽報告，可爲鐵證也。

本年棉產　查本縣原爲產棉區域，惟所有播種者，仍多本國棉種，計上年分（二十三年）非鹼區內，共播種中棉約二萬五千餘畝，其間種美棉者乃極少數，其收成亦尚可觀。惟本年以亢旱過甚，多未得播種。其已播種者，多爲掘有井眼地畝，全境不過約五千餘畝，較往年僅有五分之一耳，即加輸區中之美棉，亦祗有五分之二，且改種他種農產物者，風雹肆虐，令人不禁杞憂也。

來年計劃　本年已矣。明年擬在全境努力提倡種植美棉，其將擬定整個計劃，以期澈底救濟農村生產，一面注意家庭副業，盡全力以恢復農村經濟，其庶有豸。（三日）（二四，一〇，五—六，大公報）

鄂省改進棉業

採購佳種散放各縣，老河口設立軋花廠

【武昌通信】鄂省水災以後，對於省內棉産，亟謀改進。省水災救濟總會，前經該會各委員提議，決定撥賑欵五萬元，購辦優良棉籽，散放各縣災農，以期及時播植，改良產種。又省棉產改進處方面，亦有同樣建議。比經建廳轉函水災救濟總會，分請中賑會暨中華棉業統制會酌辦。聞棉統會已與中賑會商妥，准於短期內將值價三萬元左右之優良棉種運鄂散放。此外各棉商組織之棉業改進會，亦經決定在老河口設一軋花打包廠，預定開辦費五萬餘元，並準備將武昌棉業試驗場自育之最優「脫字」棉種五百担，運至老河口推廣。至老河口原有棉種，亦甚優良，經決定即運轉他處擇地播種，以收逐漸推廣之效云。（三日）（二四，一〇，八，大公報）

國產火柴之新轉機

火柴係日用必需物之一，消費量極少變動。年來國產火柴產量增加，益以外商火柴之傾軋，外來漏稅火柴之充斥，遂造成供過於求之局面。市價低落，一蹶不振，衰頹程度，實不亞於絲紗兩業。資本較薄之廠商，皆感周轉不靈之苦。爲維持營業計，紛紛貶價求售。自民二十至民二十二，蘇浙皖區火柴價格每箱計跌十七元左右，魯豫區亦低六七元不等。二年中倒閉之火柴廠，達八家之多。然閉者自閉，而設者自設，民二十以後增設之廠商竟有十二家，在華外廠復有增無已，結果如何，不問可知。按我國之有火柴廠，實濫觴於歐戰以後，彼時各國戰餘元氣未復，無力兼顧遠東，國內明達之士以火柴工業輕而易舉，乃乘機而起，重慶之森昌泰森昌興爲之倡，北平之丹鳳，漢口之燮昌，天津之北洋，長沙之和豐等先後繼起。民二十前後，其增加如雨後春筍。至二十一年統計，全國火柴廠已有一百四十家，蘇浙皖，魯豫，湘鄂贛三統稅區域內，每年產量達七十萬箱以上。茲將二十一，二十二兩年產量比較如下：（單位箱）

區名	二十年七月至二十一年六月	二十一年七月至二十二年六月
蘇浙皖	二二二·〇〇〇	二八六·〇〇〇
魯豫	三一三·〇〇〇	三七一·〇〇〇
湘鄂贛	二七·〇〇〇	四三·〇〇〇
合計	五六二·〇〇〇	七〇〇·〇〇〇

自表面觀之，一年中增加產量十四萬箱，似爲可喜之象，然一加探究，乃知大謬不然，蓋市場無容納大量生產之能力，積貨如山，演成莫可挽救之危局。據最近調查，各廠存數量近達二二·五〇〇箱；至本外埠經銷批發處之存積量，尚未計在內也。

廠名	存貨數量（單位箱）
長沙和豐廠	五·七〇〇
杭州光華廠	四·九〇〇
即墨興昌廠	四·〇〇〇
臨淮淮上廠	三·〇〇〇
大中華火柴公司	一·八〇〇
上海熒昌廠	一·八〇〇
威海衛德威廠	一·三〇〇
合計	二二·五〇〇

火柴工業之分布，以廠商之因利乘便，往往集趨一市，如青島一埠有火柴廠十三家之多，廣州上海二地亦各有九家　而湘鄂贛等則每省僅有一家，地域分配不均，致供求不能平衡。且國內火柴市場至爲紊亂，各區皆有特殊情形。例如華北之火柴概係散售，而華南則係盒裝，因此生產過剩之區不能求售於生產不足之區。此外邊省火柴統稅之不一致，亦爲市場阻滯之要因。如川省加徵百分之二十之外省火柴輸入特稅，各廠商因負担過重，率皆裹足不前，現川省境內，外省火柴已將絕

跡。國產火柴統稅增設後，外國火柴紛紛偷運進口，冒用商標。至私運及私售之區域，泉州屬有七處，興化屬三處，福清屬七處，長樂屬十處，連江屬十處，平潭屬二處，閩侯屬十一處，福安屬五處。其進口地點之多，運銷區域之廣，可見一般。據厦門火柴業者言，去年因漏稅火柴充斥，正當廠商銷路減少十分之九，故其侵蝕我國火柴市場之情形亦殊可焦慮也。

在華外商火柴廠，資本雄厚，機器精良，皆非華商火柴廠所能望其項背。茲將我國境內外廠近年產銷數量就調查所得，列表於後：

		二十一年七月至二十二年六月	二十二年七月至二十三年六月
上海美光廠	生產	四四・三一三・二	二一・八一八・四
	出廠	五三・四八〇・〇	一七・五二二・一
青島山東廠	生產	二二・三九七・一	一八・六六五・九
	出廠	一七・八五六・〇	一六・八八四・〇
青島青島廠	生產	四三・三三七・六	三七・七四二・六
	出廠	三八・三四八・〇	三二・六〇〇・〇
青島東華廠	生產	一一・〇九七・三	三・二四七・四
	出廠	九・七五七・〇	二・四三一・〇
青島益豐廠	生產	四・九三八・六	
	出廠	五・七〇六・〇	
天津中華廠	生產		一・三四二・〇
	出廠	六〇〇・〇	二・〇二八・〇
天津三友廠	生產		二・五三〇・〇
	出廠	四・七〇〇・〇	二・〇五七・〇
合計	生產	二一六・〇八二・八	八五・三四六・三
	出廠	一三〇・四四七・〇約	七三・五二二・一

（註：美光為美商，餘皆為日商）

年來火柴業者皆有一致的覺悟，深感散漫競銷，自相殘殺之危險。經互相磋商之結果，僉以癥結所在為生產過度，非聯合營業，限制產量，不足以圖生存。蘇州之鴻生，杭州之光華，上海之熒昌等首倡合併營業之先聲，組織大中華火柴公司。二十三年，上海之大華，漢口之燮勝，臨淮之淮上等九廠復合併為大中國火柴股份有限公司。至最近已成功蘇浙皖鄂湘贛閩七省之聯營合作。自此垂盡之國內火柴事業，庶有復蘇之望。然華北各地，則散漫互競如故，非全國合作，此種組織恐終有瓦解之虞，而漏稅火柴之無法防止，外商火柴業者之競進傾銷，又在在為聯營前途之障礙也。

（二四，九，六，大公報）

八月份全國蠶絲輸出大活躍

共達三百八十餘萬，佔八月份出口貨第二位

【上海航訊】我國絲業近年呈極度衰落之象，但自本年下半年起，因海外絲價高漲，外銷突趨激增。八月份全國蠶絲輸出尤形活躍，共達三百八十餘萬元，佔出口貨第二位。是呈近年罕有之現象，記者探誌各情如次：

全國蠶絲出口突增

我國蠶絲輸出，據海關方面統計，八月份全國輸出額，計白絲二・七九〇・三〇二元，黃絲四七七・六四七元，灰絲七一・四〇六元，廢絲四三九・五二二元，繭衣二九・〇三二元計，總價達三百八十萬七千九百〇九元。本月份出口貨蛋及蛋產品，以三・九六八・八一六元佔首，而絲出口較蛋產品僅差十萬元，佔第二位。又去年同期絲出口數為二・六四八・二二一元，本年激增達一百萬元以上，實為近年來罕見之現象。

蠶絲輸出主要國別

至八月份全國蠶絲輸出主要國別，白絲以法國為最多，值一・〇六八・二一二元；美次之，值九九八・〇一九元；安南又次之，值三一八・〇七五元。此外英屬印度.七二・九九八元，英七六・六二〇元，香港七〇・七二九元，日本四九・二〇〇元，加拿大五一・六〇〇元，埃及四五・九一一元，意一二・六三一元，荷印一一・九四六元，其他各國一四・八一一元，共為二・七九〇・三〇二元。黃絲出口亦以法為最多，值一八二・九九九元；埃及次之，值一三七・二九七元。至本年八個月來全國蠶絲輸出總額，為一六・六四〇・二三六元云云。

（十月一日）

（二四，一〇，三，北平晨報）

九月份上半月生絲輸出激增

共計達三千九百八十一包

九月份上半月，上海生絲出口數量激增。據商品檢驗局蠶絲檢驗組

統計，共計達三千九百八十一包，由此可見生絲外銷已漸見起色。茲將各種生絲運出數量誌之如下：一，浙江白廠絲二千九百十四包。二，輯里絲三百四十四包。三，白土絲二十二包。四，其他黃廠絲二十五包。五，黃絲六十包。六，黃土絲二百三十八包。七，灰絲二百五十六包。八，雙宮絲八十二包。總計三千九百八十一包。並悉此次運出生絲以運往美洲爲最多，次爲歐洲，再次爲印度及其他各地。並據統計，自六月份起，生絲出口，已達二萬零三百五十包之鉅云。

（二四，九，二一，申報）

魯改良蠶種一大收穫

臨朐共收鮮繭百六十萬斤，繭價高漲聲中獲利約百萬，張鴻烈電浙再索蠶種

【濟南通訊】山東臨朐益都周村一帶，向稱本省蠶絲區域，過去每年收入達七百餘萬元。前去兩年因外貨在魯傾銷，人造絲充斥，致國產蠶絲大受打擊。本省建設廳有鑒及此，遂標本兼施，力謀補救，並積極採用優良蠶種，以圖改進。本年特在臨朐試育經委會蠶絲改良會發給之改良蠶種，成立合作社，並聘請蠶絲專家夏莞白等，在臨朐成立蠶業指導所，求技術上改進；並建築新式烘繭灶，以防出蛾孵化之弊。故本年臨朐一地鮮繭之收穫，計一百六十萬斤，當時繭價每斤只合一角九分。入秋以後，上海繭價竟漲至八百廿元一箱（每箱一千零八十斤，可出絲一箱約一百斤）。去年上海最高絲價僅四五百元一箱，本年春季亦僅三百七八十元。現在繭價每斤已漲至六角，本省本年臨朐收穫鮮繭一百六十萬斤，合有九十六萬元之收入，較本年春季多收五十五萬六千元，是誠本省試育改良蠶種後之一大成功。建設廳爲賡續推進蠶絲事業起見，以臨朐之烘繭灶每年只繭汛時期使用一月，其一年十一個月中均擱置無用，爲利用其鍋爐計，決定設繅絲場一處，製種場一處。建廳雖早有此計劃，但因繅絲場建築費五萬元，製種場二萬元，無欵可撥，遂行擱淺，實屬可惜！現以收穫良好，決定本年內即着手開工，期於明年春季完成。其所設之蠶業指導所，亦決定於明年繼續辦理，以便分派於各合作社實行指導。此外臨朐益都等地蠶農，紛紛要求改育優良蠶種，計需十萬張。建設廳長張鴻烈以此項蠶種，蠶絲改良會已聲明無如許張數，故今日（八日）張氏特致電杭州蠶絲改良會委員長曾養甫，改要四萬張，以應需求云。（玉生）

（二四，一一，一〇，北平晨報）

本年七月份蛋品出口突增

佔出口土貨第一位

【申時社訊】我國蛋及蛋產品，近年以來，因受種種影響，輸出衰落。但本年七月份出口，突然增加，據海關方面統計，全國七月份中，輸出乾蛋白一•一九一•九五八元，乾蛋黃六一二•七三二元，黃白不分之乾蛋二〇六•二一五元，冰濕蛋白二四六•八四八元，冰濕蛋黃四四一•七一六元，黃白不分之冰濕蛋品二•一三四•四〇一元，鮮蛋三七五•九五九元，皮蛋一三•九五六元，合共值五•二二三•七八五元，較去年同期及六月份均形增加，居七月份出口土貨之第一位。至本年一月至七月全國蛋及蛋產品輸出，較去年同期仍屬減少，其中乾蛋白出口五•五二一•四五一元，乾蛋黃一•九七六•八七八元，黃白不分之蛋六六〇•九二〇元，冰濕蛋白六四四•九二六元，冰濕蛋黃一•六六一•九六七元，黃白不分之冰濕蛋六•八四六•五八〇元，鮮蛋一•八三五•五五七元，皮蛋一四二•〇八七元，合計值一九•〇二〇•三六六元，較去年七個月之出口數一九•二五一•八四五元，稍爲減少。

（二四，八，二六，申報）

皖西梓茶調查

龍井傾銷，春茶頗受影響
梓茶呆滯，徵稅查驗頻繁

【蚌埠通訊】皖西六安之茶得天獨厚，味香色佳，行銷魯省，素負盛名。今春新茶上市，雖不甚興旺，然較之去歲尚屬不惡。惟杭州龍井，傾銷華北冀魯一帶，皖茶大受影響。如六安之花箱板簍（茶名）在濟南市價，每簍（十斤）合五元以上，杭州龍井每十斤祇開三元有奇。且龍井名馳南北，質色香味，均駕六安茶上，貶價傾銷，且源源而來，以致皖茶銷路呆滯。今夏魯省茶客之販賣皖茶者，莫不虧折。現値春茶銷竣，

梓茶（即二次採下之茶）上市，每簍市價僅開三元有餘，茶客既受一度打擊，販賣已不若前之踴躍。茶棧茶莊，寥寥可數，產量亦不若春茶之多。皖省財政廳在六安，立煌，霍山設立之短期營業稅局，對於梓茶出境亦照常抽稅，每簍收洋一角八分。簍茶經過懺遠，尙須經過驗茶機關一度查究，驗明稅單始予放行。以是皖西梓茶，因銷路衰落，由長淮小輪運輸東來者，亦不及往年之多矣。

（二四，九，九，上海晨報）

丁　各地人口調查

冬季農作物產量及災害損失估計

【南京】中央農業實驗所頃據蘇浙皖豫鄂湘察綏等二十一省農情報告員之報告，發表二十四年各省主要冬季農作物產量及災害損失之最後估計如下。（子）產量估計：（甲）小麥四二六・〇五二・〇〇〇市担，（乙）大麥一五八・一一二・〇〇〇市担，（丙）豌豆六六・九〇一・〇〇〇市担，（丁）蠶豆六三・四四二・〇〇〇市担，（戊）油菜籽四九・七四九・〇〇〇市担，（己）燕麥一七・四四四・〇〇〇市担，（丑）災害估計：（甲）小麥一・九二七・二三六・〇〇〇市担，（乙）大麥四一八・七六三・〇〇〇市担，（丙）豌豆四一五・九一三・〇〇〇市担，（丁）蠶豆一〇三・九三一・〇〇〇市担，（戊）燕麥一九・四二〇・〇〇〇市担。再按各項區分類估計所損失之總糧食數如下：（甲）旱災一・四二八・一一二・〇〇〇市担，（乙）風災三六四・一一五・〇〇〇市担，（丙）病害二九八・八七三・〇〇〇市担，（丁）蟲害二八・六九三・〇〇〇市担，（戊）其他災害五六五・四七〇・〇〇〇市担。（二十二日中央社電）

（二四，九，一三，申報）

13

郵局重查全國戶口

【南京】郵局重行調查全國人口事已久，茲悉目前僅交通方便各省市郵局有報告，邊區仍無從着手。因各地必須當地政府及團體協助，若加稽延，卽見阻碍，故短期內難望完成。（十日中央社電）

（二四，九，一一，申報）

首都人口已將近百萬

【中央社南京二十六日電】據警廳調查，京九月份人口已達九八萬一〇八七人。在十六年建都時祇三十六萬〇五百人，其後每年每月均有增加。預料年內當超出百萬。

（二四，一〇，二七，大公報）

上海市公安局發表上月份人口統計

較八月份增加一零零零三人

本市公安局昨發表上月份人口統計云：全市人口，共計三五五零零七五人，男一・一六八・八一四人，女八六三・五八五人，外國人寄居本市者一一・六一五人，特別區公共租界本國人九七一・三九七人，外國人三六・四七一人，法租界四七九・二九四人，外國人一八・八九九人。全市人口較八月份增加一零零零三人，本月份外僑男女減一二人。

（二四，一〇，二六，申報）

天津市八月份人口統計

較前減少三百餘人

【本市消息】本市自冀省府遷保後，人口逐漸減少。據津市公安局八月份統計又減少三百三十戶，三百二十三人。茲將該項統計列下：計一，本市總戶數共爲二三九・三〇四戶，男子共爲六二一・一二八人。女性共佔四四一・三九九人，總計全市人口爲一・〇六二・五二七人。查七月份共有二十二萬九千六百三十四戶，人口爲一百零六萬二千八百五十。

（二四，九，二六，大公報）

廣州市戶口調查

【香港】廣州市八月份戶口調查結果二七五七七九戶，一一四二八二九人。（二日專電）

（二四，一〇，三，申報）

各國僑工統計

【南京】實業部調查吾國在各國僑工報到者，有英美法日荷俄義等七國，總數共十四萬五千九百九十一人。（二十六日專電）

（二四，九，二七，申報）

平津日僑人數激增

【天津】平津日僑男女總數共七千四百餘名。在東北事變前，僅六七百名。山海關現時居住二百五十名，灤縣唐山昌黎各地共居二千五百名。頃北寧沿綫各站日僑移來日多。（四日專電）

（二四，一〇，五，申報）

長春日人增加

【長春路透通訊】四年以前長春日人僅有一萬，現已增至四萬三千二百七十二人。長春人口總數爲二十六萬四千四百五十九人云。（二十五日）

（二四，九，二八日大公報）

戊　各省行政區之改革

內部擬重訂全國行政區域

【南京】內政部擬將全國行政區域重行釐正，計全國二十八省，直屬於行政院之市八，隸屬於省政府之市十二，縣一千九百卌四，設治局四十三，行政區二，地方二。蘇六十一縣。浙七十五縣，杭州市。皖六十二縣。贛八十三縣。鄂六十九縣，漢口市。湘五十五縣，長沙市。川省四十八縣，成都市。康三十一縣。青十六縣。閩六十二縣，廈門市。粵九十四縣，廣州市，汕頭市。桂九十四縣。黔六十四縣，貴陽市。滇一百八十縣，昆明市。豫一百一十縣。冀一百卌縣。魯一百零八縣。甘六十六縣。遼五十九縣。吉四十一縣。黑四十三縣。新五十九縣。直轄市計京，滬，平，青，津各市。行政區計東省特別行政區威海衛行政區。地方計蒙古，西藏。（十一日專電）（二四，九，一二，申報）

閩行政區改制

【廈門】閩行政區經行營縮改七區，專員改委，仍兼保安司令縣長。一區專員王伯秋，轄閩侯，長樂，連江，羅源，福清，平潭，霞浦，福安，福鼎，寧德，署設長樂。二區楊蔭棠，轄永泰，閩清，古田，屏南，尤溪，南平，沙鼎，永安，將樂，署設南平。三區盛開第，轄建甌，政和，壽寧，浦城，松溪，崇安，邵武，順昌，建陽，署設浦城。四區黃元秀，轄同安，晉江，莆田，仙遊，惠安，南安，安溪，金門，永春，德化，署設同安。五區朱熙，轄漳浦，韶安，雲霄，東山，海澄，平和，長泰，南靖，龍溪，署設漳浦。六區邵伯雍，轄龍巖，漳平，寧洋，大田，永定，上杭，華安，署設龍巖。七區秦振夫，轄長汀，連城，寧化，明溪，清流，武平，建寧，泰寧，署設長汀。（十二日專電）

（二四，九，一三，申報）

閩省將改革地方行政制度

裁併各行政區，實行縣新組織

【福州通訊】閩省地方行政制度，於十月一日起，將有大變更，即裁併行政督察區，實行縣新組織，設立區署，茲分述於下：一，閩省行政督察區，本分爲十區，但所轄縣份甚不平均，多者有十縣，少者僅五縣；故省政府決定於十月一日起，裁併爲七區，如是多者如第一二四等區，固有十縣，少者第六區，亦有七縣，其餘第三五七區，均有八九縣，管轄單位較爲均衡，每年既可減少行政費十餘萬元，以之增加事業費，而省政府亦可節省三分事務應付精力，增加三分政務改革機能。二，實行縣新組織：閩省各縣政府組織本無一定標準，職員與經費，均縣自爲政，對於行政效率殊有窒礙；現由省政府制定各縣政府暫行組織規程，通令各縣於十月一日起切實依照改組，各縣政府一律設三科，第一科管理民政事項，第二科管理財政事項，第三科管理教育建設事項；

14

另設祕書處與警衛隊各一；經費，一等縣每月二千二百元，二等縣甲種每月一千九百元，乙種一千六百元，三等縣每月一千三百元。三，設立區署：閩省各縣之下，均設有區公所，多者十餘區，少者七八區，區長由縣政府委任，經費就地籌劃，一般衰劣乃貪緣獲任，大肆勒索，農民痛苦無從告訴；省府有鑒及此，決行根本改革，設立區政人員訓練班，招考學員百餘人，訓練六個月，畢業後，派往晉江·福清·連江·三縣，各區實習兩個月；現均完畢，乃訓令各縣將區域重新劃定，多者六區，少者三區，每區各設一公署，區長與區員人選，由縣長就畢業學員名單中遴選，呈請省政府委任，經費月由縣政府發給。此項區署，限於十月一日組織成立，現各縣區長已紛紛委定，前往籌設區署。據當局觀察，地方各級行政制度，經此一番改革後，政治必可漸上軌道云。

（九月十八日）（二四，九，二〇，申報）

皖浙蘇三省邊境省界整理

皖省府擬定原則及方法，縣與縣間境界亦整理

【安慶通信】皖省府以行政區域，無論省與省，縣與縣之間，凡屬犬牙交錯，飛地插花，治理不便，皆應從事調查，積極整理。其已經整理定案者，如省界方面，有績溪與浙江之昌化，休寧與浙江之開化，宣城當塗與江蘇之高淳；縣界方面，有鳳陽與潁上，南陵與宣城，等縣縣境，均擬加以整理，務期便於治理。上列劃界等案，皆係遵照縣行政區域整理辦法大綱及勘界條例辦理，期於最短期內，將皖浙蘇三省邊境界址及各縣畸形區域，整理完竣，以期永弭疆域糾紛，增進行政效率。並爲便於整理本省各縣縣界計，復訂定整理行政區域之原則及方法，以便辦理。茲分誌於下：

整理原則　凡本省各縣行政區域，有下列情事之一，如：一，固有區域太不整齊犬牙相錯者；二，固有區域與縣治距離太遠，與鄰縣反近者；三，固有區域與天然形勢抵觸過甚者；四，飛地插花深入鄰縣腹地，與本縣不相連屬者；五，有其他特殊情形者：均應加以整理。整理之標準，應依下列之原則：（一）合於天然形勢，如山脈，河流，道路等；（二）便於行政管理；（三）便於交通；（四）便於語言，禮教，風俗，習慣；（五）有其他特殊之需要。省政府對於行政區域，認爲有整理必要時，依照上項整理原則，切實整理。各縣人民有藉口阻撓者，即以違抗功令妨害公務論罪。

整理方法　本省行政區域，擬於本年度整理完竣。進行整理步驟分三個時期，以三個月爲各縣列報期，三個月爲查勘期，六個月爲整理期。（一）第一期，二十四年七月至九月，各縣政府應查明邊境，如有合於前條一至五各情形之地，即繪圖呈報省政府查核。（二）第二期，十月至十二月，省政府根據前項呈報，認爲確有整理之必要者，即令行有關係各縣，會同查勘，擬具方案呈核。（三）第三期，二十五年一月至六月，省政府據各縣將查勘情形呈報後，詳爲核明，加具意見，提會核議施行。倘有爭執，不能解決時，由省政府派員或令專員復勘呈報決定。至關係省界，由省政府咨請鄰省政府會同整理；遇有爭執，咨請內政部派員會勘決定。所有應行整理之行政區域樹界交割一切手續，悉依照部頒縣行政區域整理辦法大綱及勘界條例辦理。（九月十六日）（二四，九，一九，申報）

連雲市面積較京市尤廣

【南京廿八日中央社電】連雲市面積，經蘇省政府劃定後，約五百二十六方公里。較京市新市區面積尚多五十方公里。該市與東海灌雲兩縣劃界之交割，將由蘇省政府派員前往督促進行。

（二四，八，二九，北平晨報）

連雲市政建設積極進行

籌備處工作極緊張，清丈土地暫禁買賣

【新聲社連雲通訊】自隴海鐵路管理局在連雲港建築商港以來，昔日海濱荒涼之區已漸爲舉世矚目之所，近且成立市政籌備處，辦理市政，現已規劃粗具。如經費有相當挹注，則此濵青間新都市之崛起爲期當不在遠。茲略誌其經過及現狀如次：

連雲地勢　連雲位於江蘇省之北部，本係東海灌雲兩縣沿海轄地，東濱黃海，地勢重要，交通便利。自隴海路局將其路線

展至於海濱，並在鐵路終止處建築海港以利貨物運輸之後，地方日漸發達，人口增加，地價高漲。墟溝老窰，原係灌雲縣屬之村落，現亦漸趨繁榮。江蘇省政府有鑒於此，乃於本年二月間決定設立連雲市，劃東灌兩縣沿海五百二十六方公里之地，以爲新市區。該地原本多山，其著名者爲荷後雲台山及東西連雲島，前既擷連雲二字以名海港，故新市亦命名爲連雲市。

設施經過

江蘇省政府旋即通過連雲市籌備處組織規程，其內容爲規定市區界線及職權範圍，并明定設一處長一秘書，處長之下分設建設土地民政總務四組，各組設主任一人。四月，蘇省府派前南京市政府秘書長賴璉爲市政籌備處長，主持一切計劃建設新市之工作。賴氏奉命後，曾於五月偕技術專家多人，親至連雲各處觀察數次，隨後卽派工作人員分別着手調查統計，購置工作儀器，並在墟溝租定陳家大樓爲辦公地點，處長以下各級職員，並經賴氏精心遴選，多從南京青島北平各市調來，均先後到達，於是短小精悍之連雲市市政籌備處即於八月一日正式宣告成立開始辦公矣。

最近工作

該處成立至今尚祗一月，因爲時間太短，自無若何特殊表現。該處成立後之第一步工作，卽爲訂定工程計劃，土地政策以及各項應用法規等事，同時復與東海，灌雲兩縣商洽劃定界線交割事權問題。連雲全市面積爲五百二十六方公里，前已提及，其與東海縣分界之處卽以臨洪河爲天然界線，與灌雲縣分界之處卽以燒香河爲天然界線，是以劃界問題毫無爭執，迎刃而解。東海縣應劃入市區內之重要鄉鎮凡一，卽大浦是。灌雲縣應劃入市區內之重要鄉鎮凡四，他老窰，墟溝，南城，新縣是。海屬司法，向由縣政府兼理；上述各處劃分成市以後司法隸屬，便成問題，現正由市政籌備處請示省政府中。卽其一切行政，如公安，教育，財政等項概須交出。現老窰墟溝兩地公安行政，已由籌備處接收，其餘在九月以內亦均可交接竣事。

初步工作

日前該處已擬定初步工作計劃大綱，羅舉目前應辦各事，呈請省政府核示。聞此項工作計劃，多係根據該處處長，主任，祕書等多次實地調查考察所得而擬訂者，內容甚爲扼要。

在該處所有工作之中，最爲當地人民及各方所注目者，厥爲全市分區計劃道路系統及土地政策兩端。關於分區及道路計劃，目前已着手開始測量，預計三個月內卽可完成。

土地政策

至於土地政策，更爲繁重。連雲自築港以後，土地買賣頗形紊亂，大有流入土地投機之危險。蘇省政府曾於去年八月令飭東海灌雲兩縣停止一切土地買賣，市政籌備處成立以後，此令仍有效，須至該處整個土地政策確立後，方可有所變史。現正由各該處從各方詳細研究，尚須相當時日始能擬具具體意見，呈請省府採擇。在政策未確定以前，該處決先辦理土地清丈，已由省土地局調派測量隊到連相助。

經濟困難

記者曾晤及該處某重要職員，詢以工作詳情，據除前述種種外，尚有若干次要事務，如取締娼妓，辦理公共衛生，整理舊有街道，勘察自來水源，訓練由民政廳調來之警察等，均已一一辦理。該員並謂該處所有感困者厥爲經費問題，該處經常費僅由省府月撥數千元，開支而外，幾不能舉辦一事。若能籌得鉅額建設費，則短時期內必可樹一新都市之基礎云云。（二四，九，一，上海晨報）

宣懷將劃新界

【宣化通信】懷安縣第五區朱家窰村，隸屬宣化，惟距縣城窵遠，四圍均係懷安村落，既感挿花，而管轄亦殊困難。察省府令飭本縣政府，隨地移轉，以利行政。縣府當卽召開縣政會議討論，爰經公決，推定參議會，農會，商會，教育會，公安局，救濟院，民衆教育館，九鎮自治聯合辦公處，及縣第府一二三科等機關，組成劃界委員會，負責辦理云。（十一日）（二四，九，一四，大公報）

鄂省增設兩縣

【漢口】省府增設洪湖，襄中兩縣，劃監•沔•荊•鍾•京•五縣各一部，歸該兩新縣管轄，以利推進政務，復興地方，業經內部核准，俟籌有經費，卽行設立。（九日專電）（二四，九，一〇，申報）

河南原武等十二縣分別劃併爲六縣

業經省府委員會議通過，各就史地關係命以新名

【鄭州特訊】河南省政府，爲節省公帑，增進行政效率起見，經第四九六次委員會議通過，將原武等十二縣分別合併，新縣名稱各就其歷史或地理關係，分別命以妥善縣名。一、原武併入陽武，縣名改爲博浪。二、寶豐併入郟縣，縣名改爲輔城。三、洧川併入長葛，縣名改爲宛陵。四、考城併入蘭封，縣名改爲興仁。原考城縣東南部尖角，劃歸民權。五、寧陵併入睢縣，縣名改爲葵邱。六、新安澠池合併，縣名改爲鐵門。茲誌各縣新名稱說明於下：

博浪

原武在春秋時爲衡雍地，戰國時爲卷城，漢始置爲原武縣。陽武縣在戰國時，介在安城卷縣之間，秦爲博浪沙地，漢始置爲陽武縣。宋熙寧五年，曾將原武併入陽武。是該兩縣已具有合併歷史，今原陽合併，縣治設舊陽武縣。

輔城

郟縣在春秋爲鄭邑，秦漢隸潁川郡，晉隸襄城郡。後魏改郟爲龍山，隸順陽郡；又置南陽縣，隸南陽郡。隋開皇初改龍山曰汝南，十八年改汝南曰輔城；改南陽曰期城。大業初改輔城曰郟城，廢期城入焉。又寶豐在汝水之南，郟在汝水之北，今寶郟合併，縣治設舊郟縣。

宛陵

長葛在春秋爲鄭邑，戰國屬魏韓，更名長社。秦滅韓魏，置潁川郡，長社屬焉。西漢季年改爲許縣，仍屬潁川郡；又分置長葛縣。洧川在春秋時亦爲鄭地。戰國時洧土介在韓魏之間，秦滅韓魏，以爲潁川三川郡，洧土南部隸潁川，北部隸三川。漢改三川郡爲河南郡，以洧川土地之隸河南者置宛陵縣，而以其南境隸潁川者屬許縣。是洧川南部土地，在漢時已與長葛有隸屬關係。茲查洧川西北境有宛陵崗，其位置與長葛東北境鄰近，即漢所置宛陵縣城，今洧長兩縣合併，因其歷史定名宛陵縣，縣治設舊長葛縣。 17

興仁

蘭封爲漢時東昏縣，王莽改爲東明縣，金，元，明，均爲蘭陽，清季爲蘭儀，宣統元年改爲蘭封。又文獻通考云：趙宋建隆四年，置東明縣，屬開封府；建中靖國元年，升考城縣爲興仁府，建炎三年以東明縣爲興仁。茲蘭考合併，改爲興仁，縣治設舊蘭封縣。

葵邱

睢縣之設置，自秦始皇城襄陵鄉，名之襄邑；至北齊設雍邱縣，而以襄邑併入；宋建襄邑爲拱州保慶郡，以寧陵屬焉。金改宋拱州保慶郡爲睢州；明洪武十年，降睢州爲睢縣。在歷史上寧陵與睢縣已有隸屬關係。今寧睢合并，改爲葵邱，縣治設舊睢縣。

鐵門

秦置新安縣；劉宋永初中析新安，置西東垣縣。北魏明帝考昌三年，改西東垣縣爲西新安縣，屬澠池郡；至北周廢澠池郡爲澠池縣。是新澠兩縣在歷史上原已有隸屬關係。且澗水原出澠池縣東北，自石山東入新安界，經鐵門鎮，東流匯衆水入洛，而澠池新安兩縣治及鐵門鎮，均在澗水之北。今新澠合併，改名爲鐵門縣，縣治移入鐵門鎮，地點較爲適中云。（十日，林）

（二四，一一，一三，北平晨報）

己 各省水災狀況

蘇北災況統計

災區八一六零方里，難民達八十五萬人

【徐州】專署前令各縣統報災情，現經統計災區：銅山一千三百方里，豐四百六十方里，沛一千四百方里，邳五千方里。災民：銅山二十四萬，豐五萬，沛十六萬，邳四十萬。共被災面積八千一百六十方里，災民達八十五萬人。（十六日專電）

【南京】許世英十五日晚由滬抵京，十六日晨記者往訪，承見告各情如下：近來國內外輸款籌振已達十八萬元。頃因各災區需欵孔殷，十六日晨，將急振分配，蘇四萬，魯二萬，鄂一萬，粵一萬，湘五千，豫四千，贛四千，閩五千，皖冀各一千。刻仍盼各方努力輸將，俾災民得蘇。本人定十八日晨北上，視察蘇北災情，擬携欵二萬元，先至銅山，再轉邳沛豐等縣，每至一處，照實況給欵急振。視察後卽返京向中央報

告。至黃水根本治理，亦將向中央建議，使將來免於重災。（十六日中央社電）

（二四，九，二七，申報）

魯省災區面積統計

【南京】賑會統計災區面積八一五四零三一畝，災民五百萬，急待賑者二二九二五零零人。各縣收容所七十一處，已收容災民二七四八二四人。支出賑款捐款六零七二四九元，現存十八萬餘元。各收容所災民，月需五十萬四千元，連同災區其他費用，月需七十餘萬。計至明年五月，需六百餘萬元。（九日專電）

（二四，九，一八，申報）

黃河又漲水

蘇北軍屯河潰決，沭陽縣城危急

【中央社保定十五日電】建廳據報：冀黃河三十二段十一舖前灘，坍墜極烈，大溜直射串溝，坍塌達三公里，形勢危急，現正搶築挑水壩。又南三四段交界處亦續坍六公尺，將與串溝坍通，幸已築壩基六道，現正拚命鋪底壓磚。

【中央社徐州十五日電】南六塘河，因璉水黃灣決口新舊堤身俱破，河槽水位漸落。惟潰泛之水，湧入沭境八九區，致沭陽南境災區擴大。現洪流匯入軍屯河，致該河水位陡增，昨忽起狂風，浪濤洶湧，堤岸沖刷，頗現裂痕。是晚黃灣鄉軍屯左堤，突告崩潰，全堤動搖。此時黃灣鄉一帶堤身，亦被洪水漫沒，護堤民夫數百人，倘留堤上死守，當被捲去數人。縣長鄧月海等在側，搶護不及，乃率民夫退避高處。數小時內，淹沒達十五村莊，水勢已向沭陽縣城猛撲。鄧縣長連夜趕回，鳴鑼招集民衆，徵發全城蔴袋，將南城門坌塞，同時將牆用土培厚，形勢危急。

（二四，一〇，一六，世界日報）

冀冷寨黃河險工

魯鄄城格堤被溜衝塌百餘丈

蘇北大伊山被淹沒交通阻斷

【濟南十四日專電】十四日韓復榘電商震，孔祥榕，請速搶救冀冷寨黃河險工，由堵口會借給料物應急，另令菏澤縣就近協助。魯鄄城黃河大溜，十四日突行猛衝；格堤坍塌百餘丈，堤頂全無，只餘背垣，正在拚搶中。

【中央社徐州十四日電】灌境大伊鹽河水勢猛漲，溜量湍急，縱橫七十里，全部潰漫，與小伊山一帶水相銜接。平地深五六尺。鹽河西堤水由堤上漫出李窯，決口百餘丈，現在搶堵中。大伊山現被浸水淹沒，交通阻斷。所有叮當河西岸，以及東流兩縣邊境百餘村莊，均已陸沈，人民多由糧船救護逃出。又東海訊：東海縣爲保全新浦，遵照專署計劃。現由鹽河開挖新河道，直達薔薇河，刻在新浦成立開河辦事處，徵調民夫三萬人，從事挑挖。已通告居民遷移坟地以便動工。

（二四，一〇，一五，世界日報）

魯復堤工程需款一千二百萬元

張鴻烈赴開封出席復堤會議

韓復榘定廿日後赴董莊視察

【本報濟南特約通訊】黃河水利委員會遵奉經委會會令，定本月十五日在開封召集魯，冀，蘇，豫四省代表，開復堤會議，支配中央撥發之復堤工款一百萬元。該會委員長孔祥榕來濟參加山東黃河董莊堵口會議，商定施工計劃，及工款預算。孔復與秘書長張含英同赴青島，與膠濟鐵路商借所存鐵軌，舖修蘭封至東壩頭鐵道，以利運料。因候晤青島市長沈鴻烈，故本日（十三日）上午十一點四十分，始離青島西返。當夜三點三十三分，孔祥榕，張含英，張鴻烈，張連甲，周禮等，同乘平滬三零一次車南下赴開封，出席復堤會議。張鴻烈攜帶山東重要提案，係「提議山東復堤工程需款一千二百餘萬，本省實難籌撥，擬請列入復堤工程內，以便分配補助資案」。聞張鴻烈預定在開封開會後，十六日即離汴赴董莊視察，十八日以前趕回濟南，出席政務會議，討論堵口工程預算。主席韓復榘，則定二十日後李升屯，褒頭，及延長江蘇壩加築挑溜壩工程開始後，親往董莊視察，張鴻烈將再隨同前往云。（十三日）

（二四，一〇，一五，世界日報）

通訊一束

三六

頡剛先生：

頃閱禹貢，知論堯典者尙斤斤於中星問題。弟在此間，行將五載，平常主要工作卽爲測算中星，故在中國境內，自以爲爲最有資格研究此問題者之一。近來又有心得，頗擬作「堯典之四仲中星與四宅距離」一文，應用天文以規定四宅相去之里數。惟新從外面測量經緯度回來，許多材料尙待整理，正不知何日能了此夙願也。

謠言甚多，不知故都尙平安否？尊著尙書講義關于堯典之一二兩冊，否曾涉及天文問題？如有，亟欲一讀。

敬祝研安。

弟劉朝陽頓首。十一月二十六日。

編者案：劉先生現在服務靑島觀象臺，前在中山大學任事時著有史記天官書之研究，從天文歷法推測堯典之編成年代等篇，在燕京大學任課時又著有殷歷質疑等篇，對於中國之天文學史及歷法史之研究至爲深邃。得此一函，使我距躍三百。蓋說堯典者多信四仲中星爲眞實之唐虞時天象，然羲和四宅之文分明出於戰國之後，我輩不解天文，雖於此章之一半堅持其所當疑而於其別一半乃不能破人之所信，故辨論雖累千萬言而曾無解決之術。得天文家如劉先生者，出其緒餘，片言而決，豈非大快。地理之學與天文關係至深，在中國古史中，堯典四宅固其一端，而「分野」之說則尤爲重要，蓋當時之天文家不知世界之大，以爲中國已據有全地，而天與地爲等大，遂以中國分州分國判屬于星辰之分野，一若上下相繫然。二千餘年來其勢力曾未動搖，卽近編之地方志仍多以星野冠卷首者，此亦有勞於劉先生之一擊也。願整理材料之餘，不吝賜稿，俾中國古地理學史上之葛藤得賴先生而芟刈焉。

三七

頡剛吾師：

拙作說驩兜所放之崇山一文中有「唐以前解釋崇山者，多祗謂其在南方，而不能確指其處也」一語，「不能確指」四字實不妥。蓋「幽州」前人有解爲卽九州中之幽州，「羽山」皆以爲卽「蒙羽其藝」之羽山，而禹貢並有「三危」，是皆可以確指其處矣，而唐以前解釋堯典四罪地名者亦祗謂其「東裔」，「西裔」，「北裔」而不確指其處，然則其云「崇山，南裔」，亦只得謂其不言，不得謂其「不能」也，故此文中之「能」字應刪去。（雖然唐以前人確不能指實崇山之地點，但此祗吾人自知之耳。）

四罪地名考一文所以遲遲不能作成者，蓋有故焉。幽州，業已考定其爲卽幽都，本地下之稱，後乃移爲北方之地名。羽山，亦在路史注中發見一河南之羽山（此說與山海經合，且鯀之傳說本與九州有關，其原始地當在河南）。惟三苗之國雖經錢賓四先生考定亦在河南，但河南無三危之地名（疑三危或卽瓜州，本河南九州之一），無法證明其原始地點也。三危決不在甘肅敦煌。（括地志云，「三危俗亦名卑羽山」，抑三危卽羽山耶？）俟將來有新發見後，再爲論述。

草此，敬請道安。

童書業拜上。十一月廿一日。

編者案：堯典四罪之文，當時作者或但鑿齊傳說，未必有分配四方之觀念。自司馬遷增其文辭於五帝本紀云，「流共工于幽陵，以變北狄；放驩兜于崇山，以變南蠻；遷三苗于三危，以變西戎；殛鯀于羽山，以變東夷」，而後四罪與四方乃有不可分離之關繫。推司馬氏所以有此說之故，乃因左傳昭九年，王使詹桓伯讓晉辭中，有「先王居檮杌于四裔以禦螭魅」之句，文十八年傳又有「渾敦，窮奇，檮杌，饕餮，投諸四裔，以禦螭魅」之文，乃以為流放之地必於螭魅所在，而「四裔」必為四方之邊境耳。其實崇山羽山並在中國，古籍所載甚多，不必強居之於四裔間也。瓜州之名，左傳中凡二見。襄十四年記范宣子之言云，「來，姜戎氏！昔秦人迫逐乃祖吾離于瓜州；乃祖吾離被苫蓋，蒙荊棘，以來歸我先君。我先君惠公有不腆之田，與女剖分而食之」。昭九年紀詹桓伯之言云，「允姓之姦居于瓜州，伯父惠公歸自秦而誘以來」。按當時秦都于雍，即今鳳翔，若瓜州在今敦煌，二地相去絕遠，秦安得勞師遠征而迫逐之？且果有迫逐之舉，姜戎亦當西竄，何得反東向秦都而逃遁也？瓜州蓋即在今陝西中部（鳳翔之東），故秦人得而迫之，晉人得而誘之耳。頡剛前作州與嶽的演變一文，謂「九州」區域當在終南外方一帶，即陝西東南部與河南西部。童先生此函中疑瓜州即「九州」之一，頡剛亦以為然。至於瓜州在敦煌之說，始於杜林，繼於杜預；以二家揣測之辭勒為確定之說，非也。按漢書地理志於敦煌縣下云，「杜林以為古瓜州」，言「杜林以為」，是當班固之時惟彼一人之臆見耳！彼之臆見何自來？則亦曰「先王居檮杌于四裔以禦螭魅」，漢之郡縣，敦煌最在西北，故如此云云耳！倘彼能思漢武帝納匈奴降王後之邊境原非即春秋時秦國之邊境，亦非即西周時天子之邊境，或將啞然而失笑乎？（後魏真於敦煌置瓜州，所謂「俗語不實，流為丹青」者。）

三八

頡剛吾兄：

禹貢學會之發展精神，弟殊為愛護。我人研究國學，可持以救國者，不外攻治史地以喚起民族精神之一法，尊見正與弟同。我民族根據此地域以活動，垂數千年，所有征服自然，發展文化之舉，其勞績斷難磨滅。我輩稽考往迹，使人知經營之艱難，以引起愛護國土之觀念，實為一種重要工作。抑有進者，古地理一科，我國向重人文的考證；至地文方面，除關于地形者，如名山大川有精詳之記載外，其餘如氣候之差異，生物之分布，土壤之變遷，與我民族過去之發展都有莫大之關係，而古籍所載甚少。在自然研究發達之今日，是否有追求發揮之必要？尚煩尊慮及之。

昨在北平圖書館發見去歲登在會刊之禹貢土壤的探討一文，為黃河水利月刊二卷四期所轉載。該文拉雜成篇，竟被再列，眞出人意外。

敬頌大安。

弟王光瑋上。十一月廿一日。

編者案：在自然研究發達之今日，自有追求發揮我國古代之氣候，生物，土壤等等之必要。但此係國家研究院之事，我輩力薄，且各自有其範圍，故惟望食其碩果，不敢以耕耘之功自任也。地質調查所之研究中國古生物，其成績著矣。北平研究院植物學研究所中正從事於整理本草之工作，將來亦必有偉大之成就。中國學術之萌芽早已怒茁，不幸遭狂風驟雨之打擊，不克作順遂之發展；但得時局安定，奇卉嘉樹之挺生固有期也。夫在現今之環境中，各種學術皆不得發達，我儕爲古地理之學者自以輔助之力不厚而無以完成其志願，惟有抱守幾部古籍；然使古籍之癥結得在我輩手中解除若干，亦可以無愧此生。若擁幾部古籍而視爲已足，不肯張目四顧，吸收他方面研究之結果，是乃吾黨之罪人也！

三九

頡剛先生：

前談唐宋間回教史實，所集尚不多。原來共同工作者，虎世文馬浩澄兩先生，因成都回教公會之召，不克留平，關於阿拉伯文材料之輯譯遂行擱置，甚可惜也。

說來亦極可憐。中國有回教如是之久，現擁有教徒如是之衆，而教內人却又如斯之不求表現，教外人又如斯之不能瞭解，眞是一種極大憾事。就回教本身底發展說，就國內民衆之團結說，都不應該讓這種情形繼續下去。從政治方面，經濟方面，以及教育方面着手，讓回教徒和非回教徒中間，日增其親切的情誼，自是一種大業，須有力者去作，我們可以暫時不問。我們能力所能作，而且也確切需要的，是關於中國回教眞相之各方面的闡明。其中，最重要的，我認爲有兩點：第一，回教徒與非回教徒底中間，就血統上說，並非是兩個完全不同的民族。第二，中國文明中，包含不少回教文明，而過去的中國文明亦對阿拉伯波斯等回教國家之影響不小。此兩點，詳細說來，似頗可糾正一般所謂「回漢」者之錯誤。我頗望假以歲月，集合同好，能對這種工作，作逐步之試探也。

朔風日厲，諸維珍衛。

學生白壽彝上。十二月三日。

編者案：我覺得，什麼人只要肯幹，就是「有力者」。只要闡明了白先生所說的兩點，也就成了「讓回教徒和非回教徒中間，日增其親切的情誼」的「大業」的一部分。願白先生努力負起這時代的使命，使得將來的回教徒都可發揮他的潛蓄的能力，在這共同享有的中華民國裏表現這支生力軍的精神！

四〇

頡剛吾師：

四卷以後的禹貢半月刊漸漸趨向於活的新的材料的研究與介紹，一方面既給本刊增加聲色不少，而一方面則更進一步的負起了復興民族的使命：中心快慰，益思奮勉！

茲有一事，當貢之本刊的，即南洋華僑問題是也。上星期六（十一月二十三日）有南洋華僑參觀團到敝校（即北平匯文學校）參觀，承代

3

表呂君演講南洋土人生活及華僑概況，並化裝表演土人歌舞音樂等事。

南洋土人生活非本刊所及，今將呂君所講華僑問題略述如左：

一　人口分佈問題　華僑分佈以暹羅爲最多，英屬馬來羣島，荷屬東印度次之，大部分爲閩廣二省人。另附南洋各地華僑統計表一紙（民國二十四年調查）。

二　敎育問題　以知識文化論，自然較土人高出萬萬，至學校則學制，課程，課本，一切均與內地無異。惟學校只限小學及初高中；無專門，無大學。客歲曾派代表入京請求設立華僑大學，只因限於經費，一時未能實現；但僑胞渴望大學之實現，至爲殷切，極望國內同胞予以援助。亦附有南洋華僑學校統計表（民國二十四年調查）。

三　生活問題　因爲南洋盛產膠樹的原故，所以僑胞大多數以樹膠爲業，風俗習慣大致保持着閩廣兩省的狀況。他們都富有愛國思想，關心祖國事，極歡迎國人去遊歷，參觀，攜手。最感困難的便是言語問題。因爲閩廣方言複雜的原故，卽便同省同縣的人也往往言語不通，不能談話，乃至相對筆談，或借外國語談話（按此種情形在國內亦習見之）！大家感覺旣困難，又可恥，所以近年頗注意於推行國音國語了。

呂君講畢，繼以團員化裝表演，看去極似想像中的原始人民歌舞。最後分送照片四種（四張只收費一角，以資限制）：一爲華僑栽種膠樹及採取膠汁狀況；三爲土人生活寫眞。學生購得一份，今與上述統計表二種一併奉贈，如能酌量製版刊登，以公之本刊讀者，至爲欣幸！材料雖僅僅這一點，不値得大張旗鼓的介紹，但很希望由此引起大家對於海外僑胞的注意，進而加以調查，研究，援助，那麼這小小的一封信便算有意義了。

此上，敬頌著祺！　學生徐文珊謹上。十一月二十五日。

附照片四張，統計表二份。

南洋各地華僑統計表

僑居地	人數
英屬馬來羣島	一•〇九〇•三九二
英屬北婆羅州	七•〇〇〇
荷屬東印度	一•二三二•六五〇
葡屬帝汶	三•五〇〇
菲律賓羣島	一一〇•五〇〇
暹羅	二•五〇〇•〇〇〇
越南	三八一•四一七
緬甸	一九三•五九八

總計六百二十萬六千零五十七人

南洋各地華僑學校統計表

地名	校數
英屬南洋	四八九
荷屬南洋	三八三
葡屬帝汶	一
菲律賓	五八
暹羅	一〇七
安南	三八
緬甸	一九六

總共一千二百七十二校

編者案：南洋研究，確實重要，只是我們住在北方的人不容易接觸這方面的材料。張亮塵先生（星烺）在北大和清華等校敎授南洋研究一課，我們向他要稿，已承他答應了，希望在本卷中就可以使我們滿足。譚其驤先生們住在廣東，搜集材料比較這裏方便得多，也希望他們寄些文字或新聞來。徐先生隨函附來圖片四幅，不是不想登，只因原圖已爲粗銅版所製，我們再製時一定很不清楚；還是等待將來南洋方面的同志寄照片來罷。

四一

頡剛先生道席：前者蒙賜禹貢，曾即繳費爲會員，實因景慕台從研學精神及同情學會努力結果；至於個人所學，範圍甚狹，且少成就，繼續努力，尚虞不足，若再旁騖，必更荒疏：故以嚴格言之，敬實不得爲會員也。再從學會設想，所收會員必皆爲致力於史地之研究者，無以虛聲相取，如此方能健實。鄙見以爲學會會章可備「贊助會員」一格，或以物質，或以精神，專注雖殊，同情相感，庶於名實之間不致睽離。鄙見如是，不敢自外，特以奉陳，聊備流壤。專此敬頌鐸安，諸希亮照不戩。

愚弟崔敬伯拜啓。十一月三十日。

編者案：崔先生爲經濟專家，而經濟與地理之關繫至爲密切，人口也，賦稅也，物產也，交通也，自經濟學家視之皆經濟之材料，而自地理學家視之亦皆地理之材料也。且我輩研究沿革地理，不但欲知其研革之迹而已，更欲知其所以有此沿革之因，故甚盼望經濟學家之肯與合作。崔先生之入會，我輩實表無限之歡欣，爲其足以給同人以「求因」之指導也。至於贊助會員，自當增設，容與諸同人商之；然實非所以期待崔先生耳。

四二

頡剛先生著席：前函諒荷鑒及。弟近況如常，足慰；惟無著述可就正於故人，殊以爲愧。禹貢學會有固定會所，深副所視。鄙意，其中似可特闢一室，專蒐集關於地理之書籍，爲將來設立專科圖書館之預備。尊意以爲如何？可否提出？並請酌之。敬頌著祺。

弟黃仲琴啓。十一月廿二日。

編者案：本會自將編輯部移入新會所之後，張石公先生卽將其所藏地圖捐贈數十種；近日正繼續清理其所藏書籍地圖，聞又將捐贈若干。如此大公無我之胸懷，同人誠不勝其欽服。此外投贈地理圖書者，亦時時有之。積以歲年，本會必成爲鉅大之中國地理書藏。黃先生之提議，正爲本會已進行之事實。以北平書肆之多，藏家之衆，但須有錢，結果甚易。願本會同人努力募捐，會外同志不吝厚賜，則數年之後卽可成立專科圖書館矣。他日黃先生自閩來平，圖書盈屋，頋而樂之，重展此函，當深快於豫言之實現也。

四三

頡剛先生：

來示敬悉。尊意具見苦心，惟關係全局，不可不詳爲討論。本會特色，第一志趣相同，第二地位平等，第三克己，卽具有犧牲及苦幹的精神。如此繼續做去，準不致「人存政舉，人亡政息」。凡有困難，應由各會員就力所能及分擔責任，雖不能有速效，而根基可固。願幫忙者甘心幫忙。即以本會會員與禹貢半月刊定戶較，除多盡義務外，並無特別利益。經濟困難亟應募捐，而捐欵亦以出於同志或民衆身上者爲最宜。鄙意不限個個會員，亦不限定錢數，自定數目，志願擔任。此法最能團結精神。會中情形缺少報告。禹貢封面裏面及單頁會計報告，似嫌散漫。最好在募捐之前編印詳細報告，以爲募捐之藉口。此項報告應包括經過，經濟，研究的趨勢，將來的計畫等項。禹貢不宜再增篇幅，長稿可出專書。積稿情形及如何刊布，可擬一計畫。本會刊物形式宜預有規定，凡以本會名義出版者，即使私人出費印刷，亦應一致，以便表現本會精神。至於會中藏書目錄，亦可刊布，以資利用。

專此，卽頌著綏。

于鶴年拜啓。十一月十九日。

編者案：讀此函，具見于先生爲本會謀畫之忠。凡所陳述，當一一求實現。本刊自第三卷以上，不但收支足以相抵，且略有餘存，故本年五月，頡剛北返，敢將半月刊篇幅增多，亦敢將前數卷再版合訂。不幸半年以來，華北情勢愈迫愈緊，使人無心治學，銷路遂感滯塞；卽使能銷，亦以書肆過於不景氣，門售所得僅乃充彼食用，而使本刊無法週轉。迫不得已，乃有募捐之議。願會內外同志鑒此苦衷，許以援助！抑本刊所困難者，爲代售處之有去無來。若直接定戶可以增加，則不勞書肆之轉手，本會有豫收之益，讀者有省費之使，所謂兩利者也。倘蒙同志介紹定戶，俾利週轉，不勝感幸！

四四

頡剛先生史席：久未函候，至歉，敬維興居萬福爲頌。頃讀禹貢半月刊

通訊一束，藉悉閣僱賤恙之隆情，不勝感激。棠體質素弱，常年多病，惟今年爲獨劇。六月一日晚十時許，忽吐血數口，當夜幾殆，雖得延至翌晨，而又繼以痢瀉，益不能支。所幸積極醫治，始見轉機；然而四月之間，總無奇效。後於十月三日移住城裏，施行按摩，時經一月，進步殊著。據按摩先生云，再越一月，當可全愈。果如斯言，則棠前途尙有一線光明，足紓錦注。回憶往日體質雖弱而精神殊健，臥榻待藥之時亦以讀書爲安慰，孜孜爲燮其古史考據之癖。近年來蓋專注心於古地理，禹貢一篇未嘗或離。適先生以禹貢半月刊爲天下倡，正喜得請益之門，斯免歧路自迷之苦。乃大病纏綿，使不克自保厥身，尙有何力治其所學，是所謂有其志而無其命者歟？自憐亦復自恨！敢乞時賜教言，開其胸臆，化其塊壘，則蒙澤無涯矣。不多叙。專此，敬請撰安。

馬堉棠頓首。十一月九日。

編者按：馬先生劬學致病，同人至深挂念。茲將最近來函刊出，藉慰愛讀其文者。並願馬先生於完全痊可之後，注意運動游息，俾志與命得相符契。前人言「君相能造命」，今則自造耳。來日正長，禹貢半月刊之前途固賴先生創造之；幸一切爲學自愛！

四五

曉峯先生大鑒：奉誦惠函，備承獎飾，迴環循誦，且感且慚。就審覃研精勤，彌深忭慰。亭林郡國利病書全書甫經賬竣，尙未校閱，須明歲方克出版，跋文亦未着筆；異日脫稿，當再呈政。承示景范方輿紀要原稿尙在人間，亟思快覩。但不知是否著者手迹？文字是否清朗，便於景

印？原本現藏誰氏？可否乞先假一二冊一讀，再行奉商？謹候裁示。專此布覆，敬頌撰祺。

弟張元濟頓首。廿四年十一月廿六日。

四六

實四我兄：弟日前致張菊生前輩一函，索其利病書跋，以快先覩；並詢方輿紀要稿本亦尚在人間，商務印書館有否印行之意。嗣得復信，特以呈覽，並祈與頡剛兄商之。如能設法影印，公之同好，亦一大快事也。時局前途最可憂慮，近況尚希略示。此頌著安。

弟張其昀敬上。十二月一日。

編者案：顧亭林先生郡國利病書，通行本均不善，而其原稿竟得保存至今，商務印書館已編入四部叢刊三編，不久即可出版，足慰藝林之望。葉葵初先生得寫本方輿紀要，其中點改頗多，或竟出景范先生手筆，現正由錢賓四先生助之考證，已見前數期本刊通訊欄中。張菊生先生與葉先生同居上海，乃未相聞，今登載張曉峯先生來函二通於此，想菊生揆初二先生必願結此文字因緣也。

川邊季刊

重慶中國銀行四川月報社編輯

第一卷第一期目錄

第一卷第二期目錄

本刊第四卷第九期目錄豫告

出版者：禹貢學會。
編輯者：顧頡剛，譚其驤。
出版日期：每月一日，十六日。
發行所：北平成府蔣家胡同三號禹貢學會。
印刷者：北平成府引得校印所。

禹貢

半月刊

價目：每期零售洋貳角。豫定半年十二期，洋壹圓伍角，郵費壹角伍分；全年二十四期，洋叁圓，郵費叁角。國外全年郵費貳圓肆角。

The Chinese Historical Geography

Semi-monthly Magazine

Vol. 4 No. 9 Total No. 45 January 1st 1936

Address: 3 Chiang-Chia Hutung, Cheng-Fu, Peiping, China

第四卷 第九期
民國二十五年一月一日出版
（總數第四十五期）

內政部登記證·警字第叁肆陸壹號　中華郵政特准掛號認為新聞紙類

贈書志謝

自二十四年十二月十五日至三十一日，本社收到下列贈書，特此列載，藉志謝忱：

方紀生先生贈：支那疆域沿革略說一册（日本重野安繹，河田羆著，明治三十六年東京富山房發行）

鄉土生活之研究法一册（日本柳田國男著，昭和十年東京刀江書院發行）

魏青鋩女士贈：汲縣今志一册（魏青鋩著，民國二十四年鉛印本）

楊成志先生贈：L'Ecriture et les Manuscrits Lolos 一册（楊成志著，一九三五年鉛印本）

周杲先生贈：滇繹四卷一册（袁嘉穀著，民國十二年鉛印本）

吳靜山先生贈：上海掌故叢書第一集十四種十册（民國二十四年上海通社出版）

文奎堂書舖贈：西夏書事四十二卷八册（清吳廣成著，民國二十四年北平文奎堂書舖影印本）

文殿閣書舖贈：諸蕃志譯註一册（德國夏德等著，民國二十四年文殿閣影印本）

顧頡剛先生贈：各省財政說明書二十册（清宣統間度支部清理財政處及各省清理財政局編纂，民國三年經濟學會王璟芳等輯印）

北京歷史風土叢書第一輯二册（廣業書社編，鉛印本）

望都縣鄉土圖說一册（陸是奎著，光緒三十一年鉛印本）

津門雜記三卷三册（張燾輯，光緒十年刻本）

北海遊記一册（鍊人輯，民國七年鉛印本）

瀋陽記程一册（潘祖蔭著，光緒刻本）

新疆訪古錄，新疆禮俗志，新疆小正，合二册（王樹枏著，鉛印本）

西陲要略四卷二册（祁韻士著，光緒八年刻本）

西藏賦一卷一册（太菴和寧著，刻本）

癸卯旅行記一册附錄一册（錢單士釐著，光緒三十年鉛印本）

徐州府銅山縣鄉土志一册（楊世楨等編，刻本）

江蘇水利圖說二册（李慶雲著，宣統庚戌刻本）

瀛壖雜志六卷二册（王韜著，光緒刻本）

本刊第十期目錄豫告

古郉國攷

劉節

郉氏立國當在殷代，卜辭中有郉方，又屢曰：『帚姘』；而郉字不從邑作井，姘字亦有不從女作井者。史記殷本紀謂祖乙遷于邢，彝銘有郉㞢妥鐘，㞢即古夷字，則郉氏爲東方古國審矣。故乙亥父丁鼎銘曰：『隹王征郉方』，此卽殷代之郉國也；彝銘中又有郉侯，郉伯，郉叔，郉公，郉季之名，此周代之郉國也。其字皆作井。今所見古代璽印有井親，井係，井林，井耤，井忘；又有郉武，郉翊，井豐，井佳；左傳僖公五年有井伯；穆天子傳有井公；是東周以後『井』與『郉』始別。井之作郉，若丙之作邴，匽之作郾，呂之作郘，奠之作鄭，曾之作鄫，旬之作郇，古文字例如是也。古之郉國經傳中又皆作邢。自許愼說文分『邢』與『郉』別，後來字書及言姓氏之學者皆沿其誤。廣韵四十靜：『井，姜子牙後』。又十五靑：『邢，戶經切；地名，在鄭；亦州名，古邢侯國也』。又四十靜：『郉，子郢切；邢地名』。又一先：『邢，苦堅切；地名，在河內』。是一字分而爲四矣。其致誤之由來甚久，不可不攷其究竟也。

卜辭中屢言『帚姘』，則姘爲郉氏之姓無疑。而自來言姓氏者皆以邢爲姬姓。左傳僖公二十四年：『富辰曰：凡，蔣，邢，茅，胙，祭，周公之胤也』。又襄公二十一年：『邢，凡，蔣，茅，胙，祭，臨于周公之廟』。國語齊語：『狄人攻邢』，韋昭注：『邢，姬姓；周公之後』。可證春秋以來學者皆以邢爲姬姓之國。吾人更證之周代彝銘，亦確實無疑。邢侯彝爲周天子册命邢侯時所作，銘末曰：『作周公彝』。又叔男父匜銘末有『郉』字，卽指明爲郉國之器，而銘曰：『作爲靃姬媵旅匜』。則周代之邢爲姬姓無疑矣。獨姓苑以井氏爲姜子牙後，其說不知何所依據。但春秋時諸小國中有不同姓而同氏者：左傳多姬姓之戎，而襄公十四年又有姜戎氏；齊有姒姓之曾，楚有姬姓之曾；若此之例甚多，則姜姓之邢容或有之。殷周之際郉民族分布至廣，本爲姘姓；迨周人分封列國，就郉之舊疆廣爲分布，其最著者爲姬姓之邢，其僅存於姓苑者則爲姜姓之邢也。邢之始封爲侯服，故邢侯彝曰：『𦨶邢侯服』，麥尊曰：『王命辟邢侯』，詩碩人曰：『齊侯之子，衛侯之妻，東宮之妹，邢侯之姨』。至左傳昭公十四年：『晉邢侯與雍子爭鄐田』，亦以侯稱，而其人則爲楚之子靈，又非姬姓之族屬矣。其他見於彝銘者：若邢伯，邢叔，邢公，邢季，則邢氏族屬之服事於王者也。

周初古國若𨛜，若鄘，若盂，若邶，皆殷代之遺民。卜辭中屢言『王征邶方』，又與邶氏通昏姻，故邶之族人實散處大河流域東西各地。其在西方，有族處于汧渭之間者。廣韵讀邢爲苦堅切，與汧水岍山之字同讀，即其所據。汧與岍必當從井，亦以井人所居而得名。吾人可以克鼎散盤之地望證之。克鼎曰：『錫女井家𤔲田于䣈』，又曰：『錫女井遏𤔲人耤』。克鼎出陝西寶雞縣渭水南岸，其地適當汧渭之交，則井人所居大略相近。又散盤曰：『井邑田：自根木道左至于井邑𡏳道以東一𡏳，還以西一𡏳』。則其封邑與夨散二國亦相近。散邑約當後世大散關。水經渭水注曰：『汧水出汧縣西北』。闞駰十三州志與此同。復以汧水爲魚龍水。又曰：『渭水又與扞水合，水出周道谷，北逕武都故道縣之故城西；其水又東北歷大散關而入渭水』。周道谷即散盤之周道，與井散相近，則井人所居其即今之汧水流域乎？

克鼎散盤乃記夷厲之世事，而邢之始封當在昭穆以前。蓋周之東漸，其族人徙居者，即井之舊彊而封之，稱邶侯。其地則在𦳊洛之南。此可以麥尊，邶侯彝之地望證之。麥尊曰：『王命辟邶侯，出坏侯于井。若二月，侯見于宗周』。銘曰：『出坏侯于井』，可知邶侯未封之前，居於井者爲坏侯。坏當爲地名，亦見于競卣及噩侯駿方鼎。（秦公殷之坏則爲公名詞。）卣之銘曰：『隹伯𡉚父以成自即東命伐南夷。正月，既生霸辛丑，在坏。鼎之銘曰：『王南征伐角𨛜。唯還自征，在坏』。可證其地爲征南夷時必經之處。成鼎亦記噩侯駿方征南夷東夷事，銘曰：『命成允口祖考政于邶邦』。則坏與邶之關係可於上述四器中證明之。水經洛水注曰：『河水東逕成皋大伾山下』。又曰：『成皋縣故城在伾上。』禹貢曰：『東過洛汭至于大伾』。此大伾即彝銘之坏，春秋以前之邶國實建邑於此也。邶之始封，錫臣三品，見于邶侯彝。曰：州人，重人，庸人。州人，即散盤之州剛；重人，即散盤之量道，及克鼎『錫女井人奔于量』之重；此二族既同處西方，則庸人之邑處西方者亦自有之。迨周之族人率井人東徙，而州人重人庸人亦與之俱返於東，此周人以東方舊族使率循故土之政策也。庸即鄘，量即響，州即『州，陘，隤，懷』之州，見隱公十一年左氏傳。杜預曰：『州即河內州縣』。其地與邢國最近。然則皇甫謐帝王世紀謂殷都以西爲鄘，亦必有所據而言也。

邢人東遷，邑于大伾，其處西方者，則爲王之近臣。井鼎，穆王時器，銘曰：『王在葊京，漁于口池，呼井從漁』。其時井尙無封爵。至恭王時有井伯，見利鼎及趞曹鼎。孝王時有邢叔，見師虎毁，師毛父毁，豆閉毁，而走毁及師奎父毁則曰：『司馬邢伯』，其時邢伯爲司馬之官。至夷王時有邢叔，見趩尊，曶鼎，及免彝，免毁。至厲王時有井公，見曶壺。此外尙有邢季㲋卣，亦西周之器，而其采邑不在汧渭之交，乃與鄭之采邑相近。此可以曶鼎，趩尊，免彝，康鼎，鄭邢叔𪗇諸器之地望證之。曶鼎言邢叔爲曶解訟，時邢叔在異。昔饉歲，匡季以廿夫寇曶十秭；匡季願以五田四夫爲罰。四夫之中曰𥁕，曰𧻚，曰朏，曰奠。此奠，即鄭人也。又免彝曰：『王在鄭。丁亥，王格太室。邢叔右免』。康鼎銘末有鄭邢二字，是康即鄭邢叔𪗇之康，則鄭與邢之關係可於上述四器中證明之。世本曰：『鄭桓公居棫林』。鄭玄詩譜曰：『初宣王封弟友于宗周畿內咸林之地，是爲鄭桓公』。足證趩尊所稱咸邢叔，即以咸林得名，其時桓公尙未就封也。咸林既爲鄭地，則邢之食邑自與相近。鄭即漢京兆鄭縣。地理志注引臣瓚曰：『周自穆王以下都於西鄭』。以免彝『王在鄭』之說爲證，當非無據。是鄭邢相依乃平王東遷以前之事也。

左傳隱公五年：『曲沃莊伯以鄭人邢人伐翼』。是時鄭已遷於溱洧之間，曰新鄭。邢人亦北徙於河內之平皋。而大伾則爲虢叔所居，此可以左傳所記載證之。閔公二年：『狄人侵邢』。僖公元年：『齊師，宋師，曹伯，次于聶北以救邢』。『夏，邢遷於夷儀』。其地適當漢志趙國之襄國縣，即今順德府邢臺縣也。（或主聶北即攝，夷儀在齊，不可信。）自是以後，左傳稱在平皋者曰邢丘。宣公六年：『赤狄圍懷，至于邢丘』。襄公八年：　3

『季孫宿會晉侯，鄭伯，齊人，宋人，衛人，邾人于邢丘』。是年冬，鄭獲蔡司馬燮，獻於邢丘』。昭公五年：『晉侯送女于邢丘。子產相鄭伯會晉侯於邢丘』。此邢丘，即邢國之故墟也。邢國自遷夷儀後，又屢與衛爭。僖公二十年：『齊人狄人盟於邢，謀衛難也』。二十五年：『衛侯燬滅邢』。自是以後，邢入於晉；至襄公二十五年，晉侯使魏舒宛沒逆衛侯，將使衛與之夷儀。是年秋，衛獻公入於夷儀。二十六年，衛獻公復歸於衛。初成公二年，楚子反與子靈爭夏姬，子靈奔于晉，晉人與之邢以爲謀主。至昭公十四年，晉邢侯與雍子爭鄐田，叔魚蔽罪邢侯，邢侯怒，殺叔魚與雍子于朝。韓宣子問罪於叔向，叔向曰：三人同罪。乃施邢侯，而尸雍子叔魚于市。此邢侯，即子靈。然則邢至是已數易其主矣。迨哀公四年，邢乃晉之一邑，故與任，欒，鄗，逆時等八邑並舉。

邢既遷於夷儀，在平皋者曰邢丘，仍爲鄭國所有。至於戰國中葉以後，則爲韓魏之衝要。此可以竹書紀年，戰國策，史記所記載證之。古本竹書紀年曰：『梁惠成王三年，鄭城邢丘』，其時邢丘蓋爲韓所有。史記韓世家：『昭侯六年，伐東周，取陵觀，邢丘』。故白起傳曰：『秦嘗攻韓，圍邢丘』。其時當在孝公以後，昭襄王以前。其地徐廣謂在平皋，張守節謂在懷州武陵縣東南二十里，是卽春秋時邢國之故墟也。至昭襄王時，邢丘已屬魏。史記魏世家：『安釐王九年，秦拔我懷；十一年，秦拔我郪丘』。徐廣曰：『一作邢丘』。國策秦策：『應侯曰：舉兵而攻邢丘，邢丘拔，而魏請附』。時范睢爲相，白起爲將。拔邢丘事，史記秦本紀在昭襄王四十一年夏。自是以後，邢丘爲秦所有矣。從來解郱國地望者，若應劭杜預以下皆主邢始封襄國，自襄國遷平皋。今以先秦古籍及器物銘證之，足訂其譌誤。因幷及郱民族興衰遷徙之跡，以質正於世之同好焉。

二十四年十二月二十日於，燕京大學。

辨鄯善國在羅布泊南說

貝琪 1

鄯善國境，李光廷漢西域圖考，丁謙漢書西域傳地理考證等，咸本水經注說，謂在今敦煌縣西，羅布泊南；而所都扜泥城，丁氏且實指之，謂即今阿斯騰塔格山麓占布拉克地。愚以地望準之，其說實非！按西域傳謂：『鄯善本名樓蘭，去陽關千六百里，國最在東垂，近漢，當白龍堆，地沙鹵少田，乏水草』。又謂『西通且末七百二十里，至山國千三百六十五里，西北至車師千八百九十里』。則其在且末山國車師之東南，麗近白龍堆沙地，可無疑義。且末當今何處，雖未易確指，然丁氏證其在塔里木河南卡牆河東，說亦近理。而車師前王庭之當今吐魯番地，山國之當今博斯騰泊南呼爾圖克達山麓地，俱在羅布泊極北者，史籍具在，班班可考。

夫漢書所以詳紀此三國與鄯善相距之里數，當緣自鄯善以達三國，路較便捷；苟鄯善反在羅布泊南，則由南徂北，非繚曲跋涉，何由得達？其不合一也。鄯善既『最在東垂，近漢』，而又『地當白龍堆』，故漢使之越白龍堆而西者，必經鄯善。魏略亦云：『從玉門關西出，發都護井，廻三隴沙北頭，經居盧倉，從沙西井轉西北，過龍堆，到故樓蘭』。是鄯善(即樓蘭)尚在白龍堆之西。信如丁氏所說，扜泥城當今阿斯騰塔格山麓，則不應在白龍堆以西明矣。其不合二也。西域傳又載特近陽關之國曰『婼羌』，而謂其『辟在西南，不當孔道，西北至鄯善，乃當道云』。婼羌所以辟不當道者，當以阿斯騰塔格山脈橫亙左右，故漢使出陽關者，不易涉其境耳；設鄯善亦位於此山之下，則辟不當道，不惟一婼羌矣！其不合三也。後漢書班勇傳：『議遣西域長吏將五百人屯樓蘭西，當焉耆龜茲徑路』。魏略亦曰：『過龍堆，到故樓蘭，轉西詣龜茲』。龜茲焉耆，俱在大戈壁之北，即天山之南麓。既云『西當焉耆』，『西詣龜茲』，則鄯善爲龜茲焉耆出入之要道可知；龜茲焉耆以鄯善爲要道，則鄯善必不能遠在羅布泊以南，亦可知矣。其不合四也。

或者曰：子何以解於水經注『水積鄯善東北』之一語？曰：酈氏此說，實亦不能自圓！吾嘗繹其本書，而得『河水東逕樓蘭城南，而東注於泑澤（即今羅布泊）』之語；曰『城南』，曰『東注』，是樓蘭之在泑澤以北，彰彰明甚。樓蘭既在泑澤以北，則李丁諸氏所云『在羅布泊南』者，可不攻而自破矣！

草本文既竟，就正餘杭章太炎先生，先生詔以『鄯善本小國，其與車師前王庭等初不比接，特以漢世驛程之西域者，南道必自鄯善始，北道必自車師前王庭始，而欲赴北道，仍必自南道轉入，故西域傳詳記之。然諸國距離之數，亦不過憑使者傳言，約略舉之，非經實測，未容拘墟；丁氏必欲求鄯善國都所在，自不免億必耳！』又謂『淸末置鄯善縣，乃近於吐魯番祗三百餘里，則非鄯善故地明矣』。析疑證誤，足使近儒說西域疆理者昭若發蒙。謹附識於此。

一九三五，十一，二十四。

按樓蘭舊都扜泥城。漢昭帝元鳳四年，漢使傅介子襲斬樓蘭王後，「立尉屠耆爲王，更名其國曰鄯善」。新王懼前王子之逼，請漢兵屯田伊循城，「依其威重」。水經河水注言「注賓河又東逕鄯善國北，治伊循城」，徐松據此推定「蓋以地肥美徙都之」，其說極是。徙都年月，史册未詳。王國維流沙墜簡序中謂古樓蘭國自昭帝元鳳四年，徙居羅布淖爾西南之鄯善，其說雖近臆斷，而據後漢書班勇傳「勇至樓蘭，以鄯善歸附」，及水經河水注索勱「至樓蘭屯田」「召鄯善焉耆龜茲三國兵」之文，則樓蘭鄯善，不惟名稱有古今之異，而地域亦不同：王氏之說，大致可信。但因二地原屬一國，故頗混淆難辨。水經河水注：「注賓河……其水東注澤。澤在樓蘭國北扜泥城，其俗謂之東故城。……故彼俗謂是海爲牢蘭海也」。牢蘭海即今之羅布淖爾。據此則鄯善新都伊循城在羅布淖爾西南，自無疑義。至樓蘭舊都扜泥城，則當在伊循城之東北，羅布淖爾之西北隅。由新都言之，則名之曰東故城；因其在淖爾之西北，故河水注後又言：「又東逕樓蘭城南而東注。……河水又東注于泑澤，即經所謂蒲昌海也。水積鄯善之東北，龍城之西南」。泑澤，蒲昌海，亦即羅布淖爾之異名。水從樓蘭城

2

南，東注泑澤，城在澤西北無疑。新都在澤西南，其疆域大部當皆在澤南，故曰「水積鄯善之東北」。知新舊都之異地，則「樓蘭城南」，「鄯善之東北」二語自身並無矛盾也。伊循城在今何處，現尚未發現。至扜泥城，則清光緒庚子，瑞典赫定博士（卽流沙墜簡序中所稱之俄人希亭。當日瑞典與我國，尚未通使訂約，赫定博士由俄領事介紹，來我國考查，故王國維誤稱之曰俄人）于東經九十度之稍西，北緯四十度三十一分之地，發現一古城，並得漢晉木簡遺物多種。後經德人孔拉第考證，定此城爲樓蘭之虛，並著有樓蘭一書。後英人斯坦因日本橘瑞超均經其地，皆有所獲。法人沙畹考證斯坦因所得遺物，亦從孔拉第說。申報館所印行之中國新地圖亦于其地記「樓蘭遺址」，當卽扜泥城之舊虛矣。惟王國維氏于墜簡序中（此序亦見觀堂集林卷十七）力辯其非，又據橘瑞超所得西域長史李柏二書，定其地「于前涼時名曰海頭」，又考定此地卽水經注中之龍城，漢書及魏略中之居廬倉。李柏二書，余未見模本，然就王氏所引原文校之，其言前涼時名海頭，當屬可信。惟海頭果屬前漢時之扜泥城乎？或居廬倉及龍城乎？則尚未能據王氏之言以斷定。王氏于遺物中所得之「確證」，實疑問尚多；內雖未能確證此城之果爲樓蘭，然亦未能確證其非樓蘭。其重要之證據，則從水經河水注證明「樓蘭一城，當在塔里木河入羅布淖爾之西北，亦卽在淖爾西北隅，此城則在淖爾東北隅」（論據卽上所引河水注）。余于民國十六年與赫定博士同往新疆時，途中舉此說以問之，彼答：「王氏說不誤，但彼未知古淖爾與今淖爾並非一地。余所發現之城，固在今淖爾之東北，然實在古淖爾之西北。王氏之論，匪惟不能駁擊余等說，反足以證成余等說矣」，云云。敘至此，則地學界中尚有一極饒興趣事，與此問題關係甚深，須略述如下：數十年前，俄探險家普爾時瓦斯基曾到羅布淖爾，測得淖爾確址，在中國古圖中淖爾之南二百里許，約差一度。彼卽發表此結果，矜爲一大發現。是時德國大地質學者李時霍芬獨不謂然，其意略謂中國學者，素極矜愼，彼等既記彼處有湖，當非虛言。李氏文出後，普氏異常憤怒，著論反攻，備極譴責。但李氏固執己見，終不爲搖。赫定博士，即李氏之高足弟子，繼續研究此問題。結果則普氏親身調查，固自不誤，而李氏之揣想，却由赫定之精密調查，遂得實證。原塔里木河行沙漠中，亦嘗如黃河之改道。普氏所見淖爾（即前數年國中所印圖中羅布淖爾地）東北，尙有遺址可見。及余等抵新疆後，訪得羅布淖爾之新址，又幾無水；大部分水，全歸舊址。又由西北科學考查團團員瑞典人諾林，我國人黃文弼陸續前往證實，並作測量，愈足證明改道說及我國古圖之非虛誕。中國新地圖即據此次調查之結果改正已經遷移之湖泊。據此圖則「樓蘭遺址」果在今淖爾之西北隅也。——至龍城或仍在今淖爾之東北。居盧倉，魏略明言其在三隴沙東，龍堆東南，則與龍城亦似非一地。要之此間之茫茫平沙中，可解決歷史重要問題之資料而待吾人採集者尙有極多，而國難奇重，覆亡無日，何日始能再登橐駝，率助手，至白龍堆間，蒲昌海畔一「攄懷舊之蓄念，發思古之幽情」耶？嗚呼！

徐炳昶。二四，一二，四。

4

西漢侯國考（再續）

史念海

1

魏郡

斥丘　一，唐厲國，高祖六年封，元鼎五年除。二，劉寗國國，文帝四年封，景帝三年除。寗國所封，史表作瓜丘，索隱謂在魏郡；漢表作氏丘，失注。然魏郡有斥丘而無瓜丘及氏丘。「瓜」「氏」二字皆「斥」字之訛，形近而譌。或以斥丘已封唐厲，不應再封劉寗國，斯蓋惑於二侯不能並封，殊非是。

翕　一，邯鄲國，景帝中三年封，元光四年除。二，趙信國，元光四年封，元朔六年除。翕，地志不載，漢表注內黃，當是內黃之鄉聚名。

梁期　任破胡國。元鼎五年封，太始四年除。

挪裴　劉道國。征和元年封，不得除年。案：挪裴卽地志卽裴，表注東海，非是。又案：此國除時雖不得知，然地志卽裴尙爲侯國，是除時當在地志所斷之時之後也。

武始　劉昌國。元朔三年封，太始四年除。

邯會　劉仁國。元朔二年封，綏和以後（？）除。

陰安　一，劉不害國，元朔三年封，元鼎三年除。不害之國，史表作陪安，誤矣。二，衞不疑國，元朔五年封，元鼎五年除。

平恩　許廣漢國。地節三年封，神爵二年除；初元元年再封，後入新。

邯溝　劉偃國。地節三年封，漢亡國除。邯溝，志作邯溝。

武安　一，田蚡國，景帝後三年封，元朔三年除。二，劉愋國，建平四年封，元壽二年除；元始元年再封，初始元年除。

旁光　劉殷國。元朔三年封，元鼎元年除。旁光，史表作房光。

涉　劉綰國。以離石侯更封，尋除。涉，漢表失注。全祖望以爲乃南陽之涉都（稽疑卷五），非是。地志魏郡有沙縣，水經濁漳清漳二水注並作涉縣，趙一清曰：「兩漢志本作涉縣，至三國時始有涉名，魏書云：太祖圍鄴，涉長梁政以縣降是也」（注釋卷十）。其說實誤，王先謙已駁之矣。王念孫亦曰：「酈注云：（涉）地理志魏郡之屬縣也。漳水有涉河之稱。……是所見漢志本作涉，不作沙。……元和郡縣志：涉縣本漢舊縣，……因涉河為名。……王子侯表：臨石侯館更為涉侯。則涉乃西漢舊名。今本兩漢志作沙，皆傳寫之誤明矣」（雜志四之六）。是沙之為涉，審矣。

蓋胥　劉讓國。元朔三年封，元鼎五年除。蓋胥，漢表注魏，而志無其名，當是國除後省去。索隱謂在泰山，然泰山有蓋而無蓋胥，或因名似致誤。

漳北　劉寬國。不得封年，元鳳三年除。

安檀　劉福國。不得封年，後元三年除。

鉅鹿郡

南䜌　劉佗國。不得封年，征和二年除。

廣阿　任敖國。高祖十一年封，元鼎二年除。

象氏　劉賀國。元朔三年封，漢亡國除。

宋子　許瘛國，高祖八年封，景帝中二年除。

貰　傅胡害國。高祖六年封，元鼎元年除。傅胡害之名，各家頗有異文：史表作呂，徐廣以爲作台，索隱又作呂博國，水經濁漳水注則作呂博。楊守敬曰：「宋隱本作呂博國，疑國字衍文，合，台並呂字之譌，傅又博字之譌，胡害又博字之反切，或是其字。廣韻合字以合博爲漢複姓。誤也」（見水經注疏要刪）。

新市　一，王棄之史表作王康國，景帝中二年封，元光四年除。二，劉吉國，元五鳳年封，綏和以後〔？〕除。新市，漢表注堂陽，當爲封後始於堂陽析出者。

堂陽　孫赤國。高祖十一年封，景帝中六年除。

安定　劉賢國。本始元年封，漢亡國除。

歷鄉　劉必勝國。神爵四年封，漢亡國除。

樂信　劉強國。神爵三年封，漢亡國除。

武陶　劉朝國。五鳳元年封，漢亡國除。

柏鄉　劉買國。竟寧元年封，漢亡國除。

安鄉　劉喜國。竟寧元年封，漢亡國除。

昆　渠復絫國。元鼎五年封，地節四年除。

題　張富昌國。征和二年封，後元二年除。

禾成　公孫昔史表作公孫耳國。高祖十一年封，文帝十四年除。禾成，漢表失注。水經濁漳水注：「東南逕和城北，世謂之初邱城，非也。漢……（封）公孫昔爲侯國」。是禾城卽和城，其地則在鉅鹿郡敬武貰縣之間矣。全祖望曰：「道元曰和成，則非新分置下曲陽之郡也，屬鉅鹿，然非也。蓋常山之鄗，莽改爲禾成者也。志無」（釋疑卷六）。姑不論莽之禾成是否鉅鹿之和城，而以新莽之制釋漢初之封城，不合孰甚。（案莽之禾成在常山，非鉅鹿也。）

甘井　劉光史表作元國。元鼎元年封，征和二年除。

常山郡

桑中　劉廣漢國。地節三年封，一度國除；元延二年再封，居攝二年除。

封斯　劉胡傷史表作胡陽國。元朔二年封，不得除年。地志載此侯國，其除時當在地志所斷之時之後。

易　劉平國。元朔三年封，始元元年除。易，漢表注鄗，而地志屬涿郡，平所封或爲鄗之鄉聚，與涿郡之易不同。

鄗　一，劉延年國，元朔五年封，元鼎五年除。二，劉舟國，不得封年，征和四年除。延年之國，漢表作歊，史表作鄗，依王念孫說改。

樂陽　劉說國。地節三年封，漢亡國除。

平臺　史玄國。元康二年封，不得除年。案，此侯除時雖不可考，要在地志所斷之時之後，因地志載之故也。

都鄉　劉景國。甘露二年封，漢亡國除。

3

棘蒲　陳武國。高帝六年封，文帝後元年除。史記趙世家：「借兵於楚，伐魏，取棘蒲」。正義：「今趙州平棘縣，古棘蒲也」。漢書靳歙傳：「從攻安陽，東至棘蒲，下十縣，別攻破趙軍，……」案：地志代郡有東安陽縣，靳歙傳所言之安陽，當係指此。若然，則東下破軍攻城，皆在趙地。張氏平棘之說，不爲無因。或謂趙世家所言乃魏地，靳歙傳則爲趙地；不知二書所言正相同也。因一記戰國時事，一則言楚漢間事，未可一概而論也。或以高祖時自有平棘侯（林摯），若此侯即平棘地，則林侯爲誰？此層錢大昕已有論列，其言曰：「棘蒲平棘相去不遠，棘蒲國除之後，當入平棘爾」（考異卷一）。斯固與林摯之封平棘無礙也。封泥有「棘滿邑丞」（封泥彙編），或棘蒲應爲棘滿？

平棘　一，林摯史表作執國，高祖七年封，文帝五年除。二，薛澤國，景帝中五年封元狩，元年除。

遽　橫國。景帝中二年封，後二年除。

遽鄉　劉宣國。元康四年封，神爵二年除。遽鄉，漢表注常山，而遽失注。索隱以侯橫所封，乃常山鄉名，然漢表無注鄉名之例，不知何所據而云。若以劉宣所封証之，或遽先爲鄉名，後乃爲縣，繼又廢除耳。

清河郡

清河　王吸國。高祖六年封，元光二年除。案：清河，史表作清陽，清河郡名，不以封侯，自應以清陽爲是。

陵鄉　一，劉訢國，建昭元年封，建始二年除。二，劉曾國，建平四年封，後入新。水經淇水注，「清河又東北逕陵鄉西。應劭曰：東武城西南七十里有陵鄉，故縣也。後漢封太僕梁松爲侯國，故世謂之梁侯城，遂立侯城縣治也」。此雖未言訢曾封國，然陵鄉之屬清河，固已明矣。漢表注沛，誤也。

俞　一，呂它國，高后四年封，八年除。二，欒布國，景帝六年封，元狩六年除。俞，志作鄃，俞鄃字通。

東陽　一，張相如國，高祖六年封，建元元年除。二，劉弘國，本始四年封，漢亡國除。

新鄉　一，劉豹國，本始四年封，後入新。二，劉鯉國，元始元年封，初始元年除。

棗強　劉晏國。元朔三年封，薨除。

復陽　陳胥國。高祖七年封，元狩二年除。

修故　劉福國。本始四年封，元康元年除。

轑陽　江喜（史記諸少孫補表，漢書百官公卿表，昭帝紀及田廣明傳均作江德）國。征和二年封，永光四年除。潦陽，表注清河，然志清河有繚而無轑陽，史記褚表則作轑陽。案水經淇水注：「其水又東北逕榆陽城北，漢武帝封太常江德爲侯國。文穎曰，邑在魏郡清淵」，是又作榆陽矣。此國是轑陽，抑是潦陽或榆陽雖不可復考，然其屬於清河固可斷言。蓋清淵於漢屬魏郡，魏郡又與清河接壤。據水經注所云，則榆陽清淵同旁淇水，淇水過清淵即入清河郡，榆陽當在清河之西鄙。依文穎所云邑在魏郡，則是封於清河而食諸魏郡矣。或以繚縣當之，恐非也。

涿郡

遒　陸彊國。景帝中三年封，後元元年除。遒，史表作適，陸彊作隆彊，並形似而譌。

故安　申屠嘉國。文帝後三年封，元狩三年更爲清安侯。

范陽　范代國。景帝中三年封，元光四年除。史表僅言范陽侯代，不言范代；水經易水注亦然，疑范代之范乃係衍文。

容城　徐盧國。景帝中三年封，後元二年除。漢表作容城攜侯徐盧，史表作容城侯攜徐盧；王念孫以「攜」當爲「唯」之譌，而「唯」又當在侯字下，是唯徐其姓，盧其名。並以易水注公卿表爲証；王引之又以「徐」乃「涂」之譌，其說並是（說見雜志四之三）。

亞谷　盧它之國。景帝中五年封，征和二年除。索隱：「亞谷，漢表在河內」。然漢表實無此二字，地志亦不載此地，所言疑非。太平寰宇記：『渾泥城在（雄州）舊（容城）縣南四十里。水經注：「泥同口有渾泥城」。漢景帝改爲亞谷城，封東胡降王盧它之爲亞谷侯，即此地也』（卷六十七）。是亞谷在涿郡而不在河內矣。

翕　僕䵣國。景帝中三年封，後三年除。翕，史表及水經易水注並作易，錢大昭謂南監本閩本亦皆作易，是作翕者譌也（辨疑卷七）。

廣望　劉忠史表作中國。元朔二年封，不得除年。表雖未載失國之年，然以意度之，當在綏和之後，因志載之故也（參閱後文）。廣望，史表作望廣，誤倒。

將梁　一，劉朝平國，元朔二年封，元鼎五年除。二，楊僕國，元鼎六年封，元封四年除。將梁，漢表注涿，志不載。王先謙曰：「將梁廣望鄰近，蓋國除併入廣望」。其說得之。

鄚　劉異衆國。元延元年封，漢亡國除。

州鄉　劉禁國。元朔三年封，漢亡國除。

樊輿　劉脩史表作條國。元朔五年封，漢亡國除。

成　一，董渫國，高祖六年封，景帝六年除。二，劉喜國，元鳳五年封，建平元年除。

梁鄉　劉交國。綏和元年封，初始元年除。梁鄉，地志作良鄉，「良」「梁」通用。

利鄉　劉安國。甘露元年封，漢亡國除。利鄉，漢表注常山，志屬涿郡，或先屬常山而後入涿。

臨鄉　劉雲國。初元五年封，漢亡國除。

益昌　劉嬰國。永光三年封，漢亡國除。

陽鄉　劉發國。初元五年封，漢亡國除。

西鄉　劉容國。初元五年封，漢亡國除。

中水　呂馬童國。高祖七年封，元鼎五年除。

河陵　郭亭國。高祖六年封，景帝中三年除。河陵，史表作阿陵，當依史表及地志是正。

阿武　劉豫國。元朔三年封，漢亡國除。

高郭　劉𪾢國。地節四年封，不得除年。

5

新昌　劉慶國。本始四年封，一度失國；元延元年復封，漢亡國除。

安都　劉志國。文帝四年封，十六年除。安都，漢表失注，志亦不載。張氏正義：「安都在瀛州高陽縣西南三十九里」。以地望度之，屬涿無疑。

薪館　劉未央國。元朔二年封，元鼎五年除。

曲成　劉萬歲國。元朔五年封，元鼎五年除。曲成，漢表注涿，地志不載。王先謙曰：「涿郡有成縣，無曲成。東萊曲成縣封蟲達孫皇柔爲侯國，元卌二年方免，無並封一地之理；且距中山遠，是涿或别有曲成縣，免侯後併省耳」。

安郭　劉傳富（史表作博）國。元朔五年封，元康元年除。安郭，漢表注涿，而志不載。水經滱水注：「滱水逕安郭亭南，漢武帝……封劉傳富爲侯國」。是安郭乃亭名，且以國除甚早，故志不及載之。王先謙曰：「（安郭）地與中山安國縣近，其後蓋併入安國」。專富本以中山王子受封，故所封之地即由中山分出，別屬涿郡，國除後或又併入如王氏之說，則酈氏所云近是矣。

陽興　一，劉昌國，五鳳元年封，建始二年除。二，劉寄生國，元始元年封，初始元年除。

渤海郡

陽信　一，劉揭國，文帝元年封，景帝六年除。二，鄭業國，建平四年封，元壽二年除。陽信，表失注。索隱以屬新野，其說非。地志渤海自有陽信，何用遠求之於新野？王先謙曰：「陽信後爲武帝長公主邑。……新野是也」。然陽信二侯，一除於景帝之時，一封於哀帝之世，非在武帝時，與長公主食邑了無相關，王說非是。業國，表作陽新，新信古通。

重合　莽通國。征和二年封，後元二年除。

南皮　竇彭祖國。文帝後七年封，元鼎五年除。

定　劉越國。元朔四年封，漢亡國除。

章武　竇廣國國。文帝後七年封，元狩元年除。

中邑　朱進（史表作通）國。高后四年封，景帝後三年除。

合騎　公孫敖國。元朔五年封，元狩二年除。

平津　公孫宏國。元朔三年封，元封四年除。合騎平津，漢表並注高城，高城渤海縣，二地當爲高城之鄉名。

高樂　一，劉□國，不得封除之年。此侯之國表注濟南，誤也。二，師丹國，綏和二年封，建平元年除。師丹所封，表注新野，亦誤。三，劉修國，元始元年封，初始元年除。

參戶　劉免（史表作勉）國。元朔三年封，不得除年。此侯除時雖不可考，要在綏和之後，因地志尚載故耳。（參閱後文，下同。）

平成　劉禮國。元朔三年封，元狩三年除。水經濁漳水注：「成平縣故城在北，漢武帝封……劉禮爲侯國」，則與表異矣。史表亦作成平，索隱謂漢表在南皮，是成平乃南皮鄉聚，足證酈說是也。漢表之平成，後人誤倒耳。

柳　劉陽巳（史表無「巳」字）國。元朔四年封，漢亡國除。

臨樂　劉光國。元朔四年封，漢亡國除。

重平　魯涓母底（史表作蚠）國。高祖六年封，高后五年除。

杜　復陸支國。元狩四年封，河平四年除。杜，史表作壯。證以宣帝紀及霍光傳，知其譌也。漢表注重平，當爲鄉聚之名。

脩市　劉寅國。本始四年封，漢亡國除。

景成　劉雍國。地節三年封，漢亡國除。

章鄉　一，鍾祖國，永始四年封，一度國除；元始五年復封，漢亡國除。二，謝般國，元始五年封，後入新。鍾祖之國，漢表曰童鄉。全祖望曰：『當是渤海之章鄉誤文也；地志曰侯國。樂史引十三州志云：「饒安縣之童鄉亭即古之章鄉縣也，字類而譌」』（稽疑卷六）。錢大昭亦曰『渤海有章鄉侯國，疑即此』（辨疑卷七）。王先謙曰：『恩澤表有章鄉侯謝殷，元始五年閏月封。祖子匡尚嗣侯，二人不能幷封一地，錢說非』。海謹案：全錢之說是也，王說未審。漢代列侯並食一地，固不僅殷鍾二人也。周勃傳：『（勃）與潁陰侯（灌嬰）共食鍾離』，是其證也。他若劉不害劉不疑共封於魏郡之陰安，劉禮劉豹共封於清河之新鄉（均見前），又何非並食一地？且王氏既於侯表中斥錢說之非，地志童鄉又注鍾祖之國，殊自矛盾矣。

蒲領　一，劉嘉國，元朔三年封，薨除。嘉國，表注東海，非是。二，劉祿國，始元六年封，一度失國；元延三年復封，漢亡國除。

山　劉國國。元朔四年封，建昭五年除。

重　劉擔國。元朔四年封，元狩二年除。水經淇水

注：「（清河）東南逕千童縣故城東。史記建元以來王子侯者年表曰：故重也，一作千鍾。漢武……封河間獻王子劉陰爲侯國」。漢表重在平原，索隱謂即重邱。楊守敬曰：「今重邱城在霑化，而渤海之千童在南皮南，相去實不遠。當時王子之封，或先屬平原，及國除而縣改隸渤海，故漢表往往與漢志不符」（水經注疏要删）。此侯之名雖爲擠，而擠實爲陰之譌，王氏補證已明證之矣。是重即千鍾，亦即千重，審矣。依楊氏之說，重當入平原；茲篇以地志爲準，故入渤海，非故遺也。

沈陽 劉自爲國。不得封除之年。

荻直 韓陶（史表作韓陰）國。元封三年封，征和二年除。荻直，史表作荻苴，史記朝鮮傳又作秋苴，是皆字似而譌。

定鄉 孫遷國。元始五年封，入新。定鄉，漢表失注，地志亦無。水經河水注：『（屯氏別河）又東北逕定縣故城南。……地理風俗記曰：「饒安縣東南三十里有定鄉城，故縣也」』。係侯之封，當此地矣。

平原郡

平昌 一，劉卬國，文帝四年封，十六年除。二，王無故國，地節四年封，入新。

羽 劉成國。元朔三年封，漢亡國除。

祝阿 高色（史表作高邑）國。高祖十一年封，文帝後三年除。

濕陰 昆邪（史表作渾邪）國。元狩三年封，元封五年除。濕陰，當依史表及水經河水注改作漯陰。

枸 一，劉辟光國，文帝四年封，十六年除。二，劉讓國，元鼎元年封，尋除。

厭次 爰類（史表作元頃）國。高祖六年封，文帝五年除。案：厭次乃平原富平舊名，宣帝封張安世始稱新號，至明帝時仍復其舊，水經河水注可證也。

富平 張安世國。元鳳六年封，入新。

合陽 一，梁喜國，元康四年封，一度失國；元始五年復封，入新。二，劉平國，甘露四年封，建始元年除。平國，表注東海，非也。

宜鄉 一，馮參國，綏和元年封，建平元年除。二，劉恢國，元始元年封，初始元年除。案：地志平原合陽，莽曰宜鄉，二侯所封，當在此地。宜鄉必先爲合陽之鄉聚，莽篡國後，因更合陽爲宜鄉。

將陵　史魯國。元康二年封，神爵四年除。錢大昭曰：『郡縣志：「德州將陵縣本漢安德縣地，屬平原郡，隋開皇十八年置，以安德縣界故城為名」』（辨疑卷八）。清一統志：「將陵故城在（濟南府）德州東」（卷一百二十七）。是將陵之在平原，明矣。郡縣志雖言將陵置於隋，然既云因故城為名，想其名必不起於隋也。 9

楊慮　劉將閭　史表作將盧國。文帝四年封，十六年除。

中國地方志考

張國淦

江蘇省四

舊蘇州府

志目

吳地記一卷 晉張勃纂 舊唐書經籍志上，唐書藝文志二 佚 說郛本十二條，金谿王氏漢魏遺書鈔輯本

吳郡記一卷 晉顧夷纂 隋書經籍志二又二卷 佚

吳地誌 宋董覽纂 宋書州郡志一，太平御覽經史圖書綱目 佚

吳郡地理記 宋王僧虔纂 太平御覽經史圖書綱目 佚

吳地記 齊陸澄纂 洪武府志二引 佚

吳地記 齊顧歡纂 洪武府志二引 佚

吳郡記一卷 齊陸道瞻纂 太平御覽經史圖書綱目 國史經籍志 佚

吳地記一卷 唐乾符三年 陸廣微纂 宋史藝文志二 四庫著錄，古今逸史本，唐宋叢書本，鹽邑志林本，學海類編本，學津討原本，江蘇書局本附後集一卷

刪治吳地記 唐張搏纂 乾隆府志七十六 佚

蘇州記 太平寰宇記九十一引 佚

姑蘇記 輿地紀勝五引 佚

吳中記 輿地紀勝五引 佚

口口舊圖經 輿地紀勝五引 佚

蘇州圖經六卷 宋大中祥符四年 饒陽李宗諤纂 直齋書錄解題 佚

吳郡圖經續記十卷 元豐七年 吳縣朱長文纂 宋史藝文志二 四庫著錄，天一閣萬曆刊本，學津討原本，得月簃叢書本，琳琅秘室叢書本，榕園叢書本，江蘇書局本，密韻樓叢書本

吳志類補十三卷 吳縣章愻纂 洪武府志盧熊序引 佚

平江府五縣正圖經二卷 宋史藝文志二 佚

吳郡志五十卷 紹熙三年 吳縣范成大纂 四庫著錄，汲古閣本，墨海金壺本，守山閣叢書本

續吳郡志五十卷 知府趙與𥲅纂 洪武府志盧熊序引 佚

吳郡廣記五十卷 元楊譓纂 乾隆府志七十六 佚

蘇州府志五十卷 明洪武十二年 教諭盧熊纂 北平圖書館，江安傅氏 顧氏洪武刊本

蘇州府並屬縣志十六册 文淵閣書目十九新志 佚

蘇州續志一百卷 成化十年 知府丘霽修吳縣劉昌長洲李應禎陳頎

纂　未見

蘇州府志稿□卷　弘治十二年　知府史簡曹鳳修長洲吳寬吳縣張習都穆纂　未見

姑蘇志六十卷　正德元年　知府林世遠修震澤王鏊纂　四庫著錄，北平圖書館吳興劉氏宜興任氏正德刊本

蘇州府纂修識略六卷　嘉靖□年　吳縣楊循吉纂　山東圖書館藏本

姑蘇志補遺　長洲蔡昂纂　未見

吳郡考二卷　長洲劉鳳纂　未見

蘇志備遺　太倉王世貞纂　未見

續吳郡志二卷　崑山李詡纂　北平圖書館明刊本，適園叢書本

蘇州府志四十六卷　吳縣盧雍纂　未見

蘇州府志稿十四冊　崇禎四年　崑山王志堅纂　未見

蘇州府志八十二卷　淸康熙三十年　知府寧雲鵬趙祿星盧騰龍修　北平圖書館康熙刊本闕卷首，吳興劉氏全

蘇州府志八十卷卷首一卷　乾隆十三年　知府雅爾哈善趙錫禮傅椿修吳縣習寯長洲邵泰蔣恭棐常熟王峻纂　國學圖書館金陵圖書館北平圖書館宜興任氏乾隆刊本

吳門補乘十卷卷首一卷　嘉慶二十五年　吳縣錢思元纂　國學圖書館北平圖書館宜興任氏嘉慶刊

蘇州府志一百五十卷卷首十卷　道光四年　知府宋如林額騰伊羅琦修吳縣石韞玉纂　道光刊本

蘇州府志一百五十卷　光緒八年　知府李銘皖蔣啓勛修吳縣馮桂芬纂　光緒刊本

敍論

右蘇州府志。蘇州：秦置會稽郡；漢初爲荊國，尋復爲會稽郡，後漢分置吳郡；陳置吳州；隋開皇九年改蘇州（以姑蘇山在吳，故名），大業三年，復改州爲郡；唐武德四年，復置蘇州；後唐同光二年，陞中吳軍；宋開寶八年，改蘇州平江軍，政和三年，陞平江府；元改平江路；明初改蘇州府，後因之。故蘇州志，自晉至唐，曰吳地，曰吳郡；宋曰蘇州，曰吳中，曰平江府，亦曰吳地，曰吳郡，並沿舊稱曰姑蘇；元曰吳郡；明淸曰蘇州府，亦曰姑蘇，曰吳郡，又曰吳門。

今可考者，晉有張勃吳地記一卷，見兩唐書經籍志藝文志。宋書州郡志引『張勃云』，又兩引吳記，當即是書。勃又有吳郡記一卷，丁國鈞補晉書藝文志謂『蓋本一書，譌地爲郡也』。勃又有吳錄三十卷，王謨吳地志輯本謂『此本係三十卷，後人得其一卷，非別有吳地

記也』，則以吳地記爲吳錄中之一卷矣（洪武府志引吳記，未知卽是書否）。又有顧夷吳郡記一卷，又二卷，見隋書經籍志，昭明文選注引之。（又吳郡緣海四縣記，吳郡臨海記，屬今浙江省，另錄。）

宋有董覽吳地誌，見宋書州郡志（誌云晉分永世，姑作宋人），初學記太平御覽並引之。又有王僧虔吳郡記，太平御覽引之。

齊有陸澄吳地記，至正琴川志引之。又有顧歡吳地記，洪武府志引之。又有陸道瞻吳郡記一卷，太平御覽引之，國史經籍志有。以上諸書，除王僧虔吳郡地理記外，俱見洪武府志。洪武志，於韋昭三吳郡國志云寰宇記引，陸道瞻吳郡記云御覽引；其宋云某書引者，似明初其書尚存（以上今佚）。凡此皆在宋齊以前。

唐有陸廣微吳地記一卷，是書爲陸廣微原作，四庫總目謂『原書散佚，後人採掇成編』。書中兩稅茶鹽酒等錢，後有續添吳江縣云云。錢大昕養新錄謂『吳江一縣，吳越有國日始置，殆後人羼入也』。（今刊本後有記後舊本原文，所紀有淳熙十三年；又附有吳地記後集，所紀有大元貞元年。）又有張搏刪治吳地記，搏於咸通三年，由湖州刺史移蘇州，是書當作於是時。又有蘇州記，太平御覽引之。又有姑蘇志，所紀有乾元二年，大歷五年，輿地紀勝引之。凡此引書皆在唐以前。

又有吳中記，所紀有侯景亂後，輿地紀勝引之（洪武府志屢引玄中記，如吳中記包山一條，文同而吳玄字異）。凡此引書在五代以前。

圖經則有舊圖經，元豐圖經續記引之，並見輿地紀勝。洪武府志引有乾符三年，未知是唐時圖經否？

宋凡五修。大中祥符四年，翰林學士饒陽李宗諤修蘇州圖經六卷，直齋書錄解題所有三州圖經刻本，此其一也。元豐續記，紹熙郡志，俱據引是書，並見洪武府志（以上今佚）。元豐七年，知蘇州府晏知止等延吳縣朱長文纂吳郡圖經續記十卷，其爲類凡二十八：曰封域，曰城邑，曰戶口，曰坊市，曰物產，曰風俗，曰門名，曰學校，曰州宅，曰南園，曰倉務，曰海道，曰亭館，曰牧守，曰人物，曰橋梁，曰祠廟，曰宮觀，曰寺院，曰山，曰水，曰治水，曰往迹，曰園第，曰冢墓，曰碑碣，曰事志，曰雜錄。其曰『圖經續記』者，承祥符圖經之後而有此作，凡圖經已備者不錄。曰續經，曰續圖經，皆是書也。紹熙郡志曰新志，故此又曰舊志。北宋地志存於今者，當推是書（今存）。又有吳縣章扸纂吳事類補十三卷，見洪武府志宋濂序（徐大焯燼餘錄作吳志類補）。章扸宣和間人，當是補元豐以前書（今佚）。凡此皆在北宋以前。其後有平江府五縣正圖經二卷，蘇州於政和三年陞平江府，領縣五；嘉定十年增置嘉定縣，領縣六；此曰平江府五縣，當在政和三年以後，嘉定未增縣以前（今佚）。紹熙三年，吳縣范成大纂吳郡志五十卷（通稱范志），其爲類凡三十九：曰沿革，曰分野，曰戶口，曰稅租，曰土貢，曰風俗，曰城郭，曰學校，曰營寨，曰官宇，曰古蹟，曰封爵，曰牧守，曰題名，曰官吏，曰祠廟，曰園亭，曰山，曰虎邱，曰橋梁，曰川，曰水利，曰人物，曰進士，曰題名，曰土物，曰宮觀，曰府郭寺，曰郭外寺，曰縣記，曰冢墓，曰仙事，曰浮屠，曰方技，曰奇事，曰異聞，曰攷證，曰雜咏，曰雜志。成大負一時重望，是志爲其末年所自作，郡人龔頤勝茂周南三人第爲之蒐訪，而尙以求附某事而弗得者，譁謂非石湖筆，則知以縣人纂修縣志，取舍之間，怨尤易集，其秉筆者至不得已而揣摩遷就以徇之，故名志閒世而後得也。成大於紹熙三年成書後，紹定二年知平江府李壽朋刋刻是書，復令校官汪泰亨增補紹熙三年以後事，如書中縣記嘉定縣嘉定十年置之類，雖其所續不別署爲續志，與本書殽亂，有乖義例，然於范志大體究無所損，四庫總目謂其『徵引浩博而敘述簡核，爲地志之善本』，非溢美也。因刋補於紹定，故又曰紹定志（今存）。其後知平江府趙與簒纂續吳郡志五十卷。與簒於嘉熙至景定間，三蒞平江，未知是書成於何年；然距紹熙志約五十餘年，並在紹定刋補後。凡此皆在南宋以前。

元至治□年，平江路總管趙鳳儀嘗集諸儒論次遺缺；會改官，不果成（見洪武府志宋濂序）。又有崑山楊譓纂吳地廣記五十卷。元崑山屬平江路，故有是作。譓於至正初年纂崑山郡志，是書當在其先後時也。錢大昕元史藝文志錄崑山郡志，未收是書。

明凡五修。洪武十二年，吳縣教諭盧熊纂蘇州府志五十二卷（通稱盧志），首圖十八，其爲類凡三十五：起沿革，訖集文。書中徵考極富，自晉顧夷至唐陸廣微吳地記，幾於無書不引，而祥符圖經援據尤多。蓋是志以元豐續記紹熙郡志兩書爲依據，而蒐采諸書以成之。據宋濂敍，『盧熊憫前志之乖紛，以爲苟不合而一之，恐不足以示來者。乃攬衆說，摭遺事，芟繁取要，族別類分，總之爲五十卷』。其圖說詳著春秋至元之沿革，並當時縣界，略於景圖，亦足爲法。千頃目有吳郡廣記五十卷，無蘇州府志；明史藝文志同。今傳本題蘇州府志，而明季清初著錄只云吳郡廣記，何也？康熙府志，兩書並錄。光緒崑新合志，謂此廣記與蘇州府志爲一書。惟此兩書同爲五十卷，是否初名吳郡廣記，後易以蘇州府志，抑或蘇州府志外，承楊譓而別有吳郡廣記，皆不可知。是志上承紹熙，下啟正德，以後吳中修志者悉以是三志爲準則。至清乾隆修志時，尙及見之。四庫本於蘇州錄紹熙正德二志，是志並未存目，蓋當時未曾採進故也。文淵目舊志蘇州府志十九册，當卽是書（今存）。乾隆通志又有殷奎蘇州志，奎與盧熊同從楊維楨受學，熊於奎復推崇備至，似奎是志即與熊同修，或又爲一書，莫可考矣。文淵目新志有蘇州府並屬縣圖十六册，當是永樂年修（今佚）。景泰口年，知府汪滸延縣人杜瓊纂蘇州府志，據正德府志杜啓後序，『景泰閒前守隴西汪公嘗有意焉，而淵孝先生（瓊）實不果行』。至成化十年，知府丘霽延吳縣劉昌，長洲李應楨，陳頎纂蘇州續志一百卷。據劉昌序，『是志乃法范文穆公成大所纂志，參以百家，裨以羣史，人以代著，文以事從，郡總而邑分之』。據正德府志王鏊序，『會丘罷去，事遂已』，杜啟後序，『是書將成亦廢，遺稿尙有一二存者』，是其書未成也。弘治十二年，知府史簡等延長洲吳寬，吳縣張習都穆纂蘇州府志口卷。據王鏊序，『弘治中，河南史侯簡，曹侯鳳又皆繼爲之，時則有若張僉事習，都進士穆，而裁決於吳文定公寬。久之，二侯相繼去，文定公不祿，書竟不就』，是其書亦未成也。正德元年，知府林世遠延震澤王鏊纂姑蘇志六十卷（通稱王志），首圖二，其爲類凡表三：郡邑沿革，古今守令，科第；自沿革至雜事，凡三十一，與洪武府志略同。王鏊序，『今廣東林世遠抱文定遺稿屬予，乃合范盧二志，參以諸家，裨以近事，發凡舉例，一依文定之舊』。杜啟後序，『又取劉李陳三公稿，與范盧二志相較對』，是此志依據弘治稿，並參以成化稿，又合范盧二志薈萃爲之。自成化二年歷弘治至此三十二年，而其書始成。

四庫總目謂其『繁簡得中，考核精當，在明人地志之中猶爲近古』。其修志名氏署吳寬王鏊，此書繼吳寬而作，從其朔也（今存）。其時縣人楊循吉不與修志之役，別纂蘇州府纂修識略六卷（千頃目五卷，今刊本書面題吳郡志略）。又有長洲蔡昂纂姑蘇志補遺，昂以姑蘇志尙有牴漏，作補遺以遺王鏊（今未見）。又有長洲劉鳳吳郡考二卷，鳳因前志（當是正德志）不詳吳之分合，而爲此書（今存口、鳳又有續吳錄二卷）。又有太倉王世貞纂蘇志補遺，亦補正德以前志之遺闕也（今未見）。又有戒菴老人纂續吳郡志二卷，據其自序，『范志遺失仙人隱士之居趾，名山勝境之出處，菴觀寺院橋梁道路所興起之蹟，故續其志云』。戒菴老人，明江陰李翊自號，翊嘉靖時人。書中有南宋至元並明洪武永樂年詩文事蹟，若是志果爲其所續，當是嘉靖間書，則以明人而補續宋志矣。正德嘉靖間，縣人盧雍纂蘇州府志四十六卷，是志見千頃目抄本（刊本未有），距正德王志，爲時甚近，他書無述之者。崇禎府志王志堅序，謂『正德以來，未有繼者』，亦不及雍修志事。府志作盧熊，未知千頃目傳抄是否涉盧熊而誤（卷數與洪武志不同），抑果有其書也。天啓六年，知府寇愼教授徐起陸有意修輯，以時方多事，中寢（見崇禎府志王志堅序）。至崇禎四年，知府史應選延崑山王志堅纂蘇州府志稿十四册。據王志堅序『是志合三舊志（范盧王三志），綜其義例而損益之，附以近事。始於己巳（崇禎元年）六月，迄於辛未（三年）四月，得沿革至人物等二十餘册。會有楚臬之除，弗遑卒業。所缺戶口至兵戎數事，則王煥如周永年二生與家弟志廣共續成之；而先所得職官至坊表，及郡境分總圖說，則王生獨力所搆也。王生留心郡事已二十餘年，藉其力以成書』。是此志爲王志堅所纂，實則王煥如佐其蒐采以成，故道光崑山新志於是志署王煥如纂（煥如又纂吳縣志五十四卷）。乾隆修志，尙得宦績，人物稿十四册；至光緒修志時，並此亦不傳。周永年又有中吳志餘，未知永年分編崇禎志時，於其未收入者錄爲是書，抑續補中吳紀聞諸舊作也。（以上今未見。）

淸凡四修。康熙三十年，知府甯雲鵬等修蘇州府志八十二卷，其爲類凡四十四：起古今沿革表，訖雜記。據盧騰龍序，『昭代詔修通志，敕郡縣博求故實。時則禮聘紳儒首開局者，甯公雲鵬也；繼則鳩工繕刻者，趙公祿星也。奈作輟相尋，剞劂者僅十之六七。余幸從甯趙二公後，爲其所易者』。是此志修始於甯雲鵬，繼任趙祿星爲之繕刻，盧騰龍於康熙三十年刊成。乾隆府志作盧騰龍修者，據刊成之年言之；其作盧騰龍修甯雲鵬纂者誤也。更五十六年爲乾隆十三年，知府雅爾哈善等延吳縣習嶲等纂蘇州府志八十卷，卷首一卷，圖十，其爲類凡三十二，起分野訖雜記。據是志凡例，『今之所輯大抵依據范盧王三志，而於其中文擇其善，事從其核，溯源正史，旁賫古今羣籍，下及各縣志，苟可參稽采用者，靡不蒐討』。其義例參用范盧王三志，而人物分縣序代，則倣皇甫汸長洲志，并据崇禎王志堅志橐宦續人物而增益之，故其編次相承而合乎體要，爲道光光緒兩志所本。其後嘉慶二十五年，吳縣錢思元纂吳門補乘十卷，卷首一卷。是志蓋補乾隆志郡城三邑故實。書中碑碣考一卷，燬於火；其子士錡續編一卷，附原書後。自乾隆十三年，更七十五年爲道光四年，知府宋如林等延吳縣石韞玉纂蘇州府志一百五十卷，卷首十卷，圖十八，首巡幸宸翰；其爲類凡三十七：起分野，訖雜記。據是志凡例，『蘇州府志，康熙乾隆間曾兩次脩輯，兩志體例各有異同，今志兼採兩家之體例，而參酌損益焉』。然其所依據者，大都係乾隆志，惟人物遵江南通志例，分爲十門，又增金石，集詩，集文，與乾隆志異。宋如林任松江府，曾延孫星衍纂松江府志；此次移蘇州，修府志，又得石韞玉爲之纂輯。如林旋分巡常鎮，調糧儲，攝按察事，猶時時過從，鉛槧之間，與聞緒論（見宋如林序）。韞玉老於典故，而其斟酌損益，協於史例（見額騰伊序），故嘉道之際兩志並稱。更四十六年爲同治八年，知府李銘皖等延吳縣馮桂芬纂蘇州府志一百五十卷，卷首三卷，圖十二，首巡幸；其爲類凡三十三：起分野，訖雜記。據李銘皖序，『范盧王志後，惟乾隆時郡守雅公所修爲最善，以故宮允定議，體例悉遵乾隆志，而略爲變通』。蓋道光志依據乾隆志，是志承道光志之後，以乾隆志爲本，如人物不分子目，藝文外不別立集文集詩是也；並參據道光志，如首巡幸，藝文後金石是也。修始於同治八年，至十三年將及成書，而馮桂芬遽歿，其子申之比部賡繼之，至光緒二年書成，八年而剞劂始竣。

要之蘇郡爲人物薈萃之區，其地故實甲於他郡。宋

7

齊以前俱已佚亡，自唐以後修凡十八次（除補遺志餘補乘等及未成書者外）：佚者六，未見者二，存者十。元豐圖經續記承祥符圖經，洪武正德志承紹熙志，康熙以後志承紹熙洪武正德三志，而乾隆道光光緒三志體例並大都從同。其紹熙志在宋志中，洪武正德志在明志中，皆稱名著；即乾隆道光志，在清志中亦爲不多得之作。蓋爲之前者既美而彰，爲之後者亦盛而傳矣。

蘇州府志見存卷目異同表一

據紹熙郡志次第　案蘇州志以范盧王三志並稱，故合爲一表。

元豐圖經續記	紹熙郡志	洪武府志	正德志
	序	敍	序，舊序
			修志名氏
		圖	圖
	目錄	目錄	目錄
			郡邑沿革表　一
	沿革	沿革	沿革
	分野	分野	分野
封域		疆域　一	疆域　七
戶口	戶口	戶口	戶口　十四
	稅租	賦稅	田賦　十五　課稅
		漕運　十	
		賑貸	
		廩祿　十一	
	土貢　一		貢役附
風俗	風俗　二	風俗　十六	風俗　十三

城邑	
門名	
學校	
州宅	
倉務	
坊市	上
往迹	下
牧守	上
祠廟	中
園第	下
南園	
亭館	上
山	
橋梁	
水	中
治水	下

城郭	三
學校	四
營寨	五
官宇	六，七
倉庫，場務附	六
坊市	六
古蹟	八，九
封爵	十
牧守，題名	十，十一
官吏	十二
祠廟	十二，十三
園亭	十四
山	十五
虎丘	十六
橋梁	十七
川	十八
水利	十九

城池	四
學校	十二
兵衛	十四
官宇	八，九
鄉都	四
坊市	五
古跡	四十三
氏族	十六
封爵	十七
牧守題名	十九
名宦	二十一至二十六（人物）
祠祀	十五
園，第	七
山	二
橋梁	六
川	
水利	三

城池	十六
學校，書院附	二十四
兵防	二十五
官署	二十一至二十三
倉場	
驛遞	二十六
鄉都，市鎮村附	十八
坊巷	十七
古迹	三十三
吳世家	三十五
氏族附	
封爵	
平亂	三十六
古今守令表	二至四
宦迹	三十七至四十二
壇廟	二十七，二十八
第	三十一
園池	三十二
山	八，九
橋梁	十九，二十
水	十
水利	十一，十二

9

海道
人物　上
物產　上
宮觀寺院　中
冢墓　下

人物　二十至二十七
烈女附
進士題名　二十八
武舉附
土物　二十九，三十
宮觀，府郭寺　三十一
郭外寺　三十二至三十六
縣記　三十七，三十八
冢墓　三十九
仙事　四十，四十一
浮屠　四十二
方技　四十三
奇事　四十四
異聞　四十五至四十七
攷證　四十八
雜咏　四十九
雜志　五十

人物　二十一至四十一
名臣　二十七至三十六
儒林　三十七
文藝　三十八
循吏
忠義，孝友　三十九
高行，隱逸　四十
旌表　十八
貢舉　十三
土產　四十二
寺觀　四十三
冢墓　四十四
釋老　（以下人物）
方伎　四十一
異聞　四十五
攷證　四十六
集文　四十七，四十八
集詩　四十九，五十
雜志　四十六

人物　四十三至五十八
名臣　四十三至五十二
儒林
文苑　五十四
忠義，孝友　五十三
卓行，隱逸
薦舉　五十四
游寓
列女　五十七
科第表：鄉貢，進士　五，六
土產　十四
寺觀　二十九，三十
冢墓　三十四
釋老　五十八（以下人物）
藝術，雜伎　五十六
紀事　五十九（卷內作紀異）
雜事　六十

蘇州府志見存卷目異同表二 據光緒府志次第

康熙府志	乾隆府志	道光府志	光緒府志
（是志卷一以前闕）	序	序	序
	凡例	凡例	凡例
	修志姓名	修志姓名	修志姓名，校刊姓名
	圖 首	圖	圖
	目錄	目錄	目錄
		巡幸，宸翰 首	巡幸 首一至三
分野，星晷 二	分野	分野	星野 一
疆域 三	疆域	疆域	疆域 二
古今沿革表 一	建置沿革 表附	建置沿革	建置沿革
形勝附 三（疆域）	形勢 一	形勢 一	形勢附
風俗 二十一	風俗 二	風俗 二	風俗 三
城池 四	城池	城池	城池 四
坊巷 七	坊巷附	坊巷 三	坊巷 五
山阜 九	山 四	山 四	山 六，七
水道 十	水 五	水 五	水 八
河形 十一			
水利 十二至十五	水利 六，七	水利 六，七	水利 九至十一
戶口 二十	戶口 八		
田賦 二十三至二十六	田賦 八至十一 屯田，蘆課，徭役，榷稅，錢法，鹽課，積貯，蠲賑附	田賦 八至十七	田賦 十二至十九
徭役 二十七			

物產　二十二
官署　五
學校　二十八
兵防　三十五
鄉都　六
市鎮村附
橋梁　八
關津附
古蹟　四十四
祠祀　三十六，三十七
寺觀　三十八至四十
第宅　四十一
園林　四十二
塚墓　四十三
職官　十六至十九
選舉　二十九至三十四
宦蹟　四十六至五十三
吳世家　五十四
封爵，氏族附
列傳　五十五，五十六

物產　十二
公署　十三至十五
倉驛義局附
學校　十六，十七
書院，社學，義學附
軍制　十八
鄉都　十九
市鎮村附
津梁　二十
古蹟　二十六
壇廟　二十一至二十三
寺觀　二十四，二十五
第宅園林　二十七至二十九
冢墓　三十，三十一
職官　三十二至三十五
選舉　三十六至四十一
名宦　四十二至四十六
人物　四十七至六十五

物產　十八
公署　十九至二十三
學校　二十四至二十六
軍制　二十七
鄉都村鎮　二十八
津梁　二十九，三十
古跡　三十一
壇廟　二十二至三十九
僧寺　四十至四十三
道觀　四十四，四十五
第宅園林　四十六至五十
冢墓　五十一，五十二
職官　五十二至五十九
選舉　六十至六十八
名宦　六十九至七十四
人物　七十五至一百八
名賢　七十五
宦績　七十六至八十七

物產　二十
公署　二十一至二十四
學校　二十五至二十七
軍制　二十八
鄉都　二十九至三十二
村鎮圩圖附
津梁　三十三，三十四
古蹟　三十五
壇廟　三十六至三十八
寺觀　三十九至四十四
第宅園林　四十五至四十八
冢墓　四十九至五十一
職官　五十二至五十八
選舉　五十九至六十七
名宦　六十八至七十三
人物　七十四至一百八

12

武略傳　六十一
忠義傳　五十八
孝友傳　五十七
文學傳　五十九，六十
獨行傳　六十三
隱逸傳　六十四
藝術傳　七十八
流寓傳　六十二
人物　后妃七十五
列女傳　七十六，七十七
釋道傳　七十九
藝文　四十五
祥異　二
雜記　八十至八十二

藝術　六十六
流寓　六十七
列女　六十八至七十二
釋　七十三
道　七十四
藝文　七十五，七十六
祥異
記兵　七十七
雜記　七十八至八十

武功　八十八
忠節　八十九，九十
孝義　九十一至九十四
儒林　九十五
文苑　九十六至一百二
隱逸　一百三，一百四
藝術　一百五，一百六
流寓　一百七，一百八
列女　一百九至一百十八
僧　一百十九，一百二十
道　一百二十一
藝文　一百二十二至一百二十八
金石　一百二十九，一百三十
集文　一百三十一至一百三十八
集詩　一百三十九至一百四十三
祥異
記兵　一百四十四
雜記　一百四十五至一百四十九
舊序　一百五十

13

藝術　一百九，一百十
流寓　一百十一，一百十二
列女　一百十三至一百三十三
釋道　一百三十四，一百三十五
藝文　一百三十六至一百三十九
金石　一百四十至一百四十二
祥異　一百四十三
雜記　一百四十四至一百四十九
舊序　一百五十

蘇州府縣名沿革表

今縣名＼舊府縣名＼書名	乾符吳地記	元豐圖經續記	紹熙郡志	洪武府志	正德志	康熙府志	乾隆府志	道光府志	光緒府志	
	蘇州	平江軍	平江府	蘇州府	同	同	同	同	同	案吳，長洲，元和三縣蘇州府附郭。
吳縣	吳縣		同	同	同	同	同	同	同	民國元年，長洲元和併入吳縣。
	長洲縣		同	同	同	同	同	同	同	
							元和縣	同	同	
崑山縣	崑山縣		同	同	同	同	同	同	同	
							新陽縣	同	同	案新陽縣，民國元年併入崑山縣。
常熟縣	常熟縣		同	同	同	同	同	同	同	
							昭文縣	同	同	案昭文縣，民國元年併入常熟縣。
吳江縣	吳江縣		同	同	同	同	同	同	同	
							震澤縣	同	同	案震澤縣，民國元年併入吳江縣。

14

附注

吳地記又有嘉興，華亭，海鹽三縣。嘉興，海鹽，今屬浙江省；華亭，屬舊松江府。

紹熙郡志又有嘉定縣，係嘉定時汪泰亨增補。嘉定，屬舊太倉直隸州。

洪武府志又有嘉定，崇明二縣。崇明，屬舊太倉直隸州。

正德志又有嘉定，太倉，崇明一州二縣。太倉州，舊太倉州直隸州。

康熙府志與正德志同。至雍正二年陞太倉爲直隸州，嘉定崇明屬焉。乾隆府志以後，太倉直隸州別自爲志。

16

清代地理沿革表（續）

趙泉澄

七　福建省，臺灣省

福建省（一部分）福建省：

順治初年仍；康熙二十三年，設臺灣府，屬福建省；光緒十一年，分屬臺灣省。

福州府——順治初年仍，領縣九：閩，侯官，古田，閩清，長樂，連江，羅源，永福，福清。

雍正十二年，古田縣分設屏南縣，隸府屬：領縣十。

道光二十二年，江寧條約，福州為英國開為商埠：仍領縣十。

咸豐十一年，日本於福州府附郭縣地設日租界：仍領縣十。

泉州府——順治初年仍，領縣七：晉江，南安，惠安，德化，安溪，同安，永春。

康熙二十五年，於晉江縣廈門地，設廈門廳，移府同知駐紮，隸府屬：領廳一縣七。

雍正十二年，永春縣升為直隸州，德化縣往屬：領廳一縣五。

道光二十二年，江寧條約，廈門為英國開為商埠，仍領廳一縣五。

咸豐十一年，日本於廈門廳地，設日租界：英國又於其地設英租界：仍領廳一縣五。

光緒二十五年，美國又於其地設美租界；二十八年，鼓浪嶼自開為商埠：仍領廳一縣五。

建寧府——順治初年仍，領縣八：建安，甌寧，建陽，崇安，浦城，政和，松溪，壽寧。

雍正十二年，壽寧縣往屬福寧府：領縣七。

延平府——順治初年仍，領縣七：南平，將樂，大田，沙，尤溪，順昌，永安。

雍正十二年，大田縣往屬永春直隸州：領縣六。

汀州府——順治初年仍，領縣八：長汀，寧化，上杭，武平，清流，連城，歸化，永定。

興化府——順治初年仍，領縣二：莆田，仙遊。

邵武府——順治初年仍，領縣四：邵武，光澤，泰寧，建寧。

漳州府——順治初年仍，領縣十：龍溪，漳浦，龍巖，南靖，長泰，漳平，平和，詔安，海澄，寧洋。

雍正十二年，龍巖縣升爲龍巖直隸州，漳平，寧洋二縣往屬：領縣七。

嘉慶元年，於雲霄地，設雲霄廳糧捕同知，移南勝撫民同知駐紮，隸府屬：領廳一縣七。

福寧州，福寧府——順治初年仍，福寧直隸州領縣二：福安，寧德。

雍正十二年，福寧直隸州升爲福寧府，於所屬二縣外，以州地增置霞浦縣爲府治；又改建寧府屬之壽寧縣來屬：領縣四。

乾隆三年，於霞浦縣桐山堡地，置福鼎縣，隸府屬：領縣五。

嘉慶四年，於平潭縣丞地，設平潭廳通判，隸府屬：領廳一縣五。

光緒二十四年，三都澳自開爲商埠；二十六年，於三都島地，置三都廳同知，移海防同知駐紮，隸府屬：領廳二縣五。

永春州——雍正十二年，泉州府之永春縣升爲永春直隸州，泉州府之德化縣來屬；延平府之大田縣來屬：領縣二。

龍巖州——雍正十二年，漳州府之龍巖州升爲龍巖直隸州，漳州府之新平，寧洋二縣來屬：領縣二。

福建省一部分臺灣省：

康熙二十三年，設臺灣府，屬福建省；光緒十一年，改屬臺灣省；二十一年，亡於日本。

臺灣府，臺南府—康熙二十三年，於故鄭氏東寧省地，改置臺灣府；於故鄭氏天興，萬年二州地，分置臺灣縣爲府治；又析府北故鄭氏天興州地，置諸羅縣；析府南故鄭氏萬年州地，置鳳山縣，幷隸府屬：領縣三。

雍正元年，於臺灣北境淡水港地，置淡水廳捕盜同知；又析諸羅縣北境地，置彰化縣，並隸府屬。五年，又於臺灣西澎湖羣島地，置澎湖廳通判，隸府屬。九年，改淡水廳捕盜同知爲淡水廳撫民同知：領廳二縣四。

乾隆五十二年，改諸羅縣爲嘉義縣：仍領廳二縣四。

嘉慶十六年，增置噶瑪蘭，鹿港二廳，並隸府屬：領

2

朝 1909—1911	省	府	府	府	府	府	府	府	府	府	州	州					

廳四縣四。

光緒元年，裁淡水廳，改置淡水新竹二縣，裁噶瑪蘭廳，改置宜蘭縣，並往屬臺北府；又於南猴洞地方，置恒春縣，隸府屬。八年，又設埔裏社廳撫民通判，隸府屬。十三年，改臺灣府為臺南府，所屬臺灣縣改為安平縣，裁鹿港廳；又改彰化縣暨澎湖，埔里社二廳，并往屬新設之臺灣府：領縣四。二十一年，亡於日本。

臺北府——光緒元年，設臺北府於艋舺，裁臺灣府之淡水廳，改置淡水，新竹二縣來屬；裁臺灣府之噶瑪蘭廳，改置宜蘭縣來屬；設雞籠廳，移噶瑪蘭通判駐紮；設卑南廳，以南路同知駐紮；置水沙連廳，移中路同知駐紮：並隸府屬。十五年，卑南廳升為臺東直隸州。二十年，析淡水縣屬大嵙崁地，置南雅廳，隸府屬：領廳三縣三。二十一年，亡於日本。

臺灣府（新設）——光緒十三年，於全臺適中之地，設新臺灣府；於彰化東北境，新設臺灣縣為府治，又於彰化縣之南，設雲林縣，於新竹苗栗街地，設苗栗縣：并隸府屬；又改舊臺灣府屬之彰化縣暨澎湖，埔里社二廳來屬。領廳二縣四。二十一年，亡於日本。

臺東州——光緒十五年，臺北府之卑南廳，升為臺東直隸州：無屬領。二十一年，亡於日本。

讀錢賓四先生「康熙丙午本方輿紀要」跋

夏定域

賓四先生此文，于顧景范之立身大節及著書用意所在，與其數十年辛勤經歷，蓋已闡發無遺。而余尤引爲欣快者，以昔年在粵得廣州刋小字本方輿紀要，當時以爲係重刻丙午初印本者（其實則重刻道光時長沙黃晟本），即爲跋以紀之，今竟與此文不謀而合之處頗多也。惟賓四先生文中，尚有數點可補述者，茲不憚辭費，爲列舉如下：

（一）文中據無錫縣志謂顧氏卒年六十三。按華希閔所纂乾隆無錫縣志卷三十顧氏本傳，固云卒年六十二。華氏與顧氏之孫交好，於傳末並爲附注，謂方輿紀要原稿五百餘卷，仍保存于家，與通行本之刪改多誤字者有異。逮嘉慶時秦瀛纂無錫金匱縣志，則刪去此傳末之卒年及小注，于是後來傳述，顧氏卒年，率多不明矣。（陸心源疑年錄，據姚椿晚學齋集，以顧氏卒于康熙十九年庚申。按姚氏顧處士祖禹傳略，明言魏禧康熙十九年卒，顧氏康熙中卒。不知陸氏何以疏忽至于此！後來以誤傳誤，皆心源之咎也。）故以卒年六十二推之，則丙午顧氏三十六歲也。

（二）魏禧所爲顧耕石墓誌銘，除末銘文之外，皆據景范所作耕石府君行述。此文張君曉峯于無錫膠山黃氏抄得，前年來杭曾出以相示。此文當亦收入宛溪遺稿中，後遺稿失傳（余擬就所知見，爲之重輯），則考稽顧氏家世者不得不取叔子之志銘矣。

（三）九邊圖說一書，明清各叢書本皆題許論撰。讀顧氏方輿紀要總序，始知出于其高祖大棟所爲。

（四）丙午本無吳興祚序，當係佚脫，非匆遽不及載入。時吳爲無錫縣令，華商原既請其鑒定此書，則自爲刋序文以弁簡端。序中有：「爰序之，以明其非纂刻之詞，無益而災木者比也」，尤爲付印時口吻。

（五）魏禧于吳門所見紀要爲丙午本，即魏顧締交後，彭士望在易堂所見者當亦爲此本：觀其恥躬堂文鈔與陳元孝書曰：「今有從未相見，因吾友之言，遂信爲數十年舊識，南越則吾元孝，東吳則虞山顧景范祖禹二人而已。景范從未一爲諸生，潛心纂述，著十五國方輿紀要，爲之論，讀之令人鼓舞興發」可知也。至魏顧締交，及叔子爲作方輿序及耕石藁志銘，以叔子文集考之，則當皆在康熙十年辛亥。此爲魏子第二次遊江淮，由庚戌至壬子冬始還甯都。然則景范之續爲此書至一百三十卷，要必在辛亥年以前。丙午本刊行之次年(丁未)，景范曾作歷代紀元彙考序(書爲無錫趙駿烈作。趙字月聲，曾參訂方輿紀要，見丙午本凡例。此書浙江圖書館藏抄本，海甯吳氏拜經樓舊物)曰：「予方輿之作，碌碌數年，未遑卒業」。似其此時並未以病中輟工作。即辛亥以後一百三十卷成稿，仍續有所改進：陸楣(無錫人)鐵莊文集卷二序華商原燕綵堂詩集曰：「余初識先生時(康熙十二年癸丑)，宛溪顧子景范方假館與先生披輿圖，繙史乘。宛溪賦詩，有『江底可憐沉鐵鎖，掌中猶喜撫金甌』之句，先生擊節久之」，可以見之。當彭士望致陳元孝書時，已稱景范「身授徒華氏」，迄癸丑而猶在，則歷數年之久矣。

(六)癸丑之次年甲寅，閩變作，顧氏南遊，在耿藩幕中，干以謀，不用，遂歸，先後誠不出三年。陸楣疏快軒詩卷上雪夜訪宛溪顧子有「三年瘴雨浣征袍」句，可證也。其弟安世字宛湄，有奇才，年僅二十三卒。十二歲時去鄉入閩帥幕，有閩海秋懷詩之作，後彭士望爲作序(恥躬堂文鈔卷六)。不知顧氏弟兄以何緣而皆得入八閩戎幕，謀興復，此亦須待探究者矣。

(七)顧氏之館崑山徐乾學家，至遲當在庚申年(康熙十九年)，覩于彭士望之傳是樓藏書記及徐春坊五十壽序可知。文中謂「辛酉始館徐乾學家」，殊非。

十月，六日，草于杭州。

謹按顧氏年六十二，見無錫縣志，據推當卒壬申；拙文偶憑平日覩記，未繙原書，遂誤六十二爲六十三，因謂卒於癸酉，一誤也。文中謂康熙十九年庚申，顧年五十，並不誤；而云上推丙午，顧年三十七，實應年三十六，二誤也。文中引彭躬菴徐氏五十壽序證顧氏客徐家年歲，明在庚申，乃又云始辛酉，三誤也。月前讀葉君揆初藏顧家方輿紀要原稿，明作顧氏年六十二，卒壬申，已悟拙文之失

2

誤，乃竟忽忽未暇爲文。頃又讀夏君文，匡其疏謬，謹自檢舉，以告罪於禹貢之讀者。惟魏顧締交，及魏爲顧序方輿書，拙文推在壬子，夏君謂應在辛亥。拙文本約略定之，未檢魏集；因讀夏君文，特繙魏集，覺尚有未協。蓋叔子遊江浙，最先在壬寅癸卯。庚戌重至揚州（卷九閔賓連遊廬山詩叙），十月在揚州（卷十二跋嘉興高念祖先世手迹卷後），十一月自揚州歸（卷十七大鐵椎傳）。明年辛亥四月又客揚遊金焦（卷九遊京口南山詩引），六月仍在揚（卷九一石山房詩引），九月曾遊乍浦，交李潛夫，至靈岩，訪徐昭法（卷六與周靑士書），又客毘陵，不審在何月（卷八惲遜庵先生文集序，疑在秋冬之際），臘月亦在揚（卷十六燎衣圖記，卷十八阿邪墓記）。集中是年無客吳門語，稱客吳門者皆繫之壬子（卷八脉學正傳叙，卷十一剞氏劉永日六十序，又朱太母八十壽序，又卷十四哭吳乘季文，又卷十八阿邪墓記）。蓋是年六月始至吳（卷十六畫貓記，又卷十一歸元公六十序），八月亦在吳，已作歸計（卷九虎邱中秋宴集詩叙，又卷十三書全冲堂卷後，惟卷十二東房奏對大意跋謂壬子七月客揚州），而十月仍滯吳（卷十二跋歸莊貞孝子傳後），十一月始束裝歸（卷十贈劉穀可叙，又卷十四哭萊陽姜公崑山歸君文）。叔子爲耕石作墓誌，自稱客吳門見方輿紀要，則恐仍繫之壬子爲是。未識夏君以爲何如？　錢穆

討論方輿紀要函札六通

葉景葵　顧廷龍

一　葉揆初先生來書一

起潛先生大鑒：今日接奉復示，欣悉一切。賓四先生欲得方輿紀要全部一讀，再下論斷，弟亦贊同。俟稍緩再謀輸運之策。刻已校出北直第八第九兩卷，計一册（用新化魏氏本，以其書額較寬暢），郵呈共賞，請與賓四先生一閱。以弟所見，稿中朱筆增删，及書眉墨筆加注，皆極有價值，的係定稿後隨時改良之工作。其時宛溪先生業已病廢，是否其子士行及華商原諸人之所爲，祗能以情理揣測，苦無諸人墨蹟，一爲印證，亦憾事也。賓四先生意欲過錄一部，的係正辦。弟擬努力爲之；如能南北分工，彼此交換，則奏功更易。公意如何？餘不一一，敬頌著安。

弟景葵頓首。二十四年十一月二十二日。

二　葉先生來書二

起潛先生鑒：奉示敬悉。朱棠刊方輿紀要九卷本，弟昔年亦購得一部（測海樓吳氏故物），每卷後有「當塗彭萬程刊」戳記，不知是原刻抑係覆刻。第九卷「汛掃幽燕」條下，有「克長蘆（又小注）」與「逾直沽（又小注）」一行（在下德州之後），近刻脫去。又九邊固原後，有「孫氏論曰」十行，又「王氏曰」雙行小注二十四行，近刻概删去，而與敝藏原稿却合，可證朱氏係從定稿鈔出付刊。賓四先生謂爲第二刻，洵不誣也。敝藏原稿，惟州域形勢說九卷並無硃墨筆校改。復頌著安。弟葵頓首。二十四年十一月二十七日

三　致頡剛書

頡剛：

賓四兄致公一書，刊載後，揆初先生已鑒及。來書慨允將方輿紀要全稿見便携平。目下先校出八九兩卷，已寄下。龍偶從燕京圖書館庫中檢得鈔本一部，取與葉先生所校校之，凡爲近刻所删節者，亦多存在，是可推知燕本當爲顧氏第一次改後傳鈔之本。中有數條，可與原稿相印證：

灤州（直隸八）云「灤州之置，此亦中外得失之機也

鰍」，近刻各本同，原稿則「中外」爲「夷夏」。按燕本「中外」亦爲「夷夏」，「得失」則爲「降升」，與各本異。

延慶州（直隸八）注云，「自州治至京師一百八十里」，此下近刻無文，原稿則有「至南京口口九百三十里」。按缺字燕本爲「二千」二字。

興和守禦千戶所（直隸九）注，「永樂二十年蒙古阿魯台乘間襲陷」，葉氏校云，「蒙古二字原稿用墨塗去，不知原係何字。細察紙背，係「虜酋」二字」。按「蒙古」燕本確作「虜酋」。

大白陽堡（直隸九）注，「爲諸部駐所，竊發不時」，近刻各本同，原稿則作「爲諸口巢穴」。葉氏校云，「口，原稿墨塗，似係酋字」。按口，燕本確爲酋字。

他日全部校出，必大有可觀也。

敷文閣本與新化魏氏本，間亦有異文，如直隸八，靖胡堡各本同，敷文則「胡」作「狐」。又直隸九，兀良哈注，魏本「自是胡騎恒駐牧會州青城間」，敷文本「胡」作「朔」。其他不同，想必不少，倘能將各本通校一過，當可見顧書竄亂之跡矣。

前得朱棠刻九卷本，惟間有誤字，如吳興祚「興」誤「典」等，後又見友蘭堂本，刻工同精，誤字已正，因謂朱本爲覆此者。及昨日又得有長沙黃冕跋本，三本板式字全同，細校之，始知朱棠確爲原刻。其中有近刻所删者數則，是必据二次改定付梓者，實可貴也。至此板如何一再易主，則莫可考見矣。版本之學，甚不易談。

茲以與揆初先生往還各札，錄呈台閱。公有所見，幸以惠教。

再敷文閣本冠有御題聚珍板十韻，是書四庫目中既未著錄，聚珍板叢書又未收入，胡列此詩，實不可解。殆以字體仿諸聚珍（四川刻本有仿聚珍敷文閣一牌記），因並御詩而刻之，以示仿聚珍板之逼眞乎？

星期六想可駕臨，餘容面罄。肅請著安。

廷龍，二十四，十二，夜剪燭書。

四　葉先生來書三

起潛先生鑒：奉示已悉。承示燕校有舊抄本方輿紀要，及第八卷尊校兩紙，已與原稿核對，以朱筆注於原紙，仍寄上備核。燕校抄本，與敝藏原稿底本相符，惟底本所加之朱筆校改，墨筆添注，則燕校本均無之。此種鈔本均自康熙年間傳鈔。顧書寫定後宛溪即作古人，一時傑作，必有人從原稿移寫一副本，又展轉傳鈔。弟所見不下三四本，敝齋亦有一本係臨清徐氏故物，察其紙墨時代，大約與燕校本不相上下，卷八內容亦同，惟抄而未校，譌奪甚多耳。此書問題，在朱墨筆增删改定處；其因避忌而改者，入清朝後，既思傳播，又畏禁網，故將夷虜等字塗改，不足異也。所異者，凡古今沿革變遷及山川考證，頗多校改，皆極有關係之處，所改又均勝於原文，此最宜研究者也。惟有將全書照原稿及改筆，寫一校記，必於地理學有所貢獻；至區區一二字之異同，則其末節矣。敝藏朱棠本，與字不誤，後有朱棠附論一卷，而失去封面；但紙色不似嘉慶時物，容再考定。即此一書，經三數人研求，已發明異同如此，眞有浩如烟海之歎。白頭更短，不能不厚望於羣公矣。復頌著安。

弟景葵頓首。二十四，十二，四。

五　再荅葉先生書

3

揆初先生台右：今午接奉快示，拜悉一一。日前游隆福寺，又見一讀史方輿紀要十卷本，其九卷與朱棠友蘭堂兩本全同，惟多卷十之各省序文一卷，及長沙黃冕一跋。即將各本互校，似即一板，甚難判辨，疑經展轉收藏，略有修補耳。吳興祚，朱本誤「與」爲「典」，友蘭本雖已改正，而剜補之蹟甚顯，可知朱本在友蘭本之前。或友蘭堂得朱板爲之正誤補缺，截去附論，加鐫引首，因題所刻時爲嘉慶乙丑。黃本跋署道光□□年，則又得友蘭板而補刻各敍爲卷十也。前函所推測之友蘭堂爲原刻，朱棠爲覆本，則全然錯誤矣。惟尙有卷尾所刻之「當塗彭萬程刊」一行，各本不同，朱棠本僅八九卷有之，友蘭本則毎卷均有，黃本則卷四六七無之。使即一板，何有此異？又尊藏一本，與字不誤，前無引首，而後有朱論，是爲朱氏原刻，抑係友蘭本？則不可解矣。即此一書，已難考明其原委，甚矣，板本之學，亦匪易談！賓四先生於此書，早在考證，不日可成一文發表。渠有三事屬以奉詢：

一，廣雅本卷十九，江南首葉第一行，有「宛溪顧氏原本」，第三行有「補注」二字。彭刻同。請檢稿本有此數字否？他省中有此否？

二，稿本直隸分省序，有「辛未□月」，不知他省序亦有紀及年月者否？

三，河南，山東，浙江三省敍，廣雅本合訂在前，餘則分冠各省，不知稿本如何？

便請賜覆為盼。承示尊藏本問題在朱墨筆增刪改定處，均勝原文，寫一校記，必於地里學者有所貢獻，甚是甚是。北直一冊，賓四先生亦已入手校錄，一星期內當可畢事，俟與尊校北直八九兩卷銜接，即可分期在禹貢刊載。深望從各方面考究，或有經竄之迹可尋，倘更得由以推知原稿朱墨筆之出於誰手乎？是稿歸諸鄞架，乃承不遠數千里，慨然示讀；且首作校記，以供刊布，使宛溪之學，賴以大昌，可為稿本得所慶。而於先生校勘之精勤，通假之高厚，尤為感佩。聞滬上亦已寒甚，諸維珍衛。專肅祗請著安。晚顧廷龍頓首。

二十四，十二，七，燈下。

六　葉先生來書四

起潛先生鑒：奉七日手書，詳示朱棠友蘭兩本之同異，足廣新知，甚感。至賓四先生屬詢三事，玆復於左：

一，原稿首行題讀史方輿紀要，不分卷第，後人黏附紙條，分別卷第，幷雙行注明「宛溪顧氏原本」六字（卷二如此，但多日久脫去）。次行原空，後人亦以紙條加注「補注」兩字於下方，未塡人名（亦卷卷如此）。弟以為此卽彭刻出於原稿之證。（廣雅又出於彭刻；至三味書屋本，則改易行欵矣。）

原稿凡遇北直改直隸，南直改江南，及刪去至南京數千里等字，皆用紙條黏附後，再行改注；其字蹟與書「宛溪顧氏原本」者，係出一手。

虜字，夷字，國初，國朝字之改定，亦與前者如出一手。但遲改，未加紙條，弟疑是付刊時所追改也。

二，直隸分省序，在北直一，此冊卽在存平十冊之內。請查有辛未□月四字否？記得無之。

三，原稿河南，山東，浙江三省敘，均分冠於各省之首。廣雅本當係後人誤訂一處。

以上三事，迄轉達賓四先生為禱。敬頌著安。

弟景葵頓首。二十四，十二，十一。

兩粵紀遊

卷中所插各種風景照片，多由沈仲章先生所攝。沈君將所攝全份照片相贈，謹誌感謝。　剛主誌

謝剛主

小引

桂林佳事我能言，四座停杯且勿喧：
人物豪華眞樂國，江山清絕勝中原；
親嘗荔子薰風浦，靜對梅花小雪邨；
邊鎮無虞應少訟，不妨仙釋問眞源。
——宋曾幾送李似舉尚書帥桂林詩

連日颳了幾次西北風，把美麗的清秋節，頓變成陰霾的天氣，樹葉搖落，野草枯黃，好像深秋的景象。我新自粵回，不幸病脚，而且小極，大好的中秋節，只好不出門，坐在書齋裏過去。適書友殷君送來幾本新出版的書，和講粵西風土的筆記，我就拿來東翻西閱，倒還感覺有趣。回想桂林之遊，迴旋於腦海中，如在目前；但是這幾張清麗的印象，如果不寫出來，慢慢的就要暗淡下來了，這是一樁怎樣可惜的事情，因此我就把它隨筆記錄，作我這次旅行的回憶。並且我還要聲明，我這次赴粵西，並非是專爲考察粵西的建設；我也不懂得自然科學，我也不會演講。我不過把耳目所見的兩粵的風景，和我共同往粵的幾個朋友途中的趣事記下來；我是一個素來喜歡趣味的人，不過說幾句有趣的話而已。我這次旅行，是王以中兄（庸）勸我加入地理學會，今年七月六個學術團體在南寧開會，地理學會爲六個學術團體之一，我就毅然的加入。那時我的弟弟新自南京回來，不久就到蘇俄去，兄弟二人天南海北，更足擾我情思。因爲時間和船期的關係，我和以中兄定於七月二十四日乘平浦車南行。同行者尙有徐森玉先生，後來又加入廣自畏先生，動身稍後，約在上海聚齊同行。這是我們旅行發軔之始。

平滬道中

殘酷的炎暑，被急雨洗刷，天氣頓覺清爽。是日下午五時到東車站，每人買了一張三等車票，我們找一間有茶役的火車，將行李搬上去，徐徐坐定。徐森玉，向覺明，侯芸圻，譚季龍諸先生都來送行，稍談即去。不

5

久這輛列車即從陰雨中冉冉的發動，野外的樹木經過了細雨，更覺着濃翠。是一輛破舊的三等客車，因爲落雨的緣故，所以客人不甚擁擠，我們每人佔了一個長凳，可以屈膝。鄰座有三位放暑假回家的學生，其他還有幾位商人和老者。車中充滿了紙烟的雲霧，和小販的叫賣聲。車過天津，夜已九時，窗外的雨越發下得大了，行客還是寥寥。我和以中兄用過晚餐，取火柴吸了一棵紙烟，看着它的烟霧，玄想着陽朔的烟景。經着火車的震動，如在搖籃中，昏昏的睡去；比及醒來已到濟南，天已放晴，氣候已覺比昨天熱得多了。我們因爲要看泰山的山色，所以就想到泰安後再用早飯；及至到了泰安，已過十二時了，我們就下車在站臺飯攤上吃飯。幾位北平的學生也跟着下來，看着我們在飯攤上吃飯，非常的可口，也就與我們同吃。及至我上車後，看見他們本來預備着很好的罐頭食物，只爲要模倣我們平民化的關係，竟誤了一頓美餐，爲之一笑。火車經過徐州後，天氣更覺炎熱。二十六日早抵浦口，旋即渡江，因爲天氣過於炎熱，改乘京滬二等車。經過途中兩天的悶熱，耳鼻中充滿了煤灰，衣冠已汚穢不堪。可巧車到蘇州，對座來了幾位摩登小姐，我們更覺自慚形穢。黃昏時，車抵上海，我們叫一部汽車到亞爾培路中國科學社去，想不到劉崇熙先生出去了，門口號房說，劉先生家住在亞爾培坊，離此不遠，他們領導我到劉先生家中，但劉先生并未回來。承劉夫人招待，候了多時。你想我們已經兩三天沒有更換衣服，在華氏表百度左右的客廳中還穿着大衫，其苦何如。畢竟劉先生回來了，同我們回到科學社，給找了一間有浴室的客房。我們旋即脫去汚穢衣服，打水洗澡，一淸積垢。洗完澡，我們再到霞飛路隨便吃點東西，就安寢了。

我們到了上海，才知道我們要乘的招商的海元船票業已被人購去，不得已只好改乘八月一號的爪哇船。在這四五天中，無所事事。二十七日早，以中兄就赴甬直鎭看他的夫人殷女士。徐森玉先生，袁守和先生，均二十七八兩日先後到滬上，住在八仙橋青年會。我於這兩三天中訪滬上舊友姚名達，朱右白諸兄，并赴開明書店商訂印刷叢書子目類編的事情。在滬上無意中遇到姜亮夫，陳漱石，周予同諸兄，那時暨大正在改組，所聽到的無非學海升沉的故事，教我們感到有南北相同之慨。

在滬上共住四天，三十一日以中兄由甬直返滬，第二天早晨，我們便和徐森玉虞和寅先生乘芝沙丹泥船一同離滬了。

由滬至香港

八月一日晨，我們乘車到青年會約徐森玉先生，一同到新關碼頭，乘輪渡到芝沙丹尼船，這是一隻荷蘭郵船，由上海開爪哇的。我們雖然坐的是三等艙位，地方倒還乾淨。船上遇見到廣西開會的人很多，因為天氣很熱，我們都跑到舢板上去乘涼。到了旁晚的時候，風平浪靜，一顆紅日慢慢的落到海面下去，萬頃的波濤擁着這隻輪船一直往前走，好風吹來，拂我襟袖，我們隨便談話，一直看到渺茫無際，四圍沈寂像黑漆一團，惟聽見機器的響聲，才回到艙裏睡覺。時間過得很快，到初三日上午船泊廈門，我們趕快下船，僱了人力車，到廈門中山公園。那裏佈置得很清潔，路旁植着幽秀的花木，又揮發着山蘭的香味，使人感到許多北方所沒有的美。我們出了公園門，就到南普陀去，南普陀裏面設有佛學院，森玉先生找院中住持未遇。我們穿過廟中，到山頂上，山石皆作鐵色，極為雄壯，與北平盤山相仿。我們坐磐石上休息，山半腰中全長着松樹，前面是一望無邊的大海，看山脚怒濤洶湧的過去，氣象極為偉大；無錫太湖的黿頭渚，雖然彷彿這樣，但氣象比這裏小得多了。下山以後，在街市上一個小飯館吃了飯，就回船去。第二天上午十一時，船就到了香港。船泊在海中間，有許多旅店的小船在海中迎接，我們就上了大東酒店的汽船；比及到旅店裏，已下午兩點了。我們換了衣服洗了臉，就到街市遊玩，可惜我們四位一句粵語也不會說，只好毫無宗旨地東遊西逛。看見前面來了有軌電車，我們就乘上去，還坐原路車回來。那時天色已晚，我們到一家飯館去吃飯，似乎這飯舖名為大三元，佈置還算華麗。我們登到第二層樓，迎面有一位油頭粉面的大姐來招呼我們，森玉先生一看見她，回頭就跑，我們三位自然也跟在後面跑出去了。結果，找了一家最小的粥店吃了一頓晚飯，回到旅店就睡覺了。

初五日早晨，承廣西銀行招待，派了一位行員僱輛汽車引導我們遊覽全市。他開的路徑為香港仔，深水灣，赤柱水塘，七姊妹，淺水灣，一直到山頂。坐汽車有兩三點鐘工夫，大約有六七十里，全是柏油馬路，

3

香港鳥瞰（圖一）

極爲曲折，這才見了英人在香港建設的雄偉；尤其是蓄水塘可以供給全市的飲料，工程浩大，聞建築費在千萬元以上。我們乘車到山頂，復由山頂回到旅舍。是日下午，我們

香港登山電車（圖二）

乘江蘇輪船到梧州去。

梧州

一隻陳舊不滿七八百噸的輪船，滿充艙中的座客大半都是到廣西開會去的，好容易我們擠到船後面的艙位坐下，賣食物的小販和送客的人們，嘈雜之聲不絕於耳。經過許久時候，送客的人去了，販賣的聲音也平息了，那隻船才漸漸的蠕動。因爲天氣很熱，我們只好跑到艙外，憑欄遠眺，看沿岸的風景；到了夜深實在困得無法，才回艙安寢。第二天早晨，船泊三水，爲要候從廣州來的火車，所以停泊很久。那時江面上浮了不少隻小船，撑船的船孃都是赤足蓬頭，穿着烤綢衣服，羣來招手呼渡，羣雌粥粥，我們如何敢應。最後看見一位小朋友在那裏撑船，我們就上了他的船，渡到城裏去。原來三水這個地方，街市不甚繁華，我們在中山公園內稍爲盤旋，卽廢然思返。忽然後面來了許多同船的朋友，大聲疾呼說：『我們到西南吃飯去！』那時我們也不知西南是甚麼地方，就拉着這位小朋友，隨着羣衆一同登由三水開往廣州的火車。不及十分鐘工夫，就到了西南，原來這是距離三水約有二三十里的極大的鎮市。那

時江水汎濫，街市都成澤國，前面引路的人經過了幾個曲折小巷，我們的鞋襪皆被水浸透，水花飛得滿身，太陽又曬的汗流浹背，我們只好隨着大衆前行。在小巷的盡頭，忽走進一家茶館，茶館的規模很大，座客大約有好幾百人，滿堂擺着楠木傢具。我們擇了座位坐下，茶房打水洗了臉，一人要了一杯紅茶喝着。那些買肉包子的囉，買糕點的囉，買餛飩的囉，絡繹而過。院子裏面還有不少的花木和假山石。想不到在一個鎮市裏面竟有這樣精美的茶館，而且在這裏飲茶的人大半都是勞動階級，由此可以看出廣東人民生計的寬裕。我們在驕陽裏奔走之後，不意遇到了這樣一個可以安歇的地方，坐着自然清爽。吃完飯後就由茶館起身來到車站，乘兩點鐘車，回到三水，復乘小朋友的船渡到輪船上。到下午五時，船即開行，慢慢的看見山勢雄奇起來。兩岸的山，勢如削壁，江水擁着這隻船，如箭的往前進行，前面的路開了，而後面又被羣山包圍起來。據船上的人說，這個去處名作羚羊峽。過了羚羊峽，山勢稍爲平衍。在夜九時光景，到肇慶。那時夜色已深，看見肇慶街市照耀如同白晝，從岸上來了許多接客的小船，撥得水聲刺刺作響，已睡的野鷗被艣聲驚起了。在黑暗中，隱約的看見一點山色，一日的暑熱就慢慢的消失。不久，船即起椗，我們也入睡鄉。初七日十時，船將到梧州，船上的茶役來叫我們塡寫入口證，我們遵命塡好。不久船即停泊，那時上來許多穿白衣服的巡警，說是廣西省政府來招待我們的，教我們一一登他們所預備的小船，行李却不要擅動，他們會得彙集起來送到各人的宿舍；可是因爲沒有號數，所以不免弄亂。我們坐了他們預備的小船，渡江到廣西大學的校門。從校門到學校還有一里多路，正是十二點鐘驕陽最肆虐的時候，我們由大船搬到小船已覺疲倦，不覺又走了一里多路，才把所謂『大學之道』走到山足。可是會中派我們住的第三宿舍還在山頂上，於是我們鼓勇由山足再跑到山頂。剛洗過面，就搖鈴用膳，那知所謂飯廳還在山上二三百步之外，我們只得再上去，那樣才用了一頓午飯。

廣西大學校長是馬君武先生，建設不過四年，辦的全是理工諸科。自從開辦一直到現在，用欵約三百萬元，而一大半是用在建設上面，這一點是值得佩服的。

這天晚上就由馬君武先生招集同人在禮堂開會，我們正 5

一致的要認識這位科學家，當他緩步登臺，笑容可掬，對大衆講話時，原來是一位四五十歲極誠實和藹的人，衣服儉樸，說話微帶口吃。他說話的大旨，對於廣西的建設約有二端，一爲辦理民團，二爲強迫教育。講畢由楊允中先生作答，比及散會已夜深十時。

初八日早晨，我與森玉先生一同到梧州中山公園遊覽，以中兄到地理學會開預備會。公園位在山頂，其最高處爲中山紀念堂，全城的風景都可看到。我們由公園出來，重遊街市，因爲江水汎濫，滿市都成了小河，有時須用渡船，渡過去才到前面的街，而我和森玉先生不識路徑，跑來跑去，忽然前面被水所阻而不得前進。那時就有二位船孃招手呼渡，我們只得上了這隻小船。不想我們二人身體太肥胖，到了船上，船已擱淺不能行動，兩位船孃只好跳在水中，用手來托這隻船。但那裏托得動，累得她們出了滿身的汗，還是毫無辦法；道旁的人看不過去，羣策羣力，才算托到彼岸。這可說是一齣陸地行舟的喜劇呵。

這次到梧州赴會的共有二百餘人，因爲船隻不敷分配，一次不能同往；我們幸排在一百二十號以內，可即在今晚去南寧，其餘排到一百五十號以外的，須待明日了。這天晚上，馬先生邀我們在酒店裏用晚膳，可惜酒席雖豐富，只因天氣太熱，終於未能下嚥，眞失掉賢主人的一番盛意。膳畢即乘招待所預備的『電船』赴南寧。我們所乘的船爲新業安，而派定的艙位爲西餐間，比往梧州的輪船艙位好得多了。並且行李上皆編有號數，有條不紊，比以前的辦理方法也有進步。

赴南寧的電船（圖三）

南寧建設

我們在『電船』上的生活，共總過了三天三夜，除了在桂平的江筏樓看雨，其餘便是吃飯睡覺，已很感覺疲倦。到了十一日早晨，遠遠看見南寧的無線電臺，大家都爭從艙內出來說『南寧到了！南寧到了！』不久船就靠近南寧碼頭，望見江岸上的街市，和新建築的省政府，氣象很壯麗。不久船停泊，岸上來了許多公務人員照應我們的行李，我單身登岸，乘上汽車，看見滿街貼着標語，大概是『歡迎六學術團體批評廣西建設』。他們派定我們住在第三招待所，是省政府新建築的建設研究院。

南寧公園（圖四）

說起南寧這地方，在清季時代，只是一個府治，到民國初年才改爲省會。以地勢而論，極爲卑濕而且酷熱，是一個氣候最不好的地方。民國以來的軍閥也沒有把他整理。自李宗仁白崇禧當政之後，才將這濕熱卑下的地方建設起來。我們從江岸上就可以望到省政府各機關及中山公園的建築，再往裏去便是街市；街市前面是一條長河，河堤很高，下面來往的船隻絡繹不絕。岸上有許多賣食物的攤子，到了晚上燈火煇煌，如同白晝，誰想到昔日的江村會發達到這步田地！

六學術團體開會的日程，從十一日到十五日共有五天，十六日便出發到桂林遊覽。這幾日當中，還有廣西當局李宗仁，白崇禧，黃旭初，馬君武諸君的講演。李的演講大致講述其辦理民團的精神，並對於國內政治和時局的意見。他說：『辦理民團這件事，有人說：「人民都有了鎗炮，他們如果反抗起來，你怎麼樣辦？」我就毅然决然回答，「如果人民眞是有知識的反抗，我們應該趕快退讓，這豈不很好！」』這一點是值得我們佩服的。白演講的爲『三自』政策和『三寓』政策：『三自』是自衞，自治，自給；『三寓』是寓兵於團，寓將於學，寓徵於募。馬君武先生演講，謂吾國的衰微，吾國的科學家應當担負一半的責任。這都很有見地。

據我的意見，廣西的政治，其好處約有數點：第一，他們日用物品及一切建築，完全用國貨；第二，廣西本來是一個盜賊出沒之區，自從訓練民團，肅清盜賊，大有夜不閉戶，道不拾遺之勢；第三，強迫教育，從事軍訓，使得廣西的人民和公務人員全都有朝氣，這是很該欽佩的。再說廣西地方雖然瘦瘠，但是他們的設備樣樣俱全，如國民基礎教育研究院，建設研究院，化學研究所，農林試驗場，家畜保育所，氣象研究所，硫酸場等等的設備，在華北極豐腴的地方，還沒有他們這樣齊全；縱然有一點名未能副實之處，但他們這樣的苦幹的精神是不可埋沒的。我們再看他們行政官吏的待遇和他們的日常生活，也很可佩。聽說他們對於技術人材特別獎勵，不惜薪金；但省府主席每月支薪不過三百元，平常的辦事員至多每月支一百二十元。軍政學各界，皆穿制服：軍事機關人員穿深灰布的衣服，行政教育人員穿淺灰布衣服，上下一律，沒有差別；僅馬老博士君武穿了一件夏布長衫，算是例外。聽說他們的制服，七元錢可以做兩身，無聊的應酬，皆從儉省，所以他們收入雖少，而生活費也就夠了。他們雖然這樣的節省，但也不過於不近人情，他們不禁止吸烟，有時大家夥在一塊玩。我可以舉一個例子：我們開會日程，每晚皆有遊戲，遊戲目內有集團軍的軍樂，有政訓處扮演的桂劇和舞蹈唱歌，並且於最末一日專為歡娛一般民衆和行政人員。我們曾經看見一位軍樂隊的大鼓手，在那裏奏演軍樂；第二天白副司令演講的時候，他來作侍衞；到第三天他又到武鳴去佈置講台了。

開會的日程，本來是到十五日閉會；十六日便赴柳州，但是因為會員太多

武鳴民團（圖五）

8

的關係，分作兩批。我和森玉以中諸公被分在第二批裏。十六日這天，由當局陪我們去參觀武鳴的民團。那時來寧的會員太多，據說有一位會員提議，在路上的午餐不要過於費事，只稍預備點麵包，牛肉，鷄子，就很好了。果然到武鳴的時候，所進的午餐就是牛肉鷄子。誰知道這些食物都不是廣西鄉間出產，乃是由南寧寄運來的。後來我們到柳江各處遊覽，皆是照樣預備。會員中隨便說了一句似乎是客氣的話，反致當局費了許多事，這眞夠使人不安。吃完午餐，一同遊起鳳山，這是明黃錫袞讀書之所，前臨巨流，四面綠樹環繞，山勢秀麗，極有幽趣。下午四時，同返南寧。

（未完）

重要地方地質土壤圖說出版廣告

江蘇地質誌　附二十五萬分一地質圖四幅五十萬分一總圖一幅說明書一冊全份定價五元五角

張家口地質誌　內附地形及地質圖各一幅全書一冊定價七元五角

秦嶺及四川地質誌　附圖十九幅內有一百萬分一秦嶺地質圖全幅書一冊內有照片及小圖多幅定價共十二元

綏遠察哈爾地質誌　附圖八幅縮尺二十五萬分一書一冊內有照片及小圖多幅定價共六元

揚子江流域地文發育史　附地文畫圖二十餘幅定價二元

揚子江下游鐵礦誌　此書附有地圖照片頗多於各礦地地質敘述甚詳定價六元

中國北部及西北部土壤報告　附百萬分一及二百五十萬分一土壤圖各一幅照片多幅定價二元五角

陝西渭河流域土壤調查報告　附三十萬分一土壤圖一幅定價一元五角

廣東省中部土壤報告　內有一百二十五萬分一土壤全圖及照片多幅定價三元

江蘇句容土壤報告　內附十萬分一土壤詳圖對於各種土壤記載甚爲詳悉定價一元五角

江蘇東部鹽漬土壤約測　內附五十萬分一土壤詳圖定價一元五角

山西土壤概述　附土壤概圖一幅及照片二十幅定價一元五角

中國百萬之一地質圖及說明書　已出北京濟南幅南京開封幅太原榆林幅三種每份四元五角

中國模型地圖（石膏製）　縮尺七百五十萬分之一定價每具二十元運費在外

中國地形圖　縮尺七百五十萬分一定價自取一元郵寄一元三角縮尺一千萬分一甲種有等高線定價三角乙種二角

地圖投影　述各種地圖投影之原理公式及用法附圖七十一幅定價三元

其餘尚有實用叢刊及新生代研究室關於周口店猿人之研究報告多種書目及價格表函索即寄

總發行所　北平西城兵馬司九號地質調查所圖書館

J. T. MERZ
HISTORY OF EUROPEAN THOUGHT
IN THE NINETEENTH CENTURY
伍光建先生譯

十九世紀歐洲思想史

此書共分兩大部。第一部論科學思想，伍先生之漢譯本，早於二十年冬季，由本館印行，迄今已重版多次。茲續出第二部，內容專論哲學思想，共分十二卷：第一卷爲介紹文，第二卷討論批判精神，第三卷論靈魂，第四卷論知識，第五卷論實在，第六卷論自然，第七卷審美，第八卷原善，第九卷論宗教，第十卷論社會，第十一卷論思想之統一，第十二卷論哲學思想之理性。此諸卷中所討論之問題，比於科學部分，雖更爲抽象，然著者對於諸派之異同長短優劣，洞見隱微，立論頗爲公允；其有異中見同，同中見異者，亦無不一一指出，頗爲難能可貴。故讀者於本書中，不但可以得到十九世紀哲學思想內幕之連合觀念，即在當時思想界中許多不同之點，及相爲對比之點，亦可一目瞭然。合本書之科學部分而觀之，包羅萬象，體系分明，誠近代思想史上之偉著，爲研究學術思想者所必讀。

續出　第二編哲學思想　全書出齊

第二編發售特價
四開本四冊　一千五百餘頁
定價五元　郵費二角三分
特價三元
廿五年一月底截止

兩編合售特價
第一編　兩編合爲八冊
第一冊　兩編合爲九元
定價四元
合售特價五元五角
郵費連掛號費合爲四角六分

商務印書館
最新出版

*D118(b)-24:12

國內地理界消息

葛啟揚 楊向奎 張佩蒼 輯

1

甲　劉文輝談西康狀況

【成都航訊】西康建省委員會委員長兼川康邊防軍總指揮劉文輝，日前因公來省，茲定二十一日又將返雅安防次。記者以西康為邊陲屏障，建省伊始，關於西康現狀及將來設施，極為全國人士所注目，昨特訪劉，敘談甚久。劉亟願致力籌邊，以發抒其抱負，曾語記者云：本人已年逾四十，尚欲於歷史上佔一頁篇幅，今後願竭盡全力，在最高領袖指導之下，專心治康。劉除暢談西康之現狀外，復於過去治康者之得失，及西康建省之條件，敘述綦詳。茲將談話概略，分誌如次：

西康境域

西康現在經政府直接設官統治者，計有康定，瀘定，丹巴，九龍，雅江，瞻化，理化，白玉，道孚，鑪霍，甘孜，德格，鄧柯，石渠，稻城，定鄉，德榮，義敦，巴安等十九縣，及金湯設治局。其中德格，鄧柯，石渠，白玉等縣，自民七以還，久已陷於藏軍之手，而巴安，理化，瞻化等縣，亦為其侵擾之所及。定鄉，稻城，德榮，義敦等縣，則為大股夾霸及好亂喇嘛所嘯聚。至民國二十一年，始由川康邊防軍將藏軍摒於金沙江西岸，德格，白玉，鄧柯，石渠等縣，先後收回。並將瞻化，理化，巴安等縣餘亂，先後平定；稻城，定鄉，義敦，德榮等縣匪寇，先後肅清。現在德格，白玉，鄧柯等縣之治權，已漸臻鞏固，即向來被視為化外之石渠，牛廠娃，亦傾心向化，漸就治理。定鄉，稻城，德榮等縣，以前受任官吏，均不敢前往，一則不受土民之歡迎，一則畏懼地方之難治。現在此數縣之縣長，均已安然前往，漸能行使治權矣。義敦一縣，久已淪入無政府狀態，現亦委官前往復治，進行已有頭緒。此外尚有鹽井一縣，在民國二十二年巴安與藏軍交鬨之際，藏軍有侵入之企圖，乃由貢噶喇嘛出而據守，惟與藏軍分享卡稅收入。貢噶喇嘛臨死遺囑，以該縣歸還漢官，但因牽涉康藏交涉大體，故迄未收還。

政治現狀

西康政治之推行，在本年七月西康建省委員會成立以前，即以川康邊防總指揮部為首腦，於部內設政務委員會以總理之。會內分秘書，民政，財政，教育，墾殖，建設，保安七組。此外於康定設西康行政督察專員署一，以就近督察政務。至於各縣，則有一等縣五，二等縣十，三等縣三，復治員一，設治員一。西康目前之最關重要者，除防務外厥為吏治。以前官吏，因難於人選，非鹵莽滅裂，即庸懦無能，非貪暴妄動，即因循不理，以致邊民之信仰愈失，邊治亦日趨敗壞。本人有鑑於此，故以整飭吏治為先務，對於貪贓不法者，必嚴懲以徇，計先後痛治者已達三四人之多。其次則革除縣征糧及濫支烏拉，侵匿賑欵等等弊政，以期使民休養生息，與民更始，然後可進而言同化，言建設。現任各官吏，雖一時尚難獲得上選，然大都能熟悉邊情，具有治邊熱心。據一般批評，似乎已較從前頗有進步。近年以來，更由總部編製施政大綱，以資遵循，並遵照國府通令，及早改革縣政府組織，以健全施政機關，實行考核條例，以責成實效。建省委員會成立以後，更當於此方面加重工作，以期早日鞏固建省基礎。

防務鞏固

西康在國防上之重要，盡人皆知，無待謅說。但因政府尚未規定兵額，故只能就現有部隊於財力之可能範圍內盡量分配。計戍邊之衆，約二旅有餘。第一旅旅長為余松琳，其所轄之團長，有章鎮中，張珩，羅海寬等，兵額尚屬充足。第二旅旅長為鄧文富，其所轄之團長，有孫仿，李志明等，兵亦頗能作戰。在赤匪西竄以前，張珩一團駐於北路德格甘孜一帶，章鎮中一團駐中路雅江理化一帶，羅海寬一團駐於中路康定一帶，鄧文富旅則駐於巴安•定鄉•稻城以及毗連寧屬之冕寧，越巂地界。自赤匪竄入松潘理番懋功後，大有西竄西康之意圖，於是爲佈防赤匪及進攻赤匪起見，將余旅全部調至丹巴一帶，只留少數部隊於德格，以扼守金沙江岸；並以鄧旅之一部，駐於道孚鑪霍一帶，以鞏固勦匪陣線之後方。又將劉元塘，劉元琮，許穎等四旅之衆，調至瀘定金湯一帶。此外尚有李抱冰所統率之中央軍，亦駐於康定，丹巴一帶。故西康雖地面遼闊，交通不便，赤匪侵入之路線較多，而防務尙屬無虞。惟粮食及行軍之其他供給，頗感困難耳。

財政困難

西康之地方收入，以鑪關關税爲大宗，關税之中，以茶課爲大宗，其定額爲十萬零八千兩，約占全部關税十分之六七。其餘則爲對於輸入西康雜貨（如綢緞布匹及其他日常用品等）之徵税，及由西康輸出土產（如麝香藥材皮毛等）之徵税。又次則爲各縣之地粮及牲税等。在西康境域完整時代，每年地粮總額，曾達二萬餘石。此外尙有採金之鑛税，鹽井之鹽税，可得二萬元左右。殆至民八失地以還，收入銳減，各項總計不過二十餘萬元。其所以如此，蓋由於來源之縮減者半，由於徵收之不良者半。川康軍接防以後，深覺有整頓之必要，乃設西康財務統籌處以整理之。並開辦財政講習所，以養成徵税人員。整頓之結果，商民既蠲除繁苛之苦，公家收入亦增加十分之三四。但近年以來，因川省多事，藏方亦時有興兵之謠，遂致輸出輸入之總額，均大爲衰減，税收大受影響。現在地粮雖因整頓之結果，由萬石左右增至一萬二三千石（每石值藏洋二十餘元，合國幣七八十元），牲税亦略有增加，但關税已銳減，公私經濟均大受其影響，故行政頗困難，縱能逐漸回復，亦大需時日也。

教育落後

西康教育，在趙爾豐經營川邊時代，曾積極注意，僅於康定巴安及少數之重要地點開辦學堂，即用欵七八萬兩。惜當時昧於邊民教育原理，未能適合邊情，故用力雖勤，而成功較少。趙氏既去，人亡政息，後繼諸當局，大都不注意於此矣。川康總指揮部受命以還，對於教育始較前注意，在總部之邊務處內開辦邊政人員訓練所，授以邊地實際需要之知識，以儲經營邊地實用人才。畢業以後，分發各縣任佐治員，建設委員等。又於西康政務分會之下，整頓西康師範教育，以深造師資。於政務委員會時代，又成立教育行政人員訓練所，羅致國內教育專家教授，以期加強教育行政之效率。並於西康專員公署內設立國語講習班，以養成宣傳人才。現在西康各縣皆已成立小學，少則三二所，多則十數所，或數十所。而康定復有中央創設之蒙藏學校分校，已有一年餘之歷史矣。建省委員會成立以後，更遵照中央及蔣委員長意旨，特別注重教育，現正由專家審擬計劃，以普及教育與提高程度爲目的。義務教育，經中央分配專欵後，亦正擬議方案，俾西康各縣均能作有效之實施，此後西康教育或可逐漸進展矣。

整頓交通

西康爲交通極其困難之區，即道路橋梁之壞劣，運輸工具之困難，有以使然也。但欲經邊之能進行無阻，必先從整頓交通着手。趙爾豐時代，曾以儘先修築馬路爲救濟之舉，及早完成川藏鐵路爲根本要圖，積極準備，不遺餘力，蓋以此也。川康總指揮部，自受命以來，亦次第計劃，以期逐漸開闢西康。惟大規模之整頓，非有鉅欵不可，故僅就力之所能及者選擇而行之。所擬之西康四年計劃，已蒙國務會議通過，雜誌上亦曾披露。尙有更完備之計劃，亦擬呈請核奪。計溝通川康之成康路雅康段，曾選定二路：一由天全越馬鞍山西而達瀘定，已經勘測全線；一由雅安榮經間之吉子岡，及榮經瀘定間之九把鎖，而達瀘定，此段雖早已開通，但崩圮太甚，行旅苦之。近兩年中先後令雅安縣縣長，修治雅安名山及雅安榮經間之一段，又令西康屯殖部修治榮經瀘定間之一段，雖欵項不裕，未能直接闢爲馬路，然行旅已稱便多矣。康定以西，則以康北一線爲目下軍商所重之道路，已令章鎭中團修築一段，成績尙佳，橋傑在此期內修成者則有榮經河上之大鐵索橋二道，小橋若干道，甘孜道孚間之大道一道。瀘定之鐵索橋極關重要，今年大事培修，工程方竣即逢赤匪經過，完全燬壞，現正修復，將來欵項稍裕，擬改建鋼橋也。烏拉爲關外運輸要素，然規定不良，而受濫徵，實爲西康莫大之弊政。本人治康已逐漸改善，務使烏拉資照章發足，且支用烏拉數目程站，均加以詳細之規定，以期減少差民之痛苦。電政方面，已將年久失修及被盜匪損毀之電竿電線，漸次收復，更擬向南路之巴安，北路之德格推廣。無線電台則有巴安，康定，甘孜三處，現改由交通部設置。郵路郵局年來亦在增闢，以結古，西寧，甘孜，康定間爲較便。又西康旅行有若干地方必需露宿，行旅苦之。趙爾豐時代原於要地設有台站，趙氏以後，久歸廢毀，本人亦已令各縣盡力恢復，如能繼續維持，亦旅行之所便也。

外交現狀

所謂西康外交，蓋指對藏交涉而言。藏軍自民國二十一年秋退過金沙江西岸以還，時時欲再侵過東岸，故於昌都，乍丫（即察雅縣境），滿康（即康靜縣一帶）等地，配置重兵，乘機窺伺，而以主戰最力之貞冬爲薩慶布（其職權與噶倫相等，兼握兵權，殆如以前之督軍），駐於昌都指揮一切，故康藏雖立暫時停戰條約，而未確定。達賴逝世以後，藏方更躍躍欲動，蓋其激進派欲大舉內侵，即主和派亦嚴陣以防也。幸我軍一面秉承中央意旨，終保持和平初衷，任彼挑釁，屹不爲動，一面周密預防，使之無隙可乘，故去年雖屢有藏軍來侵之勢，終得鎮靜下去。迨至黃慕松專使入藏以後，空氣轉趨和緩，現在和平條件已大體解決，安插大全娃及修復大金寺等項，亦已協商妥當，只要能如此繼續下去，康藏前途或可日趨融洽。自赤匪西竄之企圖發見後，藏方亦曾於金沙江江岸從事調集重兵，但其宣稱係在防匪，至今尙無其他表現，大約不致別生枝節也。

宗教民族

與西康之治亂最有關係者，厥爲各大喇嘛寺富有權力之喇嘛，及號召力廣大之土司與夫頑梗野番之意向。昔時趙爾豐在康之軍事上的努力，卽大部分在此三種人身上。近時在比較强頑之喇嘛，有鹽井之賈噶喇嘛，巴安之南康喇嘛，包大喇嘛，木裏之黃喇嘛等。裏塘之喇嘛寺，亦頗有支配一切之勢。而大金寺喇嘛，更倚藏軍爲後援，多行橫覇。現在大金寺衆喇嘛，既已甘願就範，嚴守約束，南康喇嘛亦已伏誅。賈噶喇嘛及包大喇嘛等則素來卽尊重川康軍。賈噶喇嘛雖死，其繼起者仍守其初衷。黃喇嘛狡黠多端，去年與本部所派之宣慰使爲難，伏兵謀襲，反自斃於流彈。其小喇嘛松典，近已承認就範，聽受扶植矣。此外西康之諸大德，則頗傾向於西康政府，如康定之絳巴格西（近已死去），甘孜之阿旺堪布等，皆先後受本部歡迎，到雅州一帶修法講經；卽素稱强橫之裏塘大喇嘛寺，泰寧大喇嘛寺等，亦改易往昔態度，頗能遵從政府矣。土司之中頗多爲我軍效力，對於軍事政務，皆竭力奉行其任務，故作戰時徵集防兵，供應烏拉糧食，頗能應手。平時清治匪盜，亦頗出力。其中之强頑者，如朱倭土司，業經伏誅，如崇喜毛丁曲登諸土司，則已改其故態，是以此次赤匪企圖竄入康境，而各土司皆與官軍聯合一致，使赤匪無由得逞，卽由平日之傾向使然也。野番之中，如石渠娃（或稱色許娃）之就治理，前已言及。道孚鑪霍東北之魚科娃，頗稱强梗，昔日趙爾豐用兵魚科，亦未將其全部征服，在近年始由川康軍令其投誠。餘如夙喜多事之俄洛色達諸野番，近亦頗爲安謐。瀘定東南之玀玀，數年前尙有刼掠之舉，近亦不復爲亂矣。

社會秩序

西康自民八以還，各地之夾覇甚多，商旅非結爲大隊，不敢通行。在川康軍入戍以後，卽從事肅清，首先在各縣成立保衞團，並斟酌需要，由各縣成立聯團，各地始漸安謐。南路尤稱難治，近已爬梳有緒。如南路夾覇之大首領甲谷頃貞亦已改行，並願出而維持地方秩序，故雖在大兵之後，地方秩序反較以前爲佳，居民及商旅已不似從前之苦於搶刼。惟此次赤匪西竄，瀘定全縣均遭蹂躪，殘破不堪（縣城全部被焚，沿大渡河諸場亦受損失極巨），康定之雅嘉埂一帶，亦淪爲戰區，丹巴爲前防所在，無形損失亦巨，故善後頗須時日，而大兵雲集之區，糧食恐慌，又急待救濟也。

（二四，九，二九—三〇，北平晨報）

乙　法兵佔吳川之史的觀察

日前報載廣州消息，謂廣州灣法國當局最近派兵越境進佔廣東吳川縣屬的東安，三柏墟，金魚，南路等村，建築軍用公路，佔我主權。當地人民，以其企圖莫測，羣情憤激，電請粵省當局派員交涉；而兩廣交涉員甘介侯，亦有報告到京。關於這種公案的如何交涉，據京電所傳，外交當局以未到發表時期，內容未便公佈。但就我們的觀察，這並不是什麼偶然的現象，而是法國圖謀擴大其印度支那的後果。茲就法人殖民之歷史分述如次，以供國人之參考。

法國向亞洲殖民略史

法郎帝國開始向亞洲殖民，雖然是落在英俄之後，可是它所分到的東西，卻也不亞於那太陽不落的大英帝國。以時間的順序而言，它最初侵入近東的敘利亞，其次略印度，再次略印度支那，而蠶食雲南，覬覦兩粵，以中國爲目標，還是十九世紀末年的事情。現在所謂法屬印度支那者，它是法國五個屬地總稱，卽：一，交趾支那殖民地，其首府在西貢，爲印度總督駐在地；二，安南保護國；三，柬埔寨保護地；四，東京與老撾的保護地；五，廣州灣租借地：全面積爲二十七萬四千三百八十五方哩，大於法國的本部。可是，我們如果溯本窮源，看一看這個所謂法屬印度的史蹟，則不是中國的屬地，便是中國的領土；但昏瞶的淸廷，非但不能守土衞民，竟一任法郎帝國予取予求，遺下了無窮的糾紛。

中日戰後法國的急進

在德法俄三國共同干涉日本返還遼東過程中，法國向中國取得了很大的報酬。最顯著的事實如於光緖廿一年(卽一八九五年)中日媾和條約締結後，歷時未及兩月，法國駐京公使智拉爾，馬上便與慶親王奕劻訂了中法境界及陸路通商的續約，其中關於境界者，法國領土擴張到了湄公河東岸之地；關於鑛權者，法國對於開採兩廣及雲南的鑛山，有優先商辦權。然而法國並不以此爲滿足，尤更進一步，派遣其工商團體，組織調查中國會，深入兩廣雲貴四川諸省，考察農工商業的實況。法公使並於光緖二十二年勸我國再興福州船政司，其野心之大，可見一斑。及英法協約告成，法人在中國南部諸省的利益，多被英人所迫害。於是法國遂於光緖二十三年二月，由其外務大臣伊穆哈多命駐北京公使伊穆哲拉向中國要求兩個條件：一，海南島不得割讓與他國；二，延長龍州鐵道，開採兩廣雲南鑛山，修築滇安間通商道路。當時的滿淸政府屈志媚外，竟一一承認，而啓法國更大的野心。故歷時僅一年(卽光緖二十四年)，法國以保持列强在華均勢爲辭，得寸進尺，再提出四項要求：一，廣東，廣西，雲南三省不得割讓與他國；二，自東京至雲南府之鐵道，由法國築造；三，租借廣州灣九十九年；四，郵政事務由總稅務司（英人赫德）分下時，用法人承辦。當時除第四項因英人的反對而作罷論，第一第二兩項，全部承認，而第三項也大體表示接受了。

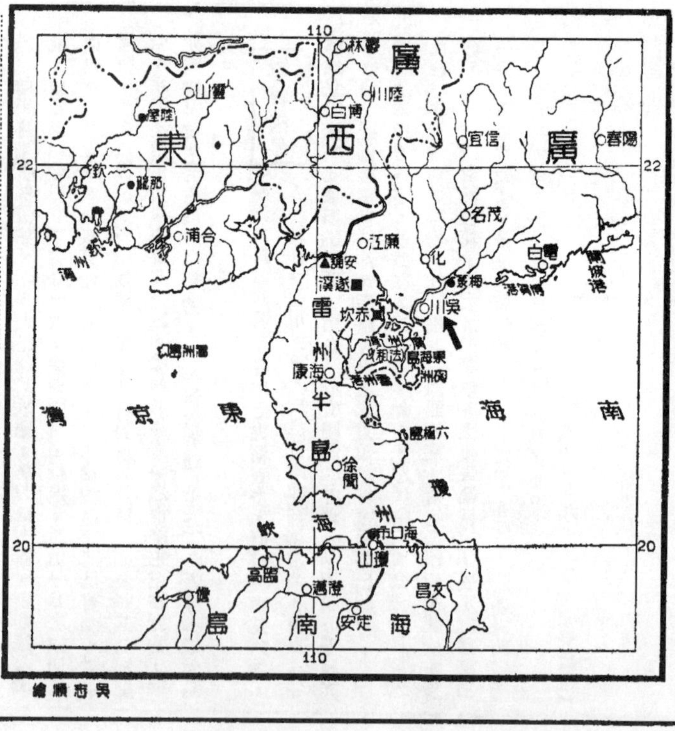

吳志順繪

圖中說明

↑爲吳川

○爲廣州灣租借時之界線

■爲遂溪，係法國藉口軍官教士遇害，要求租借廣州灣之地。

×爲赤坎，爲法人擬築赤安鐵路之起點。

▲爲安舖，係赤安鐵道之終點，又爲通東京灣之海港。

4

廣州灣與吳川之關係

滿清政府在大體上是承認了廣州灣的租借，然對於租借區域與期限問題，則彼此磋商，延而不決，直至翌年夏季，法國派提督克爾若術，中國派遣廣西提督蘇春元爲劃界委員，往返談判，幾瀕決裂。會廣州灣附近遂溪縣有法國士官二名宣教，一名爲匪殺害，法國遂扳住這個機會，由其新外相德爾喀色訓令克爾提督，以剿匪爲名，率艦直過港內，遂於光緒二十五年十月十四日成立了城下之盟的租借廣州灣條約。其內容之重要者有如下數點：一，陸地南自遂溪縣所屬通明港沿官道，北至志滿墟，東北轉至赤坎，更東進調神島北部，復東至吳川縣所屬西炮台後面之間；水面自吳川縣之海口外三海里(中國十里)之水面起，沿岸西進至南通明港口外三海里之間，又東海島(即淋川島)硇州島之全部，皆爲租借區域。二，租借期限爲九十九年。三，期限內全歸法國管轄，得爲軍事上的設備，又對於人民發佈命令，但不(？)妨碍中國主權。四，中國船舶往來，準中國各通商口岸同一待遇。五，赤坎至安鋪之間，法國得設鐵道電線。從這個條約的本身看來，不但無異於廣州灣的賣身契，甚至還影響到雷州半島的安全。(見附圖)

覬覦中國南海的動向

法國雖然攫佔了廣州灣的海軍根據地，取得與香港對峙的局面，但是他們對於南中國海的侵略，却隨其拓土殖民的慾念而加緊。遠在吳川事件以前，它所佔領的海南九小島，便是擴大其印度支那的先聲。他們不但佔領了九小島，並且還謀奪西沙羣島，從地理學家一直到航海的技術人員，都殫精竭慮，研求怎樣才可以奪得西沙羣島。如一九三三年法國地理學會所出版的地理雜誌(十一月及十二月號)，載有石克斯船長的一篇論文，以似是而非的謬論，基於所謂便利航海，建立氣象台，經濟的開發，軍事的砲壘，以及確定越南對於西沙羣島的宗主權爲藉口，鼓吹直接佔領。現在西沙羣島雖未被佔，而雷州半島一角的吳川，竟發生派兵越境强佔領土的暴行，其性質的嚴重，較之過去海南九小島的被佔，幾不能相提並論。蓋它能佔吳川，也同樣的可以侵佔一衣帶水的海南島；何況海南島的物產豐富，地位特殊，更足使法人垂涎三尺。所以我們應該把這次法人的進佔吳川，看做是法人侵略南中國海主要的一環。假使再因循自誤，不據理力爭，交涉妥貼，則我們相信這一類的事件，在中國將繼會續不斷的發生。(農)

(二四，九，二九，北平晨報)

丙　各省建置狀況

鄂豫兩省邊界發生糾紛

【漢口二十九日中央社電】省府頃准豫省政府咨：「豫南地方與黃安麻城毗連境界發生爭界糾紛，茲已委派秦呂兩委員前往該地切實查勘，請轉飭各縣遵照派員會同勘查，以弭糾紛」等由。特令黃安麻城兩縣長遵照辦理云。

(二四，九，三〇，北平晨報)

三省勘界代表在潯開首次會

【九江】察勘三省省界之內部及鄂贛皖省代表張恂等十八人，二十二日午後舉行首次會議，決定二十四日晨乘小火輪先至上游鄂贛交界繼往皖贛交界，察勘江北三省界綫，犬牙相錯，自馬華堤至同仁堤，長約二百公里。此次察勘，預定一週竣事。至劃界辦法，三省代表表示，察勘後再交換意見。(二十二日中央社電)

(二四，一〇，二五，申報)

鄂皖贛劃界竣事將增設兩新縣

潯黃間設濱江縣，隸屬尚未定。皖設岳西縣，鄂劃一部歸管轄。

【漢口通信】鄂皖贛三省府，前奉中央命令，以邊區各縣疆界，須重行劃分。會同派員赴潯集合履勘，並在潯舉行劃界會議，關於便利行政及水利建設，特別加以注意，刻已竣事。鄂省勘界委員，由潯返鄂覆命。聞三省代表會商結果，就原有省界略加變更。擬將黃梅所屬之孔壟鎭以西地區，東至陳家營，及江西九江所轄之豐一、豐二兩鄉，另劃一縣，增設濱江縣治。詳細計劃，正由三省當局，會同擬訂，將來屬于何省，須候中央決定。惟此次劃界，於三省共有之馬華堤管理問題，有重大關係。蓋以該堤橫亘三省，平時培修，急時搶險，步驟頗難一致，每至成巨災。不如改歸一省，庶專責成。至將來誰屬，以過去分担經費而論，鄂省担任百分之五十六，皖省担任百分之三十一，贛省担任百分之十三，則將來劃歸鄂省，或可預測也。又皖屬舒城，霍山，潛山，太湖四縣邊境，與鄂屬英山縣，界域叢錯，皖主席劉鎮華，特商同鄂主席張羣，將各該縣錯亂區域，另設新縣，定名岳西，並經呈請委員長行營核准。鄂省政府，以該縣轄地，一部係本省地區，須派大員查勘，決定可否，經推委員范熙績親往履勘，並與劉氏面商一切，認爲可行。今日特由皖電致省府秘書長盧鑄報告經過，電云，「武昌省政府盧秘書長濬生兄勛鑒：英、霍、舒、潛、太邊區增加新縣一案，業經皖省府規劃妥善。其與鄂省有關者，僅英屬第三區陶家河詹家河附近數保，須劃歸新設之岳西縣管轄。查此種計劃，甚爲合理。以地勢論，行政區域較爲完整。就治安言，陶家河距英甚遠，政令素所難及，易爲匪踞。基於上述理由，對皖省府所提辦法，弟已完全接受矣。再皖省籌設新縣，歷時頗久，值茲流匪竄擾，爲節省時間，迅赴事功，早期實現起見，特將會呈稿與咨商同意公文，同時寄鄂；到後即請轉電主席，並提會討論，速予決定。弟范熙績叩」。（十七日）

（二四，一一，二一，申報）

潯屬西北兩鄉劃歸黃梅管轄

【漢口】鄂皖贛邊界，經中央及三省代表會勘後，在潯會議中有初步決定，將潯屬西北兩鄉，劃歸鄂黃梅管轄。省府以兩鄉歸併，黃梅轄境廣闊，決將該縣孔壟以下及與宿松接壤地區另增一縣，以便治理。（廿八日專電）

（二四，一〇，二九，申報）

皖新設岳西一縣

【安慶通信】皖省潛（山）桐（城）舒（城）三縣交界地方，新設岳西縣治，籌備已久。現經呈報省府，正式成立。省政府當即核定預算，並委呂勍爲該縣首任縣長。至前委岳西設治局局長江濤，則調回民政廳任事。該縣呂縣長奉令後，昨已首途前往履新云。（十一日）

（二四，一一，一八，大公報）

湘西七縣促進漢苗同化

【長沙通信】湘西乾城鳳凰等七縣，漢苗雜居。前清時代，有綠營屯軍之設置，管理苗民，鎮壓變亂。二百餘年以來，相安無事。現任之新編三十四師師長陳渠珍所部，即由該屯軍遞演改編而成。現湘省府綏靖湘西各縣，無論漢苗，一視同仁。近爲發展文化，促成漢苗同化關係起見，令由陳渠珍師長擬具『乾鳳綏古保瀘麻七縣屯務委員會章程』，呈請綏靖處長劉建緒轉陳省府核辦。業經省務會議通過，並公佈施行。該委員會，即將組織成立，爰誌該項章程原文如下：（一）本會定名爲乾（城），鳳（凰），綏（永綏），古（丈），保（靖），瀘（溪），麻（陽）七縣屯務委員會，以湘西綏靖處命令組織之。（二）本會爲改進屯政，發展文化，調劑農村經濟，與辦農田水利，以促成漢苗同化爲宗旨。（三）本會會址，附設屯務處，屯務處得斟酌情形，設乾城縣或鳳凰縣。（四）本會設委員十六人，以屯務處正副處長爲常務委員，有屯七縣縣長爲當然委員，餘由各縣各推一人組織之。（五）本會之職權如左：一、審核屯租收支，二、計劃屯官苗弁苗兵整理事宜，三、計劃屯務部隊整訓事宜，四、計劃有屯各縣保衛事宜，五、計劃建設事項。其提前舉辦事項如左：甲、擴充苗民敎育，乙、建築道路，開通河渠，丙、組織漢苗合作事業，丁、設立貧民習藝所，戊、培植農林，修復原有碉卡堡壘邊墻。（六）本會推選委員，由有屯各縣選定熟悉屯務公正紳耆一人充任之，任期一年，但得連選連任。（七）本會每年國曆五十兩月，各開大會一次，由常務委員召集之。會期兩星期，但必要時得延長之。（八）本會遇有重大緊要事件，或有會員五人以上之呈請，得由常務委員召集全體委員，開臨時會議，會期以一星期爲限。（九）本會會議紀錄，及審核收支報告，應呈報省政府，並分緘各有屯縣政府備案。（十）本會委員均爲無給職，但開會時，到會委員，得按道路遠近，酌給夫馬費十元至三十元；開會時委員及辦事員丁伙食雜用費等，實報實銷。（十一）本會經費，由屯租項下支用。（十二）本章程如有未盡事宜，得由本會委員三分之二以上提議，呈請湖南省政府修改之。（十三）本章程自呈請湖南省政府核定日公佈施行云。（六日）（二四，一〇，一二，大公報）

察南三縣劃界竣事

【涿鹿通信】本省宣（化）懷（來）涿（鹿）三縣劃界事，前經三縣代表在下花園一度集議後，遂各分頭遵照決議案準備一切交接事宜，近已就緒。本縣已推定縣府第一二三科科長，參議會議長，縣城士紳王興周等五人爲交接人員，於十月一日携帶各種册卷，齊赴下花園實行交接，並於事先通知宣（化）懷（來）兩縣政府，委派人員屆期前往辦理云。（二十七日）（二四，九，三〇，大公報）

土山鎮改名准予備案

【南京】江寧縣治土山鎮，改名東山鎮，紀念謝靈運，國府准予備案（十三日專電）（二四，一〇，一四，申報）

粵樂昌縣改名樂東

【香港】粵省府廿三日明令，將樂昌縣改名樂東縣。（廿三日中央社電）（二四，九，二四，申報）

西康建省會將由雅安遷康

【南京】西京建省會委員冷融談，建省會定下月由雅安遷康，定本月底先將建教兩部份遷往。本省政費中央按月輔助一萬元，本省負擔五千元，共爲萬五千元。教育費本年中央補助義務教育費三萬元、邊疆教育費三萬元，共爲六萬元。正式成立省府之期，大約須在一年以後。（二十日專電）（二四，一〇，二一，申報）

丁　各省水利狀況

滹沱河仁壽渠修理工程計劃

省府會議業已通過，工欵將先撥發半數

【保定通訊】河北省滹沱河仁壽渠，二十四年汛後，修理工程計劃，業經灤漑委員會工程處長徐世大草擬完竣，建設廳於廿日提交省府會議通過；應需工欵一萬三千餘元，准由財廳先撥半數動工。其計劃原文如次：

一，緣由

本年滹沱河洪水浩大，時間經久，爲民國六年以來所未有。且兼霖雨旬日，致仁壽渠之堰閘及渠道，均有部份冲毁與坍塌之處。查堰閘工程，於本年五月全部完成後，本期初次過洪，堰頂過水，深至二公尺，雖未達預計之最高洪量，但洶湧特甚，破壞力强大。攔水堰堆砌石及南北閘下游堤岸石坡及石籠均有一部份沉陷，而渠道高岸陡坡亦受霖雨之浸濕，有數段之坍塌，渠底亦因而淤高。按本年洪水及雨量情形，此項損失，勢所難免，惟損毁之部亟應修復。當經實地勘查研究，擬具修理工程計劃：其堰閘部份，除修復損毁部份外，並增築加固工程，俾後遇類似或更大之洪水，不致發生同等情形。

二，概要

本計畫修理工程，分堰閘及渠道兩部份，分述於次：

甲　堰閘部份　堰閘之損壞擬修理者，爲攔水堰北閘及南閘三項，其修理辦法如下：

一，修復堤面　此次洪水，堰頂水深平均達二公尺，流速每秒三公尺以上，堰坡倍之，以致損壞頗鉅。以面積論，共一千四百平方公尺，約居全堰面積百分之九。估計體積，爲千九百立方公尺。此等冲壞之處，石塊溪流而去者半，陷入堰底者亦半。修復所需石料，須開採補充，惟堰面部份如仍用巨石礪砌，不但運輸困難，且甚費工。茲擬改用高約一公尺之鐵絲籠裝石鋪面，雖不與他處一律，其鞏固或倍之也。

二，堰面抹灰　巨石砌面，隙縫甚多，悍流乘虛而入，以致掀起石塊，此爲堰面冲壞原因之一。查去年舉辦導水工程時，曾將北端一段，用白灰抹縫，以防漏水。經洪之後，此段堰面，毫未損壞。茲擬仿照辦法，將下流堰面，除改鋪石籠及抹灰部份外，餘均用一·二白灰沙子膠泥灌抹，以求穩固。

三，重砌堰坡隔水牆　南段損壞最甚之處，第一道隔水牆大部沉陷，第二道隔水牆大部碎裂。修復辦法，碎裂者重砌，沉陷者加高。惟沉陷過深，牆頂在水內者，可逐段夾板打築一，三，六混凝土，待出水面後再行砌高。

四，修理堰下游鐵絲籠　下游鐵絲籠裝石沉陷之處，尙不甚多，惟籠蓋鐵絲，以大樹順流而下，割斷多處，應行修理，以免擴大。

五，加固堰後短壩　經洪之後，北閘上游河灘，淤積甚高，平均高度約一〇〇•七公尺，面積三百餘畝。有此淤地之後，洪流情形爲之一變。曩日自西而東直趨北閘者，今須繞行斜入閘口，出閘之後，餘勢猶在，橫掃堤坡，以致塌陷。茲擬將北端短壩加長二十公尺，並加高至高度一〇一公尺，以矯流勢，使其直入閘口。又堰後其他各短壩，均屬收挑流之效，亦須稍事加固，以期永久。

六，南北兩閘添築消力檻　查南北兩閘底高度，均較河床爲低，過閘之水，流速增大，冲刷力極强，故此次洪水，兩閘下游之石籠均遭冲陷，有深達三公尺者。茲爲減殺過閘之水勢計，擬在南北閘各築消力檻兩道，共一貼靠閘門之前，一則築於砌石海漫之前端，均用一，三，六混凝土建築，與海漫接合。在南閘檻高七公寸，北閘高五公寸，藉可節制水勢，減少冲刷之力。

七，添鋪南北閘石籠　兩閘海漫下游石籠，大部沉陷，茲擬再加石籠一層，較原範圍稍大。爲避免施工時抽水挖槽工作之困難，將石籠堆置於已淤平之土面上，裝置完竣後，啓閘放水刷沙，使其下沉。惟新加之籠，其高不必皆爲一公尺，蓋以原籠沉陷之深淺各處不同，施工時須先用鐵釺札驗，如低不及一公尺者，籠高即照其數，在一公尺之上者卽用一公尺，務使新籠沉陷之後，無高處海漫之弊。

八，修理北閘下游堤坡　閘下堤坡不必修復原狀，擬用拋石方法替代。砌石坡自海漫附近起，向東八十公尺內，凡坡面在高度九九公尺以下者，如拋石均厚八公寸。惟在小水時，河底淤高，拋石不易沉至坡脚，可先將高出河底部份拋築，餘石存於堤上，待下次汛期時續拋之。

九，重築南閘拋石岸坡　南閘下游拋石岸坡，完全冲毀，擬就現狀加以修理，以護翼牆。

十，修理北閘下游圓石壩　閘下白灰砌石堤坡東端，原堆有坡石挑水壩若干道，最近一道被此次洪水完全沉陷，應行補充。其餘各圓石挑水壩，略有損毀者，亦須修理。

乙　渠道部份　查渠道部份應修理者，爲：一，幹渠深挖及平挖兩段高岸坍坡。二，自流渠深挖段坍坡。三，幹渠及自流渠渠底淤土。

一，幹渠坍坡　幹渠深挖段坍塌者，共長三百公尺，平挖段長一•一七公里。查渠道兩旁，各留坡階一道，寬一公尺半，爲節省挑挖工資計，擬擇坍土較少面之纖土先行清理，其對面暫不清除，以待來春冰融後再事大修。在深挖段清理南岸，平挖段則排除北岸。

二，自流渠坍坡　本項坍坡，計長七百四十公尺，因岸不高，擬均清理。

三　幹渠及自流渠渠底淤土　渠底淤土，厚自二公寸至六公寸不等，共長十四公里，又二百五十公尺，擬完全疏浚，以備放水。

三，工費估計

堰閘修理工程，均屬零碎，無總包工可招，祗有分項招工承做，自辦材料。至於渠道土工，擬按人民服役辦法，由靈壽縣政府徵集當地農民挑挖，但仍津貼火食費，每人每日一角。茲將各項工程工料，分別估計，列表於左：

甲，攔水堰	七•一七三元	乙，北閘	二•四〇八元
丙，南閘	二•一五八元	丁，渠道土工	一•五七一元

以上四項共計總工費洋一三•一一〇元。

（二四，九，二三，北平晨報）

太原經委會機船包頭再度試航

【本報特訊】太原經委會所造之機船，再度試航一節，業誌本報。茲悉該機船於本月十三日下午二時三十七分，從南海子上駛，經五日半於十八日九時到烏米圖。因鋼舵轉頭損壞，經配做木舵後，使用不靈，又沿河領港隊安打標誌，亦僅做至臨河一帶，不便前進，在烏米圖因配做木舵停泊三日，當於二十二日由該處折回，二十三日下午二時返抵南海子。惟就此次試驗結果，認爲領港隊之效果極大，因此次試航上行下行概未發生擱淺事情，又關于損壞之鋼舵現正配做云。

（二四，一〇，二五，包頭日報）

本會紀事（五）

本會自張石公先生捐贈房地後，即開始修葺布置。因創設之際，需用不多，故除留出三間爲辦公室外，其餘悉作會員住房，現在巳遷入者有吳志順，楊向奎，史念海，孫道昇，廖季文諸先生；本會祗收燈水諸費，藉作維持之用。該地離北平圖書館頗近，院宇又極寬敞，甚適於讀書生活。茲請吳先生測，繪爲圖，揭之本刊，俾讀者咸知張先生獎勵學術之盛懷。會所東部爲小紅羅廠八號；西部爲後口袋胡同六號，原不相通，今將牆垣拆去，業已打成一片。至西四牌樓北大街舖面一間，將來本會刊物增多時可作書店之用，現在則租賃與文興堂栞館云。

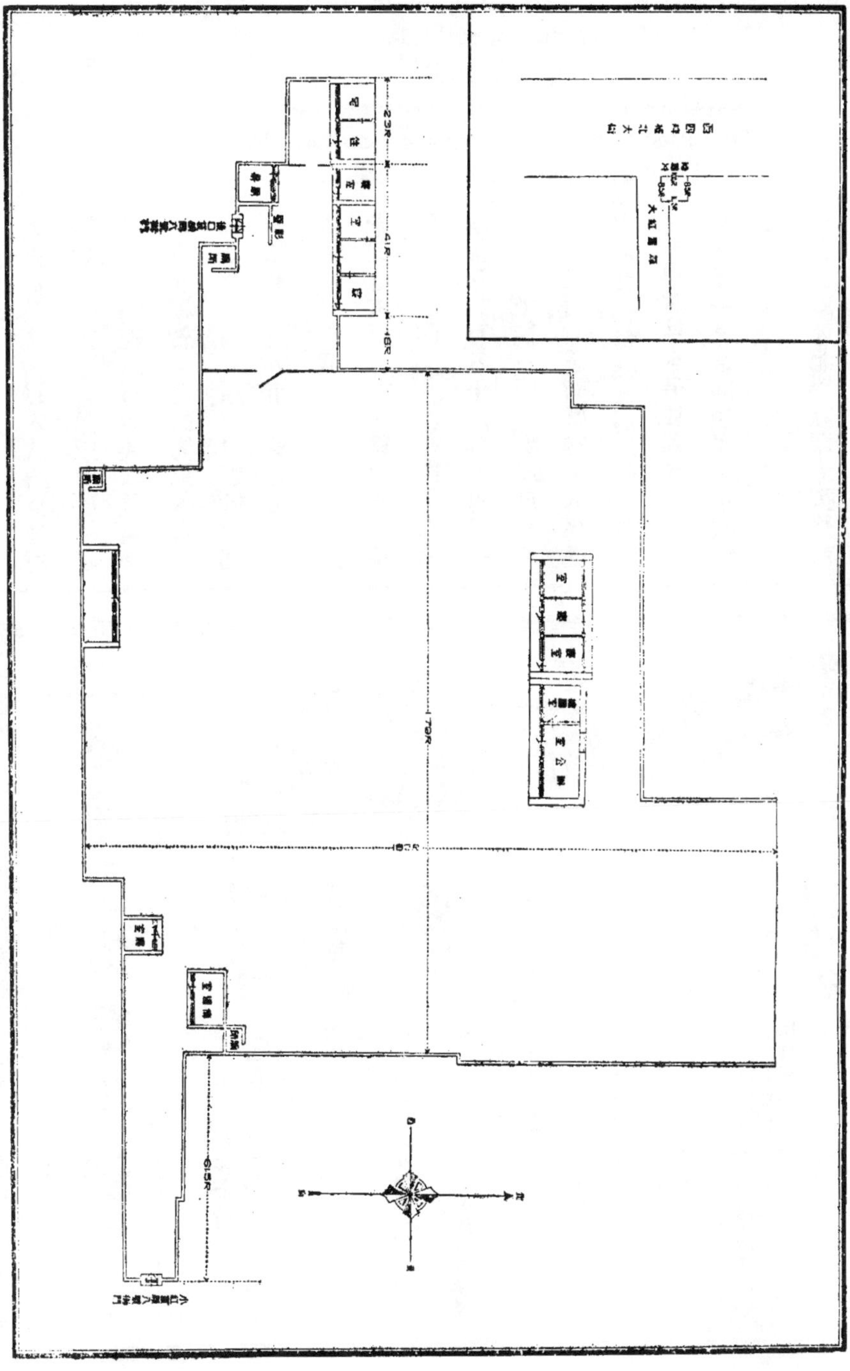

禹貢學會會址平面地基圖

出版者：禹貢學會。
編輯者：顧頡剛，譚其驤。
出版日期：每月一日，十六日。
發行所：北平成府蔣家胡同三號禹貢學會。
印刷者：北平成府引得校印所。

禹貢
半月刊

價目：每期零售洋貳角。豫定半年十二期，洋壹圓伍角，郵費壹角伍分；全年二十四期，洋叁圓，郵費叁角。國外全年郵費貳圓肆角。

The Chinese Historical Geography
Semi-monthly Magazine

Vol. 4 No. 10 Total No. 46 January 16th 1936

Address: 3 Chiang-Chia Hutung, Cheng-Fu, Peiping, China

第四卷 第十期

民國二十五年一月十六日出版

（總數第四十六期）

內政部登記證警字第叁肆陸壹號 中華郵政特准掛號認為新聞紙類

本會紀事（六）

本會近承上海開明書店捐贈國幣壹百元正，北平歷史博物館捐贈國幣壹百元正（指定作利瑪竇地圖印刷費），顧起潛先生捐贈國幣壹百元正，童書業先生捐贈國幣拾柒元正，謝剛主先生捐贈國幣拾元正，陸侃如先生馮沅君女士合捐贈國幣拾元正，無任感荷。除鳴謝外，當卽依照向例抽出十分之一購買圖書，存儲學會，永作紀念。茲將圖書名目開列於下：

計爲開明書店紀念者，有：

中法越南關係始末一册（邵循正著，民國二十四年清華大學出版）

滿洲實業案三册（奉天農工商局局長熊希齡編，清季鉛印本）

海關通志二册（黃序鵷著，民國六年鉛印本）

兩淮水利鹽墾實錄一册（胡煥庸等著，民國廿三年中央大學出版）

西北古地研究一册（日本藤田豐八等著，楊鍊譯，民國二十四年商務印書館出版）

中國今日之邊疆問題一册（淩純聲等著，民國廿三年正中書局出版）

川邊遊記一册（徐金源著，民國二十一年著者書店出版）

爲歷史博物館紀念者，有：

南懷仁坤輿全圖六幅（清初刻本，缺二幅）

皇朝一統輿地全圖八幅（清中葉刻本）

爲顧起潛先生紀念者，有：

黔南識略三十二卷四册（貴州巡撫愛必達著，道光貴州刻本）

黔南職方紀略九卷四册（貴州布政使羅繞典著，道光丁未貴州刻本）

中俄國際約注五卷二册（施紹常著，光緒三十一年鉛印本）

新疆大記六卷一册（清闞鳳樓著，闞鐸校補，光緒丁未鉛印本）

爲童書業先生紀念者，有：

中俄約章會要三卷三册（光緒八年總理衙門編印）

東北視察記一册（何西亞著，民國二十一年現代書局出版）

爲謝剛主先生紀念者，有：

蒙闗紀聞一卷一册（董玉書著，記張家口事，民國十一年排印本）

寶昌雜錄一卷一册（董玉書著，記察哈爾寶昌縣事，民國十一年排印本）

爲陸侃如先生暨馮沅君女士紀念者，有：

瀛涯勝覽校注一册（馮承鈞著，民國二十四年商務印書館出版）

河西見聞記一册（明駝著，民國二十三年中華書局出版）

西北研究二册（第三，四期，民國二十一年西北研究社出版）

本會紀事（七）

本會印刷經費向以會費抵付，不足之數由顧頡剛譚其驤二先生籌措。近半年中，時局艱屯，益甚，影響於銷路及收款者頗鉅。爰由會員于思泊先生（省吾）提議，就會員中集合三十人，每人每月捐國幣伍元，藉補損失。經與各會員商洽結果，已得十六人，計爲：

于省吾	王　庸	胡汝麟	徐文珊
連士升	趙　澧	趙紀彬	趙泉澄
羅根澤	錢　穆	譚其驤	顧頡剛
吳世昌	劉　節	許道齡	楊向奎

諸先生，從此本刊基礎得以奠定，至所感紉。如會內外同志更有願加入者，乞卽示知，當于下期彙報。此項捐欵，將來應如何籌紀念之方，俟定奪辦法後再行宣布。

贈書志謝

自本年一月一日至十五日，本會收到捐贈圖書，敬載於下，藉表謝忱。

潘景鄭先生贈：

兩浙輿圖一册（浙江巡撫周人驥編，乾隆乙亥刻本）

寶德堂書舖贈：

皇明四夷考二卷一册（明鄭曉著，國學文庫本）

遼東行部志一卷一册（金王寂著，國學文庫本）

契丹國志廿七卷一册（宋葉隆禮著，國學文庫本）

松漠紀聞一卷一册（宋洪皓著，國學文庫本）

膠澳租借始末電存一卷一册（清柳培榮著，國學文庫本）

滿清入關前與高麗交涉史料一卷一册（北平歷史博物館編，國學文庫本）

遼文萃（附藝文志補證）七卷一册（王仁俊編，國學文庫本）

元史外夷傳三卷一册（明宋濂等著，國學文庫本）

滿洲實錄八卷一册（國學文庫本）

庚子交涉隅錄一卷一册（清程德全撰，李遜輯，國學文庫本）

邊略五種五卷一册（明高拱著，國學文庫本）

臺灣鄭氏始末六卷一册（清沈雲著，國學文庫本）

四夷考二卷一册（明葉向高著，國學文庫本）

皇明經濟文錄（九邊編，遼東編）二卷一册（明萬表輯，國學文庫本）

皇明留臺奏議（兵防類）一卷一册（國學文庫本）

西齋雜著二種（西齋偶得，鳳城瑣錄）四卷一册（清博明著，國學文庫本）

靖海紀略四卷一册（明曹履泰著，國學文庫本）

粵海關志（皇朝訓典，前代事實）四卷一册（國學文庫本）

皇明經濟文錄（薊州編，宣府編，大同編）三卷一册（明萬表輯，國學文庫本）

萬歷武功錄（東三邊）三卷一册（明瞿九思著，國學文庫本）

支那漫遊記一册（日本德富豬一郎著，大正七年民友社出版）

吳志順先生贈：

奉天省明細全圖一幅（民國二年商務印書館出版）

中國東北境勢圖一大幅（民國二十一年東北問題研究會出版）

甲種熱河全省榆關平津全圖一幅（王華隆著，民國二十二年再版）

黑龍江省新形勢圖一幅（王華隆著）

臨清縣城區地圖一幅（臨清縣政府實測）

鄭德坤先生贈：

雲南巡防隊駐紮轉徙及其防務配備地段圖一幅（絹石印本，著作人未詳）

Carte Routière de la Cochine et du Cambodge 圖一幅（一九二八年出版）

Map of Burma 一幅（英國 Edinburgh. W. & A. K. Johnston Ltd. 出版）

禹貢雍州規制要指

姚大榮

1

上古九州無內外，堯建十有二州亦然。禹復九州，在治水功成後四十餘年，在巡十二州後三十餘年，閱歷既久，研究益深，始別九州分內外，規定貢賦之制。州內九牧治之；州外畫爲蕃國，別建五長以統之。禹貢所載，率係州內之山水澤地，州以外當別有紀述，以非州牧職權所及也。所謂蕃國，亦非盡屬夷狄戎蠻，類多三皇五帝之子孫黎民所移殖，隨在有之，特不可牽入九州以內并言耳。知此然後可以言禹貢。禹貢九州之制，祇是裁割神州北部，適合於正西弇州北部以爲之，故雍州一州之地較東土八州爲大，以西河以西之地屬神州，而弱黑二水流域屬弇州也。通觀禹貢，敍州則先近後遠，敍山亦然，敍水則先遠後近，此其特殊之結構。帝都在冀州，其東兗州最近，青州次之，徐州揚州遠在東南，以次遞及；豫州與冀州接壤，荆州在其南，梁州在豫州荆州之西，與揚州遙對；惟雍州東疆與帝都蒲坂僅一河之隔，而敍次居末者，以其西疆在萬里之外，中隔多數之蕃國，故名曰雍州，言壅隔也。戰國以來至於有淸季年，經師史官項背相望，終無一人能知禹貢九州規制者，以雍州西疆淪爲戎索，在宣王幽王之世，當時諱言，或言之不詳，後遂無能言者。史記孟荀列傳述騶衍之言，謂神州內有九州，賈公彥周禮疏謂黃帝以來德不及遠，惟於神州之內分爲九州，是皆面牆之論。不佞恆言禹貢敍州之文，超神入化，非上聖不能作，亦非上聖不能知，以無一字可虛搆也。不佞於雍州西疆知之澈底，於宣幽之際之不幸事實，假途西史，印證分明，亦知之澈底，故能有此空前之發明。然非積五十年之心力，已得圓滿之解決，不敢驟出示人也，此特說其略耳。

禹貢全文共一千一百九十三字，敍雍州全境者九十八字，敍雍州西疆之山者一十六字，敍雍州西疆之水者二十四字，合一百三十八字，分列如左：

黑水西河惟雍州：弱水既西，涇屬渭汭，漆沮既從，灃水攸同；荆岐既旅，終南惇物至于鳥鼠；原隰厎績，至于豬野；三危既宅，三苗丕敍。厥土惟黃壤，厥田惟上上，厥賦中下，厥貢惟球琳琅玕；浮于積石，至于龍門西河，會于渭汭。織皮昆侖析支渠搜西戎卽敍。

大槃案，此敍雍州全境也。黑水在西王母（The Empire of Hittite）國都迦基密（Carchemish）之左，西河在帝都蒲坂之右，相距萬里而遙，此爲大禹改建九州主要宗旨所在。弱水在黑水西南，距迦基密不遠。涇渭漆沮灃水在西河之西，距蒲坂亦不遠。地理歷史具在，鉤考自得，此最易知者也。荆岐終南惇物四山在東，則鳥鼠必在西。按考卽穆天子西巡所宿黃鼠之山。黃鼠之山，鳥鼠同穴，而記者言鼠以眩鳥，猶之元和郡縣志云「渭源縣鳥鼠山，一名青雀山」，言鳥以眩鼠也。此甚不易知，以名同地異，相距愈遠，尤難分析也。太平御覽五十引河圖括地象云，「三危山在鳥鼠之西，南與汶山相接，上爲天苑星，黑水出其南」，其於黑水三危，指證分明。禹貢「岷山之陽」，夏本紀作「汶山」，汶岷互通也。鳥鼠與岷山相望，距黑水三危甚近，其非導山導水之鳥鼠明矣。有此聯帶鐵證，疑團盡釋。山地多豕，謂之豬野，後來建爲豳國，爲周室發祥之地。豳字從山，左右從豕，其多可知。拙著豳國考原篇，有詳核之證明。東方之原隰底績，則西極之豬野亦底績可知，三危既宅，則豬野亦既宅可知，言水退宜耕牧也。豬野是地非澤，先儒誤以爲澤名，因而以休屠澤當之。休屠澤在今甘肅武威，豬野之澤則在西極，卽后稷所潛之大澤。后稷死於黑水之山，葬地附近有澤，因有稷澤之稱，卽溫尼湖（Van Lake）是也。皇甫謐云，「冢去中國三萬里」（史記周本紀集解引），其遠可知。知稷澤所在，則可知豬野所在，更可知豳國所在矣。奈何漢世儒生猶誤以右扶風栒邑爲豳國也。漢右扶風栒邑，爲商末周初之邠邑，而非卽豳國，後儒傳寫，邠豳互混，誤始於周秦之際。沿習既久，無能釐正，以迄於今。球琳琅玕，出自雍州西疆，穆天子傳可以證明。天子所至文山，采石之山，羣玉之山，皆良玉美石之所自出，天子使重繼之民鑄以成器于黑水之上，重繼之民，卽九黎，西史所謂邱尼安人（Thranians），專稱則曰穌西安那（Susiana），或曰蘇馬連（Sumerian），推廣言之，或稱阿格特亞（Akkdia），亦稱加爾特亞（Chaldea），與我華

二

胥民族爲同種，非戎類也。黑水即洳發拉底河（Euphrates River）。物產人工皆在西極，關中隴右無此珍物也。浮于積石，至于龍門西河，會于渭汭，敍西極遠來貢道所經也。此積石非導河之積石，在河套西北隅，騰格里泊之北，有禹所積石，名之爲山，穆天子傳所謂「積石之南河」，即其處也。參照海內西經「河水出東北隅」條，河流曲折自明，經義益顯。貢使遠來，由西套之北，航行入東套之南，即龍門西河所在矣。浮渭者亦自西來會，偕詣帝都，故云「會于渭汭」。「織皮昆侖析支渠搜西戎即敍」，皆荒服以外蕃國。他州不敍蕃國，此獨敍之者，雍州西疆窵遠，中隔無數蕃國，多係戎族，歷數難悉。其往來交際，各循矩度，故以「西戎即敍」槩括之。觀茲紀述，與他州迥異：他州地狹，遞相聯屬，歷敍自明；雍州東西間阻，聯異爲同，非化而裁之，不能盡其變，即不能簡而賅也。觀此可知西王母之邦即華胥（Hittite）氏之國，與中國爲同體共命之親，古稱少昊，亦稱西皇。禹敍九州，特引而近之，雖未明言西王母，而其首都在黑水之右，與帝都蒲坂在西河之左，兩相對照，宗旨顯明。爾雅釋地列西王母於「四荒」，誠東周季年淺學寡識者管窺之見矣。

岷山之陽，至于衡山，過九江，至于敷淺原。

大榮案，此敍雍州西疆之山也。此岷山不在梁州，此衡山不在荊州，此九江與敷淺原俱不在揚州，鐵證甚多。古今山水澤地異地同名者甚多，其參錯不倫者尤顯而易見，此節尤甚。拾遺糾謬，謹備列以諗來哲。

岷山，夏本紀作汶山，戰國策作文山（他書或作岐山嶓山，傳寫之異）。吳起謂魏武侯曰，「昔者三苗之居，左有彭蠡之波，右有洞庭之水，文山在其南，衡山在其北」，以文山與衡山對言，可知文山即汶山，亦即岷山。彭蠡，謂黑海，今西文作 Pontns Sea，西史綱目載米頗，巴比侖，亞述合圖，譯爲汾耨海，他書或譯滂突斯，汾耨滂突，皆彭蠡諧聲字。洞庭即裏海（Caspian Sea）。西名較多。有譯作寬定吉思海（Kuan Derghiz Sea）者，寬定即洞庭音轉。此洞庭彭蠡皆在西極，非吳楚兩地之彭蠡洞庭也。司馬遷作帝堯本紀，乃有「三苗在江淮荊州數爲亂」之說，其無知妄解多類此。岷山在南，衡山在北，山脈皆斜向東南。北以衡山爲極，南以敷淺原爲極，岷山介在其間，貫通南北。中有九江，其名不著，偏檢西籍亦無九江可證。裏海西南，除底格里斯(Tigris)泑發拉底斯(Euphrates)兩巨流外，計有小水二十餘條，九江當在其間，山脈緜長，古今無改，江流時有遷易，識別爲難。先儒祗知於梁州求岷山，於荊州求衡山，於揚州求九江敷淺原，核以地形山勢，與經文全不相合。王先謙尚書孔傳參正，楊守敬晦明軒稿，考之頗詳，強圓其說，仍未得解。不佞審核禹貢敘九山，自岍至大別，皆在神州境內；禹別九州，既係以神州與弇州合組，不應弇州境內之山獨闕。由是覺悟，特於弇州境內求之。所謂衡山，衡讀如「衡從其畝」之衡，衡從猶橫直也。呂氏春秋求人篇云：「禹北至人正之國，夏海之窮，衡山之上」，注云「北極之山也」。夏海之窮，猶云夏海盡處，海盡處有山，名衡山，準以推求，卽高加索山脈(Cancasus Mounts)是也。歐羅巴洲(Europe)在夏商以前，尙屬冰川(Glaciers)時代，與北冰洋(Arctic Ocean) 相通，冬則固陰冱寒，夏則爲不通舟楫之淺海，故曰夏海。弇州北境，至此而窮，故以高加索山爲北極。其山脈西起黑海，東北橫貫至裏海西岸，故曰衡山，猶言橫山也。黑海之南，有岣嶁山脈 (Jowln Mounts) 斜向東南，至波斯灣 (Persian Gulf) 之東，二山形勢相同，均可謂之衡山。湘南之衡山又名岣嶁，本係因襲於此，余別有澈底之證實，茲不贅及。岷山西名不詳，當緣山不甚高，占地不廣，故西方史籍從略。據上所引諸書考之，當在尼尼微 (Nineveh)之南，山脈東走，北貫至岣嶁山，南貫至巴哈特亞利 (Bakhtiare) 山地，其名曰敷淺原；於波斯灣東岸求之，卽 Bushire 是也。審音定譯，以 Bu 譯敷，shi 譯淺，re 譯原，其音適協。近今譯爲布什爾，且移爲市埠之專稱，而以 Bakhtiare 代之矣。證以米塔波斯合志總論云，「亞洲有若岣嶁山 (Jowln)，起於阿彌泥亞(Armenia)而趨東南，直越波斯海灣，如天築長城然。山以西爲米索波大米平原 (Mesopotamia Plain)，山以東爲伊蘭高原 (Iran plateau)」。數語極得禹貢此節眞詮。惟近今西方地志以高加索山畫入歐洲界內，本一地而分二洲，拘墟太甚。玆特揭明，俾一覽了然云。

導弱水，至于合黎，餘波入于流沙。

大榮案，此節合下節敘雍州西疆之水也。禹貢以黑水為雍州西界，西河為其東界，故云「黑水西河惟雍州」。下文接云「弱水既西」，明弱水在黑水之西也。紀地勢者大率先北而後南，弱水在南，其流較短，不足以表一州之界，而距西河較遠，故敘水特先之，且以補黑水流域北廣南狹之不及。水本無強弱之分，流瀠則力強，就燥則力弱。流沙之地其燥已極，水流至此灼爍如焚，弱水之得名以此，以為不勝鴻毛者妄也。流沙者，西里亞沙漠(Syrian Desert)也。合黎者，阿拉比(Arabia)曠野也。合黎之東，即是三危，重黎之民(Susiana)聚居地也。西里亞本華胥民族(Hittite Race)聚居之地，女媧故都也；上古賓渲，稱曰西女媧(West Noah)，猶言女媧西疆也。展轉譯述，訛為西里亞或敘利亞(Syria)，其音存而其義則失之矣。華胥之民與重黎之民本屬同族，居地相近，更可聯合為一，故曰合黎，因人以名其地也。傳寫或作合離，以音近致誤。後乃轉其音曰阿拉比，更推廣而有阿拉比半島(Arabia Peninsula)之稱，本義益失，與 West Noah 訛為 Syria 正同。弱水有二源，出自安地黎巴嫩(Antilibanon)山麓，其自東北而西轉南流者，曰亞巴拏(Apala)河，自北而南流者，總稱約但(Jordan)河，合流至阿拉比曠野，為沙漠所吸收，故曰「至于合黎，餘波入于流沙」。約書亞記三章十六節云，「約但河下流之水，至鹽海谷，其流已斷」，可為弱水餘波入流沙之證。創世記十四章三節云，「所多馬五王會于西亭谷」，後之鹽海即其地也。鹽海即死海，亦稱巴勒斯坦湖(Lake Palestine)，水瀦成湖，由低地渟滀所致，以其小故略之。雍州牧統轄之地，以此為西方之極；再西為西王母畿內，由西王母命官治之，非州牧職權所及，故不入禹貢敘錄。

導黑水，至于三危，入于南海。

黑水在弱水東北，源遠而流長，數倍弱水，而以西源為最長，故表以為雍州西界。穆天子西巡，屢經黑水流域：傳稱「至于黑水，西膜之所謂鴻鷺」，又稱「天子乃封長肱于黑水之西河，是為鴻鷺之上，以為周室主」，謂雅言曰黑水，方音曰鴻鷺也。西膜即三苗之異譯，謂悉密底人(Semitic)也。阿拉比語謂黑水曰喀拉蘇(karansu)，鴻喀雙聲，拉蘇切鶩，方音流傳，千古不易，而黑水之即渤發拉底河(Euphrates)，試檢周世棠等編輯二十世紀中外大地圖，其稱喀拉蘇即西渤發拉河，卽可信穆傳確係實錄矣。三危即米梭波大米阿(Mesopotamia)之簡譯，方音太繁，節取梭(so)阿(a)二音，譯爲三危，簡且便矣。黑水三危證據明確，則南海即波斯灣(Persian Gulf)以南之阿拉比海(Arabian Sea)不辯自明矣。近代西洋學者謂漢族來自巴比倫，中國學者亦謂美索不達米亞係我之祖邦，語見最近通行之教科書，豈知其地本禹貢雍州西疆。中西學者失之不考，妄談妄證，今而後當知悔悟矣。底格里斯河(Tigris) 古名洋水，亦稱青水，其流較短，舉黑水足以包之。雍州西疆之歷史，甚爲繁博，地理旣明，以之核定歷史，如以鐙取影，眞相畢呈，當別詳之。

右所考辨爲二千七百年來久經湮晦之陳迹，亦實四千二百年來未見明文之秘要。讀禹貢者亟須注意。雍州東疆，北以陰山爲界，起北緯四十二度；南以華山爲界，屆三十四五度間。其西疆，北以高加索山爲界，亦起四十二度；南以敷淺原及合黎流沙爲界，約達三十度以南，較東疆爲長，以東疆尙有梁州在其南也。梁州東南，有揚州荆州鼎足並立；華陽在東北，由之而西，黑水必在西南，由之而東。據經文地勢度之，梁州之黑水絕不與雍州同，核實論定，當以貴州之烏江爲確。烏江之得名，以色黑故；今曰烏江，在古必稱黑水，古今恆言，凡色黑者皆曰烏也。烏江發源於威寧，北源曰六沖河，南源曰三岔河，自西而東，合流注於東北，流入四川酉陽，改稱黔江；其折而西北流者，易名涪陵江：源遠流長，逾二千餘里。華陽在北，黑水在南，相當相對，形勢天成。烏江之西及其西北，多屬土司，即岷江流域繁盛之區，諒係後來闢殖，在古實爲蕃國。以烏江爲梁州南界，確不可易；即與荆揚二州南界相衡，亦足取準：舍烏江而求梁州之黑水，決不可得。近儒不識雍梁二州各有黑水定爲界域，妄以怒江上流之一節號稱喀拉烏蘇者當二州之黑水，豈知梁州之黑水近取卽是，雍州之黑水遠在萬里之外，雍州之得名以此，由東西兩地壅隔也。釋名謂「雍州在四山之內，雍，翳也」，此說似是而非。九州內地，各有名山環繞，豈惟雍州爲然。

怒江上源遠在青海西南，地屬徼外蕃國，豈得混入九州界內？禹別九州分內外，內則九牧領之，外則五長統之，各有職權，勿相越也。不識其名義由於不識地理，今而後全體解決，凡屬東周以來見近不見遠之曲說，勿庸撫拾厚誣神禹矣。不佞尤惓惓者，禹貢規制定於帝舜三十三年受命神宗之時，至今已歷四千一百五十八年，今本禹貢雖經夏史輯錄，絕無異說參加，自應仍以頒發實行之年爲斷；特湮晦已屆二千七百餘年，日月復明，今後或庶幾爾。

氣象雜誌

十一卷第六期

民國廿四年十二月出版

插圖：（一）廣西南寧省立氣象測候所　（二）廣州市氣象台鳥瞰全景　（三）廿四年十月廿日下午三時四十五分蘭州東關子火藥庫爆炸後騰空之黑烟及飛起之磚灰

發行所　中國氣象學會編輯委員會

定價：每册一角　全年十二册一元

蒙古前途

十月號

民國廿四年十一月一日出版

出版處：南京和平門外曉莊；電話：三一一二〇二號

食貨（半月刊）

第三卷第三期　最近出版

中國社會史專攻刊物

陶希聖主編

定價	零售	每册國幣一角	
	預定全年	國內連郵二元	國外連郵三元

「食貨」第二卷合訂本　每本定價大洋一元二角門市特售八折外埠另加郵一角五分半

——上海福州路中市——

新生命書局

分局　南京太平路，北平琉璃廠，武昌橫街頭。

讀『禹貢雍州規制要指』

齊思和 1

姚儷桓先生以五十年精力研究西王母一問題，皓首篤學，景仰已久。前於禹貢第四卷第五期中見有先生通訊，中謂：『西周以前，世界一統，文化一元』，又謂其於禹貢之考覈，『一字萬金，不足方其寶貴』，心頗異其說。日前晤顧頡剛先生，話及此事，蒙示姚先生禹貢雍州規制要指一文，並囑略述所見。余詳審再三，疑義頗多。骨鯁在喉，茹不能茹。謹將愚見略述於左，以與姚先生及世之治是學者一討論之。

考証史事，須以審查史料為第一步驟。不明史料之作者及其著作之年代，則於此史料之價值無由估定也。姚先生此文所根據之重要史料為禹貢。禹貢一篇相傳大禹所作。近年來，中外學者以其文字比較易讀，與周初文字不類，追論虞夏；其文全用追述口氣，亦不類禹所親為；且其中所記山川，間有錯誤之處，亦不類目擊者之談：故頗疑禹貢之著作年代，恐比較甚晚。姚先生此文之最大假定，為禹貢為夏禹所作，其理由為：『禹貢敘州之文，超神入化，非上聖不能作，亦非聖人不能知，以無一字可虛構也』。其信古之篤，固極可佩；而其所舉之理由，則殊不足以饜吾人之望。蓋吾人於史料之審查，當憑客觀之根據，不應僅依主觀之欣賞。究竟何為『超神入化』，禹貢之文是否『超神入化』，殊無客觀之標準。至於是否『上聖』能作『超神入化』之文，是否非『上聖』即不能為『超神入化』之文，與究竟孰為聖人，皆是問題。如爾雅一書，相傳為周公所作，先儒亦有以為非聖人不能為此文，非聖人不能著此書者，而姚先生則目之為『東周淺學寡識者』所為。可見何者為聖人之文，何者非聖人之文，殊不易言也。至謂禹貢中之地理知識，『亦非聖人不能知』，尤不易言。夫所謂聖人者，或盛德蓋世，或睿知無雙而已；至於其知識學問，則由好古敏求而來，超越其時代未必甚遠也。聖如孔子可謂至矣，語其地理知識必不及現代中學生，此則限於時代，無可如何者也。禹貢中之地理知識，果為夏初時代產物耶，則知者不應止於禹；若非夏初時代物，則即禹亦不能知之。若謂禹平水土，至人所未至之地，故知人所不能知，則禹之治水，亦非僅恃一手一足之烈，必有爲之奔走者焉，必有爲之左右者焉，彼輩於禹貢地理亦應身歷目擊，奈何『非聖人不能知』乎？此就邏輯上言之，姚先生之說似不能成立也。

再就事實上論之，姚先生之說亦殊難令人首肯。考證古代地理之難，在於古今地名屢經變遷，同地名稱不一，而同名又未必一地，故有待於同時代史料之比較與地下之發掘也。禹貢之著作時代既未經確定，甚難比較，而地下之發掘又不足爲姚先生之佐証。禹貢雍州地名，究指何地，說者不一。舊說有以新疆一帶當之者，愚已病其遠。今姚先生更恢而廣之，以雍州爲在黑水與西河之間，而『黑水在西王母（The Empire of Hittite）國都迦基密（Carchmish）之左，西河在帝都蒲坂之右，相距萬里而遙』，是則自山西歷甘肅，新疆，阿富汗，波斯以至伊拉克，阿敘利亞，東西一萬數千里之間，皆古雍州之地矣。夫禹貢者，誌禹平水土之成績，及九州之貢賦者也。孟子之記禹平水土，亦僅曰：『當堯之時，水逆行，氾濫於中國，蛇龍居之，民無所定，……使禹治之，禹掘地而注之海，驅蛇龍而放之菹，水由地中行，江淮河漢是也，險阻既遠，鳥獸之害人者消，然後人得平土而居之』。故禹治水事縱曰可信，據傳說禹所疏導者亦僅中國之洪水而已。然近人已頗疑其工程之繁重，決非一人一時之所能治平。今黃河長江之決堤，政府設專員防止，耗國帑數千萬，猶收效甚鮮；況古書所記洪水之氾濫遠非今日江河之決口者可比，以古時器具之笨重，技術之幼稚，豈數年間之所能奏效？故禹治江淮河漢事，已極可疑。今姚先生直以黑水爲泑發拉底士河（Euphrates R.），以弱水爲約但河（Jordan R.），是則禹不僅疏導中國大川，且嘗跋涉數萬里之外，爲古代巴比侖人，阿敘利亞人平治其江河矣！以今交通之便，赴新疆經商者亦須往返經年。若再西往，以帕米爾一帶之險阻，而不利用新式交通利器，恐由山西至小亞細亞，至少需時二三載；何況以太古時交通之不便？乃禹竟跋險涉阻，爲萬里外人疏導其河道，此豈事理之所許哉？昔人固有據西域傳以弱水爲在條支者，先儒非之曰：『然長安西行一萬二千二百里，又百餘日，方至條支，其去雍州如此之遠，禹豈應窮荒而導其流也哉？』姚先生之說，得無類是？

2

抑尤有進者，姚先生自謂『假途西史，印証分明』。大禹平水土之功，後人念之甚切，故昔人有『微禹，吾其魚乎』之言。據姚先生言，大禹既曾平定泐發拉底士與約但兩河，不知西方史籍中亦有關於當夏時兩河氾濫與禹爲平治之記載否乎？在未發現此種証據之前，姚先生之說，以其遠去事實，固未可輕信。且夫禹貢，定九州之貢賦者也，於雍州曰：『厥土惟黃壤，厥田惟上上，厥貢惟球琳琅玕』。依姚先生之說，自山西以至敘利亞間，皆爲古雍州之地，則在夏時小亞細亞諸國，如蘇末，如巴比倫，如阿敘利亞，如萬(Van)，皆向華夏稱職納貢之屬邦也。近年來西洋學者於諸國故墟之發掘不可謂少，於列國間之關係之研究不可謂不詳，獨於其向中國稱臣納職之事尙未發現絲毫証據，則姚先生之說不亦大可疑乎？且當是時，諸國皆獨立，未聞有臣屬他國事。姚先生謂：『西周以前，天下一統』，儼若其時世界各民族俱隸屬於一尊者，不知微論以上諸國皆獨立並存，且其他各國如埃及，如西泰提(Hittite)，如希臘諸城市國，俱皆獨立，並未統一於任何國家也。姚先生殆考之未精耳。

3

復次：姚先生此文蓋由其對於西王母一問題之研究脫演而出；其於雍州地望之假定，大抵根據其於西王母地點之推測。先生考西王母之書，余雖未見，然就此文中，已可知其於西王母最重要之結論爲：『西王母之邦卽華胥氏之國(The Empire of Hittite)，與中國爲同體共命之親』。西王母之國究在何地，自來說者不一，近來丁謙，顧實，張星烺諸先生考証此問題，亦各立說不同。今姚先生之說，又與諸先生相歧。綜而論之，殆以姚先生之說爲尤難徵信也。請略論之：

西泰提國文化之發現，爲西洋十九世紀末年考古學界最大發現之一。舊約中本常有關於西泰提（以下簡稱西國）之記載；埃及文中，亦有埃及與西國所締結之條約；阿敘利亞史料亦常涉及西國：足徵其與他邦交涉之繁。然學者於其文化之特色，尙未能考見也。千八百十二年卜哈氏(Burchhart)在哈馬地方發現一異文石碑，洛亞氏(Layard)又在尼尼微故墟中發現石刻，皆引起學者間之注意。其後英人斯米斯(GeorgeSmith)在吉拉卜拉斯地方（蓋卽克米虛 Carchmish）又發現石刻，英國博物院遂舉行有系統之發掘。所發現之石刻，經學者定爲西泰提文字。至千八百八十四年，阮提(Wright)成西泰提帝國考(*Empire of the Hittites*)，爲討論此問題之第一部著作。越二年，沙氏(Sayce)之書又出，爲試通讀西國文字之第一人。此後，西民遺跡出土者益多。千九百〇六年，柏林考古學會與近東研究會合組發掘，發現楔形文字甚多。又五年，英國博物院在加爾虛舉行大規模之發掘，又滿載而歸。自是而後，世人於西國史事所知益詳矣。千九百十年，英人加斯堂著西泰提地理記(Garstang, *The land of the Hittites*)；又四年，德國大東方學家麥爾氏(Eduard Meyers)著西泰提史(*Reich und Kultur der Chetiter*)，遂集是學之大成焉。

以上乃輓近泰西學者研究西泰提史經過之大略也。今姚先生乃以西國爲吾國古籍中所稱之西王母。据西方學者之研究，西國與他國(如埃及，巴比崙，伊拉斯等國)之關係，皆要略可考。以我國古籍關於西王母記載之多，足徵二國交通之繁，關係之密，西國史料中似不容不有相當之記載。惟據學者間之研究，西國史料中於此項記載尚未發現，則吾人於姚先生之說似不能輕易附和。余非治西洋上古史者，於西泰提文字自愧未能通讀；以上所云，僅據是學專家之研究。姚先生既以畢生精力專治西王母事，而後有此『空前之發明』，不知亦有取於西泰提之史料乎？若能於西國史料中尋出証據，斯誠『圓滿之解決』，士林之快事。若專就中國材料任意比附，則殊爲危險，蓋略考西國史事，即可知姚先生之說多與事實不合也。

茲先就年代考之。考西泰提建國極古，至紀元前千五百年之際入於極盛時代。至紀元前千二百年左右，爲夫瑞金民族(Phrygians)所滅，自是以後，國遂瓦解，分爲數部，所謂西泰提帝國者(Hittite Empire)已不復存在矣。吾國學者於西王母國地點之推測，大抵皆本之穆天子西巡之行程。穆天子西巡年代，穆天子傳本書未載。拾遺記以爲在穆王三十六年，僞竹書紀年以爲在穆王十七年，立說不同，不知何所本。然即取較早之年計之，周穆王十七年當西歷紀元前千二百三十九年，時去西泰提帝國之亡久矣，安得復有穆王會西泰提國王事？

再就西泰提之種族考之。按姚先生於西王母之考訂，其第一大假定爲西王母爲西泰提國，其第二大假定爲西泰提與吾華人爲『同體共命之親』。第一說吾已辨之於上，第二說去事實益遠。二三十年前，古代小亞細亞民族之遺骸發現者較少，且其時漢族西來之說正熾，攷古家固有以蘇末人，巴比崙人，及其他小亞細亞民族爲蒙古種人者。近十年來，古代小亞細亞先民之遺骸發現者日多，人類學家始知埃及，蘇末，巴比崙，西泰提，西伯來，克來特人，同屬地中海民族。其人皮色棕黃，長面深目，固與吾漢人有顯著之區別也。（參看 G. E. Smith, *Human History*, pp. 107-163.）

姚先生於雍州地望之推測，本由於其西王母之研究脫演而出。吾人既於西王母地望之推測略樹疑義，則於其根據其西王母說所推定之各地更不必一一詳辨。惟余又有不能已於言者，先生以畢生之力專門肇治一問題，孳孳不已，老而彌篤，其爲學之精神實可爲現今年少之模範；惟吾輩於先生之說猶敢樹異義者，以於先生治學之方法不敢苟同也。當今海運大通，西學東漸，假途西史，印証古地，本爲極好之方法，然似宜就西史原料與吾國典籍縝密比較，以考証兩文化間之關係，不應專就音義輕爲比附也。夫小亞細亞自上古以迄現今，時歷五六千年，其間民族之遷移，國家之興廢，文化之起伏，不知幾經滄桑。古代小亞細亞地名音讀，其保存於近世者已云僅矣；而此音讀音，又經展轉譯爲歐西文字，則去原音益遠。同時，吾國古音之學，雖自有清以來大爲昌明，然亦僅能推至周初而止耳；至於唐虞之音讀，夏殷之口語，則尙在不可知之數也。然就其可知者言之，周初之音去現今國語已遠矣。今姚先生於此文中，專以現今之國語比附現今之英語，縱有合於今，安知其必有合於古乎？而況姚先生之所謂『其音適協』者，即於今亦未能合也。以平常英文拼音法讀之，Bushire 絕不能爲『敷淺原』。至謂三危爲 Mesopotamia 之简譯，恐尤難令人首肯，蓋無論其省去者過多，即按尋常省譯之例，亦應取其首音而不應取其第二音也。

5

然姚先生於中外地名之推測，据音者少，取義者多。比附音讀已極危險，揣測義訓尤無標準，以同一名辭可由許多方面解釋之也。如姚先生之考夏海曰：『歐羅巴洲在夏商前，尙屬冰川時代，與北冰洋相通；冬則固陰沍寒，夏則爲不通舟楫之淺海，故曰夏海』。實則据地質學家之研究，現今歐洲地形，至少在一萬年以前早已固定；最後冰川期之氷，業已北退；氣候溫暖，草木暢茂。時歐民文化已入新石器時代。北自瑞典，諸威，南至法蘭西，西班牙，俱已有新石器人遺跡發現，其人即現代歐西人之祖先也。姚先生以之當古之夏海，恐屬非是。先生以義求古地之失，大抵如是，此特其一例耳。

五六十年前，西人訝中華文物之盛，疑其淵源於他方，斷非華人所能自創。故有以中國原爲埃及之屬邦者，有以吾華文物制度得自美洲紅人者。至拉孔波里 (Lacouperie) 著中國文化西來論 (*Western Origin of the Chinese Civilization*)，羅斯 (Ross) 著中國民族之來源 (*The Origin of the Chinese People*)，包爾 (Ball) 著中國人與蘇末人 (*Chinese and Summerian*)，皆倡漢族西來之說。日人以其說足証苗民爲中國之土著，漢族爲西來也，更附合之，且採之入教本焉。吾國學者更由日本書籍中窺得其說，味其本源而喜其新奇，遂競著書以附合之，於是蔣智由有中國人種考，劉光漢有華夏篇，思故國篇，黃節有立國篇，章炳麟有種姓篇，丁謙有中國人種從來考，皆附會諸子百家，穿鑿讖緯小說，摭拾一二名辭，以響應其說。姚先生始着手西王母之研究，遠在五十年之前，恐亦受此種思想之影響。近年以來，西人於吾華典籍研討日精，深悟昔日學者牽強附會之非；而近來北京人及中國各地新舊石器時代遺跡之發現，尤足証明人類在中國有悠久之歷史。故現今西洋漢學研究之趨勢，在由中國境內尋求中國文化之起源，昔人漢族西來之說久經捐棄。吾國學者盍亦反求諸己乎？

二十四年，十二月，廿日。

6

與陳援庵先生論回紇回回等名稱

王日蔚 1

援庵先生：

日蔚治畏兀兒民族史，讀先生關於元代著述得益匪淺。惟於先生元西域人華化考及回教入中國史略（東方雜誌二十五卷一號）於回紇回回回鶻阿薩蘭回鶻等名詞，日蔚之意多有未能與先生盡同者，竊爲先生一陳之。日蔚曩受業於先生，當不以爲冒昧而必肯詳切指示其謬誤也。

一、論元人游記所用回紇一詞爲種族之稱而非宗教之稱

先生之言曰：

『回紇，唐元和間改爲回鶻（日蔚按回紇改易回鶻之年，舊唐書云在元和間，唐書謂在貞元間，考之通鑑考異及續會要諸書，似以唐書爲是），其族類本在葱嶺之東，夙奉摩尼教，與回回之在葱嶺以西奉伊斯蘭教者適殊。五代時，回鶻既衰，漸有改奉伊斯蘭教者。元初諸人對此等外教多不能辨別，故統名之爲回紇。長春西遊記劉郁西使記之所謂回紇，皆指伊斯蘭教國也。其後漸覺有不同，於是以畏吾偉兀等代表昔日之回鶻，以回回代表奉伊斯蘭教之回紇。』（元西域人華化考卷四）

『西遼五主凡八十八年，皆有漢文年號，可知其在西域必曾行使漢文。東歐人至今稱中國爲契丹，亦始於此際，猶之耶律楚材丘處機等遊記統稱西域爲回紇（日蔚按耶律楚材西遊錄【羅振玉氏印本】無回紇字樣，其言回鶻者一處，文曰：「金山之南隅有回鶻城，名曰別石把，有唐碑所謂瀚海軍者也」。是此處之回鶻指北庭之部言，非如西遊記名葱嶺東西之人均爲回紇也），皆以其所與接觸者舉近概遠也。』（元西域人華化考卷一）

先生之意，回紇一詞乃元初人之以名伊斯蘭教而非種族之稱。西遊記西使記所用回紇亦均指伊斯蘭教國言。他不具論，今先一辨西遊記與西使記所用回紇一詞之含義。日蔚竊以爲二書所用回紇乃種族之稱，與元前回紇回鶻意同，而與伊斯蘭教無關也。何以言之？以西遊記名北庭諸地之人爲回紇而彼等實均非伊斯蘭教徒

故。西遊記曰：

『北有故城曰曷剌削，西南過沙場二十里許，水草極少，始見回紇，決渠灌麥。……八月二十七日抵陰山後，回紇郊迎，至小城，酋長設葡萄酒。……翌日沿川西行，歷二小城皆有居人，時禾麥初熟，皆賴泉水澆灌，得有秋，少雨故也。西即鼈思馬大城，王官士庶僧道數百具威儀遠迎，僧皆赭衣，道士衣冠與中國特異。泊於城西蒲萄園之上閣，時回紇王部族供葡萄酒。供以異花雜果名香，且列侏儒伎樂皆中州人士庶日益敬，侍座者有僧道儒。因問風俗，乃曰此大唐時北庭端府。……其西三百里有縣曰輪臺。……九月二日西行，四日宿輪臺之東，迭屑頭目來迎。……又歷二城，重九日至回紇昌八剌城，其王畏午兒與鎮海有舊，率衆部族及回紇僧皆遠迎。』

按由曷剌削以至鼈思馬，昌八剌，西遊記中均名其人爲回紇。曷剌削，王國維氏與 Bretschneider 謂即烏里雅蘇臺，未知是否；若鼈思馬則唐之北庭都護府（西遊記謂北庭端府，端當係都護之短讀），元之別失八里，今迪化附近之濟木薩。昌八剌在輪臺西五日程，輪臺復在鼈思馬西三百里（按此處之輪臺在陰山北，與今輪臺及漢輪臺有別），則昌八剌當在今綏來烏蘇之間矣。王國維氏與 Bretschneider 謂昌八剌即元史西北地附錄之彰八里，唐之張堡城，然亦未能確定其今地。但吾人可斷定者則北庭東西千里之間西遊記均名之爲回紇也。按回紇自唐末被黠戛斯所破，遷居河西與新疆。宋史言西州回鶻据高昌北庭，故西遊記名之爲回紇實至切當。

現有一問題須待解決者，即該時此地回紇之宗教問題。回紇初信摩尼教，固已如先生所述；回紇遷至新疆後，其宗教果何如乎。据宋史五代史及近代在其地發掘之結果，均可証明彼等由摩尼教而改宗佛教，而非伊斯蘭教。長春眞人遊記在昌八剌之言曰：『有僧來侍坐，使譯者問看何經典。師云，「剃度受戒，禮佛爲師」。蓋此以東昔屬唐，故西去無僧，但禮西方耳』。可証此地之回紇此時尚堅信佛法。實則高昌北庭一地之改宗伊斯蘭教，遠在明季，此巳詳日蔚所作之伊斯蘭教入新疆考，今不贅。北庭左右既爲回紇種，且均非天方信徒，故長春所用之回紇爲種族之稱，而與伊斯蘭教無關也。

2

長春至葱嶺西固仍名其地之民爲回紇，此地之民固均伊斯蘭教徒，然此仍爲種族之稱，而非以之名其宗教也。何以言之？以西遊記決不能用同一名詞，前以名種族，後以名宗教，若是之不合論理也。以西遊記以鋪速滿名伊斯蘭教徒，以算端名伊斯蘭教國王，不須用回紇名伊斯蘭教也。西遊記之言曰：

『九月二十七日至阿里馬城，鋪速滿國王，及蒙古塔剌忽直領諸部人來迎，宿於西果園。土人呼果爲阿里痲，蓋多果實，以是名其城。……從師西行七日，度西南一山，逢東夏使回，禮師於帳前。因問來自何時，使者曰：自七月十二辭朝，帝將兵追算端汗至印度。』

鋪速滿者，元史作木速兒蠻，西遊錄作沒速魯蠻，北使記亦作沒速魯蠻，西語 Musulman，今稱穆士林，伊斯蘭教徒之稱號也。鋪速滿國王者，義爲伊斯蘭教徒之國王也。算端，西語 Sultan，今通譯蘇丹，伊斯蘭教徒呼其王之稱。西遊記既有專稱名伊斯蘭教徒，則斷難復以其種族之原稱回紇名之，明甚。

＊　＊　＊　＊　＊

西遊記既名葱嶺西之人爲回紇，則其地果爲回紇種乎，實一重要問題。先生言：『回紇……其族類本在葱嶺之東』，是先生不承認葱嶺西之有回紇也。推原先生所以斷西遊記回紇爲宗教之稱，當亦由是而來。日蔚初亦謂葱嶺西無回紇種，洪鈞氏所謂『其衰，未播遷於葱嶺金山以外是也』。後讀西方著作有謂十世紀半至十一世紀建都於八兒沙袞之伊爾克汗朝爲回紇種，心乃漸疑。乃細檢唐書，知回紇主要之部固均遠遁至葱嶺西也。今特將葱嶺西之有回紇種，爲先生一陳之。

唐書回鶻傳言『渠長句錄莫賀與黠戞斯合騎十萬，攻回鶻城，殺可汗，誅掘羅勿，焚其牙；諸部潰，其相馺職與龐特勒十五部奔葛邏祿，殘衆入吐番，安西』。入吐番安西之殘部，當即指後之甘州回鶻與西州回鶻而言，其主要十五部之入葛邏祿者果居今何地乎？葛邏祿本回紇之一部，居金山之西，北庭之北，『至德(七五六)後浸盛，與回紇爭強，徙十姓可汗故地，盡有碎葉怛邏斯諸城』。查回紇爲黠戞斯所破，在八四一年，而葛邏祿徙居十姓可汗故地在七五六年，則回紇所奔就之葛邏祿，乃徙居十姓可汗故地之葛邏祿而非原居北庭金山之葛邏祿也，明矣。十姓可汗爲西突厥汗之共名，其所居地即碎葉怛邏斯諸地，唐書謂其有碎葉怛邏斯諸城，實至切當。碎葉即西域記之素葉，水名亦城名。水即今之楚河，城當亦在此水附近。七世紀與八世紀唐進攻西域時屢見之，爲居於伊犂河至怛邏斯城必經之路，當即今Tokmak。怛邏斯水名亦城名，水與楚河平行而在其南，城亦在其附近，据西方學者考証即今之 Aulieata。二地，均葱嶺西之重城，即十世紀與十一世紀回紇種伊爾克衆汗所建之地。若是，則唐書固明告吾人回紇之大部均遷於葱嶺之西也。

Bretschneider曰：『Ibn el A'thir（一一六〇——一二三三）在其 Kamll ut Tevarik 一書中有敘述由十世紀半至一二一三年統治突厥斯坦與河中地（Transoxinia）之伊爾克衆汗（Ilkkhans）或突厥斯坦衆汗之記載。

De guignes, Frachn, Reinaud 及其他東方學者，均謂伊爾克衆汗爲回紇種。彼等之見，似爲不誤。Grigorieff 教授在俄國考古學會報告册中，其關於此朝之論文稱爲喀喇汗朝(Karakhanides)，其始祖爲 Satak Boghra Khan，信奉伊斯蘭教。此朝中最著名之君爲普可汗(Boghra Khan)，据云其東遠至秦國，八兒沙袞爲其國都。突厥斯坦之重城，喀什噶爾，和闐，Karakorum 怛邏斯，兀提拉兒皆歸其統治。普可汗曾遠征河中地陷布哈喇城，於九三三年，死於歸途。嗣位者爲伊爾克汗，一千零八年滅阿母河北波斯之薩曼尼王朝，盡有其地。伊爾克汗卒，其弟陀干(Toghan)嗣位。据阿剌伯史家之記載，一千零十七年時，秦國嘗遣大軍征突厥斯坦。進軍至八兒沙袞尚三日程，陀干率軍迎戰，擊敗敵人。追逐三閱月，始回軍八兒沙袞。』(Bretschneider: Mediaeval Researches from Eastern Asiatic Sources: Uigur)

唐書既証明回鶻奔葱嶺西，西方史者又証明其於該地建一大帝國復東征喀什噶爾和闐葉爾羌，故其地爲回紇種實無可疑。但中國史書有透露諸地被征服之消息，且此征服者之爲回紇人種者乎？曰，有。十世紀十一世紀正當五代遼宋之時，五代史宋史遼史葉爾羌喀什均不見於正傳。惟此種「啞叭材料」正暗示二地以被回紇種之伊斯蘭教徒統治故，趣向習俗各異，故與中國不通貢使也。

于闐則至石晋天福中（九三六——九四二）封李聖天爲王，屢貢於中朝。至宋太祖開寶四年（九七一），其國僧吉祥以國王書來言破疏勒（喀什），且献舞象。所言破疏勒當卽 Bretschneider 所引阿剌伯史家一千零十七年時，秦國嘗遣大軍進征突厥斯坦之役。所云秦國，當卽于闐。雖二役時間略有差別，然此種記載固不能求其毫無謬誤也。自此次貢獅子，直至四十年後，大中祥符二年（一〇〇九）其國黑韓王遣回紇羅厮溫以方物來貢。黑韓卽可汗之訛。于闐本非突厥種，故其王名如李聖天頗同漢語。此則曰可汗，蓋已被回紇所征服矣。且宋史言彼自稱西方外生師子，外生卽外甥，彼何故以外甥自居，而以舅尊宋乎？蓋回紇屢尙唐公主，其王裔實均唐之甥男，故彼及西州回紇，甘州回紇均以舅尊宋。設非回紇之裔，則吾等當難於解釋此于闐可汗之以甥自居也。又其使曰回紇人邏斯溫，實均爲此地爲回紇種之鐵証。

總之，由中西史記載，均可証明葱嶺西有回紇人，則西遊記稱之爲回紇實至切當。北使記及西使記所言葱嶺西之回紇與金史卷一百二十一粘韓割奴傳言居骨斯訛 5
魯朵（卽巴剌沙袞）之商人自稱回紇鄒括番部，均足爲之佐証。日蔚於此別有文曰葱嶺西回紇考，當亦送先生指正也。

西遊記所云回紇雖爲種族之稱，然非謂其所稱之回紇人均必爲回紇之嫡裔。盖緣回紇與其他突厥族語文相同，像貌相同，風俗習慣亦相同，作記者當無力辨之甚審。故西歐與中土之人各以近及遠以所習知名所未知稱之爲突厥，稱之爲回紇。元明清相緣以至於今稱之爲回回，回部，回族，實均至當。洪鈞氏不之察，謂中土稱其人爲回不如西方稱之爲突厥之確當，實一偏之見。

* * * * *

總結上文，西遊記稱葱嶺東之佛教徒爲回紇，則其不能復以之稱伊斯蘭教徒，一也。西遊記稱伊斯蘭教徒曰舖速滿，不能以回紇復稱伊斯蘭教徒，二也。其所稱之回紇，無論葱嶺東西之人實均古回紇之嫡裔，三也。有斯三者，故西遊記回紇爲種族之稱而非宗教之稱。西遊記，北使記所用回紇亦均可作如是解，今不具論。

二、論回回初亦爲種族之稱

先生於回教入中國史略言曰：

『關於回回名稱的起源，研究者頗不乏人，如錢大昕，李光廷，丁謙均有所論列。其名實由回紇轉變而來，列表於左。甲行爲摩尼教時之回鶻，乙行爲改從阿薩蘭教之回鶻，丙行爲非阿薩蘭教之回鶻。觀此，可知回回名目由回鶻轉變到回回之次第。……

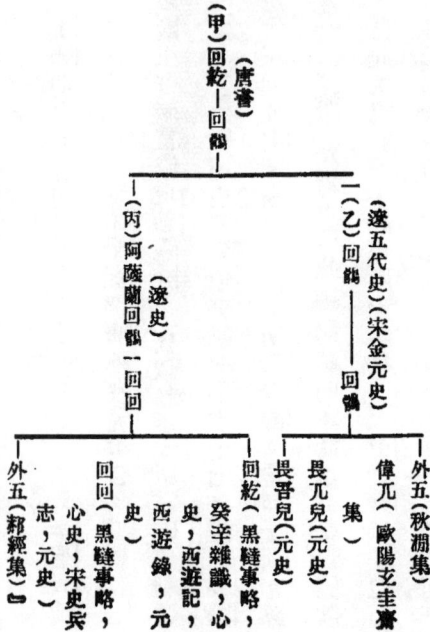

(甲)回紇—回鶻(唐書)
- (乙)回鶻——回鶻(遼五代史)(宋金元史)
  - 外五(秋澗集)
  - 偉兀(歐陽玄圭齋集)
  - 畏兀兒(元史)
  - 畏吾兒(元史)
- (丙)阿薩蘭回鶻—回回(遼史)
  - 回紇(黑韃事略，癸辛雜識，心史，西遊記，西遊錄，元史)
  - 回回(黑韃事略，心史，宋史兵志，元史)
  - 外五(郲經集)』

錢大昕，李光廷，丁謙，均認回回與回紇無關，純爲代表伊斯蘭教徒之稱；先生雖承顧炎武之說確定回回爲回紇之轉，然仍與錢李丁諸氏意同，認回回初即爲代表伊斯蘭教徒之意。日蔚意回回初與回紇回鶻義同，純爲種族之稱，而毫無伊斯蘭教徒意味也。今論証如後：

北宋沈括之夢溪筆談曰：

『邊兵每得勝回，則連隊抗聲凱歌，乃古之遺音也。凱歌詞甚多，皆市井鄙俚之語。予在鄜延時，製歌數十曲，令士卒歌之。今粗記得數篇。其一，先取山西十二州，別分子將打衙頭。回看秦塞低如馬，漸見黃河直北流。其二，天威卷地過黃河，萬里羌人盡漢歌。莫堰橫山倒流水，從教西去作恩波。其三，馬尾胡琴隨漢車，曲聲猶自怨單于。彎弓莫射雲中雁，歸雁如今不寄書。其四，旗隊渾如錦繡堆，銀裝背嵬打回回，先教掃淨安西路，待向河源飲馬來。其五，靈武西涼不用圍，舊家總待納王師。城中半是關西種，猶有當時軋根兒。』

按回回一詞，見於記載者，以日蔚所知，似以此爲最早。單紙隻字，固難確定此回回即回紇回鶻；然總觀其凱旋歌五首，均係指征外族而言，則回回可指種族言，一也。回回歌一首內，言先教掃定安西路；次飲馬河源。河源古謂葱嶺之地，飲馬河源自須過安西。此時回鶻族正居北庭高昌，即唐之安西地。掃淨安西路，自必打回鶻，則回回可爲回鶻，二也。黑韃事略引用回回之處甚多，均指回鶻族而言，此書不過晚夢溪筆談百年，回回一詞已代回鶻而通行於世，則其百年前回回已爲人所用，頗近事理，此回回之可爲回鶻三也。回回，回紇，回鶻，上三字同，下三字聲同，且回紇回鶻轉讀爲疊字之回回，口勢至順，此回回之可爲回鶻四也。按此歌沈括作於駐鄜延與西夏相抗之時，回鶻自蒙古西遷後，入居甘州之一部領有甘涼瓜沙。甘州於一零二八年，瓜沙肅則於一零三五年亡於夏。甘州回鶻未亡時，曾大敗夏，取涼州，復約宋合攻，未果。沈括駐鄜延時在一零六八年之前，適當甘州回鶻亡於西夏之際。此時西州回鶻正強，沈括不言掃淨甘州路而言掃淨安西路，足知其於回鶻之情形甚爲詳悉。故此回回一稱決非亂用而必有所指，此可証回回之爲回鶻五也。

此時回鶻方信摩尼教與佛教，而決非伊斯蘭教徒，故回回一詞決無宗教義而純爲種族之稱，實毫無可疑。然此片紙隻字日蔚仍未敢爲定論也。凡十餘見回回之黑韃事略，其所用回回先生以爲代表宗教，實則均代表種族，可爲回回初僅爲種族之稱之鐵証也。

黑韃事略曰：

『其相四人曰…共理漢事。曰鎮海（原註：回回人）專理回回國事。

霆按鎮海自號爲中書相公總理國事，鎮海不止理回回也。……

霆嘗考之，韃人本無字書，行用於回回者，則用回回字，鎮海主之。回回字只有二十字母，其餘則就偏旁湊成。行於漢人女眞契丹諸國，祗用漢字，移剌楚材主之。却又於後面年月之前，鎮海親寫回回字云付與某人。此蓋專防楚材，故必以回回字爲驗，無此則不成書，殆欲使之經由鎮海，亦可相互檢挩也。燕京市學，多教回回字。』

鎮海，王國維氏謂即蒙韃備錄之回鶻田姓者，伯希和氏謂其爲克烈氏，基督徒。然此處所謂回回字則確爲回紇字，元史作畏兀字。至元四年之詔曰：『我國家肇基朔方，俗尙簡古，未遑制作。凡施用文字因用漢楷及畏兀字，以達本朝之言』。可證其改畏兀字爲蒙古字亦自斯年始。是可證回回即高昌之回紇。高昌北庭此時尙未改信伊斯蘭教，故可證回回一詞純爲種族之稱而毫無宗教意味。

此書所用回回一詞，固不僅指高昌北庭之回紇族，葱嶺西之突厥族，彼固均名之爲回回。葱嶺西之人此時固均屬伊斯蘭教徒，然當視此與西遊記之回紇同，以其係回紇族故而名回回，不當以其係伊斯蘭教徒故而名回回也。

且先生既認回回係回紇之轉，則斷無方其族之一部改信伊斯蘭教時，即另造回回一詞以名之。一名詞之確立，非一朝一夕之事，且回回由回紇而轉，必也二者其初意相同，後乃逐漸分離而獨立。故以事理度之，既認回回爲回紇之轉，則不能不確斷其初僅爲種族之稱也。

總結上文，黑韃事略與夢溪筆談可確證回回初爲種族之稱，以事理推之，亦應如此。故回回初無伊斯蘭教徒義而僅爲種族之稱。

三、論元史所用回鶻回回意義之不確定

先生之言曰：

『凡元史所謂畏吾兒者回鶻也，其稱回紇者回回也。王惲玉堂嘉話（卷三）云：回鶻今外五，回回今回紇是也。元史太祖紀汪罕走河西，回鶻，回回三國。是元人目中回鶻與回紇二也。世祖紀（卷十）言回回人中阿合馬才任宰相，而姦臣傳則稱阿合馬爲回紇人，是元人目中回回與回紇一也。……元人目中所謂回紇即回回，而回一則畏兀兒也。』（元西域人華化考卷四）

按由上文及前引先生所列之表，先生認爲元史中回鶻代表北庭高昌非伊斯蘭教徒之畏吾兒，回回代表伊斯蘭教徒。日蔚意元史所用此二詞，意頗不純，尤以世祖前爲尤甚。茲論証如後：

一，回鶻非盡指高昌之畏兀兒也。

『四年夏避暑塔里寒寨，西域主札蘭丁出奔與滅里可汗合。忽都忽與戰不利，帝自將擊之，擒滅

里可汗，札蘭丁遁去。遣八剌追之，不獲。秋，金復遣烏古孫仲端來請和，見帝於回鶻國。』（太祖紀）

『阿剌瓦而思，回鶻八瓦耳氏，仕其國爲千夫長。太祖征西域駐蹕八瓦耳之地。阿剌瓦而思率其部曲來降。』（元史卷一百二十三阿剌瓦而思傳）

按塔里寒寨，當在阿母河上游興都庫斯山脈中，烏古孫仲端見成吉斯汗於回鶻國之地，雖未必即爲塔里寒寨，然當相距不甚遠。至少亦絕非葱嶺東之地。回鶻八瓦耳氏，八瓦耳當即布哈剌。足證元史不盡以回鶻稱高昌北庭之畏兀兒。

『三年戊申春，河水盡涸，野草自焚，牛馬十死八九，人不聊生。諸王及各部又遣使於燕京迤南諸郡徵求貨財弓矢鞍轡之物。或於西域回鶻索取珠璣。』（定宗紀）

『七年九月，回鶻獻水精盆珠傘物，可值銀三萬餘錠。』（憲宗紀）

按上文回鶻莫明所指，惟由其貢珠寶及向之索珠寶觀之，似非指高昌北庭之畏兀兒。何以言之，以畏兀兒地既不出珠玉，且元史中屢見回回貢珠玉，輟耕錄且以回回石頭名西域珠也。其證如下：

『至元二十八年十一月甲辰，詔回回以塔納珠充獻及求售者，還之。留其估以濟貧者。』

『至元二十九年閏六月庚戌，回回人和卓穆蘇售大珠。帝以無用卻之。』

『至元三十年二月丁酉，回回伯克瑪哈瑪迪沙等獻大珠，邀價鈔萬餘錠。帝曰，「珠何爲！當留是錢以賙貧者」。』（世祖紀）

『皇慶二年二月丁亥，帝諭左右曰，「回回以寶玉鬻於官，朕思此物何足爲寶，惟善人乃爲寶，善人用則百姓安，玆國家所宜寶也」。』（仁宗紀）

『回回石頭，種類不一，其價亦不一，大德間本土巨商中買紅剌一塊，於官重一兩三錢。値中統鈔一十四萬錠，用嵌帽頂上。自後累朝皇帝，相承寶重，凡正旦及天壽節大朝賀時，則服用之。……今問得其種類之名，具言於後。

紅石頭……

綠石頭……

雅鶻……

貓睛……

甸子……』(輟耕錄)

二，回回非盡指伊斯蘭教徒也。

『至元二年二月甲子，以蒙古人充各路達魯花赤，漢人充總管，回回人充同知，永爲定制。』

『至元十六年九月乙巳朔，詔今後所薦，朕自擇之，凡有官守不勤職者，勿論漢人回回人皆論誅之，且沒其家。』(世祖紀)

按上文之漢人當包南人及女眞契丹在內，回回當包河西畏兀乃蠻在內，泛指色目人言。若謂此處之回回僅指伊斯蘭教徒，意似未妥。蓋以元分蒙古，色目，漢人爲三大階級，待遇至不平等。漢人包南人及契丹女眞在內，色目則指西域之種人，今以蒙漢回對稱，故疑回回泛指色目人，非盡指伊斯蘭教徒也。

四、論阿薩蘭回鶻非伊斯蘭回鶻

於前引先生之回教入中國史略表中，先生謂遼史中阿薩蘭回鶻即伊斯蘭回鶻。日蔚意阿薩蘭爲西文Arslan，非 Islam。阿薩蘭蓋獅子之意，回鶻王號也；與伊斯蘭教無關。

遼史十餘見阿薩蘭，或獨立，或稱阿薩蘭回鶻，或稱回鶻阿薩蘭。回鶻阿薩蘭若仍作伊斯蘭解似未妥。玆略舉如下：

『太宗天顯八年，回鶻阿薩蘭來貢。』(太宗紀)

『遼太宗會同四年，黑離骨來里使回鶻阿薩蘭還，賜對衣勞之。』(太宗紀)

『景宗保寧二年，遣鐸遏使阿薩蘭回鶻。』(景宗紀)

『保寧五年，阿薩蘭回鶻來貢。』(景宗紀)

『保寧十年，阿薩蘭回鶻來貢。』(景宗紀)

『遼聖宗統和六年，阿薩蘭回鶻來貢。』(聖宗紀)

『統和七年，阿薩蘭，于闐，轄列並遣使來貢。』(聖宗紀)

宋史有『其王始稱西州外生獅子王阿廝蘭漢』之語，阿廝蘭與阿薩蘭當爲同音之異譯；漢，可汗之訛譯；獅子王，阿廝蘭漢之意譯也。外生即外甥，以回鶻屢尙唐公主，相沿稱中朝爲舅，以甥自居。西州回鶻時尙信摩尼教與佛教，故可證阿薩蘭與伊斯蘭教無關。宋史原文如後：

『太平興國六年，其王始稱西州外生師子王阿廝蘭漢遣都督麥索溫來獻。五月，太宗遣供奉官王延德前承旨白勳使高昌。』(宋史高昌傳)

遼史中有足證阿薩蘭回鶻指甘州回鶻言者，雖與宋史不合，然益足證阿薩蘭非指伊斯蘭教言，蓋回鶻甘州之部終其朝並未改信伊斯蘭教也。

『遼聖宗太平六年，……遣西北路招討使蕭惠將兵伐甘州回鶻。八月，蕭惠攻甘州，不克而還，自是阻卜皆叛。』(遼史聖宗紀)

『(蕭惠)太平六年，討回鶻阿薩蘭部，征兵諸路。獨阻卜直剌後期，立斬以殉。進至甘州，攻圍三日，不克而還。』(遼史蕭惠傳)

二傳相證，是知阿薩蘭回鶻實指甘州之部言也。

關於元人回回回紇等名稱，日蔚之意見如上所述，望先生詳指其謬誤是幸！

謹此，敬祝著安。

王日蔚上。

*C951(9)b-24:12

『孟津』

王樹民 1

書禹貢：『導河積石，至于龍門；南至于華陰，東至于底柱，又東至于孟津；……』『孟津』之名何自來乎？僞傳云：『孟津，地名』。孔疏云：『孟是地名，津是渡處，在孟地致津，謂之孟津；傳云「地名」，謂孟是地名耳』。漢書地理志顏注云：『孟，長大也』。案：『孟津』，史記夏本紀，殷本紀，周本紀，漢書地理志，溝洫志俱作『盟津』（惟史記河渠書作『孟津』，疑是後人據校書妄改）。其地實以武王伐紂，盟諸侯於此而得名。史記周本紀：『九年，武王上祭于畢，東觀兵至于盟津。……是時諸侯不期而會盟津者八百諸侯』。所謂『八百諸侯』，『不期而會』，語近虛張，或爲後世誇飾之言；然武王於伐殷之前，東觀兵以示威，要盟諸侯以堅其團結，則均爲極可能之事，無足置疑。盟津原爲河之大津，因有此大事，後世遂以事名其地焉。然則本字當作『盟津』，其作『孟津』者，同聲假用也。

此說本極通順合理，而一般經學家以其見於禹貢，而禹貢爲夏代之書，不容有以周初事得名之地，遂依文敷義，妄爲解釋，以自欺欺人。如孔疏云：『孟是地名，在孟地致津，謂之孟津』。試問孟地安在？則亦未能指出，姑妄言之而已。此種以虛說實之法其誰能信？吾人代爲考之，左傳隱十一年，王以蘇氏之田十二邑與鄭，其一曰盟，杜注云：『今盟津』。蓋盟津爲南北湊集之地，商旅所趨，漸有邑興其旁，而遂以津得名也。且字亦作『盟』而不作『孟』，更難爲孔疏之證。胡渭禹貢錐指僅錄傳疏之文，並注明史記漢書俱作『盟』，而不加可否。成蓉鏡禹貢班義述則進一步斷定作『盟』爲是，而於其命名之由來，亦略不之及。意者非其思未及此，蓋諱言之也。至小顏謂：『孟，長大也』，純屬望文生訓，毫無根據。又云：『盟，讀曰孟』，尤爲反正倒置。

以上僅略闢經學家之謬說，至古人著作中，其能側重事實，解脫經學家氣味者，則早已有先持此說者。酈道元水經注河水篇云：『……河水至斯，有盟津之目。論衡曰：「武王伐紂，升舟，陽侯波起，疾風逆流，武王操黃鉞而麾之，風波畢除；中流，白魚入於舟，燔以告天，與八百諸侯咸同此盟」，尙書所謂「不謀同辭」也，故曰「孟津」，亦曰「盟津」（詳上下文義，句當作：「故曰『盟津』，亦曰『孟津』」），尙書所謂「東至于孟津」者也』。觀乎此，則知古人之思力識力絕不亞於今人，特須視其有色眼鏡之能除去否耳。張守節史記正義引括地志云：『盟津，周武王伐紂，與八百諸侯會盟津，亦曰孟津』。雖未能如酈注之明言，然亦足以見意。

年來余爲心病所累，研究寫作之工作久已不能從事，前偶思及『孟津』或作『盟津』，當以武王伐紂會諸侯事而得名，乃取手頭之書翻檢一過，及得酈說，深自慶喜古人已有先我爲是說者。大事考據，限於病體，力所未能，謹略述所見，冀有博雅之君子更進而爲之論定焉。

二四，十二，十日，於北平。

明成祖北征紀行二編（續）

李素英

壬辰（二十日）

二十日午發蒙山海，晚次威武鎮。

敕都督劉江朱榮：諸將之中，拔爾二人爲前鋒，領哨馬，爾等自淸水源至廣武鎮，遇有番賊消息，不曾拏得人，前有此失，權且不論；十八日路遠無水，爾等不預先着人來報，將及至營，方令指揮蘇雨來報，問他事務，一些不知；十九日又引至無水去處安營，人馬皆窘乏，及差人于營東七八里哨看，有海子四十餘箇，深者渰死馬驢，淺者人皆飲足，又有泉眼不計其數，爾等皆不知，假使賊在旁伏下人馬，爾等亦說不知道，似此要爾等在前哨瞭何爲？故敕。

癸巳（二十一）

二十一日午前發威武鎮，晚次通泉泊。

敕大營及各軍收後官：今日起行但有落後的都砍了，接去的也砍了，有拋棄驢馬糧食的也砍了，都提將頭解著牌來，故敕。

敕都督劉江朱榮：昨日起行，有原在這裏生長的人引路，說今日早到飲水河（水當是馬字誤）卽休息人馬，以待番寇，爾等起故意，引入無水艱難去處，東奔西走，勞人乏馬，是損自己氣力以資敵寇，不知爾等主意故然如何？故敕。

甲午（二十二日）駐蹕通泉泊，都督朱榮報虜寇數千人東行，上曰：此必兀刺所遣，敕榮遣精騎覘之，復諭榮曰：此別有直路趨土剌河，視飲馬河路省三四程，且利水草，如寇果東行，宜速從直路報來，朕明日徑趨飲馬河休息士馬，虜至必成擒矣。

敕都督劉江朱榮：今三保回言爾等哨見番寇踪跡已往東路，不見你等再差人來報的確聲息，今伯失言由此別有路徑直到土剌河北，從飲馬河行少三四程地，沿途多有水草，爾等如果哨得番寇踪跡的然往東行，朕明日徑至飲馬河休息人馬，以養鋭氣，一舉而擒滅之。如番寇不曾東，由此徑往土刺河，不到飲馬河，道路甚遠，勞乏人馬，敕至爾等仔細哨看番寇有往東行踪跡，無向轉踪跡，即差漢官一員，達官一員，具本來報，故敕。

乙未（二十三日）哨騎報虜東行，車駕遂發，駐蹕飲馬河。

二十三日午次飲馬河，微雨，晚晴。

丙申（二十四日）

丁酉（二十五日）

敕指揮李玉，都指揮朱兔力不花：昨有人望見後面有些人馬動靜，已敕爾等晝夜用心，仔細哨瞭，今果有番寇六人伏在馬上，夜間到爾等坐冷邊，爾等明知，不聽號令，不行捉獲，本欲砍將你等頭來，今且不砍頭，務要爾哨看踪跡所往何方，跟捕得獲，如是不獲，皆砍了爾等頭，故敕。

戊戌（二十六日）

二十六日夏至。

敕大營及五軍總兵官幷管隊頭目：前日號令，有情愿將自己馬匹借與好漢騎坐厮殺，有功時許與借馬人分賞，不愿者聽。今有等無理的人強奪他人的馬匹騎坐。那有志氣的人不愛惜家財，將父母財物妻兒媳婦頭面首飾買馬出來立功，與朝廷出氣，做好漢，這等是忠于朝廷的好男子。那無理強奪他的馬騎坐，這好漢每心裏怎麼過，只把自家心裏比，過得過不得？今後情愿借與馬者，只依號令行，不愿借與人者不要聽人唬嚇，故敕。

己亥（二十七日）前鋒都督劉江等言哨見虜踪跡東行，上曰：虜果東行，吾事濟矣，敕江急追襲之。且曰：虜驅輜重行，未必輕捷，爾遇之即戰，戰必勝，今先發千騎益爾，六師隨至，遇虜即同朱榮等相機行事。

二十七日移營于飲馬河北十里，凡五渡河至營，暮大雷雨。

庚子（二十八日）

二十八日次飲馬河。

辛丑（二十九日）

二十九早食後，復自飲馬河北仍五渡河，午前次飲馬河西三峯山。

六月壬寅朔，駐蹕淸流港，下令五軍將士：今深入虜地，一二日必破虜，臨陣之際，齊力奮勇，所誅者惟首虜，毋奪財物，毋掠婦女，毋虐老稚，毋殺降附；違者斬。

癸卯（二日）

六月初一日壬寅，次飲馬河清流港。

初二日早微雨，發清流港，循飲馬河行二十五里，復晴，下營，午後再行，至暮次崇山塢，無水暗宿。

甲辰（三日）駐蹕雙泉海，即撒里怯兒之地，前鋒都督劉江等兵至康哈里孩，遇虜與戰，斬虜數十人，馳報。上度虜必大至，命江等嚴哨瞭，下令各營曰：虜中亦有能漢語者，或夜假言語相通，因而刦營，當謹備之。

初三日晨發崇山塢，午後入一山峽長數十里有山，下營，作午炊，食後再行。晚次雙泉海，即撒里怯兒，元太祖發迹之所，舊嘗有宮殿及郊壇，每歲于此度夏，山川環繞，中濶數十里，前有二海子，一鹹一淡，西南十里有泉水海子一處，西北山有三關口通飲馬河土剌河，胡人常出入之處也。

乙巳（四日）前鋒獲虜諜言：馬哈木太平等兵距此百餘里，上喜曰：朕固知虜不遠，令諸軍秣馬以俟早發。

初四日微雨，午晴，次雙泉海，前哨馬來報，哨見胡寇數百人，稍與戰，皆退去。

敕大營幷五軍總兵官及管隊頭目：今前哨馬已與胡寇交鋒，殺死胡寇數百人，見藏伏在山谷間，胡寇陣上有漢人來與我軍打話，說今夜五更來刦營，爾等好生仔細謹慎，不要鬧，靜靜等着他，但有騎馬來的，便是胡寇，故敕。

丙午（五日）車駕發雙泉海，次三峽口，前鋒都督劉江等哨見虜衆，馳報，上率師兼程而進，命皇太孫于寶纛同行，專以鐵騎五百護衞。

初五日午發雙泉海，暮至西北三峽口，即康哈里孩，無水。是日前哨馬與寇相遇交鋒，殺敗胡寇數百人，宵遁。

丁未（六日）

初六日次蒼崖峽。

戊申（七日）駐蹕急蘭忽失溫，是日胡寇荅里巴馬哈木太平把禿孛羅等，率衆逆我師，見行陣整列，遂頓兵山巔不發。上駐高阜，望寇已分三路，令鐵騎數人挑之，虜奮來戰，上麾安遠侯柳升等發神機銃砲，斃賊百人，親率鐵騎擊之，虜敗而却。武安侯鄭亨等追擊虜，亨中流矢退。寧陽侯陳懋，成山侯王通等率兵攻虜之右，虜不爲動，都督朱崇，指揮呂興等直前薄虜，連發神機銃砲，寇死者無算。豐城侯李彬，都督譚青馬聚攻其左，虜盡死鬥，聚被創，都指揮滿都力戰死。上遙見之，率鐵騎馳擊，虜大敗，殺其王子十餘人，斬虜首數十級，餘衆敗走。大軍乘勝追之，度兩高山，虜勒餘衆復戰，又敗之，追至土剌河，生擒數十人，馬哈木太平等脫身遠遁。會日暮未收兵，皇太孫遣騎兵四出覘視，知虜已敗走，上始還帳中。皇太孫入見，上語以虜敗之故，皇太孫叩頭稱賀，上曰：此虜尙未遠，夜中尤須愼防，遲明追撲之，必盡殲乃已。皇太孫對曰：陛下督戰勤勞，天威所加，虜衆破胆矣。今旣敗走，假息無所，寧敢返顧乎？請不須窮追，宜及時班師。上從之。

初七日次急蘭忽失温，賊首荅里巴同馬哈木太平把禿孛羅掃境來戰，去營十里許，寇四集，列于高山上，可三萬餘人，每人帶從馬三四匹，上躬擐甲冑，率官軍精銳者先往，各軍皆隨後至，整列隊伍，與寇相拒。寇下山來迎戰，火銃四發，寇驚，棄馬而走，復集于山頂，東西鼓譟而進，寇且戰且却。將暮，上以精銳數百人前驅，繼以火銃，寇復來戰，未交鋒，火銃竊發，精銳者復奮勇向前力戰，無不一當百，寇大敗，人馬死傷無算，皆號痛而往，宵遁，至土剌河，上乃收軍回營，已二鼓矣，遂名其地曰殺胡鎭。

己酉（八日）賜名急蘭忽失温地曰殺胡鎭。諸將請追寇，上曰：寇窮矣，何用遠追。遂議班師，遣官賜祭都指揮滿都。

庚戌（九日）班師，上以寇雖窮敗，必尙有潛遁山谷者，命諸將回軍須嚴陣待之。旣行，果有殘寇乘高覘望者，上麾兵薄之，皆散走，。自是虜不復見蹤跡矣。

初九日移營向西十里許，晚雨下風寒。

敕大營及五軍總兵官幷管隊頭目：與胡寇厮殺時不許于陣與胡寇說話打話，但有與胡寇說話打話的便拏住便殺了；如有胡寇來降的方許與　說話，故敕。

敕都督劉江朱榮：哨馬近了，有賊來營邊，殺了人去，都不得知。敕至即將哨馬放出十五里或十里哨瞭，架砲的再放出十里或十五里，不要誤了事，故敕。

辛亥（十日）車駕發殺胡鎮，駐蹕迴流甸，遣使以擊敗馬哈木等諭和寧王阿魯台。

初十日領師，午次迴流甸，晚微雨風寒。

壬子（十一日）

十一日晨發迴流甸，午出三峽口，餘寇復聚峽口山上，又有數百人据雙海子，諸軍乃以火銃先擊据海子者。寇知不能拒，遂遁，餘寇在山峽者恐火銃再至，亦遁去。晚次雙泉海。

癸丑（十二日）駐蹕平山鎮，命紀功督陣官具將士有功及臨陣退衂者並所獲人馬之數以聞。

十二日次平山鎮。

敕大營及五軍總兵官幷管隊大小頭目：今夜務要十分仔細謹慎隄備，防賊來刼營，不許放砲，不許人鬧，不許吶喊，不許驚營，靜靜等着他；但有騎馬來的便是胡寇，將箭射鎗戳他。今後起營不許抛棄軍器及一應鐵器，違者幷該營頭目都殺了不饒，故敕。

5

甲寅（十三日）駐蹕淸源峽，命諸將凡將士被傷及有疾者皆給馬載之，粮不足者計日給之。

十三日次飲馬河淸源峽，是日小暑。

敕大營及五軍總兵官幷管隊大小頭目：明日行營，軍士有患病的務要馱載至營。驢匹有乏了走不動的，即報與該管都指揮分與本隊軍士食用。今日有病軍士在後不到營的，即便報來。如今已差人將馬去馱接，若不從實開報接到，問出是某衛某頭目管的，該管頭目殺了不饒。就取勘各軍士糧米多少，務要從實報來，不許妄報，故敕。

乙卯（十四日）

十四日次飲馬河平川洲。

丙辰（十五日）

十五日次飲馬河靑楊灣。

丁巳（十六日）

十六日次飲馬河三峯山。

戊午（十七日）駐蹕三峯山之西南，和寧王阿魯台遣所部都督朶兒只昝卜等來朝，命中官王安賫敕往勞阿魯台。

十七日渡飲馬河西北三峯山東南下營，阿魯台遣頭目數十人詣軍門謁見，上皆賜以衣服絹帛米糧，復勞之酒肉，遣回。

己未（十八日）

庚申（十九日）駐蹕飲馬河西岸，和寧王阿魯台遣所部都督鎖住來言，有疾不能朝，上遣指揮徐晟同中官鎖住賜之米百石，驢百匹，羊百牽，別賜其部屬米五千石。

十九日移營于飲馬河北舊下營處。

辛酉（二十日）

二十日午後渡飲馬河，凡三渡水，循河行數里下營。

壬戌（二十一日）駐蹕飲馬河南岸，命成安侯郭亮護將士有疾者歸，且命沿途加意撫綏，無令失所。

二十一日循飲馬河南岸東行數十里下營。

敕大營及五軍總兵官：軍士有患病者，令各都司各委指揮一員收拾管領，俱聽成安侯郭亮提督，務要沿途好生看管將息，不許抛撇一人。如有不用心看管將息，故意抛撇，及收拾不盡，該管指揮治以重罪，故敕。

癸亥（二十二日）

甲子（二十三日）

二十三日次青山峽，微雨，無水，暗宿。

乙丑（二十四日）

二十四日晚次蒙山海。

敕大營及五軍總兵官幷管隊大小頭目：今後行營不許軍士落後，如落後的便殺了，該管頭目治以重罪不饒，務要發落軍士每都知道，軍士每都要發落他吃飽飯，不要胡使他，故敕。

丙寅（二十五日）駐蹕野馬泉，和寧王阿魯台遣人來朝，謝恩，及病不能朝之罪，賜敕慰諭之。

二十五日午後發蒙山海。途中驟雨即止，暮次野馬泉。

丁卯（二十六日）

二十六日次環秀岡。

戊辰（二十七日）

二十七日次至喜川，暮再行十里下營。

己巳（二十八）車駕次黑山谷，敕皇太子以班師告天地宗廟社稷，遂頒詔天下，詔曰：

『朕祗奉天命，撫馭華夷，惟欲乂安，咸得其所，瓦剌黠虜，僻處窮荒，與其醜類歲相仇殺，敗亡喪歿，存者無幾。朕即位之初，撫摩存恤，授以封爵，數年以來，憑仗朝廷，始得休息。烏合爲群，即復驕恣，辜德負恩，背違信義，擅殺其主，執我使臣，侵擾邊境，豺狼無厭。朕不得已，率六師以討之，師至撒里怯兒之地，賊兵迎戰，一鼓敗之。追至土剌河，賊首荅里巴馬哈木太平把禿孛羅不度智能，掃境而來，兵刃纔交，如摧枯朽，追奔逐北，獸獮禽戮，殺其名王以下數千人，餘虜宵遁。遂即班師，至飲馬河，和寧王阿魯台之衆悉詣軍門朝，推誠待之，勞徠撫輯，令回部落。嗚呼！奉行天威，掃腥羶于絕塞，綏寧順附，覃恩惠于遠人，用靖邊陲，佚我黎庶，故玆詔示，咸使聞知。』

二十八日次黑山峪，是日大暑。

庚午（二十九日）

二十九日次翠幕甸。

辛未（三十日）

三十日次富平鎮。

七月壬申朔

初一日次玉帶川，大風微雨。

癸酉（二日）

初二日大風。

甲戌（三日）

初三日次懷遠塞。

乙亥（四日）

初四日次廣武鎮，過二十里下營，午後大風微雨。

丙子（五日）駐蹕禽胡山，敕山西陜西遼東臨邊諸城，增築烽堠，謹備禦。

初五日晨發廣武鎮，午前過香泉戍，午後次禽胡山，寫平胡詔，其晚就遣都指揮李琰同中官齋回北京。

丁丑（六日）

初六日次楊林戍，晚下雨。

戊寅（七日）

初七日次歸化甸，晚微雨，復晴。

己卯（八日）

初八日午前發歸化甸，途中不雨，晚次清風壑。

庚辰（九日）

初九日次鳴鑾鎮；午後復起營，晚次元石坡。

辛巳（十日）

初十日次屯雲谷。

壬午（十一日）駐蹕淸水源，命都督金玉，指揮張達等，率將軍校尉軍士先還京師；行糧有餘者，就令賫回興和收貯備用。

十一日次淸水源。

癸未（十二日）

十二日次小甘泉。

甲申（十三日）

十三日次錦雲磧，上召賜食燒羊燒酒。其日立秋。

乙酉（十四日）

十四日次龍沙甸，下雨。

丙戌（十五日）

十五日次殺虜城，微雨，晚晴。

丁亥（十六日）

十六日過高平阜，下雨，午後次五雲關，更度山二十里下營。

戊子（十七日）

十七日晨發五雲關，過大石鎮；午後次淩霄峯，上召賜食燒羊燒酒。

己丑（十八日）駐蹕紅橋，上諭諸將士曰：朕出師討寇，本爲百姓；百姓勞于耕作，盼望秋成，況臨邊苦寒之地，衣食尤艱。今大軍入關，朕已遣人巡視，敢有蹂踐田禾，取人畜產，執送北京，處以軍法，統率不嚴者罪同，爾將士俱愼之。

十八日次紅橋。

敕駙馬都尉廣平侯袁容：爾即差指揮千百戶自居庸關下直擺至北京城北，看視回來官軍人等，但有躧了人田禾，及搶奪瓜菜柴草等件，幷搶奪買賣客商物貨，即便拏住，候朕至京，依軍法處以重罪。朕已遣人試爾，如是所遣指揮千百戶不行用心看視擒拏，或被人告發，或體察出來，看視之人與犯人一體依軍法處以重罪，故敕。

庚寅（十九日）駐蹕興和。

十九日次興和。

辛卯（二十日）以馬皆疲弱，命豐城侯李彬，成山侯王通，率兩京及直隸衛所各都司官軍駐興和休息二十日歸；命興安伯徐亨，都指揮吳春，指揮沈美張剛劉弘等率步軍扈從。

壬辰（二十一日）

二十一日晨發興和，度野狐嶺，過德勝口；午後次萬全，大風雨。

癸巳（二十二日）駐蹕宣府，遣官祭宣府山川。

二十二日午次宣府下雨，至更盡雨止。

甲午（二十三日）

二十三日次泥河下雨。

乙未（二十四日）

二十四日次雞鳴山，途中微雨；晚上召賜桃子及食羊肉酒。

敕隆平侯張信：前敕爾馳驛來見，朕沿途緩行，以待爾至，爾故遲疑不速前來。及至興和，守城頭目撥好馬一百匹跟爾前來，爾相去三四程却退怯不進，竟爾誤事。今爾在家築牆，天時缺雨，暑月重勞人力，所築牆又非緊要，又無敵可拒，不知爾果有何主張作此態度，作此不急之事，不知爾處心如何？敕至爾即自來回話，故敕。

丙申（二十五日）

二十五日次土木。

丁酉（二十六日）

二十六日次懷來。

戊戌（二十七日）

二十七日次永安甸。

己亥（二十八日）駐蹕沙河，皇太子遣兵部尚書兼詹事府詹事金忠，指揮使楊義，進迎鑾表至。

二十八日雨，是日處暑，晨發永安甸，度居庸關，午後次新店，大雨，晚奉旨同光大勉仁先回。

庚子（二十九日）

八月辛丑朔車駕至京師，上御奉天殿，文武羣臣上表賀。

初一日文武百官迎駕，由安定門入，上陞殿，羣臣上平胡表，稱賀而退。

壬寅（二日）命禮部會文武大臣議將士功賞。

按：成祖于永樂八年北征，敗韃靼可汗本雅失里于斡難河，並降其太師阿魯台，威武遠震于朔漠矣。十一年瓦剌馬哈木乘本雅失里微弱，復弑之而立荅里巴爲可汗，明廷之餘忿可藉之而洩也。及本雅失里被弑後，阿魯台處孤立之地，岌岌可危，勢不能不請師明廷爲之復仇。當此時也，明廷苟善自爲計，則兩置之，聽其互相爭長，以夷攻夷，敗者重創，勝者力疲，因勢圖功，坐取漁人之利可也。乃計不出此，封阿魯台而驅瓦剌，卒以此賈怨瓦剌，而阿魯台者又懷叵測之謀，旋服旋叛，前門拒虎，後門進狼，六師屢出，虜禍愈蔓延，勞而無功，殊可惜也。

當成祖親率六師出塞也，猛將如雲，不可以數計。其單騎扈從，運籌帷幄者，則胡廣楊榮金幼孜三儒臣，其最眷顧者也。每當風沙飛揚，冰雲侵凌，夜半失道，幾乎身膏草野；如給事中張益之死，幸以其子求文于劉侍講得傳，其他之泯沒者當不可勝數。諸君子以一介書生，委身行間，馳驅戎馬，感激知遇，生死忘懷，誠有足多者。迄今讀金文靖公前後北征錄，當日情事宛然在目，其文與國史表裏，自敘艱危困苦之情；我輩今日談先朝故實，設身處地，猶覺爲之變色。嗟乎！此亦英主之所以安不忘危也歟！

河南省民權縣設治始末

劉德岑

河南省民權縣之設治，始於民國十七年，其倡議者為劉鎮華氏。其意以為：

「柳河及舊考城一帶，正北毗連直隸（今河北省）東明，東北接近山東曹，定，地面遼闊，居民稀少，素為盜匪出沒之區。姜逆（按即姜明玉）之變，亦係勾結柳河附近土匪，突然發現，重要可見一斑。查前清乾隆年間，舊考城經河決沖沒，始設考城新治，劃儀封十區，舊考城六區，以治理之。考之舊有屬地，分撥蘭睢，因之各該地成為甌脫。去睢，考，蘭，寧均極遠，實有鞭長莫及之虞，擬援平等，自由，博愛先例，劃睢，考，蘭，寧四邑邊地，於適中地點添設縣治，用敷新治」。十七年二月六日河南省政府訓令第六七三號引總司令部魚電轉引劉鎮華氏上馮總司令電

劉氏據此項擬議，電總司令部請示，而總司令部亦鑒於睢，考，蘭，寧四縣邊徼有創設新治之必要，故除電復劉鎮華氏照准外，並訓令河南省政府遴派委員，馳往柳河一帶勘定縣境，幷定新縣治曰民權縣。此縣名之所由來也。是時民政廳派員勘查之後，乃擬民權縣劃分區域為睢縣之北部，杞縣之楊堌集一帶，考城縣之東南一帶；並將新縣區域圖說，呈復總司令部定奪。旋奉總司令部指令曰：

「玆核閱所呈圖說，新設縣區共劃分睢，杞，考城三縣縣境，地域尚稱適中。幷據財政廳審查，與該縣收入無碍。應予照准。惟為鎮撫便利起見，應以李壩集為縣治，仰即遵照。遴委縣長，尅日前往任事為妥。」十七年二月十八日總司令部指令民字第二三四號

新縣治劃分區域既已擬妥，而縣名及縣治之所在地又復指定，則新縣治之成立似規模粗定矣。但以各鄰縣劃界問題，障碍殊多而爭執頗烈。是以民廳雖曾派勘界委員實行考察而後定之擬案，亦不得不為之變更。試閱民廳呈總司令部文可知：

「查民權縣劃分區域，本為睢縣之北部，杞縣之楊堌集一帶，考城之東南一帶。據查睢縣全境共分九

區，其在北部者爲七，八，九，三區。該縣全年丁漕爲十二萬九千餘元，而七，八，九，三區丁漕爲一萬九千四百餘元。以該三區劃民權縣，是睢縣劃出地域，不過四分之一。丁漕亦只十分之一五有強。原案所劃之白雲寺，尹店，花園等處，以其分屬該縣五，六各區，而又距睢縣縣治不遠，自應仍留爲睢縣管節，經呈復鈞座核奪。此變更睢縣劃界原案者一也。

杞縣全境共分十區，計三十六社。全年丁漕爲二十二萬七千餘元。原案劃杞縣區域爲楊堌集北各地約七社，據查以楊堌，孔莊，泥溝各地，遠在民權縣西北，或有不便，即規定將位於該縣東北之新興，人和，雙塔，西肥，巴河五全社劃歸民權縣，計其面積爲數尚無六分之一，而該五社丁漕年約二萬五千餘元，要不過十分之一。此變更杞縣劃界原案者二也。

查考城地形，東西斜長，共十六區。其在西部者十區，爲上十坊。東部者六區，爲下六坊。下六坊距考城窵遠，然爲該縣富庶之區。故於劃界之始，即不敢多爲擬劃者以此。迨後據查勘結果，暨地方之迭次稟請，因知下六坊之實有特殊情形，無論劃多劃少，均難適中。況民權縣劃分睢，杞兩縣區域，面積已不在小，丁漕計有四萬四千餘元，爲數亦非不多，在該縣立縣上，已綽有餘裕；縱不再劃考城區域，亦無不便之處，在考城之下六坊，既有特殊情形，與其劃而滋糾紛，毋寧完全不劃之爲愈。此變更考城縣劃界原案者三也。」（民廳呈總司令部文）

民權縣之劃界，經此次變更後，故其所得區域僅睢杞兩縣各一部分而已。今將民權縣與睢杞二縣劃界之始末述之于次。

關於民權縣與睢縣之劃界，其爭執之處亦多。民廳派洪錦澤氏爲查勘民權縣界委員，前赴該處實地查勘。洪氏擬具辦法，呈復民廳，其文曰：

「欲求和平執中之法，莫若按區劃分。擬將睢縣之七，八，九區原管各里，完全歸民權縣管轄，略圖中之白雲寺，尹店，花園等處，仍留睢縣，不必劃出，其兩縣界址，即以睢縣七區與五六兩區原來之區界，爲睢縣民權兩縣之縣界，各製界樁以爲標識，如此劃分在民權縣南部尙有二十里內外，其北部則三十里，東西則在百里內外。縣境爲長方形勢，亦不過于狹隘，將來兩縣辦理行政上移送接收之一切手續，暨軍事政治兩方面之設施，亦不難措置。爲公爲私，均屬便利，旣順與情而少轇轕。」十七年四月九日查勘民權縣界委員洪錫澤呈民廳文

民廳得據此項報告，卽飭令睢縣縣府七，八，九，三區劃入民權縣，幷迅將該三區糧册移至民權縣接收，着手設施。當經睢縣縣長楊文心呈復在案。復于四月二十八日，睢縣縣長楊文心，民權縣長孫巍，會同兩縣各機關人員，前往劃界。其劃界情形，會呈中言之頗詳。

「旋於四月二十八日，縣長巍，文心會同兩縣各機關人員往劃界。在七區南邊之賀寨村南大路旁，樹立界碑，係爲民睢兩縣西邊之境界。由此向東至七區之孟油房村南，樹立界碑。後向東至第六區之王窖村東北大道，樹立界碑。再向東至七區之李莊村南，東西大道旁，樹立界碑。約長三十里。二十九日，至李壩集車站，六七兩區，犬牙相錯，東西共十里，鐵路以北有田莊，韓莊，袁莊，袁店四村，係第六區管轄。鐵路以南，有潘莊，馬莊，蔣老家莊，劉店四村，係第七區管轄。兩縣於管轄均感不便。經縣長等，各機關及各地住民商酌，以四村換四村，由李壩集車站以西，則按六七兩區劃分；車站以東之小部分則以鐵道劃分。彼此旣不損失，管轄又感便利。現已劃分清楚，除縣長文心已飭科趕造糧册一俟造竣移交縣長巍接收啟徵外，所有遵令劃界情形理合具文會呈。」十七年五月一日民權縣長孫巍睢縣縣長楊文心會呈民廳文

會呈上後，民廳轉呈省府，當得省府指令備案矣。

「呈悉：旣據核議睢縣北部之七，八，九三區，劃歸民權縣治管轄，極爲適宜。應准如擬辦理，除布告並分行外，仰卽知照，此令。」河南省政府指令第五二六四號

此民權縣與睢縣劃界之大略也。

至於民權縣與杞縣之界，民廳鑒于前次爭執之糾紛，曾有規定三點，以作標準。

「關於杞民權縣劃分縣界，規定三點，以作標準。一，仍照原案辦理。二，如實有困難則以洪委

員所擬新興，人和，西肥，巴河，雙塔五全社爲界。三，倘仍不適宜處，雙塔社各村劃歸民權縣，而以西肥，七基兩社其他各村併爲一社，仍屬杞縣。飭即遵照會同勘界委員，民權縣長，從速查勘，擬議具復核奪，並奉令飭趕將該五社丁漕戶口册籍，移交民權縣接管，具報備查。」民廳訓令第一二五九號令

杞縣縣長王錫典及民權縣長孫巍文

杞縣縣長王錫典，民權縣縣長孫巍，接到訓令後，即會同勘界委員洪錫澤，召集各社村長商酌。其商酌結果，乃擬照民政廳所定第二點辦理之：

「均擬遵照鈞廳第一二五九號令飭，第二點，以杞縣新興，人和，巴河，西肥，雙塔五全社，劃歸民權縣管轄，隨由縣長巍，到杞會同縣長錫典親履各社查勘地界，樹立界標。業經縣長巍呈奉省政府訓令准予照辦，並飭布告，飭即遵照張貼縣後，等因，並經縣長錫典遵將奉發布告，分別張貼縣後在案。惟查屬縣新興，人和，巴河，西肥，雙塔五社，每年應完丁地銀九千七百四十二兩零六分六厘，漕米一千四百四十三石零七升、每石按三元八角六分二厘折合洋五千五百七十三元一角三分六厘。除十九年以前各年丁漕册籍前被紅會破城焚燬無存，無憑查造外；其十九年，廿年，廿一年丁漕等項已由縣長錫典遵將該五社戶口册籍分別已未完納數目，連日隨糧附收地方捐款數目，先後開單移交縣長巍接收催徵在案。所有遵令會勘縣界，樹立界碑及交接丁漕戶口册籍情形，理合會呈鑒核備查。」

十七年五月卅一日民權縣長孫巍杞縣縣長王錫典會呈民廳文

會呈上後，民廳即指令備案。

「會呈已悉：既據稱丁漕戶口册籍均已先後開單移交接收，並無不合，應准備案，仰即知照，此令。」

十七年六月四日民廳指令第四零四八號

此民權縣與杞縣劃界之大略也。

民權縣與睢縣杞縣之劃界旣畢，則民權縣新縣治之區域始正式規定。唯關于考城部分，因障碍殊多，故有經民廳核議中止免劃，則新縣治之設乃由睢杞兩縣所撥之部分而成立也。

「是屬縣轄境，僅有杞縣劃撥之人和，新興，西肥，巴河，雙塔等五社。睢縣劃撥之七，八，九，三

區爲屬縣轄境。」十七年八月十六日民權縣長孫巍呈民廳文

新縣治劃淸成立呈復以後，民廳又有指令，對於此縣各區之更改有所指示：

「查該縣劃界，前以窒碍良多，業經本廳斟酌情形，變更原案，呈奉總司令並省政府核准，各在案。據報略圖核與本廳改劃區域情形尙屬相符，應准備案。惟該縣所劃之睢縣七，八，九區及杞縣之新興等五社，旣經劃歸該縣，卽應將各該區社改編，另行擬定名稱，或冠以數目字，命名爲第一區，第二區等字樣，以明統系，不得再沿用舊有名稱，仰卽遵照，妥爲編定呈核，此令。」十七年八月廿日民政廳指令第七一三二號令民權縣文

是後民權縣縣府本民廳之指示，將全縣分爲六區。其一二三四等區係由睢縣劃歸者；其五六兩區係由杞縣劃歸者。於是煥然一新，而新縣之設始完全成立。至其毗連地界，東界商邱，東北界考城，西北界蘭封，西界杞縣，南界睢縣，東南界甯陵。其成立經過，由十七年二月起，至八月止，爲時約半年。余以其事關地理沿革，故濡筆記之如上。

附民權縣丁銀漕米

		丁銀	漕米
由杞縣劃入之五社	新興社	弍千八百二十四兩三錢二分六厘	四百二十八石四斗六升三合
	人和社	弍千零六十九兩五錢五分	三百一十三石二斗一升八合
	西肥社	一千九百四十八兩六錢二分八厘	二百八十四石八斗三升八合
	巴河社	一千五百八十二兩三錢八分	二百二十八石七斗七升五合
	雙堵社	一千三百一十七兩一錢八分二厘	一百八十七石七斗七升六合
以上五社共計		九千七百四十一兩六分六厘	一千四百四十三石七升

由睢縣劃入三區		
第七區	五千七百六十七元九角六分	一千五百六十六元二角七分一厘
第八區	四千五百二十一元三角一分六厘	一千元三角一分九厘
第九區	五千五百二十五元九分六厘	一千一百元八角一分六厘
以上三區共計	一萬五千八百一十四元三角七分二厘	三千六百六十七元四角八厘

6

纂修河北通志聞見錄（一）

于鶴年 1

河北省通志館設立經過

河北省開館修志醞釀於民國二十年以前。民國十八年行政院通令各省設局修理省縣志書。彼時陝西省政府主席劉郁芬致電行政院：「請抒列綱要，分行各省，以便依例纂輯」（注一）。行政院以此電交內政部核議。內政部以為「似宜仍由各省按照地方風土及特殊情形自為編定，但期不悖黨義，不違史裁，新舊融通，即為編纂合法。至於地方制度之遞嬗，社會生活之變遷，以及文化高低，工業優劣，交通暢阻，物產盈縮，均宜酌古準今，兼收並載，而統計一項尤當列為專門。……若遽以定例相繩，誠恐事變滋繁，反難賅括」（注二）。「……各省政府所定志書凡例，若為慎重計，擬請先送本部審核，隨時會商修正，其餘體例上之因革損益不必強其從同」（注三）。遂由內政部通咨各省政府，並令民政廳轉飭各縣照辦。半年之後，內政部以各省政府送來志書凡例及綱目「不無牴牾參差之處。當以門類雖難強同，而宗旨所關未可互異，經即呈奉行政院令，由部擬定修志事例概要」（注四），分送各省政府，並轉飭所屬，作為省縣市修志標準。至民國十九年一月，內政部咨行各省政府「迅將通志館籌備設立，其設立通志館省分，並希將成立日期，地點，暨館長，副館長，編纂略歷及經費常額報部備案為荷」（注五）。河北省政府接到咨文，於四月四日提交委員會第一六九次會議公決，決議「暫緩」（注六）。至六月間內政部咨行河北省政府「查照前令各案，迅將通志館籌備成立報部備案，並將籌備進行情形先行咨復為荷」（注七），仍無結果。十月間河北省政府改組，改組以後，中央又復催辦，乃於民國二十年三月九日「規定門類，通令各縣徵集志料，為重修省志之準備，限六月底編竣呈送，以便整理彙印」（注八），並咨報內政部備案。五月十二日內政部咨復業經備案，「仍希將省通志館早日籌備成立以便督促進行為荷」（注九）。河北省政府又於五月二十九日將此案提交委員會第二五四次會議，決議「由省府先設通志館籌備處」（注十）。旋即擬定組織大綱暨每月支出預算書，於八月二十一日提交第二七六次會議，其大意爲設處長一人，籌備主任一人，編纂員十八，就省政府及各廳局現職人員兼充，並就其中指定一人爲總纂，設於省政府內，俟通志館成立時裁撤，每月經費八百九十五元，經議決逕設通志館「由秘書長另擬通志組織及預算再行提會」（注十二）。至九月一日，第二七九次委員會會議議決河北省通志館組織章程暨預算書。設館長一人，總纂一人，均由省政府聘任。編纂及分纂各八人至十八，由省政府聘任或委任。又設二股，第一股掌收發，監印，校對，保管，印刷，會計，庶務等事，第二股掌徵集，採訪，調查等事，各設主任一人，事務員二人至三人。館設省政府內。經費每月三千三百零八元。並議決聘省政府秘書長劉善錡爲館長，曹樹殷爲總纂。河北省通志館經過二年間的醞釀，至此纔得實現。

九月二日通志館正式成立，以後卽著手聘委編纂，分纂及其他職員，擬定通志目錄及編輯方法，蒐集圖書及修志資料。所聘委之編纂及分纂除一部分爲專任外，另一部分由省政府及各廳中職員兼任，以期在徵集及調查上進行便利。目錄擬定後，卽由各編纂及分纂分別担任，並規定每有一部分脫稿卽行付印，如此陸續印成，易於見功。圖書則取給於省政府所藏，僅有少數借自私家。資料原有省政府以前徵集各縣之志料，關於最近事實，則擬定表格，呈請省政府，轉飭各縣塡送，或開列調查事項，函請省政府轉行該管機關答復。先後擬定表格凡十五種，玆列各表之各種及項目於下以供參攷。

（一）人民生活狀況表　（1）衣　（2）食　（3）住　（4）行　（5）總括或特殊狀況　（6）附記

（二）貨幣表　（1）種類及始用時代　（2）兌換數目　（3）流通情形　（4）計數習慣　（5）備考

（三）書院表　（1）名稱　（2）地點　（3）成立年代　（4）房舍情形　（5）歷任山長姓名及任事年月　（6）院中高材生及知名者姓名及事略　（7）科舉停後迄今經過情形　（8）備考

（四）市集表　（1）地點　（2）名稱　（3）沿革　（4）例期　（5）貨品　（6）集會情形　（7）改行國曆後情形　（8）附記

（五）工廠表　（1）名稱　（2）地址　（3）性質　（4）成立年月　（5）資本（法定，已繳）　（6）原料及

其產地 (7)製造方法 (8)製品種類 (9)工場 (10)設備 (11)機械 (12)原動力 (13)職工人數 (14)職工工資 (15)每年產額 (16)製品價値 (17)製品銷路 (18)製品商標 (19)備考

(六)省欵收入表 (1)名稱 (2)全年數目 (3)備考

(七)田賦徵收表 (1)類別 (2)畝數 (3)每畝徵收數目 (4)共徵數目 (5)備考

(八)地方欵收入表 (1)名稱 (2)全年數目 (3)用途 (4)徵收機關 (5)備考

(九)地方欵支出表 (1)機關名稱 (2)全年支數 (3)備考

(十)學校表 (1)種類暨名稱 (2)地點 (3)就學人數 (4)備考

(十一)社會教育表 (1)名稱 (2)地點 (3)辦理成績 (4)備考

(十二)戶口表 (1)區別 (2)戶數 (3)人口(男，女) (4)備考

(十三)金石表 (1)名稱(正，俗) (2)存佚 (3)年月 (4)著錄

(十四)村鎮表 (1)區別 (2)鎮村名 (3)距縣方向里數 (4)戶數 (5)人口(男，女) (6)編鄉號數 (7)主村或副村 (8)交通狀況 (9)備考

(十五)物產表 (1)類別 (2)名稱 (3)出產區域 (4)品質 (5)產量 (6)種植情形 (7)播種及收穫期 (8)運售情形 (9)特點

後因省款支絀，縮減政費，自二十一年二月分起每月領經費一千元，館中各項支出因而減少，遂裁減一部分職員。至十二月間，感於開館日久而功績未見，乃另聘名譽編纂及分纂數人幫助編撰。至二十一年六月，縣沿革表編成，隨即付印。十月，河北省政府又改組，館長劉善錡以原係省政府秘書長，因而辭職，由省政府函請總纂曹樹殷暫兼。至二十二年二月，改聘省政府秘書長瞿宣穎爲館長。總纂曹樹殷隨即辭職，館中職員亦有一部分更動。並將總纂編纂，及分纂之名義取消，均改稱編輯。又由省政府聘王樹枏，谷鍾秀，高凌霨，張志潭，

張國淦，華世奎，賈恩紱爲總裁。八月，河北省政府改組，瞿宣頴辭館長職，聘高淩霨爲館長，張志潭爲副館長，通志館乃爲第二次改組，以前種種名義均行取消，另設編纂若干人。因經費不足，屢請增加，以便早日成書。二十三年四月增加經費三百元。至二十四年八月，又增加經費七百元，連前共二千元。當四月間，已成之稿有水道四卷，謠俗一卷，物產二卷，方言二卷，人物五卷，方志二卷，祠廟二卷，古城廢署六卷，陵墓三卷，寺觀二卷，園亭宅墅一卷，鹽法三卷，沿革一卷（已刊之縣沿革表在外），爵謚三卷；未成之稿有賦稅，輿地，度支，公債，金石，交通，藝文，藝術，通商，禮典等編。其沿革編及水道編之一部分均曾在河北月刊第二第三卷內發表。是後迄今尚未聞更成何新稿。

注一 十八年五月廿九日內政部民字第五九六號咨

注二 十八年五月十四日內政部致行政院秘書處函

注三 十八年五月廿九日內政部民字第五九六號咨

注四 十八年十二月廿五日內政部民字第一五四五號咨

注五 十九年一月廿二日內政部民字第一一〇號咨

注六 河北省政府委員會第一六九次會議紀錄

注七 十九年六月廿一日內政部民字第一〇七九號咨

注八 二十年五月廿九日河北省政府委員會第二五四次會議秘書長報告

注九 二十年五月十二日內政部民字第九一八號咨

注十 河北省政府委員會第二五四次會議紀錄

注十一 河北省政府委員會第二七六次會議紀錄

編輯『中國山水辭典』緣起

張佩蒼

先哲有言：『工欲善其事，必先利其器』。凡百皆然，而治學其一端也。

晚近學術分科，研討較前爲嚴。懸揣臆斷，固屬無稽，而力矯其非者，苟引證未確，文字雖佳，亦斷難爲人所重矣。

我國圖籍浩瀚，各項史料悉包孕於四部之中，自非學識淵博，鮮能詳其原委；蓋古無分科之名，今尙專研故也。爲摘尋有關一己之材料，非偏閱各項圖籍不可。然則欲成就一種學術，蓋亦戞戞乎其難。而窮鄉僻壤，無所得書，天才因以埋沒，終其身無所表見者，則又更僕難數矣。昔張衡研京，時閱十年，左思鍊都，期逾一紀，殆其時書賴傳抄，難於搜集材料，非其才之不逮也。方今印刷術日精，各項圖籍易得，以昔較今，不逮遠甚。無如時逾千餘年，而歷史上發生之事實又千百倍於曩昔，今昔繁簡之不同，似未能視爲一例。補救之方法，舍從事各種類書之編纂，其道末由。

二十年以還，有識者頗多注意於此，相繼刊佈者有動，植，醫，哲各項辭典之出版。便利學人，厥功至偉。至於地理範圍比較重要者，亦祗劉鈞仁之中國地名大辭典，及臧勵龢等之中國古今地名大辭典兩書。前者祇限地名，於山水兩項未及採列。後者雖曾注意及此，而搜羅或未完備。竊思吾國幅員至廣，山水尤繁，彙爲專書，必有可觀。思竭箇人之力，以成此工具之獻，或亦識者所許乎？此志雖懷之數年，終以人事鮮暇，未能詳細計劃。茲以顧先生敦促之殷，乃釐定編例若干條，資爲着手之範圍，庶編次之際有所標準，而去取之間亦不致漫無抉擇。惟是一己之理想，或未能充分周密；疎漏之處，有待於高明指示者正多也。

編例

(一)凡山脈河流同名異地者，用數字表列，置於同條之下，而分別說明之。引用之書一併述及。

(二)山或水有數名者，依第一字筆畫分置之，但說明祇詳主要條下，分置各條則僅註以參見某條下字樣。例如陰山又名大青山及大斤山，除於陰山條下詳述外，其大青大斤兩山條下祗註『參見陰山條』字樣。至河流之屬同類者，亦以此例之，庶歸一律。

(三)一山括有數峯，一水含有數種名稱而非包括全體者，應於總稱條下詳述一切；其一部份之名稱除參見於總條外，必須述及者，當酌量補入之。

(四)山之屬境來脈，水之流域發源，以及某山具何礦產，某河擅何水利，應根據調查錄入，而經緯度可資者並附載之。

(五)凡古今開鑿之溝渠引河，與民生至有關係，目的不同，爲利則一。其與農業有關者，如綏遠河套諸渠，以及河南安陽境內之萬金天平兩渠，則灌溉上所資者。其他如黃河兩旁之各種引河，專爲免除水害者，亦一律列入。

(六)沿海港灣爲數至夥，或爲國防要地，或係通商要埠。縱因條約租借，版圖本我固有；即臺澎港澳各地，割隸雖久，原本國壤：斷不因河山易主，屏棄不錄。

(七)川瀆鹽井性質較殊，雖不同巨浸細流，要亦水之種類；依例編入，自屬當然。

(八)我國河流，按諸方志所載，名稱至夥。然考之實際，或古有而今無，或僅有其名稱。一律採入，亦參考上之資料也。

(九)述古而不及今，則實用難期；詳今而不溯古，則沿革無徵。述古之餘應兼今況，凡有關於文化，外交，民生諸端，當兼採併包，擇要錄及。

(十)編輯取材，應分新舊。屬於舊籍者，如全國各縣縣志，一統志，太平寰宇記等；而輔之以水利，河防諸籍，均在參閱之列。屬於新籍者，則政府各種新調查，及各種定期刊物，以及地質礦產各圖籍，均在搜集範圍。

(十一)前項編例，倉卒草成，疏漏處祗能於著手之際隨時增補，期達完善之域。

國內地理界消息

楊向奎
葛啟揚 輯
張佩蒼

甲 各省礦業狀況

中國之石油礦

石油又名原油，經提煉後，卽成揮發油，煤油，輕油及重油。近代各國軍備擴張，皆採石油爲軍艦燃料；其他如甲車，潛艇，飛機，汽車等之行駛，亦莫不惟石油是賴。年來列強鈎心鬥角以攫取石油資源及石油市場，良有以也。我國石油產源之分佈，起自新疆北部，經南山之麓而至玉門燉煌，再由甘肅東部延入陝西北部，越秦嶺山脈而達四川盆地。近在湖南之邵陽亦有大量油田頁岩發現。估計全國石油埋藏量，當達三千七百兆桶。（每桶四十二加侖）佔世界總儲量百分之七左右，三倍於日本及台灣。惜大部在撫順耳（撫順油頁岩佔一千九百兆桶，達全國總藏量半數以上）。內地現已開採者，有陝西之延長，貴州之龍里，甘肅之玉門祁連山，新疆之塔里木河一帶，及廣東之茂名，電白等處。

陝北礦脈分佈極廣，東至延長，南迄宜君，北達膚施，皆有油苗發現。光緒三十三年十月，巡撫曹鴻勳奏准試辦延長石油礦，聘日人査勘油苗，購械開採，惟所鑿四井，僅一井出油較旺，餘三井皆以無油廢棄不採。直至最近，始有一新井成功，老井當初採時，日產原油數千斤至一萬斤，其後逐年減少，近則日產三四百斤而已。新井在老井西北，成於民十八年八月間，初日產原油萬餘斤，數星期後卽減至四五千斤，後又減爲千餘斤，近日產量，亦不過三五百斤而已。至產量之所以逐漸減少，一般推測爲地層油源壅塞所致。惟油井產量本無定則，觀之老井，數十年出油未嘗間斷，且曾一度日產萬餘斤，其蘊藏之富已可概見。現陝西尙未開發之油源，如膚施鄧家溝。牌家莊，橋兒溝，及延長烟務溝等處，皆已露頭。惟陝北萬山綿亘，運輸不便，每油一桶，每百里約須運費三角五分左右。故產品僅能行銷於油井附近。近來始有山西汾州商人前往定購。如能開闢交通，便利運輸，則陝北石油業之發展，可操左劵。（且自地質調査所在該省北部發現頁岩油田以後，估計可得油一百五十六萬萬加侖，已躍佔中國油源首要地位，是陝北交通之建設，更不容或緩矣。）

新疆爲我國石油礦脈發源之地，油區有庫車莎車迪化綏來沙灣塔城烏蘇七地。庫車縣北之哈喇亞崙，有油泉五所，油質極純，不必精煉卽可燃燈，附近居民以舊法採取，日可產油一百餘斤。莎車縣西南之高鋪亦有油泉，油質亦佳，日產約七八十斤。迪化有油田二處，一爲蘇達車，一爲四盆溝，綏來有油區三所。沙灣之博洛通古油礦，民七年間曾施工開採，多銷售於迪化。塔城之肯石峽，亦稱黑油山，油泉極多，現在尙有九處。烏蘇之南山及獨山子，共有油泉三十二處，現有官辦公司從事採掘，年可產油五萬斤，多運銷於省城。新疆之油源，久爲各國所注目，暗中逐鹿已非一日，在我國石油銷域中，實不可忽視也。甘肅敦煌酒泉一帶，皆產石油，面積極大，玉門石油質地尤佳，堪稱世界石油上品。該省以適據油脈中心，埋藏量當不在少。且產地交通較便，東至蘭州，西至猩猩峽皆有公路，出猩猩峽而至哈密迪化，更爲平坦。現據各方調査估計全年可產油五萬斤，除一部爲土人用以燃燈外，蘭州各廠局，多有購以塗膏機器者。

四川沱江沿岸油區，以富順自流井一帶爲著名，其次資中，榮縣。此外岷江區之犍爲，樂山，涪江區之綿陽，射洪，安岳等縣，嘉陵江區之巴縣，亦均產石油，惟不及自流井之多耳。重慶油廠始創於民國二十二年，現有大小九家，資本自二三萬元至十五六萬元，每日可產純淨煤油五百餘箱，售價較外貨爲廉，除銷售重慶附近外，其餘以江津，古宋，古藺等縣銷納爲多，甚少運輸省外者。

貴州龍里貴陽交界之泡末冲油礦，現已由政府着手開鑿。東至千家卡，西至黃泥哨，周圍十餘方里，含油最富，油層距地表在百丈至二百丈之間。中國近年石油產額如下表：（單位桶）

	一九二九年	一九三○年	一九三一年
天然油	一・七二二	一・七一一	一・一三六
蒸溜油	二七・三○九	三六二・四二六	四五八・四九六
合計	二九・○三一	三六四・一三七	四五九・六三二

年來國人受列强石油傾銷之反應，鑒於煤油製法之簡便，成本之輕微，乘一九二九以後油價狂漲之際，土製煤油業風起雲湧，儼然成爲新興工業之一種。就廣東一省而論，土製煤油工廠達二百餘家之多。該省現月銷煤油六十萬罐，其中三之二卽係土產。以此額爲外商在華火油公司所注意，時時予土製油商以不利。近年石油輸入數字，並未因對外貿易衰落而減少。玆示近二年石油進口數字如下：

二十二年

	數量	價值
煤油	一八七・三六一・一六五美加倫	四四・七九九・八二八關兩
汽油	三一・二八一・六○一美加倫	一○・九三七・七○三金單位
機油	一一・一五六・○五一加倫	六五八・一二七金單位
柴油	三三六・○六四公噸	九・七○八・九一五金單位

二十三年

	數量	價值
煤油	四五○・五四九・一九九公升	二○・二三二・二五○金單位
汽油	一五○・一三○・三一○公升	九・八二九・四二五金單位
機油	四二・三○二・○八四公升	三・三四六・八三九金單位
柴油	四○八・六九四公噸	一○・八二五・○四一金單位

實業部鑒於石油消耗日增，輸入額逐年加多，擬以資本一千一百五十萬元，開採四川油田及陝北大油田，在兩地鑿探井眼五百口，預計每年產量可達八千萬加倫，卽以此爲基礎，再徐圖發展，并在油田附近建築公路，以利運輸。此項計劃，擬在四年內逐步完成。自此貨不棄於地，而物可盡其用。長江流域之工業亦可藉以發展，固不特塞漏卮已也。

（二四，九，二四，大公報）

湖南之煤藏

湖南省煤藏雖不甚豐，但其分佈則廣。無烟煤產於寶慶，新化，來陽，永興，及郴縣。烟煤產於醴陵，石門，慈利，大庸，及寶慶。此外湘鄉，湘潭，及寧鄉，亦有煤藏。以地形分，則有兩個煤帶；一沿來水，一沿湘水。前者礦床由廣東之北江貫宜章，臨武，桂陽，郴縣，資興，桂東，永興，而止於來陽。所產多屬無烟煤。後者則展於湘水流域及資江一帶。以烟煤產量最豐，主要產地爲醴陵，茶陵，湘鄉，寧鄉，寶慶，祁陽，及安化。

湖南煤藏之多寡估計各殊，一九一三某外國專家估爲九○・○○○百萬噸，日人估計則只一七・○○○百萬噸，一九二一年北平地質調查所第一次估計湖南無烟煤藏一・○○○百萬噸，烟煤藏六○○百萬噸；但一九二六之第二次估計則烟煤藏六・○○○百萬噸，當一九二一估計之十倍。最近湖南地質調查所估爲一・一○九百萬噸，其中一六一百萬噸爲烟煤，九四八百萬噸爲無烟煤。各區儲量不等，多者如來陽之二三三百萬噸及湘鄉洪山殿之二○○百萬噸，少者爲醴陵石門口之三百萬噸及常寧斗嶺之一百萬噸。玆將主要礦區之情況簡述如下：

醴陵石門口，位於醴陵之南，有輕便鐵路與粵漢路相接，故陸路交通甚爲方便。水路則有淥水於淥口流入。水可資航運，該礦面積八方里，據湖南地質調查所調查，儲量爲三百萬噸，多爲烟煤。其開發遠始於明代，惟查民十二年一小公司名寶源者設立始有正式之開採公司嗣以礦坑多水，須用機械抽排，故於十三年改組擴充，迄滙鑫公司，復以寡利可圖，於十六年停止開採，重新改組爲性記滙鑫公司。翌年正月又以土匪騷擾停工，復工後，卽遇一新公司名阜南者之競爭。十八年又一民生公司成立，於是競爭更甚。十九年，滙鑫與阜南爲省政府收回改爲石門口官礦局，而民生則勒令停閉矣，各礦自政府收回後已多方改進且修築連礦區與陽三石之輕便鐵路以利運輸，據估計礦區面積約八八五・二四海克特，煤產則歸政府收回後亦年有增加，十九年爲二二・○一一噸，二十年三○・二○八噸，二十一年三五・九三六噸，二十二年四五・六二三噸，二十三年最初五個月爲二○・○四五噸。

寶慶牛馬司位於寶慶城東。陸路有公路穿過礦區，水路則有桐江流入邵水而入資江。估計煤藏量約八百萬噸。按該礦之發現由來甚早，至開礦採煤則始自有淸。現存有三開礦公司，曰廣利，大吉祥，及吉勝。

2

廣利公司採礦面積最廣，在千四百畝以上，其餘二公司各約三百畝。十七年後廣利因故停工，只餘大吉祥及吉勝二家矣！前者日出煤四百担，後者日出煤六七百担。兩公司之煤產多消於武漢區，運輸則由管有由野槑塘至桐江輕便鐵路之鴻鈞公司司之。桐江通寶慶，寶慶可有載重六七百噸之民船經資江及洞庭湖而達武漢。自湘潭寶慶公路完成後，煤斤可用汽車運永豐，再轉民船經漣水與湘水，最後轉汽輪直達武漢。

湘鄉洪山殿位於湘鄉城西南及側水市西北。陸路有湘潭寶慶公路，水路則有漣水之流入湘水，煤運長沙多經由之。礦床東南部爲無烟煤，西北部爲半無烟煤。據湖南地質調查所估計該區煤藏現存二〇〇百萬噸，設日出五千噸，則可延至百年云。

湘鄉鳳冠山位於湘鄉之西南。礦東有小河流入藍田水以入漣水。估計該礦底層藏烟煤四百萬噸，質地頗優。礦產開採始有淸咸豐朝而礦公司則肇始於民國。民七小礦公司連合成兩大公司，一爲志記，一爲亞利。嗣以經營不當，民十四皆停工矣。

湘潭譚家山位於湘潭城東。水運有易俗河，陸路有湘譚衡陽公路，交通甚便，推煤運則多先由手推車運至湘水東岸石霞埠，而後河運直達漢口。該礦藏煤二四•六百萬噸，屬高等烟煤。明朝卽已開採，民六停工，同時富有煤礦公司成立，採區二千畝以上，嗣以經營不善於民七與日籍公司訂立合同由後者經營，十一年又歸還富有，繼又爲另一公司接辦，十六年因工潮停工，十八年富有又收回，營業不振，十七年後發公司成立，亦已陷入同一難境。

寧鄉淸溪冲位於寧鄉之東，水路有靳水通長沙。估計煤藏共八•五七百萬噸，現尙餘八百萬噸。二百年前卽已開採，煤礦公司則始於民國。重要公司有鼎新，乾記。淸溪•及源大諸家，民八又有寧鄉公司成立，惟於民十被官礦局接收，迨改組後又以新康公司名義開採，十六年因管理不善及工潮而停工，迄未復工也。

衡山霞流冲位於衡山之北，雖有湘潭衡陽公路可通，但煤產多賴湘水以運長沙。礦區面積二十方里，據湖南地質調查所估計煤藏約千萬噸，屬中等烟煤。該礦發現甚早，惟民國成立始有正式採物公司。初設者爲天生利。嗣以財政困難停工，餘爲寶興，嶽峻，嶽泰，嶽衡，嶽稾等公司。現除嶽稾及嶽衡外，其餘則皆已停工矣！

新化之煤藏分佈於東南及東北，共儲煤二四•八四百萬噸。東南礦區因密邇資江，運輸便利，故已完全開採，東北礦區則因運輸不便，仍有大部未開。東南區有三礦分在花橋，金竹山，及斗山岩俱用土法開採。往者月可出煤萬担，近來以煤價跌落，出產日澀。

耒陽，永興，及郴縣之煤藏，三處礦藏盡屬烟煤。據湖南地質調查所估計耒陽礦煤藏二三三•四六百萬噸，永興二七六•二五百萬噸，郴縣七九。四百萬噸。耒陽區有合興公司開採，年產可二千噸；永興區則有裕湘，福合，鼎新，三公司開採矣！（廿四，九，十三，大公報）

礦業金融調劑會派員調查礦產

俟查明後呈部核准貸款

實業部礦業金融調劑會，在滬開始辦公後，已接奉部令轉發各礦商，呈請貸款案十餘件，並附各礦資產負債表，及營業概況等，交會調查。該會奉令後，業由技術處派技術員，分赴各礦實地調查，並估計其資產是否與表册相符，然後再召集會議，逐件通過，呈報實部核准後，再行介紹各該礦與銀團簽訂合同，由實部爲還款担保人。此次請求借款者，均爲煤礦，蓋目下我國礦業受經濟困難影響不能發展營業，以煤礦爲最，鐵礦次之云。（二四，九，二十八，申報）

二次大戰行將啓幕皖績溪荊州鎢銻礦已恢復開採

出產甚豐，將視大局變化如何，作大規模之開採

【蕪湖通訊】皖南礦產富饒，固以煤鐵著稱，然近歲由蕪屯路之展通，績溪縣之五金礦，漸爲世人注意。在茲義阿接觸，二次大戰序幕之期，停頓經年之績溪荊州鎢礦，刻又由金城公司經理郭耆籌，自杭滬一帶籌得大宗現款，添召股東，聘來英美德等國礦師四人，抵績踏勘，於本月初恢復開採，每日暫用工人百餘名、隨同礦師採探舊礦道，出產頗豐，將來再視大局變化如何，而作大規模之開採。又該縣四區所發現之金礦，已經皖建廳派沈技師勘驗屬實，關於勘查所得結果，記者曾託礦

商鄭又新君，帶函向該縣縣長陳必覲詢問。刻據函後，沈勘查後報告內容，尚未發表。但聞省府有意保留礦權，準備開採。蓋鑒諸省營之水東煤礦，近來開採得法，運銷暢旺，皖南冶礦事業，須得大舉經營，始克有成，否則商人零碎採冶，將步當繁兩縣之鐵礦後塵，（據十八年調查，年產四十萬〇八千噸銷東洋）徒爲外商造機會。又貴池縣饅頭山之柴煤，目前經營發達，遠如潮州汕頭等地，多直放鐵船前來採運，本年內計於五月間開始，業銷去柴煤四百餘萬噸云。（十一日）

（二四，十，一四，世界日報）

南洋華僑集資開發桂省鑛產

集資三十萬元，組織僑安公司，大灣塘之錫礦已完成數十里

【梧州通訊】集資來華組織僑安公司之南洋華僑實業家周之貞，業於日前偕同工程師及辦事員十餘人抵梧，準於日內前往八步，進行開發錫鑛。其進行計劃如何，及何時可以開始採鑛頗爲社會人士所關心，記者昨特走訪周氏於旅邸，詢以一切，據談：本年二月間，本人（周氏自稱）偕同施正甫等來梧，赴富川賀縣鍾山各處。

考察鑛苗

○覺各處錫鑛蘊藏轉富，尤以賀縣大灣塘之錫鑛成色甚佳，旋即返港計劃一切，幷得華僑贊助，已籌集資本卅萬元，撥用十一萬元購得採鑛機器，全數經賀江運到八步，敝公司最初計劃，原擬用大規模之機器開採，但自買地考察鑛區後，感覺鑛區附近，在農村經濟破產後，生活極爲痛苦，今既開發鑛業，

各地民衆

附近民衆當然希望得在鑛區服務，藉維生活，如全用機器開發，則機器之功能，一匹馬力可抵人力二十五人。似此鑛務方面，固成本甚重，而在人民方面，則無所嘉惠，殊不合敝公司之宗旨，故決定用

人力開採

爲主，機器爲輔，至敝公司所計劃鑛區有三，一在賀縣，一在富川，一在鍾山。除此三個鑛區之外，並計劃開發桂林及柳州各地之鑛產，在富賀鍾三鑛區內，則先開發賀縣大灣塘之錫鑛，以創立鑛區之基礎，業於四個月前，僱工在鑛山開闢道路，今已完成數十里，各部機器，亦已運到鑛山，大約下月，當可實行開採。機器部份所用之燃料，以採用

木柴木炭

爲主，機油渣亦可，但油渣多數仰給船來，太不經濟，而木柴木炭，係屬土產，取之既易，同時亦可使當地民衆有銷售柴炭之市場，間接即予民衆以謀生之路，預算在鑛區工作之工人，在此草創之時，每月至少亦可得十元八元，暫資餬口，現在賀縣方面已就近僱得鑛工三百餘人，將來開採見效，所用工人當更增加。關於鑛產

運輸方面

，賀縣鑛區，以從賀江運出封川江口轉運赴港，較爲便利，將來富鍾兩鑛區開發時，則必從撫河運輸出口，至在礦山內之運輸，似以牛車拉運爲宜云云。記者最後詢及此次來梧，有無其他任務，何時可以前赴八步？據云：到梧乃係路過？並無其他任務，日內即與各同事十餘人，分乘民船，前往平樂縣赴八步。又聞鑛區內工人，染有疾病者，常苦無醫治理，故此次亦順便聘得中西醫生各一人，一同前往八步服務云。（十，二十九）（二四，一一，四，世界日報）

雲南之礦業

雲南礦藏甚豐，銅，錫，金，銀，鉛，鐵，砒，鋅，銻，錳，鈷，硫礦，煤，石綿，石膏，雲母石，蘇打，石鹽，明礬，鎳，硝石，滑石，大理石，陶土，等等莫不有之。有清乾嘉之際，該省礦產已有可觀，尤以銅礦爲甚，年產額約六百萬斤，多運往北京爲鑄輔幣之需，其他各礦亦多有開發，惟方法簡陋，向無進展，迨咸同兩朝內爭時起，各礦相率停歇，光復後雖欲恢復，苦爲資力所限，無何成績，迄今尚能維持者只個舊之錫礦耳，鳳儀之砒出產亦多，多運印度，緬甸，及南海諸邦，該省銻藏尤豐，一九一六與一九一七曾興盛一時，嗣以銻價跌落無法維持，乃相繼停工，迄今尚然。雲南之鐵藏甚廣，但所產只作農業用具而已，銅礦近亦陷於極度不振。現只有東川，永北，易門，保山，仍繼續開發，惟產額不及繁盛期十分之一。煤藏極富，各縣多有，惟開採方法落伍，進展甚緩。茲將雲南主要礦產現況簡述如左；

金　金礦苗及沖積礦金皆有，前者在墨江，蒙自，瀾滄，維西，中甸，鳳儀，祥雲及騰衝，後者在金沙江兩岸。金礦雖多已開採，但產量

仍屬無多。

銀與硫化鉛　雲南銀藏類與硫化鉛相連，多在昆明，嵩明，會澤，巧家，魯甸，永善，永勝，鶴慶，蘭坪，保山，瀾滄，鎮康，姚安，雙伯，鎮沅，文山等處。礦苗中約含百分之•〇〇六七至•〇二三之銀。煉銀廠家前曾興盛一時，嗣以成本抬高，至今已寥寥矣！東川一地年可出硫化鉛二百噸。

銅　巧家，東川，路南，易門，保山，及永勝為產銅要區，惜銅價日低，運輸不便，已頗衰落。東川年可產銅二百噸，永勝一百噸，其他各地所產極少，不足注意

鐵　雲南無處無鐵，儲量較大者為路南，平彝，祿勸，羅次，安寧，祿豐，牟定，蒙化，鶴慶，義山等地。礦質甚佳，現有十餘家用土法開採，年可產數千噸，多為農具之製造。

錫　箇舊錫鑛為全國之冠，九月七日本欄述之甚詳，茲復不贅。

鋅　羅平，東川，巧家，魯甸，路南，及曲溪，為雲南之主要鋅礦區。鋅產恒與鉛相連，東川一處年可產百噸。

銻　開遠及文山有之，一九一六至一九一七礦務甚盛，每噸價由數百元至千元，但以需要減少現多已停工。

鈷　此礦多在平彝，富明，嵩明，霑益，宣威，呈貢，昆明，安寧，及路南。年來本國市場為國外輸入鈷礦所分，若干廠家已被迫停工矣！

砒　礦藏位於鳳儀及蒙化，惟以鳳儀所產質精量鉅。每年出口至緬甸及印度者可三百噸。

煤　雲南煤藏甚豐，褐煤及烟煤皆有。年產可數萬噸，多供給滇越鐵路及當地工廠與住戶。

（二四，九，一五，大公報）

乙　各省工商業狀況

中國羊毛業概況

距今百餘年前，我國於羊毛棄若敝屣，蓋其時國人尙未知羊毛可為衣料也。中國最初之毛織工廠肇始於左宗棠在蘭州所創設之甘肅織呢總局。光緒三十二年，清河陸軍呢廠繼設於北平，是後繼起者有日暉氈呢廠，湖北毡呢廠。然實際上該工業之進展尙為最近數年之事也。一九二三年裕慶德毛織廠成立於哈爾濱，一九二六年海京毛織廠成立於天津，一九三〇年章華毛織廠設立於上海，至今毛織工廠大小約廿家，年產毛織物約值四百萬元。規模較大者為北平軍政部製呢廠（報載該廠已停工，現正由工人請願呼籲中，尙無結果。）及天津之海京，上海之章華。各廠年消費羊毛量計軍政部製呢廠約三十萬担，海京約二十萬担，裕慶德約十萬担，章華八千担。其餘散佈於北平，天津，包頭，寧夏，陝西等處之小毛織廠總消費量不過十萬担。全部消費量約相當於全部生產量四分之一（熱河與東三省在內）。所餘四分之三則輸出海外。在他方面毛織物之輸入，幾五倍於國內毛織廠所產總值。外人以低價購我羊毛，織成製品，又以重價求售於我國市場，一轉手間，利市百倍。此項漏巵，年何止數千萬元。茲將近來毛類輸出額，及毛織物輸入額分別立表於左，以明大概。

毛類輸出額（單位海關兩）

	羊毛	山羊毛	駱駝毛	合計
一九二九年	一〇•三一九•五三二	一•八〇〇•四二三	四•五七〇•一八七	一六•六九〇•一八二
一九三〇年	五•三三一•五七五	一•三三七•〇一六	二•二七一•八〇六	八•九四〇•三九七
一九三一年	七•五六九•九八九	五三三•三一七	二•〇七七•六〇二	一〇•一八〇•九〇八
一九三二年	一•二〇九•八〇九	七四七•九二三	一•三九七•二九〇	三•三五五•一〇三
一九三三年	七三九•五九五	一•〇二六•三三六	一•一七二•八五六	二•九三八•七八七

羊毛之產量，甚為穩定，上表輸出額數字銳減，非由於輸出數量有所減少，良以世界羊毛價格年來急切下落有以致之也。

毛織物輸入額（單位海關兩）

一九二九年	三五•二四四•〇一三
一九三〇年	一八•四五〇•七三八
一九三一年	二六•八〇一•一七六
一九三二年	二二•一一一•六八〇
一九三三年	二一•四一六•六六四

我國產毛要地，為綏遠，熱河，新疆，青海，寧夏，外蒙古，甘肅，東三省等處。九一八以後，熱河與東三省已非我有，其餘六處年產

額約在八十萬担以上，已足敷國內所需。羊毛之分類，通常採用二種方法：一根據羊種，一根據採割時期。前者分爲西寧毛，山羊絨，羔毛三類，後者分爲春毛，秋毛，寒羊毛三類。春毛又稱抓毛，產於蒙古，湖北等處，每担市價約四十元，宜於作嗶嘰，羽紗等原料，秋毛品質最下，產於湖北，山西，陝西諸省。寒羊毛爲中國羊毛中之上品，纖維細長，純白而富光澤，宜於紡織高級毛織物。其主要產地爲河南，山東。西寧毛爲絨線之原料，一名套毛，多產於青海，甘肅，綏遠一帶。山羊絨纖維有黑白兩種，主要產地爲榆林，陝西，青海。羔毛產於蒙古，綏遠，湖北，纖維粗短，僅能織製毡毯及粗製呢絨。

綏遠，山西，天津，爲重要羊毛集散地。尤以包頭毛業之盛，執西北之牛耳。包頭本地產毛無多，其大宗來源爲西藏與青海兩處，其次爲甘肅，寧夏，及蒙邊一帶。集散於此者以西寧毛，王爺府毛，及駱駝毛爲大宗。每年出口額約在四十萬担以上。其中直接運銷天津者約佔百分之八十，亦有由包頭運至綏遠張家口一帶，售與該處天津客商者。

包頭現有毛店二十二家，大多皮毛兼營。每家有員工八十餘人。其組織與中國舊式企業相同。惟毛店係經紀人性質，代客行銷，交易由『跑合』負責進行。各毛店當天津與包頭市價相差過遠，認爲有利可圖時，亦自行營業。彼等以消息靈通，眼光敏銳，故獲利甚豐也。

山西之羊毛業中心地爲交城，榆次，壽陽，大同。凡晉南丘陵地帶所產羊毛全部集中於交城，專與天津毛商交易。榆次爲大谷，祁縣，平遙，順德，及湖北等處之羊毛集散地。壽陽位於正太路中心，晉省最優良之羊毛，即產於此。雁門關一帶之羊毛則集散於大同，交易種類以羔毛與春毛爲主。

天津爲華北羊毛貿易之唯一出口處，其交易之種類有春毛，秋毛，套毛西寧毛，及寒羊毛等。而晉陝甘青綏鄂洲省等處所產羊毛，亦莫不集中於此，再行裝包輸出焉。

（二四，九，一一，大公報）

粵省綢布工業衰落

海外銷塲爲外貨慘奪，內地社會購買力亦弱

【廣州通信】粵省工業以順德，南海之紗綢綾綢，廣州，佛山，興寧之棉紗土布爲最著。自順德南海絲業失敗以來，紗綢業亦隨之跌價，產銷更復大減。原日曹莨紗綢每尺值一元或八九角者，今年祇值三角許，比諸往昔降落三分之二。查其原因，一爲當地農村經濟破產，鄉民日給不足，救死不暇，遑及衣料問題：其次，外國人造絲織物傾銷內地，此項衣料，比諸紗綢，價廉三分之二，貧窮社會，多趨廉價物料，故紗綢今年價值雖落，仍莫與爭。粵省紗綢與綾綢，曩昔大宗運銷於南洋及印度一帶，紗綢約值一百萬元，綾綢亦值數十萬元，年來南洋不景氣，紗綢銷路銳減，不及前時十分之三四。綾綢運銷印度者，亦盡爲人造絲之綢所奪。南海西樵，平日織造綾綢之機廠一百五十餘家，今已泰半改織別項綢品。織綾綢廠，僅存四五家。每年輸出減至三四萬，大有今昔之感。

至於土布業，合全粵各地統計，往昔每年輸出約一千五百萬元，近則全部崩潰。查土布廠在廣州市者，其廠多設於河南客家井，及西北郊外。當其盛時，河南有廠百餘家，西北郊亦有六七十家．機杼之聲，日夜不輟，男女工人，不下十萬。就中以女工爲多，辛勤者每日得工資五角至八角，男工足以贍其家，女工亦能自餬其口。廣州市所織土布，俱運銷南洋，近來銷路滯弱，百餘土廠　祇存三十家，織機約九百架，失業工人佔半數，約五萬人。佛山方面，土布工廠亦以女工爲多，往常織造之女工，每日可得工資四角，紡紗者亦可每日得資二角。染紗染布工作多屬男工，有織造廠八十餘家，工人約五萬名。近日營業不振，倒閉者五分之二，失業男女工可三萬人。至東江之興甯縣，織造之布，多屬舊式，質料厚結，不重花樣。出產品行銷東江及閩贛邊。近以社會購買力弱，外貨慘奪市塲，工廠多數閉歇，失業工人七八萬，以上三地之土布，近今每年出口總值祇三百萬元，比較前時出口一千五百餘萬，祇存五分之一。其衰敝情狀，可見一斑。（九月十日）

（二四，九，一六，申報）

營業日衰之天津造胰業

天津造胰廠家，大別之可有二類，一爲具有工廠規模者，凡三十九家，內規模宏大者國廠有九：天津造胰公司，大業，華成，福星，隆華，生記，華北，各造胰廠，及中昌香皂廠，與長泰油皂公司。外廠三

家，英商中國肥皂公司，俄商光潤華俄造胰公司，及日商瑞賓洋行，此外尚有手工製造者四十餘家，類係自製自銷，不懸牌號。各廠資本以天津造胰公司之二十萬元者爲最鉅，生記之三千元者最小，其餘各廠多在一萬元。茲將國廠九家外廠三家之資本額列左：

國廠九家

天津造胰公司	二〇〇•〇〇〇元
大業造胰廠	一〇•〇〇〇元
隆華胰造廠	一〇•〇〇〇元
長泰油皂公司	一〇•〇〇〇元
中昌香皂廠	一〇•〇〇〇元
華北造胰廠	一〇•〇〇〇元
華成造胰廠	五•〇〇〇元
福星造胰廠	五•〇〇〇元
生記	三•〇〇〇元
小計	二六三•〇〇〇元

外廠三家

英商中國肥皂公司	未詳
俄商光潤華俄造胰公司	一六•〇〇〇元
日商瑞賓洋行	一〇•〇〇〇元
小計	二六•〇〇〇元
總計	二八九•〇〇〇元

所有各廠，去年營業狀況，俱較往年不振。計該年除僅敷開支之華廠三家外，餘皆盈餘。華廠六家盈餘總額六三•八〇〇元，較二十二年盈餘之國廠八家總計九二•三五八元，減二八•五五八元，較二十一年國廠八家(因彼時華北造胰廠尚未設立)淨盈餘者一一二•一七〇者(按該年僅敷開支者一家。虧損者一家，餘六家有盈餘)減少四四•三七零元。外廠亦有相同之趨勢，計廿三年三家共盈二千五百元；較二十二年日俄二廠家(英商中國肥皂公司尚未成立)二千元者增五百元，惟若二十三年不計英商中國肥皂公司之盈餘者則減少五百元，較二十一年日俄二廠家之淨盈二千元(按該年俄商虧五百元，日商盈二千五百元)亦增五百元。若二十三年中國肥皂公司盈餘除外，則減少五百元，中外廠家合計二十三年盈餘爲六六•三〇〇元，較二十二年度減二八•〇五七元，較二十一年度減五〇•三七〇元。至其所以日趨不振者則有左列數因可尋：

(一)成本之日重　近來胰皂銷場日縮，各廠競銷未已，爭圖增加出品種類，加添香料成分，致成本日昂，資金積壓，損失越巨。

(二)同業競爭之日烈　現天津一埠大小廠家合計達七八十家。產品充斥，競攬銷廠，削減價格。惟廠商除少數外，類係獨資，爲維持生命計，只有再度削減價格藉求出路，而產品之粗濫更足損出品之名譽。

(三)銷場之縣縮　津皂銷場向分京帮，東帮，西帮，三帮，以東帮銷路佔十分之七者最優；京帮次之，佔十分之二；西帮則約佔十分之一。九一八後，東三省喪失，東帮銷路斷絕，京帮西帮納胃亦減。銷場既縮，生產如故，焉得不貶價以求出脫！

以是諸因，營業極度不振。外銷欠欵屆期不能收回，則本市銀錢貸欵三節亦未能立歸，故除資力稍巨者尙堪維持外，一般較小廠家類感週轉不靈而有倒閉之虞。謂各廠宜團結一體，免除競爭改良品質，開拓銷場，庶足挽頹勢於既成耶！

(二四，九，一七，大公報)

中國之猪鬃業

我國猪產遍各地，故猪鬃產區亦廣。產量幾何，甚難總計，據業中人言，則每年當不下十餘萬担。國內使用約三分之一，其餘即供出口。輸往地以美國爲最多，其次英國及日本。一九三一年輸出額達九百萬關兩，東北淪陷後，輸出數字銳減。茲將一九三三年猪鬃輸出統計列左：

	數量(單位担)	價額(單位海關兩)
美國	二五•七八〇	四•五六一•二二一
英國	一六•七八四	二•五一六•七四二
德國	七•四二七	九五三•三五一
日本	七•一二〇	二•二八七•一〇七
法國	四•五七三	六一一•六四四
比利時	二•二五〇	三一二•三四五
其他各國	四•三二〇	四四五•四七二

全國養猪較盛者，爲江蘇，浙江，湖北，湖南，四川，河南，山東，廣東等處。品種有黑，白，花三種。黑種各處皆有，白種產於四川，湖南，及江蘇南部，花種則產於華南。

重慶爲產黑鬃之中心，數量既大，質地亦佳。河南，湖北，湖南略次之。白鬃之最佳者產於湖南汚陽，重慶，江西所產者次之。其他江，浙，鄂，豫，魯，粵等處所產皆非上品。

猪鬃以長者爲貴，價格以品質之優劣及長度之差次而互異，黑鬃長二吋者每担約八元至十元，然同一品質之長及六吋者，每担卽須一千三百元。市上常見之猪鬃，其長度多爲自二吋至三吋者，以五種不同品質混合出售，其成份約二吋者四十斤，二吋二五者二十五斤，二吋半者二十斤，二吋七五者十斤，三吋者五斤，合成一担，售價約一百十元。此項五種混合品，大運都往德國。亦有以十七種不同品質共同摻雜者，其主要運赴地爲美，英，法，日，德，及土耳其等國。

按猪鬃係猪背所生之硬毛。其產自野猪者，猶覺珍貴。大抵品質之優劣，與氣候及飼養之食料有密切之關係，氣候愈寒則鬃毛愈優，我國猪鬃以四川所產品質最高。富於伸縮性而有光澤，其白鬃多認為世界最優者，白鬃之生產中心為重慶，涪州，叙州，萬縣，瀘州，綏定，合江，廣安，成都，順慶，簡州，隆昌及榮昌，而尤以隆昌及榮昌所產者為最佳。該省總產額，估計年約一萬五千担，其中白種約佔百分之十，黑種約佔百分之九十。

凡未經別選分類之猪鬃，統稱毛貨或生貨，反是即謂之淨貨或熟貨。業分類之猪鬃出口，以天津為最多，至未經分類之輸出則以膠州為要埠，玆將重要各口一九三一年輸出情形，分別比列如次：（數量單位担，價額單位海關兩）

已分類猪鬃出口情形。

	數量	價額
天津	一六·七五四	二·六七九·五八六
重慶	一一·三〇〇	二·〇一二·七五七
漢口	九·三八一	一·七〇六·〇三四
大連	五·六〇七	一·〇四四·二八一
上海	四·三六八	四五五·〇一六
膠州	三·一六三	四九七·八四九
蒙自	一·六三八	二二六·〇四四

未分類猪鬃出口情形

	數量	價額
膠州	四·四三三	四〇七·一二〇
大連	九九六	八一·六五五
宜昌	六五二	四七·八八九
漢口	二〇六	三·九三九
萬縣	一九二	二〇·五八五
蕪湖	四九	二·一一四
重慶	四二	一·四四六
沙市	四二	三·六四九

猪鬃由皮面拔下時，頗覺腥穢，由小商人向鄉間收集後，剔洗一次，復按其長度略加分類，於售交出口商預備出口以前，再經一度消毒工作，將同一長度者縛之成束，以紙及蔴布包之，然後裝箱出口。我國猪鬃出口業，其初皆由外商經營，至清末始有四川商人在重慶組織公司，一九二六年以後，經營此業者已多為國人矣，

白鬃大都運往日本染製後，始能運銷歐洲，故華商獲利轉不若日商之厚，黑鬃則多由中國直接運銷歐美各國。歐戰以後，鬃價大漲，惟黑鬃營業終不及白鬃之發達也。

前此猪鬃之用途，大部用以製刷，現則工業上之用途日廣，需要突增。此後鬃商如能採用科學方法改善整理及包裝手續，則該業前途，有厚望焉。

（二四，九，一九，大公報）

丙 各省水利狀況

河套永濟渠水利社擬整理渠道建築閘箱

【知行社訊】河套永濟渠水利社整理員李元楨，自就任以來，對該渠整理事宜，積極圖進，不遺餘力。李氏擬在封凍前，將前半年未完工程，赶築竣事，並籌備在黃河入口處建築閘箱，以期一勞永逸。惟此項工程浩大，費欵頗鉅，故特于日前由臨河過包晉省，面謁當道，請求撥欵等情，業誌日前本訊。玆悉李氏抵綏後，連日來往謁建設廳長馮曦等報告工程計劃，並請籌撥鉅欵，以便興工。馮氏對李之計劃深加讚許，當允籌欵辦理。李氏刻以交涉結果圓滿，特于昨上午十一時，搭平包一次通車，由綏抵包。據聞在包稍作勾留，日內即行返臨，親加督修云。

（二四，一一，二一，包頭日報）

民生渠未完工程正商洽繼續興修

需欵約四十萬元在籌措中

【綏遠社】薩托民生渠未完工程，建設廳長馮曦氏，決計繼續興修，以期完成。日前華洋義賑會總會派視察幹事安猷口來綏，即為與馮商談進行事宜。安氏在綏，工程計劃，與馮大致商妥，俟測量隊勘測竣事，即可決定。工程費約需四十萬元之左右，當局正在籌措中。頃據熟悉民生渠水利某君談，民生渠河漕，淤塞不堪，若從事興修，必須先行整理河漕，蓋因宣洩不利，工程將必發生阻礙；且本年汛水過大，沿渠堤埝潰破不堪，倘一動工，更須先事整理堤埝，使渠水歸入正漕，勿使任意漫溢，則興工自易矣。現建設廳所派之黃河測量隊，即在着手測量本年潰決之堤埝間，上游方面刻下業已測完，正在勘測下游之際，日內可望全部竣事云云。

（二四，一一，二一，包頭日報）

8

通訊一束

四七

頡剛先生：

最近的——而且是第一次的——晤談，使我非常感動，而且興奮。先生底談話和態度，都給了我許多寶貴的教訓。其過蒙獎勵，囑爲「禹貢」撰文，眞有受寵若驚之感！今日於大隊敵機嘤嘤聲裏，急草此函，提出幾點關於地理學研究的意見；請先生不棄，予以批評和指教；俟他日故土重歸我有時，再詳爲申論。尙乞先生恕之！

我決不敢對於我們應盡的責任存有絲毫畏縮心，更不願對已有的成果過事推崇，唯先生底成績不能不令我表示欽敬！先生過去對學術界的供獻不必說了，即此「禹貢」而論，也足以令人欽佩不止！我固不能把因時代的推演而促成的史學研究之猛進，推到先生一人的力量上去，但先生所領導的「禹貢」集體研究工作，却不能不視爲推進研究工作之有力的槓桿。試看「禹貢」出了不久，接着就出現了「食貨」，並且最近還有什麼「史學月報」要發刊。凡此都是組織史學研究者之最好的形式，促進研究工作的最有力的工具。但推原其本，能不說是自「禹貢」始？

「眞理」本身就是一個過程；過去的作法就未必全對，「禹貢」也不能例外。因此不揣淺陋，把自己幾點淺顯的意見匆匆寫出，以求就正於先生。

我底意見，有兩點：第一是地理學與史學之關係，第二是關於地理學研究的方法問題。先說第一點：

我們爲什麼要研究地理呢？地理學與史學有什麼關係呢？這問題簡直是老生常談，我在初級中學時就聽過教史地的先生講解過，不過他們底講解太淺陋而且荒謬了，簡直沒有叫我們一提的資格。我們以爲這個問題，就是自然環境和人類社會發展有如何關係的問題，它有嚴正而深刻的意義。

中國歷史上也曾有人畫過地圖，講過地理，史書裏差不多都有「地理志」，專門的記載也有水經注和地方志一類的東西。由此可見，地理學之在中國並不是新奇的學問。到了現在，初級中學裏就有「地理」一科，到高中還有什麼「人文地理」之類，因此它也不是希有的學問。雖然它不是新的希罕的學問，但它之成爲科學却是輓近的事，而其被視作科學並以科學的方法去研究它，却是希有的。不信，我們儘管把古來關於地理的記載統讀一過，把現在的「政治地理」「人文地理」統背一遍，我們能得到一些什麼呢？除了瑣碎的記載而外，它能提供我們一些什麼呢？它能告我們人類社會發展史與環境繞着他們的自然——地理——有什麼關係嗎？它能告訴我們自然在社會發展過程中的作用嗎？

過去地理學一類的記載，太空虛了，太貧乏了，根本不能成爲科學，而且也從未有人以科學的方法整理它。科學的地理學是科學的歷史方法——唯物史觀——發現以後才隨着出現的。它底歷史還很短，在中國則只可說才萌芽。雖然它底降生很遲，而它在史學研究上的作用却非常重大，非常迫切。那麼史學與地理學有什麼關係呢？

讀過社會史的人，都知道人類社會發展到今天，已經過三個主要的階級，即原始共產社會，封建社會，及資本主義社會。而且人人都曉得人類社會發展之主要動力，就是生產工具之改進更新；生產工具決定生產形式，因而決定社會形態。新的生產工具之採用，必然跟着出現適應它的某種社會形態。但什麼東西來決定生產工具呢？換句話說，各種社會之內均包含有自然契機與社會契機，但此二者之中那一個是主導的呢？再，人人都明白各種社會型因民族與地理環境之不同，而各異其外形：但地理環境爲什麼影響到社會型的差異呢？問題的提出，我們先見之於資本論底第一卷，作進一步解答的有 Plechanov。因爲時間和篇幅的限制，我不願作些瑣碎的引證，但願以最簡單的話解明這個道理。

Petty 曾說，勞動是父，土地是素材的富之母，這話得到了馬克思底贊仰。而後者更說：「人類創造其自身的歷史，但人類不是在自由選擇之下創造它，寧是在由人類發見的全然一定的狀況之下創造」（見K. A. Wittfogel: 地理學批判頁二五三——四）。由此可見，自然對人類社會之發展是有制約性的，它有決定人類創造其歷史的導向的作用。上面我們已經說過，作用某階段社會的有「社會契機」與「自然契機」；前者就是勞動力，勞動組織與勞動手段，而後者是環境繞着那些人們的自然環境。但「亦如社會勞動，不能在……社會的條件以外進行一樣，沒有客觀的自然狀態（無之，任何勞動過程，任何具體富之創造，均一般地不可能），也不能進行社會勞動」（仝上，頁二五四）。那麼我們要問：在歷史底發展過程上，是那一方面有主導的作用呢？是有社會勞動形式的人類呢？還是那不能由社會勞動創造而且爲一切勞動之究極的具體的自然呢？ Wittfogel 曾說：「具有勞動活動的人們，代表着不停止的運動的契機；自然代表客觀基體的契機；而這個契機依其具體的構造，對於以上的活動完全指示（或不指示）一定的途徑。在社會勞動過程的形態上，自己能動的與自然對立的人類，若假定其社會生產力爲一定狀態，則只有在如人們所想像的自然的勞動手段，和由人力從土地分離的自然的勞動對象容許的程度上，才能形成其活動性」（仝上頁二五五）。自然環境對人類社會發展的制約性，竟有如此之重大。因此社會勞動過程底變化，前進或停頓，也決不是人類隨便可作爲的，而是由當時社會上能到達的自然制約生產力之種類，分量及其結合之如何而定。這樣一來，人類社會之能進展，不是完全由於人類之意志，而是依存於其對自然之愈益深刻的適應（仝上）。「這樣，若生產力底總體規定一歷史的瞬間之生產樣式底性格，則作爲能運動的要素而先行變化的，就是這些生產力之中的社會的契機；而他方面規定這種變化之可能與否，不，規定這種變化導於如何方向的，則是自然制約的契機。人們就在強制自然爲他服役時，人們自身也在服從自然，追隨自然。」（仝上頁二五五——七）

自然底制約性明白了，那末自然對於人類社會發展的助力，也就得而明白了。因爲人類社會之前進賴有兩契機：社會的與自然的。Plechanov 在論 Léon Metchnicoff 底「文明與歷史上的大河」時，不是就告訴我們這點了嗎？而且我們天天所體驗到的不也是這一點嗎？

第二，是關於方法論的。

在未和先生談話以前，我也誤認爲「禹貢」是專搜求材料而不講方法的。其實，我錯了：「禹貢」決不簡陋如此。它底目標是科學的探究，因此它很重視方法。

我們非常滿意：自從「食貨」出版後，在學生群中對於中國社會史的研究掀起一個新浪潮，每人都能找點材料作點文章，這確是個好現象。不過，我們也有不滿意的地方，這就是方法論之被忽視。因爲忽視了方法論，因而忽視了理論，所以出版的作品都變成了技術的東西。內容非常乾燥，非常貧乏！而且有時還發現很大的錯誤。這都是一個極不容忽視的嚴重問題。自然，我沒有意思把這過失完全歸之於領導工作的人底身上，但領導人物之不得辭其咎，却也是明顯的事實。從單純找材料之風起，有許多人都變成簡單的技術人員了！這不是一條斜路嗎？這不是個危機嗎？自然，這比那些「版本學者」「校刊手」還强過萬倍，但我們能以此滿足了嗎？我們所希望的研究界是有生氣的，進步的，有爭論的；我們不希望著述工作變作了「排列」，著述的人變成了機械！

即以地理學而論吧：如不對科學的方法有過一翻精確的研究，他能明白歷史與地理的關係嗎？他能全面地把握人類社會發展之法則嗎？他能把中國社會史給我們一個正確的剖析嗎？——完全不能！加藤繁是日本有名的中國史學家，但他到現在還彷彿是架機械。

地理學之在古代，它底記載完全以英雄政治家爲目標。一切著作都是在占星術，神話，以及自然宗教等所謂形而上的影響下寫成的。它之爲單純的混雜瑣記，人人皆知。到了中世紀，黑暗也籠罩了地理學，地理書籍裏充滿了聖經字句，它又爲神學負起任務來了。這自無價值可言。即有時爲貴族旅行而記載，那也只是限於與貴族們底興味接近處，我們以史學眼光看去，當然是貧乏無味。後來商業資本抬頭了，於是又有了「物產地理學」「商人地理學」「商業地理學」等，同時還有「地理與人種學」。凡此都是「在商業及殖民地戰爭上發展了」(Bucharin)的。這些地理學底主要論題，便是商人所經航的海，貿易各地之氣候，風俗，民族，生產物，交通路，以及種種商業習慣：總之，都是商人所迫切需要的。十八世紀中工業革命爆發了，隨着自身的工業化，而資產階級學者底思考方法也染上了機械的色彩，所以那時的地理學雖已進步多多而趨近唯物論，但仍不免是機械的唯物論。因此當他們討論地理環境與人類的關係時，常丟開介在人與自然間的「中間項」——勞動能力，勞動手段及勞動組織，隨着「人即機械」之論調，而有地理可以直接決定一個民族生活習慣及國家之强弱等的錯誤理論。這時最重要的代表學說，爲「地理政治學」，以及地理學上的「總括法」「結論法」「解放觀」等。而主要代表人物，則爲 Richthofen, Ratzel, Kjellén, Haushofer, Graf, Horrabin, Montesquieu, Huntinton, Ritter, Kant, Hegel 等。現在資本主義已達到了它底最後階級上來了，於是那些聰明的學者都又調轉風頭，而爲帝國主義者底政策負起任務來了。凡此都是非科學的地理學，「半身不遂的地理學」，「幽囚着的地理學」，「無用的地理學」。

但爲什麼產生了這些「無用的地理學」呢？主要的原因是由於他們所用的方法之不正確。欲把地理學從「半身不遂」「幽囚」裏拯救出來，有待於活生生的科學的方法：這方法便是辯證法的唯物論的經濟地理學。

一切環繞我們的氣候，土地，地理位置等自然狀態，都以「中間項」爲媒介而作用於人類底經濟生活；自然制約人類，而人類却又克服自然，且追隨自然。研究地理學而捨此正路，究竟有什麼意思呢？都市，山岳，河川等如對人類社會而不表現經濟價值時，它們對於我們有什麼意義呢？對於學習它們的人有什麼興趣呢？中國不是「幅員廣大」「物產豐富」的國家嗎？但如不以辯證法的唯物論的方法來觀察只憑單純的記載時，中國不也是世界上富强之國了嗎？然而這種贊美，實際上與中國社會又有什麼關係呢？

頡剛先生，以上拉雜寫出，語乏倫次，錯誤處一定不少。不知先生對我有什麼指教？專此敬問

好！

生王毓銓敬上。一二，五，一九三五。

編者案：王先生此函中一番好意，我們自當永不忘記。我們這個刊物，專事收集材料，沒有什麼理論，實在是一個缺點。別人我不知，就我自己而論，對於這種缺點是知道的，是承認的，是希望改進的。然而我們所以依然保持這個態度，非因別故，而實由於「人類創造其自身的歷史，但人類不是在自由選擇之下創造它，乃是在由人類發見的全然一定的狀況之下創造」。我們固然有崇高的希望，有堅毅的決心，然而沒有「客觀的自然狀態」，如何可以發動這超出現實的「社會勞動」。當禹貢初出版時，許多人爲我們擔心稿件不夠，然而我們不怕，爲什麼？就因爲這些材料的搜集已獲得了客觀容許的條件。在三百年前，中國學者要看一份像樣的地圖是不容易的，——不，豈但不容易，簡直是沒有。自從利瑪竇等來中國，爲中國畫上有經緯線的地圖，康熙時耶穌會士又爲中國作實地測量的地圖，中國人纔親切知道自己的國家是怎樣的，自己的國家在全世界中所居的地位是怎樣的。於是清代二百數十年中，地理之學遠比前朝爲發達。因爲知道了現在，就要追求古代，於是有李兆洛楊守敬兩家的歷代輿地圖。我們提倡研究沿革地理，在清以前是做不到的，因爲沒有這「生產工具」。在清代固然可做了，但在剛剛使用這工具的時候，處處受着「發展的制約」，還做不好。直到現在，提出的問題日多，積疊的材料益衆，整理的方法愈工，我們深信，一定可以做得好了，於是有禹貢的發刊，而有今日差强人意的成績，這便是「依存於其對自然之愈益深刻的適應」。固然我們的成績從別人看來實在是「非常乾燥」，但在我們的範圍裏則決不覺其乾燥，就是乾燥也沒有辦法，因爲這是我們的本分，那見礦工嫌厭礦洞中生活的乾燥而改操歌舞業的！而且偉大的理論決不是不負責任的談話，必須有事實的基礎，這基礎就是夠乾燥的。使用統計表

來說話的人固然舒服，而編製統計表的人則何等沉悶？倘使大家不肯沈潛於這種機械的工作，專喜歡發大議論，則既沒有事實的基礎，只有相率作策論八股；學問到了這步田地，還有什麼意味？所以我們不是不要理論，只是所要的爲「在强制自然爲他服役時，人們自身也在服從自然，追隨自然」的理論。我們現在的機械工作爲的是適合事實（就是服從自然和追隨自然），我們將來的成就是要創造理論（就是强制自然爲他服役）。「行遠必自邇，登高必自卑」，什麼事情都不能躐等進行。固然人性各有不同，我們這班人也許因爲機械的工作做得太久了，此生此世更無建設理論的希望，可是只要我們留下來的是貨眞價實的東西，也就足以供給將來理論家的採取。正如爲了造屋須燒磚瓦，更須工程師打樣，我們沒有打樣的才能而只能做燒磚瓦的呆板工作，地位當然不能很高，但我們的材料卻是眞東西，是工程師所必須取用的。「人類社會發展史與環繞着他們的自然——地理——的關係」，「自然在社會發展過程中的作用」，這固是我們研究工作的最終目的，但要達到這目的是何等的困難，不知道要有多少人合作才成，那裏是說到就到，那裏可以責望到幾個人的身上！再有一件當前的大困難，就是生活的不安定。在這「大隊敵機轟炸聲裡」，連王先生寫這封信時也不能「詳爲申論」，何況建設起學術的理論！只有機械工作還能勉强地進行，所以我們的刊物出得下去。來函云，「中國不是幅員廣大物產豐富的國家嗎？但如不以辨證法的唯物論的方法來觀察只想單純的記載時，中國不也是世界上富强之國了嗎？」如果王先生再用這種方法來觀察我們的刊物，那麼就可減輕對於我們的責備了。倚裝匆匆，不盡欲言。

四八

頡剛學兄：別來十餘載矣，兄或未必憶此故人，而弟則屢在報紙上及書肆中見到大作，功力之深，名譽之廣，均足爲同學光寵。以視弟之浮沈宦海，進退由人，又有何顏爲老友道耶！言念及此，且愧且慚。弟前在新生命書局購得禹貢，嗣後即陸續購讀，得益不少。所恨者，自身生活太亂，求參考書又不便，無法爲老兄搖旗吶喊耳。茲有二事奉詢：其一，兄素健筆，倚馬千言，何以在禹貢上惜墨如金耶？近來雖在通訊一束中見到無數案語，然此太零碎。弟甚欲讀兄系統之著作，深望得如私。其二，禹貢以討論中國民族史及中國疆域沿革史爲職志，固有不滅之價值，然此但得爲已學者言，不當爲初學者言。初學者之需要有兩種：一爲知道此種問題何以當研究，則需作理論文字；一爲此種問題之常識爲何，則需編教科書。貴會中專門學者甚多，如在此二事上加以注意，自可引導中學生及大學初年生之興趣，以作共同之努力。現代青年不但在政治上感煩悶，卽在學術上亦愁無出路，如兄等能略降身分，使彼等可以循序漸進，則影響之大有非專門論文所可比喻者。弟爲無專門學問之人，本不當在學術界上發言，惟恃舊友之誼，敢貢其狂瞽之見，兄得無笑其欲以不學濟不學耶？北平俶擾如此，兄等猶工作不懈，想見學者之鎮定，無任豔羨。何日南來，一傾積愫？此上，敬請著安。

弟齊健頓首。十二月十日。

編者案：讀此函，對於齊先生之高情厚誼感刻極矣。承示應作理論文字，同人固未嘗無同感，然一種人自有一種人之才力，所謂「鶴脛雖長，斷之則悲；鳧脛雖短，續之則憂」，天分如此，無法矯揉。本會同人大率樸學，不擅以華辭相號召，故本刊所載，通論絕少。然此實非辦報者所應有之態度，甚望能作理論文字之人肯加入本會，達出同人所欲言而不知所以言者，使同人之工作得以博得青年界之同情，他日相將以民族史與疆域史之研究結果灌輸於民心，而激發其保國保種之血誠，則此會為不虛集，此刊為不虛出矣。至於編輯教科書以傳播民族疆域史之常識，頡剛久有此志，惟近年來以種種因緣，無法進行。順答齊先生之使，敢將個人生活略略道之。頡剛所不幸者，為早歲知名；此固亦有其便利之處，但所得決不足以償所失，如開會也，筵宴也，慶弔也，通信也，會談也，無一非剝奪我時間之法術，雖欲讀書，勢實有所不可。前數年在燕京大學，地處郊野，人事尚較少，然一日工作時間亦最多半天。夜中固清靜，無如失眠症已犯二十年，晚飯後可校書，可翻書，而不可從事撰述。近年以編禹貢，繪畫地圖底本，在在需錢，我輩寒畯生涯不足以給用，計無復之，只得乘燕大休假之期，到北平研究院任事一年，俾資挹注。然而一到城中，人事更排解不開，向之可以託詞郊居而不赴者，今則無所藉口矣。以是之故，心中雖有許多待研究之問題，又有若干醞釀已近成熟之文字，如五服考，五嶽考等，皆歸停頓。重勞故友垂詢，曷勝惶悚。更有一種苦痛，為今年所獨有者，則研究材料之不集中是已。三十年來，積書十室，在燕大時，書居正屋而人住廂房，欲查一事，取之即得。自移寓城中，感於時局之不安，書籍大部仍置城外，要時時上圖書館，實為此種生活之下所不許。因是，此一年中已死心不作一文，至多只有將未完之稿略事修飾而已。主編一報而自已袖手，中心愧恧，何可言喻。至於通訊案語，有類於上海人所稱之「報屁股」，不足論也。率直奉覆，惟故人矜憐之！

四九

頡剛吾師：

前讀禹貢，知道銷路已比前廣，非常喜歡。學生只愧不努力，很少寫稿子寄去。

又憶某日大公報，某新聞記者訪問禹貢社記，裏頭說我專治三國地理，看了心中眞惶恐。我只做了一篇山越分布區域考，這算得什麼！如今已掛此名，學生當自加鞭策。課務若得稍暇，我擬作（一）三國時交趾的移民，（二）三國時福建海上的交通。

敬此，拜請撰安。

學生葉國慶上。三月十六日。

編者案：葉先生山越考一文，提出的問題和搜集的材料都使人欽敬。擬作二文，久未見寄來，為念。不知道能在這寒假中寫成否？將來研究好了古代的閩粵移民，甚望對於近代的閩粵移民再考索一番。

禹貢學會募集基金啟

甲　創立宗旨

居於一室而不知其室外之街巷可乎？曰：不可。人不但寢息於室中而已，必有所事，或操其業務焉，或取其衣食焉，是皆在於室外，而必由街巷以達之者也。故其活動之範圍小者其所知之街巷亦少，老嫗小兒但知米肆糖攤可已。至於訪員郵差，則於其所在之遠市荒陬莫不當知，以其活動範圍遍及全邑也。一地如此，一國亦然。吾人棲於中華之土，稱曰中華之民，又翹然自異曰學術界，若於國內之山川道路，城郭關塞，以及地之所生，事之所宜，皆瞢然無知，是乃不及訪員郵差之克盡其職責於一地，豈非大恥辱乎！百年以來，東鄰西邦之研究吾史地與社會者踵相接，僕僕道途，皆搜覓其所欲得者以去，孳孳焉究而察之，若水銀瀉地，無孔不注；其謀國者遂得藉之以設施其政治計畫，而吾國為之大困。夫一國之學術界既皆夢夢若老嫗小兒，不識其稍遠之街巷，雖有賢者居位，欲大有所作為，而無從得學者之輔助，終惟諮謀于貪猾之吏，政與學相離絕，國土安得不拱手而讓人，此則於創深痛劇之時所當猛自省而嚴自尤者矣。今日國事之屯邅為有史以來所未覯，崩壓之懼，陸沈之危，儳然懍然，不可終日，吾人所負之責任遂極有史以來之艱鉅。夫救國之道千端萬緒，而致力于地理，由認識國家民族之內涵，進而謀改造之方術，以求與他國方駕馳騁于世界，固為其最

一

主要之一端也。

本會之創立，目的在研治沿革地理，並進而任實地調查之工作，以識吾中華民族自分歧而至混一之迹象，以識吾中華民族開闢東亞大地而支配之之方術，以識吾中華民族艱難奮鬬以保存其種姓之精神，蘄爲吾民族主義奠定堅實之基礎，且蘄爲吾全國人民發生融合統一之力量。此今日之大任，非敢以能力薄弱自諉者也。

以吾國深長之歷史，於民族，疆域，交通諸端，應研究之問題及應搜集之材料實多不可計。昔人限于工具之不完備，曾無貫串比叢之術。今日繪圖術之精既已突過前人，而以統計術推求事實乃爲前人所未嘗夢見，至於搜集史料之方法，異國文字之互證，較諸百年以前，進步之速，直匪言說可喻。同人獻身此學，蘄以團體之力作成之圖書約有八種。一曰「中國民族史」，殷周以前中國之民族分布，固須待考古學發達後始可探知，而三千年來之演進則文籍中歷歷可按，以吾族無種族之隘見而惟求文化之擴展，故四表得層層消融以成此龐大之國族；作爲此編，可於艱難圖存之中增進吾民族之自信力，亦使吾民族精神得以昭著於世界焉。二曰「中國地理沿革史」，三曰「中國地理沿革圖」，四曰「考訂校補歷代正史地理志」，此三者雖判數名，實同一體，蓋皆整理各時代疆域之贏縮，軍政區之分畫，以識其盛衰之迹者也；若人口之統計，交通物產之圖表，亦附於此。五曰「中國地理書目」，廣搜中外圖書，凡與華夏地理有關者，皆記其卷帙，作者，刊者，藏者，及其序跋，評論，以類相

二

從，使求索材料者檢之而卽可得，以爲研究之基礎；至於單篇之論文，零條之筆記，並著錄焉。六曰「中國地名辭典」，郡縣有古今建置之殊，山川有隨地更名之習，名實異同之間，目爲眩亂，近雖有作爲辭典者，而以材料之未能集中，猶甚多可指摘；本會旣編地理書目，悉知材料之所在，於以採錄地名，編爲此典，固可遠勝於他作也。七曰「中國地方文化史料集」，於今言史事者，採之正史者至多，而用地方志者則絕少，以方志分量繁重，且散在各地，不易讀也；然其中實保存不少重要史料，可補正史之闕遺者；輯而存之，與正史並行，則網羅時間空間，史料無所隱遁矣。八曰「中華民國一統志」，此爲本會工作之最大目的，而以前種種均爲此豫備者也。人民於其所居之國，莫不要求有確實之智識，以進行其征服自然之設計；專門之學雖爲少數人之事，然必對於大多數人發生影響，其學始有價值：故本會以前之工作純爲學者事業，而此最後之一事則爲供給社會應用，將於前所探討之中，擇其爲現代人所當有之常識，出以通俗化之文筆，而期廣遠之灌輸。然此事甚大，同人所能自任者惟沿革之叙述與現況之調查耳，至於地文，地質，生物，人種，社會，經濟，宗教等項，必得各專門家之通力合作，然後可以無憾也。

命名曰「禹貢」者，禹貢一篇於吾國地理書中居最早，其文羅列九州，于山川，土壤，物產，交通，民族諸端莫不繫焉；今之所謂自然地理，經濟地理者，皆於是乎見之。以彼時閉僿之社會而有此廣大之認識，其文辭又有此嚴整之組織，實爲吾民族史上不滅之光榮。今日一言「禹域」，曠不思及華夏之不可侮與國土之不可裂者！以此自名，言簡而意遠。且論沿革地理之書，自漢書地理志以來，莫不奉是篇以爲不祧之祖，探源導流，同人之工作固當發軔于此爾。

乙 創立經過

民國二十一年，譚其驤先生在北平私立輔仁大學擔任「中國地理沿革史」一課，翌年，顧頡剛先生在國立北京大學及私立燕京大學擔任「中國古代地理沿革史」一課，性質既同，時以述作相討論。是時燕京大學中，鄭德坤先生研究水經注，重繪水經注圖；朱士嘉先生研究地方志，編中國地方志綜錄；馮家昇先生研究遼金史，作契丹名義考釋等論文；張維華先生研究中西交通史，註釋明史佛郎機呂宋和蘭意大利亞四傳：從事於歷史的地理之研究者日多。而燕京大學以外，北平學界之研究甲骨文及金文中之地名與其地方制度者有董作賓，于省吾，吳其昌，唐蘭，劉節諸先生，研究古文籍中之地名及民族演進史者有傅斯年，徐炳昶，錢穆，蒙文通，黃文弼，徐中舒諸先生，研究地方志者有張國淦，瞿宣穎，傅振倫諸先生，研究中西交通史者有陳垣，陳寅恪，馮承鈞，張星烺，向達，賀昌羣諸先生，研究地圖史者有翁文灝，王庸諸先生，是諸家者，時有考辨之文揭載于各定期刊物中；風氣所被，引起後生之奮發隨從者不少。顧譚二君擔任此課，於學生課卷中屢覩佳文，而惜其無出版之機會，不獲公諸同好，爰集合北大，燕大，輔大三校選課學生，於二十四年二月在北平成府蔣家胡同三號組織禹貢學會，自三月一日始發行禹貢半月刊。經費除顧譚二君之特別捐助外，均賴會員所繳之會費維持之。初時每期僅二三萬言，從事撰稿者不過二十餘人；其後會員日增（至今有二百人），銷行日廣，稿件紛集，遂逐漸擴充篇幅，至今每期累七八萬言，而文稿猶多積壓，所討論之問題亦遠軼於創辦期矣。

張石公先生（國淦）研求地理之學逾四十年，搜集圖書材料至富，于方志之部尤爲究心。本會既創立，先生酷表同情，多方奬掖，本年十月復以北平小紅羅廠等處房地捐贈本會，使研究之業得因集中而增加力量。本會感領之下，已將繪圖工作及所藏圖書遷入；至於發行事務，爲就印刷之便，暫留成府辦理。

自本會發行半月刊，搜集中國民族演進史及地理沿革史之材料，並討論其問題，研究中國經濟史者陶希聖先生視此爲有效之方法，亦發起食貨學會，刊行食貨半月刊，搜集經濟史料而討論之。此兩會所研究者雖爲部分之中國史，而實際不啻爲中國通史築一堅固之基礎。陶先生爲督促「中國通史」之早日出現計，又聯合本會，發起史學月刊（不久將由亞新地學社出版），俾百川東流，得其總匯，且使學者勿以久任顯微鏡之工作而遂忘窺望遠鏡也。

丙　過去工作

民國二十一年春，鄭德坤先生整理水經，以楊守敬氏水經注圖裝成册子，既不便觀覽，其底本又不甚正確，思改進之，因重繪水經注圖，合密邇之數水爲一幅，而又作總圖以爲之綱領。其時鄭先生感覺研究沿革地理而無一精確之底本，於事至爲不便，因與顧頡剛先生合議，聘員繪畫「地圖底本」，依經緯綫分幅，以便接合；圖分甲乙丙三種，甲種比例尺爲二百萬分之一，乙種爲五百萬分之一，丙種爲一千萬分之一有差，俾得視其所欲爲者而擇取底本用之。豫計此圖出版後，即可從事于下列數種之工作：繪畫各史地理志或清人補志之圖，參酌李（兆洛）楊兩家之歷代輿圖而補正之，且爲之表譜以資說明，一也。地理志第據一代中某一年之册籍（如前漢爲元始二年，續漢爲永和五年），而疆域隨時變遷，一代之始終往往大不相同，今應因其損益而各別爲圖，一代可以多至若干幅，二也。分讀二十四史，集錄所有地名作爲索引，就其可考者悉注於圖，以補郡縣名之所不及，三也。此外各代行師之路徑，民族之遷徙，人口之疏密，交通之進展，物產之分布，人物之統計，莫不可將研究結果繪之成圖，俾讀沿革史者不但知其沿革而已，又得知其所以沿革之故焉，四也。定議之後，遂聘測繪專家吳志順先生主持其事。吳先生不敢憚勞，遍搜北平各圖書館所藏之圖而比較之，每繪一幅必以若干圖相參證，其不同之處又必考而後信；因其不輕着筆，故迄今全圖尚未繪成。豫計本年夏間，可以大體竣事。

研究方面，以本會未有基金，無從籌措經常費用，故同人之工作不易集中而分配之。然即以今日所研究之論題分配於各方面，雖未嘗無輕重贏縮之殊，而大致於此學之園地均已墾闢。按本刊第一，二，三卷中所發表之文字，凡論春秋以上之地理及民族者七十七篇，論戰國至漢者二十七篇，論三國至唐者二十篇，論宋元者九篇，論明淸者二十三篇，論邊疆者二十四篇，論內地各種族者五篇，論中外交通者十三篇，論方志之學者十一篇，論地圖者十二篇，是足以見本會同人分工之趨勢矣。自第四卷起，更注重於邊疆及水利，以期適合現代之需求；又特闢「國內地理界消息」一欄，搜集南北各日報中之疆土，戶口，交通，礦產，工商業，水利，水災各項新聞，施以系統之編次，藉作研究當世地理之準備，而欲覘吾國國力之增進與實業之消長者亦可於是求之。

本會同人亟欲知今，惟以各有業務，未容騰出旅行之時間，加以資財不裕，無從籌措旅行之費用，故暫時埋頭圖書館中，以整理舊材料自任。然跛不忘履，伏櫪不忘千里，故除準備實地調查外，並已郵請各地人士對於其本邑作調查，材料取其近，眼光取其新，每縣寫數千言或萬言，爲「地方小志」；半載以來，得數十篇。將來當益加徵求，期得分省編集，用備「中華民國一統志」之椎輪，且爲本會將來正式調查時之借鏡焉。

中國人之知有世界，實始於利瑪竇之繪製地圖。其「坤輿萬國全圖」六幅，東西洋學者研究已多；其「山海輿地全圖」則外國人士尚未有見者，而其圖分東西兩半球，更爲近真（見本刊第四卷封面），大有表章之價値。本會同人發見此圖於明刊「方輿勝覽」中，由洪煨蓮先生（業）縝密探討，更得不少材料，足以證明利氏製成此圖之後曾風靡于明世。爰由洪先生主編「利瑪竇地圖專號」，豫定在本刊第四卷內出版。同人深信此冊一出，必足以震驚世界之地理學界也。

夫以前治學限於文字，地圖一科雖已萌芽于三千年前，而以數學之不發達，測繪術未能邁進，即有精製之圖，如唐賈耽元朱思本所作，亦以印刷術之幼稚，未克複製，有志研究地理者無所憑藉，自無成學之望。自淸康熙間耶穌會士來中國者爲我測繪「內府十三排地圖」，而始有正確之圖本可據，胡文忠公遂刋一統輿圖，李楊二氏亦作歷代地圖，並有不廢之功。然木版印刷終嫌粗略，而二氏以一二人之力成之，未嘗與同好者竭盡商搉之事，然則其偶有疏失乃爲時代所限，不當苛責者也。今日繪畫印刷之術俱大異于昔年，而又有期刋以爲搜集材料與討論問題之機關，加以圖書之輻湊，交通之利便，將來吾儕成績之超越于前人，非智慮之有勝，亦時爲之爾。若擁此優厚之環境而束手不爲，是眞自暴自棄之甚矣，有何面目以對慘淡經營之前哲哉！

丁　募欵原因

本會同人自組織學會發行刋物以來，迄今未及二年，倖獲國內學術界之同情，相與輔相而裁成之，以有今日顯著之進步，誠不勝其欣幸。然而爲學之道，不進則退，中間無站足處。語云，「學然後知不足」，同人惟積數年之功力，識其所當循之道，遂有求進之共同意識，不能安于現在之課藝的狀態。然本會同人大抵皆學校師生也，教師薪入有定額，學生費用亦未容多取諸家庭，既無較厚之財力，即未容作切實之發展。用將會中經濟情形及其進取之計畫臚陳于下，以備有志鼓吹文化且發揚民族意識者之鑑察焉。

本會亟需欵項以辦理者，凡有四事：

其一，爲半月刊之印刷費。當本刊初出版時，自謂性質過於專門，必無暢銷之望，故鉛版印畢即拆，未打紙版。豈料發行之後，銷路頗旺；一二兩卷每期印千餘册，不及半年輒已罄盡。及銷盡而索購者猶紛來，並要求裝合訂本，故本年即將前二卷重付排印，且打紙版。不幸補印合訂之本將成，篇幅自第四卷起又經增加，而時局陡然嚴重，市面大感蕭條，購買力因之驟弱，本刊受此影響，所蒙損失遂鉅。除定戶外，零售者不及去年之半；即會員應繳之會費，各代售處應繳之售價，莫不因是而多積欠。向之藉會費售價以自立者，今乃顚簸于驚濤駭浪之中，大憂隕越。又地理論文不當無圖，本刊前已憾于資力之不足，每期中僅插一二幅，私衷耿耿，常懼無以對讀者，今則即此一二圖亦頗覺躊躇矣。爲救急計，不得不募集印費，使刊物毋中斷。雖然，驟雨飄風，常不終日，時局雖極惡劣，而必有變陰霾爲晴朗之時，故救急之術雖不可不圖，而永久之謀則尤爲重要。必使此刊之存在不賴售賣之收入，然後可立一定之辦法，不隨時局而俯仰；而所收售賣之資亦可改充稿費，使寒畯之士得藉此以自成其材。若然，則半月刊之印刷及文中插圖製版等費用，年需四千元。

其二，爲專書之印刷費。本會創立之初，即于會章中規定，出版物除期刊外，尚須刊行研究報告與叢書兩類：研究報告爲會員專門工作之結果，叢書爲彙刊前人本項學術之著述。

當時計畫，短文編入期刋，長文印爲專書。其後以印費無出，叢書及研究報告迄未發行。然又不忍不印，則取之以編入半月刋，故此刋中不少長文，往往經歷若干期而猶未完畢，此對于讀者甚感不安者也。其尙未刋入半月刋而確可單行者，就手頭存積之稿言之，有王日蔚先生之「中國回族史」，馮家昇先生之「東北史地」，「西遼史」，譚其驤先生之「中國內地移民史」，馬培棠先生之「禹貢編制考」，「古代中國民族考」，鍾鳳年先生之「戰國疆域變遷考」，「水經注表」，鄭德坤先生之「水經注圖」，「水經注引書考」，「水經注研究史料彙編」，史念海先生之「兩唐書地理志考異」，黎光明先生之「大唐西域記表目」，楊殿珣先生之「元和郡縣志索引」，賀次君先生之「山海經索引」，白壽彜先生之「諸蕃志箋註」譯稿（原文爲德國洛克希爾氏著）；但使具有印刷費，即可陸續出版。本會同人旣已各有專攻，自能以不斷之成績自獻於社會，此後之著述必將層出而不窮。如平均每月出一二種，則年需六千元。

前二事固爲本會事業發展所必需，然事又有重於此者。蓋此等個人之書室工作，雖最後之歸宿終歸于互相輔助，融成一片，而在工作之途中則無須聯絡，彼此儘可不相聞問，此以前學者所優爲者也。吾儕生于今日，目覩他國研究學問之方法與其成就，憬然知欲登最高之理想境界必有集團工作以爲之基，而後個人之時間精力乃得減少浪擲，而聚精會神于若干專門問題之探索。非然者，此鈔地理志，彼亦鈔地理志，此作人口統計表，彼亦作人口統計表，同一事而重沓爲之不已，自學術界全體觀之，眞大糜費也！所貴乎團體生活者，爲其能通力合作也，本會之創立，甚欲於集合同志各出其書室工作之外，更有若干之集團工作，使個人與團體達到相依爲命之地位。前繪地圖底本，即爲提供集團工作之一種。此外如「地名目片」，應有一定式樣，先由各人分書鈔寫而後繼以混合編排，則凡求一地名不得者，到會中一檢而即知之矣。又如「書名目片」，凡屬地理之類應悉鈔錄，則凡欲覓郡邑山川之史料者，亦可俯拾即是，不勞個人費寶貴之光陰於大索中矣。夫個人之力有限，集團之力無窮，以集團之廣大濟以個人之深邃，其成就寧有底止耶！前文揭櫫所欲成之書，皆集團工作也。倘使月有五百元，便可聘大學研究院畢業生五六人專司其事，教師以餘閒任指導輔助之職，假以十年，必有「不廢江河萬古流」之大著作出現于世。此之成功，必非急就貿利者所可幾也！如是，年需六千元。

尙有一事，視此爲更重要。蓋百聞不如一見，惟身所遭遇者始感親切；欲求有用之學，必不可但憑書本。言地理而不實地觀察，猶誦食單而遂謂知味，實自欺耳。他邦之士，受語言生活之隔閡，尙復不憚艱險，深入我内地，凡我散亂之事物無不融化爲彼輩系統之智識。尤在邊境，我所最昧而彼所最明，馴至生一交涉，在彼言之歷歷，而在我則無所措手足，此豈非全國人民之奇恥大辱。夫我國旅行之風迄今未盛，言歷史地理者猶以爲不出戶庭可知天下，既積習莫破，則惟有假途於域外之圖書。然言本國之事而取外國材料，則受侮受謾乃其恒情，洪鈞「中俄交界圖」其例也。故擺脫束縛，自挺脊梁，旅行團不可不組織。本會以研究地理爲標的，自當以書本知識導其始，而以實地調查要其終。擬先規定旅行經常費每年五千元，商定題目，分期舉辦，如論經世則有屯田，河渠，道路，土司諸端，探邊情則有人種，語言，宗敎，同化諸端，以及長城運河之遺跡，鑛冶陶甆之工業，莫不將所得記錄作邃密之研究，而逐漸擴大之，非窮其究竟，不憚再三踏查，如是，則物無遁形，而同人之工作靡不可爲致用之資矣。

綜上四項，年需二萬一千元。自個人言，似乎所望太奢；然以全國家全民族言，無寧謂之過儉。今日何日乎，非喚起民族精神殆無術自存於世。且在此苦悶之時局中，我輩若不以自力創造希望，卽將相率流入頹廢之途，而青年無屬望之人，國家乃真不可救矣。夫使人識吾國家爲不可分割之國家，吾民族爲不可譏閒之民族，是吾儕之力所能爲；善用其力而使有成焉，知必得食其碩果於將來也。

戊　募捐辦法

時勢有如此之需要，本會有如此之計畫，自當黽勉赴之。但每年需有二萬元以上之開支，必存積三十萬元之基金而後可以無慮。就現在國內經濟情形而論，此境實非一蹴可幾。今擬以十年之力完成之（自民國二十五年至三十四年），每年募捐三萬元；倘得溢出此數，即行縮短年限。諒愛護本會之事業者必皆樂觀其成也。辦法如下：

凡捐款在五十元以上者，及代募捐款在五百元以上者，均由本會敦請爲贊助會員。本會對於贊助會員，除刻鏤金石以資紀念外，並將捐款提出十分之一，購買切用圖書存儲學會，俾讀是書者開卷而思嘉惠，木本水源，永垂不朽。（此事現已實行，分見半月刊各期本會紀事欄。）

凡贊助會員，本會當將定期刊物長期贈閱；其他出版品亦當贈送，惟成本特重者則奉呈廉價券。

本會所得之捐款，除以十分之一購買圖書外，其餘盡歸基金項下存儲之。捐款人倘自行指定用途，如悉數購書或建造房屋等，本會自當照辦，惟不併入基金內計算。

基金完成之後，是否應作第二步計畫，如聘請學侶擔任特別研究工作等事，屆時再開會決定之。如本會力所未及而捐款人臨時發起，或以某項工作委託本會辦理而予以特捐，但須同人能力所及，無不樂於從命。

至於在籌募基金時期，本會所自任之工作及會中收支辦法，並陳左方以資參考：

本會應即組織「禹貢學會籌募基金委員會」，選舉本會會員八人及贊助會員七人爲委員，共同管理募捐及支付事宜；除隨時將捐款數目於半月刊中公布外，並將決算書按年報告於全會及捐款人。一方面徵求會員及各界人士爲本會募捐員，發送三聯捐册；每一募捐員至少在三個月内向本會報告一次。

在籌募基金時，學會會計應與基金會會計分立，俾基金不致因當前之費用而多消耗。書報之印刷費仍由會費，會員特捐，廣告費及售賣收入四項中開銷之；其不足之數則動用基金利息。如在此期中所需之印刷費，已得在會費，廣告費及售賣收入三項內清付，則將會員特捐一項停止，並徵求捐欵人之同意，將此項捐欵併入基金辦理。

本會編印地圖底本，爲作沿革地圖之準備，此乃本會種種研究事業之基礎；惟當創辦之際，困于資力，故所有繪圖員薪金及印刷費等均由顧頡剛鄭德坤二先生墊付。俟捐有成數，當先歸還。繪圖員吳志順先生爲表同情于本會事業，支最低之薪金，精心苦詣，成此定本，且有志爲本會繪畫全部歷史地圖，又承馮家昇侯仁之諸先生校對此圖，費時不少，同人工作實利賴之，俟出版後，擬合付以百分之十之版稅，以答厚意。其他專書，並同此例。

同人初學，疏淺爲慙，所可自信者惟此不可轉之志耳。苟利於國，生死以之。倘蒙先進鴻達許爲可教，加以培植，俾本會之工作有進而無退，本會之成績隨歲而益新，學術幸甚，國家幸甚！

中華民國二十五年一月一日。

布面金字 禹貢半月刊第一二三卷合訂本出版

第一卷　定價壹元貳角　郵費壹角伍分

第二卷　定價壹元陸角　郵費壹角柒分　（合購捌折）

第三卷　定價貳元　郵費壹角捌分　（郵費不折）

本刊為研究中國民族史與地理沿革史專門刊物，出版以來，進步至速，篇幅日增。讀者為便于保存計，羣囑本會裝為合訂本：惟因補印費事，遲至今日始得如願。此三卷中，計有：

古代地理——七十七篇　戰國至漢——二十七篇

三國至唐——二十篇　宋至元——九篇

明至清——二十三篇　邊疆——二十四篇

內地種族——五篇　中外交通——十三篇

方志研究——十一篇　地方小記——七篇

地圖評論——十二篇　遊記——九篇

書評，目錄，傳記——廿四篇　通論，雜類——十篇

此實為「歷史的地理」之學的大結集，凡欲對於此方面有深切之認識者，不可不讀!!!

△總發行處：北平成府蔣家胡同三號禹貢學會

△總代售處：北平景山東街十七號景山書社　南京城內太平街新生命書局

禹貢第四卷第十一期目錄豫告

明代土司制度考……佘貽澤

晉惠帝時代漢族之大流徙……劉掞藜

兩漢之際北部漢族南遷考……陶元珍

清代地理沿革表（浙江）……趙泉澄

清代學者地理論文目錄（遊記）……王重民

兩粵紀遊……謝剛主

國內地理界消息……楊向奎　張佩蒼　葛啓揚輯

本刊總經售處：北平景山東街十七號景山書社　南京太平街新生命書局

本刊代售處

北平北京大學研究院楊向奎先生
北平燕京大學史學系侯仁之先生
北平輔仁大學史學系史念海先生
北平清華大學史學系吳春晗先生
北平北平圖書館王以中先生
北平東安市場佩文齋書舖
北平西單牌樓南首建設圖書館
北平隆福寺街修綆堂書舖
北平隆福寺街文奎堂書舖
北平隆福寺街文殿閣書舖
北平琉璃廠寶德堂書舖
北平琉璃廠來薰閣書舖
北平琉璃廠邃雅齋書舖
北平琉璃廠新生命書局
北平琉璃廠文芸閣書舖
北平東安市場新智書局
北平東安市場岐山書社
北平東安市場福華書社
北平西單商場知行書局
北平琉璃廠人文書店
北平成府競進分社
天津法租界二十六號路世界圖書館
天津南開中學前會友書局
濟南濟南雜誌社
太原樓兒底覺民報社
開封新書業街龍文書莊
南京中央大學門前鍾山書局
上海四馬路開明書店
上海五馬路亞東圖書館
上海棋盤街寶善里新生命書局
上海四馬路上海雜誌公司
上海福州路生活書店
上海四馬路中市羣衆雜誌公司
上海西門蓬萊市場傳經堂書舖
蘇州五卅路國學小書堆
蘇州宮巷時代雜誌服務社
安慶安徽大學李貫英先生
杭州福緣路抱經堂書局
廈門思明路生活書店
南昌中山路南昌書局
武昌橫街頭新生命書局
武昌察院坡亞新地學社
長沙府正街金城圖書文具公司
重慶北新書局
重慶天主堂街重慶書店
萬縣環城一馬路世界書局
成都少城祠堂街開明書店
廣州中山大學董紹良先生
廣州東山學海書院譚其驤先生
廣州文德路廣東省立編印局
廣州永漢路上海雜誌公司廣州支店
西安大公報西安分館
綏遠楊家巷十二號綏遠新聞社
日本京都中京區叢文堂書店

出版者：禹貢學會。
編輯者：顧頡剛，譚其驤。
出版日期：每月一日，十六日。
發行所：北平成府蔣家胡同三號禹貢學會。
印刷者：北平成府引得校印所。

禹貢 半月刊

價目：每期零售洋貳角。豫定半年十二期，洋壹圓伍角，郵費壹角伍分；全年二十四期，洋叁圓，郵費叁角。國外全年郵費貳圓肆角。

The Chinese Historical Geography

Sem-monthly Magazine

Vol. 4 No. 11 Total No. 47 February 1 st 1936

Address: 3 Chiang-Chia Hutung, Cheng Fu, Peiping, China

第四卷 第十一期

民國二十五年二月一日出版

（總數第四十七期）

內政部登記證警字第叁肆陸壹號 中華郵政特准掛號認為新聞紙類

本刊啓事一

本刊第四卷已將出發，而「利瑪竇地圖專號」因稿件未齊，尚未付印，殊深抱歉。現在決定將此專號作爲本刊第五卷第二三兩期合訂本，民國二十五年四月一日出版，內容約十五萬言，先將目錄公布於下：

本刊啓事二

本刊第四卷中所載長文，將於第十二期中結束三篇，爲：

張傳瑞譯：環居南海之古代民族，

王重民：清代學者地理論文目錄，

謝剛主：兩粵紀游。

倘有兩文，須待下卷結束：

史念海：西漢侯國考

徐文珊：史記三家注所引地理書考。

又本刊自第一卷以來，尚有未完稿件數種：

譚其驤：清史稿地理志校正，

鍾鳳年：戰國疆域沿革考。

以上兩種，已經著者說明，不再續作。鍾先生已另成「戰國疆域變遷考」一書，將由國立北平研究院史學研究會出版。

賀次君：水經注經流支流目，

以上一種，賀先生續有稿送來，惟以本刊稿件擁擠而篇幅有限，既多容敘述考證文字，只得減少目錄索引文字，以致久未續刊，至爲歉仄。將來本會捐得款項，可印叢書時，即當以賀先生此稿作爲叢書之一種。如本刊篇幅可以增加，即仍在本刊中陸續發表。

趙泉澄：清代地理沿革表，

以上一種，因作者事務煩忙，尚未完全寫定。一俟續有送來，即當源源刊出。

仇在廬譯：大秦傳中所見之漢人思想，

周信：清初東北土人的生活，

以上二種，因作者離平，人未經續完，本刊自當探詢住址，催促完稿。

張樹棻，李維唐：十六國都邑考，

以上一種：早已作完，惟以原稿一時未能檢得，致未繼續，自當再爲尋覓，於下卷中刊完。

二十五史刊行會：二十五史補編提要選錄，

以上一種未能續刊之原因，與水經注目錄同。俟本刊篇幅稍有餘裕時，即當補載也。

本刊啓事三

本刊因欲結束幾篇長文，受篇幅之限制，只得將「國內地理界消息」一欄暫停兩期，俟第五卷第一期中續登，幸讀者鑒諒！

贈書志謝

自本年一月十六日至三十一日，本會收到下列贈書，敬載書名，藉鳴謝悃。

李健人先生贈：

洛陽古今談一册（李健人著，洛陽史學研究社出版）

趙琁先生贈：

西康西藏詳圖一幅（民國廿四年商務印書館出版）

童誓業先生贈：

朝鮮地理小志一册（朝鮮背華山人原稿，清江景桂譯纂，光緒十一年吳使刊本）

壬子邊事管見一册（羅廷欽著，民國二年鉛印本）

庫倫邊情調查記一册（毛邊紙油印本）

西藏六十年大事記一册（朱錦屏著，民國十四年鉛印本）

藏賑劫餘四卷一册（馬吉符著，鉛印本）

京綏游紀一册（周頌堯著，鉛印本）

綏遠河套治要一册（周頌堯著，民國十三年鉛印本）

西北的剖面一册（楊鍾健著，民國廿一年鉛印本）

塘工紀略二卷一册（清連仲愚著，光緒戊寅年刊本）

塞游日紀一册（清李廷簃著，道光丙戌年刊本）

輪蹄紀行四卷二册（清漁者纂，光緒十二年李氏代耕堂刊本）

蘄黃四十八紫紀事四卷三册（清王葆心著，光緒卅四年鉛印本）

顧頡剛先生贈：

吳郡西山訪古記五卷（附鐵掃遊記一卷）共一册（李根源著，民國十五年鉛印本）

木瀆小志六卷二册（張郁文著，鉛印大字本）

寒山寺志三卷二册（葉昌熾編，宣統三年刻本）

滄浪亭新志八卷二册（蔣瀚澄著，民國十七年鉛印本）

虎丘山志十卷二册（清顧湄編，宣統三年鉛印本）

海虞風俗記四卷一册（吳雙熱著，民國五年鉛印本）

虞山興福寺志三卷一册（程鼎燧著，鉛印本）

無錫遊覽大全一册（無錫飯店編，民國十年鉛印本）

無錫指南一册（顧鳴岡等編，民國十年鉛印本）

莫愁湖志六卷二册（清馬士圖輯，光緒壬午重刻本）

剡錄十卷二册（宋高似孫著，同治九年刻本）

浙江海島表一册（石印本）

浙東旅行記一册（侯炳駿著，民國九年鉛印本）

明代之土司制度

佘貽澤

我國西南邊境，小民族甚多，其中以苗，猺，猓等為最大。漢人歷來視為化外蠻夷，不屑以中原禮制政俗統治，乃有所謂土司土官者管轄之。此種土司制度，自唐宋以下，以元朝為初期，至明季，其制度乃完全成立。清朝循明政，沿其體制，流傳至今。近來國人研究邊境問題者日夥，常見有土司研究之文章。作者亦願意致力邊境問題者，深覺土司制度在西南一帶小民族政治中之重要，更覺明季為土司制度之完成期，故將研究所得，草成此文，願海內碩學不吝指教。

(一)土司制度之起原

西南徼外各地，向稱化外，漢唐以前，各民族皆有其君長統轄；夜郎，南詔皆其中之著名者。唐時雖稱藩屬，然仍儼然一國，各不相犯。宋僅置羈縻州；至元代，乃有宣慰，宣撫等司之設，仍令其自保。此即土司土官之所始。至明，「踵元故事，大為恢拓，分別司郡州縣，額以賦役，聽我驅調，而法始備矣」(見明史列傳第一九八)。所以明季之土司制度，乃因緣宋元而更治以法規，乃完成為一制度焉。

但明太祖何以欲保存此種制度乎？蓋亦僅在「其道(論設土司之道)在於羈縻，彼(蠻族也)大姓相擅，世積威約，而必假我爵祿，寵之名號，乃易為統攝，故奔走惟命」(見明史列傳一九八)。于此，可見土司制度之存在乃君主與土酋彼此互相利用之結果。原來蠻族中，仍保持其原始政治社會，酋長制度。當時有幾家大姓，世代相傳，統治其地，如田州岑氏，龍州趙氏，播州楊氏，貴州安氏及雲南之蒙氏，段氏，高氏等，都有千餘年或數百年統治其各個部落之勢力與歷史。元代得天下，各給以相當土司的職分，使治其地。太祖登位，彼等既肯歸順，在朝廷不過給以官職，而得藩屬其國，邊地相安，在酋長仍不失其為本地統治者，反得中央之官職，又何樂而不為？此種彼此互相利用的心理，在太祖一段話中更說得明白：

貴州田仁智入朝，帝諭之曰，「天下守土之臣皆朝廷命吏，人民皆朝廷赤子，汝歸善撫之，使各

安其生，則汝可長享富貴矣！」（見明史卷三百十六）

除了此種彼此利用之心理外，再有一種政策，也是保存土司制度的原動力；那就是所謂以蠻攻蠻法。當洪武二年，慶遠府八番溪峒歸順時，各廷臣言：「宜如宋元制錄用［其酋長］以統其民，則蠻情易服，守兵可減」（明史卷三百十七）。此乃明明表示以蠻酋統治其民，可以減少守兵的心理。後來在正統四年，南丹土官莫禎奏請使宜山等縣所治之土民受其統治；帝曰，「以蠻攻蠻，古有成說，……彼果能效力，朝廷豈惜一官？」（見明史卷三百十七）朝廷既有開疆闢土的心思，又怕蠻民不順服，常常引起戰爭；今有酋長能聽朝廷的命令，又能管轄其衆，眞是「豈惜一官」？這也是土司制度得以存在的一個大原因。

中國的政治家，向來不願勞民傷財，總以順民情爲中心。不願勞民傷財，換一句話說，即是不願有新的改革；順民情，即不願對民衆習俗有所違反。他們對中原人民，尙持此無爲消極之治，何況於化外蠻民？自然最好仍其土酋統轄一切，故其對土司土官之希望，亦不甚大，若能「世亂則保境，世治則修職貢」，已算是良土吏了。

（二）土司之等級與俸給

明初凡土官之來歸順者各仍以原官（即元朝所授與之官）授之。其中凡有文職者，如知州，州同之類，隸吏部；武職如宣慰，宣撫等，隸兵部。洪武三十年，乃改全屬兵部。其等級如下：

一，宣慰司　宣慰使一（從三品）　同知一（正四品）
宣慰副使一（從四品）　僉事一（正五品）

二，宣撫司　宣撫使一（從四品）　同知一（正五品）
宣撫副使一（從五品）　僉事一（正六品）

三，安撫司　安撫使一（從五品）　同知一（正六品）
安撫副使一（從六品）　僉事一（正七品）

四，招討司　招討使一（從五品）　副招討使一（正六品）

五，長官司　長官一（從六品）　副長官一

六，千夫長　副千夫長（按上列品級，大明會典與明史不盡同，本文根據大明會典）

此外另有蠻夷官司，苗民官等職，計明季所封宣慰使司十一，宣撫使司九，安撫使司二十，招討使司一，長官司一百七十三（見吾學編，皇明百官表），其中宣慰及宣撫，以雲南較多，而貴州全省，幾盡爲長官司。文職在軍民府下有土知州，土知府，土通判，土州同，土縣丞等（此等品職不詳明史），至嘉靖九年，仍復舊制，以府州縣等官隸吏部，由布政司領之；宣慰，招討等官隸武選司，以都指領之。於是文武相維，比於中土。

至於設官，亦無一定標準；大半凡威力之所不能及者，如雲南徼外車里，老撾，八百等處或因其土地廣大，或因其勢力強盛，多授以高職。凡威力所能及，如貴州，廣西等處，或常加征討，或分封其地，所授官職較低。千夫百夫爲明兵制之一，而長官司與蠻夷官司之分，以四百戶爲準，四百戶以上者設長官司，四百戶以下者設蠻夷司。

四川，甘肅邊外之番夷，於歸順後所授之官職，有都指揮使司三，指揮使司三百三十五，宣慰使司三，招討使司六，萬府戶四，千戶所四十一，是其品職又與西南一帶不同。因授官多循元例，元時信喇嘛番僧，故西番土官所受之職較西南所受者品職較高。

土官之俸給，皆以米支給，無納俸銀之規定，其每月支米如下：

宣慰使	月二十六石	宣慰同知	月二十四石
宣慰副使	月二十一石	宣撫使	月二十一石
宣撫同知	月一十六石	宣撫副使	月一十四石
安撫使	月一十四石	安撫同知	月十石
安撫副使	月八石	千夫長	月十六石
副千夫長	月十四石	長官	月十石
副長官	八石		

（見大明會典卷二十九）

(三)土司之承襲

明代土司，常因承襲問題鬧成絕大的爭亂，閱明史土司列傳即可知之。蓋土司常有多妻，嫡庶之爭，爲其亂源，又兼婦女可得承襲，爲禍更大。明季官吏多於事前不加節制，及土司爭襲亂成之後，又常不顧法律，亂加征剿，養成土司目無法紀之風，加以流官常受土司賄錢，朋同造亂，所以有明一代，土司制度最爲紊亂。明初凡土官一切承襲事宜均歸吏部。洪武三十年，改爲領土兵者，如宣慰宣撫等之承襲，屬兵部；府州縣巡檢等土官，則仍屬吏部。至正統元年，乃規定土官土司在任

3

時，先應將應襲子姪姓名，報告土司，當其死後，即照所報告之姓名令其承襲。但這個規定不詳細，常常引起上司（如軍民府布政司）與部（兵部吏部）對於承襲人之糾紛。所以又在正德六年，規定：「預取應襲兒男姓名，造册四本，都（察院）布（政司）按（察司）三司各存一本，一本年終送本部（吏部），以憑查考；以後每三年一次造繳」（見大明會典卷八）。後來又在天順二年，規定：凡土官承襲，「土官病故，該管衙門委堂上官體勘應襲之人，取具結狀宗圖，連人保送赴部，奏請定奪」（見同上）。這是於預先規定承襲人之外，更在其承襲時查勘清楚，取具鄰居者之結狀，以防弊端，立法不可謂不善。但宗支圖本常爲蠻人所忽略，而蠻人之宗支圖本又最複雜，所以此種規定雖爲詳善，而承襲之亂仍不能制止。如：

> 四川茫部土官隴慰死，其子隴壽與隴政支祿爭立，互相仇殺不已。後來改設流官，其夷目叛，爲謀隴勝承襲。轉戰經年，卒復設土官。（詳見毛奇齡著蠻司合誌卷五）

土司之妻妾甚多，嫡庶之爭幾成爲每次土司承襲之必有亂因。若朝廷官吏能秉公判斷，當然可減少這種爭端，無奈官吏自己不能依法而行，常旁觀其爭鬥，誰得勝，或誰勢大，即令誰承襲，如此則土司承襲的爭端自然日多一日。又如天啟中轟動一時的奢安之亂，其起因也是由於承襲的。

> 永寧宣撫使奢效忠，娶妻世統無子，又娶妾世續生二子。忠死，朝廷以世續襲宣撫，乃引起世統及其弟沙卜不服，起兵攻世續（洪武廿七年令土官無子，許弟襲。三十年，土官無子弟，而婿爲夷民信服，令婿襲，或許其妻襲，見大明會典一〇六）。朝廷又分其地爲二，以世續子另襲。世統遣人毒死世續子，朝廷又令世續襲，兩相爭殺不已。（見蠻司合誌卷七）

這是朝廷不能主持正理，不依法所造成的爭端。像此類的事例很多，又如：

> 四川播州楊輝傑，欲以其位由庶子愛承襲，乃假稱苗亂，令長子友得功，授爲安撫職，使庶子愛襲己職。於是長子友與次子愛之子孫，遂世世相仇殺不已。（見蠻司合誌卷四）

土官除了承襲以外，亦有由推薦者，如南安州州判官李保（見明史三百十三），即順民情也。另有一種借職之例，如車里宣慰刁更孟死，子幼，其叔父刁怡漢請暫典州事，俟其子長，還之，謂之「借職」（見蠻司合誌卷七）。此外土官由婦女任者甚多，其中著名者，如明初普定女總管適爾，水西宣慰劉贖珠，及奢香；正德中之普安適擦，明末石砫宣撫秦良玉等。

(四)土司之徵調

土司在名義上是朝廷的官，其實他對於朝廷的責任甚小，其最要的莫如朝貢，或三年一次，或五年一次不等；或貢馬，或貢金銀，或貢土產，亦無一定。他們來朝貢，都有給賞，按其品級分別高下；若到京過期，減半給賞；有時亦有罰懲者。此等事，不過是中原歷來所定的禮制，彼此均無大害大利，而土司之最大義務，乃爲應朝廷之徵發，土司時常受命領帶土兵，或剿賊，或撫匪。土司有時亦甚願應徵，因由此可以陞官，只苦了一般土兵而已。明時沿海一帶，倭寇爲患，亦有調土兵往剿者，如：

弘治三十三年「詔調宣慰彭藎臣，帥部三千人，赴蘇松征倭。明年遇倭於石塘灣，大戰，敗之。賊北走平望，諸軍尾之於王江涇，大破之，錄功以保靖（彭藎臣）爲首」。（見明史卷三百十）

至於調土兵攻蠻苗的例子甚多，如：

都勻部苗王阿向反，「令土官安萬銓……攀崖援木以上，……開園門，遂斬阿向及賊黨十餘人，凱口盡平」。（見蠻司合誌卷三）

就是王陽明平八寨斷籐峽時也調用不少土兵，有

「宣慰彭明輔，分布官男彭宗舜，頭目彭明弼，領土兵一千六百名，……隨同頭目向永壽，領土兵一千二百名，……頭目彭志明，領土兵六百名，彭九皐領土兵六百名，彭輔領土兵六百名，賈英領土兵六百名。」（見陽明全書卷十五）

不過，徵調土兵，遺害甚大，此點王陽明於嘉靖七年二月上疏中說得最詳細：

「每一調發，旗牌之官十餘往反，而彼猶驁然不出，反挾此以肆其貪求，縱其吞噬。我方有賴於彼，縱之而不敢問，彼亦知我之不能彼禁也，益放誕而無所忌。岑猛之僭妄，亦由此等積漸成之。」（見陽明全書卷十四）

明代有多少次的土司叛亂，都是由這種「積漸成之」而

來。因爲官軍剿匪，常藉土兵，一方面養成了土司藉此自重的心理，再者使他們漸漸輕視官軍。又官軍常常徵調，有故意造成蠻亂以免調徵者，如「宣德初，大征安南，當調松潘軍，而衆皆憚行。千戶錢宏奸黠，計維蠻亂可免調，乃與其黨尙清入番寨捕番，番大恚，番長阿用等號衆出掠，殺指揮陳傑，……」遂成亂。（見蠻司合誌卷四）

這種徵調土兵的權能，在湖廣四川貴州廣西一帶，是漫無限制，帶兵官視其需要，即可移文徵調。不過在雲南一帶的土司想要徵調，却受相當限制。在永樂二年，賜給木邦，八百大緬，緬甸，車里，老撾，干崖，大候，里馬，茶馬，潞江，孟良，孟定，灣甸，鎭康等土司信符勘合，金字紅牌，凡有徵調及當辦諸事，須憑信符乃行。「如越次及比字號不同，或有信符而無批文，有批文而無信符者，即是詐僞，許擒之赴京，治以死罪」（見大明會典卷一〇一）。實際上，明朝徵調此等地方的土兵，次數甚少，而此等土司又只在名義上歸順，自己常常彼此攻爭不已，安南，緬甸後來最爲強大，吞併了不少附近的土司。

(五)明朝之撫剿策畧

中國歷代，對於所謂化外蠻民，向來持二種政策，若其聽撫，則置以官位，僅爲羈縻，不聽撫，則力剿之；此乃所謂「德以綏遠，威以懾服」也。明季對於西南夷民亦不外此二策，但細考明廷之對土司土民，則撫之而過在太寬，剿之而過在太嚴，均不得其宜。所以明季土司常常有叛亂發生。爲什麼說明朝對土司撫之則失太寬呢？例如：

宣德八年八月，麼沙勒寨萬夫長刁甕及弟刁眷，糾蠻兵侵占馬龍他郎甸長官司衙門，殺掠人民，請討。帝命遣人撫諭，但得刁甕毋擾平民。正統二年，沐晟奏刁甕不服招撫，請剿捕。帝以蠻衆仇殺，乃其本性，可仍撫諭之。（見明史卷三百十四）

無論「蠻衆仇殺，乃其本性」，而既經歸順，朝廷即當依法照辦。若但求毋擾平民，則可仍其仇殺，豈不失之太寬？所謂撫策，在官吏只求了事，而在土司則益以驕縱，故明季土司傳中，仇殺之事最多。當時官制，各省之巡撫指揮使，爲各省土司之直接上司，負實際撫夷責任者。但這般巡撫等，常因循誤事，一旦土司亂作又措手無策，盡失撫諭之道：

奢安之亂：「先烏撒衞指揮管良相覘事有變，與巡撫李檭曰，『奢安久孱菌，奢反安必繼之。烏撒城孤，與水西（奢姓之封地）相鄰，良相隻身無子，當以死報國，明廷奈何圖長策，保障此一方民乎？』檭咨嗟而泣，良相亦泣」。（見蠻司合誌卷三）

堂堂一位封疆大吏，竟尋不出保民的方法，只能咨嗟而泣，於此可見土司的勢力之大，又可知守土者之昏庸。

王陽明在嘉靖六年，曾上疏痛論撫策之失敗：

「兩廣軍門，專爲諸猺獞及諸流賊而設，朝廷付之軍馬錢糧，事權亦已不爲不專；且重使振其軍威，自足以制服諸蠻。然而因循怠弛，軍政日壞，上無可任之將，下無可用之兵，一有警急，必須依調土官狼兵，……故此輩得以憑恃兵力，日增其桀。今夫父兄之於子弟，苟役使頻勞，亦且不能無倦，況此輩夷獷之性，歲歲調發，奔走道途，不得顧其家室，其能以無倦且怨乎？及事之平，則又功歸於上，而彼無所與，兼有不才有司，因而需索引誘，與之爲姦，其能以無慢且怨乎？」（見陽明全書卷十四）

王守仁上此疏時，正是受命討田州猺叛時，他所說的可以認爲田州猺叛之因。成化年間，佘子俊上疏，議處四川土官事宜，說明撫剿之道，謂「擇其豪會，授以安撫長官，俾各管束所屬」則爲撫策，而「各立關堡，積蓄糧儲，屯駐軍馬，有總兵參將之官，以揭其官；有提督巡守之職，以張其目」，是爲剿策。然觀上面王守仁之言，則知此種撫剿策之失敗了。

爲什麼說剿則失之太嚴呢？明朝對土司，平時既不糾正其是非，及至亂時剿伐，則又好多殺生，使士民懷着總是一死挺而走險之念。原來明代軍功以多得首級爲陞遷：

「宣德九年，定南方殺蠻賊例，凡斬首三顆以上及斬獲首賊者，俱陞一級。……」

「天順元年，……其南方誘獲苗蠻僞王侯殺賊二十五次至三十九次，斬首三顆，擒賊首一二名，及陣亡者，陞一級，給賞。……」（見大明會典卷一〇六）

就在這種以斬首爲鼓勵的政策之下，每在剿蠻時，輒多殺賊以爲功，王守仁平八寨疏上有「進剿八寨各哨土目官兵解到斬獲首從賊徒級一千九百一名顆」，又「接進剿斷藤峽各哨土目官軍解到，斬獲首從賊徒級一千一百四名顆」（見陽明全書卷十五）。更有比這厲害的，如：

成化間，山都蠻（四川）叛，李瑾往征，縱火焚龍背豹尾七百五十一寨，米倉三千八百一十一所，斬首一千六百餘級，生擒三百四十八。攻山都天鄉，焚一千四百五十七寨，斬首三千十七級。有匿天井水磨諸洞者，下令塞諸洞門，而環以兵，月餘死洞中，臭達十餘里。（見蠻司合誌卷四）

但是，越是如此慘殺，蠻亂越是多，官軍去了，他們又鬧起來。所謂撫剿並用之策，終究未克成功。事實上，明代用兵於西南最多，而收效亦最不大。土司制度初立，這也許是免不掉的罷？

最後，可引于謙論撫綏猺獞疏中的一段，作爲此節之收結：

「所在有司，失於處置，惟務偷安，兵政無備，以致招集無籍，釀成兇禍，展轉不能禁遏。……蠻賊寇城，又各畏縮退避，毫無禦寇之方。……推原其故，皆由彼處統馭之將非人，既不能安保預備於無事之日，又不能禁禦招撫於賊發之後故也。……觀其背叛不服，實非本心，乃出於不得已也。蓋以將臣所司不得其人，德不足以綏懷，威不足以攝服，甚至欺其遠方無告，掊刻殘忍，使不得安其生；謂其蠢爾無知，顛倒是非，使不得順其性。」（皇明奏疏卷六二）

（六）改土歸流論

土司之治，雖爲中國政制之一，而自朝廷視之，則仍認爲化外，故以未入流稱。土民既不能享受朝廷法律之保障，又不輸賦稅於官廳，一切罪犯，除特別重大如叛逆盜掠外，其他都仍由其土俗治理。故土司不啻爲土民之皇帝，各治一方，儼然封建諸侯，乃能大權獨專，重虐土民以爲彼個人之享受。自朝廷方面言之，謂土民逍遙法外，甚爲自由，實則土民自身常感土司之壓迫，都願歸流，編戶口，定賦稅，以去土司之貪暴。但土民久被壓迫，又習慣處於專制之下，隨其頭目之所是非，土司出語無敢反對，而土司本人自然反對改流，因此事與彼自身有大不利也。以是之故，改流之後，常藉其威力，迫土民從己叛亂，要求復設土官爲止。如：

上思州土官，洪武中授土知州，子孫叛服不常。弘治十八年，改流官，屬南寧府。正德元年，土目黃鑑聚衆攻城，捕之下獄，已越獄復叛。官軍禦之，詐降，又叛。嘉靖元年，都御史張嵿言：上思州本土官，後改流，遂致土人稱亂，宜仍其舊，擇土吏之良者任之。議以爲然，仍以土官襲。（見明史土司列傳）

於此，可知土官就常常利用改流後稱亂之機會，復設土官。這在明代土司傳中，事實甚多。王守仁是最主張撫策的，當他進討思恩猺變時，曾論設流官之不可，曰：

「臣又聞諸兩省士民之言，皆謂流官之設亦徒有虛名，而反受實禍。詰其所云，皆云思恩未設流官之前，土人歲出土兵三千，以聽官府之調遣；既設流官之後，官府歲發兵數千，以防土人之反覆。……且思恩自設流官以來，十八九年之間反者五六起，前後征剿，曾無休息。」（見陽明全書卷十四）

王守仁在平定思恩州後，乃依其主張，恢復了不少土官。朝廷既有厭惡爭伐的心理，土司們常挾此以自重，故改土歸流之事，在明季實遠不如淸代，這也是明朝土司制度不令人滿意的一個大原因。

重要地方地質土壤圖說出版廣告

江蘇地質誌　附二十五萬分一地質圖四幅五十萬分一總圖一幅說明書一冊全份定價五元五角

張家口地質誌　內附地形及地質圖各一幅全書一冊定價七元五角

秦嶺及四川地質誌　附圖十九幅內有一百萬分一秦嶺地質圖全幅書一冊內有照片及小圖多幅定價共十二元

綏遠察哈爾地質誌　附圖八幅縮尺二十五萬分一書一冊內有照片及小圖多幅定價共六元

揚子江流域地文發育史　附地文圖二十餘幅定價二元

揚子江下游鐵礦誌　此書附有地圖照片頗多於各礦地地質敘述甚詳定價六元

中國北部及西北部土壤報告　附百萬分一及二百五十萬分一土壤圖各一幅照片多幅定價二元五角

陝西渭河流域土壤調查報告　附三十萬分一土壤圖一幅定價一元五角

廣東省中部土壤報告　內有一百二十五萬分一土壤全圖及照片多幅定價三元

江蘇句容土壤報告　內附十萬分一土壤詳圖對於各種土壤記載甚為詳悉定價一元五角

江蘇東部鹽漬土壤約測　內附五十萬分一土壤詳圖定價一元五角

山西土壤概述　附土壤概圖一幅及照片二十幅定價一元五角

中國百萬之一地質圖及說明書　已出北京濟南幅南京開封幅太原榆林幅三種每份四元五角

中國模型地圖（石膏製）　縮尺七百五十萬分之一定價每具二十元運費在外

中國地形圖　縮尺七百五十萬分一定價自取一元郵寄一元三角縮尺一千萬分一甲種有等高線定價三角乙種二角

地圖投影　述各種地圖投影之原理公式及用法附圖七十一幅定價三元

其餘尚有實用叢刊及新生代研究室關於周口店猿人之研究報告多種書目及價格表函索即寄

總發行所　北平西城兵馬司九號地質調查所圖書館

商務印書館輯印

續古逸叢書

續出四種　合售特價

敝館輯印續古逸叢書、先後已出三十五種、悉為稀世祕笈、藝林爭相寶貴、近年續有所得、仍依前式景印、下列四種、全係天水舊槧、兼為中土久佚之本、今已出版、嗜古者必以先睹為快也、

第三十六種　樂善錄　十卷三冊　宋刊本

第三十七種　名公書判清明集　不分卷五冊　宋刊本

第三十八種　武經七書　廿五卷三冊　宋刊本

第三十九種　搜神祕覽　三卷一冊　宋刊本

四種合計十二冊　分裝四函

夾貢紙本　高市尺一尺二寸　寬市尺七寸二分

料半紙本　高市尺一尺一寸　寬市尺六寸六分

紙張	定價	特價	國內郵費
夾貢紙本	六十七元	五十元	一單純費一元二角
料半紙本	五十一元	三十八元	九角二分

特價於廿五年二月底截止

*D120(h)-25:1

晉惠帝時代漢族之大流徙

劉掞藜

1

劉掞藜先生遺像

民國二十四年十月七日，接到劉先生於陰歷七月初八日逝世的訃聞，使我不怡累日。這樣一個在貧窮中奮鬬，在疾病中支撑的有志之士，哪知只活得三十六歲！老天爺只讓優遊無爲的人去享長壽，眞把時間和飯食糜費得太過分了！我們二人，大家知道是辨論古史的論敵，但天下惟有對於有人格的敵人纔有眞實的欽慕。我們雖從沒有見過面，但頡剛等發起的樸社，劉先生就是一個社員。五六年前，我們通過幾次信，後來我因事忙，他又多病，音信遂爾斷絕。但信雖不通，每逢河南，湖南，四川來的朋友，我總要探聽他的行蹤。我知道他曾在一次戰亂之中歸家，在旅店裏買不到飯吃，絕食了幾天，回家後生了一次大病。又知道他身體太壞了，幾乎半身不遂，但功課還是擔任，講義依然編寫。我想我們總有握手的一天，我想將來我們該再來打古史的官司，直到把我們心頭的問題打出一個結果爲止，哪知道到了現在只斷定是一個虛願呢！劉先生的弟子陶元珍先生出此篇囑載禹貢，適逢劉先生的弟弟劉晉賢先生寄來這幅照片，遂寫數行，以志悲念。還有一個不幸的消息，乘便報告給讀者，那位和劉先生同時駁詰我們古史說的胡堇人先生，也於數年前逝世了，我沒有得着他的訃聞，不知道他的死期，但心中的難堪是一樣的。十三年不是一個長時期，而故交之零落已如此，造物者眞太殘忍了！

二十五年一月九日，頡剛記。

一 引言

凡是讀過點世界歷史的人，都知道匈奴民族自爲兩漢迭次痛創後，分爲兩支：其西入歐洲的一支——北匈奴，在西歷紀元後第四世紀，促成歐洲日耳曼民族的大遷徙；其仍留東亞的一支——南匈奴，亦同在西歷紀元後第四紀中促成中國漢族的大遷徙：這是我們所熟知的。

並且凡是讀過點中國歷史的人，又都知道從西歷紀元以後到現在中國的漢族有兩次極顯著的迅速大遷徙，與紀元後其餘各時代漢族的緩緩漸次推移不同。這兩次漢族的迅速大徙：第(一)次爲遭『永嘉之難』：當西晉末葉懷帝永嘉時代(307—312)『五胡亂華』開始，匈奴人羯人等塞外種族所殺黃河流域的漢族不下數十萬人，破陷各處及晉室都城洛陽，焚毀了洛陽宮廟官府皆盡，懷帝被擄，古來漢族聚居之中心地域，根本遭搖動與摧殘，於是中州漢族紛紛避亂南遷。唐林諝閩中記所謂『永嘉之亂，中原仕族林，黃，陳，鄭四姓，先入閩(今福建)』(據友人張其昀中國民族志所引)，其尤著者也。已而黃河流域異族興起更多，中原益亂，中州漢族死亡與壓迫更甚，會東晉建立，定都於現在的南京，使長江以南成爲漢族正統之國，長江下流成爲漢族聚居之中心，因之漢族渡江南徙者益衆。此普通所謂漢族第一次迅速大遷徙也。第(二)次爲遭『靖康之難』：當『永嘉之難』以後約八百年，值北宋欽宗靖康時代(公元一一二六年)，東胡族的金人大舉南侵，略取黃河流域，北宋都城汴京(今河南開封)被陷，徽宗欽宗被擄北去，高宗渡江南奔，建立南宋，於是中原漢族，又復紛紛避敵南徙。故南宋立功諸名將，悉皆昔日黃河流域之漢人；而此後浙江寧波一帶名門右族，悉自稱『汴京遺宗』。此普通所謂漢族之第二次迅速大遷徙也。

以上兩次漢族迅速大遷徙，也是人所熟知。其實在普通所謂第一次漢族迅速大遷徙以前，『五胡亂華』之大亂尚未爆發，漢族尚未大遭匈奴族羯族等之蹂躪殺戮與壓迫；然而値今日甘肅，陝西，山西，四川等處的漢族，早已數萬家或十數萬家，數萬人或數十萬人，一大羣一大羣的大大向東南方流移遷徙，政府無法制止，遂把自古以來漢族發祥和聚居中心的黃河流域，十分之七八已經拋棄，使廣漠的地土驟然很形空虛。所以當時雜居黃河流域的異族匈奴人，羯人，氐人，羌人，烏桓人，高麗人，以及傍塞的鮮卑人，更形得勢，更形得着機會培養和發展他們的勢力。所以以後『五胡亂華』如入無人之境，而因此得以更加深入內地。但是這些漢族的大大的流移遷徙究竟在什麼時代呢？就是緊接懷帝永嘉時代以前的晉惠帝時代。這件事情與以後『五胡亂華』至有關係，其關係之大，實在不下乎世俗所謂『八王之亂』(『八王之亂』一名詞不確當，現姑從之)。至在民族史上，尤爲重要。但是從來沒有人特別提出講論過，各種大大小小的中國歷史教科書或東洋史教科書全未談及。似乎大家都不知道這件很重要的事。所以我現在特地將這事表襮，使大家明白。

二　晉惠帝時代漢族大流徙的事實

晉惠帝時代漢族大大流移遷徙，自有他的原因。但是我想先將當時漢族大大流移遷徙的事實表淸楚了，然後再去攷論他的原因，較爲明目，故將事實先寫。

這些漢族的迅速大流徙，是從晉惠帝卽位以後的第八年卽西歷紀元後二九八年開端的。據晉書李特載記，當晉惠帝元康八年，卽公元二九八年，『關西(指函谷關以西之地，卽今陝西甘肅兩省)……百姓流移就穀，相與入漢川(指今漢中及四川全省)者數萬家，……十萬餘口……由是散在益(轄今四川之川西川南及貴州全省)梁(轄今四川之川東川北及漢中)，不可禁止』。又據晉書王如傳及通鑑卷八十七，在這時候的同時或稍後，陝西漢族復有大批流徙於河南，故曰：『雍州(今陝西省)流民多在南陽(在今河南省西南)』『不願歸，……王如……南安龐實，馮翊嚴嶷，長安侯脫等，帥其黨……衆至四五萬』。

以上是陝西甘肅的漢族二十萬人左右流徙入四川河南。

又據晉書王彌列傳，正當陝西甘肅的漢族大大向南流入四川，向東流入河南之際，山西南部的漢族亦大大南向河南的東南部流徙。故曰：『河東平陽(皆在今山西省南部)弘農(今河南省西北部)，上黨(今山西省南部)，諸流人之在潁川襄城汝南南陽河南(皆在今河南省中部及東部南部)者數萬家』。計其人口，亦不下十餘萬。至惠帝光熙元年，卽西歷紀元後三〇六年，山西省內各處的漢族遷徙更甚，復有大批向東南移到河南省的東北。山西本地，遂極空虛。故晉書劉琨傳曰：『幷州(轄今山西省之什八)……流移四散，十不存二。攜老扶弱，不絕於路。……死亡委厄，白骨蔽野。……時東嬴公騰自晉陽(今山西太原)鎭鄴(今河南安陽)，幷士……百姓隨騰南下，餘戶不滿二萬』。可想見幷州此次流徙，至少又當爲數萬家，其人口當亦不下十餘萬。

以上是山西的漢族三十萬人上下流徙入河南。

又據晉書李雄載記，杜弢傳，劉弘列傳及通鑑，當陝西甘肅的漢族大大南徙入四川以後，便又促成四川漢族的迅速大轉移。通鑑卷八十五載：晉惠帝太安二年，即西歷紀元後三零三年，『蜀民……或南入寧州（轄今雲南全省），或東下荊州（轄今湖北湖南兩省），城邑皆空，野無煙火』。晉書李雄載記載：『蜀人流散，東下江陽南入七郡』。杜弢列傳載：『巴蜀流人汝班蹇碩等數萬家（其人口當亦不下十餘萬），布在荊湘（指湖北與湖南），而爲舊百姓之所侵苦』。劉弘列傳所載，流徙之戶口，數目更多，謂『益梁（轄今四川貴州兩省全境及陝西南部）流人蕭條……在荊州者十餘萬戶，羈旅貧乏，多爲盜賊，弘乃給其田種糧食』。此云在荊州者十餘萬戶，計其人口至少當有五六十萬。

以上是四川的漢族六七十萬人左右流徙入雲南，湖北，湖南。

又據晉書荀晞列傳，當山西省內各處漢族大大遷徙南入河南之際，直隸亦有漢族南向流入山東河南之間。『頓丘（今直隸大名，清豐）太守魏植爲流人所逼，衆五六萬，大掠兗州（轄今山東省西部及河南東北部）』。據資治通鑑，時當晉惠帝光熙六年至懷帝永嘉元年之間，即西歷紀元後三零六年至三零七年也。

以上是直隸的漢族五六萬人流徙入山東河南之間。

上面各地漢族的流移遷徙，都是舊史紀錄上載有約略的數目的。還有未載約略之數目的移民，推想起來，必定不少者，尚有二處：（一）晉惠帝光熙元年，即西歷紀元後三零六年，『寧州（轄今雲南全省）……吏民流入交州（今安南）者甚衆』（通鑑卷八十六）。既云甚衆，反面即知其必不止數十百千人。（二）同時即稍後，『李雄遣李國李雲等……略南鄭，盡徙漢中人於蜀』（晉書李雄載記）。其餘『漢中民東走荊沔（今湖北）』（通鑑卷八十六）。漢中城野，當時人民甚庶，既云盡徙，又云東走，則徙入四川及走入湖北者，可推想其至少當爲數萬人或十數萬人。

以上是雲南的漢族流徙於安南，和漢中的漢族流徙於四川湖南，人數當爲數十萬。

綜合起來，自晉惠帝元康八年起至光熙元年及明年止（公元二九八——三〇七），十年之間，中國西北兩方的漢族向東南兩方作迅速流移的遷徙者垂二百萬。今爲眉目清楚起見，更列表作圖如左：——

所自地	徙入地	流徙之家數	流徙之人數
陝西甘肅	四川河南	十萬家左右	當二十萬人以上
山西	河南	十萬家左右	三十萬人上下
四川	雲南湖南湖北	十數萬家	當六七十萬人
直隸	山東河南	當一萬家左右	五六萬人
雲南	安南	『甚衆』	『甚衆』
漢中	四川湖北	當數萬家	當數十萬人

三　惠晉帝時代漢族大流徙之可驚

由上面所寫，我們對於晉惠帝時代漢族大流徙的事實大致已清楚了。如果以現在的情形比較起來，一般人的心裏必定以爲漢族僅二百萬人左右的流移遷徙不算什麼。因爲他們心目中有現在中國四萬萬人的觀念：以那時流徙的人比現在，不過二百分之一，當然覺得無奇。但是如果我們拋開現在，而將當時中國的人口數目來一比，便覺得極爲可驚了。

當時的戶數和人口有多少呢？說來眞使人驚心動魄。據晉書地理志及胡三省資治通鑑音註之所考證，景元四年，即西歷紀元後二六三年，晉文帝司馬昭滅了蜀漢，將魏與蜀的戶口通計，僅僅『民戶九十四萬三千四百二十三，口五百三十七萬二千八百九十一』。你看魏蜀的地域裏的人民，就是後三十餘年晉惠帝時代大大流徙的人民，乃止九十餘萬家，五百餘萬人！你試將惠帝時代流徙的四五十萬家，二百萬上下的人與此相比，立即發現流移遷徙的家數和人口，幾幾乎佔了三十年前家數和人口的一半，這是如何可驚！

幷且魏蜀地域所包含的爲今甘肅陝西四川貴州雲南山西直隸山東河南及江蘇安徽湖北三省之一部。魏蜀合併時通計的戶口九十餘萬家，五百餘萬人，我們猜想起來，必定所謂『中原』戶口最多。而所謂『中原』，就是河南及山東江蘇安徽湖北之一部。至於甘肅陝西四川貴州雲南山西直隸，都鄰『邊塞』了。如果假設魏蜀通計的戶口，『中原』地域佔去一半——四五十萬家二三百萬人，『邊塞』地域亦止佔一半——四五十萬家二三百萬人，則我們看惠帝時代漢族所從流移遷徙的地域是什麼地域呢？奇怪！都是鄰於『邊塞』的地域。而這鄰於

5

『邊塞』地域——甘肅陝西四川雲南山西直隸的漢族流徙，居然爲四五十萬家二三百萬左右的人。如此看來，鄰於『邊塞』地域的甘肅陝西四川雲南山西直隸十分之八九，其中的漢族眞是流徙一空了，眞是如晉書所說：『流移四散，十不存二』；『城邑皆空，野無烟火』了。這是如何可驚！

縱退後二十年，將晉武帝平吳，中國全然統一以後，人口已經大大增加了的數目再來比較，還是可驚。據晉書地理志的記載，晉武帝太康元年，即西歷紀元後二八零年，武帝滅吳，得吳『州四，郡四十三，縣三百一十三，戶五十二萬三千，吏三萬三千，兵二十三萬，男女口二百三十萬』(晉書武帝本紀據吳圖籍)。於是總計全國戶口，大凡戶二百四十五萬九千八百四十，口一千六百一十六萬三千八百六十三』。(公元二六三年魏蜀通計尚止戶九十餘萬，口五百餘萬，距此時——公元二八〇年猶不及二十載。雖曰戶口激增，豈能十餘年間增加戶與口皆幾至三倍？此恐連匈奴人羯人等異族雜居內地『降同編戶』者一同計之。是時異族紛紛雜入內地歸化，大率『降同編戶』。旣同編戶，當然編在全國戶數與口數之內矣。故此數必爲當時中國國內漢族異族戶口混合之總數，無從知中確有漢族戶口若干。現在只好將其統統視爲漢族戶口之數。) 而惠帝時代流移遷徙者四五十萬家，二百萬左右的人。兩兩相比，流徙之戶佔去全國五分之一；流徙的人，佔去全國八分之一。這種情形，豈不是仍然可驚麽？

所以晉惠帝時代漢族的流移遷徙，把當時漢族的戶口情形比較觀察起來，實在是十分可驚的。因爲當時漢族的戶口竟如此其少，而由西北向東南流徙的竟如此其多，故覺可驚。

但是漢族自從聚居黃河流域而發展至長江珠江流域以來，至少已有數年了。何以到晉武帝晉惠帝之際還止二百餘萬家，一千餘萬人呢？這是又一件可驚異的事，不能不在此順便談及一下，使大家明白『何以到晉時漢族戶口尙如是其少』。

據劉昭後漢書郡國志注補的攷證，告知我們中國上古到晉初數千年間漢族人口增加或減少的歷史，頗爲淸明，現在節錄如下。他說：——

『……禹平水土，……爲九州，……其時九州之地，……民口千三百五十五萬三千九百二十三人。至於塗山之會，諸侯……執玉帛亦有萬國。……及……孔甲之

6

至桀，行暴，諸侯相兼，……其能存者三千餘國。方於塗山，十損其七。民離毒政，將亦如之。殷因於夏六百餘載，其間損益，書策不存，無以考之。又遭紂亂，致周尅商，制五等之封，凡千七百七十三國，又減湯時千三百矣。民衆之損，將亦如之。（案劉昭以國數減少爲民數亦將減少，恐不可恃）。

『及周公相成王，致治刑錯，民口千三百七十一萬四千九百二十三人，多禹十六萬一千人。周之極盛也。其後七十餘歲天下無事，民彌以息。及昭王南征不反，穆王失荒，加以幽厲之亂，平王東遷，三十餘載至齊桓公二年，周莊王之十三年，五千里內，非天王九賓之御，自世子公侯以下至於庶民，凡一百八十四萬七千人，除有士老疾，定受田者九百萬四千人。

『其後諸侯相幷，當春秋……二百四十二年之中，……亡國……不得保社稷者，不可勝數。至於戰國，存者十餘。於是縱橫短長之說相奪於時，殘民詐力之兵動以萬計。故崤有匹馬之禍；宋有易子之急；晉陽之國，縣釜而炊；長平之戰，血流漂鹵。（按戰國時極力獎勵斬殺，如秦之『使民所以要利於上者非鬥無由，使以功賞相長，五甲首而隸五家』；齊之使兵『得一首者，則賜贖錙金；無本賞』（荀子議兵篇）。夫戰國之際，各國本全國皆兵，每一戰起，兩方之兵動數十萬，而復獎勵斬殺如此，故彼此交戰之際，斬殺亦動數萬或數十萬人。即如史記六國表載白起一人於昭王十四年將兵擊伊闕，斬首二十四萬；三十四年擊魏華陽，斬首十五萬；四十七年破趙長平，殺卒四十五萬：特其一例。其餘慘酷斬殺，何可勝數！故漢族在當時死亡之率，至爲可驚。）……然考蘇張之說，計秦及山東六國戎卒，尚存五百餘萬，推民口數尚當千餘萬。

『及秦兼諸侯，……其所殺傷，三分居二。猶以餘力行參夷之刑，收大半之賦，北築長城四十餘萬，南戍五嶺五十餘萬，阿房驪山七十餘萬。十餘年間，百姓死歿，相踵於路。陳項又肆其餘烈，故新安之坑，二十餘萬；彭城之戰，睢水不流（按史記載是戰死三十萬人左右）。至漢祖定天下，民之死傷，亦數百萬（因是時『諸侯幷起，丈夫從軍旅，老弱轉糧餉，……死者過半』，詳漢書食貨志），是以平城之卒不過三十萬。方之六國，五損其二。自孝惠至文景，與民休息六十餘歲，民衆大增。……武帝承其資畜，軍征三十餘歲，地廣萬里，天下之衆亦減半矣。

『及霍光秉政，乃務省役。至於孝平，六世相承，

7

雖時征行，不足大害，民戶又息。元始二年，郡國百三，縣邑千四百八十七，地東西九千三百二里，南北萬三千三百六十八里，……民戶千三百二十三萬三千六百十二，口五千九百一十九萬四千九百七十八人。……漢之極盛也。

『及王莽篡位，續以更始赤眉之亂，至光武中興，百姓虛耗，十有二存。中元二年，民戶四百二十七萬千六百三十四，口二千一百萬七千八百二十八人。永平建初之際，天下無事，……迄於孝和，民戶滋殖。及孝安永初元初之間，兵飢之苦，民人復損。至於孝桓，頗增於前。永壽二年，戶千六百七萬九百六（按晉書地理志作『戶千六十七萬七千九百六十』，通鑑音註作『戶一千六百七萬九百六』），口五千六萬六千八百五十六人（按晉書地理志作『口五千六百四十八萬六千八百五十六』）。……

『及靈帝遭黃巾；獻帝即位而董卓興亂，……豪傑并爭；郭汜李傕之屬殘害又甚。是以興平建安之際，海內凶荒，……白骨盈野。雌雄未定，割剝庶民三十餘年。及魏武剋平天下，文帝受禪，人衆之損，萬有一存。』（按是時漢族避亂遠徙者甚多，東往遼東及百濟等處者尤衆。弓月君等之率領『人夫百二十縣』，來由百濟往日本，漢直氏阿智使主等之『率黨類十七縣』求往日本，必皆在此時前後，至魏并蜀漢以後，日本應神天皇中年，此一百三十七縣之漢族俱達日本矣。）

因爲如此，所以三國時代將終之際，魏蜀通計，只有九十餘萬戶，五百餘萬人。就是晉武帝平吳，中國完全統一後，全國漢族人口，還是甚少。故晉武帝時傅玄上疏，謂『戶口比漢，十分之一』（晉書傅玄傳）。『昔漢永和五年，南陽戶五十餘萬，汝南戶四十餘萬，方之於三帝鼎足時，不踰二郡』，足知『萬姓流散，死亡略盡，斯亂之極』矣（晉書山簡傳）。此其所以至晉武帝惠帝時漢族戶口竟如是其少也。

四　晉惠帝時代漢族大流徙的原因

惠帝時代漢族大流徙的事實和可驚的情形已經清楚，現在我們應當攷求他的原因了。但原因頗爲複雜，而各處的原因又有幾分不同，不能不分開來逐地考論。茲且從最先流徙的陝西甘肅——所謂秦雍二州者先講：

秦雍二州——陝西甘肅的南部——這塊地方，因遭漢末漢族的多年大內亂，漢族人口銳減。於是東漢以來

8

已居在陝西境內的羌族，反因生息繁殖而布滿了陝西甘肅的馮翊，北地，新平，安定諸郡；曹操所徙到陝西甘肅境內的氐族，也反蕃衍而佈滿了略陽，天水，始平，京兆，扶風。故晉武帝時郭欽嘗說『魏初民少，西北諸郡皆爲戎居；內及京兆，魏郡，弘農，往往有之』（通鑑卷八十一）。已而江統亦說『關中之人口百餘萬，率其多少，戎狄居半』（晉書江統傳）。這許多氐族羌族既然雜入陝西甘肅的漢族內居住而繁殖，勢必至於影響漢族的經濟生活。因此起了『生存競爭』，氐族羌族『與關中之人（漢族），戶皆爲讎』。在這種劇烈的『生存競爭』之下，不幸又加上了很惡劣的自然環境——天災。據晉書五行志的記載，自晉武帝太康二年——公元二八一年起，至晉惠帝的永熙元年——公元二九〇年，十年之中，『無年不旱』。因此起了饑荒。至惠帝元康四年——公元二九四年，『大饑』。已而關中饑且疫，又隨之以元康七年——公元二九七年——七月『秦雍二州大旱疾疫』，於是『關中米斛萬錢。……氐羌反叛，……饑疫荐臻，戎（氐羌）晉（漢族）幷困』，因此陝西甘肅的漢族遂數十萬人成羣，大大底『流移就穀』，南入四川了，遂『寄食巴蜀』，『散在梁益，不可禁止』了，且復有數萬東流入河南了。

以上是陝西甘肅的漢族大大流徙入四川河南的原因。

好，陝西甘肅的漢族——幷且雜着少許氐族——驟然數萬家的大隊流入四川，當然立即又影響了四川漢族的經濟生活。流民與本地人又起『生存競爭』。流人『專爲寇盜，蜀人患之』。且『流人剛剽而蜀人懦弱，客主不能相制，必爲亂階』；況又加以氐族的李特『有雄據巴蜀之意』；又加以政府和地方官吏的不能處理，不善治理，因此引起四川大亂，『秦雍之禍，萃于益梁』了。結果鬧得『三蜀百姓，並保結塢，城邑皆空，流野無所略』（以上見晉書李特李流載記）。但大亂方長，懦弱的四川本地漢族既十分怕亂，不能抵抗陝甘的流民，又不能耕種土地以謀衣食，欲想生活，勢不能不遠走他方，尋求樂土了，因此『蜀人流散』，遂數萬或數十萬的大隊，或東下湖北湖南，或南入雲南。

以上是四川漢族數十萬人大大流入兩湖雲南的原因。

懦弱的四川漢族流民不像那陝西甘肅的漢族流民厲害。他們既被陝甘流民驅逐走到湖北湖南了，當然又立即影響湖北湖南本地漢族的經濟生活，再起『生存競爭』，但是湖北湖南的本地漢族却不懦弱的，却富於抵抗性，不惟不肯吃四川漢族那種受於陝甘流民的虧，反而要使四川漢族流民吃虧。所以巴蜀流人……數萬家布在荆湘，而爲舊百姓之所侵苦』；所以梁益流人蕭條，……在荆州十餘萬戶，羈旅貧乏』。雖然他們也『多爲盜賊』，鬧成亂事，但是不能如陝甘的流民，奪湖南湖北本地漢族的地位，驅逐而代之。所以兩湖的本地人不被他們逼得遷徙（詳晉書李雄載記，杜弢傳，劉弘傳）。惟是雲南情形不同：當四川的漢族流民徙入以後，一面固然影響雲南經濟生活，逼起了『寧州饑疫，死者以十萬計』，一面還又因爲當時『五苓夷彊盛，州兵屢敗』（通鑑卷八十六），所以纔『吏民流入交州者甚衆』了。

以上是很多的雲南漢族流徙入安南的原因。

至於山西漢族的大大遷徙入河南呢？自然又有他的特別原因。原來山西這塊地方自從呼韓邪單于率南匈奴入降漢後，漢遂着他們居朔方及幷州境內。至東漢之末，乘漢族大內亂，雜入山西南部的平陽。魏王曹操見其部落強盛，戶口彌漫，恐難禁止，乃分其部衆爲五，悉散處之幷州各地。到了晉初，『五部之衆，戶至數萬』。其時復有塞外匈奴族大水塞泥黑難太阿厚婁沙胡……等數萬落，數十萬人，先後南下來降，晉武帝悉收納之。於是『匈奴與晉人（漢族）雜居。平陽，西河，太原，新興，上黨，樂平，莫不有焉』。即陝西的河西宜陽一帶，亦爲所佈滿（晉書北狄傳，江統傳，劉元海載記）。匈奴人這許多雜入山西漢族之內，當然也要大大的興起『生存競爭』，而匈奴人『天性驍勇，弓馬便利』，山西漢族實在不能抵抗。有了這種情形，不幸也復加上了晉惠帝『永寧元年，自夏及秋，……幷州大旱』的天災（晉書五行志）。於是山西饑荒，山西的漢族開始向南流入河南了。已而『離石大饑』，又益以匈奴人與漢族之『生存競爭』更劇，『幷州饑饉，數爲胡寇所掠』。山西的漢族遂大大的『流移四散，十不存二』，『就穀冀州』，南入河南，把山西拋棄得『白骨橫野……僵尸蔽地。其有存者，飢羸無復人色。荆棘成林，豺狼滿道』（晉書劉琨傳）。好不悽愴！

以上是山西漢族數十萬人大大流徙入河南的原因。

直隸南部漢族的大流徙，也是由於大旱，而又加上水災，又加上了山西流民一大部分來增重經濟生活。據晉書五行志，晉惠帝元康八年冀州大水；太安元年又遭水災；其前一年，則遭旱災。水旱交至，山西流民又大隊擁來『就穀』，影響本地人民，於是頓丘五六萬衆的流民挾著太守魏植，流徙而南，大掠山東河南之間了。

以上是直隸南部漢族大隊流入河南山東之間的原因。

論到漢中人民徙入西蜀和東走湖北，原因又自有別。據晉書李雄載記，是李雄發兵打破漢中城池，以強硬手段盡徙漢中人於蜀』，其餘害怕的鄉野的『漢中民，東走荆沔』了，這是漢中的漢族大大走徙一空的特別原因。

五　結論

晉惠帝時漢族大流徙的事實和原因都講了，總括起來觀看，這種十年之間數百萬漢族人民的迅速流移遷徙，不僅中國從古至今的歷史上絕無僅有，就是世界史上也是很稀少的。山西陝西甘肅四川一帶本來雜居了許

11

多匈奴族氐族羌族的人，尤其山西陝西甘肅都是『率其人口，戎狄居半』。現在那幾塊廣大地方裏的漢族既然走徙一空，存者只有一半，或『十不存二』，自然那裏的匈奴人，羯人，氐人，羌人更得勢了。并且更無障礙，再不行逼向中原的河南了。在這樣危急之秋，上有惠帝那麼愚蠢的君主，引起了宗室外戚的種種亂事；中有所謂『八王之亂』，骨肉相殘，致漢族遭亂死的又數十萬人；下則州兵損約，州郡空虛，因連年水旱饑荒而盜賊蠭起。於是『四海鼎沸』，有許多的機會使『五胡亂華』了。

所以陝西甘肅山西等處漢族的大流徙而南，是與『五胡亂華』有莫大關係的；但又互爲因果。而惠帝時代過了，到了懷帝之際，又復『大旱』『大蝗』頻臻；尤其懷帝永嘉四年——西歷紀元後三一〇年——的『幽，幷，司，冀，秦，雍，六州大蝗，食草木牛馬毛，皆盡』（晉書五行志），更爲中國西北方——黃河流域之極大極廣的奇災。而匈奴人乃於是時大舉南下作亂，殺戮黃河流域漢族又不下數十萬人。於是一方面『饑困，人相食』；『白骨蔽野，士民存者百無一二』，一方面『

百官流亡』『海內大亂，獨江東差安』。因此『中國士民避亂者多南渡江』，遂成『永嘉之難』，中華漢族再行繼續作迅速的大遷徙了。

附錄

寫到此地，本來可以完了；不過最近我在新月雜誌看到美國亨丁頓(Ellsworth Huntington)論及中國民族的文章，潘光旦譯爲『自然淘汰與中華民族性』。其中有幾處與我這裏所寫的互相發明。因此撮錄如下，作最後的總結，使我們對於中國漢族遷徙的觀念更清。他說：

『就中國方面說，外族侵凌的時期，也就是內部混亂的時期。一壁有旱災——這和沙漠一帶之地一樣——久旱之後又有水災，和其他天行的錯亂，一壁又有因爲他種的原因而發生內部的退化；天災人禍，裏應外合，不久就把華人陷入了無政府無紀綱的狀態。在這種時候，北部華人感受二重的壓迫，一是生計的愁苦，二是外族的侵奪。結果，有許多人自然而然的向南或向東南遷移。人口的遷徙，當然也有時候因爲比較積極的動機，例如，想覓到比較膏腴之地或未經開墾之地，或見遷往之地生計充盈，文物薈萃，想去佔一些光。但是，中國大批人口的流動，十九是因爲荒年和胡族的侵略，並且沒有一次不是朝南走的。好比波浪似的向着一個方向推移。有史以來也就推移過不少的次數。第一次是由陝西東北部河套一帶華族發祥之地向東南黃河下流逐漸推移，到布滿黃河流域爲止，後來的移徙便直接從北方幾省向南了。一直要到差不多耶穌誕生的時候，即中國有史以後二千年，這種移民的波浪才推到現在的廣東。

『北方人民南徙之後，剩下的空隙就被胡人塡滿了；這些胡人生活一有了定所，就立刻受中國文化的同化，同時也和華人在血統上發生混合，逐漸養成一派新的，有生力的人口。』

其中又引威廉士(F.W. Williams)一段文字也與此文互相發明，幷節錄如下：

『中國內部的狀態，經過長時期的連一接二的荒年和叛亂之後，眞是壞極了。荒年與兵事使經濟的活動完全停頓，使國家陷入一般的無政府狀態。在當時那種無組織無系統的狀態之下，我們不能說人民疾苦究竟是政治紊亂的因，還是政治紊亂的果。一個人口很稠密，農事很發達的地方一旦荒年起來，裏面的居民自然不免分散，成爲許多獨立的強盜團體，彼此爭奪殺害，使辦理內政的人，完全無從措手。在這種形勢之下，除非政府先有相當賙濟的設備，要想減少混亂的狀態是不可能的；要是遇到不良的政府，那就更糟了，因爲他的懦弱無能，適足以使人民痛苦顛連的生活變本加厲，釀成更大的亂源，一旦爆發，這個政府就不啻自絕了他的生路了。』

右晉惠帝時之民族大流徙一文，吾師劉楚賢先生之遺作也。先生，湖南新化之時榮橋人。民國紀元前十二年生。民國十年入國立南京高等師範肄業。十三年至二十一年，歷任河南中州大學，武昌中山大學，四川成都大學，武昌武漢大學史學教授。二十一年夏，返里養疴。二十四年夏，卒于里。生平行蹟具詳于元珍所作事略中，玆不縷述。先生著述甚富，教遊十年中，積講稿達百萬言，專題論著多散見史地學報，中州大學文藝季刊，成大史學雜誌；武大文哲季刊；此篇即曾載於成大史學雜誌第一期者也。刊布迄今，已逾六稔，而成大史學雜誌僅發行二期即告停刊，又每期僅印數百册，故先生此文流傳甚稀。前見食貨中倪今生君某文似即以先生此篇爲藍本，而先生之文，學人竟鮮見及，滋可慨已！夫名山史就，原有待於流傳；洛下紙空，固無妨乎重布。余惟先生此文，論證精詳，不可聽其湮沒，故商諸顧頡剛先生借禹貢篇幅重介於讀者云。

弟子安岳陶元珍謹跋。二十四，十二，十四。

兩漢之際北部漢族南遷考

陶元珍

吾國政治中心往昔恆在北部，國民政府建都南京前數千年中，全國首都建於南部之時惟明初數十年耳。故値有內亂，北部各地以距政治中心較近，每爲羣雄逐鹿之塲，紛擾特甚；而南部以非政治中心所在，輒能保厥安寧，爲大亂中之樂土。又吾國往昔外患恆來自北，故北部常首遭異族之蹂躪；而南部則較爲異族勢力所不及。夫趨安避危，人之本性，當內爭劇烈外患嚴重之日，北部漢族之羣遷南土乃意中事也。試徵諸史實：如東漢末黃巾董卓之禍，內亂之烈者也；北宋末靖康之難，外患之酷者也；劉石之亂，外患而具內亂之性質者也；安史之亂，內亂而具外患之性質者也：皆嘗引起漢族之大舉南遷，足爲明證。今玆所述，亦不過漢族因內亂而南遷之一例而已。

兩漢之際之大亂

自王莽篡漢，厲行改革，而不得其方，法桼民愁，大亂遂作，莽以殞斃。中經更始，亂乃愈滋，據土稱號者十餘，而諸賊如赤眉銅馬之屬，紛立名目，各領部曲衆合數百萬人，所在寇掠。賴光武帝掃定芟夷；至建武十六年，盧芳請降，而海內始一，上距王莽天鳳四年綠林賊起，已歷二十餘年，亦可謂長期之內亂矣。在此長期之內亂中，人民痛苦自不待言；玆略舉數事，以見民困之亟焉：

後漢書趙孝傳：『趙孝，字長平，沛國蘄人也。父普，王莽時爲田禾將軍。……及天下亂，人相食，孝弟禮爲餓賊所得。孝聞之，即自縛詣賊曰，「禮久餓，羸瘦，不如孝肥飽」。賊大驚，並放之，謂曰，「可且歸，更持米糒來」。孝求不能得，復往報賊，願就亨。衆異之，遂不害』。

又：『時汝南有王琳巨尉者，年十餘歲，喪父母，因遭大亂，百姓奔逃，惟琳兄弟獨守冢廬，號泣不絕。弟季出遇赤眉，將爲所哺，琳自縛請先季死。賊矜而放遣，由是顯名鄉邑』。

又：『琅邪魏譚少閒者，時亦為飢寇所獲，等輩數十人皆束縛，以次當烹。賊見譚似謹厚，獨令主爨，暮輒執縛。賊有夷長公特哀念譚，密解其縛，語曰，「汝曹皆應就食，急從此去！」對曰，「譚為諸君爨，恆得遺餘，餘人皆茹草萊，不如食我！」長公義之，相曉赦遣，並皆得免』。

又：『又齊國兒萌子明，梁郡車成子威，二人兄弟並見執於赤眉，將食之；萌成叩頭，乞以身代，賊亦哀而兩釋焉』。

又劉平傳：『劉平字公子，楚郡彭城人也，本名曠。……更始時天下亂，弟仲為賊所殺；其後賊復忽然而至，平扶侍其母，奔走逃難。仲遺腹女始一歲，平抱仲女而棄其子。母欲還取之，平不聽，曰，「力不能兩活，仲不可以絕類」，遂去不顧，與母俱匿澤中。平朝出求食，逢餓賊，將烹平，叩頭曰，「今旦為老母求菜，老母待曠為命，願得先歸食(飼)母畢，還就死」，因涕泣。賊見其至誠，哀而遣之。平還，既食(飼)母訖，因白曰，「屬與賊期，義不可欺」，遂還詣賊。衆皆大驚，相謂曰，「嘗聞烈士，迺今見之。子去矣，吾不忍食子！」於是得全』。

又淳于恭傳：『淳于恭字孟孫，北海淳于人也。…王莽末，歲飢，兵起，恭兄崇將為盜所烹，恭請代，得與俱免。……初遭寇賊，百姓莫事農桑，常獨力田耕。鄉人止之曰，「時方淆亂，死生未分，何空自苦為？」恭曰，「縱我不得，它人何傷！」墾耨不輟』。

又江革傳：『江革，字次翁，齊國臨淄人也，少失父，獨與母居。遭天下亂，盜賊並起，革負母逃難，備經險阻，常採拾以為養。數遇賊，或刼欲將去，革輒涕泣求哀，言有老母，辭氣愿款，有足感動人者，賊以是不忍犯之，或迺指避兵之方，遂得俱全於難』。

然民困雖亟，而各地所受亂事損害之程度實不一致。吾人若以江水劃分南北，顯見南部較為安謐，守土者若任延錫光皆能保境息民，被稱循吏：

後漢書循吏傳：『任延，字長孫，南陽宛人也。…更始元年以延為大司馬屬，拜會稽都尉，時年十

2

九，迎官驚其壯。及到，靜泊無爲，唯遣饋禮祠延陵季子。時天下新定，道路未通，避亂江南者皆未還中土，會稽頗稱多士。延到皆聘請高行，如董子儀嚴子陵等，敬待以師友之禮』。

又：『初，平帝時，漢中錫光爲交阯太守，教導民夷，漸以禮義，化聲侔於延。王莽末，閉境拒守。建武初，遣使貢獻，封鹽水侯』。

則北部漢族之南徙乃自然之趨勢，不足異也。

北部漢族南遷之例

北部漢族之南遷，吾人於前舉後漢書循吏傳所記已略見梗概，玆更舉數事爲例：

唐書宰相世系表：『陳胡公裔孫敬仲仕齊，爲田氏；其後居魯。至田豐，王莽封爲代睦侯，以奉舜後。子恢，避莽亂過江，居吳郡，改姓爲嬀。五世孫敷，復改姓姚，居吳興武康。敷生信，吳選曹尚書』。（秘笈新書引元和姓纂，又通志氏族略並同。）

通志氏族略四：『秦有御史大夫錢產，子孫居下邳。漢哀平間，錢遜爲廣陵太守，避王莽亂，徙居烏程。遜子晟』。

晉書儒林傳：『范平字子安，吳郡錢唐人也。其先銍侯馥，避王莽之亂，適吳，因家焉』。

咸淳臨安志古今人表：『杜延年孫彰以王莽居攝避地錢唐。（本新城志）』。

吳志士燮傳：『士燮字威彥，蒼梧廣信人也。其先本魯國汶陽人，至王莽之亂避地交州；六世至燮父賜』。

由上舉事實，吾人可推知北部漢族之南遷而不見於紀載者必甚衆，而田恢，錢遜，范馥，杜彰諸人不過其代表耳。

南部人口之增加與文化之進步

據續漢書郡國志，大江以南郡國十八（地跨江南北者不在數內），除牂牁，益州，永昌三郡位置較僻，關係較輕，又鬱林，交趾二郡戶口數不詳外，其會稽等十三郡，永和五年戶數共一百零四萬三千三百三十二，約居全國戶數百分之二十一強；以校漢書地理志，則元始二年會稽等十二郡國戶數共僅六十三萬五千四百九十二，約居全國戶數百分之五強。又永和會稽等十三郡口數共七百四十萬九千一百三十九，約居全國口數百分之十五強；而元始二年則會稽等十二郡國口數共僅三百零六萬二千零七十九，約居全國口數百分之五強。是南部人口之增加至為顯著也。列表如左：

元始二年	戶	口	永和五年	戶	口	增減	戶	口
會稽	二二三〇三八	一〇三二六〇四	會稽吳郡共	二八七二五〇	一一八一九七八	增	六四二一二	一四九三七四
丹陽	一〇七五四一	四〇五一七〇	丹陽	一三六五一八	六三〇五四五	增	二八九七七	二二五七三五
豫章	六七四六二	三五一九六五	豫章	四〇六四九六	一六六八九〇六	增	三三九〇三四	一三一六九四一
長沙國	四三四七〇	二三五八二五	長沙	二五五八五四	一〇五九三七二	增	二一二三八四	八二三五四七
零陵	二一〇九二	一三九三七八	零陵	二一二二八四	一〇〇一五七八	增	一九一一九二	八六二二〇〇
桂陽	二八一一九	一五六四八八	桂陽	一三五〇二九	五〇一四〇三	增	一〇六九一〇	三四四九一五
武陵	三四一七七	一八五七五八	武陵	四六六七二	二五〇九一三	增	一二四九五	六五一五五
南海	一九六一三	九四二五三	南海	七一四七七	二五〇二八二	增	五一八六四	一五六〇二九
蒼梧	二四三七九	一四六一六〇	蒼梧	一一一三九五	四六六九七五	增	八七〇一六	三二〇八一五
合浦	一五三九八	七八九八〇	合浦	二三一二一	八六六一七	增	七七二三	七六三七
九眞	三五七四三	一六六〇一三	九眞	四六五一三	二〇九八九四	增	一〇七七〇	四三八八一
日南	一五四六〇	六九四八五	日南	一八二六三	一〇〇六七六	增	二八〇三	三一一九一
總計	六三五四九二	三〇六二〇七九	總計	二〇四三三三二	七四〇九一三九	增	一四〇七八四〇	四三四七〇六〇
全國	一二二三三〇六二	五九五九四九七八	全國	九六九八六三〇	四九一五〇二二〇	減	二五三四四三二	一〇四四四七五八

據上表，永和五年全國戶口數尚較元始二年時爲減，而會稽等十三郡戶口數則均較前增加。其中如零陵郡戶增九倍，口增七倍；豫章郡戶增五倍，口增四倍；長沙郡戶增五倍，口增四倍；桂陽郡戶增四倍，口增二倍；蒼梧郡戶增四倍，口增二倍；南海郡戶增三倍，口增一倍：尤可注意。案元始二年至永和五年不過一百三十九年耳，而南部戶口之增加若此。吾人試加解釋，雖不能膠執一種原因，而兩漢之際北部漢族之南遷要當認爲重要原因之一也。伴人口之增加者，爲文化之進步。檢漢書藝文志及姚振宗漢書藝文志拾補，西漢時南部人之著作殆寥若晨星，如莊助，朱買臣之流不過以辭賦顯耳；然檢姚氏後漢藝文志則包咸，王充，趙曄，袁康，周樹、程曾，鄒邠，魏朗，唐檀，高彪，張遐，張匡，陸績，沈友輩，竝斐然有所述作。蓋東漢時南部文化遠較西漢時爲進步，而吳郡會稽人文尤盛，則任延之功爲不可沒已。

附識　余舊作東漢末中國北部漢族南遷考，亦嘗輯錄兩漢之際北部漢族南遷之紀載數事。今略加推衍以爲本文，用備禹貢補白。至南北之分界原隨時推移，不必一致，茲以江水劃分南北，不過爲符合兩漢之際之時勢云爾。

中華民國二十四年除夕，作者識。

四川月報

(編輯者：四川月報社
發行者：重慶中國銀行)

第七卷第五期目錄

(每月一冊　每冊三角
全年十二冊　定價三元
(郵費在內))

專載：
川北六縣一瞥

財政：

田賦
省府通令各縣按期提解田賦
省府通令各縣催收糧稅
萬縣佈告催收下季糧稅及欠糧
省府核定免徵糧稅縣份
省府令減徵各縣契稅附加
鄷都五成徵收契稅附加
大足糧民本年約担負七十萬元
儀隴糧稅議决由主佃分成完納
簡陽征收冬季糧欵　糙為糧欵數額
合川分區設櫃徵糧
鄷都下季糧稅再展十日

捐稅
川省統稅貨物免徵轉口稅
汽水征稅辦法規定地方稅局飭屬免征影片稅
財部令川印菸稅局解釋印花貼用法
四川印花菸酒局規定酢戶釀酒納稅辦法
巴縣酢戶請求減稅(二則)
四川省政府重慶市捐經收處九月份收入表
重慶市公安局四月至九月收入違罰禁烟罰金數目表
一區禁烟督察分處規定存儲縣公棧內之川滇黔土征費辦法
叙永第三科收牛稅被控
省政府廢除苛雜一百二十餘種

特載
行營整理川省稅收
省府通令各區轉令各縣經費開支辦法四項
廿四年度四川財政收支狀況
鄷都財政年差十萬元
江安本年度縣政支出數額

金融：

銀錢業
中央信託局代理處開幕
四川省銀行開幕
省府令前四川農民銀行基金作加入中國農民銀行股本之用
墊江農村銀行開幕

貨幣
財政部公佈新貨幣政策
渝金融界向財政部接洽借欵
川幣鑑委會撤銷
宜賓縣商化驗銀幣
收銷地鈔展期一月
重慶市府討論健全錢價評委會組織
廿一軍糧契券收兌展至十一月底
各地金融簡訊(八則)

公債
重慶特派員署通告掉換及登記公債截止期
整理四川金融公債基金保管委員會通告收回黑色百元收據
渝中央分行辦理善後公債息票貼現
善後公債基金保委會公告一則
各縣徵募善後公債情形(四則)

經濟統計
重慶市利率及貨幣證券市價表(廿四年十一月份)
重慶市銀錢聯合公庫票據交換統計表(廿四年十一月份)
重慶市申匯行市表(廿四年十一月份)

商業：

進口業
重慶十月份進口貨數量價值表

出口業
重慶十月份出口貨數量價值表
川運使將召集鹽務會議
鹽業雜訊(五則)
萬縣十月份桐油出口數量表
四川桐油產量及銷售概數
敍永茶產年約值二十萬元
灌縣藥材貨缺價漲
瀘縣鴻發生藥材號倒閉
灌縣茸市本年無交易
涪陵榨菜本年尚無預備貨市場
隆昌麻布市淡

其他各業
重慶各餐館停業抗捐
瀘縣規定貨商月息三分
隆昌令減典當商月息一分
南充規定應設煙土行店
叙永煙土業蕭條

產業：

農村調查
行營令省府推進農村合作
農村合作委員會將在各縣設辦事處

土產調查

農業
雲陽奉節達縣石硏四縣物產調查
十二區專署呈報轄區各縣災況
各縣農訊(八則)
都江堰本年大修
省府令各縣購置度政檢定用器
巴縣北碚中國西部科學院理化研究所四川煤炭化驗表

製造業
盧作孚等擬開發南川煤礦
蜀華實業公司章程
四川籌組裕蜀製糖公司
大竹籌辦民生造紙廠
涪陵將設廠造紙

交通：

公路
川陝公路即將竣工
川陝路工雜訊(二則)
川湘路工雜訊(四則)
川鄂路工雜訊(二則)
川黔路將設養路處
各縣公路雜訊(七則)
行營頒布已成公路整理辦法
川黔公路監理處着手整理成渝路
毗連四川各省之公路網即將完成
公路局將建全川總車站

川江
川江旅行社簡章
萬航業公會議增水脚
川河航業轉好
嵯峨軍艦改為商輪
南充將培修河隄

航空
蓉防展會定下月一日開幕

鐵路
行營籌築成彭鐵路

郵電
經南充轉發郵件被刦十一次

市縣

社會一瞥：
各縣區署雜訊(十二則)
萬縣市本月撤銷
成都市戶口調查竣事
宜賓第一區戶口調查完竣
江安戶口第一期調查完竣
大足成廂戶口數目
大竹戶口初期調查竣事
北川戶口編竣
達宣兩縣戶口編竣
南充戶口編竣
遂寗戶口編竣
渠縣第三區戶口編竣
涪陵戶口編竣
江北人畜調查
鄷都第一區戶口數目
重慶九月份外僑人數表
重慶九月份死亡人數
成都市九月份人口死亡數目
新聞界雜訊(三則)
省府派定各禁烟區查禁員十二人

教育
省府核准第三屆中學畢業會考名額
全川省立中小學校經費預算核准公佈
邛崍教育概況
合江教育概況
大足教育概況
川大將增設牧畜試驗場
梁山江安劃定小學區
教育雜訊(三則)

時事：

時事日誌
十一月一日至十一月卅日

省政要聞
川行營本月一日成立
唐潘王三軍長就職

法規
四川省屬行禁煙特訂公機管理規程
登記存土暫行規則
四川各縣公墓實施規則
修正剿匪區內各縣保甲經費收支規程
修正各縣戶口異動登記辦法
四川省第三區各縣冬防期間調練壯丁加緊防務暫行辦法
四川省公務員出差及請假支薪暫行規則
交代條例施行細則
國民政府軍事委員會委員長行營財政監理處監督川省稅務辦法草案
妨害國幣懲治暫行條例
兌換法幣辦法
退製品用銀管理規則
重慶市換錢業登記暫行細則
重慶市取締錢業暫行辦法
廿四年度四川省地方普通歲出總概算書
廿四年度四川省教育經費概算書
四川省各縣市教育委員規程
川湘公路義務徵工發給趕工獎金醫業撫卹費及工具費購置辦法
四川工路局員工攷續規則

清代地理沿革表（續）

趙泉澄

八　浙江省

杭州府——順治初年仍，領縣九：錢塘，仁和，海寧，富陽，餘杭，臨安，於潛，新城，昌化。

乾隆三十八年，海寧縣改爲海寧州：領州一縣八。

光緒二十一年，馬關條約，杭州爲日本開爲商埠；二十二年，日本於杭州地設日租界，英國亦於其地設英租界：仍領州一縣八。

嘉興府——順治初年仍，領縣七：嘉興，秀水，嘉善，海鹽，崇德，平湖，桐鄉。

康熙元年，崇德縣改爲石門縣：仍領縣七。

湖州府——順治初年仍，領州一：安吉；縣六：烏程，歸安，長興，德清，武康，孝豐。

乾隆三十八年，安吉州改爲安吉縣：領縣七。

寧波府——順治初年仍，領縣五：鄞，慈谿，奉化，定海，象山。

康熙二十六年，改定海縣爲鎮海縣；裁舟山衛；新設定海縣，隸府屬：領縣六。

道光三年，於石浦地方設石浦廳，移府海防同知駐紮；二十一年，定海縣升爲定海直隸廳；二十二年，江寧條約，寧波爲英國開爲商埠：領廳一縣五。

紹興府——順治初年仍，領縣八：山陰，會稽，蕭山，諸暨，餘姚，上虞，嵊，新昌。

台州府——順治初年仍，領縣六：臨海，黃巖，天台，仙居，寧海，太平。

金華府——順治初年仍，領縣八：金華，蘭谿，東陽，義烏，永康，武義，浦江，湯溪。

衢州府——順治初年仍，領縣五：西安，龍游，江山，常山，開化。

嚴州府——順治初年仍，領縣六：建德，淳安，桐廬，遂安，壽昌，分水。

溫州府——順治初年仍，領縣五：永嘉，瑞安，樂清，平陽，泰順。

雍正八年，於府東海中玉環山地，設玉環廳同知，隸府屬；領廳一縣五。

光緒二年，烟臺條約，温州爲英國開爲商埠；仍領廳一縣五。

處州府——順治初年仍，領縣十：麗水，青田，縉雲，松陽，遂昌，龍泉，慶元，雲和，宣平，景寧。

定海廳——道光二十一年，寧波府屬之定海廳升爲定海直隸廳。

1—18 順治朝 1644—1661	浙江省		杭州府 0,9	嘉興府 0,7	湖州府 1,6	寧波府 0,5	紹興府 0,8	台州府 0,6	金華府 0,8	衢州府 0,5	嚴州府 0,6	温州府 0,5	處州府 0,10	
1—61 康熙朝 1662—1722	浙江省		杭州府	1 嘉興府 0,7	湖州府	26 +26 寧波府 0,6	紹興府	台州府	金華府	衢州府	嚴州府	温州府	處州府	
1—13 雍正朝 1723—1735	浙江省		杭州府	嘉興府	湖州府	寧波府	紹興府	台州府	金華府	衢州府	嚴州府	+8 温州府 0,1,5	處州府	
1—60 乾隆朝 1736—1795	浙江省		38 杭州府 1,8	嘉興府	38 湖州府 0,7	寧波府	紹興府	台州府	金華府	衢州府	嚴州府	温州府	處州府	
1—25 嘉慶朝 1796—1820	浙江省		杭州府	嘉興府	湖州府	寧波府	紹興府	台州府	金華府	衢州府	嚴州府	温州府	處州府	
1—30 道光朝 1821—1850	浙江省		杭州府	嘉興府	湖州府	+3 A 21-22 寧波府 0,1,5	紹興府	台州府	金華府	衢州府	嚴州府	温州府	處州府	A 21 定海廳
1—11 咸豐朝 1851—1861	浙江省		杭州府	嘉興府	湖州府	寧波府	紹興府	台州府	金華府	衢州府	嚴州府	温州府	處州府	定海廳
1—13 同治朝 1862—1874	浙江省		杭州府	嘉興府	湖州府	寧波府	紹興府	台州府	金華府	衢州府	嚴州府	温州府	處州府	定海廳
1—34 光緒朝 1875—1908	浙江省	日本 A 22- 英國 A 22-	21 A 22- 杭州府 1,8	嘉興府	湖州府	寧波府	紹興府	台州府	金華府	衢州府	嚴州府	2 温州府 0,1,5	處州府	定海廳
1—3 宣統朝 1909—1911	浙江省		杭州府	嘉興府	湖州府	寧波府	紹興府	台州府	金華府	衢州府	嚴州府	温州府	處州府	定海廳

清代學者地理論文目錄（遊記）

王重民

1

山

月輪山北石澗記	趙坦	保甓齋文錄	下，五一上
游白水山記	陳璞	尺岡草堂遺文	二，一四上
游白雲山記	張澍	養素堂文集	七，一五上
白嶽游記	施閏章	施愚山先生學餘文集	一四，四下
遊白鶴峯記	姚瑩	東溟文外集	三，三上
玉函山記	施閏章	施愚山先生學餘文集	一四，四上
程斑華遊玉函山記跋	馬國翰	玉函山房文集	三，二五上
游玉華山小記	施閏章	施愚山先生學餘文集	一四，一一下
遊玉甑峯記	潘耒	遂初堂文集	一四，四上
遊北山記	錢兆鵬	述古堂文集	七，一四上
游北山記	張澍	養素堂文集	八，一三下
北山獨游記	張裕釗	濂亭文集	八，九上
遊北固山記	錢兆鵬	述古堂文集	八，三上
遊石鐘山記	王源	居業堂文集	一九，一九上
遊石門記	戚學標	鶴泉文鈔	上，四七下
游台泉山記	朱庥	小萬卷齋文稿	一五，八上
游包山記	沈彤	果堂集	九，二上
遊瓜步山記	梅曾亮	柏梘山房文集	一〇，一三下
以易山記	朱軾	朱文端公文集補編	二，一上
遊仙都峯記	袁枚	小倉山房文集	二九，一二上
西山遊記	施閏章	施愚山先生學餘文集	一四，五下
西山遊記	施閏章	施愚山先生學餘文集	一四，一〇下
遊西山記	趙懷玉	亦有生齋集文	六，八上
再遊西山記	趙懷玉	亦有生齋集文	六，一七下
西山遊記	石韞玉	獨學廬初稿	二，一五上
遊西山記	李宗昉	聞妙香室文	一一，一上
游西山鵓鴿峯記	黃廷鑑	第六絃溪文鈔	二，二一上
遊潭柘記	方苞	望溪先生文集	一四，一三上
遊百泉山記	張星鑑	仰蕭樓文集	一，三五下
登君山記	陶澍	印心石屋文鈔	二，一上
遊君山記	陳衍	石遺室文集	五，三上
遊吼山記	李宗昉	聞妙香室文	一一，四上
遊冶父山記	馬其昶	抱潤軒文集	二一，一〇下
登吳嶽記	王士禛	帶經堂集	七七，八上
游赤壁記	董以寧	文友文選	一，二六上
赤壁紀遊	王鳴盛	西莊始存稿	二三，八下
游金山記	張澍	養素堂文集	九，一〇下
遊金山記	錢兆鵬	述古堂文集	八，四上

遊金牛山記　潘耒　遂初堂文集　一六，一五上
遊虎邱山記　顧千里　思適齋集　五，七上
再遊虎邱山記　顧千里　思適齋集　五，九上
遊虎邱記　錢兆鵬　述古堂文集　八，五下
武夷遊記　施閏章　施愚山先生學餘文集　一五，一上
遊武夷山記　袁枚　小倉山房文集　二九，二八上
遊武夷山記　洪亮吉　更生齋文乙集　四，一上
游靑山記　施閏章　施愚山先生學餘文集　一四，一二下
遊靑山記　朱筠　笥河文集　七，一二下
遊長山記　張士元　嘉樹山房集　八，一上
游東山記　張澍　養素堂文集　七，八下
重游東山記　張澍　養素堂文集　七，九上
遊孤山記　韓夢周　理堂文集　七，一九上
昭嵎山記　郝懿行　曬書堂文集　一〇，四上
遊徂徠山記　錢兆鵬　述古堂文集　八，一二下
遊林慮山記　潘耒　遂初堂文集　一六，二五上
遊兩尖山記　趙懷玉　亦有生齋集文　六，六上
恒游記　趙一清　東潛文編　上，二四上
遊洞庭兩山記　趙懷玉　亦有生齋集文　六，二下
記遊洞庭　鈕樹玉　匪石先生文集　下，一六上
遊西洞庭記　唐晏　涉江先生文鈔　一，二七上
遊城山記　鄭珍　巢經巢文集　三，二二下
飛鳳山記　張澍　養素堂文集　七，一三下
姚山記　姚華　弗堂類稿　五，二二上
遊廻龍山記　鄭珍　巢經巢文集　三，一八下
登忠州屏風山記　王士禎　帶經堂集　七六，七上
游茅山記　錢大昕　潛研堂文集　二〇，一三下
游大小玲瓏山記　楊鳳苞　秋室集　五，一上
遊軍山記　錢兆鵬　述古堂文集　七，七下
毛氏桂林記　施閏章　施愚山先生學餘文集　一四，九上
雪天登岱記　牛運震　空山堂文集　五，一一上
登泰山記　沈彤　果堂集　九，一一上
登泰山記　姚鼐　惜抱軒文集　一四，六上
遊泰山記　戚學標　鶴泉文鈔　上，四六下
遊泰山記　錢兆鵬　述古堂文集　八，六下
重登泰山記　方宗誠　柏堂集續編　一九，三上
登泰山記　陳衍　石遺室文集　五，六上
遊浮山記　劉大櫆　海峰先生文　九，一〇上

再至浮山記	方苞	望溪先生文集	一四，一四上
游浮山記	李兆洛	養一齋文集	九，三〇上
遊馬鞍山記	錢兆鵬	述古堂文集	七，一二下
游馬鞍山記	張士元	嘉樹山房文集	下，五上
行棧中二十四馬鞍嶺記	王士禎	帶經堂集	七六，一下
遊狼山記	錢兆鵬	述古堂文集	七，一上
游狼山記	張裕釗	濂亭文集	八，一上
峨眉山行記	胡薇元	玉津閣文略	九，八上
遊嘉州凌雲九峰記	王士禎	帶經堂集	七六，三下
登嘉州高望山記	王士禎	帶經堂集	七六，二下
茶山記	惲敬	大雲山房文稾二集	三，三九上
重修馬嶺山道記	趙銘	琴鶴山房遺稿	二，五下
留雲峯記	錢儀吉	衎石齋記事續稿	一，三五上
船山記	王夫之	薑齋文集	二，二〇上
梅花嶺記	全祖望	鮚埼亭集外編	二〇，一上
梵淨山記	張澍	養素堂文集	七，一二下
遊城北清涼山記	洪亮吉	更生齋文乙集	一，九下
游紫山記	朱琦	小萬卷齋文稿	一五，一上
游紫氣山記	張澍	養素堂文集	七，一〇上
游紫蓬山記	馬其昶	抱潤軒文集	二二，三上
遊紫柏山記	張星鑑	仰蕭樓文集	一，二五上
游華山記	張澍	養素堂文集	九，八下
華山後遊記	謝章鋌	賭棋山莊集	三，二二上
華山記	胡薇元	玉津閣文略	九，四上
遊華不注記	全祖望	鮚埼亭集外編	二二，一三上
華封壽石記	謝章鋌	賭棋山莊集	一，七上
遊黃山記	潘耒	遂初堂文集	一五，五上
黃山遊記	施閏章	施愚山先生學餘文集	一五，九上
遊黃山記	劉大櫆	海峯先生文	九，一上
遊黃山記	袁枚	小倉山房文集	二九，一八上
黃山遊日記	汪萊	衡齋文集	三，一三上
遊黃山記	葛其仁	味經齋文集	二，一二上
遊黃泥山記	錢兆鵬	述古堂文集	七，一一下
遊黃龍山記	袁枚	小倉山房文集	二九，一四上
遊焦山記	謝振定	知恥齋文集	下，四上
遊焦山記	湯金釗	寸心知室文存	六，一六上
游焦山記	張澍	養素堂文集	九，一二下
遊南雁蕩記	潘耒	遂初堂文集	一四，一上

4

遊雁蕩山記　潘　耒　遂初堂文集　一三，二二上
雁蕩遊記　施閏章　施愚山先生學餘文集　一五，一一下
遊雁蕩記　方　苞　望溪先生文集　一四，一八上
遊雁宕記　戚學標　鶴泉文鈔續選　五，二四上
遊雁宕記　王　棻　柔橋文鈔　一五，一〇下
犢樓山記　余廷燦　存吾文藁　四，一〇上
游惠山石門記　張士元　嘉樹山房集　八，四下
再遊程符山記　韓夢周　理堂文集　七，一七上
棲霞嶺記　趙　坦　保甓齋文錄　下，五三上
游普陀峯記　徐乾學　憺園文集　二五，二三上
遊黑山記　錢兆鵬　述古堂文集　八，六下
游廣山記　姚　椿　晚學齋文集　一〇，四下
游廣山記　錢兆鵬　述古堂文集　八，四下
游廣山記　張裕釗　濂亭文集　八，二上
遊鼓山記　潘　耒　遂初堂文集　一五，一上
遊鼓山瑣記　沈家本　枕碧樓偶存稿　五，一三上
遊齊雲山記　葛其仁　味經齋文集　二，一〇上
遊齊山記　張星鑑　仰蕭樓文集　一，三二上
登渝州塗山記　王士禛　帶經堂集　七六，六上

桐城附郭義山記　馬其昶　抱潤軒文集　二一，五上
遊中岳記(嵩山)　潘　耒　遂初堂文集　一六，一七上
嵩山遊記　施閏章　施愚山先生學餘文集　一五，五下
煙霞嶺游記　趙　坦　保甓齋文錄　下，三五上
遊翠微峯記(二篇)　惲　敬　大雲山房文稿初集　三，三七上
翠微山記　張際亮　張亨甫文集　四，一上
翠微山後記　張際亮　張亨甫文集　四，二上
遊聚寶山記　錢兆鵬　述古堂文集　八，二下
遊幕府山十二洞及泛舟江口記　洪亮吉　更生齋文乙集　一，一〇下
遊盤山記　程瑤田　水地小記　一，x
遊南岳記(衡山)　潘　耒　遂初堂文集　一六，一上
登南嶽記(衡山)　唐仲冕　陶山文錄　七，三一上
遊劍山記　錢兆鵬　述古堂文集　二，六上
遊劍門記　盛大士　蘊愫閣文集　三，五上
遊龍洞山記　施閏章　施愚山先生學餘文集　一四，三上
遊龍池山記　吳　騫　愚谷文存　八，四下
遊龍門記　蔣湘南　七經樓文鈔　六，三二上
登嶧山記　朱彝尊　曝書亭集　六七，八下

5

錦屛山記	張澍	養素堂文集	七，一六下
登錫山記	趙懷玉	亦有生齋集文	六，一上
隱龍山記	施閏章	施愚山先生學餘文集	一三，二下
遊雞鳴山烏龍潭諸勝記	王士禛	帶經堂集	四二，一上
遊雞足山記	王昶	春融堂集	四九，八上
過關山記	管同	因寄軒文初集	七，四下
游暨陽鵝凸山記	胡鳳丹	退補齋文存	六，一上
游豐山記	沈彤	果堂集	九，七上
游廬山記	潘耒	遂初堂文集	一五，一五上
六過廬山記	李紱	穆堂初稿	二九，九上
遊廬山黃厓遇雨記	袁枚	小倉山房文集	二九，二〇上
遊廬山記	洪亮吉	更生齋文乙集	三，六上
遊廬山記	惲敬	大雲山房文藁二集	三，二八上
遊廬山後記	惲敬	大雲山房文藁二集	三，三〇上
過繹山記	龍啟瑞	經德堂文集	三，七上
遊羅浮山記	潘耒	遂初堂文集	一三，一上
遊羅浮山記	惲敬	大雲山房文藁二集	三，三六上
游羅睺山記	張澍	養素堂文集	七，一六上
寶山記游	管同	因寄軒文初集	七，九下
遊寶華山記	王士禛	帶經堂集	四二，一七下，
游寶華山拱宸洞記	查禮	銅鼓書堂遺稿	二九，一二下
前游寶頂山記	張澍	養素堂文集	八，一五下
後游寶頂山記	張澍	養素堂文集	八，一八下
游寶峰記	朱琦	小萬卷齋文稿	一五，二下
蘇門山遊記	施閏章	施愚山先生學餘文集	一五，三下
游龜峯山記	李宗昉	聞妙香室文	一一，五上
歸途望龜山記	陳衍	石遺室文集	五，四上
遊攝山記	王士禛	帶經堂集	四二，一三下
遊攬山記	姚瑩	東溟文集	五，一上
遊觀音山記	錢兆鵬	述古堂文集	八，一下
遊京口南山記	洪亮吉	更生齋文乙集	一，六下
遊京口城南諸山記	趙懷玉	亦有生齋集文	六，二一下
遊桂林諸山記	袁枚	小倉山房文集	二九，二五上
盱江諸山遊記	施閏章	施愚山先生學餘文集	一五，二下
遊仙居諸山記	潘耒	遂初堂文集	一四，一四上
遊乍浦諸山記	顧廣譽	悔過齋文集	五，一七上
海鹽鷹窠頂觀日月並升記	黃宗羲	南雷文案	二，一七上
新修韓嶺道記	洪亮吉	更生齋文甲集	四，二一下

6

篇名	作者	出處	卷頁
遊端州七星巖記	王士禛	帶經堂集	七七，二下
遊七星巖記	皮錫瑞	師伏堂駢文	四，一五下
遊永州三巖記	潘耒	遂初堂文集	一六，一二上
遊方廣巖記	陳衍	石遺室文集	五，一九上
中巖記	胡薇元	玉津閣文略	九，三上
登澹州北巖記	王士禛	帶經堂集	七六，八上
遊仙巖記	潘耒	遂初堂文集	一四，七上
成化巖小記	施閏章	施愚山先生學餘文集	一四，六下
游雨花巖記	張士元	嘉樹山房集	八，三下
游武彝九曲巖記	林昌彝	小石渠閣文集	三，五上
游洞天巖記	毛嶽生	休復居文集	四，八下
柯西石宕記	胡天游	石笥山房文集	三，一〇下
游飛雲巖記	張澍	養素堂文集	七，一一下
待月巖記	杭世駿	道古堂文集	一八，一七下
遊通天巖記	惲敬	大雲山房文稿二集	三，四一上
游萬卷書巖記	張澍	養素堂文集	七，一一上
碧巖記	施閏章	施愚山先生學餘文集	一四，九下
重修鄭仙巖記	陳璞	尺岡草堂遺文	二，一上
游盧巖及石淙記	施閏章	施愚山先生學餘文集	一五，七上
游龍巖記	梁玉繩	清白士集	二八，一一上
游羅漢岩記	惲敬	大雲山房文稿初集	三，三四上
遊靈巖記	姚鼐	惜抱軒文集	一四，七上
三天洞小記	施閏章	施愚山先生學餘文集	一五，一三上
遊三遊洞記	劉大櫆	海峯先生文	九，一七下
遊小石洞記	盛大士	蘊愫閣文集	三，一上
石蓮洞記	施閏章	施愚山先生學餘文集	一四，一四下
遊石門洞記	魯九皐	魯山木先生文集	七，一上
遊石門洞記	陳用光	太乙舟文集	四，二七下
遊玉華洞記	朱筠	笥河文集	七，一四上
遊萬縣岑公洞記	王士禛	帶經堂集	七六，九上
遊披雪洞記	戴鈞衡	味經山館文鈔	三，二一上
重遊披雪洞記	戴鈞衡	味經山館文鈔	三，二二上
洪花洞記	郝懿行	曬書堂文集	一〇，一五上
息機洞記	吳之英	壽櫟廬卮言和天	五，四上
遊梅田洞記	李紱	穆堂初稿	二九，六上
游澹翁洞記	張澍	養素堂文集	九，四上
遊張公洞記	吳騫	愚谷文存	八，七上
游華景洞記	查禮	銅鼓書堂遺稿	二九，一一上

水

8

一三，二一下

游習家池記 蕭以寧 文友文選 一，二九下

墨池記 翁方綱 復初齋文集 五，三下

聚池記 汪師韓 上湖分類文編 下，X

鶴池記 戚學標 鶴泉文鈔 上，四九下

月夜游蓮池記 章學誠 章氏遺書 二二，二一下

游南池記 管同 因寄軒文初集 七，一〇上

游東滿塘記 李富孫 校經廎文稿 一六，一〇上

重修馬跪寺拍掌池記 李調元 童山文集 八，一六下

遊廬山天池記 李宗昉 聞妙香室文 一一，九上

紫清觀蓮花塘記 全祖望 鮚埼亭集外編 一八，七上

遊烏龍潭記 顧雲 盋山文錄 三，五上

積水潭遊記 王芑孫 惕甫未定稿 五，六上

雞鳴塘八景記 葛其仁 味經齋文集 二，七上

浴驪山湯泉記 王士禎 帶經堂集 七六，一上

玉泉游記 王士禎 帶經堂集 七七，九下

滮泉記 朱彝尊 曝書亭集 六七，九上

遊金輪峯瞻雲寺重過秀峯棲賢觀泉記 顧鎭 虞東先生文錄 三，四上

遊百門泉記 劉大櫆 海峯先生文 九，一八下

遊五泉記 牛運震 空山堂文集 五，二五下

遊珍珠泉記 王昶 春融堂集 四九，五下

遊龍泉記 王昶 春融堂集 四九，五下

王氏庭前小趵突泉記 郝懿行 曬書堂外集 下，四八上

讓泉記 程瑤田 修辭餘鈔 一，x

後讓泉記 程瑤田 修辭餘鈔 一，x

黃山浴朱人砂泉記 洪亮吉 更生齋文乙集 二，一七下

遊媚筆泉記 姚鼐 惜抱軒文集 一四，五上

城南諸泉記 管世銘 韞山堂文集 四，一上

香泉游記 石韞玉 獨學廬初稿 二，一三上

香泉記 姚文田 邃雅堂集 三，一六上

香泉浴記 張星鑑 仰蕭樓文集 一，三一上

清風橋月下聽泉記 馮登府 石經閣文集 三，三上

游金粟泉記 吳育 吳山子遺文 一，二下

訪蘇泉記 吳育 吳山子遺文 一，三下

蘇門山百泉記 姚椿 晚學齋文集 一〇，三下

憨泉記 楊峴 遲鴻軒文續 一，二二下

游野狐泉記 張星鑑 仰蕭樓文集 一，三〇下

其他

11

遊晉祠記	劉大櫆	海峯先生文	九，一五上
遊鮑烈女祠記	韓夢周	理堂文集	七，二二上
遊一拂祠記	顧雲	盋山文錄	三，六上
遊萬柳堂記	劉大櫆	海峯先生文	九，一九上
遊萬柳堂記	胡承珙	求是堂駢體文	二，二七上
遊端州寶月臺記	袁枚	小倉山房文集	二九，二七上
遊釣臺記	董紹	湖海文傳	三八，二〇上
遊古吹臺記	姚椿	晚學齋文集	一〇，二上
雨登木末亭記	王士禎	帶經堂集	四二，六下
秋日遊四照亭記	厲鶚	樊榭山房文集	六，一上
遊大觀亭故址記	吳汝綸	桐城吳先生文集	四，二九上
賜遊西苑記	徐乾學	憺園文集	二六，一上
遊西苑記	陳衍	石遺室文集	五，一五上
頤和園游記	姚華	弗堂類稿	五，三三下
遊聯峰禪院記	趙坦	保甓齋文錄	下，五四上
游玉泉院記	張澍	養素堂文集	九，七下
遊白石院記	顧鎮	虞東先生文錄	三，五下
遊古崇正書院記	姚鼐	惜抱軒文後集	一〇，六下
登莫愁湖水閣記	朱琦	小萬卷齋文稿	一五，一五上

遊觀瀾閣記	顧雲	盋山文錄	三，七上
遊萬花巖祖堂記	王士禎	帶經堂集	四二，一二上
遊烏木山房記	盛大士	蘊愫閣文集	三，二上
北征日紀	王士禎	帶經堂集	五一，一四下
北行紀程	紀慶曾	疊翠居文集	一，二九下
河陽遊記	趙士麟	讀書堂綵衣全集	一〇，一上
從仕泰安紀程	牛運震	空山堂文集	五，一九下
蘭省東歸紀	牛運震	空山堂文集	五，二七下
旅西京記	章炳麟	太炎文錄初編	一，九九下
太原紀程	牛運震	空山堂文集	五，三一上
晉陽東歸紀	牛運震	空山堂文集	五，三四下
蒲州東歸紀	牛運震	空山堂文集	五，三六下
雲南驛程紀(二篇)	李紱	穆堂別稿	一四至一五，一上
滯行日記(四篇)	李紱	穆堂別稿	一七至二〇，一上
鷹潭至弋陽記	李紱	穆堂初稿	二九，一五上
趙北口舟行記	李紱	穆堂初稿	二九，二一上
高平行記	王太岳	湖海文傳	三八，一下
查慢梭金厰行記	余慶長	湖海文傳	三八，一七上
雅州道中小記(四則)	王昶	春融堂集	四九，一一上

12

序跋

14

兩粵紀遊（續）

謝剛主

柳州

十七日早晨，乘汽車離開南寧，山勢一路高峻起來。約在上午十一時，汽車已達到山頂，我們一齊下來玩賞山中風景。前面有一條羊腸小道，順着前進，便有一個城堡式的建築，在城門的頂上刻崑崙關三字，原來這關是宋朝狄青破儂智高的地方。宋史狄青傳云：

『狄青，字漢臣，汾州西河人。儂智高反，陷邕州，師久無功，青請行。時智高遠據邕州，青合孫沔余靖兵次賓州。先是蔣偕張忠皆輕敵敗死，青戒諸將毋妄與賊鬬，聽所爲。鈐轄乘青未至，輒以步兵八千犯賊，潰於崑崙關。値袁用等皆進，青按以敗亡狀斬之，諸將股慄。已而頓甲令軍中休十日。覘者還，以爲軍未即進。青明日乃整軍騎一晝夜絕崑崙關出歸仁鋪，賊悉出逆戰，青麾騎兵從左右翼出賊不意，大敗之。』

到了南明永曆帝起兵肇慶，據守桂林，這崑崙關又成了險要的地方。我們看崑崙關的刻石，是永曆二年所書的，上有嚴起恆等題名。這關直到清代還是重要的所在。自從修了汽車道，才化險爲夷了。現在關上面已住居民，關門口的小徑已全生了茅草。我們披榛尋徑，才由關門的左面回到汽車的原路。撫今思昔，不勝感慨。過了崑崙關，又渡了兩次河，到深夜八時才到柳州。從鐙火昏黃之中渡過柳江，住宿柳州圖書館。

在南寧的時光，我們差不多過了五天最炎熱的日子，每天所穿的衣服全都被汗濕透了。到了柳州，已成淸秋，與南寧大不相同，尤其是夜裏可以聽到秋蟲的叫聲，和秋風颼着樹梢的蕭瑟響聲。從窗戶外颺進來的秋風把已經沾在身上的衣服全都乾爽起來，覺得非常的舒適。第二天拂曉，我就醒來，一個人出去散步，走一條草叢中的小路。過了某氏的小園，便看見一個牌坊，上面刻着『柳侯公園』，無疑的是柳侯祠了。我進了柳侯坊，一直往北行，一條幽徑，兩旁碧翠的叢林，尙未被驕陽曝曬，滿含着露珠，地上的青草也未被遊人踐踏，

柳侯公園（圖六）

一陣一陣的淸香撲着我的鼻端。走過了紀念堂，左邊縈帶着一池秋水，面積約數十步大，滿植荷花和菱荇之類的水草，便是最負盛名的羅池。再往北行，有樓閣三楹，有匾書曰『柑香亭』，上面楹聯很多。在亭的前面，種着十畝桑麻，亭側種着數十叢芭蕉，間有幾株深綠色的荔樹，可以想見『荔子丹兮蕉黃』的景象。在柑香亭的南面，羅池的中間，有水榭三楹，遠望縹緲，好像仙家樓閣。過柑香亭往西行，爲思柳軒，現在已成公共遊讌之所。若在夕陽欲下之時約了五六個朋友在這裏宴會，佐以絲竹，眞是置身於天上了。由思柳軒往南，過一條石橋，橋欄外的隙地種着三五株芭蕉，還有幾棵桂樹；過去竹籬，便有一個船廳，船廳的右面就是水榭蓉鏡亭。船廳前面擺着幾張石几可以休息，水榭前面可以釣魚，眞有點像蘇州文氏拙政園的風景，決不像在蠻荒之境了。回想千五百年前，我們的大詞人柳宗元先生『城上高樓，海天愁思』，當他退食之暇，來到羅池隙地小座，也許是他唯一的慰藉。我坐在石几上，在那裏玄想千五百年前前後後的事情，把我已混在大自然界中，不知不覺的忘形了。晨露沾滿我的衣襟，淸風吹動我的衣袖，初出的太陽已照着水榭前竹林；遠遠聽見雞叫和行人足聲，才驚醒了我的殘夢。就從船廳出來，回轉石橋，展拜柳侯的衣冠墓，墓前是柳侯祠，祠有柳侯的題名，和元代柳侯石刻畫像。我從祠堂中出來回到寓所，已把徐王二公等得急了。我說我到了最幽雅的地方，可惜諸公未能領略！

進晨餐後，渡河一同遊立魚峯，山不甚高，但盤道曲折，極爲難登；可是我竟登到絕頂。看見柳江直貫中流，江南北的街市全都在望。下立魚峯後，同遊農林試驗場和航空試驗場。下午五時，赴思柳軒公讌。

陽朔山水

十九日晨乘汽車由柳州北行，渡過五六次小河。車過荔浦，山勢更覺雄奇，一個一個的山頭，好像從平地直拔起來。山的形象千奇百怪，有若象的，有若熊的，

柳州立魚峯（圖七）

有若筆架的，在眼簾經過，實在迎接不暇。我們便知道快到陽朔了。鄺露赤雅云：

『陽朔諸峯，如筍出地，各不相倚，三峯九疑，析城天柱者，如樓通天，如闕刺霄，如修竿，如高旗，如人怒，如馬嚙，如陣將合，如戰將潰，灕江荔水綢繆其下，蛇龜猿鶴焯耀萬態。』

我看陽朔山水分開來看固好，但合起來看，氣象尤爲奇特。距荔浦不多時刻，即到陽朔。山城街市很小，城外便見千山回抱，萬壑競流。對城的諸峯已闢爲公園，每個山峯上皆建立小亭。我們登小亭上，諸峯羅列目前，實爲奇景。宋李綱詩云：

『溪山此地稱佳名，雨洗煙嵐分外青。却恨征鞍太忽遽，無因一上萬雲亭。』

由城市後面靠着山城有一條曲折

赴農林試驗場路徑（圖八）

陽朔山色及運汽車渡河之渡船（圖九）

山徑，下臨灕江，前對諸峯，水流激湍，一瀉直下。山城離水有三四丈高，岸上建有水閣，我們倚閣俯視，來往的風帆皆由此經過，形勢極為雄偉。並且隔岸的山色，蒼翠的樹木，和採樵的牧童，聚在一望之中，眞是一幅畫境。

遊陽朔有水旱兩路，水路可以看其幽秀，旱路可以看其雄奇。在黃昏時候，煙巒含翠，樹色蓊蔭，被暮色慢慢的浸潤下去，與大自然界合而為一，尤饒奇趣。所以柳子厚說：『蒼然暮色自遠而至，至無所見而猶不願歸』。這是非到桂林的人不能道其語也。

我們從陽朔行後，因為天時尚早；又在夕陽欲下之際忽忽遊了西林公園。內有清流潺湲，山洞煙巒，且有長廊曲榭，點綴其中，路倣故都頤和園的建築。昔為灕陽唐子實的花園，後贈與岑春暄氏，今改為師範專科學校矣。

西林公園（圖十）

出岑氏園復前行，馬路的旁邊種着亘數十里的蒼松翠柏，道路平坦，山色幽媚。路上不絕行人，路旁有兩三個茶棚，供人在那裏安歇。此為兩廣最罕見的景象，似乎兼有江南水鄉的秀美和塞北風光的雄壯，縣想四川風景可以相比，其他則非其倫也。

4

車抵桂林，已入黃昏，我們在第一高級中學安歇。這是明代的桂王府，房屋雖改西式，然而石欄龍壁，遺蹟猶存。

桂林景物上

二十日晨，由桂林當局招待作一日之遊，預定的行程：早晨遊疊綵山，虞山，下午遊月牙山，龍隱巖，普陀山，七星岩。茲把遊踪分述於下：

疊綵山（圖十一）

1疊綵山

是日上午九時，一同出發，由中山公園，倉卒經過獨秀峯下出北門，走過一條羊腸小道，就到了疊綵山。疊綵山，又名風洞山，因爲當盛暑時，清風徐來，塵襟滌蕩，故名風洞。拾級登山，不到百步之遙，有一個石坊。經過石坊，山脚下建立一個極大的石碑，題曰：『江陵張忠烈，常熟瞿忠宣二公成仁處』。碑爲梁章鉅所建，張爲張同敞，瞿爲瞿式耜，同爲明末殉國忠臣。清兵下桂林，二公保守危城，不屈死節，最可以見到民族的精神。展拜遺碑，令人肅然起敬。由此向東行，高不過數十丈，便是景風閣，憑窗遠眺，可以看見如帶的荒城，雉堞上生了許多茅草，城外則岡巒起伏，湖光掩映。要是在陰雨天氣則煙雨迷濛，雲生四座；在夕陽欲下時，則斜陽照着城墻上衰草，墻脚下映着翠苔，兩三牧童唱着山歌從山下經過，歸林的晚鴉在天空倦飛，又是一番佳景。倘有兩三個知己之友，寬衣博帶，到閣中談心，吃着沒有渣滓的荸薺(桂林名產)，在那裏盤桓竟日，就是十足的六朝人的風味了。景風閣前後有亭臺數座，前後錯例，曰福庭，曰一拳亭，曰所甜亭，曰文昌閣，曰佛殿，曰僧寮，曰洞天福地。由景風閣再往上走，便是風洞。在洞前佇立，則山巒環抱，灕水縈洄，眼界爲之一

5

開。入洞後轉而深幽，壁間刻有臥佛，長可四五尺許。由石佛臥隅伺僂穴行，中有石室，涼飄襲人，雖在盛暑，猶若深秋。壁間滿長着石鍾乳，皆呈白色，細膩如脂。再往上去便到了後洞，豁然開朗，別是一番世界。山後諸峯，岡嶺起伏，山旁邊有一條羊腸細道，左右修竹千株，再望下看便是桑麻萬頃，野水人家，眞詩情畫境也。我們由原道下山，沿着灕水前行，不過兩三里路便是虞山了。

2.虞山

原來虞山之名，由舜而得。史稱舜南巡狩崩於蒼梧之野，二妃殉節。其實桂林置郡始於秦代，舜根本不會到此。不過南荒先民崇尙虞德，特立舜廟，因號其山曰虞山而已。山左側臨灕水處，枕山之麓，有亭曰南薰，倚檻東眺，可以遠看堯山和江村的煙景。山上有洞，名曰韶音：山高洞深，前植松柏，清風徐至，時聞碎玉之聲，波濤之響，故立此名。

3.月牙山

出了虞山，乘汽車到東門，渡過灕水，前面有一道長橋，那便是最有名的『花橋』。說起花橋來還有一段故事。據稱在數百年前，有一次灕水汎濫，人民無法堵禦，城內外的交通業已斷絕，這時恰有一位宦家小姐臨佳期出閣，她毅然把奩資統統捐了出來，建築一座石橋，以利交通，所以後人名作花橋。這橋兩旁全安着石欄，當中又有寬廣的長廊，堞供遊人休息。長廊的上面嵌石，署『芙蓉萬仞』四字。當時文人稱花橋爲『市聲匝地，綠雲倚天』，定爲桂林名勝之一。過了花橋往右轉，拾級登山，山勢峻峭，有若劍拔弩張。盤旋上山，盤道如半

花橋（圖十二）

月形，因此名為月牙山，我們在盤道上望見萬綠叢中，一座白石的長橋，灕江水勢奔放，激着水花怒濺，直從橋洞中穿過去，歎為奇觀。登到山頂，便是瓊樓玉宇，和些嶙峋的怪石，參差其間。山上凡有閣三，一曰倚虹樓，二曰襟江樓，三曰叢桂樓。登臨俯瞰，令人神遠。我們在閣上略用午餐；聽說廟中和尚做的豆腐最好，可惜時間侷促，沒有福分享受了。

4.龍隱巖　七星巖

我在月牙山午餐後，就沿山前進，到龍隱巖。山巖之上，有狄武襄公(青)平蠻碑儼然樹立。從山脚下穿過去，有大洞門，高可百丈，跋涉而入，仰觀洞頂，石縫裂處，龍跡夭矯，其長竟洞，故名龍隱。洞裏面宋人的題名，環壁幾無隙地，自宋治平，熙寧，元豐，紹聖，崇寧，大觀，建炎，淳熙，嘉定以來，余靖，李師中，張覲，苗時中，曾布，劉宗傑，盧約，胡宗回，譚棪，王祖道，方信儒，孫師聖等，難以縷指。不過全在蒼苔石壁之間，非細心摩挲，破履蹲碑，不能窺其全豹。其中尤可注意的是元祐黨籍碑。張祥河粵西筆述云：

『按此碑在臨桂龍隱巖者，乃黨籍碑內故相梁燾曾孫律重勒；在融縣眞仙巖者，乃黨籍碑內餘官沈千曾孫暐重勒。』

其次便是陸游的詩札。但是這些宋人題名，半沒荒草，為牛羊所踐踏，驕陽所曝曬，恐怕積年累月，終要化歸烏有了。看見桂林的拓工僅僅拓得眼面前幾個題名，且又用洋紙椎拓，字蹟模糊，廬山的眞面目已失却一半，實為可惜。聞說南寧省立博物館曾搜覓殘碑約千餘種，嚮拓保存，保存粵西文獻不少。

我們從此再往前走，不久就到了七星巖，這因七峰駢列，形如北斗，故名。山左為棲霞寺，我們由此經過

七星巖洞口立者為王以中及著者　(圖十三)

山半腰中，有一亭名聽月亭，崖間鐫唐宋以來題名甚多。亭後有石洞，極爲空敞。由洞中拾級以登，地勢平坦，可坐百餘人。再往後去便是七星巖，冷氣迫人，不可久居。那時我們集中在一起，約有六七十人，請了六七位引道的，大家拿着火把，前呼後擁，一直往洞裏去。其初俯身而行，後來忽然開廣，幾十個火把照耀着，看見洞中無數鐘乳，倒懸空中，有作獅形的，象形的，蛇形的，童子拜觀音形的，千奇百怪的狀態。引導的人一一爲我們指點，他們所說也有像的，也有不像的。正在說話之間，前面的人說『小心呵』，洞內面積忽然窄小，好容易爬過僅能置足的小徑，拿電筒來照下面，便見無底的深淵，我們鼠行蛇走，沿着壁行。過了這危險的所在，再往前走有百餘步，洞中忽然又開朗起來，高可擎天，濶無邊際，內有無數巨石，勢極嵯峨。山中泉水潺潺，如聞弦歌之聲，怪石嶙峋，競作天魔之舞，或爲漁人張網之形。不意洞中山水比洞外的還要奇絕，眞令人喊一聲『歎觀止矣』！再往前行，約有半小時光景，隱約見一線曙光，其艷若桃李，其清若冰玉，雖石火電光也不能比其明潔。再向前，曲折宛轉行，忽然大放光明，已到洞口了。因爲好奇的關係，我到洞口就請引導的人，把他所說的名物一一的記了下來，茲寫在下面：

七星巖出洞時景像（圖十四）

1. 鯉魚跳龍門　2. 老君臺
3. 七星拜月　4. 第一洞天
5. 筆架山　6. 羅漢守洞口
7. 雪盆石　8. 白兔守頭城門
9. 二龍戲珠　10. 賴子潭
11. 五龍戲水　12. 二城門
13. 三城門　14. 馬怪
15. 五蓬山　16. 掛掛山

8

17. 猴子偸桃　　18. 八仙飄海
19. 摩天嶺　　20. 飛龍潭
21. 太白星君香爐　　22. 打球臺
23. 葵扇　　24. 天平架
25. 仙人房　仙人血　　26. 石蓮花
27. 獅子戲老龍　　28. 馬怪跳魚塘
29. 魚網定塔山　　30. 藍蛇石洞千斧金石
31. 須彌山　　32. 獅子搶黃棗
33. 金瓶插柳　　34. 金沙井

桂林剛下了幾天雨，路極泥濘，洞中道路甚滑，我不過走了一部分而已。據廣西通志所載，洞中飛龍潭，摩天嶺，賴子潭，皆爲險地。桂海續志亦記洞中形態，如云『此爲象，此爲獅，此爲駱駝，此爲湘山佛，半爲石乳，萬古滴瀝自成，巧於雕刻』。由此看來，引導者的話不爲全虛。我們出了洞口便到慶林觀，此觀范石湖桂海虞衡志中記之甚詳。

桂林景物下

在桂林的游程本定爲一日，你想這許多的名勝古蹟那能一日遊覽過來，而且桂林不僅有壯麗的山川，即其風土人情也很値得注意。倘若走馬觀花，如何領略這些奇趣，因此決定再作竟日之遊。玆把次日行程述後：

1 金石書畫展覽會

在我初來桂林的晚上就看見對面的圖書館開金石書畫展覽會。今天早晨八時以前，我就到會參觀，天時尙早，待了一會，管理的人來了，收藏家也來了，在廣西制服統一化的當中，很少見這彬彬然的斯文君子。我看見許多陳列的書畫，不見高明，惟有懸着壁間的桂林石刻，陸放翁詩札等類，倒還値得收藏。那時我找着一位先生，問他在何處可以購買，他答說：『依仁路賀廣文碑帖店出售』。我看他舉止極爲文雅，就繼續問他：『貴處的學者文人知名的有那幾位？』承他的厚意，開了一單，寫在下面：

王夢生壽齡書，畫梅；
王鶴笙景福書，畫；
李叔文文學；
李季卿書梅，山水；
劉名譽嘉樹，翰林，淮安知府；
陽翰卿駢文，進士；

謝啟發書山水；

謝啟中詩，古文，書。

我再問：『先生貴姓？』他老是不肯說。後來又來了一位老先生，代他寫了一個名字是『黃楚客』，並且說黃先生是當地的文學家。

2獨秀峰 風洞山 伏波山

獨秀峯（圖十五）

我由金石展覽會回到高中，就同徐王二公重尋勝蹟，作竟日的暢游。我們先由中山公園遊獨秀峯。原來桂林這個地方四山環合，城中僅有獨秀一峯。山不甚高，葱茂蓊蔚。山上有樓閣五六處，供人遊憩；但因年久失修，盤路已壞，現在封鎖，不能上去了。山麓有劉宋時郡守顏延之讀書巖。其後通池，小橋臨水，池中遍植荷花，池旁雜以花木，有江南園林境象。我們站在小橋上，可以看見山峯上的摩崖，刻有『紫袍金帶』，『介然獨立』，『南天一柱』等字，大可丈許，甚為奇觀。在獨秀峯下小坐片時，便沿山徑，出城重游風洞山。我看桂林山水以七星巖最為奇特，以風洞山最為幽雅，所以我又在景風閣上小甜半日。遠接天光，近窺山色，非身歷其境者不能想像其風景的美麗。

我在閣中遇着一個賣米粉的，我問他『買賣如何？』他說：『自從六學團來到桂林，我們的買賣就糟了；因為各處皆佈滿了警位，遊人絕跡，誰還有吃我們的米粉的』。不圖我們一羣人來了，反而妨礙了賣米粉的小生意，眞正抱歉得很。我趕快給他兩毛錢，他欣欣然去了。

我們從風洞出來，路經伏波山，山下有一個道觀，我們叩環請入。大殿後面，有逕可登，然荒蕪過甚；余等披榛尋徑，始登絕頂，全城風景在望。山下有洞，名曰環珠，內可容榻二十，穿鑿通透，戶牖旁出。惟非乘舟不可至洞；且山半在城內半在城外，洞在城的外邊，故終未能遊也。

3花神祠

我們從伏波山回來，已下午五時，徐王諸公巡回高中。我久聞花神廟之名，聞說在軍部裏面，因即前往，投刺請入，恰遇見招待我們的胡參謀在裏面辦公，他引我到招待所休息片刻，就穿過幾進院落，到軍部的後園。園中有亭，曰八桂亭，桂樹參天。穿過桂叢，便見一帶破井頹垣，野草瀰漫，墻脚上生了無數芭蕉，高與人齊，葉綠如漆，蔚茂成林。我披開野草，在芭蕉樹的左側發現了一座荒墳，墳旁有一個小廟，上題着花神祠。

原來軍部舊址是前清的臬台衙門，在嘉道的時候，有一位臬台修理亭園，便發現了一軀枯骨。後來有降紫姑神的，說明了她是殉難的女子，臬台當下大發慈悲，把她的玉骨重爲安葬，建祠立碑，以垂永久。後來每到陰天夜雨的時候，嘗聽見如泣如訴的鬼哭之聲，小膽的人都不敢到後園裏去。

可憐那花神祠只比鷄窩稍微大一點，我屈着腰走進去，裏面磚石纍纍，鷄糞叢叢，那有花神的牌位。忽然在壁間看見嵌着的一塊小碑，乃係一篇絕妙的文字。我眞喜出望外，馬上向胡參謀借一管筆，錄了下來。文如下：

『余闢園於署之東，鑿池於亭之側，工得骨一具，以告。埋香無主，瘞玉有方，命別爲掩之，不知何代，亦不知何人也。已而有登紫姑壇來致謝者，曰：妾姓阮氏，字風篁，本女校書也。生長秦，流寓粵，有滇藩吳三桂之變，睢陽城小，人肉無多；魏博兵危，鬼雄有幾。妾與此間塞士王玉峯定情有約，王既血刄，妾亦投繯，時則康熙初年也。趙氏一塊肉，昔屬民家；滕玉三尺墳，今記官舍。余聞而悲之，因爲傳之曰：昔小玉之於君虞，雙文之於微之，女之致情，古誠有之，玆殆過矣。嗚呼，太白高歌，獨憐飛燕；小青飲泣，尙感孤鸞。惟其能以情死，故能以魄生。拾碎玉于池中，槳錢塘蘇小之墓；倣乞文于地下，作同州淸娛之銘。篁生於順治初年，歿於康熙初年，生年十九，歿將二百秩矣。生也不辰，烟花寥落；死而不朽，殘骨繽紛。不敢冒掩骼之任，又不能作葬花之記，故書其事，且肖其像，使于閨中爲司花使云。

名閨珍重出情枝，小傳曾刊依壁碑；
葬玉埋香多韻事，有人親志郭公姬。』

碑中所說的肖像已不知到那裏去了。就以本文中所說的『作同州清娛之銘』而論，作者也不敢信這件事；不過其情其景，置在聊齋志異中，就又是一篇林四娘了。

猺人遺蹟

廣西的猺人，多居於桂平柳州一帶；他們住的地方，總名爲猺山。由南寧到柳州，可以經過猺山的脚下；要是深入，還有一二百里路，可惜未能去。但我在南寧時候，曾參觀省立博物院，其中陳設猺人用品很多，有猺人所用的雌雄鼓，有猺人所刺的繡貨。最可注意的是猺人所着的木屐，與日本人所穿的形式很相同。並且我還聽到最近關於猺人的一段傳說。

在二三十年以前，猺人是不與漢人往來的，一來是怕漢人的横征暴斂，二來怕漢人的武力欺凌。那時的猺人都潛伏在山谷裏或深山上，動也不敢動。最近廣西土匪絕跡，廣西的老百姓乃至深山的苗猺都受了平等待遇，於是猺人慢慢的敢出來與人民交接。這些猺人，如同小鳥出籠，獲見了不少的新奇境物。有一日上午，一架飛機從猺山經過，一羣猺人大驚小怪，當作天使來了，全都頂禮膜拜。不多幾天，他們又發現了一件奇蹟。有一位集團軍的同志，他帶了一個電筒到猺山去調查猺民的生活，正是三十日的烏黑夜裏，滿天星斗，四圍漆黑，想不到那最尖銳的亮光，射到猺人酋長的眼前。那時他們四處搜訪，畢竟在芭蕉樹旁邊尋得了一位極漂亮的少年。酋長見了，以爲一定是仙人到了，馬上把這位少年招爲駙馬。這位仙人駙馬就給他述說現在廣西當局的德政，因此在這四五年中猺人與漢人同化起來，廣西當局就在猺山上設立三處學校。我在荔浦休息的時候，並看見一張猺小姐的像片。（未完）

通訊一束

四九

頡剛先生前輩道席：十餘年來，備讀先生著作，得知探究故籍之途徑。近又細讀禹貢半月刊，對於沿革地理及方志學益覺醰醰有味，獨憾未克請益問難耳。豫省汲縣故爲衞輝府附郭，元明以上素無專志。清康熙間，縣人李中節始創爲「附郭考」，知縣佟國瑞吳干將本之以撰縣志，是爲康熙舊志。乾隆間，知縣徐汝瓚復設局纂修，成書十四卷，是爲乾隆志。迄今一百八十年，疊經兵燹，康熙舊志已不易求，乾隆志亦幾成斷簡，以致徵文考獻，茫昧難稽。而乾隆志對於沿革，人物，古蹟各門，譌謬相承，尤足貽誤後學。青筄積有所疑，近特編一小書，名曰汲縣今志，以擷述近事爲主，而沿革，人物，古蹟，亦悉心鈎稽。例如：

（一）汲縣在晉以後曾經罷廢，見魏書地形志，而嘉慶重修一統志指爲廢郡；衞輝府志汲縣志無所紀載。

（二）東魏時義州七郡十九縣係僑置汲縣境內，並無實土；與汲郡汲縣之有實土者不同。嘉慶重修一統志誤爲併改縣名；府志縣志亦同其誤。

（三）孔子蒞衞時，衞國在河以南，其河內殷虛故壤早屬於晉，且孔子亦未曾渡河，縣志凡例已言之；但因覺羅弘曆有擊磬處題詩，乃不敢顯言其非。一統志且列入古蹟。

（四）汲冢似非魏安釐王墓。

（五）汲縣曾淪爲牧場，與人物之銷沈似有關係。

以上各端，均加以辨證，其詳具載書中。明知孤陋寡聞，文詞淺薄，不足汚楮墨，但意在揄張邦邦文獻，令異地人士或得由此稍知汲縣概況，則私願爲不虛矣。茲敬呈初稿二册，以一册上塵法眼，一册贈禹貢學會，務懇俯賜斧正，俾可重行寫定。此外尚有疑問數端：

（一）汲縣在魏時爲汲邑，入秦亦然。所謂「邑」者，當爲一種地方行政區域，而非都邑之汎稱。假定此說不誤，則其制度如何，是否與縣平列，抑隸屬於縣之下？（秦制——指始皇時——王子尚無尺土，故前乎此者如周制大夫采邑之地，後乎此者如漢制皇太后皇后公主所食之邑，均不可比擬。而漢高祖爲沛之豐邑人，則邑屬於縣，似得確證。）

（二）如果秦時邑屬於縣，則汲邑何所隸屬？

（三）牧野殷虛一帶，秦時隸屬何郡，約有三說。古今圖書集成職方典引衞輝府舊志，指爲隸屬河東郡，此一說也。嘉慶重修一統志，雍正河南通志，乾隆續河南通志，乾隆衞輝府志，乾隆汲縣志均指爲隸屬三川郡，此一說也。間有指爲隸屬東郡者（忘記何書），此又一說也。青筄愚見以爲東郡與殷虛牧野固有大河之限，三川郡何獨不然。河東郡在上黨以西，更似不至於越上黨太行而轄境及於河內。故三說似以東郡較爲近理。蓋東郡係魏地所置，汲亦屬魏也。但各書多主三川郡，今姑仍之，而心終未安。此三說以外，倘以地望推測，亦可指爲屬於上黨郡：上黨與殷虛僅一太行之隔，較諸渡河逾洛遠屬三川，似道里較近。

（四）漢時郡國之制，郡有守，國有相。至於郡下之侯國，其官制無明文，似乎列侯分封錫土之後，均親自臨民。但遇列侯未之國時，究由何官代爲撫馭？

以上各端，亟思叩求指示。想先生以獎掖後進爲己任，當不以素昧生平而見却也。敬頌道安。

後學魏青鋩上。十二月廿一日。

五〇

青鋩女士左右：

頃由顧師轉來尊翰暨大作汲縣今志，拜讀一過，見取材詳盡，考証精確，佩甚！佩甚！尊翰所列汲邑以下諸問題，顧師因將有吳中之行，未遑早覆，囑不佞代答，惟末學淺陋，恐不能副尊意耳。

說文：「邑，國也」。釋名：「邑，猶俋也，邑人聚會之稱也」。左傳莊公二十八年：「凡邑有宗廟先君之主曰都，無曰邑」。是邑之大小歸定，故可以稱邦都，亦可以名鄉聚，大夫所食稱邑，諸縣亦能以邑名。溯自先秦以降，邑之稱謂頗有不同，其演變之迹，非此短箋所能盡述，他日有暇，會當專文論之。

「汲」「邑」連稱不見於漢史，漢史言秦魏事，皆僅稱汲，不云汲邑，是汲乃諸縣耳。女士所云汲邑，未知所本，不敢冒昧作覆。

殷墟牧野與汲於秦時屬郡問題，女士所舉三說中，主河東者尤多。元和郡縣志：「衛州：禹貢冀州之域，後爲殷都，在今州東北七十三里

衛縣北界朝歌故城是也，今州理卽殷牧野之地；……戰國時屬魏；秦屬河東郡；漢爲汲縣，屬河內郡」。太平寰宇記卽承其說。衛在懷東。李氏言懷州，又云：「七國時屬韓魏二國，秦兼天下，滅韓爲三川郡，滅魏爲河東郡，今州爲三川郡之北境，河東郡之東境」。是河內之地秦時實爲東郡河東三川諸郡交界之處，故後之釋地者說多紛紜，難成定論。今姑盡置諸說，別就史記以証之。考汲地入秦乃秦始皇帝七年魏景湣王三年事，始皇本紀：「七年還兵攻汲」。魏世家亦言：「景湣王三年秦拔我汲」。但三郡之置皆早於此時。秦本紀：「昭襄王二十一年，錯攻河內，魏獻安邑，秦出其人，募徙河東，賜爵，赦罪人遷之」。又云：「莊襄王元年，初置三川郡」。魏世家：「景湣王元年，秦拔我二十城以爲秦東郡」。是三郡之置，汲地尙未入秦，吾人絕不能以其置郡之先後而定其隸屬也。又考始皇本紀：「五年，將軍驁攻魏，定酸棗，燕，虛，長平，雍丘，山陽城皆拔之，取二十城，初置東郡」。紀雖未言將軍驁所拔二十城係何名，然由所舉者已可知秦東郡疆域之概況。地理志陳留有雍丘，酸棗，汝南有長平，是秦東郡遠達漢陳留汝南二地；然此二郡固在大河之南，與河北之汲與殷墟無涉也。燕虛不見於地志，小司馬索隱：「二邑名。春秋桓十二年會于虛。又戰國策曰：拔燕，酸棗，虛，桃人。桃人亦魏邑，虛地今闕，蓋與諸縣相近。案今東郡燕縣東三十里有故桃城，則亦非遠」。正義引括地志：「南燕城，古燕國也，滑州胙城縣是也。姚虛在濮州雷澤縣東十三里」。又引孝經援神契云：「帝舜生於姚墟，卽東郡也」。是燕虛亦在大河之南。惟山陽城遠在河

2

北，殊值吾人注意。地理志河內郡有山陽縣，本注：太行山在西北。太平寰宇記懷州修武縣有山陽城。是山陽城不惟在大河之北，抑且在汲與殷墟之西，則汲與殷墟之屬東郡也明矣。女士所云「東郡之說較爲近理」，誠是也。元和郡縣志，太平寰宇記及府志，通志，縣志與夫圖書集成，一統志之說似皆未審。

女士又云：「以地望推測，亦可指爲屬於上黨郡，上黨與殷墟僅一太行之隔，較諸渡河踰洛，遠屬三川，似道里較近」。此種推測，不佞竊以爲不然。秦之上黨乃因韓郡故地置；韓世家雖有秦拔趙上黨之文，然韓趙秦三上黨實皆一地，先屬韓，後入趙，終乃歸於秦耳。白起傳：「昭王四十五年，伐韓之野王，野王降秦，上黨道絕」。韓世家亦言：「（桓惠王）十年，秦擊我於太行，我上黨郡守以上黨郡降趙」。故秦本紀云：「昭襄王四十七年，秦攻韓上黨，上黨降趙，秦因以攻趙，……大破趙於長平。四十八年，盡有韓上黨」。是三國上黨實一郡也。且起傳既言「野王降秦，上黨道絕」，明上黨之地不至野王之東，則汲與殷墟無由來屬矣。又趙世家載韓上黨守馮亭以所屬十七城入趙，秦本紀復言「盡有韓上黨」，是上黨一郡僅十七城耳。史雖未言十七城之名，然是時汲尙屬魏，當不在此十七城之內。韓世家張氏正義：「韓上黨，從太行西北澤潞等州是也」，更可爲汲不屬上黨之証。

漢高翦滅秦項，並行封建郡縣之制，故郡國並列，縣邑侯國互見。不佞去春曾草西漢侯國考一文，思對此種制度有所探討；文中以地理爲主，故僅述侯國分布之地域，其他若列侯食戶，侯國置官諸問題，皆列於附錄。此文草成後，即付禹貢發表；惟近日積稿甚多，一時未能刊畢。今辱承下問，敢將置官一章先錄呈政。狂謬之見，即乞匡正。肅此拜覆，順頌著安！

史念海頓首。一月五日。

西漢侯國置官考（西漢侯國考附錄三）

漢興之後列侯受封皆居長安，租稅所出多遣吏輸至京師，而諸列侯遂得常遊輦下；文帝即位，乃下就國之詔。紀：

二年冬十月，詔曰：「朕聞古者諸侯建國千餘，各守其地，以時入貢，民不勞苦，上下驩欣，靡有遺德。今列侯多居長安，邑遠吏卒給輸費苦，而列侯亦無繇敎訓其民。其令列侯之國，爲吏及詔所止者遣子」。

然「爲吏及詔所止者」仍留京師，非皆就國；而此分應就國之侯猶遲遲不願離長安，故翌年又下詔曰：

前日詔遣列侯之國，辭未行。丞相朕之所重，其爲遂（朕）率列侯之國。遂免勃，遣就國。

可見積習難改，至罷丞相以爲表率。周勃去後，繼其任者乃太尉潁陰侯灌嬰，明所遣者不過列侯中之一部耳。此種限制至景帝後二年已省去（見景紀），故列侯入京者又甚多。宣帝紀：

地節三年夏四月，賜列侯在國八十三人黃金各二十斤。

在國者僅八十三人，其數殊少。列侯既不之國，則其地之政治自出於官吏之手。考漢書百官公卿表：

列侯所食縣曰國。

又曰：

改所食國令長名相。

是代侯治國者，即由令長更名之相也。然諸縣令長之下掾吏尚多，今僅云改所食國令長爲相，其他掾吏當仍故名。百官公卿表：

縣令長……掌治其縣，……皆有丞尉，秩四百石至二百石，是爲長吏；百石以下有斗食佐史之吏，是爲少吏；大率十里一亭，亭有長；十亭一鄉，鄉有三老，三老掌敎化，嗇夫職聽訟收賦稅，游徼循禁賊盜。

此僅言長吏少吏亭長三老嗇夫游徼，實則令長之屬固不若是之少也，惟散於紀傳未能明見耳。嘗試考之：紀傳中又有小史，守尉，廄嗇夫，尉史，

酷吏田廣明傳：「公孫勇衣繡衣，乘駟馬車，至圉，圉使小史侍之，亦知其非是，守尉魏不害與廄嗇夫江德尉史蘇昌共收捕之」。

鄉有秩，

張敞傳：「敞本鄉有秩，補太守卒史」。師古曰：「鄉有秩者，嗇夫之類也」。

門下掾，

韓延壽傳：「門下掾自剄」。游俠原涉傳：「（祁）太伯同母弟王游公素嫉涉，時爲縣門下掾」。

戶曹，掾史，鄉吏，

酷吏尹賞傳：「乃部戶曹掾史與鄉吏亭長里正父老伍人雜舉長安城中輕薄少年惡子」。

功曹，

朱博傳：「少時給事縣爲亭長，好客少年，捕搏敢行，稍遷爲功曹」。

令史，

項羽傳：「陳嬰者，故東陽令史也」。蘇林曰：「曹史也」。晉灼曰：「漢儀注：令吏曰令史，丞吏曰丞史」。師古曰：「晉說是也」。

獄史，

于定國傳：「其父于公爲縣獄史」。

獄小史，里監門，

路溫舒傳：「溫舒，字長君，鉅鹿東里人也。父爲里監門，使溫舒牧羊，溫舒……求爲獄小史」。

校經師，庠序孝經師，

平帝紀：「元始三年，立學官，縣道邑侯國曰校，校置經師一人，鄉曰庠，聚曰序，庠序置孝經師一人」。

縣掾，

游俠郭解傳：「楊季主子爲縣掾」。

求盜，亭父。

高祖紀：「高祖爲亭長，乃以竹皮爲冠，令求盜之薛治」。應劭曰：「求盜者，亭卒。舊時亭有兩卒，一爲亭父，掌開閉掃除；一爲求盜，掌逐捕盜賊」。

侯相及其掾吏主治民事，其對于列侯僅依食戶之數納租賦，不臣也（見續漢書百官志）。是侯相之與令長實一而二二而一也。列侯去國固有相爲之治理，侯之國後相亦不廢，相既不臣於侯，所謂侯者亦不得以屬吏

視相。王莽傳：

始莽遣就國，南陽太守以莽貴重，選門下掾宛孔休守新都相，休謁見莽，莽盡理自納，休亦聞其名與盡理相答。

侯與相之關係由此可知矣。

列侯又能自置官吏，有家丞，門大夫，庶子，行人，洗馬。續漢書百官志：

（列侯）家臣置家丞庶子各一人。本注曰：主侍侯使理家事。列侯舊有行人洗馬門大夫凡五官，中興以來食戶千戶以上置家丞庶子各一人，不滿千戶者不置家丞，又悉省行人洗馬門大夫。

別有「舍人」之名，袁盎嘗爲呂祿舍人（見盎傳）。呂祿於高后元年受封爲漢陽侯，則盎所爲之舍人亦列侯家臣之類也。

五一

頡剛吾師：

日來分餘時爲三分，一分檢校夏史材料，一分讀古今史書，一分專讀明史（此與趣被吳春晗先生所引起）。茲因讀明史引起一地理上之問題，特將考訂結果書奉如左，以實禹貢之篇幅，可否？

明史卷三百九李自成傳云：『順治二年，……自成走延寧蒲圻至通城，竄於九宮山；秋，九月，（案時月有誤）自成留李過守寨，自率二十騎略食山中，爲村民所困，不能脫，遂縊死。或曰：「村民築堡，見賊少，爭前擊之，人馬俱陷泥淖中，自成腦中鉏死，剝其衣，得龍衣金印，眇一目，村人乃大驚，謂爲自成也」。時我兵遣識自成者驗其尸，朽莫辨』。據此，李自成死於九宮山也。案綏寇紀略云：『自成……由金牛保安走延寧蒲圻，沿道恣殺掠，過通城，命其下四十八部先發，……通城有九宮山，一名羅公山，山有元（玄）帝廟，山民賽會以盟，謀捍衛閭井；自成止以二十騎殿，又呵其二十騎止於山下，而自以單騎登山，入廟見帝像，伏謁，若有物擊之者，不能起，村人疑以爲刼盜，取所荷鉏碎其首；既斃，而腰下見金印，且有非常衣服，大駭，從山後逃去；二十騎訝久不出，躋而求之，則已血肉糢分矣』。是自成所死之九宮山即在通城，而此山又名羅公山也。然據抱陽生甲申朝事小紀羅公山辨云：『考唐仙羅公遠雖爲武昌通城人，而通城實無羅公山。楚志載有羅公山，在辰州黔陽縣，爲羅公修煉之處，至今山下世傳羅公祈禳術，甚廣且驗，山頂有廟，祀眞武非虛；俗傳賊爲帝陰殛，雖或疑金蛇鐵燈，事涉杳渺，而闖賊實殛死，瘞於黔陽無疑』。然則羅公山並不在通城，而在湖南黔陽縣矣。其實不惟羅公山不在通城，即九宮山亦不在通城也。考明一統志云：『九宮山在通山縣東南八十里』（讀史方輿紀要同），清一統志云：『九宮山在通山縣南八十里』，古今圖書集成職方典通山縣『九宮山在縣南九十里』。通山縣志云：『九宮山在縣東南九十里』，『牛跡嶺在縣東南七十里，九宮山之北，昔李闖竄入此嶺，爲邑人程九伯所誅，因葬於山下』。（聖武記注並云九宮山在『武昌府通山縣』。明史本書地理志武昌府通山下亦云：『東南有九宮山』）又燕大圖書館所藏抄本通山縣鄉土志略亦云：『清順治二年五月，李闖率數萬人入境燬殺，死者數十人，清師兩道南下，李自成勢蹙，雜殘騎數十中竄入九宮山。有程九伯者（原注：六甲人）膂力過人，有胆略，方賊蹂躪時，聚衆築堡，至是率衆團於小源口，鉏殺之。本省總督軍門佟（案此是兩廣總督佟養甲之傳談）嘉其勇略，劄委德安府經歷（原注：見舊志）』。九宮山志亦謂『順治二年闖賊敗竄通山，六部人程九伯集衆殺之於小源口；總督軍門佟嘉九伯勇略，劄委德安府經歷』（此確見通山舊志。又清一統志武昌府人物志亦記『程九百，通山人，順治二年，李自成敗走通山，九百率衆殺之，獻其首於總督羅繡錦，錦檄爲德安府經歷』。此文以總督爲羅繡錦，合於當時事實，蓋一統志作者所改正也。但羅繡錦受任於順治二年十一月，時李自成死已久，安得有獻首之事）。據此，是李自成所死之九宮山在通山縣，而不在通城縣也（通城通山二縣雖近，但九宮山在通山東南，而通城縣則在通山縣西，二者決無可混之理。查新舊地圖及二縣之沿革：知李自成所死之九宮山在通城之說完全錯誤）。考九宮羅公二山所以同誤移於通城，則以清初明清兩方對於戰事之傳說互異之故。明史紀事本末云：『李自成南奔辰州，將合張獻忠，獻忠已入蜀，遂留屯黔陽，部賊亡大半，然尚擁衆十餘萬。……川湖何騰蛟遣攻之，自成營於羅公山，倚險築塹，爲久屯計，勢彌盛。食盡，逃者益衆。自成自將輕騎抄掠，何騰蛟伏兵邀之，大敗，殺傷幾盡；自成以數十騎突走村落中求食，村民皆築堡自守，合圍伐鼓，共擊之。自成麾左右格鬥，皆陷于淖，衆擊之，人馬俱斃；村民不知爲自成也，截其首獻騰蛟，驗之，左臏傷鏃，始知爲自成。李過聞自成死，勒兵隨赴，僅奪其屍，滅一村而還，結草爲首，以袞冕葬之羅公山下』。平寇志亦清初明遺老所撰，並謂李闖在九公（宮）山逃脫，至辰州爲何騰蛟所攻，死於村民之手（又明季遺聞云：『自成病死羅公山下』。何璘澧州志等書言自成不死，逃澧州石門之夾山爲僧，其墳尚在，書『奉天玉和尚之碑』，卒於康熙甲寅二月。甲申朝事小紀等書並云自成不死爲僧。可見自成之死原多異說，而自成死於湖南之說証佐甚多）。何騰蛟逆闖伏誅疏云：『賊死羅公山剿練之手，二十八騎無一存者』。蓋明人一方面宣傳李自成死於湖南，爲明兵所殛死也（明史稿亦云：『當自成之死，福王已降，其所留總督何騰蛟飛章上福建告捷於唐王』。明史删此語）。東華錄順治二年閏六月甲申靖遠大將軍英親王阿濟格等奏言『賊兵盡力窮竄入九宮山，隨於山中徧索自成不得，又四出搜緝，有降卒及被擒賊兵俱言自成竄走時携隨身步卒僅二十人，爲村民所困，不能脫，遂自縊死；因遣素識自成者認其屍，屍朽莫辨，或存或亡，俟就彼再行察訪』。又載同年秋七月己巳攝政王遣甲喇章京巴都等賜阿濟格軍諭曰：『今又聞自成逃遁，現在江西，此等奏報情形前後互異。……爾等之意特以奉命剿除流寇，如不稱流寇已滅，李自成已死，則難以班師，故行欺誑耳』。蓋當時清兵一方面宣傳自成死於湖北，而爲清兵所追死，爲邀功及早日班師計也（清兵一方之宣傳似更不可信。彼輩追自成至武昌以後，並不竭力南下進剿，蓋確有希圖早日班師之意）。吳偉業（或謂綏寇紀略非吳偉業作）但聞李自成死於九宮山及羅公山之說，而不暇考其是否一地，又誤通山爲通城，於是九宮羅公二山遂同移於通城矣。明史承其誤（但明史唐王傳云：『李自成兵敗走死通山』，則不誤），而去羅公山一說，遂成今人共信之定說（其後各書多鈔明史之說）。後之編修通城縣志者遂亦將李自成死地搬至通城，而云錫山一名九宮山亦名羅公山，以誤傳誤，僞地名遂造成矣（志書兵事篇所記自成死事即鈔撮綏寇紀略及記事本末等書之說而成者）。考一統志，讀史方輿紀要，古今圖書集成職方典等書，通城縣並無九宮山之記載（有錫山，而無錫山一名九宮山，亦名羅公山之說），而通山縣有之（但無九公山一名羅公山之說），可徵九宮山確在通山而不在通城也。

上考證倉卒所爲，恐有疏誤之處，乞明教並改正之（關於李自成之死地究在湖北或在湖南，業擬另爲一專文論之，今已在着手矣）。草此，敬請道安！

童書業拜上。一，五。

本刊第四卷第十二期目錄豫告

出版者：禹貢學會。
編輯者：顧頡剛，譚其驤。
出版日期：每月一日，十六日。
發行所：北平成府蔣家胡同三號禹貢學會。
印刷者：北平成府引得校印所。

禹貢

半月刊

價目：每期零售洋貳角。豫定半年十二期，洋壹圓伍角，郵費壹角伍分；全年二十四期，洋叁圓，郵費叁角。國外全年郵費貳圓肆角。

The Chinese Historical Geography

Sem-monthly Magazine

Vol. 4 No. 12 Total No. 48 February 16th 1936

Address: 3 Chiang-Chia Hutung, Cheng-Fu, Peiping, China

第四卷 第十二期

民國二十五年二月十六日出版

（總數第四十八期）

內政部登記證警字第叁肆陸壹號 中華郵政特准掛號認爲新聞紙類

贈書致謝

自本年二月一日至十五日，本會收到下列贈書，敬載書名，藉鳴謝悃。

馬少雲先生贈：

朔方道志三十二卷八册（馬福祥主修　民國十五年鉛印本）

顧頡剛先生贈：

出使九國日記一册（戴鴻慈　光緒三十二年鉛印本）

東遊叢錄一册（吳汝綸　日本明治三十五年鉛印本）

中國地理教科書（屠寄　光緒三十四年鉛印本）

止室筆記一册（陳籙　鉛印本）

中國歷代經界紀要一册（經界局編譯所編　民國四年鉛印本）

雲南遊記一册（謝彬　民國十三年鉛印本）

西行日記一册（陳萬里　民國十五年鉛印本）

溫陵探古錄一册（陳祖澤　民國十八年鉛印本）

南洋華僑通史一册（溫雄飛　民國十八年鉛印本）

東北地理總論一册（王華隆　民國二十二年鉛印本）

江浙太湖巡剿雜記一册（沈惟坱　民國二十三年鉛印本）

西域地名一册（馮承鈞　鉛印本）

新撰地圖日本之部一册（日本山上萬次　日本明治三十三年四版印本）

中國地方制度之沿革（王道　民國七年鉛印本）

最新地文圖誌（英國世爵崎冀原著　葉青譯　光緒三十二年印本）

本刊第五卷第一期目錄豫告

日本民族考

王輯五

一

日本古文獻，如日本書紀及古事記等，均載日本民族乃由天上降來；故日人常自稱爲「天孫民族」或「高天原民族」。如，日本書紀卷第一：

伊奘諾尊伊奘冉尊立於天浮橋之上，共計曰：底下豈無國歟？迺以天之瓊矛指下而探之，是獲滄溟；其矛鋒滴瀝之潮，凝成一島，名之曰磤馭盧島。二神於是降居彼島，欲共爲夫婦，產生洲國，便以磤馭盧島爲國中之柱，而陽神左旋，陰神右旋，分巡國柱，同會一面。時陰神先唱曰：「憙哉遇可美少男焉！」陽神不悅曰：「吾是男子，理當先唱，如何婦人先言乎？事既不祥，宜以改旋」。於是二神却更相遇。是行也，陽神先唱曰：「憙哉遇可美少女焉！」因問陰神曰：「汝身有何成耶？」對曰：「吾身有一雌元之處」。陽神曰：「吾身亦有雄元之處，思欲以吾身之處，合汝身之處」。於是陰陽始遘合爲夫婦。及至產時，先以淡路洲爲胞，迺生大日本豐秋津洲，次生伊豫二名洲，次生筑紫洲，次雙生億岐洲與佐度洲，次生越洲，次生大洲，次生吉備子洲，由是始起大八洲國之號。……次生海，次生州，次生山，次生木祖句句迺馳，次生草祖草野姬，亦名野槌。既而伊奘諾尊伊奘冉尊共議曰：「吾已生大八洲國及山川草木，何不生天下之主歟？」於是生日神，號大日孁尊（天照大神）。（錄原文）

古事記上卷亦有類此之記載。原文從略。按日本書紀與古事記之作成，均不出西紀八世紀初葉，若僅據西紀八世紀初葉作成之古文獻而推究日本古代民族之由來，欲捉得其眞相，豈非緣木求魚？況日本記紀（即古事記與日本書紀之略稱）上卷之記事多荒唐無稽之神語，安得稱爲可信賴之史料耶？故欲澈底考察日本民族之由來，及當時外來民族之移入，不得不求之於考古學，人類學及中國史料等中。

二

日本考古學者，關於日本民族之考證，雖有見解不同之處，惟就一般而論，亦可得一梗概，如次：

阿夷奴人種　在石器時代初期，阿夷奴(A-inu)人種(1)由西部亞洲沿西伯利亞，經由間宮海峽至日本北部，漸移殖至列島全部，營狩獵及捕魚爲生，使用石器或土器，不知農耕。據阿夷奴人傳說，當其渡入列島時，島上尙有土着人，體格矮小，穴居野處，後自滅絕；但不可考。

通古斯系民族　降至石器時代後半，稍事農耕之通古斯(Tunguse)系民族漸次由西伯利亞而東，或渡間宮海峽而至日本北部，或經由朝鮮而至日本西部，甚或留住朝鮮而未至列島者，亦未嘗無之；故日人如金澤莊三郎等之盛倡日鮮同祖論者，其所據不外於此。文化較優之通古斯系民族渡至日本後，漸知從事低級農耕。農業生活之開始，列島遂漸由石器時代而入於金屬使用時代。當時祗知從事狩獵之阿夷奴人，遂被迫而逃至北海道等地方。今北海道地方之蝦夷民族，乃爲其殘部也。

南洋系民族　自石器時代以來，南洋系民族，趁由南而北之暖流，陸續北上，或經由中國海岸而漂至九州，或趁海流直漂至九州定住，漸從事漁獵或農耕，旋勢強而擊退阿夷奴。故有謂今日九州之熊襲人，爲阿夷奴之殘部者；亦有謂熊襲人非阿夷奴殘部，乃爲南方系比較純粹之島嶼民族者。果魏志東夷傳上之「狗奴國」爲今日熊襲部族(2)，則與耶馬臺國同種之狗奴國即熊襲部族，似非阿夷奴之殘部矣。

漢族　我國與日本僅隔一衣帶水，民族間之渡涉自不免發生。且自春秋戰國以降，因內亂頻仍，相率避難於東瀛樂土或求自由天地於半島者，在在有之；如箕子之封於朝鮮，衞滿之率燕民避難於半島，徐福之率秦人入東海，漢武帝之建四郡於朝鮮等，史籍上恒數見不鮮。漢族移居於半島者，既日有所增，則此移住於半島上之漢民族羣更爲滿足其擴張慾起見，自不免向海外移殖，卒趁日本海之左旋同流(3)漂渡至日本山陰地方。近在朝鮮慶尙南道慶州地方發現四寸許小銅鐸及蒲鉾緣細紋鏡，與西紀一九一八年在日本大和國葛城郡吐田鄉發掘之遺物，不惟彼此相同，且其形狀與製法亦均與中國無異(4)。是據銅鐸分布之遺跡上觀之，亦深足証明漢族之經由半島而至日本者也。

史記秦始皇本紀二十八年之條同三十七年之條，及封禪書所載徐福入海求仙之事，學者主張雖各有不同，惟近自日本海之左旋回流路及銅鐸分布遺跡闡明以來，徐福等秦人集團渡至日本之可能性頗大。蓋徐福等一批秦人，果自山東半島出發，不難漂至朝鮮半島南部之辰韓(5)，再由半島趁日本海之左旋回流路，亦不難漂至日本山陰地方也。此徐福等秦人集團，實爲秦人系大陸民族之一大海外殖民團，其所經由之路線恰與銅鐸遺跡之分布狀態同；此則考古學上所謂列島上之銅鐸民族者也。栗山周一氏謂：

銅鐸民族之興盛時代，概以西紀前二百年前後爲中心，而上溯至西紀前四五百年。若由此點觀之，但馬民族說及秦人說，確爲最有力者。蓋小形厚手之古型銅鐸，多發掘於山陰方面，漸延及於北陸，而與由出雲至半島慶州者，亦有連絡。且太古時代之交通路線，亦由但馬出雲延及於半島者，而模仿大陸系古墳之方墳系統，亦散在於此交通線上者。據神話傳說上，出雲系民族似亦沿此交通路線，漸次向近畿地方發展者。並且繁榮於奈良及平安之秦氏，在聖德太子時代，已有非常之勢力。秦氏一族之渡涉及其歸化年代，在從來之日本史上，雖皆列爲有史時代之史實，然此必爲天降民族及倭國建國以前之事實無疑。換言之，秦代滅亡，固不出西紀前二〇六年，而秦氏之大舉由半島南下，沿山陰之交通路而繁殖於近畿之中心地域者，似亦以西紀前二〇六年爲中心也(6)。

此種見解，吾人深予贊同。蓋日本史籍上所載之出雲系民族，及考古學上所載列島上之銅鐸民族，均不外秦人系大陸民族(即漢族)之渡至日本者。此大批漢民族渡至日本之時期，雖在南洋系民族及通古斯系等民族之後，惟當時渡至日本之漢民族，已具有優越之文化，故列島上之文化多由漢民族傳入。諸民族雜居混交之結果，漢民族之血統亦與南洋系及通古斯系等民族之血統，同不失爲今日日本民族大動脉之一也。

三

綜觀日本民族，至少必由上舉數種民族混合而成。阿夷奴人種與通古斯系民族，固均屬於北方系民族，但就日本列島發現之新石器時代土器觀之，阿夷奴人種之渡入列島，必先於通古斯民族。蓋在日本列島發掘之土器中，有繩紋式土器與彌生式土器二種：繩紋式土器爲繩紋狀之土器，相傳爲阿夷奴人所殘遺者，故一名阿夷奴式土器；其分布殆遍日本全部。彌生式土器爲赤燒素紋之土器，其分布狀態概以西日本爲中心，與朝鮮半島發掘之赤燒無紋土器酷似，此概爲通古斯系民族所殘遺者(7)。在同一地方發掘之土器中，下層概爲繩紋式或幾何學的模樣土器，上層則多爲無紋土器或日本上古之齋瓮(8)，可知彌生式土器必新於阿夷奴式土器，即阿夷奴人種必先通古斯系民族而渡至日本列島也。

南洋系民族之渡至日本，恐亦不外石器時代。近在九州發掘之銅鼓，與南洋印度暹羅及中國南部所發掘之銅鼓等，概屬於同一系統(9)；此足爲南洋系民族北渡至日本之鐵証。至若漢民族之東渡，乃遙在阿夷奴系及南洋系民族之後，概在金屬時代。近日本列島發掘之銅鐸銅鏡等，不惟與我國所發現者同，且多爲由我國輸入者，此足爲漢族東渡之左証也。

在白鳥庫吉博士之日本民族論中(10)謂：在語言上，日本若位於烏拉魯阿爾泰語族之北亞細亞與漢族或苗族之南亞細亞之中間，則長年月日本語之混成，適物語長年月之南北兩民族之混成也。日本語根幹之混成，固可爲南北系民族混成之象徵，而日本文化根幹之形成，尤受我國大陸文化之影響，固不待言也。近栗山周一氏(11)謂：構成現在日本民族之血統，與其說含北方民族系之成分多於南方，勿寧謂含南方民族系之成分多於北方。此誠有供吾人玩味之處。蓋日本古文献上，不惟有神武天皇東征之神話故事，而文献上所載之神話，亦多以熱帶龐大動物如大蛇等爲話題而組成。且日本古時素有染齒紋身及著褌之風，迄今僻居鄉間之日人仍沿用之，此等風尙均非北方大陸民族所習用，乃盛行於南方島嶼民族之間者。按染齒爲南方島嶼未開化人因嗜嚼檳榔之實，致染黑齒，因時入水中，故常著褌紋身，此皆未開化南方島嶼民族所習用者也。即就日本之房屋，衣服等觀之，亦多適於熱帶，而不宜於寒帶，恐此亦受熱民族系統之影響也。

（1）阿夷奴亦名蝦夷，相傳屬於白色人種。

（2）太田亮氏之日本古代史新研究第二篇第九章，謂：「狗奴」之古音爲"Kunu"，因語尾之變化而演變爲"Kuma"（球磨），後更添加語尾而變爲"Kumasoo"（球磨噌唹）（見肥前風土記及豐後風土記所載），恰與「熊襲」之日本讀法（日人讀「熊」爲"Kuma"音，「襲」爲"Soo"音）相同；故得證明魏志上之「狗奴國」即今熊襲部族也。

（3）見拙著中倭交通路線考（禹貢半月刊第三卷第十期）。

（4）見梅原吉治氏之由考古學上考察出來之古代日鮮關係（朝鮮雜誌第百卷）。

（5）後漢書東夷傳韓國之條：「辰韓耆老自言：秦之亡人避苦役適韓國，馬韓割東界與之；其名國爲邦，弓爲弧，賊爲寇，行酒爲行觴，相別爲徒，有似秦語，故或名之爲秦韓」。

（6）見栗山周一氏之日本闕史時代研究第二章第四節。

（7）見鳥居龍藏氏之有史以前之日本。

（8）見鳥居龍藏氏之有史以前之日本。

（9）見坪井九馬三氏之史學研究法。

（10）見白鳥庫吉氏之日本民族論（中央公論，大正二年）。

（11）見栗山周一氏之日本闕史時代研究第三章第三節。

長蘆都轉考

陳雋如

渤海產鹽，向以長蘆名；然則，長蘆之名，始於何時？長蘆設官，始於何代？長蘆鹽運使署，何以設於津門？此等問題，人多習而不察。然其中實關係歷史之沿革，不得不加以考據。茲將一得之愚公諸本刊，冀與讀者共研討焉。

長蘆原爲縣名，舊志作長蘆城，在舊滄州西北四十四里，宇文周大象中置。漢時爲參戶縣地。因其地多蘆葦，故名。隋初郡廢，縣屬瀛州。開皇十六年置景州於此，大業初州廢。唐武德四年復置景州，旋陷於劉黑闥；明年黑闥平，復爲景州。貞觀初州廢，改屬滄州。唐志舊永濟河西，開元十六年移治河東。宋仍屬滄州；熙寧四年省爲鎮，屬淸池。元遷州於此；山東羣盜毛貴等陷淸滄二州，據長蘆鎮時，未有城，故仍以鎮爲名。明洪武二年遷於今治。原治通稱爲舊州城，或稱獅子城，以其地有鐵獅也。建文中靖難破滄州，徙其民於長蘆。後人頗有以今治爲長蘆者。長蘆鹽法志云：『蘆池在滄州分司公署前，蘆葦甚茂，中架木橋，以通往來，長蘆之名昉於此』。長蘆鹽法議略云：『長蘆即滄州也。滄州舊治去長蘆四十里，後移治於此，人遂以爲滄州，而莫知長蘆之所在』。是均確認今治爲長蘆矣，其實非也。滄州志云：『現有滄州，安得又有長蘆？遷治之事，必在永樂之初。不知古蹟中，現在有長蘆廢縣，河西現有長蘆鎮。所云長蘆，乃廢縣，非今州治也。且明史亦云：「今州治洪武二年所遷」，則實錄亦未可爲悶談矣』。畿輔通志云：『長蘆廢縣今滄州治，既爲今治，即非廢縣矣；蓋今治乃運使治所，廢縣自在河西也』。又云：『長蘆鎮即長蘆廢縣』。證諸以上所云，長蘆故址究在何地？自不待明辨而解。然則長蘆故址無論爲今治，抑在河西，既屬滄州境，則長蘆固可代表滄州也。

長蘆置官，始於北魏。北魏時，置長蘆都轉運鹽使司運使一員，秩從三品。至宋乃有河北都轉運使之名。元中統十九年，則爲河間鹽運司。泰定二年，改爲大都河間等路都轉運鹽使。明洪武二年，改爲河間長蘆都轉運鹽使。永樂間省河間二字，爲長蘆都轉運鹽使司。十四年，初命御史巡鹽。景泰三年，罷長蘆兩淮巡鹽御史，命撫按官兼理；旋復遣御史。長蘆舊有運副一員，景泰八年裁。淸因明制，設長蘆巡鹽御史，長蘆運使；運使下復設同知一人，副使一人。康熙十六年，裁各鹽運同知副使；十七年，復設長蘆鹽運同知一人。

長蘆於遼金舊有鹽場二十四，元中統時存二十二，曰：利國，利民，海豐，阜民，阜財，益民，潤國，海阜，海盈，海潤，嚴鎭，富國，興國，厚財，豐財，三汊沽，蘆臺，越支，石碑，濟民，惠民，富民。明初鹽場亦爲二十四；追至隆慶三年，竈丁逃亡，無人煎晒納課，遂裁減附近之場，存二十。康熙十六年復併爲十六，曰：興國，富國，豐財，濟民，蘆臺，越支，石碑，歸化，利民，阜民，利國，海豐，富民，海盈，阜財，嚴鎭。雍正八年，利民，富民，利國，阜民，海盈，阜財六場灘坨俱廢，竈戶散處，復併爲十場，其分佈之地點如后：

興國場，在天津縣高家莊。富國場，初在靜海縣鹹水沽，後移天津。豐財場，在天津縣葛沽。蘆臺場，在寶坻縣蘆臺鎭。越支場，在豐潤縣宋家營。濟民場，在灤州柏各莊。石碑場，在樂亭縣石碑莊。歸化場，在撫寧縣鹽務鎭。海豐場，在鹽山縣羊兒莊。嚴鎭場，在滄州同居村。

長蘆產鹽，固行銷於冀豫兩省。冀則有一百三十一州縣，舊州采育二營。豫則開封，陳州，彰德，懷慶四府，衛輝府除去考城一縣，許州直隸州，及所屬之臨潁，郾城，長葛三縣，南陽屬舞陽一縣，共五十二州縣，儀封一廳。銷鹽有定地，配鹽亦有定塲。永平府之盧龍，撫寧，昌黎，臨榆，灤州，遷安，樂亭七州縣，在越支，石碑，濟民，歸化四塲配鹽。滄州，鹽山，南皮，慶雲，景州，東光，河間，寗津，吳橋，獻縣，棗強，靑縣，靜海，交河，阜城十五州縣，在海豐，嚴鎭二場配鹽。其餘冀豫各引地，皆在豐財，蘆臺，興國，富國四塲配鹽。十塲中以豐財，蘆臺二場產鹽最旺，爲蘆鹽之精華焉。

長蘆巡鹽御史署，舊在京師宣武門外，每歲巡冀魯豫三省鹽務一次，巡視以後，仍駐京師；天津，滄州皆有行館。天津向蒈原裁戶部餉司衙署爲御史巡行所舍。

康熙元年，移駐河西務鈔關於天津，於是御史僦舍以居。二年，御史張吉午及官商公捐銀一千二百二十兩，建於城外舊餉道衙署基址。七年，御史孟戈爾以衙署在京，恐滋弊端，奏請移駐天津，督催引課爲便。

長蘆鹽運使署，自明初即設於滄州新城西南隅。康熙十六年，因商人告運居北所者衆，督催引課，道遠非便，遂移於津門。先是賃民房以居，二十七年，運司任璣及商人共捐銀，買城內鼓樓東街津民班鐸宅，改建運使衙署。

民國二十四年十一月五日，於津門。

大清河流域之地理考察

郭敬輝 1

一、導言

嘗聞昔者某賢文章，得諸名川大山之間，而尠聞古之某哲，據實地考察精密研究，發爲種種傑作。誠能有此，其厚益民生，加惠來茲，至非淺鮮，豈徒雄於文而已哉；然則據科學之精神，實地之考察，較諸作大塊風景遊覽之文章，其意義價値，不更深且遠乎！今年暑假期滿，以來津之便，由定乘平漢車赴保，蕩於府河而東，專作關于大清河——府河下流——的地理考察，擴我胸襟，壯我氣魄，澄我思慮，使我不作井底蛙，帙中蠹，已足多矣，匪敢比附於昔賢之文章也。用將此次沿途考察時所得印象，陳之於左：

二、在定縣

定縣是河北省的模範縣，又是平民教育促進會和縣政建設實驗區之所在地，故市面極爲活躍；本縣文盲極少，固爲特徵，而人民利用自然，以漑農田，鑿井及溝渠甚多，尤爲可觀，故農業發達，人民殷富，誠佳象也。

在此一帶有：『澇不死的曲陽，旱不死的定州（卽定縣）』之諺，這一句話，實含有地理上的意義，蓋曲陽在定縣之西北，當華北平原和山西山地之邊際，境內山陵叢雜，地勢高峻，一入雨期，水順勢下注，侵蝕山坡之黃土，遂成溝渠，土名『曲陽溝』，深者達七八公尺，寬僅二三公尺，此等溝渠，坡度旣大，水流便急，況雨水有限，故雨過後，不久底卽乾涸，便可通車，但馬不能並行，車不得雙軌耳。所謂曲陽溝者，旱時卽爲大道，雨期卽爲河流，可使農田之水，立卽流去，故曲陽縣境自無水澇田園之患。

至於定縣一帶，槪爲平原，井數之多爲全國冠（原因見後），況又溝渠縱橫，水利頗豐，近又利用水車，以畜力代人力，井深通常四公尺，日可漑田五六畝，自可免去荒旱之災；並年可收穫二季或三季。故農民富足，文化發達，此所以可爲吾國之模範縣也。

三、赴保途中

平漢路上，以南北來往之人甚少，故路局設備客車不多，每日平均不過三次；但以沿線農產豐富，貨車較多，尤以平漢路以西爲華北產煤要區，故煤車尤夥。

定縣至保定沿途多井漑田，定縣至望都間井數尤多，在車上看時，兩旁田野，平坦無限，向居南方邱陵之人，至此實感驚奇。但見每一二楊樹下，便爲一井，上置水車，以小驢拉之，這樣以畜力代人力灌田的方法，很是便利。

在定州車站，梨甚便宜，乘客爭購之，買賣眼藥者之喧嚷聲亦甚嘈雜，聽說這兩種東西是定縣的特產。以北棉田甚多，但至望都即不多見，然秦椒之產甚豐；過此又見禾苗短小，土地荒蕪，秋收必劣。蓋今年落雨較晚，而此間鑿井事業又不發達，故在兩月前吾由平旋里時，尚見赤地千里，直至落雨後方才播種，禾苗因以短小耳。

四、保定一帶的雨

保定一帶的雨，大都落在六七八三個月，由麥熟後到秋初，天空水氣變遷極大。大別起來可分作兩種雨：

一種是急雨，爲此區特有的降雨現象，多降於秋初，占面積極小。雨來自西北山中，來勢甚猛，有時天晴氣靜，但見黑雲從西北起，不久天氣潮熱，霎時風雷大作，大雨傾盆而下，並常携有冰雹，士人稱曰『粗風暴雨』；言爲『圖尾巴老張兒』（龍名）在西北行雨，此龍性情急躁，故所行雨亦然；何處人得罪他，便在其地降以冰雹。又有人言『雲由西北海中生出』。其實完全不對，我們可由地形和季候風推想之；蓋山西邊際，爲千餘公尺之高原，保定一帶，爲五十公尺以下之低地，此時又當東南季候風吹入將更換爲西北風之時，由海中吹來之東南風所帶之水蒸氣，被海拔千餘公尺之山西高原所阻，即變爲雲，儲於山間，爲日光蒸發，質輕體大而上昇，則此地天氣必熱，氣壓必低，此時西北之高氣壓部憑空下吹，勢不可遏，氣溫甚低，高雲遇此，立成水點而下落，此即雨降時急並常挾以冰雹之理，非『圖尾巴老張兒』在此呼風喚雨，更非西北近海也。

一種是慢雨，爲中國內地之普通降雨現象，多降於七八兩月，來自東南或東方，雨降時非常和緩，往往陰雨連綿，二三日不止。土人呼曰『清風細雨』；以爲是小白龍在天上興雲作雨。其實此中道理很是簡單，完全由於東南之季候風所攜水蒸氣變化而成，爲中國內地之普通現象，已成研究地理學者之老生常談了。

五、在保定

保定這個地方，在曹吳時代，以軍事上和政治上的重要，曾極一時之盛；後以其經濟地位不甚重要，商業一落千丈，至今已不堪回首了。聽說這地的商人，全恃學生的購買力來吃飯呢。可是現在以省府所在，市面又呈活動了。

這裏有句俗話，就是：『保定府的大碗麵，又常乾糧又常飯』，以其無滋味，少湯水故也。蓋保定附近各縣，——即昔日之保定道屬內——爲華北盛產小麥之區，農民用之爲家常便飯，可是農民是不吃滋味的，所以便少加油醋和湯水，吃之雖無滋味，但既可代稀粥，又可不食乾糧，後以售賣於市，便成此談。保定工業以麵業爲最發達，也是這個原因。

六、平漢路以西的煤田

講到平漢路以西的煤田，極感興趣。此等煤田皆排列在山西界外，如門頭溝，房山，井陘，臨城，磁縣，六河溝及焦作等地；大多煤田露於地表，開採極易。這種原因，純然係地質構造的作用，要想知道煤所以產生，非先探明太行山脈和燕山山脈的地質構造不可；燕山山脈——即南口山脈——爲自五臺山沿長城向東北走之斷層構成，早已成爲定論。德人李希霍芬說，太行山脈自黃河以北至滹沱河之間，爲高原性斷層地塊。雖有成於褶曲者，但其坡上多不產煤。就另一方面觀察，多數煤田多在河流谷口，如門頭溝房山在永定河谷口，井陘在滹沱河谷口，六河溝在漳水谷口，焦作在沁水谷口等。這樣煤田的產生和河流之流出，同有研究的價值。

我們可想到山之成於褶曲者雖在山西方面成緩斜，河北方面成急斜，然此一帶地勢，總比他處高，河流自不易橫串而過，即煤田亦爲上部地層所覆，自無開採之餘地。地殼之成於斷層者，東部陷爲低地，變爲平原，西部擁爲高原，成爲台地。在這種階級地形情況之下，河流自可憑高而下，經斷層線而下注，經多年的侵蝕，而成夾谷，即地下之煤層高於地表，亦經多年的侵蝕，昔日之下部煤田自可流露地表。所以平漢路以西的煤田，多在地殼之斷層線上，煤田多見於各河谷口，更是一定的。

七、津保之途

府河在保定南關，源出滿城一畝鷄距二泉，水勢甚小，到處有閘以節水量，直至下閘——保定東——水流方暢。保定以下以至安州（即安新），河多灣曲，號稱九轉十八灣。安州以下，河成直形，兩岸堤防甚固，足防水患。

府河下注白洋淀，淀中蘆葦叢生，漁業甚盛，居民男多以漁業或漕運爲業，女多以編蓆爲業，較諸定縣一帶所謂男耕女織之生活，已大異矣。

淀之西北岸爲新安鎭，其西沃野千里，其東一目汪洋，水勢甚大，民船及小輪暢行。論其形勢，我們自然是不能以『南船北馬』稱之，而是『東舟西車』也。

淀之東爲十二連橋，橋長五里，爲十二橋連接而成，跨過白洋淀之一隅，北爲趙北口，南爲十方院，南北有二橋較高，舟多從其下通過。據舟子言，十二連橋爲仙人所修，誠爲笑談。此橋似爲明初遺物，蓋當時燕王在北京，國都在南京，而此地爲兩京交通必經之地，來往事繁，水路不便，想此橋必係彼時所建築者。

再東爲句各莊，以下水又入河漕，是爲大淸河。沿岸多窪田，產蔴及稻甚豐；時蔴已熟，居民漚之於河，下至史各莊三十里之間，河幾爲之塞，水臭不可嗅，蚊蟲螫人更爲難堪。

又下爲蘇河橋，街市沿河建造，長約三里餘，爲沿河第一鎭。至此水勢更大，小輪終年通津。以下六十里爲三角淀（詳見後），出淀有滹沱河會流之，水色遂濁，流勢亦急，河中船行如織，赴津稱便。

八、保定以東十八灣的生成及其演變

府河出保定，至其東南五里之劉家廟即數見彎曲，以下更甚，河漕漸成S形，號曰九轉十八灣。此種地形，完全由側蝕作用構成，蓋府河至此已在中流，河床傾斜甚緩，兩旁岸壁高出河面平均二公尺，最高者達四公尺以上。如此弱的水勢，緩的河流，一遇到這樣高大岸壁的抵抗，遂發生反撥作用的侵蝕，而其對方反常淤積。故彎曲所水流所向之處，岸壁常直立而高峻，其對方則成緩斜而平坦（如上圖所示），這樣方成此不規則S狀的屈曲河床。

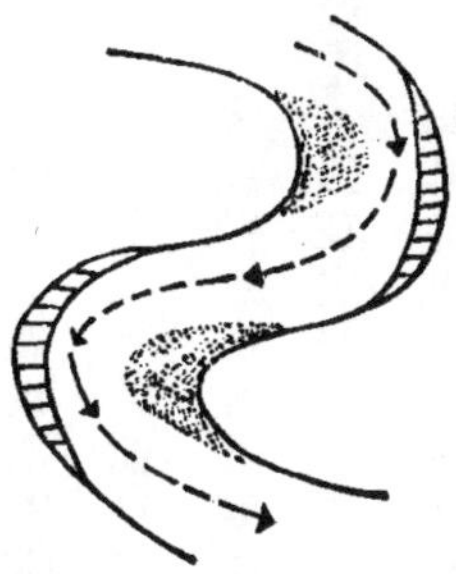

但是到了以下，河床仍是彎曲，但水面幾與兩岸成水平形，灌田極易。這種地形的生成，是由於水流和抵抗的場所——即水流所向之處——施以破壞作用，反對的岸側則施以堆積作用；河道的屈曲愈甚，就是沿了河道所成的『河成平原』也愈廣，所以才成這樣水平狀的彎曲河流。

就前者的地形來說，等到削壁的黃土岸侵蝕完了，對岸夷成平地了，河道也就只有彎曲，沒有削壁，便和後者的地形一樣了。我們進一步來說：水面既和兩岸平地相平，一遇洪水之期則必要泛濫了；彎曲的河道，泛濫的結果，直行的河床也就有了。果然安州以下的河漕已成此形，所謂『三里直河』便在此以下；兩岸綠柳垂陰，舟行如畫；不過河既成此形，洪水爲災，自所不免，於是堤防從此也是不可少的了。如在三里直河的南岸，便有堅固的堤防保護；不然平野千里，一目在望，恐將來的府河河床皆要成爲此形。

我們再進一步說，府河既賴堤防保護了，如一旦堤防決裂，洪水溢出，冲刮黃土，成新河道，則府河河道的變易也要發生了。我想這正是府河輪迴演變的最末結果呢。

九、定縣保定一帶鑿井事業之所以發達

鑿井是定縣至保定一帶常見的一種事業，農民得利非小；可是一過保定，就不常見。實在此地一帶，鑿井既很容易，成績亦甚卓著，如定縣二十元便可鑿一口井，今全縣大都爲井灌田。他的界限，大概北自保定，南至滹沱河北岸，西至太行山，東至深縣和白洋淀以西，其他的部分則鑿井多不合適。

欲明這種道理，不得不探求其地下水的作用，地下水蓄於蓄水層內，而又不得不先明瞭此帶之上部地層的配置如何，厚薄如何，及地下水的水質如何，以下鑿井

的難易及合適與否。

此帶之上部地層，凡鑿井有經驗者大都皆知。其地層的配置，上部爲黃土層，其中多含沙土。此種地層的特性爲能透水，但不似砂礫透水之甚，對于農作物的生長，非常適宜。此層以下爲砂礫層，由砂礫組成，亦曰透水層，所用之水完全儲藏在是層。再下爲脚泥層，由黏性之黃土構成，中含脚泥子，——此皆沿用當地土名——大者如碗，小者如扣，善能防水分之向下滲透。鑿井時只要將表面之黃土層串透，水自可得。可是到了這一帶以東，則純爲極厚之冲積層，這種透水層便不見了。或係是種地層下陷太深，上覆以冲積層。至於此部井亦有之，另成問題。

旣知道此區地層的配置了，而地層的厚薄也有關係，最顯著的，此區以南，因黃土層太厚了，挖地數十公尺方能得水，鑿井取水極感困難，所以鑿井事業不能發達，但在定縣井深則只四公尺左右，取水極易。

此外井與水性也有關係。如天津北平一帶，鑿井雖易，但水苦鹹，亦不適用。此區下之地下水，水味甘美，漑田極宜。至於是區以東，則係受昔日海跡作用，地下含鹽質太多，雖鑿地二三公尺即可得水；但水質不佳，須數百公尺以下方有好水，工程又極艱難，這種原因，想係鑿透下部地層所致，但爲數極少。

井與壓力也有關係。如行唐一帶，當太行山之麓，地下水受壓力太大，鑿井後水自可由透水層溢出地表，名曰自流井。

十、白洋淀的地形及其成因

河北省有兩個成扇狀面的地形，河流分佈，有如扇股；羣集一湖，有如扇軸。一個是南部之寧晉泊，一個便是中部的白洋淀。

白洋淀位於雄縣新安之南，周約百餘里，有白溝河，拒馬河，瀑河，漕河，猪龍河——爲沙河，磁河，木刀溝合流而成——及府河等灌入之，最深處達十公尺，水面海拔九公尺；所受之水，均來自一千公尺或二千公尺以上之高地，在四五百里內，排列成扇狀，向泊灌注。這個成扇狀排列的河流，北以白溝河爲半徑，西南以猪龍河爲半徑，適成一個一百二十度的角度，而以五臺山，恒山，小五臺山等爲弧，流域面積凡

6

十萬餘方里。

這個扇狀面的地形以半徑二分之一處作一小弧，以外爲五十公尺至一千公尺以上之高地，如恒山（海拔二二一〇）五臺山（海拔三一四〇）及察哈爾境內之小五臺山（海拔三四九一）等是也；平均高度也在一千五百公尺以上，成急斜狀。此線以內爲海拔五十公尺以下之低地，如定縣（五四），望都（四五），滿城（五〇），良鄉（四四）等是也，成緩斜狀。至其周圍海拔尚不及三十公尺，如保定（一五），徐水（二〇），定興（二七），新城（一九），雄縣（一一），高陽（一二）等是也。至湖面，已在海拔十公尺以下。各河之長亦不過四百里，且下流二百里內成緩斜，平均每五里降低一公尺，以上二百里成急斜，平均每五里降低四十公尺，故一入雨期，在這種地形不同情況之下，雨水下注，勢不可遏，河床不能容此潦水，故在海拔五十公尺以下之地每成水災，——文南窪則每年必淹一次，見下——此時湖面亦較平時增大；然平時水利最豐之地，概在此區，故本湖實乃本省內部最低窪之地也。

至於是湖的成因，似是以太行和燕山的斷層作用，此部地殼陷落，地勢低下，遂成此扇狀面的地形，該地形內之水羣匯於此，成爲此湖。

十一、文南窪利三角淀的概況及其生成

文南窪在大清河之南，大城之北，新鎮以東，文南境內；面積凡三千方里。這塊窪地在形式上雖然自成一區，但實與大清河低地相連，不過與大清河有一堤之隔而已，海拔僅七公尺，純爲河流淤積而成，土地肥美；惜以地勢低下，每年必水淹一次。蓋每當六月中，河水高漲時灌入，秋後遂退，每年如是。水退後便可植麥，次年麥熟，水又重來，立成澤國，有如埃及之尼羅河三角洲。植麥時不加肥料，生長即茂，麥之產量極夥，故此區一年雖只收穫一次，但民生亦甚充裕；如一旦河中水小，秋收能得，則居民之收穫量更多。故云：『收了文南窪，糧食沒人拉』。又云：『收了文南窪，套着大車向外拉』，其秋收之豐，可見一般。今年河中水小，聽說文南窪無水災之患，想此地今年秋收更爲他地所不可及了。

三角淀爲大清河經過低地匯集而成，在台頭鎮之

東，王家口之北，勝芳之南，東西長約二十餘里，南北闊約十餘里，週約七十里。淀之地勢較之文南窪更為低下，其中情形類似白洋淀，惟漁業有所不及耳。

文南窪與三角淀同為大清河下流之低地，名義上和形式上雖各為一區，但低窪情形實為相連。文南窪在三角淀之西南，不過地勢略高，一遇河中水盛，即有水耳。考其成因，可由其地形及其附近各河之水質觀察之。此二地在昔時似為渤海中所挾之一灣。蓋大清河河水澄清，含泥沙量少，其入海口處，自然不易淤積，然其東北之白河，永定河，南之滹沱河，及昔日之黃河，漳河，衛河等，亦由其附近入海，此等河水，攜帶泥沙極多，淤積河口，成為陸地，漸擁向於大清河河口，—即今津西之楊柳青至海口之地——於是諸河便合為一水入海，渤海便漸漸陸化，將大清河河口之灣口——即今三角淀及文安窪—包圍淤塞，四周地勢漸高，此帶遂成低地，存儲河水，此乃三角淀及文南窪之所以生成也。

十二、大清河沿岸三大鎮之今昔

過了文南窪，鄉間有一句俗語，就是：『金石溝，銀勝芳，趕不上新安一後晌』。不過這一句話，在今日已不適用了。這三個地方，同在大清河流域，在昔日為津保交通必經之地，稱曰大清河沿岸之三大市場，在形勢上甚為重要；後以北寧平漢路成，繼津保之間，汽車常年通行，雖今三地仍為大清河交通之三大碼頭，但其地位已遠不及從前了。

新安昔為縣治，今已改為新安鎮，有新安縣佐駐之。在西淀之西北岸，小輪及大民船終年通此，陸路有汽車通保定僅九十里。此地當鐵路未通時，凡大清河上流之扇狀面地形內之物產，先集中於此，再運津出口，和滹沱河未改道路之辛集，地位相等。這裏雖不能如淮陰襄陽之號稱『南船北馬』，亦可以說是『東舟西車』，故當時在三鎮之中，尤稱重要；不過自鐵路告成，汽車通行後，已失其從前之重要地位，至今商業亦不及勝芳繁華了。

勝芳在三角淀之西北，今雖新安石溝不甚重要，然此地獨能保持其地位，蓋此地距津最近，小輪汽車及民船每日與津來往如織，為津西人民所用物品或天津貨物向西暢銷之惟一集散地也。

石溝在文南窪之北，大清河岸，與勝芳同屬文安縣，爲津保船隻來往必經之地，今在此三地中爲最不振，尙不及其西五十里之蘇橋市面繁華。

十三、大清河的水利

西淀之水向東流出，是爲大清河，河水經白洋淀之瀘清作用，故其中所含泥沙極少；且民船在水盛時由保定可直達天津，平時小輪及民船能上達新安鎭，水利之富，爲五河——北運，永定，大清，滹沱，南運——冠。這種原因，我們可由三方面觀察之：

第一，我們要考察其水量的來源。大清河水均來自白洋以上之扇狀面地形內，——詳已見第十節——多數之河匯爲一流，水勢自然浩大，沒有貧水之患。

第二，與其地形也有關係。蓋地形的斜度與水流的速度有關。如河之兩岸，多在海拔十公尺以下之低地，如新安(一〇)，雄縣(一一)，任邱(一二)，覇縣(一〇)，文安(七)，新鎭(七)等是也。至天津水面已在五公尺以下。保定至新安水路一百二十里間降低五公尺，平均每二十四里降低一公尺，由西淀至天津三百里間平均每六十里降低一公尺，坡度極緩，水流穩定，絕無高波巨浪之險。且水流既慢，水之吐量自然較少，水量自可節制。

第三，我們要考察的是大清河的水量既來源浩大，吐瀉量少了，那麽各河在夏秋水漲之期，河床不能容此大量之水，則河水必隨地溢流，泛濫成災，終久是禍大利小，沒有水利可言。但是此河一遇水漲，河中不能容納時，則蓄存於白洋淀，三角淀和文安窪內，至冬春雖上流水殺，復能源源吐瀉不絕。試觀白洋淀文南窪和三角淀水盛時尙汪洋無際，尤以在白洋淀以東，十二橋相連，水可由橋下通過，至天津雖會入滹沱河，河面尙不及二百公尺，加以水流速度極緩，所以大量之水，完全存於三角淀文南窪和白洋淀內，以後慢慢瀉出，如文南窪等地，秋後水即退去，三角淀白洋淀之水，整年可供其宣瀉；故水勢每季之差甚小，船隻常年通行無阻。這雖是白洋淀，三角淀，文南窪對大清河的調節水量作用，而對于海河亦間接發生航運上的關係。

大清河除漕運之利外，復有灌溉之利，蓋其水面和兩岸平地高低之差甚小，沿岸居民用以灌田，得利非小，故大清河實乃我華北之第二長江也。

十四、結論

現已到達天津，關于大清河之謎，恕我不向下猜了。不過我不是地理學家，此次的考察如：保定一帶的雨，平漢路以西的煤田，定縣保定一帶鑿井事業之所以發達，保東十八灣的生成及其演變，以及白洋淀，三角淀，文南窪的成因等問題，雖然不敢說有若何價值，不過聊開我國地理說明的叙述的端緒而已。我又常聽到胡適先生說：『有科學精神的人，不輕易下判斷』，然我竟貿然的將此等問題作為論斷了，所以我只好算『無科學精神的人』吧！至於此次考察，因係一人獨行，恐未能周詳，誤謬在所不免，尚待海內明哲有以教我！

二十年秋，於天津

本會徵求地理圖書啟事

本會設立迄今二年，多承會內外同志之獎勵輔導，得以粗具規模。現在會所布置就緒，亟應彙集地理圖書，俾同志參考有所，學會亦得名副其實，想凡表同情於本會者皆樂觀其成也。茲擬徵求圖書條例數事於左，敬求教正：

（一）凡地理類圖書及間接關涉地理者（如天文，歷史，經濟等等）皆為本會所樂受。倘蒙惠贈，即當登入會刊，藉鳴謝忱，並編目以供衆覽。

（二）本會有志設立「地理書藏」，凡本會藏書目錄當按月發表一次，略附提要，將來即合編為「禹貢學會藏書志」，凡惠贈圖書者之姓氏及機關名皆當注入，以志不忘。

（三）凡捐贈圖書價值在五十元以上者，即由本會推為贊助會員，享受一切會員權利。

（四）凡捐贈自刊圖書者，會刊中當代為登載義務廣告，藉資鼓吹。其價值較高者，當分刊數期，以答雅誼。

（五）凡捐贈自刊圖書者，如將該項圖書交本會代銷，本會當收取最低之手續費。

（六）凡捐贈自刊圖書，對于學術有重大貢獻者，本會當委託專家作為評論，登入會刊，藉盡介紹之義務。

禹貢學會啟

1

波斯錦

B. Laufer 原著
白壽彝 譯

錦，是用金銀線織成的紡織品，古時製於伊蘭(Irān)。在阿發司拖(Avesta, zaranaene upastrene, Yast XV, 2)一書裏，記載過金織的地毯；並說，波斯王薛西斯(Xerxes)把一個金線織成的冠冕，賜給阿布達拉(Abdera)底市民(註一)。亞利山大(Alexander)時代的歷史家，對於這種波斯紡織品，也曾舉過不少的例子(註二)。普林尼(Pliny)(註三)申述羅馬人底金織品，則把這種藝術追溯到阿它利式的組織(Attalic textures)，認為是亞細亞帝王們底一種發明(註四)。這些古老的記載，在中國典籍裏，都顯然地証實了。

波斯錦，這個名詞初見於梁書，是在公元五二〇年時，滑國給梁武帝進的貢品(註五)。舊唐書波斯傳說『其王服錦袍』，這種錦當然也是在他本國裏製成的(註六)。隋書記波斯底紡織品，特別地舉出『金縷織成』四字(註七)，也有點像波斯 zar-bāf 一字底譯文(zar-baf 意即金織)(註八)。

周世宗時(A.D. 954-958)，在瓜州(今甘肅境內)底貢品裏，有波斯錦和安西(Parthia)白氎(註九)。唐時，則黠戛斯(Kirgiz)從安西，北庭(Bišbalik, in Turkistan)和大食人(Tadžik,阿拉伯人)手裏，購買這種珍貴的貨品，作女用衣料。大食人有重錦，一疋錦需要二十隻駱駝，纔能負載得起。為了便於運輸，大食人便把它截成二十小塊，每三年送給黠戛斯一次。大食和黠戛斯，以及吐蕃，互相盟約，保護他們中間的這種商業，以抵禦回紇(Uigur)底剽抄(註十)。廣輿記(註十一)記錦，則應用胡錦(意即伊蘭錦)底名子，說是和于闐有關係(註十二)。

錦底伊蘭原文，在中國書裏，也有記載，却一直沒有人注意。這就是疊字，古讀為 *džiep, dziep, diep, dib(註十三)，等於中世紀波斯文 *dib 或 *dēp(絲錦，經緯俱用絲織成之采錦)(註十四)，近代波斯文 dībā, dībāh(金絲)，和大食化的 dībādž(錦衣，金織品)。這種紡織品和它的名字，都從波斯賽散尼亞朝(Sasanian Persia)傳出，在穆罕默德(Mohammed)時，大食人已經知道(註十五)。中國書裏，以疊作波斯產品的，見於隋書(卷八三)。更早，則在後漢書（卷一一六）裏，記作哀牢（今雲南境內）底產品。（註云：『外國傳（註十六）曰：諸薄（在今爪哇）女子，織作白疊花布』。）這並沒有甚麼希奇，因爲那時候雲南和大秦間，以印度爲介，有相互的交通：公元一二〇年，撣國王雍由調拿音樂和幻人，給中國皇帝進貢，幻人說『我海西人，海西即大秦也，撣國西南通大秦』，可証。後漢書說到過『帛疊』兩個字，帛是另外的一樣東西，和隋書中之說『錦疊』不同；但帛與疊合用，以及錦與疊合用，都係指絲織品，則甚爲明白。夏德（Hirth）（註十七）想把帛疊和一個土耳其字強合，認帛疊是一個複合詞。他說：『帛疊一詞，確切是從土耳其文中借用過來的。最相近的字，是汝嘉泰土耳其（Jagatai Turki）文中用以稱棉花的 pakhta 字』。他這話裏，包含兩個基本的錯誤。第一，夏德所慣用以探索中國古代發音情形的廣州方言，僅是在古音衰落過程中沒落最遲的一種現代方言，事實上並不能代表古代中國底語言。中國底古音，僅能在中國韻書底指示上，及印度中國比較語言學底根據上，加以探索。即使廣州方言讀白疊爲 bak-tip 而這個名詞底外國文原型之末尾脣音底決定，仍是一個先決問題。白疊，古音不是 pak-ta 而是 *bak-dzip 或 *dip，和 pakhta 還是沒有關係。其次，拿中國漢代所發現的外國字，和現代土耳其方言相比，是不可能的，尤其是在和這字有關的中國典籍中，任何地方都和土耳其無涉。而在字原上，pakhta 這字也並不是一個土耳其字，卻還是一個波斯字（註十八）。沙畹（Chavannes）（註十九）以爲疊中或不免有一些棉質，並不可信；但如在南史（註二十）和梁書中（註二一）所述的白疊，從植物的意義上加以說明，它們之把這個名詞轉用到棉花上，則是可以承認的。

白疊之古讀爲*bak-dib，bak之爲中世波斯文pambak（棉）及近代波斯文 panpa（Ossetic "bambag," Armenian "bambak"）之殘形，並不是不可能。中文白疊之釋作棉錦或棉製品，也可以同意。白疊是伊蘭區域中的產品：金繡白疊這個名詞曾用以加於賽散尼亞時期（Sasanian era）的康國（Sogdiana）產品（註二二），而安西之有白疊，在上文也已說過了。其次，印度也有白疊（註二三）；公元四三〇年，呵羅單（在今爪哇）曾以印度白疊爲進中國的貢品（註二四）。舊唐書釋古貝（梵文 Karpāsa）（註二五）

2

和白疊底差別，說：『粗者名古貝，細者名白疊』（註二六）。新唐書音義釋疊，說是『細毛』，又說是『毛布』。這些名詞，都確切是和棉織品有關係的。但同時，又觸及另外一個事實，就是：唐時候的中國人還不能夠約略地知道棉底實在情形。廣輿記記白疊，認它是吐蕃產品，說它的原料是從野蠶中抽出，像大麻一樣的。

俄羅斯文 altabás（「金銀錦」、「波斯錦」：DAL'），波蘭文 altembas，法蘭西文 altobas，按照我的意思，沒有別的，只是像上文所討論的，是大食波斯文 al-dībādž 一字底複產品。對這些字，從義大利文 alto-basso 作一種說明的，只是一種滑稽的語原學；同樣，認它們出於土耳其文 altum（「金」）或 b'az（「紡織品」）（註二七），也是要失敗的。後來歐洲製造這種紡織品，和這個字底來源，並不相干，也並不衝突；Inostrantsev 因爲這種紡織品也在歐洲製造，便在歐洲尋求字原，他也是錯了（註二八）。十七世紀時，俄羅斯人自希臘得到了 altabás；而希臘之有 dībādž 則在公元九〇三年，伊本羅士德（Ibn Rosteh）已經提到（註二九）。馬加力（Makkari）說，dībādž 是大食人在他們的絲業中心區（註三十）阿美尼亞（Almeria）西班牙（Spain）地方創造的（註三一）。

（註一）Herodotus, VIII, 120.

（註二）Yates, Textrinum Antiquorum, pp. 366-368.

（註三）XXXIII, 19, 63節。

（註四）在波斯王宮中，有一個紡織絲織物，金織物，和銀織物的工場，叫作 siär bāf zāne (E. Kaempfer, Amoenitatum exoticarum fasciculi V, p. 128, Lemgoviae, 1712)。

（註五）梁書卷五四。這是 Ephthalites 在滑底名稱下，初見於中國史書 (Chavannes, Documents sur les Tou-kiue occidentaux, p. 222)。

（註六）舊唐書卷一九六（參看梁書卷五四，隋書卷八三）。玄奘遊波剌斯時，也說到錦，見大唐西域記卷十一。

（註七）梁書卷五四；又「金綫錦袍師子錦袴」見隋書卷八三。

（註八）參看本書（譯者按卽 Sino-Iranica）第一一八節，西藏之借用字。

（註九）五代史卷七四，舊五代史卷一三八。

（註十）唐書卷二一七，太平寰宇記卷一九九。參看 Devéria, in Centenaire de l'Ecole des Langues Orientales, p. 308。

（註十一）譯者案，作者所據爲陸應陽增訂之萬歷刊本卷二四。此本，譯者未見，未經增訂之廣輿記中無此條。

（註十二）在宋代史書中作有類似的記載，說，九六一年有一夷國自于闐貢錦 (Chavannes and Pelliot, Traité manichéen, p. 274)。關於波斯錦之中世紀作家底記載可看 Francisque-Michel, Recherches sur le commerce, la fabrication et l'usage des étoffes de soie d'or et d'argent, vol. I, pp. 315-31), vol. II, pp. 57-58 (Paris, 1852, 1854)。

（註十三）據一切經音義卷十九，疊字底發音，古與氎字同，反切是「徒頰」，讀作 t'iap, diab d'ab。唐書音義卷二三，於二字也爲同樣的反切，作「徒協」。疊氎音隸從梵文 dvīpa變出的（Pellio', Bull. de l'Ecole française, vol. IV, p.357）。

（註十四）依 West 說 (Pahlavi Texts, vol. I, p. 286)，Pahlavi 文作 dĕpāk；Armenian 文則作 dipak。

（註十五）C. H. Becker, Eucyclopaedia of Islam, Vol. I, p. 967.

（註十六）參看 Journal Asistique, 1918, II, p. 24.

（註十七）Chao Ju-kua, p. 218.

（註十八）Steingass, Persian-English Dictionary, p. 237.

（註十九）Documents sur les Tou-kiue occidentaux, p. 352.

（註二十）卷七十九。

（註二一）卷五四。參看Chavannes 書（同註十九）p. 102, F. W.K. Müller, Uigurica, II, pp. 70, 105。

（註二二）隋書卷八三。據此，bak-dib 還應該有一個康居文的名字。譯者按汲古閣本隋書作「錦綵白疊」，「錦」不作「金」，則錦綵爲一物，白疊又爲一物。洛氏於此處不免有誤。

（註二三）南史卷七八。

（註二四）宋書卷九七。

（註二五）舊唐書卷一八七，參看 Pelliot 說 (Bull. de l'Ecole française, vol. III, p. 269)。

（註二六）譯者案，此處原註有關於古貝一字的語原，及中國棉花源來問題，文繁暫不譯出。

（註二七）Savel'ev 所假設，Erman's Archiv, vol. VII, 1848, p. 228.

（註二八）K. Inostrantsev. Iz istorii starinnyx tkanei (Zapiski Oriental Section Russian Archaeol. So., vol. XIII, 1901, pp. 081-084).

（註二九）G. Jacob, Handelsartikel, p. 7; Waren beim arabisch-nordischen Verkehr, p. 16.

（註三十）G. Migeon, Manuel d'art musulman, vol. II, p. 420.

（註三一）Defremery, Journal Asiatique, 1854, p. 168; Francisque-Michel, Recherches sur le commerce, la fabrication et l'usage des étoffes de soie, d'or et d'argent, vol. I, pp. 232, 284-290 (paris, 1852).

——譯自 Sino-Iranica, pp. 488-492

環居渤海灣之古代民族（續，完）

日本八木奘三郎著
張傳瑞譯

十四

其次，東胡周代併稱胡貊；其明記東胡者，實以前揭之戰國策上爲初見，而從來胡應稱「北胡」，何故稱爲「東胡」？其明記東胡者，史記匈奴傳索隱服虔云：

東胡，烏丸之先，後爲鮮卑。在匈奴東，故曰東胡。

依右方之語，東胡之名在匈奴之東故也。然此實屬誤謬之說，實因在趙之北部之東方——即東北，故稱東胡也。原來記於中國古文獻中之夷族之方向問題，全以漢族自身爲標準，以匈奴爲標準之事絕無，故索隱引服虔之說，可知爲後人推量者。此乃不依古例之說，故述之於前。匈奴傳曰：

燕有賢將秦開爲質於胡，胡甚信之；歸襲破走東胡，東胡卻千餘里。

此秦開若爲燕昭王之臣，則與趙武靈王爲同時之事，當時東胡之名必盛行。原書之然否雖不明，然余以爲此文取自戰國策，現存之書無此條。無論如何，東胡之名在周代已盛行，其他李牧傳等內亦有之。

如以上之現於周末之東胡據有今之察哈爾至熱河方面，其西方匈奴居之，其東方貊種由中國移來居之。當時爲燕趙名將秦開李牧等擊破，不能展其力於中原，故專養兵於長城之外，以待時期之至。雖如是，而匈奴傳（史記）內有燕築長城之事，其文如下：

燕亦築長城，自造陽至襄平，置上谷，漁陽，右北平，遼西，遼東，以拒胡。

此處之造陽，注云「在上谷」，如是則在今北京方面。自此處至其東之漁陽右北平，又次遼西，遼東，以至極東，亦其領土。東胡實爲蔓延於諸郡外之大部族也。又同書（同傳）有敘秦築長城之事，如下：

後秦滅六國，而始皇帝使蒙恬將十萬之衆北擊胡，悉收河南地，因河爲塞，築四十四縣城臨河，徙適戍以充之，而通直道。自九原至雲陽，……起臨洮至遼東萬餘里。……當是之時，東胡彊而月氏盛。

其曰胡，恐指東胡，匈奴二者。直隸以東至今遼陽（當時之襄平）之長城，大部分為防東胡而築。又「至遼東」與前揭之「至襄平」同。故東以當時遼東郡城遼陽為限，其長城之地點在今之渾河邊。其次「東胡彊」三字，簡單太過。秦之周圍之夷族中，東方有東胡，西方有月氏，二者最強，故特舉之。匈奴當時居其次，因不敵此二國，單于頭曼以其子冒頓質於月氏。冒頓歸而殺其父，知其不得敵東胡，遂應東胡之求，與之千里馬，與愛妻閼氏，以增敵之驕滿心。於是練習兵丁，儲蓄糧食，遂擊破之。彼匈奴之強盛，自冒頓始。當時失國之東胡亦稱王，常為中原之患。然匈奴則「控弦之士三十餘萬」，東胡設有其半，亦有十五萬，人民如是之多，而移動者必非南洋羣島土人可比。清太祖以前，亦無有如是之大部族軍隊組織。而東胡破為烏丸，鮮卑二族，遂入野蠻之狀態，脫漢族之習氣。或特為之記載，或只舉其野蠻之點，甚不明瞭，今先揭其文獻以供參考。

十五

按史記漢書等，漢初東胡為匈奴所破，其消息完全不明。匈奴蹂躪遼東在文帝即位十四年（史記匈奴傳）；又景帝中元二年，入燕（漢書卷六）；武帝元光六年，襲漁陽附近；武帝元朔元年之秋，匈奴入遼西，殺其太守（史記匈奴傳及漢書卷六）。其後漁陽，雁門，上谷，右北平，定襄等地，皆入匈奴之手（漢書卷六及卷七昭帝紀）。史記漢書內，遼東之西，雁門之東，常有匈奴跋扈之事，東胡之一派則絕跡矣。此匈奴於武帝時代為衛青，霍去病所擊，漢南不見王庭。元狩二年以後，彼等絕跡於東方，於是朝鮮王乘機入遼東殺漢人都尉。翌年，反為武帝討滅，於是稍告一段落。顧北方之匈奴，東方之朝鮮，或衰或亡，然又有烏桓之名出現。漢書（卷七）昭帝紀云：

元鳳三年冬，遼東烏桓反，以中郎將范明友為度遼將軍，將北邊七郡二千騎擊之。

又於五年曰：

此年，烏桓復犯塞，遣度遼將軍范明友擊之。

依此，其所將為全部或為一部雖不明，東胡滅亡後，烏桓族之一派自遼東遁來，又犯塞。恐周秦以來，指為長城守備邊者，其地點大概在渾河邊，即入奉天開原之地方。而范明友伐後如何，於前漢時代無其消息。記其風俗狀態者則在史記索隱所引之續漢書內，先揭之於左：

案，續漢書曰：漢初匈奴冒頓滅其國，餘類保烏桓山，以爲號。俗隨水草，居無常處。桓以之名，烏號爲姓。父子男女悉髡頭，爲輕便也。

續漢書依何而知此雖不明，必取之於前漢時代之史書無疑。其據烏桓山爲號者，亦猶匈奴據陰山，山戎據醫巫閭山脈，唐代渤海族據東牟山也。蓋彼等因防禦敵兵起見，每選險要之地，或隱於深林，捕鳥獸以爲食，自由採取薪炭，避暴風雨雪之害，爲種種之便宜者也。唯解此「烏桓」二字又有因來此地之東胡姓烏，其名曰桓。無論酋長之姓名曰烏桓，或爲部族之名稱，此事雖不明，而其次有「隨水草，居無常處」之文可證。由是觀之，彼等爲牧畜之生活，即文所謂保烏桓山，隨水草而漂泊也。易言之，以烏桓山爲中心，輾轉至近傍草原，如今日之蒙古人也。於其領內甲地之草盡，至乙地；乙地之草盡，至丙地。又「父子，男女悉髡頭」者，意即無長幼男女之別，皆光頭。古埃及男子盡剃和尚頭，女子蓄髮；南洋土人女子悉光頭，男子蓄髮。然全體人民皆光頭之事，則甚爲罕見；尤其在寒氣酷烈之住民更爲稀奇。

十六

其次東胡之一派——鮮卑——於前漢無其名。史記匈奴傳）索隱引服虔之說謂爲烏丸（與桓同音，故有二種用法，古皆爲桓）之後起者。其實如鮮卑傳所記，適於遼東塞外，並無與他國衝突之事，近於事實。蓋此二派之人民於後漢書三國志等書內所載此事頗屬詳細。姑不考其原本之如何，先舉之於左：

後漢書（卷一下）光武建武二十一年之條云：

> 秋，鮮卑寇遼東，遼東太守祭彤大破之。冬十月，遣伏波將軍馬援出塞擊烏桓，不剋。

入後漢時代，見鮮卑烏桓之名者以此爲最早。祭彤，潁川人，爲祭遵之從弟，又爲光武帝時代之名將，今錄其傳文於下：

> 彤，字次孫。……以遵（祭遵也）故，拜彤爲黃門侍郎。……當是時，匈奴，鮮卑及赤山烏桓連和強盛，數入塞，殺略吏人，朝廷以爲憂。……帝（光武帝）以彤爲能，建武十七年拜遼東太守。至則勵兵馬，廣斥候。彤有勇力，能貫三百斤弓；虜每犯塞，常爲士卒鋒，數破走之。二十一年（即前揭本紀之年）秋，鮮卑萬餘騎寇遼東，祭彤率數

千人迎擊之。自被甲陷陳，虜大奔，沒水死者過半，遂窮追出塞，虜急皆棄兵裸身散走，斬首三千餘級，獲馬數千匹。自是後鮮卑震怖，畏彤不敢復闚塞。彤以三虜連和（三虜指鮮卑匈奴及赤山烏桓），卒為邊害，二十五年，乃使招呼鮮卑示以財利。其大都護偏何遣使奉獻，願得歸化，彤慰納賞賜，稍復親附。其異種滿離高句驪之屬遂駱驛款塞，上貂裘好馬，帝輒倍其賞賜。其後偏何邑落諸豪，並歸義願自効。彤曰：「審欲立功，當歸擊匈奴，斬送頭首，乃信耳」。偏何等皆仰天，指心曰：「必自効！」即擊匈奴左伊秩訾部，斬首二千餘級，持頭詣郡。其後歲歲相攻，輒送首級受賞賜。自是匈奴衰弱，邊無寇警，鮮卑烏桓並入朝貢。彤為人質厚重毅，體貌絕衆，撫夷狄以恩信，皆畏而愛之，故得其死力。初，赤山烏桓數犯上谷，為邊害。……永平元年，偏何擊破赤山，斬其魁帥，持首詣彤，塞外震讋，彤之威聲暢於北方。西自武威，東盡玄菟及樂浪，胡夷皆來內附，野無風塵，乃悉罷緣邊屯兵。十二年，徵為太僕。彤在遼東幾三十年，衣無兼副。（後漢書卷五十）

依此彤傳，可知後漢之初北方之匈奴，東方之烏桓鮮卑等互相連和襲漢地。自祭彤至遼東赴任以來，先破此地之鮮卑萬餘騎，得三千以上之首級，大寒敵膽；尋以利誘之，假敵手使匈奴衰弱。又破烏桓，又使鮮卑斬赤山烏桓。其最初破鮮卑而投水死者，恐為遼河，其位置在新民屯之附近。今無舉擊烏桓之馬援傳之必要。然以馬援名將而尚不能戰勝者，可知敵軍不只為多數之兵，且為極強悍之兵也。

附言：前揭之彤傳，有遼東異種之滿離，此名不常見，或為後世滿洲之舊名，特舉出以望學人之注意。

十七

蓋自後漢以來，鮮卑烏桓犯漢地前後五十餘回，其中烏桓僅五回，鮮卑則四十五回，依此數則可知鮮卑如何猖獗。大概推測可知，烏桓為邊患之所以少者，因光武帝建武二十五年，其大人——即酋長——率衆內屬，漢家亦與之以相當待遇之結果，又因置烏桓校尉，以管轄之，雙方意思相通，未生不平之事。要之光武以來為漢家再強固之期，君臣得其人，烏桓族未生豪傑之士，故特別安穩。明帝卽位之元年八月，遼東太守祭彤命鮮卑擊赤山烏桓，大破之，斬其渠帥。又章帝章和元年，命鮮卑擊匈奴之北單于，大破而斬之。或者此爲以夷制夷之手段，破舊日之連和使其力微，而漢家可得安泰之計歟？鮮卑富狂暴之性，且其兵力充實，東至遼東，西至山西省北方朔州之馬城邊，皆爲其所犯，大爲漢室之苦。而東三省地方被其寇害者，因鮮卑族之居地，近其北方也。依當時之形勢言之，其間狹小之烏桓匈奴二族全不得與鮮卑抗衡。然漢末紀綱漸弛，烏桓亦乘之而犯邊，又有移居西方現於雲中天山邊者。又延熹九年南匈奴與鮮卑等再連和，俱犯九郡，乘獻帝時天下之大亂，更奪取漢地漢民，卒爲曹操一擊而破之。彼等在後漢二百餘年間或反或服殊無詳述之必要，今取烏桓與鮮卑二傳列下，以供研究此事者之參考。

三國志(魏志卷三十)之烏丸傳曰：

書載「蠻夷猾夏」，詩載「玁狁孔熾」，久矣其爲中國之患也。秦漢以來，匈奴久爲邊害，孝武雖外事四夷，東平兩越朝鮮，西討貳師大宛，開邛莋夜郎之道，然皆在荒服之外，不能爲中國輕重。而匈奴最逼於諸夏，胡騎南侵則三面受敵。是以屢遣衛霍二將，深入北伐，窮追單于，奪其饒衍之地，後遂保塞稱藩，世以衰弱。建安中，呼廚泉南單于入朝，遂留內侍，使右賢王撫其國，而匈奴折節過於漢舊。然烏桓鮮卑稍更彊盛，亦因漢末之亂中國多事，不遑外討，故得擅漢南之地，寇暴城邑，殺略人民，北邊仍受其困。會袁紹兼河北，乃撫有三郡烏丸，寵其名王而收其精騎。其後尙熙又逃於蹋頓，蹋頓又驍武，邊長老皆比之冒頓。恃其阻遠，敢受亡命，以控百蠻。太祖(曹操)潛師北伐，出其不意，一戰而定之，夷狄懾服，振威朔土。遂引烏丸之衆，服從征討，而邊民得用安息。後鮮卑大人軻比能復制御羣狄，盡收匈奴故地。自雲中五原以東抵遼水，皆爲鮮卑庭。數犯塞寇邊，幽并苦之。田豫有馬城之圍，畢軌有陘北之敗。靑龍中，帝乃聽王雄遣劍客刺之，然後種落離散，互相侵伐，彊者遠遁，弱者請服，由是邊陲差安，漠南少事；

5

雖時頗鈔盜，不能復相煽動矣。烏丸鮮卑，即古所謂東胡也。其習俗前事，撰漢記者已錄而載之矣，故但舉漢末魏初以來，以備四夷之變云。

此文失之過簡，不得漢魏時代烏桓狀態之要領，今並引其注文于左，以供參考：

魏書曰：烏丸，東胡也。漢初匈奴冒頓滅其國，餘類保烏丸山，因以爲號焉。俗善騎射，隨水草放牧。居無常處，以穹廬爲宅，皆東向日。弋獵禽獸，食肉，飲酪，以毛毳爲衣（後漢書注曰，毳爲毛之縟細者）。貴少賤老，其性悍驁（悍，勇也。驁，馬之驕不馴者），怒則殺父兄而終不害其母，以母有族類，父兄以己爲種，無復報者故也。常推募勇健能理決鬭訟相侵犯者爲大人。邑落各有小帥，不世繼也。數百千落自爲一部。大人有所召呼，刻木爲信，邑落傳行，無文字，而部衆莫敢違犯。氏姓無常，以大人健者名字爲姓。大人以下，各自畜牧，治產，不相徭役。其嫁娶，皆先私通；略女將去，或半歲百日，然後遣媒人，送馬牛羊以爲聘娶之禮。壻隨妻歸，見妻家無尊卑旦起皆拜，而不自拜其父母。爲妻家僕役二年，妻家乃厚遣送女，居處財物一出妻家。故其俗從婦人，計至戰鬭之時，乃自決之。父子男女相對蹲踞，悉髡頭以爲輕便。婦女至嫁時，乃養髮分爲髻，着句決，飾以金碧，猶中國有冠步搖也。

附言：冠步搖，後漢書作「簂步搖」，注曰：簂與幗同，婦人之首飾。又引續漢書云：輿服志曰：「公卿列侯之夫人紺繒幗」。釋名云：「皇后首飾下有垂珠，步則搖之」。

父兄死，妻後母，執嫂；若無執嫂者，則以己子親之，次妻伯叔焉，死則歸其故夫。俗識鳥獸孕乳之時，以四節耕種，常以布穀鳴爲候。地宜春穄東牆。東牆似蓬草，實如葵子，至十月熟。能作白酒，而不知作麴糱，米常仰中國。大人能作弓矢鞍勒，鍛金鐵爲兵器，能刺韋作文繡，織縷氈毼，（後漢書無織縷二字，但縷有織之義，指細織物。又同書，氈曰毼，毼與氈同，與氈無異，即指毛織物也。又同書，注曰氈毼，罽也，罽爲罽之略字，亦毛織物也。又鞍勒之勒，注曰馬之銜也。但勒爲靮之略字，與韁同。韁，說文曰，柔而固也。又集韻曰，堅柔也，堅如韋皮。或指馬口中之控口索之類與？）有病知以艾灸，或燒石自熨（溫石取暖也），燒地臥上（類溫突療法）。或隨痛病處以刀決脈出血及祝天地山川之神。無鍼藥，貴兵死，歛屍，有棺。始死，則哭；葬則歌舞相送，肥養犬以采繩纓牽，并取亡者所乘馬，衣物，生時服飾，皆燒以送之。特屬累犬，使護死者神靈歸乎赤山。赤山在遼東西北數千里，如中國人以死之魂神歸泰山也。至葬，日夜聚親舊圜座，牽犬馬歷位。或歌哭者，擲肉與之。使二人口誦呪文，使死者魂神徑至歷險阻，勿令橫鬼遮，護達其赤山。然後殺犬馬，衣物燒之。敬鬼神，祠天地，日月，星辰，山川，及先大人有健名者亦同祠以牛羊。祠畢，皆燒之。飲食必先祭。其約法：違大人言，死；盜不止，死。其相殘殺，令部落自相報；相報不止，詣大人平之。有罪者，出牛羊以贖死；命乃止。自殺其父兄無罪。其亡叛爲大人所捕者，諸邑落不肯受，皆逐使至雍狂地，地無山，有沙漠，流水，草木，多蝮虵，在丁

令之西南，烏孫之東北，以窮困之。（後漢書引前書音義曰，丁令，匈奴別種也。）自其先爲匈奴所破之後，人衆孤弱，爲匈奴臣服。常歲輸牛馬羊，過時不具，輒虜其妻子。至匈奴壹衍鞮單于時，烏丸轉強，發掘匈奴單于冢，將以報冒頓所破之恥；壹衍鞮單于大怒，發二萬騎以擊烏丸。大將軍霍光聞之，遣度遼將軍范明友將三萬騎，出遼東追擊匈奴。比明友兵至，匈奴已引去；烏丸新被匈奴兵，乘其衰弊，遂進擊烏丸，斬首六千餘級，獲三王首還。後數復犯塞，明友輒征破之。至王莽末，並與匈奴爲寇。光武定天下，遣伏波將軍馬援將三千騎從五原關出塞征之，無利而殺馬千餘匹。烏丸遂盛，鈔擊匈奴；匈奴轉徙千里，漠南地空。建武二十五年，烏丸大人郝且等九十餘人，率衆詣闕，封其渠帥爲王侯者八十餘人，使居塞內，布列遼東屬國（烏丸人內附之居住地），遼西，右北平，漁陽，廣陽，上谷，代郡，雁門，太原，朔方諸郡界，招來種人，給其衣食，置校尉以領護之，遂爲漢偵，備擊匈奴鮮

7

卑。至永平中，漁陽烏丸大人欽志賁帥種人叛，鮮卑亦爲寇害，遼東太守祭肜募殺志賁，遂破其衆。至安帝時，漁陽，右北平，雁門烏丸率衆王無何等復與鮮卑匈奴合，鈔略代郡，上谷，涿郡，五原。乃以大司農何熙行車騎將軍，左右羽林五營士，發緣邊七郡黎陽營兵二萬人擊之，匈奴降，鮮卑烏丸各遁塞外。是後烏丸稍復親附，拜其大人戎朱廆爲都尉。至順帝時，戎朱廆率將王侯咄歸去延等從烏桓校尉耿曄出塞擊鮮卑有功，還，拜爲率衆王，賜束帛。

下文又云：遼西烏丸大人丘力居，上谷烏丸大人難樓及遼東屬國烏丸大人蘇僕延，右北平烏丸大人烏延等皆稱王，率五千九千以上之部落而割據。中山太守張純投丘力居之衆爲三郡烏丸之元帥，寇略靑，徐，幽，冀四州。尋純爲幽州牧劉虞所殺。丘力居死後，其子樓班年少，從子蹋頓奪其權力。頓又助袁紹破公孫瓚，封單于王。後蹋頓與曹操戰敗死，自是其族乃多服屬中國。魏略中所引英雄記等文無加注釋之必要，今省略之。

又後漢書之鮮卑傳同，不過與魏略所引之事，多少有前後更換之不同耳。此乃中國古來之弊風，其間不免有失原意之處。茲除上外，更有一種變換之理由，有可研究之價值之事，今記載之於後段。

十八

下解說前揭魏書中有大可注意之點，今舉其二三述於後。

第一，其居家有穹廬：烏桓原爲「隨水草放牧，居無常處」的狀態，類今蒙古族所居之蒙古包。「穹」，爾雅注曰「天形穹隆」，如饅頭形之物也。又「廬」於集韻有「粗屋總名」，有粗糙建築物之意，與彼天幕類完全不同。其粗糙圓形之上部之建造法類今京奉鐵路一帶之茅屋，此乃示烏桓鮮卑等之古俗，蓋斯地之分布區域自爲上二族之舊地方，則可推定東胡族之家屋形式亦如此也。其次「東開向日」，與日本北海道哀奴族設窓於東方然，乃爲收取太陽光線，使室內明亮也。其他土俗與匈奴相似，然與一般野蠻社會之情形亦無大差。其次「禿頭」男女雖同，唯女子屆嫁之年齡，卽蓄髮且結髻，着句決，飾金碧，與續漢書亦同。又有「米常仰中國」，可知非只「食肉飲酪」，其大人以下有力之士亦食米飯

8

之類也。又「鍛金鐵爲兵器」，不知自何時始，此等事於前漢時代亦有之，蓋東胡之勢力已現於周代，至遲亦現於周末，或於其時已有金鐵兵器之造作歟？前節之山戎於齊桓時代已有作金鐵器之事，如所說不誤，則謂東胡更在古時已知其術亦無不可耳。

其次衣服中，刺韋，即用柔皮施絲繡之紋，周禮（春官司服條）曰，「凡兵事韋辨服」，戰鬭上所用革製之甲胄也。彼乃最古之常服遺存於軍事上，後更換金屬之甲胄耳。此因東胡族未進化，依然保其初期之舊風亦未可知。又織縷，植物之纖維也。氈毦，鳥獸之毛織物也。又死者有棺，燒棄遺品，哭泣歌舞等風，與扶餘高句麗等相似。以犬置墓旁守死者未見於他處。其次死者靈魂所歸之赤山，余以爲在今之赤峯，見辭源：

其地有赤山故名，舊爲烏蘭哈達廳，即赤峯之義也。本內蒙古翁牛特，阿魯科爾沁，札魯特，巴林各旗地。唐時置饒樂都督府於此。

則烏桓之居地似近於此地。又飲食必先祭者，與日本北海道哀奴族飲酒時，以一名「易苦巴西哀」之髯箆捧於神，然後飲酒同。又贖罪風習，與日本上代相似。以下無可解說。惟烏桓對匈奴漢室之叛服殊有解說之必要。至後漢建武年間，其族服屬者多居住於遼東屬國以外之遼西，右北平，漁陽，廣陽，上谷，代郡，雁門，太原，朔方諸郡界，爲漢當偵察之任。祭肜擊匈奴鮮卑之事，大有可注意之點。蓋九郡烏桓之數雖不明，而烏桓合匈奴鮮卑之人數必已達數萬人，其子孫隨之繁殖，同時與漢人雜婚之結果，最後乃漢族化。及烏桓出蹋頓，一時擴張其強大之勢力，然不旋踵爲魏之曹操擊敗而死，其迹遂絕，蓋因浴漢族之文化而失其舊時剛健氣象，又兼有不出大人之結果也。如後漢書內載蹋頓時之情形曰「幽冀之吏人奔烏桓者十萬餘戶」，今以一戶爲五人，亦有五十餘萬人，以如是多數之漢人參雜其中，而漢族文化之影響於烏桓乃當然之事實。而結果則使彼等自己貧弱，因雜婚又使彼等失其本來種性之特點。此乃與後來諸族同出一轍。余欲舉鮮卑傳，相互比較之。

十九

三國志鮮卑傳內引魏書云：

鮮卑亦東胡之餘，別保鮮卑山，因號焉。其言語習俗，與烏丸同。其地東接遼水，西當西域，常以季春大會作樂水上（後漢書作樂曰饒樂，注曰在今營州之北）嫁女，娶婦爲髡頭。其獸異與中國者，野馬，羱羊，端牛。端牛角爲弓，世（上）謂之角端者也。

後漢書引郭璞爾雅注曰，「原羊，似吳牛而大角，出西方」。前書音義曰：「角端似牛角，可爲弓」。依此文觀之，原羊角端恐爲一事，而魏書又別爲「端牛角」，則又似與羱羊非一物也。（唐書吐蕃傳有羱羝神）

又有，貂，豽，鼲子（丁零地方之鼠）皮毛柔蠕，故天下以爲名裘。鮮卑自爲冒頓所破，遠竄遼東塞外，不與餘國爭衡，未有名通於漢，而自與烏桓相接。至光武時，南北單于各各相攻伐，匈奴不損耗，而鮮卑遂盛。建武三十年，鮮卑大人於仇賁率種人詣闕朝貢，封於仇賁爲王。永平中、祭彤爲遼東太守，誘賂鮮卑，使斬叛烏丸欽志賁等首（後漢書有漁陽，赤山烏丸）。於是鮮卑自燉煌酒泉以東邑落大人皆詣遼東受賞賜。青徐二州給錢，歲二億七千萬以爲常。和帝時，鮮卑大都護校尉廆帥部衆，從烏丸校尉任常，擊叛者，封校尉，廆爲率衆王。殤帝延平中，鮮卑乃東入塞，殺漁陽太守張顯。安帝時（永初中），鮮卑大人燕荔陽入朝，漢賜鮮卑王印綬，赤車參駕，止烏丸校尉所治甯下通胡市。築南北兩部質館，受邑落質者二十部（後漢書曰百二十部）。是後或反或降，或與匈奴烏丸相攻擊。安帝末，發緣邊步騎二萬餘人屯列衝要。後鮮卑八九千騎穿代郡及馬城塞，入害長吏，漢遣度遼將軍鄧遵，中郎將馬續，出塞追破之。鮮卑大人烏倫，其至鞬等七千餘人詣遵降，封烏倫爲王，其至鞬爲侯，賜采帛。遵去後，其至鞬復反，圍烏丸校尉於馬城，度遼將軍耿夔及幽州刺史救解之。其至鞬遂盛，控弦數萬騎。數道入塞，趣五原，寧貊，攻匈奴之南單于，殺左奥鞬日逐王。順帝時，復入塞，殺代郡太守。漢遣黎陽營兵屯中山，緣邊郡兵屯塞下，調五營弩師，令教戰射；南單于將步騎萬餘人助漢，擊却之。後烏丸校尉耿曄，將率衆王出塞擊鮮卑，多斬首虜，於是鮮卑三萬餘落，詣遼東降。匈奴及北單于逃遁後，餘種十餘萬落，詣遼東雜處，皆自號鮮卑兵。投鹿侯從匈奴軍三年，其妻在家有子，投鹿侯歸怪欲殺之。妻言，嘗晝行，聞雷震，仰天而雹入其口，因吞之遂姙身，十月產此子，必奇異，且長之。投鹿侯固不信。妻乃語家令使牧養焉，號檀石槐。長大勇健，智略絕衆。年十四五，異部大人卜賁邑鈔取其外家之牛羊，檀石槐策騎追擊，所向無前，悉還得所亡。由是部落畏服，施法禁曲直，莫敢犯者，遂推以為大人。檀石槐既立，乃為庭於高柳北三百餘里彈汗山啜仇水上，東西部大人皆歸焉，兵馬甚盛，南鈔漢邊，北拒丁令，東却夫餘，西擊烏孫，盡據匈奴故地，東西萬二千餘里，南北七千餘里，網羅山川，水澤，鹽池，甚廣。漢患之。桓帝時，使匈奴中郎將張奐征之，不克。乃更遣使者，齎印綬，封檀石槐為王，欲與和親。檀石槐拒不肯受，寇鈔滋甚。乃分其地為中東西三部：從右北平以東，至遼接夫餘貊東部二十餘邑，其大人曰彌加，闕機，素利，槐頭；從右北平以西至上谷為中部十餘邑，其大人曰柯最，闕居，慕容寺為大帥；從上谷以西至燉煌西接烏孫為西部，二十餘邑，其大人曰置鞬，落羅，日律，推演，宴荔遊等皆為大帥：而制屬檀石槐。至靈帝時，大鈔略幽幷二州，緣邊諸郡無不被其毒。嘉平六年，遣護烏丸校尉夏育，破鮮卑中郎將田晏，匈奴中郎將臧旻，與南單于出鴈門塞，三道並進，徑二千餘里，征之。檀石槐帥步衆，逆擊旻等，敗走，兵馬還者什一而已。鮮卑衆日多，田畜射獵不足給食，後檀石槐乃案行烏侯秦水，廣袤數百里，做（後漢書曰停，余以為停是）不流，中有魚而不能得。聞汗人善捕魚，於是檀石槐東擊汗國，得千餘家，徙置烏侯秦水上，使捕魚以助糧（後漢書以汗人，汗國等曰倭人，倭國，是否，在後段論之）；至于今烏侯秦水上，仍有汗人數百戶。檀石槐年四十五死，子和連代立。和連材力不及父，而貪淫，斷法不平，衆叛者半。靈帝末年，數為寇鈔，攻北地，北地庶人善弩射者射中和連，和連卽死。其子騫曼小，兄子魁頭代立。魁頭旣立，後騫曼長大，與魁頭爭國，衆遂離散。魁頭死，弟步度根代立。自檀石槐死後，諸大人遂世相襲也。

以下大抵爲其叛服之情形，今略述說前文中之要點於後。

二十

鮮卑族之言語，風俗等，與烏桓同，因其原來出自東胡，固爲可能之事。然於髡頭之事，烏桓女子達嫁之年齡卽蓄髮，鮮卑則無其事。又烏桓之結婚，男女先私通之後，拉去女子，或半歲，或經過百日，始央媒人舉婚禮式，鮮卑則至每年春末，開大會於作樂水上，借此機會，決嫁娶。二族雖有如是之不同，而大體則爲同一制度。

其次，鮮卑之居地曰：「東接遼水，西當西域」，然此範圍恐在最盛時代。而烏桓之本據地在赤山地方，若以赤山爲赤峯，鮮卑則更在其東北方，推定之，則在開魯至通遼方面。魏書曰：「竄於遼東之塞外」，其地點似乎不明，然又曰：「與烏丸相接」，則可知在遼河流域附近也。然此事須在後說明之。

其次舉其獸類之異於漢土者，曰「野馬，羱羊，端牛」三者。此野馬，恐爲野生之馬，非家畜馬之野放者也。蓋東亞諸民族之家畜類，其類雖不一，然未見馬之野生者，此事亦爲此記事中可注意者。又「羱羊」在辭源曰：

野生之羊，古稱山羊。

又同書「山羊」條曰：

羊之牝牡，皆有角者，浙江多畜之，頷有長髯，亦稱吳羊。按舊謂野生之羊爲山羊，後以家羊酷似野生，故亦稱爲山羊。

如此，可以知羊與馬俱非野生，就其性質，形狀言耳。於埤雅云：

羱羊善鬬，一云狀若騾而羣行，暑天塵霧在其角上，生草，戴行愛之，獨寢。

又正韻云：

羦，或作羱，羊角大者，可爲器。

其次曰端牛，此名無可考；然依其文氣：端，端正也，可知其角直，因之可知其物能造弓，恐爲野生。

12

由是可知在漢代東蒙古地方野生之馬，牛，羊，其應此例者，於大連濱町所出之牛骨等，可知非家牛，亦可推測之爲當時野牛一種。

其次，鮮卑大人於仇賁助遼東太守祭肜，斬烏桓大人欽志賁以後，「青徐二州給錢，歲以二億七千萬以爲常」，爲最可注意之點，此必與祭肜已有內約。又漢家以巨大之物質而破烏桓，可知烏桓決非無強兵及勇武之國家；而一方面可知山東之富裕程度，又可知當時舟行之自由也。其舟大概爲溯遼河，而送與鮮卑族內約之錢。其所約爲幾年之事，雖不明，觀其分量之巨大，可推想當時以東蒙古地方爲中心而分布於四方者，則漢錢之發現於此等地方亦無怪也。

其次，後漢書謂和帝永元年中，大將軍竇憲等擊匈奴，大破其軍，當時匈奴之餘種十餘萬落，皆自號鮮卑，鮮卑由是漸盛（魏書記之於順帝條，然後漢書較確）。此十餘萬落之人口，本不明。匈奴與鮮卑互相有強弱時，弱者即服屬強者，其時不知不覺即混化一處，因而其言語，風俗，不言而知爲同一之事；最重要之體質等等，亦有重大之變化云。

又後漢書曰，「元初二年秋，遼東鮮卑圍無慮縣」。註曰：「無慮縣，醫無閭也」。今之醫無閭山之附近有廣寧縣，大概即指北鎮之地方也，因知遼東之鮮卑南下已至彼處，漢族則僅在渤海灣之海沿線。又同書曰：「元初五年冬，遼西，鮮卑，入上谷攻居庸關」。當時此處有無長城之事雖不可判定，然其已攻至北京附近從可知矣。漢族之對北征討，實乏力之事，全無可疑也。爾後其至鞬受封爲侯，屢攻漢地，控弦之士達數萬騎，其強盛之狀態，可略略追想之。及順帝時，漢及匈奴連和破之，鮮卑詣遼東降者有三萬餘戶落，與漢人同化。

其次，投鹿候之子——檀石槐——之生產傳說，尤爲有趣之事，今對於此點略言之，然不能完全信任此事爲眞。夫不在時，不義之妻與他之姦夫私通，而舉一子之事爲常有，且東亞古來諸地方有卵生傳說，此即保其舊說者也。又有變化之例，各說甚多，此種蓋皆卵生說之變化。然雷鳴而其妻仰天，雹入其口，孕子之事實爲怪談。元來動物之卵生者，在世界中最多；人類爲胎生，則決無卵生之事。此種近神異之卵生，或爲野蠻人之迷信。因其特別古，又其流傳甚廣，予曾記載於滿洲考古學中。有圳變爲果實之事，則降霓之說亦不足怪。今按檀石槐之事例，知此全爲變化中之一種，其時代之古大抵可考而知。而鮮卑之大偉人之卵生者，亦似他之古文獻，而大可玩味之。關於槐之本地之彈汗山，啜仇水（後漢書曰歠仇水），有稻葉君山氏之解說，滿洲歷史地理，第一卷，一九七頁，漢代之滿洲書內。右爲記於後漢書之原文，然其所言之目的，大抵有相同者。

見於本文之彈汗山及歠仇水，則不能知其所在之地，然去高柳之北三百里，細察之則在今山西之東北張家口附近。檀石槐建牙庭於其處，分全領域爲東，中，西三部，卽在今平泉州附近，至長春之東爲東部；自今熱河附近，至獨石口附近，爲中部；獨石口以西，至敦煌附近，爲西部。白鳥博士曰，「此區劃乃依匈奴之遺制也」。史記卷百十之匈奴傳曰，「諸左方王將居東方，直上谷以往者，東接穢貊，朝鮮；右方王將居西方，直上郡以西，接月氏，氐羌；而單于之庭直代雲中」，卽是也。關於檀石槐之牙帳，在此三部中之何部；別無明瞭言語記述之。上谷在今大同府廣靈縣以西，與高柳相接。高柳之北三百里歠仇水彈汗山之王庭，則在鮮卑中部之西境上谷塞外。上谷塞外爲形勝之要區，統馭漠北，侵寇中國，爲最便宜之地。古來北族在此而致強盛者，吾恐完全爲地理上之關係而可爲證者也。

（史學雜誌二十一篇東胡民族考）

二

既以檀石槐之根據地——卽彈汗山——在張家口附近，檀石槐必居三大部中之中部而指揮之。又有「盡據匈奴之舊地」，可以想知舊部亦分爲三大部，而鮮卑初在遼東之塞外，至此時又可推察其西方之狀態矣。又後漢書曰：

> 東西萬四千餘里，網羅山川，水澤，鹽池。

可知其領有廣大之地域，各種之物件皆在其範圍中具備。因其已有此勢力，遂連歲寇幽并二州不絕，故夏育之上奏亦曰：「鮮卑之寇邊，自春以來，已二十餘發」（事在熹平六年夏），由此可以洞察寇抄如何頻繁。當時護羌校尉田晏進而爲討伐鮮卑之將軍，靈帝拜之爲破鮮卑中郎將，大臣多不同意，於是會百官而議之。議郎蔡邕論之曰：

書戒猾夏，湯伐鬼方。

註：尚書舜典曰，「蠻夷猾夏，寇賊姦宄」。猾，亂也，易既濟九三爻辭曰：「高宗伐鬼方，三年而克之」。前書淮南王安曰：「鬼方，小蠻夷也」。晉義曰：「鬼方，遠方也」。

周有獫狁，蠻荆之師（見詩小雅，今略之）。漢有闐顏，瀚海之事。

註：武帝使大將軍衞青擊匈奴，至闐顏山斬首萬餘級；使霍去病擊匈奴，封狼居胥山，遂登臨瀚海也。

征討殊類，所由尚矣。然而時有同異，勢有可否，故謀有得失，事有成敗，不可齊也。武帝情存遠略，志闢四方，南誅百越，北討強胡，西伐大宛，東幷朝鮮，因文景之蓄，藉天下之饒，數十年間官民俱匱。乃興鹽鐵酒榷之利，設告緡重稅之令。

註：武帝使東郭，咸陽等，領天下之鹽鐵，敢私鑄錢賣鹽者釱左趾。榷專也，官自賣酒，人不得賣也。又算緡錢，率緡錢二千而算一，各令以其物自占，占不悉，聽人告緡，以半與之。晉義曰：「緡者絲也，用以貫錢，故曰緡錢，一算有百二十也」。

民不堪命，起爲盜賊，關東紛擾，道路不通，繡衣直指之使，奮鈇鉞而並出。既而覺悟，乃息兵罷役，封丞相爲富人侯。故主父偃曰：「夫務戰勝，窮武事，未有不悔者也」。夫以世宗神武，將帥良猛，財富充實，所拓廣遠，猶有悔焉，況今人財並乏，事劣昔時乎？自匈奴遁逃，鮮卑強盛據其故地，稱兵十萬，才力勁健，益生意智。加以關塞不嚴，禁網多漏，精金良鐵，皆爲賊有，兵利馬疾過於匈奴。昔以段熲良將，習兵善戰，有事西羌猶十餘年。今育晏才策，未必過熲，鮮卑種衆，不弱於曩時，而虛計二載，自許有成。若禍結兵連，豈得中休？當復徵發衆人，轉運無已，是爲耗竭諸夏，幷力蠻夷。夫邊垂之患，手足之蚧搔，中國之困，胷背之瘭疽。（註左傳曰，「疽，猶惡創也」。）方今郡縣盜賊，尚不能禁，況此醜虜，而可伏乎？昔高祖忍平城之恥，呂后弃慢書之詬；方之於今，何者為甚？天設山河，秦築長城，漢起塞垣，所以別內外殊異俗也。苟無蹙國內侮之患則可矣，豈與蟲螘較寇，計爭往來哉？雖或破之，豈可殄盡，而方今本朝為之旰食乎？夫專勝者未必克，挾疑者未必敗，衆所謂危，聖人不任。朝議有嫌，明主不行也。昔淮南王安諫伐越曰：「天子之兵有征無戰」，言其莫敢校（校者，報也）也。如使越人蒙死，以逆執事，厮輿之卒（註：厮，微也；輿，衆也）有一不備而歸者，雖得越王之首，而猶為大漢羞之，而欲以齊民易醜虜，皇威辱外夷，就如其言，猶已危矣，況乎得失不可量耶？昔珠崖郡反，孝元皇帝納賈捐之言而下詔曰「珠崖背畔，今議者或曰可討，或曰弃之。朕日夜惟思，羞威不行，則欲誅之；通於時變，復憂萬民。夫萬民之饑與遠蠻之不討，何者為大？宗廟之祭，凶年猶有不備，況避不嫌之辱哉？今關東大困，無以相贍，又當動兵，非但勞民而已。其罷珠崖郡」。此元帝之所以發德音也。夫恤民救急，雖成郡列縣尚猶弃之，況障塞之外，未嘗為民居者乎？守邊之術，李牧（趙時之名將也）善其略；保塞之論，嚴尤（王莽時代之武將也）申其要。遺業猶在，文章具存，循二子之策，守先帝之規。（以上載於後漢書）

天子不取蔡邕之議，遂發兵伐鮮卑，大敗，還者什之一，全軍可謂覆沒。而邕議曰：「精金良鐵，皆為賊有，漢人逋逃為之謀主，兵利馬疾，過於匈奴」。可知當時鮮卑中不只檀石槐之傑出，又知其金鐵之豐富，加以漢人中之有智力者遁入彼地，以為槐之援助，可謂「加之以力」也。

其次，鮮卑土地膨脹，而人口亦增加，同時，食糧問題亦隨之而匱乏。於是，槐視察領土；偶在烏侯秦水中見魚，於是擊東方之汗人國，得千餘家，從事於漁業，即後漢書所稱之「倭人國」也。然此汗國，與倭人國是否同一；後來唐代時有渤海國，伴日本婦女來貢獻之事。然日本人入蒙古地帶之事可斷之曰必無，以漢事太古，不足證也。更為鮮卑之野蠻民所捕，一般人皆不信之。蓋此為後漢書之著者推定而書之，殊難知其理由。右言其要點：

按三國志之倭人傳曰：

好捕魚鰒；水無深淺，皆沈沒取之。

其後段曰：

今倭水人好沈沒捕魚蛤，文身，亦以厭大魚水禽；後稍以爲飾。

蓋汗人除善取魚以外，亦有與倭人相似之點；又因其在東方，後漢書以爲同地，而如是記載者也。或當時占據於他處亦未可知。三國志曰：

自古以來，其使詣中國。

又于他處曰：「武帝自滅朝鮮以來，通漢地者三十餘國」。其特別可奇者，則爲國家使臣當漢代貢獻己國男女，依三國志中，且有三回，可知在古時通漢地者實有獻男女之事。

然此不能斷定日人已入滿蒙，且以女人爲貢獻之事，因未得實證，暫置爲疑問可也。但可注意者，爲鮮卑烏桓等傳中，又有通漢，犯漢之事，此等可置之不問。其他在古傳內，多有可疑之點。秦水捕魚說，恐亦爲可疑之一也。

其次，研究秦水之位置；前揭稻葉氏之文中，以次 17
而紀述之。

漢代之滿洲（滿洲歷史地理第一卷一百九十五頁）曰：

烏侯秦水，果爲今何川，雖不可考證，而白鳥博士依字音之解釋推測之曰：「烏侯秦水，恐爲「烏侯秦水」之誤。烏侯秦水，蒙古語曰：「Togsin」，其義爲土河也。依此，可斷之爲老哈河。博士考察饒樂，烏侯秦水二河，必在鮮卑種族之內地，可知在今西喇木倫及老哈河之附近。

吾等可以此二者爲標準。

附言：關於上文中之饒樂水在其前（一九四頁），今並舉之。

此種族（鮮卑）之本地內，魏書曰：「作樂水」，後漢書卷百二十日；「饒樂水」。白鳥博士曰：「作樂與饒樂，皆鮮卑語，爲蒙古語之SaraKa（Sara-Za）之音譯也，此河即今西拉木倫。所謂鮮卑山之位置不詳。

如上言之秦水，即今之老哈河，入於遼河之上流。其次之作樂，饒樂水等，即今之西拉木倫，其上流由北向南，亦爲遼河之上流。白鳥博士謂鮮卑本據地當其南流，汗人捕魚說，全不見於其地，此解說恐爲正當。或者當時別種之汗民族在今熱河管內（即老哈河，流於遼河上流之地）而被囚者乎？今以一戶爲五人，則千餘家約當六七千人，以如此多數之人，其後與鮮卑族相混，在全體上觀之，不無特別影響。關於考察此地方之事，誠爲有價值而可注意者也。

抑有進者，檀石槐時代，在今老哈河之東方，有汗國之事，依他文獻觀之，亦不能謂全無。又所謂汗人，汗國等名稱，爲自稱或爲他稱，又對於其音之解釋，亦不詳。然「汗」字有泮汗，汗泙，等古名詞，前曰「水無涯貌」，後曰「水廣大無際貌」，皆大水也。或爲水國而用此名稱者耶？又遼東之漢縣中有番汗名者，其位置在今鴨綠江之下流，所謂「於他處而拉來使捕魚者」，或即此水國居民乎？

二三

漢魏相距四百五十年，割據渤海灣北方之東胡族之分派互較強弱，此事已略舉於前之鮮卑，烏桓二傳。入晉代則絕跡，其一烏桓恐爲他族勢力所混化，而鮮卑則進於堂堂然慕容氏之王侯地位，爲北方之覇，固不待言矣。彼爲漢素所蔑視之東夷北狄，自入晉代以來，俱與漢族競其文化；加以資性剛健，能繼承先代之風氣，宛如虎添羽翼，遂猛然蹶起，實可謂一大壯觀。而晉室自八王之亂，浸於黃老文弱之風，滔滔之頹勢繼之而生。當此時，匈奴之一派前趙劉淵（即元海）劉聰劉曜等，皆爲一代之儁傑，且通文武之道，加之石勒王彌之士智勇兼備，故取長安洛陽以弑天子。因其割據山西北部，與渤海灣無關係，今略而不論。當時居渤海灣者，鮮卑之慕容氏也。此慕容氏之興廢，當述之於後；然今可注意者，爲在當時滿鮮地之佛教之東漸。佛教非漢族直接輸入者，爲彼等所謂夷族者有崇佛思想而漸輸入者。今言其略於下。

佛教於中國沿革之事，可不必言，而其入滿蒙之手續如何？可謂未經漢人之手，其始也傳於遼河之東西，轉而爲夷族齎使中國之物。今吾言其概略以供參考。

晉時之五胡，十六國亂中原之事，爲歷史上有名之事跡。此中有稱覇於西方之夷族，爲前秦之苻堅。彼據關東之地，其臣有王猛者輔堅，如管仲之於齊桓公也。

君臣相得，席卷中原之地，掩有江南以北之地。一方面，深尊信佛法，遣使於高句麗時，使僧順道同行，於是佛像經論始傳入高句麗。故南滿之佛教之傳入，可謂爲苻堅之所賜；漢族則無關係。而於朝鮮半島新羅之佛法，則爲高句麗沙門墨胡等傳入者，依然爲前秦系。唯百濟通江南之晉，佛法流傳至百濟而又至日本。蓋海上交通以前，大抵由高句麗傳入。匈奴之劉淵西晉末年勃興山西之地，慕容廆割據遼西之地，劉淵之地後爲石勒所取，慕容氏又滅石勒而併後趙之山西。以民族論之，匈奴鮮卑二夷族相爭之結果，匈奴終爲鮮卑所滅也。顧此兩族皆奉佛教之事，於今日頗不明瞭；但自西戎族之苻堅之後，而遼東，遼西以至陝西之地，——即慕容氏之領土——即直接傳其所尊信之教於高句麗，而後世不得見其遺跡者，或其造像之少歟？

其次，前秦之苻堅，爲西秦之乞伏乾歸所滅，西秦又爲大夏——即匈奴——之赫連勃勃所滅，大夏又爲吐谷渾所滅。其中，乞伏與吐谷渾爲鮮卑族，鮮卑族滅慕容族之仇人西戎，又滅西秦之仇人匈奴，此事乃報仇也。當時又有匈奴族之一派北涼者，爲後魏所滅，亦爲鮮卑之一派。可知匈奴自後漢以來屢爲鮮卑所壓倒，鮮卑族之文化亦伴其隆盛而俱進。

北魏對舊三國時代之魏曰「後魏」；以其祖先爲拓跋氏，而稱之曰「拓跋魏」；又以其在南北朝時代之北朝，又名之曰「北魏」；又於孝文帝時定國號爲元之故，又謂之曰「元魏」。其後分東西二派：一曰「東魏」，一曰「西魏」。此乃古來史家之所記。然此區區之稱呼，對於史家以外之人頗感紛雜之苦，應統一言之。後魏於太武帝之太平眞君七年，曾有毀佛之暴舉，然其前後，崇佛之風極盛。就中，文成帝大安以後著名之靈巖，大同等地之佛窟彫刻等物，自發現以後，幸可窺見當時之佛教藝術之一般。可知所享之益甚大，而當時之佛窟，在遼西義州存之，如別記所述。而無論如何，自晉以來傳播文化者，非漢民族，反而爲東胡，鮮卑之支屬，是可注意者也。

又在遼河以東，當時有高句麗膨脹之事，因此，漢族自統一天下以後，不許彼等西進，遂有隋唐東征之事，經數回之討伐而滅之。然自唐內訌，鮮卑之末派契丹起矣。

契丹起而占有遼河之東西，直至直隸北滿及東蒙等地。其後，金，元，清諸民族亦互相崛起於其東北方。是等民族之關係遺物，時時在渤海灣之東北方面發現，其種族之不同，可以一一觀之，蓋遼河之東西劃然示其區別者也。本可以不述其事之詳細情形，然對於佛法之東漸，與漢族有何關係之事，不得不言。

以上所論既完畢，余更欲寫關於慕容氏之事跡，然其遺蹟在他日有探查之豫期，故余所欲論之諸事，讓彼時書之可也。暫擱筆於斯，讀者幸諒其意。

—本篇譯自滿蒙第九年第六號及第七號（通卷第九十八，九十九冊）—

清代學者地理論文目錄（續）

王重民

1

七　古蹟名勝

考釋

禹都考　金鶚　求古錄禮說　四，一上　詁經精舍文集　一〇，一二上

禹都陽城考　洪頤煊　筠軒文鈔　一，七上　詁經精舍文集　六，二一下

湯都考　孫星衍　孫淵如外集　一，三上

湯都考　金鶚　求古錄禮說　一〇，一六上

東西周世系都邑考　汪之昌　青學齋集　一三，五上

魯都考（三篇）　龔景瀚　澹靜齋文鈔　一，一九上

秦都邑考　王國維　觀堂集林　一二，六下

晉都考辨（二篇）　施彥士　求己堂文集　一，一六上

遼故城考　繆荃孫　藝風堂文集　二，一上

遼故宮考　繆荃孫　藝風堂文集　二，一一上

西遼都城虎思斡耳朵考　王國維　觀堂集林　一四，三上

金故城考　繆荃孫　藝風堂文集　二，一上

金故宮考　繆荃孫　藝風堂文集　二，一二上

元故城考　繆荃孫　藝風堂文集　二，三上

元故宮考　繆荃孫　藝風堂文集　二，一七下

明故城考　繆荃孫　藝風堂文集　二，四下

明故宮考　繆荃孫　藝風堂文集　二，三〇下

王險城考　楊守敬　晦明軒稿　上，三一上

與楊季子書（疏勒城辨）　何紹基　東洲草堂文鈔　五，一五下

伏羲陵考　孫星衍　岱南閣集　一，一三下

咨覆河南布政司伏羲陵稿　孫星衍　岱南閣集　一，一一下

駁堯冢在平陽議（二篇）　盧文弨　抱經堂文集　二二，一上

舜陵考　余廷燦　存吾文稿　一，三五上

湯陵考　胡天游　石笥山房文集　五，二五上

湯陵考　孫星衍　岱南閣集　一，三一下

殷湯陵考　謝啓昆　樹經堂文集　二，二六上

咨覆山西布政司議湯陵稿　孫星衍　岱南閣集　一，二二下

再咨浙江布政司議湯陵稿　孫星衍　岱南閣集　一，二八上

再答孫淵如觀察（考湯陵）　謝啓昆　樹經堂文集　三，一上

移署山東按察司孫牘（考易陵）　謝啓昆　樹經堂文集　二，一九上
移署山東按察司孫牘（考湯陵）　謝啓昆　樹經堂文集　二，二四上
太甲陵考　孫星衍　岱南閣集　二，三上
泲上三陵考（并序）　孫星衍　孫淵如外集　一，七上
澹臺墓考　畢亨　九水山房文存　上，二九上
澹臺墓考　張澍　養素堂文集　一一，一三下
左邱明墓考　俞正燮　癸巳類稿　九，一〇上
浣沙女祠墓考　劉毓崧　通義堂文集　七，三七下
伏生墓考　孫葆田　校經室文集　一，三四下
呂冢考（相傳爲呂蒙冢）　朱彝尊　曝書亭集　五八，三下
王猛墓考　李文藻　南澗文集　上，五上
江淹墓辨　汪中　述學補遺　一，二下
答陸心蘭前翟書（考趙忠簡公墓）　錢儀吉　衎石齋記事稿　二，二三上
先淮海公墓考　秦瀛　小峴山人文集　一，三二上
與嚴厚民辨宋朱行人墓書　趙坦　保甓齋文錄　上，四九上
十八先生墓考（明人）　張澍　養素堂文集　一二，一〇上
考穆陵　王舟瑤　默盦集　二，四下
長興謝文靖公墓考　邢澍　守雅堂文集　一，X　湖海文傳　一二，九上
董徵君墓考　全祖望　鮚埼亭集外編　四〇，二四上
鳳凰臺阮墓辨　程廷祚　青溪集　四，二一上
濰志古蹟考遺（三條）　韓夢周　理堂文集　二，一四上
商山四皓里居考　陳漢章　綴學堂初稿　二，一〇上
嘉興甪里街辨　董醇　詁經精舍文續集　二，二八上
荀膓洞考　張澍　養素堂文集　一〇，二三上
臨海嶠考　戚學標　鶴泉文鈔續選　一，五上
章華臺考　俞正燮　癸巳類稿　二，四三上
鄧邱亭考　胡天游　石笥山房文集　五，二五上
溫州浩然亭考　黃式三　儆居雜著　四，三六上
松亭考　陳漢章　綴學堂初稿　二，三五上
七塔考　陳壽祺　左海文集　三，四二上
錢唐六井考　汪之昌　青學齋集　三〇，八上
揚州文樓巷墨莊考　阮元　揅經室二集　二，一五下
雞鳴山功臣廟考（二篇）　錢謙益　牧齋初學集　二二，一上
六合縣治山祗洹寺考　阮元　揅經室三集　四，一六上
畏吾村考　查禮　銅鼓書堂遺稿　二八，三下　湖海文傳　一二，一〇上

2

雜記

序跋

3

八 外紀邊防

攷釋

俄羅斯佐領考 俞正燮 癸巳類稿 九，一二上
俄羅斯全國圖說 黃彭年 陶樓文鈔 二，四三上
蓮池居士中俄交界圖攷正 吳承志 遜齋文集 九，一上
安南記略 郝懿行 曬書堂外集 下，四二上
緬甸東北兩路地形考 俞正燮 癸巳類稿 九，二一上
闊吞奇集考 吳承志 遜齋文集 九，四〇上
阿速沙哈魯考 吳承志 遜齋文集 一〇，一上
澤散驢分磨鄰老勃薩考 吳承志 遜齋文集 一〇，一二下
祖法兒忽魯謨斯阿丹剌撒天方默德那坤城考 吳承志 遜齋文集 一〇，一七上
俱藍考 吳承志 遜齋文集 一〇，二六上
圖斯考 吳承志 遜齋文集 一一，一上
特爾默考 吳承志 遜齋文集 一一，四下
布哈爾考 吳承志 遜齋文集 一一，六下
納克恰卜考 吳承志 遜齋文集 一一，九下
都哩特穆爾考 吳承志 遜齋文集 一一，一一上
格爾濟農考 吳承志 遜齋文集 一一，一三下
克布爾考 吳承志 遜齋文集 一一，一五下
圖嚕勒奇考 吳承志 遜齋文集 一一，一七下
克嚕倫考 吳承志 遜齋文集 一一，三六上
輝和爾考 吳承志 遜齋文集 一一，四七上
漢土始知歐洲各國略說 章炳麟 太炎文錄初編別錄 二，七五上
法顯發見西半球說 章炳麟 太炎文錄初編別錄 三，七五上

序跋

書職方外紀以西把尼亞後 吳承志 遜齋文集 六，一四下
西洋朝貢典錄跋 曾釗 面城樓集鈔 二，二七上
黃衷海語錄 譚瑩 學海堂三集 一四，一五上
跋赤雅 張宗泰 魯巖所學集 一〇，二〇上
西方答問跋 張澍 養素堂文集 三四，一七上
題海國全圖 李佐賢 石泉書屋類稿 七，二一下
海國聞見錄跋 許宗彥 鑑止水齋集 一一，一五上
讀海國聞見錄 黃式三 儆居雜著 四下，三〇下
海國紀聞序 李兆洛 養一齋集 二，二三下
海國圖志敘 魏源 古微堂外集 三，七下

6

跋海國圖志　馮桂芬　顯志堂稿　一二，一九上
書海國圖志後呈張南山先生　陳澧　東塾集　二，二三上
海國圖志後　郭嵩燾　養知書屋文集　七，一五下
讀海國圖志元代北方疆域考　吳承志　遜齋文集　八，七下
讀魏默深先生海國圖志　田梓材　沅湘通藝錄　五，一八上
讀魏默深先生海國圖志　舒潤　沅湘通藝錄　五，二二上
魏氏海國圖志近日應改應增條例　姚炳奎　沅湘通藝錄　五，二五上
海國集覽序　李兆洛　養一齋文集　二，二四下
復徐松龕中丞書（言徐著瀛寰志略）　張穆　月齋文集　三，四下
談瀛徵實自序　方朔　枕經堂文鈔　一，一七上
談瀛前錄序　陶澍　印心石屋文鈔　七，一六上
談瀛後錄序　王先謙　虛受堂集　三，一〇上
擬皇清職貢圖後恭跋　汪之昌　青學齋集　二二，一上
四裔年表序（代）　俞樾　春在堂雜文續編　二，二七上
四夷館考跋　羅振玉　松翁近稿　一，二五上
書曾惠敏公金軺籌筆後　汪都良　沅湘通藝錄　四，七一上
曾惠敏金軺籌筆書後　汪之昌　青學齋集　二八，三四上

書薛叔耘先生出使四國日記後　汪都良　沅湘通藝錄　四，六九上
跋沈文節公星軺日記　錢保塘　清風室文鈔　一一，五上
丁冠西中西聞見錄選編序　郭嵩燾　養知書屋文集　六，四上
五洲地理志略序　王先謙　虛受堂文集　六，四二上
丁維屏編修所輯萬國地理序　吳汝綸　桐城吳先生文集　三，五七上
矢津昌永世界地理序　吳汝綸　桐城吳先生文集　三，六六下
岸田吟香萬國輿圖誌略序　吳汝綸　桐城吳先生文集　三，六八下
劉郁西使記書後　劉師培　左盦集　五，三八上
書宣和奉使高麗圖經後　嚴元照　悔菴學文　七，一一上
高麗圖經跋　陳鱣　簡莊文鈔續編　二，三上
朝鮮紀事跋　羅振玉　雪堂校刊羣書叙錄　下，八七下
跋朝鮮史略　錢大昕　潛研堂文集　二九，一五上
書高麗史後（二篇）　朱彝尊　曝書亭集　四四，一一下
書海東諸國紀後　朱彝尊　曝書亭集　四四，一二上
跋日本五畿內志　邵晉涵　南江文鈔　八，二六上
書日本備圖後　邵晉涵　南江文鈔　八，二九上

（本篇完）

9

民衆教育月刊

第五卷第一期

目錄

發行者 浙江杭縣留下荊山民衆教育月刊社

開發西北

第四卷第六期

要目

零售:每册大洋二角 國內郵費二分 國外郵費二角
預定:半年一元一角,全年大洋二元,郵費在內,日本照國內,國外加倍,新疆蒙古及香港澳門照郵章辦理,書欵先惠。
本刊各大埠各大書局均有代售。

開發西北協會出版
會址南京新街口興業里三號

時論(旬刊)

第七八號合刊

南京時論旬刊社發行
地址:鐵管巷四達里十八號
電話:二一八一一
定價:零售每册四分預定半年七角全年一元三角(本期零售每册大洋八分)
總代售處:南京太平路花牌樓書店
民國廿四年十一月廿八日出版

國衡半月刊

(每逢十日,廿五日出版)

第一卷第十二期

總發行所 國衡半月刊社
社址 南京洪武路二七一號

價目:零售每册大洋一角 預定全年大洋二元 半年大洋一元一角
全國各大書局均有代售

兩粵紀遊(續，完)

謝剛主

陽朔歸程

假若在九十月的天氣，樹葉未落，橘柚初黄，有兩三個知己朋友，乘着一隻小船，帶着幾瓶老酒，從桂林到陽朔去，兩岸有極曲折的高山，江水一清見底，坐在船邊上，看着山，吃着酒。要是嫌口中乏味的時候，馬上喚前面的漁舟，買一條魚，在十幾分鐘內可以烹熟下酒。如果看見前邊的山色好，又可以馬上下船，上山遊覽：紅葉滿山，桂樹成林，時有幽蘭的香味吹到鼻端，極清爽的空氣吹着襟袖，這是怎樣有趣的事呀！我雖沒有在秋天游山，但是暮春的天氣是遊過的。我記得去年，同朱逷先先生在四月初旬，一同溯富春江直上，游嚴子陵釣臺，在嚴州乘船看見兩岸佈滿了嫩黄的棠花，棠花的深處，露出彌漫的山色。船到七里瀧，山勢便夭矯起來，幾十步路便有一個水灣，碧深的富春江，激湍飛流，一瀉直下；兩岸的青山如同翠壁，山坡上開了無數的紅杜鵑花，夾着翠綠的松林，有時有幾棵雪白的梨花相映着，又嬌嫩，又好看。那時我們到了釣臺，和謝臯羽痛哭之處。我與朱先生說：『我若是失足江流，就與吾家臯羽公同歸了』。那時正是『一二八』之後，所以朱先生說：『你如果投江，我便與你開追悼會』。時間過得很快，由孟春而徂秋，現在又到滔滔盛夏了。

二十一晚上，我們就由高中全下船去。夜中十二點鐘，一鈎殘月從月牙山畔出來，照着灕江，江水面上映着一道白光。我在船艙上站立多時，一直看到月色朦朧才回船去。在半夜中，只聽見打槳的聲音；及至醒來已日上三竿，船已開出好幾十里路了。可惜蓬艙太小，驕陽迫人，如

灕江浮橋在花橋的前面著者在此處觀月(圖十六)

同置身蒸籠，實在熱不可耐，幸而在夕陽中，我坐在船邊上，濯足中流，看着兩岸的山色，山傍樹林中有兩三人家正在那裏做飯，我體會得：『渡頭餘落日，墟里上炊煙』的風景，足以消釋這一天的鬱悶。

陽朔山歸程（圖十七）

到了夜晚，船泊在野港荒灣，船家燒了一鍋熱茶，用大沙壺盛着，我們與船夫圍着沙壺，同坐在船頭，聽他們談鄉下的故事。這樣的生活一直過了四天四夜，到二十五日下午才到梧州。在廣西大學住了一夜，第二天下午四時便乘汽船赴三水。船到三水的時候，已經夜深三時，由廣三鐵路工友招待我們到廣三車站。我看見前次撑船的小朋友，穿着一身烤綢衣服，在這裏吃吃笑笑，但我們已沒有機會坐他的船了。自從我們到梧州，天氣驟熱起來；既到了三水，熱不可當。雖在微明的天氣，我們只吃得一碗粥，還是汗如雨下。這是我生平的第一次冒暑。廣三火車

陽朔途中所見（圖十七）

六時開行，九時即到廣州。

荔子灣頭

我這次旅行，本與徐森玉，虞和寅，王以中三公作伴。既至廣州，住在新華酒店，便與竺藕舫先生可楨在一起。我初到廣州，就患足疾，徐竺諸公去羅浮山遊覽，我一人獨遊廣州。二十八日晨，到豪賢路去訪梁廷燦兄，他在中大圖書館服務，因腿上生瘡，在家休息。多年不見的朋友，晤談自然高興。在他家中吃了午飯，

下午五時，他請他的朋友張君，同我去遊荔枝灣。乘車到灣頭，僱了一隻瓜皮小艇子，艇中僅可容兩三人；但裏面陳設却極精緻，座位也很舒服。初下船的時候，是一道小河，兩岸有許多茶肆；後來河身慢慢的寬起來，直通珠江，兩岸種着許多荔枝樹。在夕陽欲下的時候，一對一對的摩登男女，打槳前行；如果在四五月天氣，鮮紅的荔枝便會自己落到愛人的懷裡。這是如何夠人豔羨呵！河中灣曲的地方很多，小船可以遊到綠陰深處。長條拂着綠水，綠葉如同屏幃，在那裏情話，眞是再好沒有的了。河中有許多販賣食物的小船勢如穿梭的來往，艇家粥和椰子雪糕最爲出名，我一樣都吃一點。再往前去，河身越寬，陳列着一排花船，那便是紫洞艇。在昔羊城繁華之日，每到下午紫洞艇上的游客都坐滿了，裏面可以竹戰，可以招妓侑酒，聲歌徹夜，一直到月落烏啼，客才散去。如今繁華的程度大不如前，船也少了一半，排列着的也不過三五十隻而已。過了紫洞艇就到珠江鐵橋，水勢更大，小舟在那裏飄蕩着，放乎中流，大有飄飄欲仙之勢。回憶西子湖邊的遊艇，在暮春時光，夕陽天氣，看着淡淡的遠山，軟軟的柳絲，和樂的春波之上飄着許多的有情的愛侶，粉白黛綠，打槳來往，這固足使人留戀，但是槳聲鐙影，水調笙歌，還沒有荔枝灣頭那樣迷人呢。

夜中我到張君勵先生處暢談竟夕，並承惠借路費百元。

二十九日訪吳汝強先生和梁思莊女士，承他夫婦的厚意，僱了一輛汽車約我遊觀音山，中山紀念堂，紀念堂建築極爲壯麗。由此山下，遊五層樓，現在改爲博物館。在觀音山下一個酒家裏吃午飯。下午同遊黃花崗，展拜先烈的遺蹟。由黃花崗到白雲山，有祠祀蘇東坡，泉水在祠旁經過，山脚下全是竹林；取泉水烹茶，坐此聽泉，最爲舒服。由白雲山再到中山大學遊新址，校舍係宮殿式建築，全校面積約有一萬多畝。據農學院的計劃，五年以內可以供給農科的開支，十年以內就可以供給全校的經費，這在吾國可謂最大的學校了。由校回新華酒店，已下午五時。

三十日，吳三立先生約我參觀徐信符先生藏書，所藏多爲粵中鄉賢名著。承他指示關於搜輯學海和廣雅書院的材料，至爲感謝。吳君邀我在雙門底番菜館吃晚

3

飯。

關於粵中的風俗，我現在補述幾句。廣東人最喜歡飲茶，但與其說他們飲茶，無寧說他們吃肉。每到茶館裏面，五味雜陳，包餃俱備，也有甜的，也有鹹的。很好吃零食的我，看見這些奇品糕點，不肯不吃，但每吃一回必要瀉一次肚。他們那裏每天要喝三次茶，就是早茶，午茶，晚茶。茶館共分三等，最好的叫茶室，其次的叫茶居，最次叫茶樓。茶室每飲一次，要花一塊多錢。茶樓價目最廉，但地方也很乾淨，就是勞動的朋友們，每到散工以後，也到茶樓裏來喝茶，我曾見一個茶樓的沙發上坐着一位赤足勞動的工人。並且我們在傍晚時候，走上馬路，也可看到勞工的住戶在那裏吃辣子鷄。人人皆可得到優厚的物質享受，這便是與北方不同的了。

是日晚，徐竺王諸公都由羅浮回來。那時我們定的我與竺藕舫先生王以中兄乘意郵由九龍赴上海；徐虞二公則由廣州赴長沙，由平漢路回平。我們隨於三十一日早由廣州到九龍，在彌敦旅館住一夜。明晨十一時就乘意郵 Cauts Rcssu 赴滬，雖然二等經濟艙，但艙位極爲潔淨，每天有四頓西餐可吃，比芝沙丹尼船好得多了。九月三日下午二時，船到上海，同住宿於新亞酒店，價目較貴，地方也較爲安靜。在上海共住了三日，訪商務印書館王雲五先生，和開明書店王伯祥先生，到陳乃乾先生處詢江南的藏書家。又到愛文義路一四九五里訪瞿鳳起先生，參觀鐵琴銅劍樓藏書；可惜他們的書全都藏在箱子裏面，僅僅看了幾部明版叢書和虹月歸來圖；並承鳳起先生厚意約我到常熟參觀鐵琴銅劍樓。

五日下午，陳乃乾先生約我和王伯祥瞿鳳起諸先生在一枝香晚餐。座中識姚石子先生，約我到張堰，可惜在外時間勾留過久，未能前往，只好俟諸異日。王以中兄先回甪直，同他的夫人在蘇州等我。我隨於初六日九時乘京滬車到蘇州，住三新旅舍，以中夫婦已早到了。午間在觀前廣州食品公司吃飯。下午一同到吳苑品茶，地方幽潔，品茶的人大半閒情逸致，十足表現三吳的風味，與廣州的茶樓又不同了。到護龍街文學山房，遇見書肆主人江杏溪，同遊逸園。以中兄因有約他往，晚間江杏溪約在觀前吃晚飯。初七日早，與以中兄乘汽車赴常熟。

常熟鐵琴銅劍樓

常熟這地方本來是魚米之鄉，文風很盛，從明代以來，就有不少的藏書家，如楊氏萬卷樓，錢氏絳雲樓，述古樓，毛氏汲古閣，我們是知道的了。到了清代，還有稽瑞樓陳氏，愛日精廬張氏。常道咸時，鐵琴銅劍樓主人瞿蔭棠先生紹基喜歡藏書，那時黃丕烈士禮居，和汪氏藝芸精舍的書剛剛散出，其中宋元秘本一半歸聊城海源閣楊氏，一半歸了瞿氏。瞿氏自蔭棠先生至良士先生，已保守了四代；現在良士先生的公子旭初鳳起諸君都能愛惜古書，克紹箕裘。數十年中所稱的海內四大藏書家，丁氏，陸氏，楊氏，和瞿氏，三家的書已風流雲散，惟有鐵琴銅劍樓巍然獨存，這是可以佩服的一件事呀。

瞿氏是常熟的大族，自明季瞿式耜以後，代有聞人，他們的家在罟里村，聚族而居，大約有二三百家。罟里距城十二里路，四面菰蒲，桑麻盈野，是一個充滿了詩人意趣的地方。昔日由城裏乘小船，飄蕩兩點鐘的工夫，便可到了。村中有書可讀，有飯可吃，夕陽時候可以到村外田隴散步。這次我們來虞山，是先到城內新鄉前訪瞿良士先生，承他的招待，由旭初先生作陪，乘公共汽車同往。可惜在民國初年，因爲避亂的緣故，好書全運到上海，其次的都在城內，家裏的人也不敢在鄉下住，僅留下一座空洞藏書樓了。樓凡前後二楹，僅賸下幾十個書櫝，和幾個古雅的楠木書棹，陳設着非常有次序。要是在插架完足的時候，可以無限量的在那裏繙閱書籍。前三年，袁守和先生來常熟的時候，本要照一個像；但因光線太暗，沒有照成。我們從樓上下來，看見院中生了無數秋海棠，和幾株桂花，野趣盎然。在樓下古雅的書齋中，坐了半天，彷彿置身在嘉道的時候，我心裏想着：『我假若有這樣好的藏書樓，我終身也不出去問世了！』下午五時我們由藏書樓走到野塘橋邊等候汽車。瞿旭初君說：『自修築公路，我家裏的田地劃歸了公路裏來的已經有二百多畝，小戶人家有兩三畝田地，就劃完了。現在簇新的汽車來往的開行到上海或蘇州去，鄉下的大姑娘也知道買城裏的桂花油，和新式花樣的綢緞了』。六時車來，到城，同遊言子墓和公園，在公園飲茶小甜。晚上在瞿家便飯；看顧千里襲自珍所藏的六朝及唐碑，次日以中兄夫婦同遊虞山，我隨乘汽車到蘇州搭車北上。

餘記

初八日從蘇州行後，下午五時到南京，因為時間關係，未能去看京中好友，隨乘平浦車一直北行。我買的是來回票，仍坐的三等車，在茶房車上找了一處可以安穩睡覺的位置。火車開的一站一站的過，許多鄉下同胞因為不肯化幾個運動費，只好坐在車的角壁間，在那裏打盹。三等車是設有紗窗的，車廂裏汚穢不堪，在車中過了兩夜一天，滿身灰塵如同囚犯。初十日上午九時十九分就到舊都了。

秋風蕭瑟，涼氣襲人，由街市上送來的凄涼叫賣聲，和晚上壁間蟋蟀絡緯的鳴聲，聲聲送到我的耳朵裏來，我一人在那裏玄想着：

一、同是中國地方，到廣西為什麼要入口證？

二、桂林風洞山賣米粉的，自我們去後不知買賣怎麼樣？三水撑船的小朋友還在那裏吃吃的笑麼？

三、平浦的道路有兩夜一天的光景，不為不長，為甚麼不加置三等睡車？國家是以人民為單位的，難道吾國的老百姓，只有納稅的義務，而沒有乘三等睡車的權利？……

我是常常在那裏想着。

民國二十四年九月十五日屬草，二十一日早寫畢，於舊京達子營之傭書堂。

6

通訊一束

五二

頡剛師：

讀王樹民君「九河及逆河」，以爲「九河並不是平列的九條水自西而東的流着。凡是大川入海之處，多有大小的三角洲，將水道分爲無數支汊，或離或合，入於海中。……水道不限定是九條，因他多而且紛亂，遂以虛數的九概名之。……在上游特別分歧的地方，叫作九河」。我忽然想到在大沽河船上聽到人們談論七十二沽的話來。據說大沽河自天津到入海的地方共有七十二沽，沽的名字，我一個也記不得了，但在河的曲折處，每冠以附近地名而稱之曰某沽是沒有疑義的。所謂七十二沽，並沒有七十二條沽水，實只一大沽河也。我又聯想到故鄉的界河（這河太小了吧，地圖上沒有牠的名字），在橫掌窪一帶，呼爲橫掌河，流到傅家村，就稱傅家河，到了杜家集，便被稱爲杜家河了。不唯大沽河及界河如此，卽就禹貢而言，不是也有「泉始出山爲漾水，東南流爲沔水」，「東流爲漢，又東爲滄浪之水」等等不同的稱呼嗎？因此，我覺得對王君的說法有加以補充的必要，即，一條河並不一定因爲「水道分爲無數支汊」，始有不同的名字，就是有上幾個曲折，也會有不同的稱呼的。而且「九」也不一定是「虛數」，在當時或爲實指的；就是說，先有九種不同的河名，因共稱之曰九河，猶先有七十二沽的別名，而後有七十二沽之總名也。至於爲何是「九」？我想，也許同「景」之必須湊成八或十，有了幾個之後又硬湊足數也未可知；「九」，在古代是個幸運的數字！

1

不唯九河可作如此解，三江九江，我以爲也可以這樣說明一下。我們似不必以三江爲北江，中江，南江，因而硬以蕪湖水爲中江，分江水爲南江；或以三江爲「松江，錢塘江，浦陽江」……强求符合古說，只認三江爲長江下游的一個概括的稱呼似乎也够了。至於三江實指之地望，因年代久遠，已無法考知矣。禹貢的作者弄不清楚，因有漢水出彭蠡爲北江，江水爲中江之附會，遂使後世的考據家絞盡腦汁去搜求三江之所在，似未免有點惡作劇了。九江，同樣的可作如是觀。

頡剛師，這樣說法我知道是假設，不可靠，不過，這種公案很難下最後的判決，糾纏的攷據能給我們滿意的斷案嗎？恐怕是一個問題吧？因爲先生喜歡假設，所以寫出奉上，或可供一粲？

學生楊效曾敬上。十二日。

編者案：這個假設很好，研究禹貢篇的人都須記住。禹貢中的問題，因爲同時材料留存過少，有許多是無法解決的，九河三江皆爲其例。我們現在研究古籍的方法只有兩條路：一條是「述」，就是把從前人的學說整理出一個頭緒來，知道在這一個問題之下有那幾種說法，這說與彼說之間有何關係；一條是「作」，能解決的解決了，不能解決的不妨多猜上幾猜（說明是假設不是定論），留待將來發現新材料時的勘證。學問的工作是性急不來的，只有這樣做纔能為後來人減少葛藤。

五三

頡剛先生：

近讀王忠愨公殷周制度論，對於他所指周人制度的特點，如立子立嫡之制，同姓不婚之制，都有些懷疑。……

靜安先生說，武王克商尚不能撫有東土，直至三監被滅，始大封宗室。這是說封建之事出於周公。左傳上也說：「武王克商，成王定之，選建明德以藩屏周」。据此，則魯公康叔的分封都是周公假成王之命作的。但是康誥三篇，細讀口氣，大類武王。朱子也說是武王所封，先生也同意。然則武王先封康叔而後封諸子弟麼？但是三篇中講到殷頑民之處，又頗似東征之後的事。且武王已經命管蔡監殷，又封康叔，不是矛盾？

我因為受了先生所提周民族西來與鬼方玁狁等有關的暗示，又因以上諸族本為土耳其種之屬，所以想找出周民族是否有土耳其種的淵源。若然，則我想把周族之入中國引以與日耳曼族之入西南歐作一番比較。我相信這兩族新血液的輸入，是於中國與歐洲文化之發展有大關係的。可是在找材料方面，我碰到很大的困難：找不到土耳其種在遠古的活動。中文只有王先生的鬼方等考，也說不到殷初年鬼方獯育的情形，西文更找不到，因為他們的文化都太年青了，這得出三千年左右的事，已是了不得；即使找得出星星點點，又因文字的杆格，不知誰是誰。昨讀靜安先生韃靼考，提到黑水靺鞨。靺鞨似乎不僅唐時才有，不知在春秋時有沒有，便中望逕能示知。

手上，即請教安。　　學生楊寶上。十一月五日。

編者案：周室封建親戚之事到底在武王時抑成王時，封之者是武王抑周公，實在戰國時人已弄不清楚，所以一部左傳中就有不同的說法。前幾年，我曾搜集過周初史事，希望作一討論，而時局惡劣，居地屢遷，到今沒有寫出。我深覺得管蔡的流言和武庚的圖復似不是一時間的事，此問題俟將來生活稍安定時當為長文論之。周姓姬而驪戎亦姓姬，齊姓姜而瓜州之戎亦稱姜戎，足證周與齊是入中原而華化者，其未入中原之殘餘部族則仍保存其西戎文化。將來西北考古工作發達時，當能找出西戎之眞面目，從而研究其與土耳其種的關係，現在則只能作此存想耳。靺鞨之前身為肅愼，肅愼與中國之關係在舊史中可以推到唐虞，此固不足信，但其發生關係之早則可信。肅愼朝貢中國訖于北齊天保五年甲戌，靺鞨朝貢中國始于北齊河清二年癸未，均見冊府元龜。案甲戌癸未相距祇九年，不知道是他們自己改名，還是中國人向來慣用肅愼的古典名詞，而到河清時纔改用了靺鞨的音譯名詞？

五四

頡剛先生：

因為我自己帶在身邊的書很少，關於十二州的問題祇收得這一點材料；現在把它奉上。但即就這些材料看來，一方面可以知道以前的一班經師對于「肇十有二州」這一句經文一定費了不少的心思纔能彀找出這樣的解釋，一方面可以證明本來沒有肇十有二州的事和此文在堯典中是怎樣的矛盾。

（一）「肇十有二州」的「肇」字，爾雅釋詁云，「始也」。這句話是說舜「始」分天下爲十二州，不是說他重新分天下爲十二州。分州之事既是始於舜，則舜以前無州制明矣。諸家註解所云分冀置幽置并，分靑置營之辭，實際上不但無州可分，無州可置，而且本沒有州制，也沒有州名。馬融謂禹平水土，置九州之後，舜以爲有的州太大，更分爲十二州。鄭玄及僞孔也都這樣說。其實照堯典文，分州置牧在舜正式登位之前，令禹平水土事則在「月正元日，舜格于文祖」之後，次序之先後甚明。他們顚倒經文以遷就其說，大誤。谷永和漢書地理志肯不改變經文的次序，原是很好，但他們又以十二州在經中別無根據，故又曲爲之解釋，妙想十二州之分是堯時爲洪水絕斷而成，這是再可笑也沒有了。孟子說，「當堯之時，天下猶未平：洪水橫流，氾濫于中國，蛇龍居之；民無所定，下者爲巢，上者爲營窟」。洪水這樣的氾濫，生民這樣的不得安居，哪裏有留存這樣廣袤的十二州的疆域之理？上古時人口稀少，若有十二州之域眞足安住了，有何害於民生之可言？爲什麼還要用禹去平水土呢？就說天下分絕爲十二州是有的，禹平水土也是有的，則當時在洪水中既甚恐怖矣，既竭力平治之矣，爲什麼還是從容不迫的去題各州之名呢？若說堯時爲暫時治理計，有因洪水分絕而設州之事，則分州置牧同是一事，何以堯時只有四岳而無十二牧，直待舜即位後始有此十二牧？所以從我們看來，禹平水土，置九州；舜更爲十二州，是講不通的；以十二州爲堯時洪水自然分絕而成，禹復爲九州，舜又更爲十二州，也是講不通的。蔡傳於十二州之說之僞似敢發疑，然而他仍然是在那兒打着圈子，結局也只有以經注經，不敢有什麼批評。實在，「肇十有二州」一語太矛盾了，無法把它講通。楊時說，「十二州，九州，或合或分，因時而已，不必強爲之說」，這雖是沒有辦法的話，但他的態度總算是忠實的。

（二）堯典云，「流共工于幽洲，放驩兜于崇山，竄三苗于三危，殛鯀于羽山」。馬蔡俱以三苗爲國名。蔡氏又謂三苗之國在荊楊之間，恃險爲亂。幽洲當卽幽州。崇山在荊州之域。羽山在靑州或徐州之地。三危在雍州界內，禹導黑水經此而入于南海的。三苗敢恃險爲惡，擾亂中原，必是頗大的蠻族；而且據史記正義引吳起之言，謂有江州岳州之地，是則佔地亦很廣。既說是苗，當然是化外之民，化外之國。若以十二州爲實有，把這些地方置爲荊揚之州，把這些民族視爲中原之民，這豈不是矛盾極了？共工，鯀，驩兜，所以竄放之於遼遠之荒域者，爲不欲使中國之民受其惡影響也。若以十二州之制爲實有，則幽州，崇山，羽山皆在十二州之內，又安能使「天下（十二州之內）咸服」呢？這不是矛盾嗎？

（三）堯典「肇十有二州」與「封十有二山」連文，這正是周禮職方氏九州各有鎭山之制。史記五帝本紀只說「肇十有二州」，而沒有「封十有二山」，或者因十二州之名已是僞有，而十二山之名則除了周禮的九山之外尙有三山是不可知的。馬鄭僞孔之注，於十二州下有詳說，而於此三山終無法指實之。從這一點上看，足證雍州封山事全以周禮九州九山爲根據而擴大之，其爲後出殆無疑義。至于馬融等所說十二州之名，實卽九州之名，不過總合各種不同之九州說而得十二州耳。

顏師古注漢地志曰，「中古以來說地理者多矣，或解釋經典，或撰述方志，競爲新異，妄有穿鑿，安處附會，頗失其眞。後之學者因而祖述之，不考其謬論，莫能尋其根本」。這實在道破了漢以來地理學說的不可靠。

學生李光信上。十月二十八日。

編者案：經學上的問題本來大半出於經師的曲解。他們同我們一樣的感到講不通，但他們不安分，一定要說自己是講得通的。從前馬鄭是學術權威，大家只有腹誹，不敢明話，他們的紙糊老虎還不戳穿。到了現在，理性發達，大家敢戳紙老虎，古帝王和經典尙且發生疑問，何況經師，於是他們的地位就根本消散了。十二州之外，經典中地理方面該指摘的還很多，願李先生繼續努力！

五五

頡剛先生大鑒：久仰大名，恨未識荊。茲閱食貨半月刊，見先生主辦禹貢，研究地理之沿革，甚佩甚佩。先祖著有歷代黃河變遷圖考，雖曾印行，惟外間流傳甚少，卽舍間所存亦僅一部；頗合貴刊性質。茲特抄奉目錄一份，如蒙刊登，至所歡迎；并不需報酬，祇欲贈單行本或貴刊若干冊，備贈親友，庶先人著作不致湮沒，於願足矣。如何之處，敬祈卓裁示覆爲荷。專頌著祺。

後學劉鐵孫謹啓。二月五日。

歷代黃河變遷圖考　劉鐵雲著

禹貢全河圖考第一　禹河龍門至于孟津圖考第二
禹河孟津至于大陸圖考第三　禹河九河逆河圖考第四
周至西漢河道圖考第五　東漢以後河道圖考第六
唐至宋初河道圖考第七　宋二股河圖考第八
南河故道圖考第九　見今河道圖考第十

共計三萬五千字左右。

編者案：此函到時，適我不在北平，遂稽答覆，至歉。鐵雲先生對於治河之研究，凡讀老殘游記者無不知之。其所作黃河變遷圖考，以時日較近，尙有流傳，頡剛前數年卽在蘇州購得一部；然確甚少見。將來本會經濟力較厚時，自當付印以慰雅望，蓋此爲言河道變遷最有系統之書，從事地理與水利之研究者所不可廢也。半月刊初以積稿過多，放大篇幅，近又以財力不敷，略事縮小，凡已有刊本者未能重載，敬祈諒之！

邊事研究

第三卷第二期

南京邊事研究會發行

編輯者：邊事研究會編譯組

社　址：南京成賢街六十九號

定　價：每冊二角半年六冊一元二角全年十二冊二元四角郵費另加

方志

第九卷第一期

二十五年二月一日出版

目錄

發行者：方志學會

總代售處：南京成賢街一一一號鍾山書局

定價：零售每冊三角預定全年六冊連郵費一元五角

商務印書館續售

廿五年度日出新書

對折·六折預約

▼介紹各科新知　▼減輕讀者負擔

一、凡在廿五年三月底以前按左列各項一次預付定款者，選購二十五年日出新書，得享有左列優待之權利：

(甲)圖書館預付國幣壹百元，按定價對折計算。

(乙)圖書館預付國幣伍拾元，按定價六折計算。

(丙)個人預付國幣叁拾元，按定價六折計算。

(丁)學生經肄業學校證明，預付國幣拾伍元，按定價六折計算。

一、定戶於日出新書外，購買本館預約特價書及星期標準書，得照各該書實售價九折計算。

一、定戶交款購書或用取書憑條，或用取書憑摺，均於二十五年十二月底結算。

一、欲預定二十五年度本館新書者，請將定款面交或由郵局掛號寄交本館上海發行所或各地分館，或委託本館特約銀行免費滙交本館上海發行所。

一、定戶各贈閱本館二十五年發行之出版週刊全年一份。

優待二十四年度日出新書預約戶

一、為便利二十四年度預約戶購買歲末所出新書起見，特將減折購買二十四年日出新書期限，展至二十五年二月底止。

二、二十四年度預約戶續定新書預約者，在二十五年內，得享受減折購買二十四年及二十五年兩年日出新書之利益。

利瑪竇坤輿萬國全圖

Matteo Ricci's World-Map in Chinese, 1602

中國人之知世界，實始於利瑪竇之繪製地圖，曰山海輿地全圖，曰坤輿萬國全圖。二者，皆尠傳本。今幸前一圖得之明本方輿勝略，後一圖亦借得明李之藻刻本之照片。並經燕京大學教授洪煨蓮先生之探討，更得不少史料，足以知利氏製刻各圖之經過，並其曾風靡于明世。又考定李刻爲最完善之一本，蓋從山海輿地全圖幾次修訂而成者。爰商借照片影印，藉廣流傳。特以珂羅板精印，照相細緻，絲毫無爽，共計十八張，可以合爲整幅，可以訂爲書冊。每份定價大洋壹元二角正，郵費加一成。再本刊復請洪先生主編「利瑪竇地圖專號」，由第五卷第二三期合刊出版。中有重要考訂論文數篇，山海輿地全圖亦以刊入，俾讀者以資參攷。凡長期訂閱本刊者，均得隨送珂羅板坤輿萬國全圖一份，謹此預告。

禹貢學會啟

迅速　安穩　便利

滬蓉特班線　每星期一四西上二五東下　由上海經南京九江漢口宜昌重慶而至成都

滬漢線　每日西上東下來回一班　由上海經南京安慶九江而至漢口

漢渝線　每星期二三五日西上一三四六東下　由漢口經沙市宜昌萬縣而至重慶

渝蓉線　每日來回一班　由重慶至成都

渝昆線　每星期二六當日來回　由昆明經貴陽而至重慶

滬平線　每星期二五北上三六南下　由上海經南京青島天津而至北平
每星期日北上星期一南下　由上海經海州青島天津而至北平

滬粵線　每星期二五南下四日北上　由上海經溫州福州廈門汕頭而至廣州

中國航空公司

總公司上海廣東路五十一號
電話一三九五五一四一三

禹貢半月刊一，二，三，四卷著者索引

一